AF324018

Heinz-Dieter Neef
Ephraim

Beihefte zur Zeitschrift für die alttestamentliche Wissenschaft

Herausgegeben von
Otto Kaiser

Band 238

Walter de Gruyter · Berlin · New York
1995

Heinz-Dieter Neef

Ephraim

Studien zur Geschichte des Stammes Ephraim
von der Landname bis zur frühen Königszeit

Walter de Gruyter · Berlin · New York
1995

♾ Gedruckt auf säurefreiem Papier, das die
US-ANSI-Norm über Haltbarkeit erfüllt.

Die Deutsche Bibliothek — CIP-Einheitsaufnahme

[Zeitschrift für die alttestamentliche Wissenschaft / Beihefte]
Beihefte zur Zeitschrift für die alttestamentliche Wissenschaft. —
Berlin ; New York : de Gruyter.
   Früher Schriftenreihe
   Reihe Beihefte zu: Zeitschrift für die alttestamentliche Wissenschaft
NE: HST
Bd. 238. Neef, Heinz-Dieter: Ephraim. — 1996
Neef, Heinz-Dieter:
Ephraim : Studien zur Geschichte des Stammes Ephraim von der
Landnahme bis zur frühen Königszeit / Heinz-Dieter Neef. — Berlin ;
New York : de Gruyter, 1996
   (Beihefte zur Zeitschrift für die alttestamentliche Wissenschaft ;
   Bd. 238)
   Zugl.: Tübingen, Univ., Habil.-Schr., 1992/93
   ISBN 3-11-014756-4

ISSN 0934-2575

Printed in Germany
Printing: Werner Hildebrand, Berlin
Binding: Lüderitz & Bauer-GmbH, Berlin

Dem Andenken an

meine Schwester	und	meinen Schwager

Ortrud Bassey
geb. Neef
4.2.1958 – 20.10.1994

Prof. Dr. med.
Lawrence Bassey
18.9.1939 – 26.9.1994

Vorwort

Die Studie möchte die Geschichte des Stammes Ephraim von der Landnahme bis zur frühen Königszeit an Hand der alttestamentlichen Überlieferung nachzeichnen. Sie wertet dazu die Abschnitte Gen 49,22-26; Dtn 33,13-17; Jos 16,1-10; 17,14-18; Jdc 1,29; 5,14; 7,23-8,3; 12,1-7; II Sam 2,8 f.; 13,23; I Reg 4,7-20 jeweils unter der speziellen Fragestellung "Ephraim" aus. Sie stützt sich zudem auf die Ergebnisse der archäologischen Untersuchungen im Gebiet des Stammes Ephraim.

Als bestimmende Faktoren der Geschichte Ephraims in der Frühzeit Israels ergeben sich dabei folgende: für die *Landnahmezeit*: die Einwanderung in das relativ fruchtbare und landwirtschaftlich nutzbare mittelpalästinische Gebirgsland; die Ausdehnung des "Hauses Joseph" auf den nördlichen Teil des mittelpalästinischen Gebirges und die Trennung in die beiden Stämme Ephraim und Manasse; das Miteinander von Ephraim und Manasse bei gleichzeitiger territorialer Unterschiedenheit sowie dasjenige der beiden Stämme mit Kanaan; für die *Richterzeit*: die Auseinandersetzungen nach außen mit den Kanaanäern und nach innen mit Manasse und den ins Ostjordanland abgewanderten Gileaditen; für die *frühe Königszeit*: das Zurücktreten des Stammes zugunsten der jeweils herrschenden Könige.

Die Studie beschäftigt sich mit einer Zeitspanne, die man als Abschluß der Frühgeschichte und als den Anfang der eigentlichen Geschichte Israels ansehen kann. Die Schwierigkeit der Erforschung dieser Zeitspanne liegt auf der Hand, denn bei den dazu auszuwertenden alttestamentlichen Überlieferungen handelt es sich in den wenigsten Fällen um authentische Mitteilung von Urkunden. Diese Schwierigkeiten dürfen jedoch nicht zu einem vorschnellen Verzicht auf die Erforschung der Geschichte Israels von der Landnahme bis zur frühen Königszeit führen. Diesen Verzicht verbietet die Bibel selbst, denn sie schildert diese Zeitepoche sehr breit. Auch wenn man bei der Erforschung dieser Zeitspanne über weite Strecken nicht über Hypothesen hinauskommen kann, ist es zweifellos besser, mit ihnen zu arbeiten als ganz auf Hypothesenbildung zu verzichten (N. Lohfink).

Die Studie wurde im Wintersemester 1992/93 von der Evang.-theologischen Fakultät der Eberhard-Karls-Universität Tübingen als Habilitationsschrift angenommen. Gutachter waren Herr Prof. Dr. S. Mittmann und Herr

Prof. Dr. H. Gese, denen ich an dieser Stelle von Herzen dafür danke. Ihre kritischen Anmerkungen wurden bei der Überarbeitung der Studie im Wintersemester 1993/94 dankbar berücksichtigt. Mein herzlicher Dank gilt Herrn Prof. Dr. Dr. h. c. Otto Kaiser, Marburg, für die bereitwillige Aufnahme der Arbeit in die von ihm herausgegebene Reihe "Beihefte zur Zeitschrift für die alttestamentliche Wissenschaft". Aufrichtig danken möchte ich Herrn Dr. H. von Bassi sowie den übrigen Mitarbeiterinnen und Mitarbeitern des de Gruyter Verlages, Berlin, für die gute Zusammenarbeit. Frau stud. theol. Cornelia Schwerin, Greifswald, danke ich für die verläßliche Mithilfe bei den Korrekturarbeiten. Für die gute Betreuung des Manuskriptes danke ich Frau Anne Schweinlin und Frau Hedwig R. Müller.

Tübingen, den 27. Juli 1995   Heinz-Dieter Neef

Verzeichnis der Kartenskizzen

Inhaltsverzeichnis

A Prolegomena

§ 1 Forschungsgeschichte – Biblischer Befund – Aufgabe und Methode

1. Hinführung zum Thema

Nach dem Zeugnis der biblischen Überlieferung ist Israel aus einer Gemeinschaft recht unterschiedlicher Stämme erwachsen. Mag die Anzahl dieser Stämme letztlich auch nicht mehr exakt feststellbar sein, so ist doch die Tatsache einer solchen Stämmegemeinschaft in vorköniglicher Zeit kaum zu bezweifeln. Vor allem das Josua- und Richterbuch geben hinreichend Beispiele für das Zusammenwirken der Stämme: die ersten Kapitel des Josuabuches berichten von einer gemeinsamen Eroberung des Westjordanlandes unter der Führung Josuas; nach Jos 24 versammeln sich alle Stämme in Sichem, wo sie sich auf den Gott, der sie aus Ägypten geführt hatte, verpflichteten; im Deboralied in Jdc 5 wird von einem gemeinsamen erfolgreichen Kriegszug einiger israelitischer Stämme gegen die Kanaanäer berichtet.

Neben dem Hinweis auf das gemeinsame Wirken der israelitischen Stämme fehlen jedoch nicht die Hinweise auf die Besonderheiten der Stämme. Die biblische Überlieferung nennt ihre Ahnherren in Gen 29,31-30,24, in den Stammessprüchen in Gen 49 und Dtn 33 werden die Stämme an Hand von Vergleichen, Beschreibungen und Wortspielen vorgestellt, ihre geographische Lage am Meer, im Süden, Norden oder Osten des Landes wird ebenso wie die Lebensbedingungen der Stämme beschrieben. Im Josuabuch werden die Grenzen nachgezeichnet, und das Richterbuch hat die kriegerischen Auseinandersetzungen mit den Nachbarvölkern zum Thema. Mag vieles an diesen Darstellungen auch das Ergebnis literarischer Arbeit und Rückspiegelung aus späteren Epochen sein, so kann man dennoch daraus zahlreiche Informationen über die Stämme als Gemeinschaft sowie als Einzelstamm entnehmen.

Die Beschreibung der Eigenart jedes Stammes und sein zusammenwirkendes Agieren mit anderen Stämmen bestimmen die Darstellung der biblischen Überlieferung. In der vorliegenden Studie soll dies am Beispiel des Stammes Ephraim näher aufgezeigt werden. Dieser Stamm ist gerade deshalb dafür geeignet, weil er sich durch seine zentrale geographische Lage in Mittelpalästina von den anderen Stämmen unterschied und weil er durch seine Verwandtschaft mit Manasse in besonderer Weise in die israelitische

Stämmegemeinschaft integriert war. Die Studie möchte einzelnen Stationen der Geschichte dieses Stammes nachgehen, um dadurch ein präziseres Bild seines Werdens zu bekommen. Es soll nach seiner Herkunft, seinem Namen, seinem Ansiedlungsgebiet sowie seinen Auseinandersetzungen mit Nachbarvölkern und dem nicht immer unproblematischen Miteinander mit dem Bruderstamm Manasse gefragt werden. Anhand des Schicksals eines einzelnen Stammes soll damit zugleich das Schicksal Israels deutlicher werden. Die Studie möchte somit einen Beitrag zum Thema "Stamm und Geschichte" leisten.

2. Anmerkungen zur Forschungsgeschichte

Die Beschäftigung mit dem Stamm Ephraim ist m. E. aus folgenden Gründen notwendig und nützlich:

a) M. W. ist die Dissertation von A. Elliger "Die Frühgeschichte der Stämme Ephraim und Manasse" (Diss. theol. Rostock 1971) die einzige ausführlichere Monographie über den Stamm Ephraim.

b) Das Bild von Ephraim in der wissenschaftlichen Literatur ist widersprüchlich und unscharf.

c) In den letzten Jahrzehnten war Ephraim und sein Gebiet Gegenstand zahlreicher archäologischer Surveys, die seine Besiedlungsgeschichte gut erhellen konnten.

ad a) Die Rostocker Dissertation von A. Elliger aus dem Jahre 1971 ist m. W. die einzige umfangreichere Arbeit über den Stamm Ephraim. Da sie m. W. nie veröffentlicht wurde, soll sie hier etwas ausführlicher dargestellt werden.[1]

Der Verfasser möchte mit seiner Arbeit auf einem kleinen Sektor untersuchen, "wie sich die Amphiktyonie in der Geschichte eines Einzelstammes ('Haus Joseph') oder zweier benachbarter Stämme (Ephraim und Manasse) auswirkt".[2] Ausgangspunkt ist für ihn der Einzelstamm, seine Grenzen und Erlebnisse im Kulturland. Er klammert alles aus, was sich zu weit von den Quellen innerhalb des Alten Testaments entfernt. Dazu zählt er die Nennungen Ephraims und Manasses in den Stämmelisten und -aufzählungen, ebenso Jdc 10,1f.; 12,13-15, da hier der Zugang nicht vom Einzelstamm, sondern über die Amphiktyonie gewonnen werde.

---

[1] Ein kurzes Referat über die Dissertation findet sich in ThLZ 97, 1972, 555-560.
[2] A. Elliger, Frühgeschichte, 2.

Im ersten Kapitel (S. 4-17) behandelt er die Namen der Stämme Ephraim und Manasse sowie Joseph. Für ihn ist der Ausdruck "Haus Joseph" erst in der Zeit Salomos gebräuchlich gewesen, ein älteres Verwendungsstadium lasse sich nicht nachweisen.

Im zweiten Kapitel (S. 18-37) geht es um die israelitische und vorisraelitische Besiedlung des Gebietes der Stämme Ephraim und Manasse, wobei der Verfasser als Quelle vor allem die Berichte der Lehrkurse des Deutschen Evangelischen Instituts für Altertumswissenschaft des Heiligen Landes sowie den Survey von E. F. Campbell Jr.[3] im Gebiet von Sichem benützt.

Die Grenzen von Ephraim und Manasse Jos 16f. stehen im Mittelpunkt des dritten Kapitels (S. 38-78), wobei der Verfasser an Hand von Jos 16f. den mutmaßlichen Verlauf der Grenzen rekonstruiert. Für Manasse gab es nach A. Elliger wohl keine eigene Grenzbeschreibung, da die manassitische Südgrenze von der ephraimitischen Nordgrenze übernommen werden konnte. Zudem grenzte Manasse an so vielen Seiten an kanaanäisches Gebiet, "daß eine genaue Festlegung der Grenze nur dort nötig war, wo Manasse an Ephraim angrenzte".[4] Vielleicht habe sich Manasse als Stamm erst sehr viel später konstituiert, so daß Grenzbeschreibungen für ihn noch gar nicht vorlagen.

"Stämme"-aktionen der Richterzeit sind Gegenstand des umfangreichen vierten Kapitels (S. 79-208). Für den Verfasser kommt das Deboralied für diese Epoche nicht als Geschichtsquelle in Frage, da es ein Interesse an einem Zehn-Stämme-Israel zeige, das es erst unter Isbaal gegeben habe (II Sam 2,9). Er nimmt an, daß an der Deboraschlacht nur zwei Stämme beteiligt waren und daß der Kreis der beteiligten Stämme erst nachträglich erweitert worden sei. Im zweiten und dritten Unterabschnitt des Kapitels geht es um die Analysen der Gideon- (S. 136-165) und Abimelechtraditionen (S. 165-208).

Im fünften Kapitel (S. 209-256) behandelt er den "Landtag zu Sichem" Jos 24. Der Verfasser sieht als Kern von Jos 24 eine Missionssituation, bei der sich Josua die "Jakobleute" unter Anerkennung des bei Sichem gelegenen Heiligtums dem Jahweglauben unterstellt habe. Die Fragen, welche israelitischen Stämme bei dem Ereignis zugegen waren und in welcher Zeit der historische Kern von Jos 24 spielt, läßt der Verfasser offen.

Im sechsten Kapitel (S. 257-270) macht der Verfasser Anmerkungen zur Geschichte der beiden Stammesheiligtümer Sichem und Bethel.

---

[3] E. F. Campbell Jr., BASOR 190, 1968, 19-41.

[4] A. Elliger, Frühgeschichte, 72.

Das siebte Kapitel (S. 271-283) wirft einen Blick auf die Segnungen Jakobs und Josephs in Gen 48,8-20; 49,22-26.

Das Schlußkapitel (S. 284-291) bietet in "Rückblick und Ausblick" eine Zusammenfassung der Arbeitsergebnisse.

A. Elligers Dissertation ist ein gewichtiger Beitrag zur Geschichte der Stämme Ephraim und Manasse. Die Stärke der Arbeit liegt im Nachzeichnen des Verhältnisses beider Stämme bei und nach der Einwanderung in das dünn besiedelte mittelpalästinische Bergland. Dadurch tritt allerdings das Profil des Einzelstammes in den Hintergrund, da A. Elliger immer beide Stämme im Blick hat. Leider unterbleibt dabei eine ausführlichere Auseinandersetzung mit Dtn 33,13-17; Jos 17,14-18; Jdc 1,27-29; 12,1-7; I Reg 4,7-20. Demgegenüber hätte die Behandlung von Jos 24 zurücktreten können, da der Abschnitt kaum Informationen über die Geschichte von Ephraim und Manasse bietet. A. Elligers Erwägungen zur israelitischen und vorisraelitischen Besiedlung des Gebirges Ephraims sind auf Grund neuer Surveys stark ergänzungsbedürftig. Kritisch bleibt zu A. Elligers Behandlung von Jdc 5 zu fragen, ob nicht seine Ablehnung des Deboraliedes als Geschichtsquelle für die Richterzeit zu voreilig erfolgt ist.

ad b) Die Beschäftigung mit dem Stamm Ephraim scheint deshalb sinnvoll zu sein, weil das geschichtliche Bild dieses Stammes in der wissenschaftlichen Literatur sehr widersprüchlich ist und sich bei vielen Sachfragen unterschiedliche Standpunkte ergeben. An folgenden ausgewählten Beispielen soll dies verdeutlicht werden:

1. Umstritten ist, ob der Ausdruck "Haus Joseph" für Manasse und Ephraim erst in der frühköniglichen Zeit üblich wurde, oder ob das "Haus Joseph" der ältere gemeinsame Name für die Stämme Ephraim, Manasse und Benjamin war. Die erste Deutung wird im Anschluß an E. Täubler[5] u. a. von R. de Vaux[6], C. H. J. de Geus[7] und H.-J. Zobel[8], die zweite u. a. von C. Steuernagel[9], H. Guthe[10] und Y. Aharoni[11] vertreten.

2. Widersprüchlich sind die Meinungen zur Teilnahme Ephraims an der Deboraschlacht. Während u. a. M. Noth[12], W. Richter[13] und A. Elliger[14]

---

5 E. Täubler, Biblische Studien, 176-214.

6 R. de Vaux, Histoire Ancienne d'Israël, 586-598.

7 C. H. J. de Geus, The Tribes of Israel, 70-96.

8 H.-J. Zobel, ThV 14, 1985, 29-37, vor allem 35.

9 C. Steuernagel, Die Einwanderung der israelitischen Stämme, 21-38.

10 H. Guthe, Geschichte des Volkes Israel, 22.

11 Y. Aharoni, Das Land der Bibel, 219.

12 M. Noth, Geschichte Israels, 139 f.

13 W. Richter, Traditionsgeschichtliche Untersuchungen, 98 f.

eine solche Teilnahme ablehnen, verteidigt etwa R. Smend[15] die Teilnahme Ephraims an der Deboraschlacht. Auf unterschiedlichste Weise wird dabei die Notiz über Ephraim im Deboralied Jdc 5,14 gedeutet.

3. In den wissenschaftlichen Abhandlungen findet sich gelegentlich ein äußerst negatives Bild über den Stamm Ephraim. So sieht etwa H. Ewald die Ursache für die Aufteilung in Ephraim und Manasse in der Überheblichkeit Ephraims: "Hätte dieser doppelstamm bei der festsetzung im lande seine ganze kraft beharrlich und besonnen zusammengehalten, er wäre wohl für immer ohne abbruch der herrschende stamm geblieben. Allein dieselbe stolze überhebung von welcher der stamm Efráim nichtselten im verlaufe dieser jahrhunderte zu seinem eigenen nachtheile sich hinreißen läßt, scheint sogleich bei der ansiedlung die kraft des doppelstammes zersplittert zu haben"[16]. Dieses Bild über Ephraim findet sich noch in den neuesten Veröffentlichungen zu den Stämmen Israels. So schreibt etwa C. H. J. de Geus: "Ephraim was an extremely militant, aggressive and expansionist tribe. This is touched upon in various places in the Book of Judges".[17] In die gleiche Richtung geht das Urteil N. K. Gottwalds: "In the blessing on Joseph ... that aggressive tribe is described as a wild ox ...".[18] Hier muß kritisch gefragt werden, ob sich dieses negative Bild Ephraims so ohne weiteres aus den entsprechenden Textstellen erheben läßt.

4. Sehr unterschiedlich wird der Name "Ephraim" in der wissenschaftlichen Literatur gedeutet. Nach F. Schulthess[19] ist er mit "Doppelweide, Doppelmarsch" und nach J. Heller[20] mit "Gebiet, Territorium" zu übersetzen. Das in II Sam 13,23 begegnende "Ephraim" wird als Ort (M. Noth)[21], aber auch als Bezeichnung eines Gebietes (W. Caspari[22]; K.-D. Schunck[23]) und als Flurname (H. Seebass)[24] interpretiert.

---

[14] A. Elliger, Frühgeschichte, 88.

[15] R. Smend, Jahwekrieg und Stämmebund, 10 f.; in: ders., Zur ältesten Geschichte Israels, 122 f.

[16] H. Ewald, Geschichte des Volkes Israel Bd. 2, 395.

[17] C. H. J. de Geus, The Tribes of Israel, 79.

[18] N. K. Gottwald, The Tribes of Yahweh, 279.

[19] F. Schulthess, ZAW 30, 1910, 62 f.

[20] J. Heller, VT 12, 1962, 339-341; in: ders., An der Quelle des Lebens, 107-109.

[21] M. Noth, ZDPV 82, 1966, 264-270.

[22] W. Caspari, Die Samuelbücher, 563.

[23] K.-D. Schunck, VT 11, 1961, 194 f.; in: ders., Altes Testament und Heiliges Land, 24 f.

[24] H. Seebass, VT 14, 1964, 497-500.

5. In vielen Darstellungen zur Geschichte Israels wird auf den Stamm Ephraim meist sehr kurz und unzusammenhängend eingegangen, so daß das Bild über seine geschichtliche Entwicklung unscharf bleibt.[25]

ad c) Das Gebiet der Stämme Ephraim und Manasse war in den letzten vier Jahrzehnten Gegenstand einiger wichtiger Surveys, die sich entweder mit dem ganzen Territorium oder mit Teilgebieten beschäftigten und die die Besiedlungsverhältnisse z. T. beträchtlich erhellen konnten.

1. Im Rahmen des Lehrkurses 1957 des Deutschen Evangelischen Instituts für Altertumswissenschaft des Heiligen Landes unter der Leitung von A. Kuschke wurde der Talkessel von Samaria am 5. und 6.9.1957 von R. Bach näher untersucht.[26] Da nicht alle Ortslagen des Talkessels zugänglich waren und der zeitliche Rahmen beschränkt war, konnte die Oberflächenuntersuchung nicht vollständig durchgeführt werden, sie blieb insgesamt auf 11 Ortslagen beschränkt. Ausgangspunkt der Untersuchung war die Frage, ob der fruchtbare Talkessel von Samaria von der Mittelbronze- bis zur frühen Eisenzeit Sichem oder einem anderen Stadtstaat der näheren oder ferneren Umgebung politisch untergeordnet war.[27]

2. E. F. Campbell[28] unternahm im Winter 1964, Frühjahr 1965 und Sommer 1966 einen Survey im Gebiet von Sichem, dessen Ziel es war, "to describe the pattern of occupation during the various periods of the city's existence and during those times when the city lay in ruins. There was the further objective of placing in broader perspective some of the vexing topographic problems of the Shechem region ...".[29] E. F. Campbell und sein Team untersuchten alle in den englischen Karten 1:20 000 und 1:100 000 verzeichneten Orte. Insgesamt wurden 41 Ortslagen besucht, die Rückschlüsse auf ein ungefähres Bild der Siedlungsgeschichte dieses Gebietes erlaubten. Bei der Untersuchung wurden Gräber, Zisternen und Mauerstrukturen berücksichtigt, photographiert und z. T. skizziert und die Keramik auf der Spitze, am Fuß und auf den Terrassen der Tells gesammelt und begutachtet.[30]

3. Das *Wādī Fārᶜa* war Gegenstand zweier Oberflächenuntersuchungen, die im Rahmen der Lehrkurse 1962 und 1964 des Deutschen Evangelischen

---

[25] In den 40 von mir durchgesehenen Darstellungen zur Geschichte Israels war es äußerst mühsam und teilweise erfolglos, ein Bild der Geschichte Ephraims zu erheben.

[26] R. Bach, ZDPV 74, 1958, 41-54; A. Kuschke, ZDPV 74, 1958, 7-34.

[27] A. Kuschke, ZDPV 74, 1958, 13 f.; zur Beantwortung dieser Frage vgl. R. Bach, ZDPV 74, 1958, 52-54.

[28] E. F. Campbell, BASOR 190, 1968, 19-41.

[29] E. F. Campbell, BASOR 190, 1968, 19.

[30] Vgl. zu diesem Survey den Kurzbericht in HA 25, 1968, 28-30; vgl. zu diesem Survey kritisch I. Finkelstein, Archaeology, 121 f.

Instituts für Altertumswissenschaft des Heiligen Landes jeweils unter der Leitung von H. J. Stoebe durchgeführt wurden.[31] S. Kappus besuchte am 18.8. und 1.9.1962 das mittlere *Wādī Fārᶜa*, um insgesamt sechs Ortslagen einer näheren Prüfung zu unterziehen.[32] R. Knierim knüpfte bei seinem Besuch im *Wādī Fārᶜa* am 22.8.1964 an diese Untersuchungen durch den Besuch von vier weiteren Ortslagen an.[33]

4. In den Jahren 1967-68 wurde im Gebiet der Stämme Ephraim und Manasse unter der Leitung von Z. Kallai (Benjamin und Gebirge Ephraim), R. Gophna und Y. Porat (Ephraim und Manasse) ein Survey durchgeführt, der sich vor allem auf die Gebiete und Ortslagen konzentrierte, in denen noch nicht sonderlich intensiv geforscht worden war. Darüber hinaus war es das Ziel der Untersuchung, sowohl bekannte antike Ortslagen als auch moderne arabische Dörfer einer Prüfung zu unterziehen. Der Survey stand im Rahmen des großen Projektes, alle Gebiete Palästinas archäologisch zu untersuchen mit dem Ziel der Erweiterung der Kenntnisse über die Besiedlung des Landes. Alle wissenschaftlichen israelischen Institute, die sich mit Archäologie und Landeskunde Palästinas beschäftigen, nahmen daran teil.[34]

5. In jüngster Zeit wurde vom Institut für Archäologie an der Universität Tel Aviv das Gebiet des Stammes Manasse als Teil des großen Projektes "Das Gebirge Manasse zur Zeit des Alten Testamentes" untersucht.[35] Im Rahmen dieses Projektes konnten weite Gebiete Manasses und u. a. auch die Ebenen von Dothan[36], *Ğabaᶜ* (171.192)[37], *Ṣānūr* (173.195)[38] und *Za-bābde* (180.199)[39] einer eingehenderen Prüfung unterzogen werden. Das Projekt stand unter der Leitung von A. Zertal, der seine Untersuchungen inzwischen abgeschlossen, aber noch nicht veröffentlicht hat.[40] So muß man sich vorerst auf die zahlreichen Einzelveröffentlichungen vor allem in

---

[31] H. J. Stoebe, ZDPV 80, 1964, 1-45; ders., ZDPV 82, 1966, 1-45.

[32] S. Kappus, ZDPV 82, 1966, 74-82.

[33] R. Knierim, ZDPV 85, 1969, 51-62.

[34] M. Kochavi (Hrsg.), Judaea, Samaria and the Golan, 11 f., 151 ff., 197 ff. Vgl. zu diesem Survey kritisch I. Finkelstein, Archaeology, 121 f.

[35] HA 69-71, 1979, 47 f.

[36] HA 69-71, 1979, 47 f.

[37] HA 77, 1981, 54.

[38] HA 77, 1981, 54.

[39] HA 77, 1981, 55 f.

[40] A. Zertal, The Israelite Settlement in the Hill Country of Manasseh (Ph. D. thesis). Tel Aviv University (Hebrew); mir leider nicht zugänglich; zitiert bei I. Finkelstein, Archaeology, 372. Teilergebnisse wurden inzwischen veröffentlicht: A. Zertal, Arubboth, Hepher and the third Solomonic District.

Hadashot Arkhiologiyot sowie auf die Angaben von I. Finkelstein[41], der
Zertals Manuskript offenbar kennt, stützen.

A. Zertal hat im Rahmen dieses Projektes ca. 1000 km² des Gebietes von
Manasse untersucht und dabei bei 91 Ortslagen Eisen I-Keramik gefunden.
Die meisten dieser Ortslagen befanden sich an den Rändern der zahlreichen
Ebenen, 12 Ortslagen wurden von ihm allein in der Ebene Dothan gefunden.
Der Osten des manassitischen Gebietes sei mit Ausnahme des *Wādī Fārᶜa*
und *Wādī Māliḥ* weniger dicht besiedelt gewesen. A. Zertal datiert diesen
Ansiedlungsprozeß in Manasse in die 2. Hälfte des 13. Jahrhunderts v. Chr.
Nach ihm kam die neue Bevölkerung aus dem Osten durch die Wadis in das
Gebiet. In einem ersten Stadium habe sich diese neue Bevölkerung in Ost-
manasse niedergelassen, sie sei dann in einem zweiten Stadium in die zahl-
reichen Täler gezogen, wobei sie mit kanaanäischer Bevölkerung in enge
Berührung kamen. In einem dritten Stadium seien dann die Gebiete in
Westmanasse besiedelt worden.

6. Das Gebiet von Ephraim wird seit 1980 im Rahmen des "Land of
Ephraim Regional Project" vom "Department of Land of Israel Studies at
Bar-Ilan University" unter der Leitung von I. Finkelstein erforscht.[42] Dieses
Projekt zerfällt in zwei Teile: die Ausgrabung von Silo und der Survey des
ganzen Gebietes von Ephraim. Der Survey umfaßt einen Bereich von ca.
1050 km² in den Grenzen des Stammesgebietes von Ephraim.

I. Finkelstein hat mit seinem Buch "The Archaeology of the Israelite
Settlement" eine Art Zwischenergebnis vorgelegt, wobei sein Schwerpunkt
auf der Eisen I-Periode liegt. Beide Projekte sollen das Problem der israelitischen Ansiedlung in Palästina näher beleuchten. Dabei hält I. Finkelstein
als erstes Ergebnis fest, daß sich gegen Ende des 13. Jahrhunderts Gruppen
von Kleinviehhirten in den Gebirgsgegenden ansiedelten, da dort keine
Kanaanäer lebten und der Anbau von Getreide möglich war. Als die Zahl der
Siedler allmählich stieg, reichte das Land nicht mehr aus, was zu Konflikten
mit den Kanaanäern führte. Die Ansiedlung sei "strongly regional in charac-
ter" gewesen: "In each area the course of Israelite Settlement was directly
affected by geographical conditions, economic potential, the strength of the
Canaanites in the vicinity, and the nature of the links forges with them".[43]
Die sich ansiedelnden Israeliten hätten sich zu Stämmen zusammengeschlossen und sich regionale Institutionen wie Silo geschaffen.

---

[41] I. Finkelstein, Archaeology, 89-91.
[42] I. Finkelstein, Archaeology, 119-125; ders., TA 15-16, 1988-89, 117-183; vgl. noch
      A. Lemaire, in: La protohistoire d'Israël, 183-206.
[43] I. Finkelstein, Archaeology, 350.

7. Es erscheint sinnvoll, die Ergebnisse dieser Surveys hier zusammen-
zustellen, um die Besiedlung des Gebirges Ephraim zur Zeit der Landnahme
präziser als bisher beschreiben zu können. Dies ist m. E. auch deshalb
notwendig, da I. Finkelstein die Ergebnisse der seiner Meinung nach un-
wissenschaftlichen deutschen Surveys aus den fünfziger und sechziger Jahren
– leider! – bewußt nicht aufgenommen hat. So fehlen in den "references"
seines Buches[44] die Hinweise auf die Arbeiten von R. Bach[45], A. Kuschke[46], S. Herrmann[47], H. J. Stoebe[48], S. Kappus[49] und R. Knierim[50].

3. Aufgabe und Methode

a) Exegese und Biblische Archäologie

Da die Untersuchung die Geschichte des Stammes Ephraim von der Lan-
nahme bis zur frühen Königszeit nachzeichnen möchte, muß sie zwei Quel-
lenbereiche berücksichtigen: 1. Das archäologische Material. 2. Die Texte
des Alten Testaments. Wie beide Bereiche aufeinander zu beziehen bzw.
voneinander abzugrenzen sind, soll im folgenden dargelegt werden.

ad 1. Als wichtige Quelle für die Geschichte des Stammes Ephraim müssen die Ergebnisse und Materialien der "Archäologie Palästinas" herangezogen werden. Wie sind deren Ergebnisse grundsätzlich zu bewerten? Zunächst
gilt es hier zu beachten, daß die Archäologie Palästinas ein Spezialgebiet der
Vorderasiatischen Archäologie ist. Sie beschreibt ein Gebiet mit dem Namen
"Palästina" mit dem methodischen Instrumentarium der Feldarchäologie.
Zusammen mit der Disziplin der "Israelitischen Altertümer" bildet sie die
sogenannte "Biblische Archäologie". Unter den "Israelitischen Altertümern"
versteht man die Wissenschaft der Einstellungen, der Lebensgewohnheiten
und Lebensverhältnisse, vor allem in der Periode, die die Bibel beschreibt.
Die "Biblische Archäologie" vereinigt diese beiden Disziplinen in sich.
"Durch die Aufnahme beider Disziplinen ist der biblischen Archäologie von
seiten der Archäologie Palästinas eine geographische Grenze (Palästina), vor

---

[44] I. Finkelstein, Archaeology, 358-372.
[45] R. Bach, ZDPV 74, 1958, 41-54.
[46] A. Kuschke, ZDPV 74, 1958, 7-34.
[47] S. Herrmann, ZDPV 80, 1964, 55-79.
[48] H. J. Stoebe, ZDPV 80, 1964, 1-45 und ZDPV 82, 1966, 1-45.
[49] S. Kappus, ZDPV 82, 1966, 74-82.
[50] R. Knierim, ZDPV 85, 1969, 51-62; die Nichtbeachtung der deutschen Forschung wird
    auch in der Rezension von H. N. Rösel, ZDPV 105, 1989, 179 kritisiert.

seiten der Israelitischen Altertümer eine zeitliche Grenze (die Zeit der Bibel) gesetzt".[51]

Es ist heute unbestritten, daß die Biblische Archäologie ein eigenes Fach mit eigenen Aufgaben und eigener Aufgabenstellung darstellt. Sie ist nicht einfach ein Hilfsmittel der Bibelwissenschaft. Das setzt voraus, daß sich exegetische Arbeit unabhängig von der archäologischen Forschung vollzieht. Beide sind jedoch insofern aufeinander bezogen, als sie die Hinterlassenschaft und die Geschichte des Volkes Israel zum Forschungsgegenstand haben. "Das Nebeneinander von Texten und Denkmälern war immer schon vorgegeben, so daß ein hinreichendes Verständnis der Texte ohne Kenntnis der materiellen Kultur ebenso ausgeschlossen ist wie eine angemessene Deutung archäologischer Befunde ohne die Kenntnis der sachgemäßen Auslegung der biblischen Schriften".[52] Das Wort "biblisch" bezieht sich also nicht auf eine besondere Interpretationsweise, sondern dient nur zur Kennzeichnung des sachlichen Zusammenhangs.

Besteht bei der Exegese biblischer Texte die Gefahr der "internal evidence", so lauert bei der Biblischen Archäologie diejenige der "external evidence", d. h. die Verbindung der kritischen archäologischen Arbeit mit einer unkritischen Haltung gegenüber den biblischen Traditionen, "... so, als könnten Mauern, Steine und Tongefäßscherben die historische Zuverlässigkeit atl Texte stützen und bestätigen".[53] Die historisch-kritische Untersuchung des literarischen Quellenmaterials muß unabhängig von der Archäologie betrieben werden. In jedem Fall ist sorgfältig zu prüfen, "ob und gegebenenfalls wie eine Verbindung archäologisch gesicherter Daten und bibelwissenschaftlicher Resultate möglich ist".[54] Die palästinische Archäologie darf auf keinen Fall überschätzt werden, denn oft genug sind ihre Befunde mehrdeutig und Schlußfolgerungen bleiben deshalb in vielen Fällen hypothetisch. Ihre Ergebnisse dürfen auch nicht theologisch verklärt werden, denn sie schweigt von Gott und entzieht sich jeder religiösen Beweisführung.

Trotz dieser Vorsicht sollte es keinen Zweifel daran geben, daß die Ergebnisse der Biblischen Archäologie ein unerläßlicher Bestandteil der Sachexegese sind. Sie stellen keine Einschränkung für die Bibelwissenschaft dar, sondern ermöglichen eine Ausweitung von Kenntnis und Verständnis in historischer und kulturgeschichtlicher Hinsicht. "Darum sollten archäologi-

---

[51] E. Noort, Biblisch-archäologische Hermeneutik, 22.
[52] V. Fritz, Einführung in die biblische Archäologie, 226.
[53] H. Donner, Geschichte 1, 26.
[54] H. Donner, Geschichte 1, 26 f.

sche Ergebnisse verstärkt in die Geschichte Israels einbezogen werden".[55] Das gilt insbesondere für die in dieser Untersuchung im Vordergrund stehende vorstaatliche Zeit.

ad 2. Die zu untersuchenden Texte des Alten Testaments müssen mit größtmöglicher Behutsamkeit exegesiert werden. Methodisch unerlaubt ist dabei die Annahme der Möglichkeit, etwas könne sich so zugetragen haben, wie es berichtet wird. Diese Möglichkeit darf nicht zum Kriterium erhoben und als Stütze der historischen Zuverlässigkeit der Überlieferung dienen, denn hier lauert die Gefahr der sog. "internal evidence". Die Exegese der Texte muß sich darüber klar sein, daß die Historie in unserem Sinn immer einer bestimmten Aussageintention untergeordnet ist. "Texte, die historische Nachrichten enthalten, werden zu Erzählungen zusammengefügt, deren Aussageintention niemals die Historizität an sich ist. Ja, öfter stellt sich heraus, daß das Aussageziel eines Textkomplexes: JHWH und kein anderer hat das Land geschenkt, die Stadt in unsere Hand gegeben, so primär ist, daß Material übernommen und eingeordnet wird, ohne daß die für uns üblichen Grenzen von Zeit, Raum und Ort eingehalten werden".[56]

Mit diesem Problem des Verhältnisses von historischer Nachricht und Aussageintention des Textes wird auch die vorliegende Untersuchung konfrontiert, denn sie behandelt in erster Linie Texte, die die Zeit vor der Staatenbildung zum Inhalt haben. Für diese Zeitperiode ist die Quellenlage sehr schlecht, denn Israel war noch keine historische Größe im vollen Sinn des Wortes. Es bestand aus einer Vielzahl unabhängiger Stämme, die erst dabei waren, zu "Israel" zusammenzuwachsen. Dennoch war in Israel das Interesse an diesem Werdeprozeß äußerst stark, denn er wurde in nicht weniger als sieben Büchern beschrieben. Diese Problematik spiegelt sich auch in der wissenschaftlichen Diskussion wider, denn nirgendwo gibt es so viele Meinungsunterschiede bis hin zu gänzlich entgegengesetzten Auffassungen wie in der Vor- und Frühgeschichte Israels.[57]

Die gesunde Skepsis gerade gegenüber diesen sieben Büchern des Alten Testaments darf jedoch nicht zu dem Fehlurteil führen, daß sie gänzlich aus dem Quellenbestand des Historikers auszuscheiden wären. Die hier vorliegenden Texte können einen historischen Kern haben, der mitunter auf der Grundlage historisch-kritischer Arbeitsweise ermittelt werden kann. Mögliche Hinweise auf historisches Gut liegen m. E. in folgenden Fällen vor:

---

[55] V. Fritz, Einführung in die biblische Archäologie, 227.
[56] E. Noort, Biblisch-archäologische Hermeneutik, 8 f.
[57] H. Donner, Geschichte 1, 26-28.

1. Die Nennung geographischer und topographischer Namen kann ein
erster Hinweis auf Haftpunkte von Überlieferungen sein. 1. Beispiel: So
scheint mir der überlieferungsgeschichtliche Kern von Jdc 7,23-25 in den
drei Lokalitäten Beth-Bara, dem Rabenfelsen und der Wolfskelter zu suchen
sein. Auch wenn diese Stätten heute nicht mehr exakt lokalisiert werden
können, erlauben sie doch aufgrund ihrer Singularität den Rückschluß auf
einen möglichen historischen Kern der Überlieferung, d. h., daß an diesen
Orten die Erinnerung an eine Auseinandersetzung zwischen Ephraim und
Midian und die Tötung zweier midianitischer Fürsten haftete. Freie Erfindungen dürften in solchen besonderen Namen kaum vorliegen. 2. Beispiel:
In Jdc 12,1-3 liegt m. E. der überlieferungsgeschichtliche Kern in dem
genannten Ort Zaphon. Mit ihm war offenbar die Erinnerung an eine Auseinandersetzung zwischen Jephta und Ephraim verbunden.

2. Die Auflistung von Orten und Gebieten kann ein weiterer Hinweis auf
historisches Gut eines Textes sein, denn in ihnen können sich alte Gebiets-
und Territorialverhältnisse widerspiegeln. Interssant werden diese Listen vor
allem dann, wenn sie ein zweites Mal in der alttestamentlichen Überlieferung
erscheinen. Ein Vergleich des übereinstimmenden und abweichenden Materi-
als kann dann zu wertvollen Erkenntnissen führen. So steht in Jdc 1,27 die
Aufzählung von Ortschaften Manasses, die von den israelitischen Stämmen
nicht in Besitz genommen wurden. Diese Aufzählung erscheint noch einmal
mit Abweichungen in Jos 17,11. Eine Liste mit Ortsnamen findet sich auch
in 1 Reg 4,7-20, wo die 12 Distrikte zur Versorgung des königlichen Pala-
stes in Jerusalem aufgeführt werden.

3. Sonderüberlieferungen können ein weiterer wichtiger Hinweis auf
historische Aussagen sein. Solche Überlieferungen sind ja kaum bloße
Erfindungen von Redaktoren, sondern sie können einen Anhalt in der Historie haben. Zu solch einer Sonderüberlieferung zählt m. E. die Schibboleth-
Szene in Jdc 12,1-6, die auch in sprachgeschichtlicher Hinsicht wichtig ist.

In diesen Fällen kann (!) historisches Gut vorliegen. Bevor man hier
jedoch zu positiven historischen Urteilen kommt, müssen noch viele andere
Fragen beantwortet sein. Bsp.: Wo sind die Ortslagen zu lokalisieren?
Können sie überhaupt lokalisiert werden? Wer sind die Träger der Überlieferungen? Welches Interesse steht hinter den Überlieferungen, Sonderüberlieferungen, Orts- und Gebietslisten? Erst wenn diese Frage befriedigend
geklärt werden, kann man historische Schlußfolgerungen ziehen. So zeigt es
sich, wie kompliziert die Frage nach der Historie ist und vieles notgedrungen
unbeantwortet und hypothetisch bleiben muß.

Die einfachste Verbindung zwischen Archäologie und Bibel liegt auf dem
Gebiet der Topographie. Da die vorliegende Untersuchung oft genug der

Frage nach der Identifikation und Lokalisation von alttestamentlichen Orten nachgeht, sollen die Kriterien beschrieben werden, nach denen dies geschieht.

Soweit wie möglich werden die arabischen und nicht die modernhebräischen Namen in der Untersuchung aufgeführt, denn allein die "traditionellen arabischen Namen können Auskunft darüber geben, ob und in welcher Form ein historischer Name durch die Zeiten erhalten geblieben ist".[58] Allerdings läßt sich auf die Namensgleichheit allein keine Lokalisierung gründen. Wo der Kontext die Lage eines Ortes nicht wenigstens einigermaßen eingrenzt, ist eine Lokalisierung nicht möglich. Wo aber die Lage eines Ortes durch die Quellenaussage hinreichend umschrieben ist und ein besonderer und charakteristischer archäologischer Befund vorliegt, kann ein Ort auch ohne seinen erhaltenen Namen lokalisiert werden. Für die Lokalisierung eines Ortes ist zudem die Beantwortung folgender Fragen wichtig: Was weiß der Autor über die Lage des Ortes? Standen ihm Unterlagen wie Städtelisten, Grenzbeschreibungen und Wegeverzeichnisse zur Verfügung?

Der archäologische Befund ist ein weiterer wichtiger Faktor bei der Lokalisierung eines historischen Ortes. Die Lokalisierung eines durch literarische Quellen bezeugten Ortes gilt im allgemeinen erst dann als gesichert, wenn bei Ausgrabungen oder im Scherbenbelag der Oberfläche die charakteristische Keramik der Epoche gefunden wurde. Allerdings ist ein Lokalisierungsvorschlag durch einen negativen Befund noch nicht unbedingt widerlegt, denn das Gewicht des archäologischen Befundes hängt auch vom Umfang der Grabung ab. Beim archäologischen Befund sind vor allem die Zeitepoche, die Bedeutung der Ortslage, seine Verkehrslage und seine Verteidigungsmöglichkeiten zu beachten.

Problematisch im Bereich der historischen Topographie ist die Festlegung von Grenzen, denn oft genug sind nur einige wenige Orte bekannt, deren Zugehörigkeit zu einem Territorium für einen bestimmten Zeitpunkt bezeugt ist. Für die Grenzfestlegung reicht dies jedoch nicht aus. So muß gerade auf diesem Gebiet vieles hypothetisch bleiben.

Ein weiteres wichtiges Hilfsmittel bei der Lokalisierung biblischer Ortslagen bildet die außeralttestamentliche Literatur. Hier sind u. a. Flavius Josephus, die Zenon-Papyri, Pilgerberichte, die rabbinische und patristische Literatur und das Onomastikon des Euseb zu nennen. Eusebs Onomastikon führt über 900 Ortsnamen der griechischen Bibel in alphabetischer Ordnung an. Zu 360 Ortsnamen werden Identifizierung mit Orten seiner Zeit mitsamt topographischer Angaben geboten. Freilich wollen diese Quellen mit großer

---

[58] G. Schmitt, in: Von der Quelle zur Karte, 146.

Vorsicht behandelt werden, denn nicht selten steht ein starkes religiöses Bedürfnis hinter ihnen, das stärker ist als der Wille nach der tatsächlichen Lokalisierung. Einige dieser Quellen werden auch in der vorliegenden Untersuchung herangezogen.[59]

b) Der Aufbau der Untersuchung

Die vorliegende Studie macht es sich zur Aufgabe, die Geschichte des Stammes Ephraim von der Landnahme bis zur frühen Königszeit anhand der alttestamentlichen Überlieferung nachzuzeichnen. Sie wertet dazu Texte aus dem Josua-, Richter-, Samuel- und dem Königebuch sowie die Abschnitte über Ephraim bzw. Joseph in den Stammessprüchen Gen 49 und Dtn 33 jeweils unter der speziellen Fragestellung "Ephraim" aus. Sie stützt sich zudem auf die Ergebnisse der archäologischen Untersuchungen im Gebiet des Stammes Ephraim, die vor allem in dem Kapitel über die Besiedlung des Gebirges Ephraim in der Eisen I-Zeit ausgewertet werden.

Sie setzt ein mit Erwägungen zum Namen "Ephraim" sowie einer Beschreibung seines Gebietes auf dem "Gebirge Ephraim". In unmittelbarer Verbindung dazu wird unter Rückgriff auf archäologische Surveys und zunächst unabhängig von den literarischen Quellen nach der Besiedlung der Gebiete Ephraim und Manasse in der Eisen I-Zeit gefragt.

Im Anschluß daran werden in chronologischer Reihenfolge diejenigen Texte des Alten Testaments exegesiert, die Nachrichten über den Stamm Ephraim enthalten. Inwieweit hier historisch verwertbare Nachrichten vorliegen, muß im Einzelfall geprüft werden.

Eine der ältesten Notizen über "Ephraim" scheint in Jos 17,14-18 enthalten zu sein, wo von der Trennung des "Hauses Joseph" in die beiden Stämme Ephraim und Manasse die Rede ist. Es steht deshalb an erster Stelle der Textexegesen. Da es m. E. möglich ist, das in Jos 17,14-18 beschriebene Geschehen mit dem Stammesspruch über Joseph in Gen 49,22-26 zu verknüpfen, wird Gen 49,22-26 als zweiter Text exegesiert. Einblicke in die Jahrzehnte der Ansiedlung in Palästina läßt der Abschnitt Jos 16,4-10 erkennen, der darauf schließen läßt, daß ephraimitische Orte als Exklaven in manassitischem Gebiet lagen und kanaanäische Bevölkerung inmitten von Ephraim wohnte.

Die geschichtliche Situation Ephraims zur Zeit der Richter spiegelt sich m. E. in Jdc 5,14; 1,29; 7,23-8,3; 12,1-6 sowie Dtn 33,13-17 wider. Nach Jdc

---

[59] G. Schmitt, in: Von der Quelle zur Karte, 145-160.

5,14 zog der Stamm Ephraim hinter benjaminitischen Heerscharen in den Kampf gegen die Kanaanäer. Mit der Deboraschlacht ist möglicherweise die Notiz in Jdc 1,29 in Verbindung zu bringen, nach der Ephraim die Kanaanäer, die in Geser wohnten, nicht vertreiben konnte. Deshalb werden diese beiden Stellen unmittelbar hintereinander behandelt. Inhaltlich zusammen gehören auch 7,23-8,3; 12,1-6, weil es hier jeweils um innerisraelitische Auseinandersetzungen zwischen Ephraim und Gideon bzw. Ephraim und Jephta geht. Die bedeutende Stellung Ephraims zur Zeit der Richter spiegelt sich m. E. in dem Spruch Dtn 33,13-17 wider, der am Ende dieses größeren Abschnittes exegesiert wird.

Die Situation Ephraims in der frühen Königszeit wird anhand von II Sam 2,8 f.; 13,23 und I Reg 4,8 beleuchtet. Hier läßt sich beobachten, daß Ephraim nicht mehr solch eine dominierende Rolle wie in der Richterzeit spielt.

Die Untersuchung schließt mit einem theologischen Ausblick auf Ps 60; 80 sowie einem Resümee.

Die Studie verfolgt nicht das Ziel, das Vorkommen von "Ephraim" in der prophetischen Literatur zu untersuchen. Wie die Auflistung des biblischen Befundes zeigt, würde dadurch ihr Umfang nicht nur über die Maßen anschwellen, sondern vor allem verschöbe sich der Charakter und das Ziel der Studie erheblich, denn Ephraim steht bei den Propheten in erster Linie stellvertretend für das Nordreich. Zwar hatte Hosea Ephraim auch als Stamm vor Augen, da er es in 5,8 f. zusammen mit Benjamin und den "Stämmen Israels" nennt, doch dies ist die Ausnahme. Wollte man die Verwendung Ephraims bei den Propheten zum Gegenstand machen, dann müßte man sowohl die Theologie des jeweiligen Propheten als auch das Verhältnis von Nord- und Südreich grundsätzlich darstellen. Bei Jesaja müßte man zudem auf die Problematik des syrisch-ephraimitischen Krieges (Jes 7) und bei Hosea auf die gleichzeitige Verwendung von "Israel" und Ephraim eingehen. In welche Richtung eine solche Untersuchung gehen könnte, soll das Kapitel "Theologischer Ausblick" andeuten.

Die vorliegende Studie verfolgt die Geschichte Ephraims über den langen Zeitraum von ca. 300 Jahren (ca. 1200–900 v. Chr.). Aufgrund der doch eher spärlichen Nachrichten des Alten Testaments können innerhalb dieses Zeitraums jedoch nur einzelne Stationen herausgegriffen und beleuchtet werden. Diese allerdings waren für das Selbstverständnis des Stammes Ephraim offenbar so bedeutend, daß sie Eingang in den Überlieferungsprozeß fanden, um dort festgehalten oder tradiert zu werden. Sie prägten das Bild über Ephraim für diesen Zeitraum und sie sollen Gegenstand der vorliegenden Untersuchung sein.

b) Die Studie beschäftigt sich mit einer Zeitspanne, die man als Abschluß
der Frühgeschichte und als den Anfang der eigentlichen Geschichte Israels
ansehen kann.[60] Die Frühgeschichte Israels mit ihren Stationen des Zeit-
alters der Patriarchen, des Exodus, der Wüstenwanderung und der Eroberung
des Landes Kanaan hatte mit der Seßhaftwerdung der israelitischen Stämme
ein Ende gefunden. Die Wanderbewegungen der Israeliten innerhalb Kanaans
waren endgültig zum Abschluß gekommen und die Stämme hatten ihren
Erbbesitz auf Jahrhunderte hinaus festgelegt. "Diese geschichtlich-territoriale
Verknüpfung war es, die die Grundlage für die nachfolgende Geschichtserzählung der Bibel abgab."[61]

Die Schwierigkeit der Erforschung dieser Zeitspanne liegt auf der Hand,
denn bei den dazu auszuwertenden alttestamentlichen Überlieferungen
handelt es sich in den allerwenigsten Fällen um authentische Mitteilung von
Urkunden, "die nachweislich der jeweiligen Epoche unmittelbar entstammen
und im direkten Zusammenhang mit dem betreffenden Ereignis entstanden".[62] Dies ist die Ursache für sachliche Schwierigkeiten, die darin bestehen, "daß der alttestamentliche Textbefund zahlreichen historischen Detailfragen nicht standhält, entweder weil er selbst lückenhaft oder von Interessen
beeinflußt ist, die tatsächlich auf das Konto der 'Überlieferung' gehen, oder
gar offene Widersprüche zu erkennen gibt".[63] Hinzu kommen das häufige
Fehlen von nichtalttestamentlichen Paralleltexten, Widersprüche in der
Überlieferung sowie das Schweigen über geschichtliche Hintergründe und
die ausschließliche Nennung von nur besonders markanten Erzählzügen.

Diese Schwierigkeiten dürfen jedoch nicht zu einem vorschnellen Verzicht der Erforschung der Geschichte Israels von der Landnahme bis zur
frühen Königszeit führen. Diesen Verzicht verbietet die Bibel selbst, denn
sie schildert diese Zeitepoche sehr breit und genau, womit sie die Bedeutung
dieser Anfänge für das Selbstverständnis Israels belegt.[64] Die biblischen
Autoren wollten ja auf ihre Weise Geschichte bieten und man "darf bei
ihnen ... ziemlich allgemein den guten Glauben voraussetzen, daß es sich bei

---

[60] Diese zeitliche und terminologische Festlegung folgt A. Malamat, ThZ 39, 1983, 4. Bei
der Verwendung der Begriffe "Vor-, Früh- und 'eigentliche' Geschichte Israels" findet
sich bei den Gelehrten keine Übereinstimmung; ebenso ist der Beginn der "eigentlichen"
Geschichte Israels heftig umstritten; vgl. dazu den Forschungsüberblick bei J. A. Soggin,
ZAW 100, 1988 Suppl., 255-265.
[61] A. Malamat, ThZ 39, 1983, 4.
[62] S. Herrmann, ThLZ 94, 1969, 643.
[63] S. Herrmann, ThLZ 94, 1969, 644; vgl. dazu auch H. Gese, ThQ 167, 1987, 252-265.
[64] N. Lohfink, ZdZ 39, 1985, 174; R. Smend, Überlieferung und Geschichte, in: ders., Zur
ältesten Geschichte Israels, 16 f.; A. Malamat, ThZ 39, 1983, 13 f.

dem, was sie erzählen, um wirklich geschehene Vorgänge handelt".[65] Ihre Darstellung der Geschichte Israels wird jedoch *sub specie Dei* gesehen, "ja der Gott Israels ist oft genug nicht nur indirekt, sondern direkt beteiligt. Die meisten Geschichten im Alten Testament sind heimlich oder offen Jahwegeschichten und als solche kanonisch, Maßstäbe, lange bevor es den Kanon als solchen gibt".[66]

Bei der Erforschung dieser Zeitspanne wird die Studie dabei über weite Strecken nicht über Hypothesen hinauskommen.[67] Aber es ist zweifellos besser, "mit ihnen zu arbeiten als ganz auf Hypothesenbildung zu verzichten. Denn in Wirklichkeit ist gar keine Hypothese auch eine, und sie ist gefährlich, weil nicht kontrollierbar."[68] Zudem kann u. U. eine neue Hypothese auf Grund neuer Fakten und besserer Erkenntnisse eine größere Erklärungskraft als eine alte haben oder diese mitunter auch bestätigen. Man muß N. Lohfink in seiner Warnung vor einem weißen Fleck für Israels Anfänge nachdrücklich zustimmen: "... es wäre für uns niemals erklärlich, warum jenes Israel, das dann das Alte Testament schuf, seinen eigenen Entwurf und die maßgebenden Taten seines Gottes offenbar gerade in jenen frühen Raum seiner Anfänge unterbringen mußte."[69]

Die vorliegende Studie möchte dem historischen Hintergrund der zu untersuchenden Texte nahekommen[70], um so ein möglichst sachgemäßes Bild der Geschichte des Stammes Ephraim von der Landnahme bis zur frühen Königszeit nachzeichnen zu können. Inwiefern sich dabei in den Texten historisch verwertbares Material isolieren läßt, muß im Einzelfall und mit Einzeluntersuchungen festgestellt werden.[71] Die vorliegende Arbeit möchte sich auf diese Weise in die notwendige und "nie abreißende Reihe

---

[65] R. Smend, Überlieferung und Geschichte, in: ders., Zur ältesten Geschichte Israels, 16 f.

[66] R. Smend, Überlieferung und Geschichte, in: ders., Zur ältesten Geschichte Israels, 21; vgl. noch H. Gese, ThQ 167, 1987, 260.

[67] A. Malamat, ThZ 39, 1983, 6.

[68] N. Lohfink, BiKi 38, 1983, 50; ders., Gesellschaftlicher Wandel, in: Dynamik im Wort, 128.

[69] N. Lohfink, ZdZ 39, 1983, 179.

[70] Nach H. J. Stoebe, ThZ 45, 1989, 292 geht es bei der Auslegung jedes biblischen Textes darum, "die Absicht, Voraussetzung und ursprüngliche Meinung der Texte so zuverlässig wie möglich herauszustellen, ebenso Missverständnisse wie Fehldeutungen auszuschliessen ...".

[71] J. A. Soggin, ZAW 100, 1988 Suppl., 262 f.; A. Malamat, ThZ 39, 1983, 10: "All diesen widrigen Umständen zum Trotz sollten wir uns nicht zu einem gelegentlich extremen Skeptizismus verleiten lassen ... Die vorliegende Überlieferung kann durchaus zur Rekonstruktion auch früher Ereignisse verwendet werden, doch müssen zuerst die Kriterien festgelegt werden, nach denen der geschichtliche Kern herausgeschält und von späterem Beiwerk unterschieden werden soll."

von Themata für Einzeluntersuchungen und besonders für Dissertationen"[72] über die Anfänge der Geschichte Israels einordnen, um die "Zahl der 'vielen Unbekannten' möglichst zu verringern und durch intensives Studium der in den Texten mitgeteilten Details die Voraussetzungen zu umfassenden Kombinationsmöglichkeiten zu schaffen und die Methoden dazu so weit wie möglich zu verfeinern".[73]

---

[72] So die Formulierung von J. A. Soggin, ZAW 100, 1988 Suppl., 267.
[73] S. Herrmann, ThLZ 94, 1969, 650.

B Ephraim zur Zeit der Landnahme

§ 2 Ephraim: Name – Frühgeschichte – Gebiet – Besiedlung

1. Ephraim: Erwägung zum Namen

In Gen 41,52 findet sich im Kontext der Geburt der beiden Josephsöhne folgende Deutung des Namens "Ephraim": Es heißt hier, Joseph habe seinen Sohn "Ephraim" genannt, weil Gott ihn im Land seines Elends habe fruchtbar werden lassen (*hiprani*). Der Name wird hier von *prh* Hif. abgeleitet.[1] Daß es sich dabei kaum um die ursprüngliche Ableitung des Namens Ephraim handelt, wird durch folgende Beobachtung wahrscheinlich: In Gen 41,51 f. dient die Erklärung der Namen Ephraim und Manasse dazu, die Schicksalswende im Leben Josephs zu verdeutlichen: "Großwesir Ägyptens, verheiratet mit der Tochter des obersten Priesters im Lande, und nun zwei Söhne aus dieser Ehe! Die Sätze, mit denen Joseph die Namen deutet, sind demnach Ausdruck seines Dankes für die ungeahnte Wende und die Erfüllung, die sein Leben auf einen so völlig neuen Plan gestellt hat."[2] Diese theologische Deutung wurde an die Namen herangetragen, um das Gotteslob zum Ausdruck zu bringen. Hätten wir es hier mit der ursprünglichen Ableitung des Namens zu tun, so wäre bei der Erklärung von Ephraim der Konsonant Aleph schwer zu rechtfertigen.[3] Bei der Erklärung von Manasse zeigt sich ebenfalls durch die Form *naššanî* anstelle der regulären Bildung *niššanî*, daß der Stammesname primär ist und die Form *naššanî* an Manasse (*m^enaššä*) herangetrangen wurde.[4]

---

[1] Zu *prh* Hif. vgl. Gen 17,6.20; 28,3; Lev 26,9; Ps 105,24; in Gen 17,6.20 wird *prh* noch mit zweifachem *m^eod* gesteigert; in Gen 28,3; 48,4; Lev 26,9 steht es in Parallele zu *rbh.*

[2] G. von Rad, Das erste Buch Mose, 310.

[3] Nach J. Barth, Nominalbildung, 220 sind Alef-Bildungen außerhalb des Arabischen so schwach entwickelt, daß die Grundlage fehlt, "um normale und vereinzelte Bildungen von einander zu trennen". Zum Präfix Alef vgl. Barth, Nominalbildung, 118 f.

[4] Vgl. dazu W. Gesenius/E. Kautzsch, Hebräische Grammatik, § 52 m; H. Bauer/P. Leander, Historische Grammatik, 59 e; zur Literarkritik und zur Stellung von V. 50-52 im Kontext von Gen 41 vgl. H. Gunkel, Genesis, 439 f.; G. von Rad, Das erste Buch Mose, 310; C. Westermann, Genesis 37-50, 101; H.-C. Schmitt, Die nichtpriesterschrift-

Läßt sich die Etymologie von "Ephraim" dennoch ermitteln? In der dritten Auflage des Wörterbuches von L. Köhler und W. Baumgartner findet sich der Hinweis auf das mittelhebräische Nomen *'appār* und das jüdisch-aramäische *'pr'* "Weideland".[5] Sie übernehmen hier eine Ableitung, die m. W. zum ersten Mal von F. Schulthess vorgenommen wurde.[6] Schulthess sieht in *'prym* die maskuline Form zu *'prth*, das in Mi 5,1 als *epitheton ornans* zu Bethlehem verwendet wird. Er geht nach Analogie der übrigen hebräischen und semitischen geographischen Namen mit der Endung *-ayim* von einer konkreten Bedeutung von *'pr* aus. Diese findet er bei dem jüdisch-aramäischen Nomen *'pr'* "Weideland", *'prym* müsse demnach "Doppelweide", "Doppelmarsch" bedeuten. Diese Ableitung stehe in bester Übereinstimmung mit der Volksetymologie in Gen 48,7; Hos 13,15 und mit der Fruchtbarkeit "Ephratas" und des ephraimitischen Berglandes.[7]

In die gleiche Richtung geht die Deutung von J. Heller, der an die These von F. Schulthess anknüpft.[8] Ebenso wie F. Schulthess verteidigt er die Wurzel *'-p-r* als Ausgangspunkt der Ableitung. Er bezieht sich jedoch nicht auf das späte Aramäisch, sondern auf das akkadische Wort *epēru* "Staub, Gebiet, Territorium". Nach J. Heller kommt es im Akkadischen oft in denselben Wendungen und Bindungen wie das hebräische *'epär* vor. Er vermutet deshalb, "dass hinter dem Namen Ephraim ursprünglich dieses akkadische Appellativum steckt, das erst später – durch eine lokative Endung erweitert – als Proprium aufgefasst wurde; etwa wie provincia – Provence".[9]

Wie sind diese beiden Ableitungen zu bewerten? Diejenige von Schulthess ist insofern unsicher, da das Material, auf das er sich stützt, sehr dürftig und aus später Zeit ist.[10] Zudem ist die Endung *-ayim* keine Dualendung,

---

liche Josephsgeschichte, 35 ff.; wenig hilfreich ist bei der Frage nach dem Namen Hos 13,15, da die Stelle textkritisch umstritten ist, vgl. dazu W. Rudolph, Hosea, 239 f.; H. W. Wolff, Hosea, 288.

[5] HAL³, 78.

[6] F. Schulthess, ZAW 30, 1910, 62 f.

[7] F. Schulthess, ZAW 30, 1910, 63: *'pr'* "scheint ein spezifisch jüdisch-aramäisches Wort zu sein; dem Syrischen ist es so fremd, daß nicht einmal die Glossensammler von ihm wissen. Möglich, daß das Hebräische es auch besessen hat; es kann hier aber auch altes aramäisches Lehnwort sein".

[8] J. Heller, Noch zu Ophra, Ephron und Ephraim, in: ders., An der Quelle des Lebens, 107-109.

[9] J. Heller, Noch zu Ophra, Ephron und Ephraim, in: ders., An der Quelle des Lebens, 107 f.

[10] J. Heller, Noch zu Ophra, Ephron und Ephraim, in: ders., An der Quelle des Lebens, 107 f.

sondern eine bei Ortsnamen häufig begegnende Endung, deren Entstehung allerdings unsicher ist.[11] Die Übersetzung mit "Doppelweide" ist deshalb kaum wahrscheinlich. E. Y. Kutscher wies darauf hin, daß das jüdisch-aramäische Nomen *'pr* nur in der Mischna in vokalisierter Form *'appār* (Nominalform *qattāl*) vorkomme. Das akkadische *appārum* zeige, daß diese richtig sei, und belege, daß das Wort als Lehnwort aus dem Akkadisch-Sumerischen anzusehen sei. Andererseits sei es nun wegen der Vokalisation klar, daß ein Zusammenhang mit *'äprayim* ausgeschlossen sei.[12]

J. Hellers These, daß "Ephraim" von dem akkadischen Wort *epēru* "Staub, Gebiet, Territorium" herzuleiten sei, (*eprum* 'Staub' <* *ᶜaprum*)[13] ist sprachlich überzeugender als diejenige von F. Schulthess. Allerdings bleibt zu fragen, ob der ausschließliche Bezug zu "Gebiet, Territorium" richtig ist, da im Hebräischen das Nomen *'epär* niemals diese Bedeutung hat.[14] Im Alten Testament begegnet *'epär* vielmehr in der Bedeutung "Staub, Asche". Im folgenden soll nun die These gewagt und verteidigt werden, daß "Ephraim" das Nomen *'epär* in der Bedeutung "Staub", genauer "lockere Erde" zugrunde liegt und ein physisches Merkmal des ephraimitischen Gebirges wiedergibt.[15]

Das Nomen *'epär* begegnet 22 Mal im Alten Testament: Gen 18,27; Num 19,9 f.; II Sam 13,19; Jes 44,20; 58,5; 61,3; Jer 6,26; Ez 27,30; 28,18; Jon 3,6; Mal 3,21; Ps 102,10; 147,16; Hi 2,8; 13,12; 30,19; 42,6; Thr 3,16; Est 4,1.3; Dan 9,3. In seiner Untersuchung zur geographischen Terminologie im Hebräischen des Alten Testaments[16] kommt A. Schwarzenbach zu dem Ergebnis, daß *'epär* nur die Bedeutung "Asche" habe. Er begründet dies u. a. mit folgenden Argumenten: *śaq* und *'epär* begegne oft nebeneinander; die Wendung *ᶜāpār wᵉ'epär* lasse auf einen bedeutungsmäßigen Unterschied zwischen beiden Nomina schließen; die Versionen verstünden unter *'epär*

---

[11] W. Borée, Die alten Ortsnamen Palästinas, 54-56.

[12] E. Y. Kutscher, Mittelhebräisch und Jüdisch-Aramäisch, in: FS W. Baumgartner, 163.

[13] Das *'epär* ein Lehnwort aus dem Akkadischen sei (*epiru*), wurde bereits von H. Zimmern, Akkadische Fremdwörter, 43 angenommen; zu *eprum* <* *ᶜaprum* vgl. W. von Soden, Grundriss der akkadischen Grammatik, § 9 a (S. 11); ablehnend: A. F. Rainey, TA 1, 1974, 77.81.

[14] Siehe dazu im folgenden.

[15] Zu *'epär* = "Staub" vgl. J. Kutscher, Leš. 27/28, 1964, 184 f. (neuhebr.); nach A. F. Rainey, TA 1, 1974, 81 begegnen *ᶜpr* und *'pr* deshalb nebeneinander, weil "these distinct substances were frequently associated in speech because they were also combined in real life for construction purposes". Nach Rainey, TA 1, 1974, 81 bezeichnet *'pr* "burned material".

[16] A. Schwarzenbach, Die geographische Terminologie im Hebräischen des Alten Testaments, 127-129.

"Asche".[17] M. E. läßt sich dieses Ergebnis mit dem Textbefund nicht in Übereinstimmung bringen. Mit H. J. Elhorst[18], R. Smend[19] und G. Wanke[20] bin ich der Meinung, daß *'epär* in der überwiegenden Zahl der Fälle die Bedeutung "Staub, lockere Erde" hat.

In Gen 18,27; Hi 30,19; 42,6; Ez 27,30 begegnet *'epär* zusammen mit *ʿāpār* als Bild der Niedrigkeit. In Gen 18,27 sagt Abraham in einer Selbstprädikation, er sei nur *ʿāpār wā'epär*. Die geläufige Übersetzung "Staub und Asche"[21] führt in die Irre, denn was sollte "Asche" hier bedeuten? Abraham möchte damit vielmehr sagen, daß er "Staub und nichts als Staub" sei.[22] Die Bedeutung "Staub" für *'epär* legen auch Hi 30,19; 42,6; Ez 27,30 nahe, da in all diesen Stellen die Vorstellung von Feuer, Verbrennen o. ä. fehlt.

Als Bild der Trauer und in Verbindung mit *śaq* steht *'epär* in Jes 58,5; Jer 6,26; Jon 3,6; Est 4,1.3; Dan 9,3. Auch hier fehlt jeglicher Bezug zu Feuer. In Jon 3,6 steht "Staub" in Antithese zu dem "Thron" des Königs von Ninive.[23]

In übertragener Bedeutung steht *'epär* in Ps 102,10 und Hi 13,12. In Hi 13,12 ist von "Sprüchen aus Staub" die Rede[24] und in Ps 102,10 klagt der Beter, daß er "Staub" wie Brot esse.

In Jes 61,3 steht "Staub" in Antithese zu "Schmuck"; in Ez 28,18 begegnet "Staub" im Bild vom Erdensturz (vgl. V. 17)[25], in Mal 3,21 ist davon die Rede, daß die Gottlosen zu "Staub" unter den Füßen der Gottesfürchtigen werden; in Ps 147,16 wird angekündigt, daß Gott Reif wie "Staub" streuen werde; in Hi 2,8 wird berichtet, wie Hiob sich mit einer Scherbe schabt und im "Staub" sitzt; in Thr 3,16 begegnet "Staub" zusammen mit "Kiesel"; in II Sam 13,19 wird berichtet, daß sich Thamar nach der Vertreibung durch Amnon "Staub" auf ihr Haupt streut, ihre Kleidung zerreißt, die Hand auf ihr Haupt legt und bitterlich weint.[26]

---

[17] A. Schwarzenbach, Die geographische Terminologie im Hebräischen des Alten Testaments, 129.

[18] H. J. Elhorst, Die israelitischen Trauerriten, in: FS J. Wellhausen, 125.

[19] R. Smend, Art.: Asche, BHH I, 136.

[20] G. Wanke, Art.: *ʿāfār* Staub, in: THAT II, 353-356.

[21] So u. a. C. Westermann, Genesis 12-36, 356.

[22] J. Barth, Etymologische Studien, 21.

[23] H. W. Wolff, Obadja und Jona, 118.

[24] G. Fohrer, Das Buch Hiob, 234.

[25] W. Zimmerli, Ezechiel 25-48, 687: "Vor den Augen von Königen, den Augen aller Zuschauer, den Augen aller Bekannten von Tyrus geschieht dieses Niederwerfen in den Staub der Erde."

[26] In II Sam 13,23 stehen *'epär* und *'äprāyim* in unmittelbarer Nachbarschaft zueinander (V. 19 + 23). Sollte dies bloßer Zufall sein? Es fällt immerhin auf, daß *'epär* in der

Die Bedeutung "Asche" für *'epär* läßt sich mit Sicherheit nur in Num 19,9 f. festmachen, weil hier von dem Verbrennen der Kuh und dem Aufsammeln der Asche die Rede ist. Möglicherweise trifft die Übersetzung "Asche" auch für Jes 44,20 zu, da in V. 19 von dem Verbrennen des Götzenbildes die Rede ist.

Der exegetische Befund zeigt, daß *'epär* mit Ausnahme von Num 19,9 f.; Jes 44,20 mit "Staub" übersetzt werden sollte. Er macht zudem deutlich, daß *'epär* nicht einfach "Staub", sondern "lose, lockere Erde" bedeutet. Nachdem Thamar aus dem Haus Amnons gejagt worden war, nahm sie *'epär*, d. h. lockere Erde, und warf sie auf ihr Haupt. Die Vermutung von W. Caspari, daß es sich dabei um die nach dem Backen (V. 8) auf die Straße geworfene Asche handele, ist doch wenig wahrscheinlich.[27] In Thr 3,16 steht diese "*lockere* Erde" in Antithese zu dem "*festen* Kiesel".

Die lose, lockere Erde ist nun eines der Kennzeichnen des palästinischen Gebirgslandes. Die sogenannten *Terra-rossa-Böden* stellen mehr als die Hälfte aller Böden im Gebirge.[28] "Sie sind von rotbrauner oder leichtbrauner Farbe und von mittelschwerer Textur."[29] Ihre rötliche Farbe entsteht durch den hohen Eisengehalt des Bodens.[30] Ihrer Zusammensetzung nach eignet sich *Terra rossa* gut für Landwirtschaft, denn mit der schnellen Abtragung der obersten Erdschicht werden neue, tiefere Lagen aufgedeckt, die dann immer "junge" Böden sind. Im Gebirge kann die Bildung neuen Bodens häufig dem Tempo der Abtragung nicht nachkommen, was kostspieligen Terrassenbau notwendig macht, damit ein Minimum bestellbarer Erde an den Berghängen erhalten bleibt.[31] Im Gebirgsland ist *Terra rossa* die fruchtbarste Bodengruppe, aber infolge ihrer geringen Tiefe schwer zu bearbeiten.[32]

Könnte sich hinter dem Namen "Ephraim" nicht eine Anspielung auf diese besondere Bodenbeschaffenheit des Gebirgslandes verbergen? Dieser Bezug ist m. E. verständlicher als derjenige zu "Weideland" oder sogar "Doppelweide". Gegen diese Deutung spricht die problematische sprachliche Verbindung von "Ephraim" mit *ᶜappär* und die Mißdeutung der Endung -

---

Wendung "Staub auf das Haupt streuen" nur in II Sam 13,19 verwendet wird, sonst heißt es immer *ᶜāpär*: Jos 7,6; Ez 27,30; Hi 2,12; Thr 2,10.

[27] W. Caspari, Die Samuelbücher, 563.

[28] Y. Karmon, Israel, 33. Vgl. dazu die Karte bei A. Reifenberg, The Soils of Palestine, 21; zum Bild der *Terra-Rossa*-Landschaft vgl. Bild III (zwischen S. 32 +33).

[29] Y. Karmon, Israel, 33.

[30] A. Reifenberg, The Soils of Palestine, 73 ff.

[31] E. Orni/E. Efrat, Geographie Israels, 58; A. Reifenberg, The Soils of Palestine, 83 f.

[32] Y. Karmon, Israel, 33.; A. Reifenberg, The Soils of Palestine, 84.

ayim als Dualform. Für die Deutung auf die Bodenbeschaffenheit des Gebirges sprechen die Bedeutung von *'pr* mit "Staub, lockere Erde" im Alten Testament sowie die mögliche Verknüpfung mit akkadisch *eprum* "Staub, lockere Erde" <* *'aprum*. Das Gebirge Ephraim war viel fruchtbarer, als daß es lediglich als Weideland gedient haben könnte. Von dieser Deutung her lassen sich dann Verbindungslinien zur volksetymologischen Deutung in Gen 41,52 ziehen.

Ist die oben gemachte Annahme der Verknüpfung des Namens Ephraim mit den geographischen Besonderheiten des Gebirges Ephraim richtig, so bedeutet dies, daß der Stamm seinen Namen bei der Landnahme nicht mit in das Westjordanland gebracht, sondern ihn vielmehr von dort übernommen hat.[33] Dies führt zu der Vermutung, daß sich Ephraim erst in seinem späteren Siedlungsgebiet auf dem mittelpalästinischen Gebirge als Stamm formiert und konsolidiert hat.[34] Vielleicht ist Ephraim aus einem Zusammenschluß von Sippen entstanden. Nicht ausgeschlossen ist auch die These von K.-D. Schunck, nach der die Ephraimiten eine Abspaltung von einem größeren Sippenverband darstellten: "... die im Kulturland den Stamm Ephraim bildenden Sippen stellten ursprünglich nur Einzelsippen dar, die sich aus alten Zusammenhängen gelöst und für ein bestimmtes Vorhaben zusammengetan hatten, dabei jedoch noch keinen neuen Stamm gebildet hatten."[35]

2. Das Gebiet

a) Grobgliederung

Die Stämme Ephraim und Manasse hatten ihr Siedlungsgebiet westlich des Jordans auf dem sogenannten samarischen Gebirge.[36] Im Alten Testament wird dieses Gebiet als "Gebirge Ephraim" bezeichnet.[37] Es erstreckt sich

---

[33] So auch M. Noth, Geschichte Israels, 60; O. Kaiser, Stammesgeschichtliche Hintergründe der Josephsgeschichte, in: ders., Von der Gegenwartsbedeutung des Alten Testaments, 134; K.-D. Schunck, Benjamin, 16 f.

[34] O. Kaiser, Stammesgeschichtliche Hintergründe der Josephsgeschichte, in: ders., Von der Gegenwartsbedeutung des Alten Testaments, 134; K.-D. Schunck, Benjamin, 16 f.

[35] K.-D. Schunck, Benjamin, 16.

[36] O. Kaiser, Stammesgeschichtliche Hintergründe der Josephsgeschichte, in: ders., Von der Gegenwartsbedeutung des Alten Testaments, 133.

[37] Jos 17,15; 19,50; 20,7; 21,21; 24,30.33; Jdc 2,9; 3,27; 4,5; 7,24; 10,1; 17,1.8; 18,2.13; 19,1.16.18; I Sam 1,1; 9,4; 14,22; II Sam 20,21; I Reg 4,8; 12,25; II Reg 5,22; Jer 4,15; 31,6; 50,19; I Chr 6,52; II Chr 13,4; 15,8; 19,4.

etwa von *Ram 'Allah* (169.146) im Süden[38] bis *Ǧenīn* (1785.2075) im Norden, wird im Osten durch den Jordangraben und im Westen durch die Küstenebene begrenzt. Es unterscheidet sich vom judäischen Gebirgsland "durch seine freieren, unregelmäßigeren Formen und durch seine üppigere Fruchtbarkeit und grösseren Reichthum am Wasser. Ebenen ohne Ablauf, die deshalb in der Regenzeit sich in Sümpfe verwandeln, in der Sommerzeit aber von reichen Weizenfeldern bedeckt sind, dehnen sich zwischen den Felsen aus, während die Thäler oft herrliche Obstgärten ... enthalten. Die Berge selbst sind dagegen zum Theil kahl".[39]

Dieses Gebiet ist in seinem Aufbau ein stark gestörtes Schollenland, das von sehr vielen Störungslinien durchzogen wird.[40] Die Hauptstrukturlinie, die das Gebirge Ephraim der Länge nach von Südwesten nach Nordosten durchzieht und im Norden bei *Bēsān* (1975.2118) in die *Ġōr*-Linie übergeht, setzt bei *Yāsūf* (173.168) am *Wādī el-Ǧenāb* ein, um sich dann in südwestlicher Fortsetzung nach *ᶜĀbūd* (157.158) zu wenden. Nördlich von *Ḥuwāra* (174.173) begrenzt sie Garizim und Ebal, setzt sich bei *ᶜĒn Fārᶜa* (1825.1885), *Ṭūbās* (185.192), *Rās 'Ibzīq* (1879.1970) fort und bildet den Ost- und Nordfuß des Bilboazuges nach Nordwesten bis *Zerᶜīn* (180.219).

---

[38] Nach Süden hin läßt sich keine klare landschaftliche Begrenzung feststellen, jedoch läßt man es aus historischen Gründen etwa auf der Linie von *Ram 'Allah* enden; vgl. H. Donner, Einführung in die biblische Landes- und Altertumskunde, 31 f.

[39] F. Buhl, Geographie des Alten Palästina, 21. Zur Beschreibung des Gebirges Ephraim vgl. u. a. C. F. K. Rosenmüller, Biblische Geographie, 103-148; K. Mannert, Geographie von Arabien, Palästina, Phönicien, Syrien, Cypern, 157-265; K. v. Raumer, Palästina, 112-124; C. Ritter, Vergleichende Erdkunde, 620-674; E. Robinson, Physische Geographie des Heiligen Landes, 30-39.89 f.183 f.245-248; H. B. Tristram, The Natural History of the Bible, passim; C. R. Conder/H. H. Kitchener, The Survey of Western Palestine, Volume II. Sheets VII-XVI, passim; A. P. Stanley, Sinai and Palestine, 229-254; V. Schwöbel, Die Landesnatur Palästinas, 2 Teile, passim; ders., ZDPV 53, 1930, 1-47.89-135; J. Frohnmeyer, Biblische Geographie, 55-60.155-160; M. Blanckenhorn, ZDPV 54, 1931, 3-50; L. Picard, JPOS 18, 1938, 254-277; M. Noth, Die Welt des Alten Testaments, 52 f.; D. Baly, Geographisches Handbuch zur Bibel, 49 f.; H. Donner, Einführung in die biblische Landes- und Altertumskunde, 29-36; A. Horowitz, The Quaternary of Israel, 15-17.54 f.; Y. Aharoni, Das Land der Bibel, 21 ff.27-29.61 f.; V. Fritz, Einführung in die biblische Archäologie, 14 f.
Zeichnungen und Aufnahmen zum Gebirge Ephraim mit seinen Landschaftsformen, Städten und Dörfern finden sich u. a. bei D. Roberts, The Holy Land, 96.99.100 f.; C. W. Wilson (Hrsg.), Picturesque Palestine. Sinai and Egypt, Vol. I, 193-238, Vol. II, 1-25; K. Gröber, Palästina, Arabien und Syrien, 158-173; R. Koeppel, Palästina, Nr. 151. 155.156.158.159 a.b.161 f.; E. Hovers/O. Bar-Yosef, IEJ 37, 1987, 77-87.

[40] V. Schwöbel, ZDPV 53, 1930, 23; vgl. dazu die TAVO-Karte A III 4 Levante. Geomorphologie, wo diese Störungslinien gut sichtbar werden.

"Längs dieser Bruchlinie ist die östliche Scholle gegen die westliche überall verworfen."[41]

Die westliche Scholle senkt sich allmählich vom kuppelförmigen Ebal (939 m) ab über den gerundeten kahlen Gipfel des *Rās el-ᶜAqra* (680 m; 183.194), den *Rās 'Ibzīq* (733 m; 1879.1970) und die Höhen des Gilboa bis *Zerᶜīn* (180.219). "Während von diesen hohen Randbergen der Abfall nach Norden, Nordwesten und Westen bis nach ᶜarrābe[42], ḳubāṭie[43], dschenīn[44] usw., ein allmählicher ist, tritt gegen Osten hin auf der ganzen Strecke überall eine kräftige Bruchstufe hervor."[45] In ihrem südlichen Teil hält sich die westliche Scholle zunächst auf ziemlicher Höhe und fällt energischer in einer Art Stufe erst bei *Serṭa* (159.167) ab, von wo aus das Land schnell zur Küstenebene übergeht.

Die östliche Scholle ist durch weitere Störungslinien in kleinere Schollen zerbrochen und vertikal gegliedert. So beginnt eine dieser Störungslinien im *Ġōr* südlich von *Bēsān* (1975.2118) und setzt sich in folgenden Punkten fort: *Rās el-Bedd* (533 m; 190.195) – *Wādī Māliḥ* (225 m) – *Rās Ġādir* (709 m; 189.191) – *Wādī 'Adra* (unterhalb von *Ṭūbās* 185.192; 420 m) – *Ġebel Ṭammūn* (579 m; südöstlich von *Ṭammūn*) – oberes *Wādī Fārᶜa* (160 m). Eine weitere Störungslinie ist durch die Punkte *Ġebel el-Kebīr* (793 m; 185.180) und *Rās et-Tuwānīk* (868 m; 184.175) festgelegt. Auf jeder dieser Stufen entwickelt sich regelmäßig ein Tal, das sich zum *Ġōr* öffnet: *Wādī el-Māliḥ*, *Wādī el-Buqēᶜa*, *Wādī Fārᶜa* und *Wādī el-'Ifǧim*.[46] Eine der markantesten Störungslinien ist das *Wādī Fārᶜa*, das durch die Verbindung von zwei Tälern, von denen das eine von der *Sālim* (181.179)-Ebene nach Norden, das andere von *Ṭūbās* (185.192) nach Süden läuft. "Nach der Verbindung zieht sich der Strom in südöstlicher Richtung zunächst durch ein breites Tal, dann durch eine enge felsige Schlucht und zuletzt durch eine offene Ebene, die mit dem Jordanthale in Verbindung steht."[47]

Die höchste Stufe dieser Stufenlandschaft ist das Hochland von *ᶜAqrabe* (183.170), das im Südosten des samarischen Berglandes als Ostflügel längs der Südwesthälfte der Hauptstrukturlinie liegt. Es bildet ein Übergangsglied

---

[41] V. Schwöbel, ZDPV 53, 1930, 24.
[42] 169.201.
[43] 176.202.
[44] 179.207.
[45] V. Schwöbel, ZDPV 53, 1930, 24.
[46] V. Schwöbel, ZDPV 53, 1930, 26.
[47] F. Buhl, Geographie des Alten Palästina, 25.

aus Samarien ins jüdäische Bergland.[48] Ebenso wie in den anderen Gebieten erstreckt sich hier eine Störungslinie von *ᶜAqrabe* (183.170) über *Meǧdel beni Fāḍil* (184.166), *Dōme* (611 m; 1850.1625) bis nach *El-Mūǧāir* (685 m; 1830.1585). Im Westen dieser Strukturlinie breitet sich das obere Plateau der alten Akrabattene aus, eine wellige Hochfläche, die von Flüssen kaum zerfurcht ist. Sie geht westwärts in die flächenhaften Gebiete von *Turmus ᶜĀyā* (177.169) und *Lubban* (153.160) über.

Mit Zentralsamarien bezeichnet man die große, breite Scholle zwischen der Hauptstrukturlinie vom Ebal (939 m) bis *Ḥuwāra* (174.173) einerseits und der Westrandlinie bei *Jemmā* (153.197) bis *Meǧdel Yābā* (146.165) andererseits. Hier liegen bedeutende Erhebungen wie Ebal (939 m), Garizim (868 m) und *Šēḫ Salmān el-Fārsi* (805 m).

Das Gebirge Ephraim wird von vielen Störungslinien durchzogen, die das Gebiet kreuz und quer gliedern. Die Schichtenzusammenhänge sind zerbrochen und vertikal in verschiedenen Ausmaßen verschoben. "Nachherige Abtragung hat die dadurch geschaffenen Ungleichheiten der Oberfläche etwas abgestumpft, aber nirgends war sie imstande, die hochgehobenen Schollen ganz abzutragen und die Gräben und Kessel ganz auszufüllen."[49]

b) Gewässer

Infolge der hohen Verdunstung und der monatelangen Sommerdürre zerspringt der Erdboden und bekommt tiefe Risse. Dadurch senkt sich der Grundwasserspiegel sehr tief und ist großen Schwankungen ausgesetzt. In der Trockenzeit wird der Boden steinhart und trägt eine zementartige Kruste. Brunnen finden sich deshalb nur in den Gebirgsbecken, am Fuß des Gebirges und in den Randebenen. "Sie müssen alle ungewöhnlich tief angelegt sein und sind daher kostspielig und selten, wenn auch in den Becken innerhalb des Gebirges und besonders in der Küstenebene der Spiegel des Grundwassers viel höher liegt und leichter erreichbar ist als im Gebirge selbst ..."[50] Nach den Angaben von V. Schwöbel zählt Samarien ca. 345

---

[48] Zu den Gemeinsamkeiten und Unterschieden zwischen Judäa und Samaria vgl. A. Horowitz, The Quaternary of Israel, 15 f., Abb. 2.18.

[49] V. Schwöbel, ZDPV 53, 1930, 33. Aufgrund dieses Gebirgsbaus erklärt es sich nach V. Schwöbel, ZDPV 53, 1930, 35 auch, daß "Erdbeben das Gebirge und die anliegenden Ebenen durchzittern, und daß sie keine seltene Erscheinung sind"; vgl. dazu D. H. Kallner-Amiran, IEJ 1, 1950–51, 223-246. Zusammenstellung der Erdbeben in Palästina seit 64 v. Chr.–1951 (mit Bibliographie).

[50] V. Schwöbel, ZDPV 53, 1930, 37.

Quellen, was einer Verteilung von einer Quelle auf 13 km^2 entpricht.[51] Zu
den stärksten Quellen zählen *ᶜĒn Ǧālūd* (182.218), *ᶜĒn el-Fārᶜa* (183.188),
ᶜĒn Ferwe (180.185) am Fuß des Gebirgszugs vom Ebal zum Gilboa, *ᶜĒn
Faṣāil* (192.159), *ᶜĒn el-ᶜAwǧā* (187.151) und *ᶜĒn el-Māliḥ* (195.193). Sie
liegen alle etwa 1-100 m über dem Meer in einer tektonischen Spalte. Die
quellenreichsten Gebiete sind die von *Bēsān* und *Nāblus*.[52] Die höchst-
gelegene Quelle ist die *ᶜĒn el-Fāqūrah* auf dem Garizim (868 m). An
Dauerflüssen sind der *Nahr el-ᶜAwǧā* und *Nahr ez-Zerqa* zu nennen, die
beide ins Mittelmeer münden, der *Nahr Ǧālūd*, die Abflüsse der *ᶜĒn el-
Fārᶜa*, *ᶜĒn el-Māliḥ* sowie die Quellabflüsse im *Ġōr* von *Bēsān*. In der
Karstnatur des Landes ist der Mangel an ausdauerndem, oberflächlich ab-
fließendem Wasser begründet. Von Seen im strengen Sinn kann im Gebirge
Ephraim nicht die Rede sein.[53]

3. Erwägungen zur Besiedlung des Gebirges Ephraim in der Eisen I-Zeit

1. Die Besiedlung von Ephraim in der Eisen I-Zeit

a) Landschaftliche Gliederung

Das Gebiet von Ephraim wird im Norden von der Linie *Bēt Daǧan* (1851.
1778) – *Sahel el-Muḥna* – *Wādī Kānah*, im Süden von der Straße *Dēr
Dīwān* (176.146) – *Rām 'Allah* – Beth Horon und im Osten vom Wüstenrand begrenzt. Im Westen liegt die Grenze im Übergang der Vorgebirge in
die Küstenebene. Ephraim läßt sich in vier große landschaftliche Gebiete
unterteilen: Wüstenstreifen (1), Zentralgebirge (2), Westabhänge (3) und
Vorgebirge (4). Das Zentralgebirge und die Westabhänge lassen sich zudem
noch in einen Nord- und Südteil untergliedern.[54]

ad 1 *Wüstenstreifen:* Es handelt sich hier um einen langen und schmalen
Streifen, dessen östliche Begrenzung die Wüste ist. Das Gebiet liegt ca. 450-
700 m hoch. Der Regenfall beträgt bis 400 mm jährlich. In vielen Teilen des
Wüstenstreifens finden sich kleine landwirtschaftlich nutzbare Täler.

---

[51] V. Schwöbel, ZDPV 53, 1930, 40.
[52] V. Schwöbel, ZDPV 53, 1930, 38-41.
[53] V. Schwöbel, ZDPV 53, 1930, 42 ff.; vgl. dazu die TAVO-Karten A III 4 Levante. Geomorphologie und A V 2 Südliche Levante. Hydrogeographie.
[54] Vgl. dazu I. Finkelstein, Archaeology, 125-139.

ad 2 *Zentralgebirge:* Dieses Gebiet wird durch die Straße Jerusalem – Sichem in zwei Hälften geteilt. Für den nördlichen Teil sind die Täler von Silo, *el-Lubban* (173.164), *Qubalān* (177.168)[55], *ʿAqrabe* (183.170), *Ḥuwāra* (174.173) und *Bēt Daǧan* (1851.1778) charakteristisch. Der südliche Teil ist als Fortsetzung der Benjamin-Berge höher als der nördliche (ca. 800-950 m).

ad 3 *Westabhänge:* Dieses Gebiet wird durch den *Naḥal Silo* in eine nördliche und südliche Hälfte unterteilt. Für beide Teile sind tiefe enge sich nach Westen zu kleinen Tälern öffnende Wadis charakteristisch.[56]

ad 4 *Vorgebirge:* Die Landschaft besteht hier aus sanften Hügeln und fällt von Osten nach Westen hin ab.

b) Wüstenstreifen

1. Namenloser Fundort: 1847.1742
Er liegt wenige hundert Meter nordöstlich von *Ḥirbet Yānūn* (1843.1738) und knapp drei Kilometer südlich von *Bēt Daǧan* (185.178). I. Finkelstein fand hier E I-Keramik.[57]

2. *Ḥirbet Yānūn*: 1843.1738
Die *Ḥirbe* liegt ca. 4 km nördlich von *ʿAqrabe* (183.170) in Spornlage auf einem der südlichen Ausläufer des *Rās et-Tuwānīk* (184.175) und weist einen ostwestlichen Durchmesser von etwa 80 m auf. G. Wallis fand hier Keramik aus der Eisenzeit, mit Sicherheit E II, nicht ganz so sicher E I.[58] Nach I. Finkelstein ist der Scherbenbefund: E I, II, hell., röm., byz.

3. *Ḥirbet Taʿna et-Taḥta*: 1874.1732
Die *Ḥirbe* liegt ca. 3,5 km südöstlich von *Ḥirbet Taʿna el-Fawqā* (1851.1759) und ca. 5,5 km nordöstlich von *ʿAqrabe* (183.170): "Die Ruine ist nahezu kreisrund bei einem Durchmesser von mehr als 100 m ..."[59] Nach den Untersuchungen von G. Wallis ist der Keramikbefund folgendermaßen anzugeben: E I, II, röm. (viel), byz. (viel), arab.[60]

---

[55] Vgl. dazu das Bild bei I. Finkelstein, Archaeology, 127 (Nr. 37).
[56] Vgl. dazu das Bild bei I. Finkelstein, Archaeology, 129 (Nr. 38).
[57] I. Finkelstein, Archaeology, 141 (DF 1).
[58] G. Wallis, ZDPV 77, 1961, 44; vgl. die Abbildung der *Ḥirbe* in ZDPV 77, 1961, Tafel 3 B; I. Finkelstein, Archaeology, 141 f. (mit Abb. 41).
[59] G. Wallis, ZDPV 77, 1961, 42; vgl. die Abbildung der *Ḥirbe* in ZDPV 77, 1961, Tafel 3 A.
[60] G. Wallis, ZDPV 77, 1961, 42; I. Finkelstein, Archaeology, 142.

4. *Yānūn*: 1837.1724
Der Ort liegt knapp 2,5 km nordöstlich von *ʿAqrabe* (183.170) und zeigt ebenso wie *Ḥirbet Yānūn* einen Keramikbefund mit eisenzeitlichen Scherben, mit Sicherheit E II, nicht ganz so sicher E I.[61]

5. *Nabī Nūn*: 1843.1722
Der Fundort liegt wenige hundert Meter südöstlich von *Yānūn* (1837.1724) und war besiedelt in: E I, II, byz., mittelalt.[62]

6. *Ḥirbet el Yarayish*: 1853.1710
Die *Ḥirbe* liegt ca. 2,5 km nordöstlich von *ʿAqrabe* (183.170) und weist folgenden Siedlungsbefund auf: FB, E I, II.[63]

7. Namenloser Fundort: 1869.1675
Er liegt ca. 5,5 km südöstlich von *ʿAqrabe* (183.170) und weist folgenden Siedlungsbefund auf: MB, E I.[64]

8. Namenloser Fundort: 1859.1657
Der Fundort liegt ca. 5 km südöstlich von *ʿAqrabe* (183.170) und hat folgenden Keramikbefund: MB, E I, mittelalt.[65]

9. *Ḥirbet beni Fāḍil*: 1860.1655
Die *Ḥirbe* liegt ca. 6 km südöstlich von *ʿAqrabe* (183.170) in Spornlage. Sie bietet nach fast allen Richtungen eine gute Blickverbindung, nach Norden hin in das sich weitende Feld des *Sahel Ṭawīl*, nach Osten über die zweite Stufe des Gebirgsabfalls zum Jordangraben und nach Süden zu dem steilen Gebirgsanstieg, hinter dem in einiger Entfernung *Dōme* (1849.1625) liegt. Nach den Untersuchungen von S. Herrmann ist der Keramikbefund folgendermaßen zu bestimmen: FB (?), E I, II (?), hell., röm. (viel), byz. (viel), mam.[66]

10. *Šēḫ Mazār*: 1847.1650
Šēḫ Mazār liegt 600 m südwestlich von *Ḥirbet beni Fāḍil* (1860.1655): "... die eigentliche Siedlung von *šēḫ mazār* lag nur auf der Kuppe der Höhe

---

[61] G. Wallis, ZDPV 77, 1961, 44.
[62] I. Finkelstein, Archaeology, 142 f. (DF 4).
[63] I. Finkelstein, Archaeology, 143 (DF 5).
[64] I. Finkelstein, Archaeology, 143 (DF 6).
[65] I. Finkelstein, Archaeology, 143 (DF 7).
[66] S. Herrmann, ZDPV 80, 1964, 63.

und streckenweise, besonders nach Süden, auch an ihren Rändern. Die Nord-
Süd-Ausdehnung des besiedelt gewesenen Raumes beträgt etwa 150 m, die
West-Ost-Ausdehnung etwa 100 m."[67] Der Keramikbefund ist nach S. Herrmann folgendermaßen anzugeben: E I (viel), II (viel), röm. (?), byz., arab.,
mam.[68] I. Finkelstein fand zudem noch Keramik der FB-Zeit.[69]

11. *Ḫirbet Marāǧim*: 1840.1616
Die *Ḫirbe* liegt an der Nordostseite der durch das *Wādī eḏ-Ḏabā* gebildeten
große Senke zwischen *Dōme* (1849.1625) und *El-Mūǧāir* (1830.1587) an
einer günstigen Stelle, von der aus man die ganze Senke sowie mehrere
Seitentäler nach fast allen Himmelsrichtungen gut überschauen kann. Der
Keramikbefund ist nach S. Herrmann folgendermaßen zu bestimmen: E I, II,
hell. (?) byz. I. Finkelstein fand auch eine Scherbe aus der MB I-Zeit.[70]

12. *Ḫirbet er-Rahaya*: 1851.1615
Die ca. 1 km südlich von *Dōme* (185.162) gelegene *Ḫirbe* weist folgenden
Siedlungsbefund auf: FB, MB, E I, pers., hell.[71]

13. Namenloser Fundort: 1854.1606
Er liegt ca. 2 km südlich von *Dōme* (185.162) und war besiedelt in: FB,
MB, E I, byz.[72]

14. *Ḫirbet Ǧibeiṭ*: 1846.1598
Die *Ḫirbe* liegt knapp 3 km südlich von *Dōme* (185.162) und war besiedelt
in: MB, E I, II (viel), pers., hell. (?), röm., byz., mittelalt. (viel).[73]

15. *Ḫirbet Marǧame*: 1816.1554
Die *Ḫirbe* liegt unmittelbar nördlich der *ᶜĒn Sāmiye* an und auf der "zu
etwa 70 m Höhe steil aufragenden Kuppe des letzten Bergvorsprungs zwischen dem hier senkrechte Wände bildenden *wādi el-maṣājāt* und dem
nördlichen benachbarten, nicht ganz so schroffen *wādi esch-schījab*, also in
einer außerordentlich festen Position, zumal da ein scharf eingeschnittener
Sattel von ungefähr 15 m Tiefe die Kuppe gegen den höheren Bergzug im

---

[67] S. Herrmann, ZDPV 80, 1964, 67.
[68] S. Herrmann, ZDPV 80, 1964, 67.
[69] I. Finkelstein, Archaeology, 143 f. (DF 8).
[70] S. Herrmann, ZDPV 80, 1964, 69; I. Finkelstein, Archaeology, 144.
[71] I. Finkelstein, Archaeology, 144 (DF 10).
[72] I. Finkelstein, Archaeology, 144 f. (DF 11).
[73] I. Finkelstein, Archaeology, 145 (DF 12).

Nordnordwesten vollständig absetzt".[74] Die Siedlungsreste steigen "in steilen Terrassen am Abhang in Richtung zur Quelle hinab und haben diesen Abhang so ganz mit dem Steinmaterial verfallener Bauten übersät, daß der gegenwärtige Name *chirbet el-merdschame*, 'die Ruine des Steinhaufens', den Befund durchaus zutreffend bezeichnet".[75]

Der Keramikbefund läßt sich folgenden Epochen zuweisen: FB, MB, SB, E I, II, hell., röm., byz.[76] Die verschiedenen Ausgrabungen auf der *Ḥirbe* haben gezeigt, daß sie eine bedeutende Siedlung in der FB II-Zeit war. Ob *Ḥirbet Marğame* allerdings am Ende der Bronzezeit und zu Beginn der Eisenzeit besiedelt war, läßt sich nach M. Zohar aufgrund nur weniger Keramikbefunde und Siedlungsspuren nicht mit letzter Sicherheit behaupten.[77]

16. *Ḥirbet en-Naǧama*: 1831.1510
Die *Ḥirbe* weist folgenden Keramikbefund auf: E I, II.[78]

---

[74] A. Alt, PJ 24, 1928, 37.

[75] A. Alt, PJ 24, 1928, 37.

[76] M. Kochavi (Hrsg.), Judaea, Samaria and the Golan, 172 (Nr. 65); W. G. Dever, IEJ 22, 1972, 95; P. W. Lapp, RB 72, 1965, 401.

[77] M. Zohar, IEJ 30, 1980, 220; vgl. noch die Kurzberichte über Ausgrabungen auf der *Ḥirbe* in: IEJ 26, 1976, 138f.; HA 65-66, 1978, 78f. (neuhebr.); HA 76, 1981, 19 (neuhebr.).

[78] I. Finkelstein, Archaeology, 145 (DF 14).

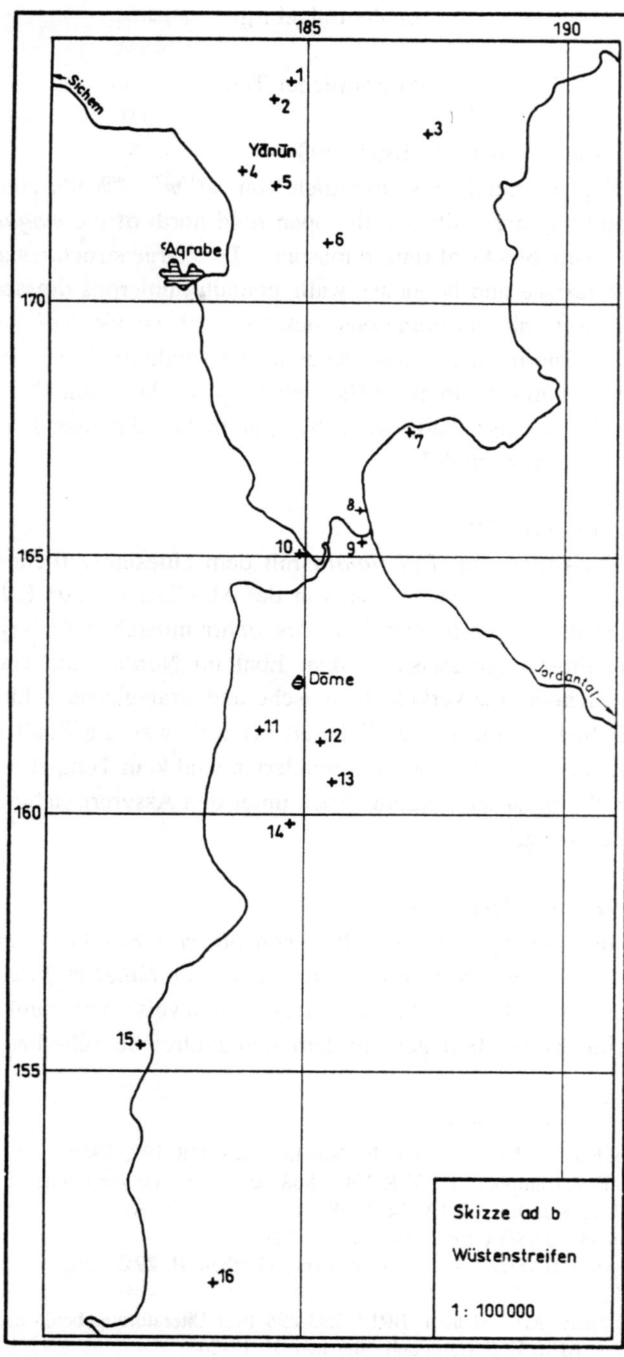
185
190
Sichem
+1
+2
+3
Yānūn
+4
+5
ʿAqrabe
+6
170
+7
8+
10
9+
165
Jordantal
Dōme
+11
+12
+13
160
14+
15+
155
+16
Skizze ad b
Wüstenstreifen
1 : 100 000

c) Zentralgebirge

α) nördlicher Teil

17. Ḥirbet eš-Šēḫ Naṣrallah: 1807.1793

Die *Ḥirbe* liegt unmittelbar südwestlich von *Sālim*[79]: "Walls and tesserae of a large building are visible in the open field north of the *maqâm*, which itself shows many blocks of reused masonry. Two large structures are on the summit. The terrace and boundary walls contain numerous dressed blocks. A columbarium tomb and numerous rock-cut tomb facades are cut into the north slopes. Cisterns and a pool occur in the southern slopes; tombs and throughs are cut into bedrock cliffs higher up on the south."[80] Der Keramikbefund: E I (wenig), hell., röm., byz.; südliche Abhänge: E I (wenig), pers., hell., röm., byz., arab.[81]

18. Tell Balāṭa: 176.179

An der Identifikation von *Tell Balāṭa* mit dem alttestamentlichen Sichem gibt es keine Zweifel. Sichem war von der MB-Zeit bis zur E I-Zeit die wichtigste Stadt im nördlichen Teil des ephraimitischen Gebirges. Dies verdankt sie ihrer Lage zwischen dem Ebal im Norden und Garizim im Süden, was Sichem eine verkehrstechnische und strategische Schlüsselposition gab. Sichem wurde in der E I-Zeit zerstört, was die Stadt nie überwunden hat. Aus den folgenden Jahrhunderten sind kein Tempel und Palast, sondern nur Wohnhäuser bekannt. Auch unter den Assyrern nahm die Stadt keinen Aufschwung.[82]

19. Ḥirbet Šuweiha: 1855.1785

Die *Ḥirbe* liegt knapp 4,5 km östlich von *Sālim* (1814.1795) auf einem Hügel in der äußersten Nordostecke der Ebene, im *Sahel et-Taḥtāni*: "Der Hügel ist eine natürliche Erhebung, aber stellenweise von dunkelgrauem Siedlungsschutt stark überlagert, in dem sich zahlreiche Scherben aus dem

---

[79] Eine Abbildung findet sich bei E. F. Campbell, BASOR 190, 1968, 36 (Fig. 14). Zu *Sālim* vgl. E. F. Campbell, BASOR 190, 1968, 25 f. (Nr. 11); zur Ebene im Osten von *Nāblus* vgl. A. Kuschke, ZDPV 74, 1958, 14.

[80] E. F. Campbell, BASOR 190, 1968, 26 (Nr. 12).

[81] E. F. Campbell, BASOR 190, 1968, 26; ders., Shechem II, 29-31 (mit Abb.); I. Finkelstein, Archaeology, 145 (NCR 1).

[82] Helga Weippert, Art.: Sichem, BRL², 293-296 (mit Literaturangaben); I. Finkelstein, Archaeology, 81 f.; E. F. Campbell, Shechem II, 13-20.

letzten Stadium der Spätbronze- und aus der frühen Eisen I-Zeit fanden."[83]
Die Untersuchungen des Surveys von E. F. Campbell bestätigen und ergänzen diesen Keramikbefund: auf dem Gipfel: MB II B-C (wenig), SB II, E I
(viel), E II (wenig), röm., byz., arab.; südliche Abhänge: SB II, E I (viel),
byz. (wenig); entlang der Straße: MB II B, E I, röm. (wenig).[84]

20. *ᶜArāq Būrīn*: 1727.1788

Der Ort liegt wenige hundert Meter östlich von *Hirbet Sūr* (1723.1787),
dessen Zufluchtsort er aufgrund seiner geschützten Lage war.[85] Keramik
wurde hier nicht gefunden, allerdings ein Grab, das Stücke aus der SB II und
E I-Zeit (10. Jh.) enthielt.[86]

21. *Hirbet Sūr*: 1723.1787

Die *Hirbe* liegt ca. 2 km südlich von *Nāblus* und ca. 2,5 km östlich des
Ğebel et-Tūr. Nach E. F. Campbell handelt es sich um eine große Ortslage,
"eight to ten acres in size, with many visible wall lines and great quantities
of pottery in *jedr*. The site extends westward from near the foot of the rocky
bastion ᶜArâq Būrīn".[87] Der Keramikbefund: FB, MB II (wenig), SB II-E
I (wenig), II (10.-6. Jh.), hell. (viel; 4.-2. Jh.), röm., byz., omajj. (viel), arab.,
Kreuzf.[88]

22. *Hirbet Ibn Nāṣir*: 1792.1783

Die *Hirbe* liegt südwestlich von *Sālim* (1814.1795) an der Straße nach *Bēt
Fūrīk* (1819.1769) und kann von Norden her leicht bestiegen werden.[89]
Nach den Untersuchungen von Z. Kallai wurde hier Keramik aus der Eisen
I- und der arabischen Zeit gefunden.[90]

---

[83] So die Beschreibung von A. Kuschke, ZDPV 74, 1958, 15.

[84] E. F. Campbell, BASOR 190, 1968, 26 (Nr. 14); I. Finkelstein, Archaeology, 146 (NCR 2).

[85] E. F. Campbell, BASOR 190, 1968, 38 (Nr. 38).

[86] E. F. Campbell, BASOR 190, 1968, 38 (Nr. 38).

[87] E. F. Campbell, BASOR 190, 1968, 37 f. (Nr. 37).

[88] E. F. Campbell, BASOR 190, 1968, 37 f. (Nr. 37).

[89] Zu den wechselnden Namensbezeichnungen in den Karten siehe H. J. Stoebe, ZDPV 82, 1966, 13.

[90] M. Kochavi (Hrsg.), Judaea, Samaria and the Golan, 166 (Nr. 17); dieser Keramikbefund wird durch den Survey von E. F. Campbell, BASOR 190, 1968, 29 (Nr. 18) bestätigt und durch den Fund von byzantinischer Keramik ergänzt; I. Finkelstein, Archaeology, 146 f. (NCR 3) mit Abb. 42.

23. *Bēt Dağan* (1851.1776) und *Rās ed-Diyār*:
Der Ort liegt am Nordostrand der fruchtbaren Ebene, die sich östlich des
Tell Balāṭa erstreckt und "im Norden vom *dschebel el-kebīr* und im Süden
von dem hinter *bēt fūrīk* aufsteigenden Massiv begrenzt wird".[91] *Bēt
Dağan* "liegt in Spornlage auf einem westlichen Ausläufer des *rās et-
dijār*".[92] Der Keramikbefund: *Qaṣr* (= *Rās ed-Diyār*): 1 FB, 1 MB I, röm.-
byz. (viel), mittelalt., Nord- und Westhänge: SB, E I, II (wenig), hell. (wenig), röm., byz. (viel).[93]

24. *Rūğēb*: 1778.1773
Der Ort liegt ca. 3 km südlich von *Nāblus* und zeigt folgenden Keramikbefund: obere Abhänge: CL (wenig), SB/E I (wenig), hell. (wenig), röm. (wenig), byz. (viel), arab., Kreuzf.; im Norden des Dorfes: hell. (viel), röm.-byz.
(viel).[94]

25. *Ḥirbet en-Nabī* = *Ḥirbet Maḥne el-Fawqā*: 1754.1759
Die *Ḥirbe* liegt auf einem Bergvorsprung, der im Norden und Süden durch
kleine Täler von der Umgebung getrennt und im Westen durch einen schmalen Sattel von dem höher aufsteigenden Bergzug isoliert ist. Sie hat eine
beherrschende Stellung über den wichtigsten Nordsüdweg des Gebirges und
über der Abzweigung des Weges nach Janoah und weiter zur Jordansen-
ke.[95] Nach Z. Kallai[96] ist ihr Keramikbefund folgenden Perioden zuzurechnen: FB, E I, II, pers., röm., byz., arab. Diese Angaben werden durch die
Untersuchungen von A. Alt[97] und E. F. Campbell[98] bestätigt.[99]

[91] A. Kuschke, ZDPV 74, 1958, 14.
[92] A. Kuschke, ZDPV 74, 1958, 14.
[93] E. F. Campbell, BASOR 190, 1968, 26-29 (Nr. 15).
[94] E. F. Campbell, BASOR 190, 1968, 31 (Nr. 20); ders., Shechem II, 47.
[95] A. Alt, PJ 23, 1927, 49 f.
[96] M. Kochavi (Hrsg.), Judaea, Samaria and the Golan, 167 (Nr. 26).
[97] A. Alt, PJ 23, 1927, 49.
[98] E. F. Campbell, BASOR 204, 1971, 4; ders., BASOR 190, 1968, 35 (Nr. 32); I. Fin-
      kelstein, Archaeology, 147 (NCR 4).
[99] Zur Frage der Lokalisierung mit Michmethath oder Thappuah vgl. W. F. Albright, JPOS
      25, 1925, 30; A. Alt, PJ 23, 1927, 49 f.; K. Elliger, ZDPV 53, 1930, 265-309; A. Alt, PJ
      27, 1931, 45 f.; W. F. Albright, JPOS 11, 1931, 244 Anm. 1; K. Elliger, PJ 33, 1937, 7-
      22; ders., JPOS 18, 1938, 7-16.

26. Ḥirbet Taʿna el-Fawqā: 1851.1759

Die Ḥirbe liegt auf einer flachen Kuppe zwischen den Köpfen des *Wādī el-Kerād* und des *Wādī Zēd*[100] und erstreckt sich in Richtung Nordost-Südwest ungefähr über 80 m.[101] Nach Z. Kallai ist der Keramikbefund folgenden Zeitperioden zuzuordnen: E I, II, pers., röm., byz., arab., mam., ottom.[102]

27. *er-Rās*: 1767.1740

Der westlich von *ʿAwerta* (1771.1741) gelegene Tell war in folgenden Epochen besiedelt: MB, E I, II, pers., hell. (?), röm.[103]

28. Ḥirbet *ʿAnnam*: 1833.1738

Die nördlich von *Yānūn* (1837.1738) gelegene *Ḥirbe* war besiedelt in: E I, II.[104]

29. *ʿĒn ʾAbūs*: 1733.1726

I. Finkelstein fand in dem arabischen Dorf Keramik aus folgenden Epochen: MB, E I, II, pers., hell., röm., mittelalt.[105]

30. Ḥirbet el-ʿOrme: 1805.1728

Sie ist eine bedeutende *Ḥirbe* südöstlich von *Nāblus* und ca. 3 km nordwestlich von *ʿAqrabe* (1825.1705), die sowohl eine gute Aussicht zum Sichempaß[106] als auch zum Mittelmeer[107] bietet. E. F. Campbell fand hier Keramik aus folgenden Epochen: MB II, SB I, II, E I (viel), II, hell., röm., byz.[108] Sie wird vor allem wegen des archäologischen Befundes gerne mit Aruma (Jdc 9,41) identifiziert.[109]

---

[100] A. Alt, PJ 25, 1929, 54 f.
[101] G. Wallis, ZDPV 77, 1961, 40.
[102] M. Kochavi (Hrsg.), Judaea, Samaria and the Golan, 167 (Nr. 27); E. F. Campbell, BASOR 190, 1968, 31 (Nr. 25); so auch G. Wallis, ZDPV 77, 1961, 40; I. Finkelstein, Archaeology, 147 (NCR 5) mit Abb. 43.
[103] I. Finkelstein, Archaeology, 147 f. (NCR 6).
[104] I. Finkelstein, Archaeology, 148 (NCR 7).
[105] I. Finkelstein, Archaeology, 148 f. (NCR 8).
[106] E. F. Campbell, BASOR 190, 1968, 38-40.
[107] A. Alt, PJ 23, 1927, 34.
[108] E. F. Campbell, BASOR 190, 1968, 38-40; so auch I. Finkelstein, Archaeology, 149 (NCR 9) mit Abb. 44.
[109] A. Alt, PJ 23, 1927, 34; E. F. Campbell, BASOR 190, 1968, 38-40, ders., Shechem II, 50-53.

31. *Ḥirbet ᶜAtarud*: 1729.1713
Die knapp 2,5 km südwestlich von *Ḥuwāra* (174.173) gelegene *Ḥirbe* hat folgenden Siedlungsbefund: E I, II, hell., röm.[110]

32. *Ḥirbet Ras Zeid*: (1741.1712)
Die ca. 2 km südlich von *Ḥuwāra* (174.173) gelegene *Ḥirbe* war in folgenden Epochen besiedelt: E I, II.[111]

33. *Ḥirbet Rūǧan*: 1795.1719
Die gut 5 km südöstlich von *Ḥuwāra* (174.173) gelegene *Ḥirbe* war in folgenden Epochen besiedelt: E I (wenig), II, röm., byz., arab., mittelalt.[112]

34. *Ḥirbet el-Kurūm*: 1826.1714
Die ca. 1 km nördlich von *ᶜAqrabe* (183.170) gelegene *Ḥirbe* war in folgenden Epochen besiedelt: E I, II, pers., hell., röm.[113]

35. *Dawara*: 1786.1700
Nach I. Finkelstein war der Platz in folgenden Epochen besiedelt: E I, II.[114]

36. *el-Ḥirbe*: 1766.1688
Der nordwestlich von *Qubalān* (177.168) gelegene Fundort war in folgenden Epochen besiedelt: E I (1 Scherbe), II, hell., röm., mittelalt.[115]

37. *Šēḫ Ḥātim*: 1799.1681
Der ca. 2,5 km östlich von *Qubalān* (177.168) gelegene Fundort war in folgenden Epochen besiedelt: E I, II, hell., röm.[116]

38. Namenlose *Ḥirbe*: 1837.1680
Der südlich von *ᶜAqrabe* (183.170) gelegene Fundort war besiedelt in: E I (wenig), II.[117]

---

[110] I. Finkelstein, Archaeology, 150 (NCR 10).
[111] I. Finkelstein, Archaeology, 150 (NCR 11).
[112] I. Finkelstein, Archaeology, 150 (NCR 12).
[113] I. Finkelstein, Archaeology, 150 (NCR 13).
[114] I. Finkelstein, Archaeology, 151 (NCR 14).
[115] I. Finkelstein, Archaeology, 151 (NCR 15).
[116] I. Finkelstein, Archaeology, 151 (NCR 16).
[117] I. Finkelstein, Archaeology, 151 f. (NCR 17).

39. *Tell Šēḫ 'Abū Zarad*: 1719.1679

Tell Šēḫ 'Abū Zarad war eine bedeutende städtische Siedlung der kanaanäischen und altisraelitischen Epochen Palästinas. Er liegt zwischen *Yāsūf* (173.168) und *'Isqāqā* (1710.1675) und ragt als markante, von weither sichtbare Landmarke aus seiner Umgebung heraus.[118] Der Keramikbefund wird von Z. Kallai folgendermaßen bestimmt: FB, E I, II, pers., hell., byz., arab.[119]

40. Namenloser Fundort: 1752.1670

Der ca. 2,5 km südwestlich von *Qubalān* (177.168) gelegene Fundort war in folgenden Epochen besiedelt: E I, II, pers. (?).[120]

41. *Qubalān*: 1774.1679

I. Finkelstein fand in dem arabischen Dorf Keramik aus folgenden Epochen: E I, II, mittelalt.[121]

42. *Ǧūrīš*: 1806.1676

I. Finkelstein fand in dem ca. 3,5 km südwestlich von *'Aqrabe* (183.170) gelegenen arabischen Dorf Keramik aus folgenden Epochen: FB (?), MB, E I, II, röm., mittelalt.[122]

43. *Ḥirbet eš-Šūnah*: 1760.1660

Die gut 2 km südwestlich von *Qubalān* (177.168) gelegene *Ḥirbe* war in folgenden Epochen besiedelt: E I (1 Scherbe), II.[123]

44. *Ḥirbet Qurqafa*: 1802.1667

Die ca. 3,5 km südwestlich von *'Aqrabe* (183.170) gelegene *Ḥirbe* war in folgenden Epochen besiedelt: E I, II.[124]

---

[118] A. Kuschke, FS H. W. Hertzberg, 104. Eine Abbildung von *Tell Šēḫ 'Abū Zarad* findet sich bei F.-M. Abel, RB 45, 1936, zwischen S. 104 und 105 (Nr. 1). Zur Diskussion um die Identifikation von *Tell Šēḫ 'Abū Zarad* mit Thappuah vgl. etwa K. Elliger, PJ 33, 1937, 7-22; ders., JPOS 18, 1938, 7-16.

[119] M. Kochavi (Hrsg.), Judaea, Samaria and the Golan, 169 (Nr. 36); dieser Keramikbefund bestätigt die älteren Untersuchungen: A. Alt, PJ 24, 1928, 66; F.-M. Abel, RB 45, 1936, 108 f.; vgl. auch I. Finkelstein, Archaeology, 152 (NCR 18) mit Abb. 45.

[120] I. Finkelstein, Archaeology, 152 f. (NCR 19).

[121] I. Finkelstein, Archaeology, 153 (NCR 20) mit Abb. 37.

[122] I. Finkelstein, Archaeology, 153 (NCR 21).

[123] I. Finkelstein, Archaeology, 153 (NCR 22).

[124] I. Finkelstein, Archaeology, 153 f. (NCR 23).

45. Namenloser Fundort: 1811.1666

Der ca. 1 km östlich von *Ḫirbet Qurqafa* (1802.1667) gelegene namenlose
Fundort war besiedelt in: E I, II, pers., hell. (?), röm., byz., arab.[125]

46. Namenloser Fundort: 1719.1656

I. Finkelstein fand hier Keramik aus folgenden Epochen: E I, II, pers.,
byz.[126]

47. Namenloser Fundort: 1731.1653

Der über dem Tal von *el-Lubban* (173.164) gelegene namenlose Fundort war
besiedelt in: E I (wenig), II., pers.[127]

48. *Ḫirbet el-Kerek*: 1801.1653

Die ca. 1,5 km südlich von *Ḫirbet Qurqafa* (1802.1667) gelegene *Ḫirbe* war
besiedelt in: E I, II (?), pers., hell.[128]

49. Namenloser Fundort: 1825.1656

Der knapp 5 km südlich von *ᶜAqrabe* (183.170) gelegene Fundort war besiedelt in: E I, II.[129]

50. *Ḫirbet Ṣur*: 1737.1644

Die am Ostrand des Tals von *el-Lubban* (173.164) gelegene *Ḫirbe* war besiedelt in: MB, E I, II.[130]

51. Namenloser Fundort: 1734.1625

Der kleine auf der Spitze des Aufstiegs von *el-Lubban* (173.164) gelegene
Tell war besiedelt in: E I, II, pers. (?), byz.[131]

52. Namenloser Fundort: 1763.1620

Der knapp 2,5 km südwestlich von Silo (177.162) gelegene Fundort war
besiedelt in: FB, MB, E I (wenig).[132]

---

[125] I. Finkelstein, Archaeology, 154 (NCR 24).
[126] I. Finkelstein, Archaeology, 154 (NCR 25).
[127] I. Finkelstein, Archaeology, 154 (NCR 26).
[128] I. Finkelstein, Archaeology, 155 (NCR 27).
[129] I. Finkelstein, Archaeology, 155 (NCR 28).
[130] I. Finkelstein, Archaeology, 155 (NCR 29).
[131] I. Finkelstein, Archaeology, 155 (NCR 30) mit Abb. 46.
[132] I. Finkelstein, Archaeology, 155 f. (NCR 31).

53. Namenloser Fundort: 1769.1628
Der nordwestlich von Silo (177.162) gelegene Fundort war besiedelt in: MB,
E I, röm.[133]

54. Namenloser Fundort: 1798.1622
Der ca. 2 km südöstlich von Silo (177.162) gelegene Fundort war besiedelt
in: E I, II, röm.[134]

55. *Ḥirbet Sēlūn*/Silo: 177.162
Ḥirbet Sēlūn liegt ca. 22 km südlich von Sichem und 4 km östlich der
Straße von Jerusalem nach *Nāblus*.[135] Die *Ḥirbe* ist recht groß, ca. 300 m
breit, sie liegt auf einem natürlichen Felsen mit steilen Abhängen, ihr höch-
ster Punkt befindet sich 715 m über dem Meer. Sie ist übersät mit Ruinen
und Steinen und an einigen Stellen ist aufgrund der starken Erosion der
nackte Felsen sichtbar. Das Klima in *Ḥirbet Sēlūn* ist wegen der kalten
Winter und der heißen Sommer ungünstig.[136]

Die Identifikation von *Ḥirbet Sēlūn* mit dem alttestamentlichen Silo
verdankt sich E. Robinson, der sie vor allem aufgrund der Namensähnlich-
keit und der Lage (vgl. die genaue Beschreibung in Jdc 21,19) vorgeschlagen
hatte.[137] Sie wird bis heute nicht angezweifelt[138], lediglich A. T. Richardson wollte Silo in benjaminitischem Gebiet suchen.[139] Seine ungenügenden
Argumente wurden jedoch von W. F. Albright überzeugend zurechtgerückt
und zurechtgewiesen.[140]

Die Ausgrabungen in *Ḥirbet Sēlūn* von 1926, 1929, 1932 und 1963 ergaben folgendes Bild: Im südlichen Teil der *Ḥirbe* wurden Gräber mit Kera-
mikresten aus den Epochen SB II A, E I, II gefunden. Die Ausgräber vermuteten, daß Grab N in der E II-Zeit als Vorratsraum vor allem für Wein

---

[133] I. Finkelstein, Archaeology, 156 (NCR 32).
[134] I. Finkelstein, Archaeology, 157 (NCR 34).
[135] K. Galling, Art.: Silo, in: BRL², 307 f.; I. Finkelstein, Archaeology, 206 f.
[136] Beschreibungen von *Ḥirbet Sēlūn* finden sich bei H. Kjaer, PEFQSt 59, 1927, 206;
   ders., JPOS 10, 1930, 87; Marie-Louise Buhl/S. Holm-Nielsen, Shiloh, 10.
[137] E. Robinson, Palästina, 302-308.
[138] P. Volz, PJ 1, 1905, 123; R. Savignac, RB 10, 1913, 106; A. J. Rustum, PEFQSt 58,
   1926, 196 f.; L. H. Vincent, RB 36, 1927, 418 f.; W. F. Albright, BASOR 35, 1929, 4 f.;
   C. C. McCown, BASOR 37, 1930, 12 f.; N. Glueck, AJA 37, 1933, 166 f.; M. Noth,
   ZDPV 72, 1956, 40 f.; ders., ZDPV 73, 1957, 19 f.; H. Schmid, ZDPV 73, 1957, 62 f.;
   H. J. Stoebe, ZDPV 80, 1964, 18 f.; ders., ZDPV 82, 1966, 9 f.; F. Zayadine, Ber. 19,
   1970, 159-161.
[139] A. T. Richardson, PEFQSt 59, 1927, 85-88.
[140] W. F. Albright, PEFQSt 59, 1927, 157 f.

benutzt und gegen Ende dieser Periode verlassen wurde.[141] Im westlichen Bereich der *Ḥirbe* wurden die Mauern von Häusern aus der römischen Periode ausgegraben. Die Keramik war jedoch z. T. wesentlich älter, sie stammte aus den Perioden SB II, E I, II. Haus A ruht wahrscheinlich auf den Fundamenten eines Gebäudes, das bis in die E II-Zeit zurückreicht. Dafür sprechen vor allem die großen Vorratskrüge, die hier entdeckt wurden.[142] Im nördlichen Teil der *Ḥirbe* fanden die Ausgräber Keramik aus den Perioden SB, MB, E I, II, aus dem Fehlen jeglicher Keramik aus persischer Zeit schlossen sie, daß die *Ḥirbe* von ca. 600–100 v. Chr. unbesiedelt war.[143]

Die Ergebnisse der Ausgrabungen in *Ḥirbet Selūn* und die alttestamentlichen Angaben lassen den Schluß zu, daß Silo etwa zu Beginn des 11. Jahrhunderts v. Chr. in israelitischen Besitz überging. Es ist jedoch kaum möglich, den genauen Zeitpunkt zu bestimmen und die Frage nach einer friedlichen oder kriegerischen Übernahme zu beantworten.[144] Die Ergebnisse der Ausgrabungen und die alttestamentlichen Traditionen widerraten nach Buhl/ Holm-Nielsen auch der von Kjaer vertretenen Ansicht, daß Silo etwa um 1050 v. Chr. von den Philistern erorbert und gänzlich zerstört worden sei.[145] Das Fehlen von Keramik aus der E III-Zeit weise vielmehr auf eine vollständige Zerstörung Silos in der ersten Hälfte des 6. Jahrhunderts v. Chr.[146]

Im Jahre 1981 wurden die Ausgrabungen mit *Ḥirbet Selūn* durch ein israelisches Team unter der Leitung von I. Finkelstein wieder aufgenommen und durch das Öffnen neuer Areale (F, G, H, J, K) weitergeführt.[147] Es ergaben sich bisher folgende Ergebnisse: Die erste unbefestigte Ansiedlung

---

[141] Marie-Louise Buhl/S. Holm-Nielsen, Shiloh, 13 ff.; die Vermutung, daß es sich um einen Vorratsraum für Wein gehandelt habe, ergibt sich aus dem Vergleich mit Felskammergräbern in Gibeon, die z. T. als Vorratsräume für Wein Verwendung fanden; zudem war die Gegend um *Ḥirbet Selūn* berühmt wegen seiner Weinberge.

[142] Marie-Louise Buhl/S. Holm-Nielsen, Shiloh, 30 ff.; indem Buhl/Holm-Nielsen die Mauer als *Haus*-Mauer interpretieren, korrigieren sie zugleich die Meinung von H. Kjaer, JPOS 10, 1930, 94 ff., der sie als "town wall" angesehen hatte.

[143] Marie-Louise Buhl/S. Holm-Nielsen, Shiloh, 43 ff.; vor allem 54 f.

[144] Marie-Louise Buhl/S. Holm-Nielsen, Shiloh, 56 ff.

[145] Marie-Louise Buhl/S. Holm-Nielsen, Shiloh, 59.; gegen Marie-Louise Buhl/S. Nielsen vgl. die kritische Feststellung Y. Shilos, IEJ 21, 1971, 69; "The archaeological evidence shows that Shiloh continued to be inhabited during the Iron Age II. This fact does not disprove ... Kjaer's conclusion that Shiloh was destroyed as a result of the defeat at Ebenezer."

[146] Marie-Louise Buhl/S. Holm-Nielsen, Shiloh, 62; vgl. dazu ablehnend I. Finkelstein, Archaeology, 231 f.

[147] I. Finkelstein, Archaeology, 211-234.

auf *Ḥirbet Sēlūn* wurde in der MB II B-Zeit gegründet. In einer späteren
Phase dieser Periode wurden massive Wälle angelegt, die ein Gebiet von 17
Dunam umfaßten. Diese Siedlung wurde gegen Ende der MB II B-Zeit zerstört. Sehr bald danach wurde der Ort in der SB I-Zeit besiedelt, wo er
jedoch wohl mehr als Kult- denn als Siedlungsort diente.[148] Gegen Ende
der SB-Zeit wurde der Platz verlassen und blieb bis zur E I-Zeit unbesiedelt.
Die E I-Siedlung, die allerdings nicht sehr groß war, wurde in der Mitte des
11. Jahrhunderts durch ein großes Feuer zerstört.[149] Sie wurde in der E II-
Zeit im östlichen Teil des Siedlungsplatzes erneuert.[150]

56. Namenloser Fundort: 1795.1626
Der ca. 2 km von Silo gelegene Fundort war besiedelt in: E I (?), II, pers.,
hell., byz.[151]

57. *Ḥirbet Najmat Khuneifis* 1803.1621
Die östlich von Silo gelegene *Ḥirbe* war besiedelt in: E I, pers. (?).[152]

58. *Ḥirbet Ġurābe*: 1729.1611
Die 2 km nordwestlich von *Singil* (175.169) gelegene *Ḥirbe* war besiedelt in:
E I (wenig), II, byz.[153]

59. *Ḥirbet er-Rafīd*: 1767.1618
Die *Ḥirbe* liegt ca. 1,5 km südwestlich von Silo. Nach den Untersuchungen
von Z. Kallai und I. Finkelstein ist hier folgende Keramik zu finden: FB, MB
I, E I, II, pers., byz., arab.[154]

60. Namenloser Fundort: 1812.1615
Der östlich der Ebene von Silo gelegene Fundort war besiedelt in: E I.[155]

---

[148] I. Finkelstein/S. Bonimowitz/Z. Ledermann, IEJ 33, 1983, 268; I. Finkelstein, Archaeology, 218-220.

[149] I. Finkelstein/S. Bonimowitz/Z. Ledermann, IEJ 33, 1983, 268.

[150] I. Finkelstein, Archaelogy, 228.

[151] I. Finkelstein, Archaelogy, 157 (NCR 35).

[152] I. Finkelstein, Archaeology, 157 (NCR 36).

[153] I. Finkelstein, Archaeology, 157 f. (NCR 37).

[154] M. Kochavi (Hrsg.), Judaea, Samaria and the Golan, 169 INr. 42); I. Finkelstein, Archaeology, 158 INCR 38).

[155] I. Finkelstein, Archaeology, 158 (NCR 39).

61. Ḥirbet 'Alyāṭa: 1727.1594

Die *Ḥirbe* liegt ca. 2,5 km südwestlich von *Singil* (175.160). Z. Kallai fand auf ihr Überreste eines rechteckigen Gebäudes und eine bearbeitete Zisterne, an dem südlichen Abhang der *Ḥirbe* waren Mauerreste mit behauenen Steinen erkennbar; der Keramikbefund: E I, II, röm., byz., arab.[156]

62. Namenloser Fundort: 1798.1597

Der am Südrand der Ebene von Silo gelegene Fundort war besiedelt in: E I (1 Scherbe), II, röm., byz.[157]

63. Ḥirbet Qulāṣun: 1821.1594

Die östlich der Ebene von Silo gelegene *Ḥirbe* war besiedelt in: E I, röm., arab.[158]

64. Ḥirbet et-Tell: 1749.1587

Die *Ḥirbe* liegt knapp 1,5 km südlich von *Singil* (175.160) auf einem hohen isolierten Hügel, der den Oberlauf des *Wādī el-Haramīye* beherrscht[159]: "Der Hügel erhebt sich in allseitiger Isolierung, die gegen Nordwesten hin durch das Zutagetreten breiter Felsbänke noch besonders betont ist, unmittelbar über dem engen Tal zu etwa 100 m Höhe und beherrscht die Hauptstraße des Gebirges, die dem Tale nicht ausweichen kann, vollkommen."[160] Nach Z. Kallai ist der Keramikbefund folgendermaßen zu bestimmen: FB, E I, II, pers., hell., röm., byz., arab., ottom.[161]

---

[156] M. Kochavi (Hrsg.), Judaea, Samaria and the Golan, 170 (Nr. 47); I. Finkelstein, Archaeology, 158 (NCR 40).

[157] I. Finkelstein, Archaeology, 158 f. (NCR 41).

[158] I. Finkelstein, Archaeology, 159 (NCR 43).

[159] A. Kuschke, FS H. W. Hertzberg, 109.

[160] A. Alt, PJ 23, 1927, 50.

[161] M. Kochavi (Hrsg.), Judaea, Samaria and the Golan, 170 (Nr. 51); I. Finkelstein, Archaeology, 159 f. (NCR 43) mit Abb. 47; zu den auf der *Ḥirbe* von A. Alt, PJ 23, 1927, 50 beobachteten Spuren von Mosaiken und Keramik der römisch-byzantinischen Periode vgl. M. Avi-Yonah, QDAP 4, 1935, 187-193, vor allem 192; zur Identifikation von *Ḥirbet et-Tell* mit dem von Eusebius genannten Dorf Geba und mit dem in Jos 18,24 genannten Geba vgl. G. Dalman, PJ 9, 1913, 40; A. Kuschke, FS H. W. Hertzberg, 109.

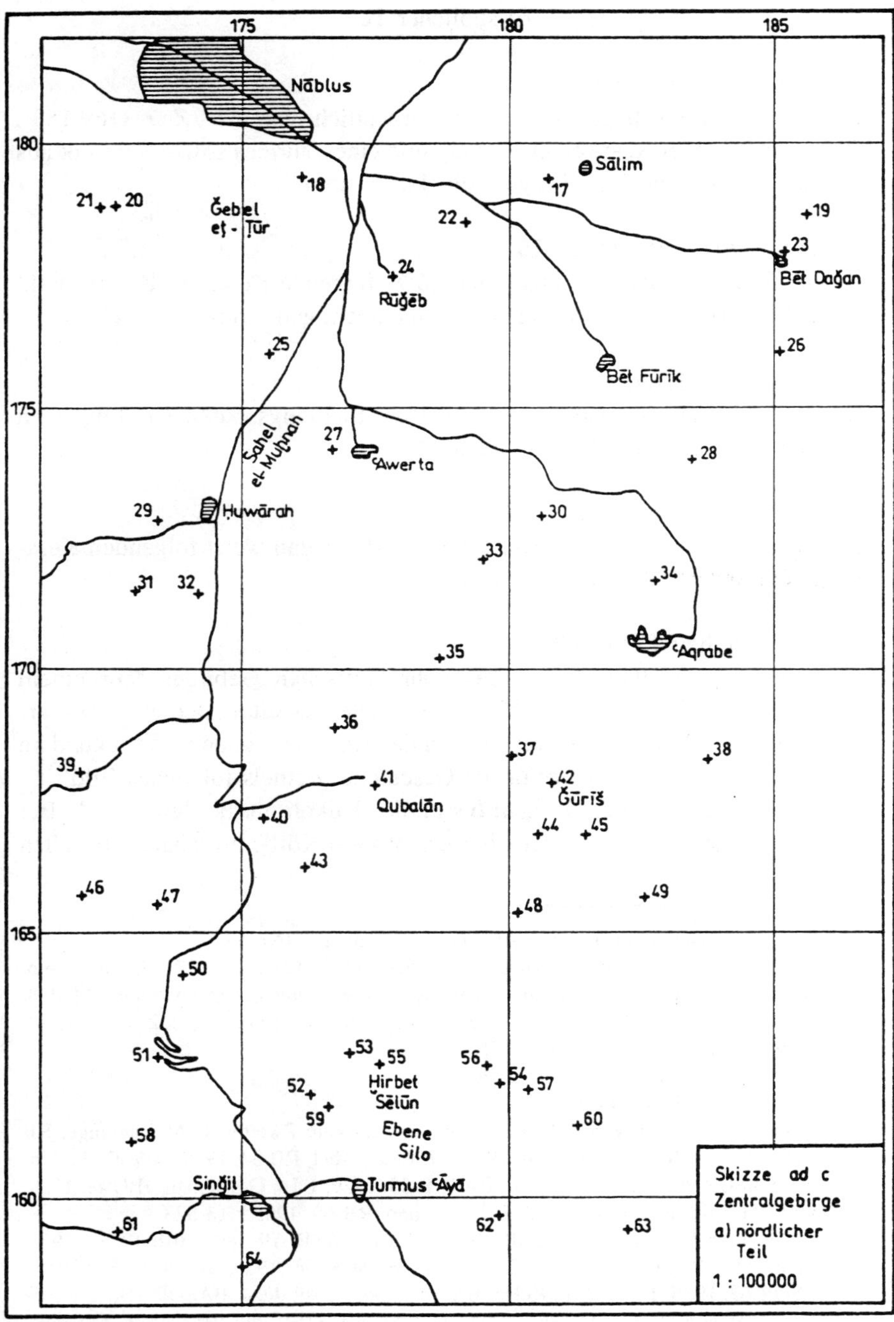
175
180
185
Nāblus
180
+18
21 + +20
Ğebel
eṣ-Ṭūr
22+
Sālim
+17
+19
23
Bēt Daġan
+24
Rūğēb
+25
+26
Bēt Fūrīk
175
Ṣahel el-Muḫnah
27
+
ʿAwerta
+28
29+
Ḥuwārah
+30
33
+34
31+ 32+
ʿAqrabe
+35
170
+36
+37
+38
39+
+41
Qubalān
42
Ğūrīš
+40
44+ +45
+43
+46 +47
+49
+48
165
+50
51+
+53 +55
56+
+54 +57
52+
Hirbet
Sēlūn
+60
59+
Ebene
Silo
+58
Sinğil
Turmus ʿĀyā
160
+61
62+
+63
+64
Skizze ad c
Zentralgebirge
a) nördlicher
Teil
1 : 100 000

β) südlicher Teil

65. *Burǧ el-Bardawīl*: 1732.1547

Burǧ el-Bardawīl liegt ca. 4,5 km nordöstlich von *Bīr Zeit* (169.153). Z. Kallai fand hier Reste einer Festung und eines Turmes sowie Keramik aus folgenden Epochen: E I, II, byz., mittelalt., ottom.[162]

66. *Ḥirbet Bīr Zeit*: 1682.1525

Z. Kallai fand an den Abhängen der *Ḥirbe* folgende Keramik: E I, II, hell., röm.[163] Die *Ḥirbe* liegt im Süden des gleichnamigen Ortes.

67. *eṭ-Ṭaiyibe*: 1784.1513

I. Finkelstein fand in dem arabischen Dorf Siedlungsspuren aus folgenden Epochen: E I, II, röm., byz., mittelalt.[164]

68. *Ḥirbet Ghureitis*: 1722.1507

Die *Ḥirbe* liegt ca. 3 km nordwestlich von *Bēṭīn* und weist folgenden Keramikbefund auf: MB, E I, röm., byz.[165]

69. *Bēṭīn*/Bethel: 1735.1480

Bēṭīn liegt im südlichen Teil des ephraimitischen Gebirges "auf einem quellenreichen flachen Sporn"[166] an der Stelle des alten Bethel.[167] Die archäologischen Befunde, die Nachrichten des Alten Testaments und sekundäre historische Berichte ergeben für die Geschichte Bethels folgendes Bild[168]:

Bethel als besiedelter Ort geht bis in die chalkolithische Zeit zurück. Bei den Ausgrabungen 1934 wurden insgesamt zwei Körbe mit chalkolithischen

---

[162] M. Kochavi (Hrsg.), Judaea, Samaria and the Golan, 173 (Nr. 69).

[163] M. Kochavi (Hrsg.), Judaea, Samaria and the Golan, 173 f. (Nr. 72); I. Finkelstein, Archaeology, 160 (SCR 1): damit wurden die früheren Untersuchungen von F.-M. Abel, JPOS 8, 1928, 50 bestätigt; vgl. auch R. de Vaux, RB 53, 1946, 260-262.

[164] I. Finkelstein, Archaeology, 160 (SCR 2).

[165] I. Finkelstein, Archaeology, 160 (SCR 3).

[166] M. Wüst, Art.: Bethel, in: BRL², 44.

[167] An der Identifikation von *Bēṭīn* mit Bethel besteht kein Zweifel, F.-M. Lagrange, RB I, 1892, 454; E. Nestle, ZDPV 34, 1911, 99; F.-M. Abel, RB 34, 1925, 205; W. F. Albright, BASOR 29, 1928, 9-11; ders., BASOR 35, 1929, 1-14; G. Dalman, JBL 48, 1929, 360; L.-H. Vincent, RB 46, 1937, 231; C. Kopp, RB 60, 1953, 513-523.

[168] W. F. Albright/J. L. Kelso, AASOR 39, 1968, 1 ff.; W. F. Albright, BASOR 55, 1934, 23-25; ders., BASOR 56, 1934, 2-15; ders., BASOR 58, 1935, 10-18; G. E. Wright, BASOR 63, 1936, 12-21; J. L. Kelso, BA 19, 1956, 36-43; ders., BASOR 164, 1961, 5-19; M. Weippert, ZDPV 79, 1963, 170 f.; H. J. Stoebe, ZDPV 80, 1964, 28; R. L. Cleveland, BASOR 209, 1873, 33-36; E. Stern, BA 38, 1975, 32 f.

Scherben gefunden. Da die Keramik über die ganze Ortslage verstreut war, kann man annehmen, daß Bethel bereits ca. 3200 v. Chr. besiedelt gewesen sein muß.[169] Nördlich dieser Ansiedlung vermuteten W. F. Albright und J. L. Kelso aufgrund der besonderen Gesteinsformationen einen kanaanäischen "high-place".[170]

Im Anschluß an die chalkolithische Periode war der Ort verlassen (FB I-III), Besiedlungsspuren ließen sich erst wieder gegen Ende der Frühbronzezeit nachweisen.[171] Nach einer weiteren Phase ohne Besiedlung (ca. 2200–1900 v. Chr.) brach gegen Ende der MB I- und zu Beginn der MB II-Zeit wieder neues Leben in Bethel auf.[172] W. F. Albright und J. L. Kelso entdeckten einen Tempel (MB I), der die wichtige Rolle Bethels in dieser Epoche bezeugt.[173] Ein bedeutender Kultort und wichtiges Handelszentrum wurde Bethel in der MB II B-Zeit, worauf u. a. sehr starke Befestigungsanlagen, der Tempel und Patrizierhäuser hinweisen.[174] Zwischen 1650 und 1400 v. Chr. war Bethel wiederum unbesiedelt, erlebte jedoch im Anschluß daran wieder einen unaufhaltsamen Aufstieg. Der Reichtum der Stadt wuchs gewaltig, was besonders die große Zahl von Patrizierhäusern und kunstvoll angelegten Steinfußböden belegt.[175]

Beim Übergang von der Bronze- in die Eisen I-Zeit muß sich in Bethel etwa zwischen 1240–1235 v. Chr. eine gewaltige Feuersbrunst ereignet haben, die überall ihre Spuren hinterlassen hat.[176] W. F. Albright und J. L. Kelso führen dies auf die israelitische Eroberung zurück, die zu einem tiefen Kultureinbruch zwischen dem Ende der Spätbronzezeit und dem Anfang der Eisenzeit geführt haben soll. Die Patrizierhäuser und die kanaanäischen Tempel verschwanden in den eroberten Städten und an die Stelle des Reichtums der Kultur trat eine gewisse Armut der Formen. Die Fertigkeit in der Herstellung kunstvoller Keramik erreichte ihren tiefsten Punkt.[177]

Zur Zeit der Reichsteilung (E II) gab es in Bethel eine große Bevölkerung, die bis zur Zeit der Einnahme Samarias anhielt (vgl. Amos).[178] Ab

---

[169] W. F. Albright/J. L. Kelso, AASOR 39, 1968, 20-27.

[170] W. F. Albright/J. L. Kelso, AASOR 39, 1968, 20.

[171] W. F. Albright/J. L. Kelso, AASOR 39, 1968, 21 f.; sie vermuten, daß von 2900–2500 v. Chr. Ai die wichtigere Rolle spielte und Bethel ablöste.

[172] W. F. Albright/J. L. Kelso, AASOR 39, 1968, 45.

[173] W. F. Albright/J. L. Kelso, AASOR 39, 1968, Pls.: 105 c; 106; 108.

[174] W. F. Albright/J. L. Kelso, AASOR 39, 1968, 27.

[175] W. F. Albright/J. L. Kelso, AASOR 39, 1968, 47.

[176] W. F. Albright/J. L. Kelso, AASOR 39, 1968, Pl. 24 b; S. 32.

[177] W. F. Albright/J. L. Kelso, BASOR 58, 1935, 13; W. F. Albright/J. L. Kelso, AASOR 39, 1968, 48.

[178] W. F. Albright/J. L. Kelso, AASOR 39, 1968, 37.

dem vierten Jahrhundert v. Chr. bis in die römische und byzantinische Zeit hinein war Bethel kontinuierlich besiedelt, vor allem z. Zt. Alexanders d. Großen war es ein bedeutender Ort, was aus Münzfunden geschlossen werden kann.

Bethel war vor seiner Einnahme durch die Israeliten eine große kanaanäische Siedlung. In der Eisen I-Zeit wuchs sie zu einer wichtigen Stadt empor und war mit wenigen Unterbrechungen bis in die Eisen II-Zeit besiedelt. In der Perserzeit wurde sie wieder besetzt und war bis in die byzantinische Zeit hinein ein bedeutender Ort.

70. *Rammūn*: 1785.1484

I. Finkelstein fand in dem südlich von *eṭ-Ṭaiyibe* gelegenen arabischen Dorf Keramik aus folgenden Epochen: E I, II (?), hell. (?), röm., byz., mittelalt.[179]

71. *Ḥirbet et-Tell*: 1747.1472

Die *Ḥirbe* liegt bei *Dēr Dīwān*, ca. 2 km südöstlich von Bethel. In der FB-Zeit war die *Ḥirbe*, die mit dem alttestamnentlichen Ai zu identifizieren ist, eine ca. 360 x 310 m messende Stadtanlage, die durch drei gewaltige Ringmauern geschützt war. Die *Ḥirbe* wurde um 2000 v. Chr. völlig zerstört und erst im 13./12. Jahrhundert wurde der Ort wieder besiedelt. Diese neue dorfartige Siedlung war recht klein (100 x 100 m) und ohne Mauern und Tore. Sie endete jedoch nach ca. 200 Jahren wieder.[180]

72. *Ḥirbet er-Raddāne*: 1693.1466

Die *Ḥirbe* liegt unmittelbar nördlich von *Rām 'Allah* auf einem Hügel, der auf drei Seiten von tiefen Tälern umgeben ist und an dessem nördlichen und südlichen Fuß sich jeweils Quellen befinden.[181] Die Siedlung der E I-Zeit erstreckte sich über ein Gebiet von 8-10 Dunams. Der Keramikbefund ist folgendermaßen anzugeben: FB, E I, byz.[182]

---

[179] I. Finkelstein, Archaeology, 161 (SCR 5).

[180] I. Marquet-Krause, Les Fouilles d'Ay (et-Tell) 1933-35; J. A. Callaway, BASOR 178, 1965, 13-40; ders., BASOR 196, 1969, 2-16; ders., BASOR 198, 1970, 7-31; ders./-K. Schoonover, BASOR 207, 41-53; K. Galling, Art.: Ai, in: BRL², 4; I. Finkelstein, Archaeology, 69-72.

[181] J. A. Callaway/R. E. Cooley, BASOR 201, 1971, 9 f.; zur Inschrift, die bei den Ausgrabungen auf einem "jar handle" gefunden wurde: siehe F. M. Cross Jr./D. N. Freedman, BASOR 201, 1971, 19-22; Y. Aharoni, IEJ 21, 1971, 130-135.

[182] M. Kochavi (Hrsg.), Judaea, Samaria and the Golan, 178 (Nr. 93); vgl. noch die Kurzberichte in: HA 31-32, 1969, 14 (Bericht über die Entdeckung eines Hauses aus der E I-Zeit) HA 34-35, 1970, 13; HA 36, 1970, 12; HA 43, 1972, 13 f.; J. A. Callaway, IEJ 19,

73. Unbekannter Fundort: 1737.1469
Der südlich von Bethel gelegene Fundort weist folgenden Siedlungsbefund
auf: MB, E I, II.[183]

74. *Rās eṭ-Ṭāḥūne*: 1702.1462
Es handelt sich hier um einen Teil des arabischen Ortes *el-Bira*, bei dem
I. Finkelstein Keramik aus folgenden Epochen fand: FB (1 Scherbe), MB (?),
E I (wenig), II, hell.[184]

75. *el-Bira*: 1716.1451
Nach einer kurzen Notiz in HA 41-42[185] wurde bei den Koordinaten 1716.
1451 bei *el-Bira* sehr viel Keramik der Eisenzeit[186], wenig hellenistische,
sehr viel römische und byzantinische Keramik gefunden.

    1969, 239; ders., IEJ 20, 1970, 230-232; I. Finkelstein, Archaeology, 67.
[183] I. Finkelstein, Archaeology, 162 (SCR 9).
[184] I. Finkelstein, Archaeology, 161 (SCR 8).
[185] HA 41-42, 1972, 19.
[186] Leider fehlt die Angabe, ob es sich um Eisen I- oder Eisen II-Keramik handelt.

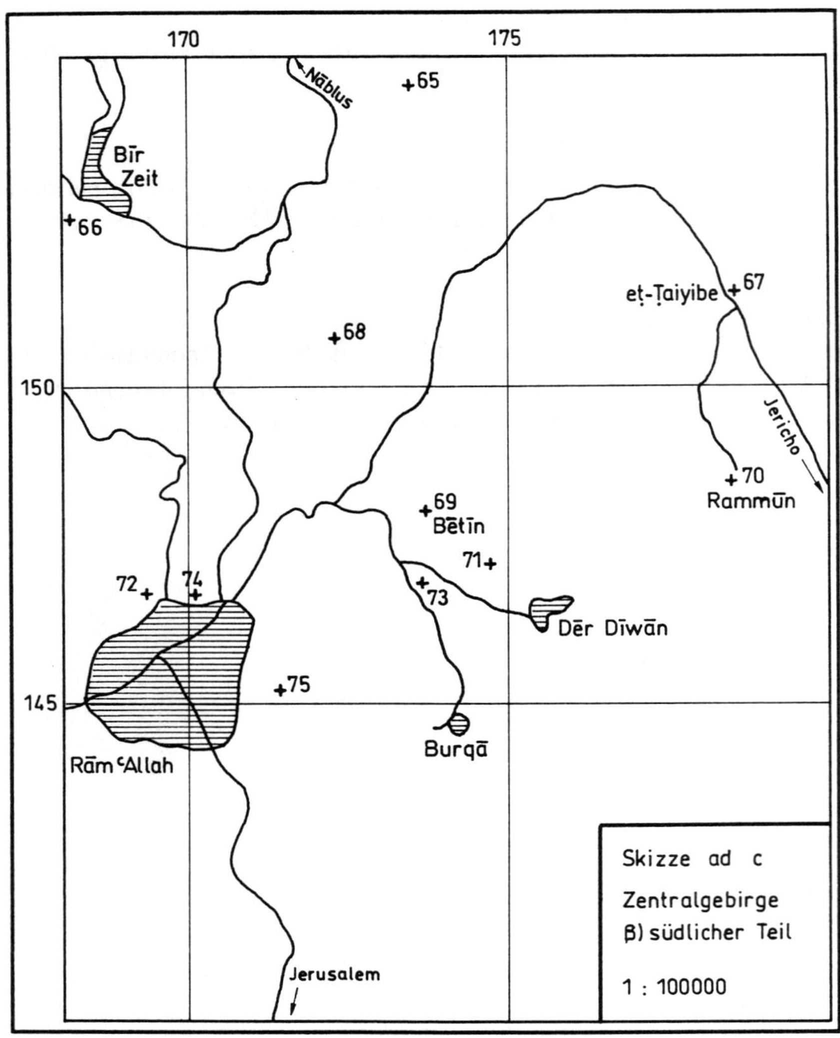
170
175
Nāblus
+65
Bīr Zeit
+66
et-Ṭaiyibe +67
+68
Jericho
150
+70
Rammūn
+69
Bētīn
71+
72 +
74 +
+73
Dēr Dīwān
+75
145
Burqā
Rām ᶜAllah
Jerusalem
Skizze ad c
Zentralgebirge
β) südlicher Teil
1 : 100000

d) Westabhänge

α) nördlicher Teil

76. ʿIzbet ʾAbū Ḥalil: 1600.1722
Der ca. 3,5 km nordwestlich des Dorfes Dēr ʾIstia (163.171) gelegene Fundort war besiedelt in: E I.[187]

77. Ḫirbet Ḫōš: 1679.1724
Die ca. 1 km nördlich des arabischen Dorfes Zeita (1676.1715) gelegene Ḫirbe war besiedelt: E I, II, röm.[188]

78. Namenloser Fundort: 1600.1716
Der westlich des Dorfes Dēr ʾIstia (163.171) gelegene Fundort war in der E I-Zeit besiedelt.[189]

79. Zeita: 1676.1715
Auf den nördlichen, südlichen und westlichen Abhängen des arabischen Dorfes fand I. Finkelstein Keramik aus folgenden Epochen: E I (2 Scherben), II, arab., mittelalt.[190]

80. Ǧammaʿīn: 1690.1708
I. Finkelstein fand in dem ca. 1 km südöstlich von Zeita (1676.1715) gelegene arabische Dorf Keramik aus folgenden Epochen: E I (wenig), II, röm., mittelalt.[191]

81. Namenloser Fundort: 1641.1701
Der ca. 1 km südöstlich von Dēr ʾIstia (163.171) gelegene Fundort war in folgenden Epochen besiedelt: MB, E I, II, mittelalt.[192]

---

[187] I. Finkelstein, Archaeology, 162 (NS 1).
[188] I. Finkelstein, Archaeology, 162 (NS 2).
[189] I. Finkelstein, Archaeology, 162 (NS 3).
[190] I. Finkelstein, Archaeology, 162 f. (NS 4).
[191] I. Finkelstein, Archaeology, 163 (NS 5).
[192] I. Finkelstein, Archaeology, 163 (NS 6).

82. Ḥirbet et-Tell 1638.1691

Der Tell, unmittelbar östlich von dem Ort *Ḥāris* (1635.1691) auf der Spitze
einer Kuppe gelegen, zeigt neben Mauerresten folgenden Keramikbefund:
MB II, E I, II, pers., hell., röm., byz., mittelalt.[193]

83. Namenloser Fundort: 1711.1691

Der ca. 2,5 km südöstlich von *Ǧammaʿīn* (1690.1708) gelegene Fundort war
besiedelt in: MB, E I (wenig), pers.[194]

84. Raum *Bidiye*: 1575.1690

In den Jahren 1975/76 wurde vom archäologischen Institut der Universität
Tel Aviv unter der Leitung von D. Eitam im Gebiet südlich von *Bidiye*
(1575.1690) und *Serṭa* (159.168) ein Survey durchgeführt, bei dem insgesamt 58 Ortslagen untersucht wurden. Davon stammten eine aus der Früh-
bronze- und zwei aus der Mittelbronzezeit. Bei 11 Ortslagen wurden Spuren
aus der Eisen I- und bei 25 Spuren aus der Eisen II-Zeit entdeckt. Die
größten Ortslagen aus der Eisen II-Zeit fand man in *Ḥirbet Dēr el-Mīr* (ca.
50 Dunam; 1539.1630), *Ḥirbet Benāt Burry* (ca. 30 Dunam; 1553. 1622)
und in *Ḥirbet er-Ramīla* (152.166). Die Spuren der übrigen Siedlungsepo-
chen verteilen sich dabei folgendermaßen: Perserzeit: 14 Ortslagen; hellenistische Zeit: 6; Römerzeit: 24; byzantinische Zeit: 51; Mittelalter: 24; otto-
manische Zeit: 17.[195]

85. *et-Tell*: 1586.1681

Der zwischen *Bidiye* (1575.1690) und *Serṭa* (159.168) gelegene Fundort
weist folgenden Keramikbefund auf: MB (?), E I, II, pers., hell., röm.[196]

86. Ḥirbet el-Bureiǧ: 1608:1680

Die ca. 2 km östlich von *Serṭa* (159.168) gelegene *Ḥirbe* war besiedelt in:
E I, II, byz.[197]

---

[193] M. Kochavi (Hrsg.), Judaea, Samaria and the Golan, 230 (Nr. 195). I. Finkelstein, Archaeology, 163 (NS 7).

[194] I. Finkelstein, Archaeology, 163 f. (NS 8).

[195] Vgl. dazu den Kurzbericht in HA 77, 1981, 56.

[196] I. Finkelstein, Archaeology, 164 (NS 9).

[197] I. Finkelstein, Archaeology, 164 (NS 10) – die Koordinatenangaben 16085.16080 bei
Finkelstein sind offenbar ein Versehen – richtig: 1608.1680!

87. *Ḥirbet Ras Qurra*: 1689.1673

Die ca. 2,5 km nordöstlich von *Selfīt* (1670.1653) gelegene *Ḥirbe* war besiedelt in: E I, II, pers.[198]

88. *Ḥirbet eš-Šejarah*: 1675.1669

Die ca. 1,5 km nördlich von *Selfīt* (1670.1653) gelegene *Ḥirbe* war besiedelt in: E I, II.[199]

89. *Ḥirbet Ḥamad*: 1596.1660

Die knapp 2 km südlich von *Serṭa* (159.167) gelegene *Ḥirbe* war besiedelt in: E I (?), II, pers., hell., röm., byz.[200]

90. Namenloser Fundort: 1633.1659

Der Fundort, unmittelbar nordwestlich von *Ḥirbet Bēt el-Ḥabs* (1633.1659) und knapp 4 km westlich von *Selfīt* (1670.1653) auf einer hohen Kuppe gelegen, zeigt folgenden Keramikbefund: MB II, E I, II, pers.[201]

91. *Ḥirbet Bir el-Ḥarayib*: 1706.1665

Die ca. 4 km nordöstlich von *Selfīt* (1679.1655) gelegene *Ḥirbe* war besiedelt in: E I, II.[202]

92. *Ḥirbet el-Muṭwy*: 1618.1651

Die ca. 4 km südöstlich von *Serṭa* gelegene *Ḥirbe* war besiedelt in: MB, E I, II, pers., röm., mittelalt.[203]

93. *Selfīt*: 1670.1653

In dem arabischen Ort fand I. Finkelstein Keramik aus folgenden Epochen: E I, II, pers., hell., röm., mittelalt.[204]

94. *Ḥirbet Benāt Burry*: 1553.1622

Die über dem *Naḥal Silo* gelegene *Ḥirbe* weist folgenden Keramikbefund auf: MB (wenig), E I (wenig), II, pers., hell. (wenig).[205]

---

[198] I. Finkelstein, Archaeology, 164 (NS 11).

[199] I. Finkelstein, Archaeology, 164 (NS 12) mit Abb. 48.

[200] I. Finkelstein, Archaeology, 165 (NS 13).

[201] M. Kochavi (Hrsg.), Judaea, Samaria and the Golan, 230 f. (Nr. 198); nach I. Finkelstein, Archaeology, 166 (NS 14) heißt der Ort *Bir et-Tell*.

[202] I. Finkelstein, Archaeology, 166 (NS 15).

[203] I. Finkelstein, Archaeology, 166 (NS 16).

[204] I. Finkelstein, Archaeology, 166 (NS 17).

[205] I. Finkelstein, Archaeology, 167 (NS 18) mit Abb. 49.

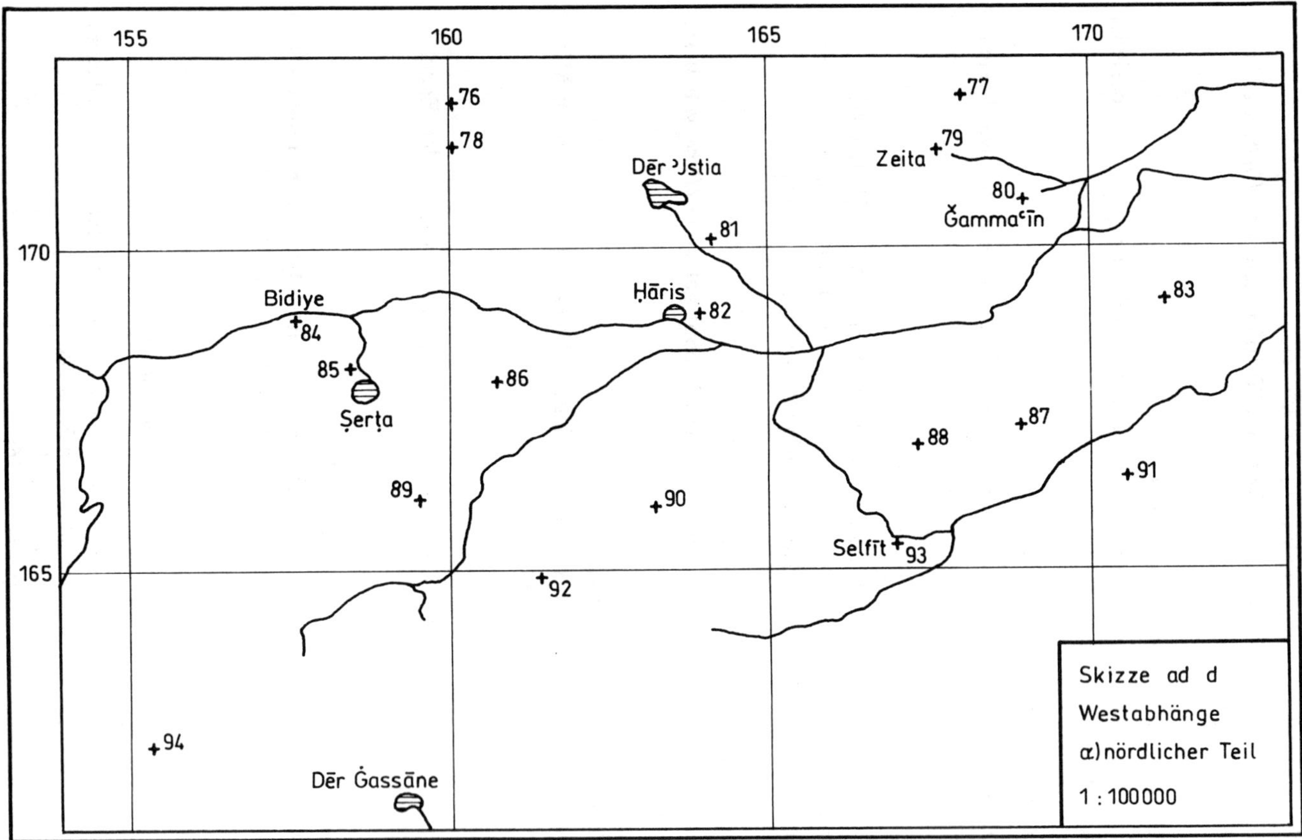
155
160
165
170
170
165
76
78
77
79
Zeita
80
Ğammaʿīn
Dēr ʾIstia
81
83
Bidiye
84
Hāris
82
85
Serṭa
86
87
88
89
90
91
Selfīt
93
92
94
Dēr Ġassāne
Skizze ad d
Westabhänge
α)nördlicher Teil
1 : 100000

β) südlicher Teil

95. *Furḫa*: 1641.1640

I. Finkelstein fand in dem südwestlichen von *Selfīt* gelegenen arabischen Dorf Keramik aus folgenden Epochen: MB (1 Scherbe), E I (wenig), II, pers., hell., röm., byz., mittelalt.[206]

96. *Qalaᶜ*: 1584.1624

Der Siedlungsort liegt ca. 1 km nordwestlich des Dorfes *Dēr Ġassāne* (1594.1615) relativ abgeschieden auf dem Gipfel einer Anhöhe. Ausgrabungen wurden im März/April 1981 von dem Department für Archäologie an der Universität Tel Aviv durchgeführt. Dabei wurde Keramik aus der Eisen I-, vor allem aber aus der Eisen II-Zeit (9./8. Jh.) entdeckt.[207]

97. *Dēr Ġassāne*: 1594.1615

Der Keramikbefund des ca. 1,5 km nördlich von *Bēt Rīmā* (1600.1600) gelegenen arabischen Dorfes wird in der Literatur unterschiedlich angegeben. Nach R. Gophna und Y. Porat war der Ort in folgenden Epochen besiedelt: E II, byz., mittelalt., ottom.[208] M. Burrows[209] und W. F. Albright[210] berichten dagegen auch von Funden aus der frühen Eisenzeit: "Deir Ghassâneh was occupied during the Early Iron, and again in the Byzantine age."[211] Auch I. Finkelstein fand hier E I-Keramik, wenn auch nicht sehr viel.[212]

98. *ᶜArūra*: 1662.1610

I. Finkelstein fand auf dem nordwestlichen Hang des arabischen Dorfes Keramik aus folgenden Epochen: E I (?), II, röm., mittelalt.[213]

---

[206] I. Finkelstein, Archaeology, 167 f. (SS 1).

[207] HA 77, 1981, 16 f.; I. Finkelstein, Archaeology, 168 (SS 2).

[208] M. Kochavi (Hrsg.), Judaea, Samaria and the Golan, 233 (Nr. 210).

[209] M. Burrows, BASOR 45, 1931, 24.

[210] W. F. Albright, BASOR 49, 1933, 26-28.

[211] M. Burrows, BASOR 45, 1931, 24. Zu *Dēr Ġassāne* vgl. noch P.-M. Séjourné, RB 2, 1893, 616; M. Burrows, BASOR 43, 1931, 31; ders., AJA 36, 1932, 66.

[212] I. Finkelstein, Archaeology, 168 (SS 3).

[213] I. Finkelstein, Archaeology, 168 (SS 4).

99. *Bēt Rīmā*: 1600.1600
Das arabische Dorf, ca. 8 km östlich von *Rentīs* (1520.1595) gelegen, zeigt
auf seinen nördlichen Abhängen folgenden Keramikbefund: E I, II, röm.,
byz., mittelalt., ottom.[214]

100. *Ḥirbet el-Mušarraqa*: 1687.1589
Die *Ḥirbe* liegt ca. 6,5 km südwestlich von *Singil* (175.160). Z. Kallai fand
hier Gebäudereste, behauene Steine sowie an den westlichen und östlichen
Abhängen viereckige Türme. Die Keramikfunde stammen aus folgenden
Perioden: E I, II, hell., röm., byz.[215]

101. Namenloser Fundort: 1736.1584
Der südwestlich von *Singil* (175.160) gelegene Fundort war besiedelt in:
E I.[216]

102. *Ḥirbet Tibne*: 1603.1573
Die *Ḥirbe* liegt ca. 2,6 km südlich von *Bēt Rīmā* (1600.1600) "auf einem
im Norden und Osten gewaltig tief zum Tal (hier wādi tibne, weiter oben
wādi rīa) abfallenden, und nur von Westen leicht zugänglichen Hügel
...".[217] Neben Gebäuderesten zeigt die *Ḥirbe* folgenden Keramikbefund:
MB II, E I, II, pers., hell., röm., byz., mittelalt.[218]

103. *ʿAttāra*: 1699.1568
I. Finkelstein fand in dem arabischen Ort Keramik aus folgenden Epochen:
E I, II, röm., byz., mittelalt.[219]

---

[214] M. Kochavi (Hrsg.), Judaea, Samaria and the Golan, 233 (Nr. 214); I. Finkelstein,
Archaeology, 168 f. (SS 5); zur Frage nach der Identifikation von *Bēt Rīmā* mit
Ramathain (I Sam 1,1) vgl. F. Hagemeyer, ZDPV 32, 1909, 16; H. Wiener, JPOS 7,
1927, 108-111; A. Fernandez, Bib. 12, 1931, 119-123.

[215] M. Kochavi (Hrsg.), Judaea, Samaria and the Golan, 170 (Nr. 50).

[216] I. Finkelstein, Archaeology, 169 (SS 7).

[217] G. Dalman, PJ 9, 1913, 39.

[218] M. Kochavi (Hrsg.), Judaea, Samaria and the Golan, 234 (Nr. 220); zum archäologischen
Befund vgl. noch W. F. Albright, BASOR 11, 1923, 4; I. Finkelstein, Archaeology, 169
(SS 8). Zur Frage der Identifikation von *Ḥirbet Tibne* mit Timnath-Serah (Jos 24,30)
vgl. P.-M. Séjourné, RB 2, 1893, 612; ders., RB 5, 1896, 277; G. Dalman, PJ 10, 1914,
30; W. F. Albright, BASOR 35, 1929, 6; F.-M. Abel, RB 33, 1924, 621; S. Klein, ZDPV
57, 1934, 12; R. de Vaux, RB 53, 1946, 269 f. Zur Frage der Identifikation mit Θαμνα
bei Ptolemäus vgl. P. Thomsen, ZDPV 29, 1906, 108; E. Nestle, ZDPV 34, 1911, 100.

[219] I. Finkelstein, Archaeology 170 (SS 9).

104. *Kūbar*: 1651.1555

Das arabische Dorf war in folgenden Epochen besiedelt: E I (1 Scherbe), II, pers., röm., byz., mittelalt.[220]

105. *Ḥirbet Ṭarfein*: 1702.1556

Die *Ḥirbe* liegt ca. 2,5 km nordöstlich von *Bīr Zeit* (169.153). Z. Kallai fand hier Gebäudereste sowie Keramik aus folgenden Epochen: E I, II, pers., röm., byz.[221]

106. *Ḥirbet er-Rās*: 1687.1541

Die *Ḥirbe* liegt etwa 1 km nördlich von *Bīr Zeit* (169.153). Nicht eindeutig ist ihr Keramikbefund, der unterschiedlich bestimmt wird. Z. Kallai fand folgende Perioden vertreten: FB, E II, byz., arab.[222] Während Kallai keine Keramik aus der Eisen I-Zeit fand, betont dagegen R. de Vaux, daß Keramik aus der gesamten Eisenzeit vertreten sei: "Dans cette enceinte et sur les pentes de la colline, mais surtout des tessons plus anciens, qui couvrent *toute la période du Fer*[223] et remontent probablement jusqu'à la fin de l'âge du Bronze."[224]

107. Namenloser Fundort: 1696.1540

Der ca. 1,5 km nordöstlich von *Bīr Zeit* (169.153) gelegene Fundort war in der Eisen I-Zeit besiedelt.[225]

108. Namenloser Fundort: 1579.1535

Der ca. 7 km südwestlich von *Bēt Rīmā* gelegene Fundort war besiedelt in: E I.[226]

109. *Dēr ʿAmmār*: 1598.1527

I. Finkelstein fand in dem kleinen arabischen Dorf neben zwei eisenzeitlichen Anlagen zum Ölpressen Keramik aus folgenden Epochen: MB, E I (wenig), II, pers., mittelalt.[227]

---

[220] I. Finkelstein, Archaeology, 170 (SS 10).

[221] M. Kochavi (Hrsg.), Judaea, Samaria and the Golan, 172 (Nr. 61); I. Finkelstein, Archaeology, 170 (SS 11) mit Abb. 50.

[222] M. Kochavi (Hrsg.), Judaea, Samaria and the Golan, 173 (Nr. 68).

[223] Hervorhebung H.-D. N.

[224] R. de Vaux, RB 53, 1946, 263.

[225] I. Finkelstein, Archaeology, 171 (SS 12).

[226] I. Finkelstein, Archaeology, 171 (SS 13).

[227] I. Finkelstein, Archaeology, 172 (SS 14) mit Abb. 51.

110. *el-Mneitrah*: 1716.1520
Der ca. 6 km nördlich von *Rām 'Allah* gelegene Fundort war besiedelt in:
MB, E I, spätere Epochen (wenig).[228]

111. *Ḥirbet eš-Šūne*: 1589.1519
Die ca. 1 km südwestlich von *Dēr ʿAmmār* (1598.1527) gelegene *Ḥirbe* war
besiedelt in: E I (wenig), II, hell., röm., byz., arab.[229]

112. *Ḥirbet ʿAnīr*: 1603.1513
Die ca. 1,5 km südöstlich von *Dēr ʿAmmār* (1598.1527) gelegene *Ḥirbe*
weist folgenden Siedlungsbefund auf: E I, II, pers., hell., röm., byz.[230]

113. *Ḥirbet el-Ḥāfī*: 1633.1455
Die *Ḥirbe* weist folgenden Siedlungsbefund auf: E I, II, pers., hell.[231]

114. *Bēt ʿUr el-Fawqā*: 1608.1436
Der kleine arabische Ort war besiedelt in: E I (?), II, pers., hell., röm., byz.,
mittelalt.[232]

---

[228] I. Finkelstein, Archaeology, 172 (SS 15).
[229] I. Finkelstein, Archaeology, 173 (SS 16) mit Abb. 52.
[230] I. Finkelstein, Archaeology, 174 (SS 17).
[231] I. Finkelstein, Archaeology, 174 (SS 18).
[232] I. Finkelstein, Archaeology, 174 (SS 19).

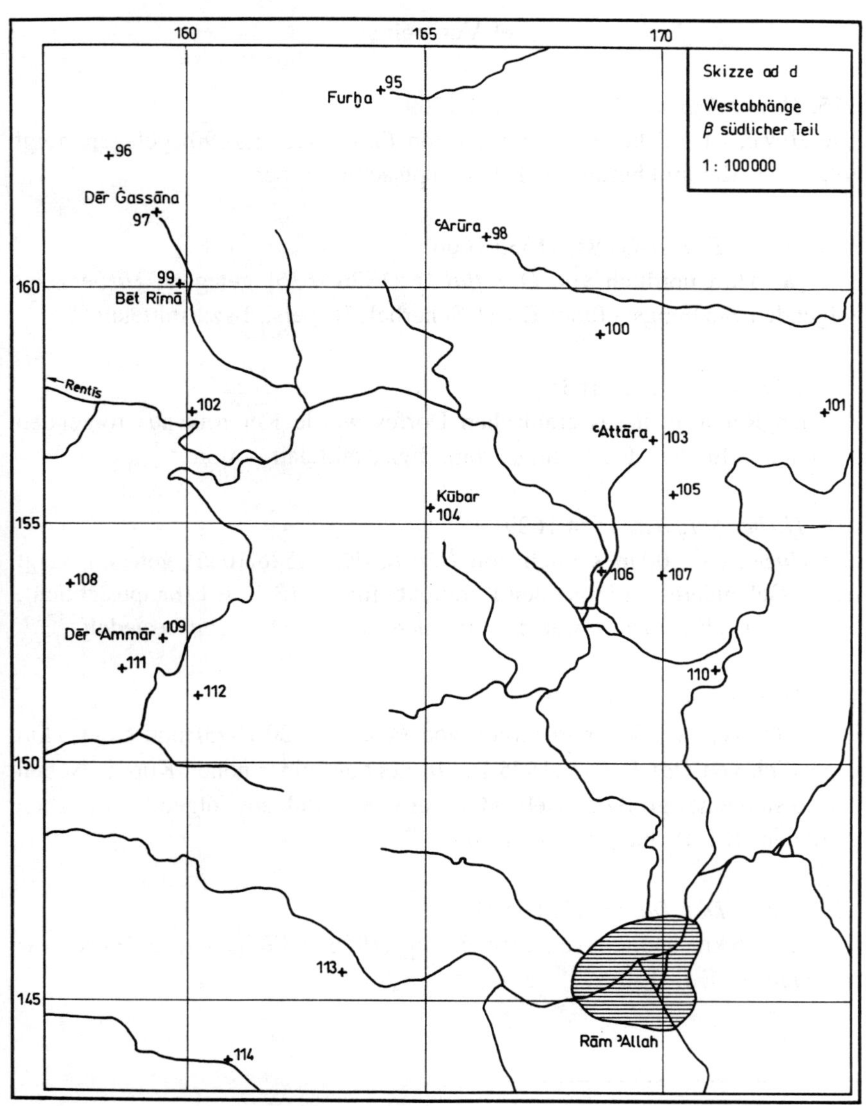
160
165
170
Furḫa +95
+96
Dēr Ġassāna
97+
99+
Bēt Rīmā
160
ʿArūra +98
+100
Rentis
+102
101
ʿAttāra +103
+105
Kūbar
+104
155
+108
+106 +107
Dēr ʿAmmār +109
+111
110+
+112
150
113+
145
+114
Rām ʾAllah
Skizze ad d
Westabhänge
β südlicher Teil
1 : 100000

e) Vorgebirge

115. *Ḥirbet Aḥmad el-ᶜAwda*: 1511.1709
Die *Ḥirbe*, ca. 6,5 km nordwestlich von *Bidiye* (1575.1690) gelegen, zeigt folgenden Keramikbefund: E I, II (hauptsächlich), pers.[233]

116. *Ḥirbet Dēr el-Qassīs*: 1532.1666
Die ca. 3 km nördlich von *Dēr Ballūṭ* (1526.1635) gelegene *Ḥirbe* zeigt folgenden Siedlungsbefund: E I (1 Scherbe), II, pers., byz., mittelalt.[234]

117. *Dēr Ballūṭ*: 1526.1635
An den Rändern dieses arabischen Dorfes wurde Keramik aus folgenden Epochen gefunden: E I (wenig), röm., byz., mittelalt., ottom.[235]

118. *Ḥirbet Ṣarṣara*: 1524.1629
Die *Ḥirbe*, ca. 500 m südlich von *Dēr Ballūṭ* (1526.1635) gelegen, zeigt neben Gebäuderesten folgenden Keramikbefund: MB II, E I (hauptsächlich), II.[236] Nach I. Finkelstein war der Ort auch in persischer Zeit besiedelt.[237]

119. *Dēr el-Mīr*: 1538.1629
Die Ortslage, ca. 4 km nordöstlich von *Rentīs* (1520.1595) und ca. 1,5 km südöstlich von *Dēr Ballūṭ* (1526.1629), liegt auf einer hohen Kuppe. Neben den Resten eines größeren Gebäudes wurde Keramik aus folgenden Epochen gefunden: E I, II (hauptsächlich), pers.[238]

120. *Ḥirbet Dēr Daqle*: 1521.1621
Die ca. 1,5 km südlich von *Dēr Ballūṭ* (1526.1635) gelegene *Ḥirbe* war besiedelt in: E I, II, byz.[239]

---

[233] M. Kochavi (Hrsg.), Judaea, Samaria and the Golan, 229 (Nr. 188).

[234] I. Finkelstein, Archaeology, 174 (FH 1).

[235] M. Kochavi (Hrsg.), Judaea, Samaria and the Golan, 231 (Nr. 202); vgl. zu dieser Ortslage die Karte bei M. Kochavi, TA 4, 1977, 2; eine kurze Nennung des *Wādī Dēr Ballūṭ* findet sich bei T. Canaan, JPOS 5, 1925, 183.

[236] M. Kochavi (Hrsg.), Judaea, Samaria and the Golan, 231 (Nr. 205).

[237] I. Finkelstein, Archaeology, 175 (FH 2).

[238] M. Kochavi (Hrsg.), Judaea, Samaria and the Golan, 232 (Nr. 207), mit Abbildungen; I. Finkelstein, Archaeology, 175 (FH 4).

[239] I. Finkelstein, Archaeology, 175 (FH 3).

121. Ḥirbet Barāʿyiš: 1528.1616

Die ca. 2 km südlich von *Dēr Ballūṭ* (1526.1635) gelegene *Ḥirbe* weist folgenden Siedlungsbefund auf: E I, II, hell., röm., byz., mittelalt.[240]

122. Ḥirbet ʿAle: 1532.1609

Die knapp 1 km südöstlich von *Ḥirbet Barāʿyiš* (1528.1616) gelegene *Ḥirbe* war in folgenden Epochen besiedelt: E I, II, pers., hell., röm., byz., mittel-alt.[241]

123. Ḥirbet ed-Diyūra: 1527.1609

Die *Ḥirbe*, ca. 1,5 km nordöstlich von *Rentīs* (1520.1595) auf der Spitze einer Kuppe gelegen, zeigt neben Gebäuderesten aus der Eisenzeit folgenden Keramikbefund: E I, II.[242]

124. el-Lubban: 1538.1600

I. Finkelstein fand in dem arabischen Dorf Siedlungsspuren aus folgenden Epochen: E I (?), II, pers., hell., röm., byz.[243]

125. Namenloser Fundort: 1548.1609

Der ca. 1 km nordöstlich von *el-Lubban* (1538.1600) gelegene Fundort weist folgenden Siedlungsbefund auf: E I (wenig), II, byz. (wenig).[244]

126. Šuqba: 1538.1547

Das arabische Dorf weist folgenden Siedlungsbefund auf: E I (?), II, pers. (?), röm., byz., mittelalt.[245]

127. er-Ras: 1507.1489

er-Ras war in folgenden Epochen besiedelt: FB, E I, II, pers., hell. (?), röm., byz., mittelalt.[246]

---

[240] I. Finkelstein, Archaeology, 175 f. (FH 5).
[241] I. Finkelstein, Archaeology, 176 (FH 6).
[242] M. Kochavi (Hrsg.), Judaea, Samaria and the Golan, 233 (Nr. 212); I. Finkelstein, Archaeology, 176 (FH 7).
[243] I. Finkelstein, Archaeology, 176 (FH 8).
[244] I. Finkelstein, Archaeology, 176 (FH 9).
[245] I. Finkelstein, Archaeology, 177 (FH 10).
[246] I. Finkelstein, Archaeology, 177 (FH 11).

128. *Ḥorvat Tittora; el-Burǧ*: 1522.1455

Der Ort zeigt auf seinen östlichen Anhängen folgenden Keramikbefund: FB, MB II, SB, E I, II, pers., hell., röm., byz., mittelalt.[247]

129. *Bēt ʿUr et-Taḥta*: 1582.1446

Das arabische Dorf war nach I. Finkelstein besiedelt in: E I, II, pers., hell., röm., byz., mittelalt.[248]

---

[247] M. Kochavi (Hrsg.), Judaea, Samaria and the Golan, 234 (Nr. 230) – mit Abbildung.
[248] I. Finkelstein, Archaeology, 177 (FH 12).

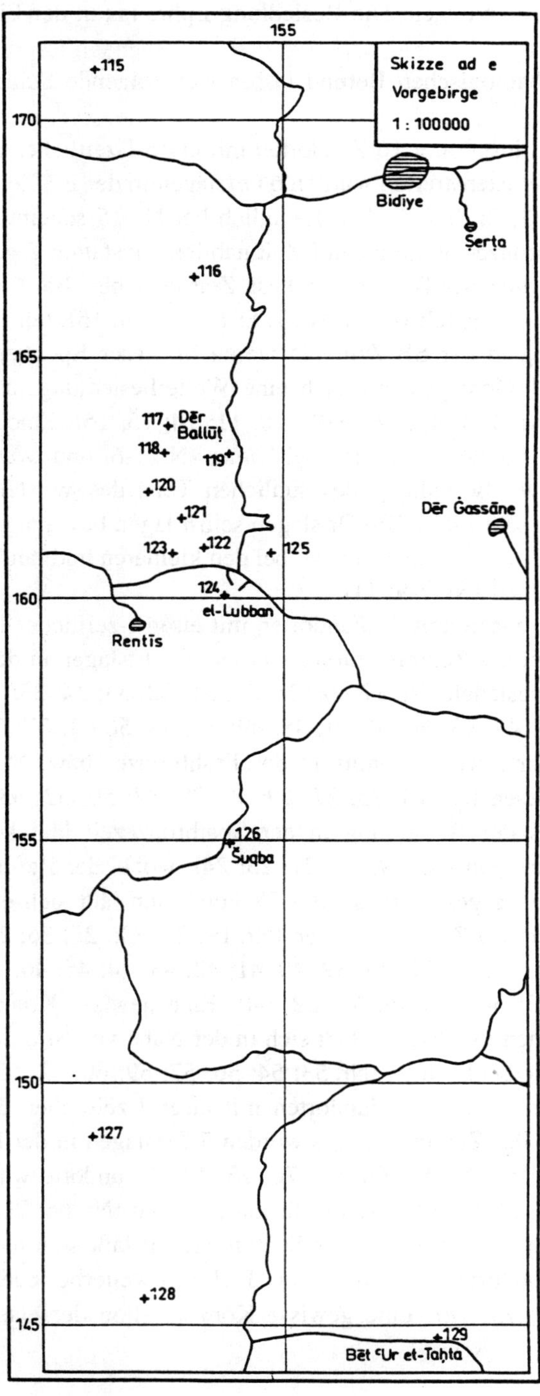
155
+115
170
Skizze ad e
Vorgebirge
1 : 100000
Bidīye
Šerta
+116
165
117 Dēr
Ballūt
118
119
120
121
Dēr Ġassāne
123 122 125
124
el-Lubban
160
Rentīs
155
126
Šuqba
150
+127
+128
145
+129
Bēt ʿUr et-Taḥta

f) Schlußfolgerungen: Die Besiedlung Ephraims in der Eisen I-Zeit

Aus dem archäologischen Befund lassen sich folgende Schlußfolgerungen ziehen:

1. Von den insgesamt 16 Fundorten mit eisen-I-zeitlicher Besiedlung im sogenannten Wüstenstreifen wurden 6 Ortslagen in der E I-Zeit gänzlich neu besiedelt (Nr. 1; 2; 3; 4; 5; 16). Lediglich bei Nr. 15 scheint der Übergang von der Spätbronze- in die Eisen I-Zeit nahtlos vonstatten gegangen zu sein. Allerdings ist hier der Befund für diese Zeit unsicher. Bei 6 Ortslagen, die in der MB-Zeit besiedelt waren (Nr. 7; 8; 11; 12; 14; 15), fehlt der Nachweis der Besiedlung in der SB-Zeit. Sie waren in dieser Epoche offenbar verlassen. Bei 11 Ortslagen läßt sich eine Weiterbesiedlung in der E II-Zeit beobachten (Nr. 2; 3; 4; 5; 6; 9 (?); 10; 11; 14; 15; 16). Eine gewisse Konzentration der Fundorte läßt sich bei *Yānūn* (Nr. 1-6) und *Dōme* (Nr. 11-15) beobachten. Die Besiedlung des südlichen Teils des Wüstenstreifens war offenbar nicht sehr dicht. Die Ortslagen selbst lagen bevorzugt entweder auf Kuppen (Nr. 2; 10; 16) oder in bzw. bei den kleineren und landwirtschaftlich nutzbaren Ebenen (Nr. 7-9; 11).

2. Von den insgesamt 48 Fundorten mit eisen-I-zeitlicher Besiedlung im nördlichen Teil des Zentralgebirges wurden 29 Ortslagen in der Eisen I-Zeit gänzlich neu besiedelt (Nr. 17; 22; 26; 28; 31; 32; 33; 34; 35; 36 (?); 37; 38; 40; 41; 43 (?); 44; 45; 46; 47 (?); 48; 49; 51; 54; 56 (?); 57; 58 (?); 60; 62; 63). 13 Fundorte waren bereits in der Frühbronze- bzw. Mittelbronzezeit besiedelt gewesen (Nr. 18; 25; 27; 29; 30; 39; 42; 50; 52; 53; 55; 59; 64). Der Nachweis der Besiedlung in der Spätbronzezeit läßt sich nur bei 5 Fundorten erbringen (Nr. 19; 20; 21; 23; 24), wobei der Befund bei Nr. 20; 21; 24 nicht ganz gesichert ist. Bei 38 Fundorten läßt sich eine Weiterbesiedlung in der E II-Zeit beobachten (Nr. 19; 21; 23;; 25; 26; 27; 28; 29; 30; 31; 32; 33; 34; 35; 36; 37; 38; 39; 40; 41; 42; 43; 44; 45; 46; 47; 48 (?); 49; 50; 51; 54; 55; 56; 58; 59; 61; 62; 64). Eine gewisse Konzentration von eisen-I-zeitlichen Fundstellen läßt sich in der Nähe von Silo und der gleichnamigen Ebene beobachten (Nr. 53; 54; 56; 57; 59; 60; 62; 63).

Von den insgesamt 11 Fundorten mit eisen-I-zeitlicher Besiedlung im südlichen Teil des Zentralgebirges wurden 5 Ortslagen in der E I-Zeit gänzlich neu besiedelt (Nr. 65; 66; 67; 70; 75 (?)). 4 Fundorte waren bereits in der Früh- bzw. Mittelbronzezeit besiedelt gewesen (Nr. 68; 71; 72; 74). Der Nachweis ihrer Besiedlung in der Spätbronzezeit läßt sich nicht erbringen. Von den 11 Fundorten blieben 7 in der E II-Zeit weiterbesiedelt (Nr. 65; 66; 67; 69; 70 (?); 73; 74). Eine gewisse Konzentration der eisen-I-zeitlichen

Siedlungsstätten ist bei dem heutigen Ort *Rām 'Allah* zu beobachten (Nr. 72; 73; 74; 75).

3. In dem nördlichen Teil der sogenannten Westabhänge wurden bisher insgesamt 25 Ortslagen mit eisen-I-zeitlichem Befund entdeckt. Davon setzen 9 Ortslagen in der E I-Zeit gänzlich neu ein (Nr. 76; 77; 78; 79; 80; 86; 87; 89 (?)), während sich bei 5 Ortslagen eine Besiedlung in der Frühbronze- bzw. Mittelbronzezeit nachweisen läßt (Nr. 81; 82; 83; 85 (?); 90). Nicht recht deutlich ist dabei die Verteilung bei dem von D. Eitam durchgeführten Survey (Nr. 84), da er die Fundorte nicht alle namentlich nennt. Eine Weiterbesiedlung in der E II-Zeit läßt sich bei 11 Fundorten beobachten (Nr. 77; 79; 80; 81; 82; 85; 86; 87; 88; 89; 90).

In dem südlichen Teil der sogenannten Westabhänge wurden bisher insgesamt 20 Ortslagen mit eisen-I-zeitlichem Befund entdeckt. Davon setzen 16 Ortslagen in der E I-Zeit gänzlich neu ein (Nr. 96; 97; 98 (?); 99; 100; 101; 103; 104; 105; 106 (?); 107; 108; 111; 112; 113; 114 (?)). Von diesen 20 Ortslagen waren 4 bereits in der Mittelbronzezeit besiedelt (Nr. 95; 102; 109; 110). Bei keiner einzigen Ortslage konnte eine spätbronzezeitliche Besiedlung nachgewiesen werden. Eine Weiterbesiedlung in der E II-Zeit läßt sich bei 16 Ortslagen feststellen (Nr. 95; 96; 97; 98; 99; 100; 102; 103; 104; 105; 106; 109; 111; 112; 113; 114).

4. Von den bisher untersuchten 15 Ortslagen mit eisen-I-zeitlicher Besiedlung in dem Gebiet des sogenannten Vorgebirges setzt bei 12 Ortslagen die Besiedlung in dieser Epoche gänzlich neu ein (Nr. 115; 116; 117; 119; 120; 121; 122; 123; 124 (?); 125; 126; 129). Bei 2 Ortslagen läßt sich bereits eine Ansiedlung in der Frühbronze- bzw. Mittelbronzezeit feststellen (Nr. 118; 127). Bei *Ḥorvat Tittora* (Nr. 128) scheint es eine durchgehende von der Frühbronze- bis zur byzantinischen Zeit reichende Besiedlung gegeben zu haben. Alle Ortslagen bis auf *Dēr Ballūṭ* (Nr. 117) waren in der E II-Zeit weiter besiedelt. Eine gewisse Konzentration von eisen-I-zeitlicher Ansiedlung läßt sich in dem Dreieck *Dēr Ballūṭ*, *Rentīs* und *el-Lubban* beobachten (Nr. 117-125).

Die Beobachtungen lassen sich thesenhaft folgendermaßen zusammenfassen:

1. In der Eisen I-Zeit wurde das Gebiet Ephraims mit einer Fülle von Neuansiedlungen überzogen.

2. Die Mehrzahl der Neuansiedlungen im Gebiet Ephraims hatte keine Vorläufer in früheren Epochen.

3. Bei den Neuansiedlungen im Gebiet Ephraims gab es so gut wie keinen nahtlosen Übergang von der Spätbronze- in die Eisen I-Zeit.

4. Die Mehrzahl der Eisen I-Siedlungen war auch in der Eisen II-Zeit besiedelt.

5. Bei den Neuansiedlungen läßt sich eine gewisse Konzentration in bestimmten Gebieten beobachten.

6. In der Mittelbronzezeit waren der Wüstenstreifen sowie der nördliche Teil des Zentralgebirges stärker besiedelt als die Westabhänge und das Vorgebirge.

2. Die Besiedlung von Manasse in der Eisen I-Zeit

a) Landschaftliche Gliederung

Der nördliche Teil des Gebirges Ephraim, der dem Stammesgebiet von Manasse entspricht, wird im Süden etwa von der Linie *Bēt Daǧan* (1851. 1778) – *Sahel el-Muḥnah* – *Wādī Kānah*, im Osten von Wüstenrand und im Norden von der Jesreelebene, der Linie *Ǧenīn* (178.207) – *Bāqā el-Ġarabīye* (155.202) und der Ebene von *Bēsān* begrenzt. Im Westen liegt die Grenze im Übergang der Vorgebirge in die Küstenebene. Das Gebiet läßt sich in 5 landschaftliche Gebiete unterteilen: das Gebiet um *Nāblus* und *Sebasṭiye* (1), *Wādī Fārʿa* und *Wādī Māliḥ* (2), die kleineren und größeren Ebenen (3), Gilboa (4) sowie das Vorgebirge (5).

ad 1 a Zwischen *Nāblus* und *Sebasṭiye*:
Das hier behandelte Gebiet umfaßt den Bereich zwischen *Nāblus* und *Sebasṭiye* (1685.1870).

ad 1 b *Der Talkessel von Samaria*:
Der Talkessel von Samaria umgibt den Stadthügel von Samaria im Norden, Westen und Süden. Es ist ein weites, sehr fruchtbares und mit vielen Quellen versehenes Gebiet.[249]

ad 1 c Zwischen *Nāblus* und *Yāṣīd*:
Das hier angesprochene Gebiet umfaßt den Bereich zwischen *Yāṣīd* (1765. 1893) im Norden, *Nāblus* im Süden und die Ortslagen im unmittelbaren Einflußbereich des Ebal.

---

[249] R. Bach, ZDPV 74, 1958, 41 f.

ad 2 a *Wādī Fārᶜa*:
Das *Wādī Fārᶜa* ist eine der wichtigsten Querverbindungen Mittelpalästinas, da hier der Verkehr vom Jordantal in Richtung *Nāblus – Sebasṭiye* und dann über *Ṭūl Karm* (153.191) zur Mittelmeerküste läuft. Es ist das einzige perennierende *Wādī*, das im Westjordanland so weit ins Gebirge hineinreicht.[250]

ad 2 b *Ṭūbās* (1850) – *Wādī Māliḥ*:
Ṭūbās liegt ca. 15 km nordöstlich von Sichem und das *Wādī Māliḥ* nördlich des *Wādī Fārᶜa* und der großen Ebene *el-Buqēᶜa*. Es nimmt eine große Zahl von Bächen östlich von *Ṭūbās* auf: "Es läuft zuerst gegen Osten, an der heissen salzigen Quelle *ᶜAin mâliḥ* vorbei, dann nach Norden und zuletzt wieder nach Osten durch das hier breiter werdende Jordanthal."[251]

ad 3 a Ebene *ez-Zabābde* (1807.1990) und Randgebiete:
Die Ebene *ez-Zabābde* liegt ca. 4 km nordöstlich der großen Ebene von *Ṣānūr* (173.195). Durch sie verläuft die Straße, die *Ṭūbās* mit *Ǧenin* verbindet.

ad 3 b Ebene *Ṣānūr* (1735.1957) und Randgebiete:
Die große Ebene liegt südöstlich der Ebene Dothan.[252]

ad 3 c Ebene *Ǧabaᶜ* (171.192) und Randgebiete:
Ca. 11 km südlich der Ebene Dothan liegt "das überaus herrliche, von Bäumen und Gärten üppig bewachsene Thal von *Fendaḳûmije* oder *Ǧebaᶜ*".[253]

ad 3 d Ebene Dothan (1727.2021)/*Sahel ᶜArrābe* und Randgebiete:
Die Ebene Dothan/*Sahel ᶜArrābe* erstreckt sich südwestlich von *Ǧenīn* zwischen den Orten *ᶜArrābe* (169.201) im Südwesten, *Yaᶜbad* (166.206) im Nordwesten, *Burqīn* (1748.2068) und *Ǧenīn* im Norden.

ad 4 Gilboa:
Der Gebirgszug des Gilboa hat seinen Anfang südöstlich von *Zerᶜīn* (180. 219): "... er steigt zuerst ziemlich steil auf, nach und nach aber mehr allmählich, bis er seine höchste Höhe in seinem östlichen Theile, nahe am

---

[250] Eine umfangreichere Darstellung des *Wādī Fārᶜa* findet sich bei T. Saunders, An Introduction to the Survey of Western Palestine, 76-81.
[251] F. Buhl, Geographie des alten Palästina, 25.
[252] F. Buhl, Geographie des alten Palästina, 24.
[253] F. Buhl, Geographie des alten Palästina, 24.

Dorfe Fŭkû'a erreicht, von dem er jezt Jebel Fŭkû'a genannt wird."[254] Die Nordseite des Gilboa "überschattet das Thal Jezreel. Sie ist steil und felsig, ja kaum etwas anderes als eine jähe Felswand. Nahe am Ghôr schweift diese nördliche Bergseite zu einem halbkreisförmigen Bogen herum und eine ganze Strecke lang nach Süden bildet der Berg auf diese Weise die Westseite des Ghôr".[255] Die Südseite "erhebt sich ganz nach und nach und ist überall angebaut und bewohnt".[256]

ad 5 Vorgebirge:
Es handelt sich hier um ein sehr großes Gebiet, dessen südliche Begrenzung westlich auf gleicher Höhe von *Nāblus* liegt. Im Westen wird es durch die Linie *eṭ-Ṭaiyibe* (1514.1861) – *Ṭūl Karm* (1530.1910) – *Bāqā el-Ġarabīye* (1545.2025) – *Barqāy* (1530.2090) und im Norden durch die Linie *Barqāy* – *Ǧenīn* begrenzt.

b) Zwischen *Nāblus* und *Sebasṭiye*

1. *Tell Ṣūfān*: 1732.1817

Der *Tell* liegt unmittelbar südlich der Straße von *Nāblus* nach *Sebasṭiye*. Auf den Karten ist er mit *Tell Ṣūfān* eingetragen, was jedoch zweifelhaft ist, da die Bewohner des Gebietes ihn *Tell Ṣōfān* nennen.[257] Der Gipfel des *Tells* ist flach und etwa 90 x 110 m groß. Reste einer Verteidigungsmauer sind an der Westflanke des *Tells* auf einer Länge von ca. 40 m noch sichtbar.[258] In unmittelbarer Nachbarschaft des *Tells* finden sich Felsgräber aus den verschiedensten Zeitepochen, einige stammen aus der Eisenzeit, andere wiederum aus römisch-byzantinischer Zeit. Der Keramikbefund ist wie folgt anzugeben: FB II, SB II, E I, II, pers., hell., röm., byz., arab.[259] Dieser

---

[254] E. Robinson, Physische Geographie des Heiligen Landes, 25.

[255] E. Robinson, Physische Geographie des Heiligen Landes, 25.

[256] E. Robinson, Physische Geographie des Heiligen Landes, 25.

[257] Dies berichtet K. Nandrasky in: H. Donner, ADAJ 8-9, 1964, 89; E. F. Campbell, BASOR 190, 1968, 36 (Nr. 35) gibt den Namen des Tells im Anschluß an F. Böhl, Palästina, 65-67 mit *Tell Ṣōfar* wieder.

[258] E. F. Campbell, BASOR 190, 1968, 36; eine Abbildung des *Tells* findet sich hier S. 37 Nr. 15.

[259] M. Kochavi (Hrsg.), Judaea, Samaria and the Golan, 164 (Nr. 8).

Befund wird durch die Untersuchungen von K. Nandrasky und E. F. Campbell[260]100 bestätigt.[261]

2. *Kūma*: 1707.1832

Der Ort wurde während des Campbellschen Surveys neu entdeckt.[262] Er liegt nördlich der Straße von *Nāblus* nach *Ṭūl Karm* und unmittelbar westlich des Dorfes *Zawāta* (1715.1835). Seine Oberfläche ist flach und erstreckt sich etwa über 100-120 Meter: "Terracing on all sides of the crown, gradual to the east and north and steep to the west and south, contains signs of occupation to an extent of 300 by 400 meters. Terrace walls on the southwest contain cut blocks of a standard size. A field on the southeast has several large stone pieces used for industrial purposes. Caves and possible tombs are in the rock scarp at the south limit of the site."[263] Der Keramikbefund auf der Oberfläche: FB (?), SB (sehr viel), E I (sehr viel); Terrassen: SB (viel), E I (viel), II, hell., röm., byz. (wenig); unterer südwestlicher Abhang: byz. (viel), arab. (wenig).[264]

3. *Ǧebel ᶜAǧram*: 1719.1836

Er liegt östlich von *Zawāta* (1715.1836) auf einer hohen Kuppe. Kallai fand hier die Überreste eines Turmes und Keramik aus der Eisenzeit (E I).[265]

4. *Ḫirbet Kafr Farāt*: 1693.1846

Die *Ḫirbe*, ca. 7 km nordwestlich von *Nāblus* und ca. 2,5 km südlich von *Sebasṭiye* gelegen, zeigt neben bearbeiteten Steinen Keramik aus folgenden Epochen: E I, II, pers., hell., röm., byz., mittelalt., ottom.[266]

5. *Ḫirbet Šureim*: 1699.1875

Die *Ḫirbe* liegt ca. 9 km nordwestlich von *Nāblus* und ca. 1 km nordöstlich von *Sebasṭiye*. Neben Gebäuderesten wurde auf der *Ḫirbe* Keramik aus folgenden Epochen gefunden: MB II, E I, II, byz.[267]

---

[260] K. Nandrasky, in H. Donner u. a., ADAJ 8-9, 1964, 89; E. F. Campbell, BASOR 190, 1968, 36.37 (Anm. 38), ders., Shechem II, 77-81.

[261] Zur Identifikation von *Tell Ṣūfān* mit dem in Jdc 6,11.24; 8,27.32; 9,5 begegnenden Ophra vgl. K. Nandrasky, in: H. Donner u. a., ADAJ 8-9, 1964, 90 f.; H. Donner, ZDPV 81, 1965, 14 f.; ders., FS R. Rendtorff, 193-206.

[262] E. F. Campbell, BASOR 190, 1968, 38 (Nr. 39); S. 39 Abbildung (Fig. 16); M. Kochavi (Hrsg.), Judaea, Samaria and the Golan, 224 f. (Nr. 148); ders., Shechem II, 84 f.

[263] E. F. Campbell, BASOR 190, 1968, 38.

[264] E. F. Campbell, BASOR 190, 1968, 38.

[265] M. Kochavi (Hrsg.), Judaea, Samaria and the Golan, 164 (Nr. 2).

[266] M. Kochavi (Hrsg.), Judaea, Samaria and the Golan, 224 (Nr. 141).

[267] M. Kochavi (Hrsg.), Judaea, Samaria and the Golan, 221 (Nr. 119).

6. Namenlose *Ḫirbe*: 1701.1881

Die namenlose *Ḫirbe* liegt ca. 9 km nordwestlich von *Nāblus* und ca. 2 km nordöstlich von *Sebasṭiye* und zeigt folgenden Keramikbefund: MB II, E I (hauptsächlich), II.[268]

c) Der Talkessel von Samaria

7. *Ḫirbet Qarqaf*: 1643.1859

Die *Ḫirbe* liegt am Südrand des Talkessels ca. 1,8 km südlich von *Rāmīn* (1643.1859) auf einer 325 m hohen Kuppe, die nach Südwesten durch einen Sattel mit den Höhen von *Bēt Līd* (1625.1853) verbunden ist. Die Kuppe ist von einer großen Zahl roh bearbeiteter Steine bedeckt, Mauerzüge sind nicht erkennbar.[269] Der Keramikbefund ist folgenden Epochen zuzuweisen: FB (wenig), MB II, E I (hauptsächlich), II, pers.[270]

8. *Ḫirbet el-Bārbarīye*: 1663.1863

Die *Ḫirbe* liegt ca. 2,3 km westlich von *Sebasṭiye* auf einer 326 m hohen Kuppe.[271] Auf der Kuppe sind zahlreiche z. T. bis zu 5 m hohe Mauerreste erkennbar. Innerhalb der eigentlichen Ruinenstätte fand R. Bach Keramik aus der römisch-byzantinischen und außerhalb von ihr einige aus der hellenistischen und aus der eisenzeitlichen (alle Perioden) Zeit.[272] Diese Angaben wurden durch die Untersuchungen von R. Gophna/Y. Porat im wesentlichen bestätigt: E I, II, pers., hell., röm., byz., mittelalt.[273]

9. *Ḫirbet Qūsein es-Sahel*: 1658.1867

Die *Ḫirbe* liegt ca. 3 km westlich von *Sebasṭiye* inmitten des Talkessels. Neben Steinmauern und Terrassen fanden R. Gophna/Y. Porat Keramik aus folgenden Epochen: E I, II, byz., mittelalt.[274] Ihre Untersuchungen bestätigen somit die Beobachtungen R. Bachs, der allerdings im Hinblick auf die Eisen I-Zeit sehr vorsichtig urteilt: "Die Keramik ist teilweise byzantinisch,

---

[268] M. Kochavi (Hrsg.), Judaea, Samaria and the Golan, 220 (Nr. 113).

[269] So im Anschluß an die Beschreibung von R. Bach, ZDPV 74, 1958, 48-51.

[270] M. Kochavi (Hrsg.), Judaea, Samaria and the Golan, 222 (Nr. 133) mit Abbildung; R. Bach, ZDPV 74, 1958, 50.

[271] Zur Lage vgl. die Skizze bei R. Bach, ZDPV 74, 1958, 46 Abbildung 1.

[272] R. Bach, ZDPV 74, 1958, 47.49.

[273] M. Kochavi (Hrsg.), Judaea, Samaria and the Golan, 222 (Nr. 126).

[274] M. Kochavi (Hrsg.), Judaea, Samaria and the Golan, 221 (Nr. 124).

zu einem verhältnismäßig großen Teil aber eisenzeitlich, und zwar wohl ausschließlich Eisen II."[275]

10. *Rās Abū el-ʿAwar*: 1668.1888

Rās Abū el-ʿAwar liegt im Talkessel von Samaria auf einer 393,8 m hohen Kuppe, an die sich nach Süden eine ca. 300 m lange und 100 m breite Fläche anschließt, die im Osten steil in das *Wādī ed-Dīk* abfällt.[276] R. Bach entdeckte am Südhang einige Felsengräber und 200 m südlich der Kuppe Fundamente eines etwa 14 m langen und 6 m breiten, aus drei Räumen bestehenden Gebäudes. Keramik war vor allem auf der Kuppe und am Westhang zu finden: "Sie ist größtenteils römisch-byzantinisch, aber eine ganze Reihe von Scherben stammt eindeutig von eisenzeitlichen Gefäßen (wohl eher Eisen I als Eisen II)."[277]

11. *Ḫirbet el-Bāb*: 1670.1897

Die *Ḫirbe*, unmittelbar westlich von *Burqā* (1685.1895) gelegen, zeigt folgenden Keramikbefund: E I, II (hauptsächlich), pers., röm., byz.[278]

12. *Ḫirbet Qubūr eš-Šēḫ*: 1670.1900

Die *Ḫirbe* liegt ca. 500 m südlich des als Nr. 13 genannten namenlosen Tells (1669.1905) mit folgendem Keramikbefund: E I, II, byz.[279]

13. Namenloser *Tell*: 1669.1905

Der namenlose *Tell*, knapp 1 km östlich von *el-Bizāriye* (1660.1904) gelegen, erstreckt sich über 3 Terrassen und liegt auf der Spitze eines Berges. Auf dem *Tell* wurde folgende Keramik gefunden: FB, E I, II (hauptsächlich).[280]

---

[275] R. Bach, ZDPV 74, 1958, 49.
[276] Zur Lage vgl. die Skizze bei R. Bach, ZDPV 74, 1958, 46 Abbildung 1.
[277] R. Bach, ZDPV 74, 1958, 48.
[278] M. Kochavi (Hrsg.), Judaea, Samaria and the Golan, 219 (Nr. 102).
[279] M. Kochavi (Hrsg.), Judaea, Samaria and the Golan, 219 (Nr. 95).
[280] M. Kochavi (Hrsg.), Judaea, Samaria and the Golan, 218 (Nr. 94) + 3 Abbildungen.

d) Zwischen *Nāblus* und *Yāṣīd*

14. *ᶜAskar*: 1775.1805

Die Angaben zu den Keramikfunden in dem Dorf schwanken in der Literatur sehr. Während Z. Kallai[281] nur von Funden aus byzantinischer und arabischer Zeit berichtet, fand H.-M. Schenke[282] Keramik folgender Epochen: MB, E I, II, hell., röm., byz., arab. Nach H.-M. Schenke läßt der Scherbenbefund in und um *ᶜAskar* vermuten, "daß dieser Platz schon seit vorisraelitischer Zeit bewohnt gewesen ist".[283]

15. *Ḥirbet el-ᶜUqūd*: 1781.1817

Die *Ḥirbe* liegt unmittelbar östlich des Ebal. Die Keramikfunde waren hier äußerst spärlich: 1 E I, röm., 1 arab.[284]

16. *Ḥirbet Kefr Qūs*: 1782.1823

Die *Ḥirbe* liegt ca. 600 m nördlich von *Ḥirbet el-ᶜUqūd* (1781.1817) im Vorgebirge des Ebal: "The extent of the site is 300 to 400 meters north-south by 150 to 200 meters east-west. There is evidence of occupation on an adjacent promontory to the northeast."[285] Die Keramikfunde umfaßten folgende Perioden: 1 SB, 1 hell., röm., byz., omajj., Abhänge: FB (wenig), SB (wenig), 1 E I (spät), II (wenig), hell. (wenig), röm., byz., arab. (viel).[286]

17. *el-Burnat* auf dem Ebal: 1773.1829

el-Burnat liegt auf der nordöstlichen Seite des Ebal ca. 150 m unterhalb des Gipfels. Die Ortslage wurde im April 1980 während eines größeren Surveys entdeckt. Die erste Ausgrabungskampagne fand im Oktober 1982[287], die zweite und dritte im Juni/Juli/Oktober 1983[288] und die vierte im Mai

---

[281] M. Kochavi (Hrsg.), Judaea, Samaria and the Golan, 166 (Nr. 12); so auch E. F. Campbell, BASOR 190, 1968, 23.

[282] H.-M. Schenke, ZDPV 84, 1968, 159-184.

[283] H.-M. Schenke, ZDPV 84, 1968, 183. Zur Frage der Lokalisierung von *ᶜAskar* mit Sychar (Joh 4,5 f.) vgl. M.-J. Lagrange, RB 42, 1933, 384-404; V. R. Gold, BA 21, 1958, 50-71; sonst noch: E. Damati, IEJ 22, 1972, 174 + Plate 35 + 36; Z. Yeivin, RB 81, 1974, 97 f.

[284] E. F. Campbell, BASOR 190, 1968, 23 (Nr. 5).

[285] E. F. Campbell, BASOR 190, 1968, 24 (Nr. 6).

[286] E. F. Campbell, BASOR 190, 1968, 24.

[287] HA 82, 1982, 26 f.; A. Zertal, IEJ 34, 1984, 55.

[288] HA 85, 1984, 24-27.

1984[289], weitere im Juni/Juli 1986[290] und Juli 1987[291] jeweils unter der Leitung von A. Zertal statt. Der Ausgräber nimmt aufgrund der bisherigen Ergebnisse an, daß der Platz ein wichtiges Kultzentrum im späten 13. Jahrhundert und während des 12. Jahrhunderts war. Dies schließt er aus der großen Zahl von Funden von Tierknochen (ca. 50-100 Tiere; Rinder, Schafe, Ziegen), die alle an den Gelenken abgetrennt waren, Gerätschaften für Opfer, 2 gepflasterten Höfen (7 x 7 m) sowie einer 9,5 x 7,1 m großen rechtwinkligen Struktur mit 1,30 m dicken Mauern: "The structure was deliberately filled with stones, soil and ashes containing sheep bones, upon which was built a stone pavement."[292] Die Keramikfunde bezogen sich alle ausschließlich auf die E I-Zeit (12. Jh.). Dabei wurden auf vielen Gefäßhenkeln Verzierungen mit Punkten und Einschnitten, die ein menschliches Gesicht andeuten sollten, gefunden. Da diese Dekorationen auf sehr vielen Scherben von eisenzeitlichen Ortslagen im Manassegebiet gefunden wurden, scheint hier ein besonders typisches Kennzeichen der Ansiedlung des Stammes Manasse im 12.-11. Jahrhundert v. Chr. vorzuliegen. Nach den Beobachtungen von A. Zertal wurde der Platz ohne Zerstörung verlassen, was er mit der Errichtung des Heiligtums von Silo in Verbindung bringt.[293]

18. *ʿAṣīra eš-Šamāliyya*: 1754.1840
Das Dorf, das früher *ʿAṣīret el-Ḥaṭab* hieß[294], liegt ca. 2 km nördlich des Ebal-Gipfels. Der offenbar ältere Teil dieses großen Dorfes[295] befindet sich auf einer Kuppe, die einen weiten Ausblick nach Norden und Westen gestattet.[296] Der Keramikbefund ist folgendermaßen anzugeben: E I, II (wenig), byz., mittelalt., ottom.[297]

---

[289] HA 85, 1984, 24-27.

[290] ESI 5, 1986, 77 f.

[291] ESI 6, 1987/88, 82-84.

[292] A. Zertal, IEJ 34, 1984, 55.

[293] HA 85, 1984, 24-27. Vgl. dazu die kritischen Anmerkungen von I. Finkelstein, Archaeology, 82-85.

[294] M. Noth, ZDPV 72, 1956, 41 f.

[295] Nach den Angaben von M. Noth, ZDPV 72, 1956, 41 f. zählte das Dorf 1955 etwa 4000 Einwohner.

[296] M. Noth, ZDPV 72, 1956, 41 f.

[297] M. Kochavi (Hrsg.), Judaea, Samaria and the Golan, 224 (Nr. 142). Zur Identifikation dieses Ortes mit dem auf einer Reihe samarischer Ostraka genannten Ort *ḥrst* vgl. W. F. Albright, JPOS 5, 1925, 39; S. Klein, ZDPV 57, 1934, 10 f.; B. Maisler, JPOS 21, 1948, 129; M. Noth, ZDPV 72, 1956, 41 f.; vgl. noch R. Dussaud, Syria 7, 1926, 12; M. Noth, ZDPV 50, 1927, 240.

19. *Ḫirbet Mayyāse*: 1797.1860
Die *Ḫirbe*, ca. 7 km nordöstlich von *Nāblus* gelegen, zeigt neben Gebäuderesten Keramik aus folgenden Epochen: E I, II (hauptsächlich), pers.[298]

20. *Ḫirbet el-Minūniyye*: 1793.1865
Die *Ḫirbe*, ca. 7 km nordöstlich von *Nāblus* gelegen, zeigt neben einigen
Gebäuderesten folgenden Keramikbefund: E I, byz.[299]

21. *Ḫirbet eṣ-Šayād*: 1750.1870
Die *Ḫirbe* liegt knapp 3 km südwestlich von *Yāṣīd* (1765.1893) und wurde
zusammen mit *Ḫirbet Sabāṭa* (Nr. 23; 1745.1913) während des Surveys
1979 im Gebirge Manasse untersucht, wobei Keramik aus der Eisen I- und
II-Zeit gefunden wurde.[300]

22. *Yāṣīd*: 1765.1893
Das arabische Dorf *Yāṣīd*, ca. 9 km nördlich von *Nāblus* gelegen, zeigt an
seinen östlichen Rändern folgenden Keramikbefund: E I, II, pers., byz.,
mittelalt., ottom.[301]

23. *Ḫirbet Sabāṭa*: 1745.1913
Die *Ḫirbe* liegt ca. 3 km nordwestlich von *Yāṣīd* und wurde während des
Surveys 1979 im Gebirge Manasse untersucht, wobei Keramik aus der E I-
und II-Zeit gefunden wurde.[302]

---

[298] M. Kochavi (Hrsg.), Judaea, Samaria and the Golan, 222 (Nr. 129).
[299] M. Kochavi (Hrsg.), Judaea, Samaria and the Golan, 222 (Nr. 128).
[300] Vgl. die kurze Notiz in HA 77, 1981,55.
[301] M. Kochavi (Hrsg.), Judaea, Samaria and the Golan, 220 (Nr. 105). Zur Identifikation
      von *Yāṣīd* mit *Yaṣat* der Ostraka von Samaria vgl. F.-M. Abel, RB NS 8, 1911, 292;
      Abels Vorschlag wurde weitgehend übernommen; vgl. etwa W. F. Albright, JPOS 5,
      1925, 38; ders., BASOR 19, 1925, 8; R. Dussaud, Syria 7, 1926, 15; M. Noth, ZDPV
      50, 1927, 222; B. Maisler, JPOS 21, 1948, 129.
[302] Vgl. die kurze Notiz in HA 77, 1981, 55.

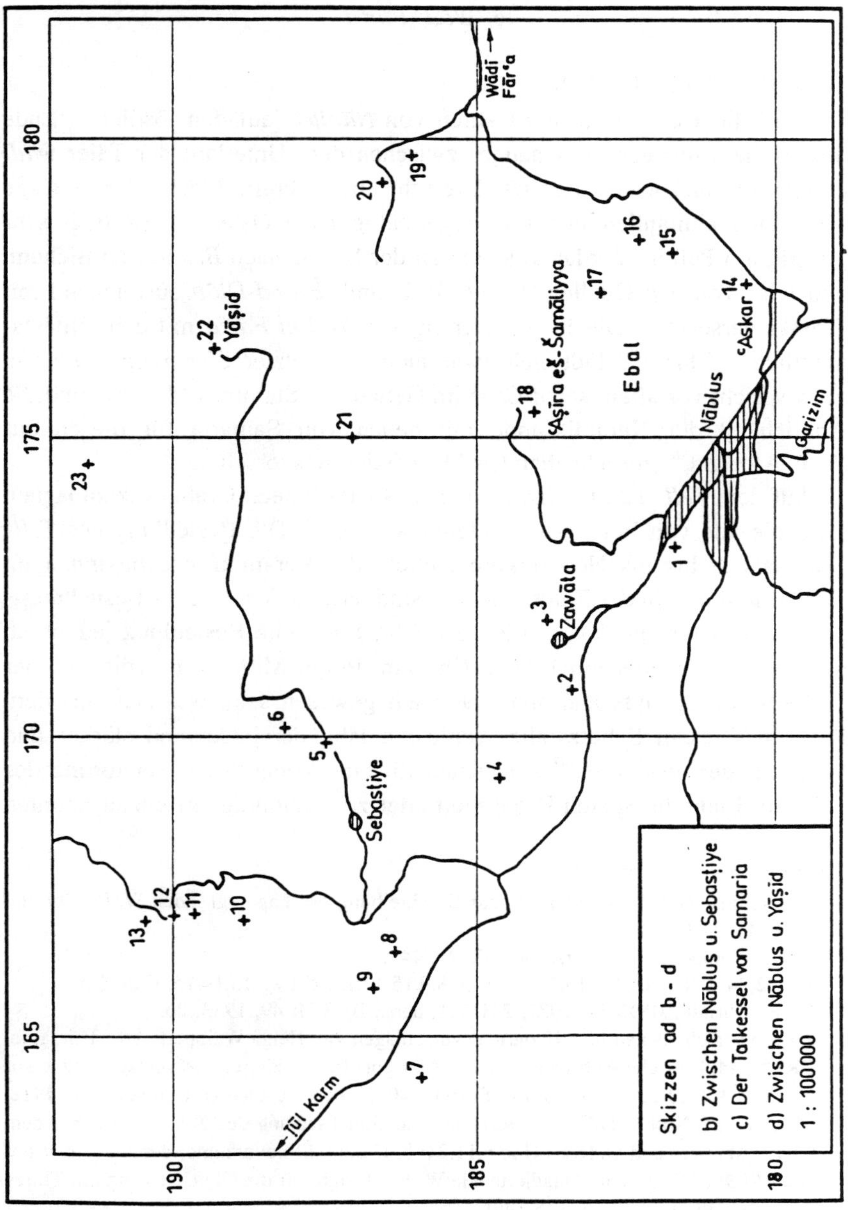
Wādī Fār'a
Yāṣīd
'Aṣīra eš-Šamāliyya
Ebal
Nāblus
'Askar
Garizim
Zawāta
Sebasṭye
Ṭūl Karm
Skizzen ad b - d
b) Zwischen Nāblus u. Sebasṭye
c) Der Talkessel von Samaria
d) Zwischen Nāblus u. Yāṣīd
1 : 100000

e) Wādī Fārᶜa

24. *Tell el-Fārᶜa*: 1823.1881

Der *Tell* liegt ca. 11 km nordöstlich von *Nāblus* "auf dem östlichen Ende des flachen, felsigen Höhenzuges zwischen dem Unterlauf der Täler *wādi el-mārāsch* und *wādi es-sarrīs*. Die sehr ebene, breite Fläche der Ortslage senkt sich allmählich und sehr regelmäßig nach Osten".[303] Er liegt sehr günstig am Paß ins Jordantal sowie an der Straße nach *Bēsān* und Sichem, und wird von den Quellen *ᶜĒn el-Fārᶜa* und *ᶜĒn ed-Dlēb* ausreichend mit Wasser versorgt.[304] Die Identifizierung von *Tell el-Fārᶜa* mit dem alttestamentlichen Thirza[305] läßt sich zwar nicht mit letzter Sicherheit erweisen, doch spricht vor allem seine Lage im Gebiet des Stammes Manasse und die Ähnlichkeit der Keramikfunde mit denen von Samaria für diesen auf W. F. Albright[306] zurückgehenden Identifizierungsvorschlag.[307]

Auf dem *Tell el-Fārᶜa* fanden von 1946-1960 neun Grabungskampagnen statt, die alle von R. de Vaux geleitet wurden.[308] Die Besiedlung des *Tells* geht danach bis ins Neolithikum zurück, die Keramikfunde beginnen im Chalkolithikum. In der Frühbronzezeit sind nach de Vaux sechs Besiedlungsphasen zu unterscheiden, um 2500 v. Chr. bricht die Besiedlung jedoch ab und setzt erst wieder um 1900 v. Chr. ein. In der Mittelbronzezeit muß der *Tell* eine bedeutende kanaanäische Stadt gewesen sein, was sich aus dem Bau eines neuen Schutzwalles schließen läßt, der bedeutend stärker und höher als der erste war.[309] Anzeichen für eine kriegerische Zerstörung des *Tells* am Ende der späten Bronzezeit oder zu Beginn der Eisenzeit konnten

---

[303] U. Jochims, ZDPV 76, 1960, 95; zur Beschreibung der Lage vgl. noch W. F. Albright, JPOS 11, 1931, 245.

[304] Helga Weippert, Art.: Thirza, in: BRL², 344 f.

[305] Jos 12,24; I Reg 14,17; 15,21.33; 16,6.8.9.15.17.23; II Reg 15,14.16; Cant 6,4.

[306] W. F. Albright, JPOS 11, 1931, 241-251; ders., BASOR 49, 1933, 26.

[307] Zu den verschiedenen Identifizierungsvorschlägen vgl. Helga Weippert, Art.: Thirza, in: BRL², 344; kritische Anfragen an W. F. Albrights Identifizierungsvorschlag richtete vor allem A. Alt, PJ 23, 1927, 36; PJ 28, 1932, 40-44, der wie auch G. Dalman, PJ 8, 1912, 31 f. und M. Noth, ZDPV 50, 1927, 223 die Gleichsetzung des *Tell el-Fārᶜa* mit dem Ophra Abiesers und Gideons (Jdc 6,11.24; 8,27.32; 9,5) bevorzugte; der Ausgräber des *Tell el-Fārᶜa*, R. de Vaux, plädierte wie W. F. Albright für die Gleichsetzung mit Thirza (vgl. etwa PEQ 88, 1956, 135-140).

[308] Vgl. die Grabungsberichte von R. de Vaux in: RB 54, 1957, 394-433.573-589; RB 55, 1948, 544-580; RB 56, 1949, 102-138; RB 58, 1951, 393-430.566-590; RB 59, 1952, 551-583; RB 62, 1955, 541-589; RB 64, 1957, 552-580; RB 68, 1961, 557-592; RB 69, 1962, 212-253.

[309] R. de Vaux, PEQ 88, 1956, 130.

nicht gefunden werden. Die Verbesserung und Erweiterung der Häuserkomplexe in der Eisenzeit weisen auf eine lange Besiedlungsphase[310], die erst mit dem Einbruch der Assyrer in Palästina endet.

25. *Ḥirbet Burǧ el-Fārᶜa*: 1830.1883

Die *Ḥirbe* liegt wenige hundert Meter östlich von *Tell el-Fārᶜa*. Neben den Resten eines Turmes aus der Kreuzfahrerzeit wurde auf den Abhängen der *Ḥirbe* Keramik aus folgenden Epochen gefunden: E I, II, pers., hell., röm., byz., mittelalt.[311]

26. *Tell Misqe*: 1873.1825

Der *Tell* liegt ca. 9 km unterhalb der *ᶜĒn Fārᶜa* am Zusammenfluß mehrerer Wasserarme. Er erhebt sich bis etwa 25 m über den *Fārᶜa*-Bach empor.[312] Während der *Tell* auf den Karten meist mit *Tell Miska* verzeichnet ist, weist A. Kuschke darauf hin, daß der Name von den Bewohnern des einzigen Hauses auf dem *Tell* mit *Tell Miski* wiedergegeben wurde.[313] Die Ausmaße des *Tells* sind nach den Untersuchungen von A. Kuschke "auf der Sohle 150 m von NW nach SO und 100 m von NO nach SW, auf der Kuppe 100 m von NW nach SO und 60 m von NO nach SW. Nach Osten, also zum Fluß hin, fällt er steil ab; auf der anderen Seite schwingt er sanft zum umliegenden Gartenland aus".[314]

Unterschiedlich wird in den Untersuchungen der Keramikbefund bestimmt. Kallai gibt den Befund wie folgt an: MB II, SB II, E II, pers., röm., byz., arab.[315] Auffallend ist hier das Fehlen von Keramik aus der Eisen I-Zeit. A. Kuschke und S. Kappus dagegen berichten von einem reichhaltigen Vorkommen eisenzeitlicher Keramik (E I): "... an den Bruchwänden des Steilufers waren die ausgehende Spätbronzezeit, die Eisen-I- und die frühe Eisen-II-Zeit vielfach und sicher vertreten, vielleicht auch Mittelbronze, aber nicht sicher. Der Ort war also zweifellos spätestens vom 13. bis ins 8. Jh. v. Chr. besiedelt."[316]

---

[310] W. F. Albright, JPOS 11, 1931, 246.

[311] M. Kochavi (Hrsg.), Judaea, Samaria and the Golan, 221 (Nr. 115).

[312] A. Kuschke, ZDPV 74, 1958, 15 f.; S. Kappus, ZDPV 82, 1966, 81 f.; R. Knierim, ZDPV 85, 1969, 59-62.

[313] A. Kuschke, ZDPV 74, 1958, 15 Anm. 24.

[314] A. Kuschke, ZDPV 74, 1958, 15.

[315] M. Kochavi (Hrsg.), Judaea, Samaria and the Golan, 164 (Nr. 3).

[316] A. Kuschke, ZDPV 74, 1958, 15; S. Kappus, ZDPV 82, 1966, 81 f.

27. *Bāb en-Naqb*: 1901.1820
Die *Ḫirbe*, ca. 15 km östlich von *Nāblus* gelegen, zeigt neben den Über-
resten eines Gebäudes folgenden Keramikbefund: FB (hauptsächlich), MB I,
E I, II, byz.[317]

28. *Ḫirbet Marāḥ el-ᶜInab*: 1927.1788
Die *Ḫirbe*, ca. 17,5 km östlich von *Nāblus* im *Wādī Fārᶜa* gelegen, zeigt
neben vielen Gebäuderesten folgenden Keramikbefund: E I, II, byz. (hauptsächlich).[318]

29. *Tell eṣ-Ṣimādī*: 1963.1709
Der *Tell*, am Austritt des *Wādī Fārᶜa* in den Jordangraben und ca. 5,2 km
vom Jordan entfernt gelegen, zeigt neben vielen bearbeiteten Steinen und
Säulen folgenden Keramikbefund: FB, MB II, SB, E I, II, röm., byz., mittelalt.[319]

f) *Ṭūbās – Wādī Māliḥ*

30. *Ḫirbet ᶜAjnūn*: 1875.1898
Die *Ḫirbe* liegt ca. 3 km südöstlich von *Ṭūbās* in der Ebene von *Ṭūbās* auf
einer Bergkuppe. Neben Gebäuderesten, Steinmauern und Terrassen wurde
auf ihr Keramik aus folgenden Epochen gefunden: E I, II, byz., mittelalt.,
ottom. (hauptsächlich).[320]

31. *Ḫirbet ed-Dēr*: 1865.1906
Die *Ḫirbe*, ca. 2 km südöstlich von *Ṭūbās* in der Ebene *Ṭūbās* gelegen,
zeigt folgenden Keramikbefund: MB II, SB, E I (hauptsächlich), pers., hell.,
röm., byz., mittelalt.[321]

---

[317] M. Kochavi (Hrsg.), Judaea, Samaria and the Golan, 225 (Nr. 159).
[318] M. Kochavi (Hrsg.), Judaea, Samaria and the Golan, 227 (Nr. 174).
[319] M. Kochavi (Hrsg.), Judaea, Samaria and the Golan, 229 (Nr. 190).
[320] M. Kochavi (Hrsg.), Judaea, Samaria and the Golan, 220 (Nr. 107); A. Zertal, HA 82,
      1983, 26: nach Zertal war die Ebene *Ṭūbās* vor allem in der MB II B-C-Zeit besiedelt, da
      er dort acht Siedlungen aus dieser Epoche entdeckte; Zertal nennt neben *Ḫirbet ᶜAjnūn*
      noch eine weitere Ortslage mit eisenzeitlichen Siedlungsspuren: *Ḫirbet Fuqha*, ca. 2 km
      östlich von *Ṭūbās*; leider differenziert er nicht zwischen Eisen I- und II-Zeit; die *Ḫirbe* ist
      weder auf der Karte 1:100 000 Sheet 6 noch auf der Karte 1:20 000 Sheet 18-18 ver-
      zeichnet.
[321] M. Kochavi (Hrsg.), Judaea, Samaria and the Golan, 219 (Nr. 97).

32. *Ṭāyāṣīr*: 1875.1941

Der Keramikbefund dieses arabischen Dorfes, ca. 3,5 km nordöstlich von *Ṭūbās* gelegen, wird folgendermaßen angegeben: E I (vereinzelt), byz.[322]

33. *Ḫirbet Salḥab*: 1854.1955

Die *Ḫirbe* liegt ca. 3,5 km nördlich von *Ṭūbās* und zeigt folgenden Keramikbefund: E I, II (wenig), byz., mittelalt. (hauptsächlich), ottom.[323]

34. *Ḫirbet el-Ḫureibāt*: 1901.1930

Sie liegt knapp 3 km östlich von *Ṭāyāṣīr* (1875.1941). Neben Gebäuderesten und bearbeiteten Stufen wurde Keramik aus folgenden Epochen gefunden: E I (hauptsächlich), byz.[324]

35. *Ḫirbet Tell el-Ḫulū/Tell Abū Sifrī*: 1977.1926

Tell Abū Sifrī, der heutige Name ist *Ḫirbet Tell el-Ḫulū*, liegt nicht ganz 3 km vor dem Austritt des *Wādī el-Māliḥ* in die *Bēsān*-Ebene. Er liegt auf der Spitze eines Spornes, "der sich zwischen das *wādī el-māliḥ* und ein von Südsüdwesten her einmündendes Seitental schiebt. Am Fuß des *tell* entspringt im Nebental die *ᶜēn el-ḥilwe* ...".[325] Der Keramikbefund wird von S. Mittmann wie folgt angegeben: FB I-II, SB II b, E I-II Ende, hell. (3.-2. Jh. v. Chr.), byz.[326] R. Gophna/Y. Porat fanden zudem noch Keramikstücke aus den Perioden MB I, II, pers., röm., mittelalt. (wenig).[327]

---

322 M. Kochavi (Hrsg.), Judaea, Samaria and the Golan, 216 (Nr. 69). Zur möglichen Identifikation von *Ṭāyāṣīr* mit Asser, Jos 17,7; Tob 1,2; Euseb, Onomastikon 26,22, vgl. R. P. Germer-Durand, RB 4, 1895, 71 f.; P.-M. Séjourné, RB 4, 1895, 617 f.; J. T. Milik, RB 73, 1966, 522-530; A. Goldschmidt, BIES 19, 1955, 237; C. R. Conder/ H. H. Kitchener, The Survey of Western Palestine, Bd. II, Samaria, 245 f.; M. V. Guérin, Description Géographique, Historique et Archéologique de la Palestine, II-Samarie 1., 355-357.

323 M. Kochavi (Hrsg.), Judaea, Samaria and the Golan, 215 (Nr. 65).

324 M. Kochavi (Hrsg.), Judaea, Samaria and the Golan, 217 (Nr. 78).

325 S. Mittmann, Beiträge zur Siedlungs- und Territorialgeschichte des nördlichen Ostjordanlandes, Nr. 336 (S. 129).

326 S. Mittmann, Beiträge zur Siedlungs- und Territorialgeschichte des nördlichen Ostjordanlandes, Nr. 336 (S. 129).

327 M. Kochavi (Hrsg.), Judaea, Samaria and the Golan, 218 (Nr. 86). Zur Frage der Identifikation von *Tell Abū Sifrī* mit Abel Mehola (I Reg 19,16) vgl. A. Alt, PJ 24, 1928, 44 f.; ders., PJ 28, 1932, 39 f.; N. Glueck, BASOR 90, 1943, 10 f.

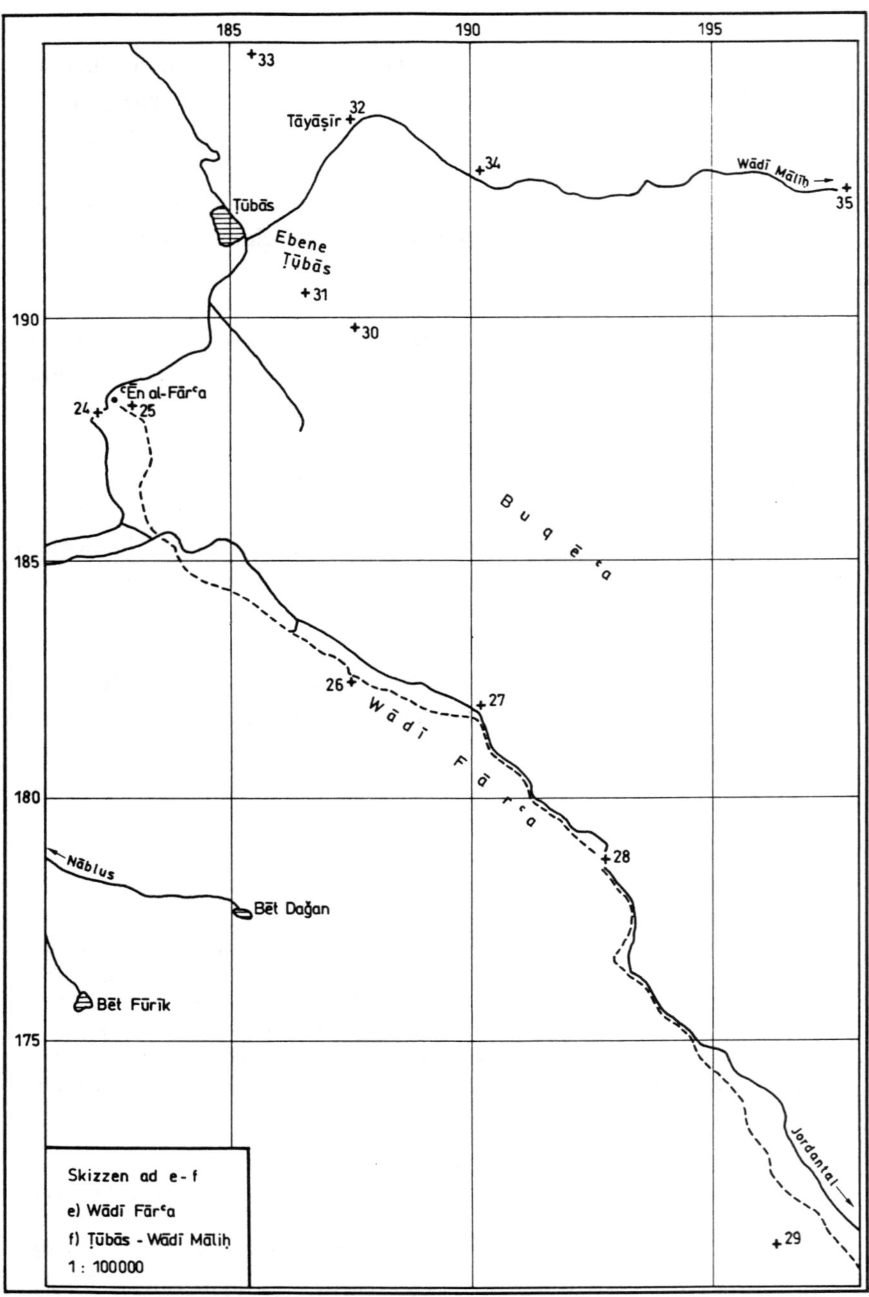
185
190
195
+33
Tāyāṣir + 32
+ 34
Wādī Mālih →
+ 35
Ṭūbās
Ebene
Ṭūbās
+ 31
+ 30
190
ʿEn al-Fārʿa
24 + + 25
Buqēʿa
185
26 +
Wādī Fārʿa
+ 27
180
+ 28
← Nāblus
Bēt Daǧan
Bēt Fūrīk
175
Jordantal →
+ 29
Skizzen ad e - f
e) Wādī Fārʿa
f) Ṭūbās - Wādī Mālih
1 : 100000

g) Ebene *ez-Zabābde* und Randgebiete

36. *Ḫirbet Kabāra*: 180.197
Die *Ḫirbe* liegt am südlichen Westrand der Ebene *ez-Zabābde* im Dreieck
der Orte *Ṣīr* (180.197) – *Kufeir* (182.197) und *ᶜAqaba* (183.195) in unmittelbarer Nähe von *Ṣīr*.[328] Sie muß eine bedeutende Ortslage gewesen sein, da
sie ein Gebiet von 40 Dunam umfaßt. Auf ihr wurden Teile einer mächtigen
Mauer gefunden, Reste von Türmen, Gebäuden und Siedlungsreste aus
folgenden Epochen: MB II, E I, II, pers.[329]

37. *ez-Zabābde*: 1807.1992
ez-Zabābde ist ein arabisches Dorf, das ca. 8 km südöstlich von *Ǧenīn* und
ca. 8,5 km nordwestlich von *Ṭūbās* liegt. An den Rändern des Dorfes wurde
Keramik aus folgenden Epochen gefunden: MB II, E I, II, byz., mittelalt.,
ottom.[330]

38. *Ḫirbet eš-Šēḫ Safiriyān*: 1815.2007
Die *Ḫirbe* liegt ca. 7 km südöstlich von *Ǧenīn* und knapp 2 km nordöstlich
von *ez-Zabābde*. Neben zahlreichen Felsengräbern und vielen Gebäuderesten
wurde auf der *Ḫirbe* Keramik aus folgenden Epochen gefunden: byz., mittelalt. (hauptsächlich), ottom. Die Untersuchung der Keramik an den Rändern
der *Ḫirbe* ergab folgenden Befund: MB II, SB I, E I (hauptsächlich), II, pers.
(vereinzelt).[331]

39. *Ḫirbet ᶜAnāḫūm*: 1799.2009
Ḫirbet ᶜAnāḫūm liegt ca. 6 km südöstlich von *Ǧenīn* am westlichen Rand
der Ebene *ez-Zabābde*. Neben Gebäuderesten, bearbeiteten Steinmauern und
Treppenstufen wurde Keramik aus folgenden Epochen gefunden: E I, II,
hell., röm., byz. (hauptsächlich), mittelalt.[332]

---

[328] Die *Ḫirbe* ist auf den Karten 1:100 000 Sheet 7 *Nāblus* und 1: 20 000 Sheet *Jabaᶜ* 17-19
 und Sheet *Ṭūbās* 18-19 nicht verzeichnet; zur Lage vgl. die Angaben HA 77, 1981,
 55 f.

[329] HA 77, 1981, 55 f.

[330] M. Kochavi (Hrsg.), Judaea, Samaria and the Golan, 213 (Nr. 44); zum Fund eines
 Mosaikfußbodens in *ez-Zabābde* vgl. M. Avi-Yonah, QDAP 3, 1934, 46; zu *ez-Zabābde*
 vgl. die kurze Notiz von A. Alt, PJ 23, 1927, 37.

[331] M. Kochavi (Hrsg.), Judaea, Samaria and the Golan, 212 (Nr. 37).

[332] M. Kochavi (Hrsg.), Judaea, Samaria and the Golan, 212 (Nr. 36).

40. "Bull Site": 1807.2016

Die Ortslage befindet sich östlich von *Qabaṭiya* (177.202). Sie wurde 1978 und 1981 von A. Mazar untersucht. Die hier gefundene Keramik stammte ausschließlich aus der Eisen I-Zeit. Der wichtigste Fund war die Bronzestatuette eines Stieres (17,5 cm lang und 12,4 cm hoch), die nach A. Mazar aus einem der kanaanäischen Zentren stammte.[333]

41. *Ḥirbet Tannīn*: 1823.2024

Ḥirbet Tannīn liegt ca. 6,5 km südöstlich von *Ǧenīn* und 2 km nördlich der Ebene *ez-Zabābde*. Sie ist heute ein kleines arabisches Dorf. Neben Gebäuderesten und Steinmauern wurde auf der *Ḥirbe* Keramik aus byzantinischer, mittelalterlicher und ottomanischer Zeit und an ihrem Rand Keramik aus der E I- (hauptsächlich) und II-Zeit gefunden.[334]

h) Ebene *Ṣānūr* und Randgebiete

42. *Ǧebel Harīš*: 1746.1931

Auf dem Gipfel des *Ǧebel Harīš*, unmittelbar südlich der Ebene *Ṣānūr* gelegen, wurde von A. Zertal und seinem Team eine kleine Ortslage[335] gefunden, die Keramik von der MB II-Zeit bis in die byzantinische Zeit aufwies.[336]

43. *Ḥirbet el-Ḥaǧǧ Ḥamdān*: 1797.1934

Die *Ḥirbe* liegt am östlichen Ende der Ebene. Neben Gebäuderesten, Steinbegrenzungen und Terrassen wurde Keramik aus folgenden Epochen gefunden: E I, II (hauptsächlich), pers., byz., mittelalt.[337]

44. *el-Ḥirbe*: 1728.1952

Die *Ḥirbe* liegt ca. 3,5 km nordwestlich von *Ǧabaᶜ* (171.192) und knapp 1 km südwestlich von *Ṣānūr*. Die Oberflächenuntersuchungen von A. Zertal und seinem Team ergaben dabei folgenden Keramikbefund: E I.[338] R.

---

[333] A. Mazar, BASOR 247, 1982, 27-42; I. Finkelstein, Archaeology, 86 f.

[334] M. Kochavi (Hrsg.), Judaea, Samaria and the Golan, 211 (Nr. 34).

[335] Die Ortslage ist auf den Karten 1:100 000 Sheet 5 *Netanya* und 1:20 000 Blatt 57 – *Ǧabaᶜ* nicht namentlich verzeichnet.

[336] Vgl. den Kurzbericht in HA 77, 1981, 54 f.

[337] M. Kochavi (Hrsg.), Judaea, Samaria and the Golan, 216 f. (Nr. 76).

[338] Vgl. dazu den Kurzbericht in HA 77, 1981, 54.

Gophna und Y. Porat fanden zudem noch Keramik aus folgenden Epochen: MB II, E II, pers. (hauptsächlich), hell., byz.[339]

45. Ṣānūr: 1735.1957

In dem arabischen Dorf, in der Südwestecke der gleichnamigen Ebene auf der Spitze einer hohen Kuppe gelegen, wurde an den Abhängen Keramik aus folgenden Epochen gefunden: MB II (wenig), E I, II, pers., hell., röm., byz., mittelalt., ottom.[340]

46. Ḥirbet Ḥaibar: 1764.1954

Die Ḥirbe, knapp 3 km östlich von Ṣānūr, liegt auf dem Gipfel einer hohen Kuppe und zeigt folgenden Keramikbefund: MB II, E I (hauptsächlich), II, pers., hell., röm., byz., mittelalt.[341]

i) Ebene Ǧabaᶜ und Randgebiete

47. Fandaqūmīye: 1695.1915

Der Ort liegt ca. 1,5 km westlich von Ǧabaᶜ (1712.1923). Nach den Untersuchungen von A. Zertal findet sich hier Keramik aus der Eisen I- und II-Zeit.[342]

48. Namenlose Ḥirbe: 1693.1922

Die namenlose Ḥirbe wurde von A. Zertal und seinem Team bei den Oberflächenuntersuchungen in der Ebene Ǧabaᶜ entdeckt. Sie liegt nördlich und unterhalb von Fandaqūmīye (1695.1915)[343] und zeigt folgenden Keramikbefund: E I, II.[344]

49. Ǧabaᶜ: 1712.1923

In dem arabischen Dorf, ca. 12 km nordwestlich von Nāblus gelegen, wurde auf den nordöstlichen Abhängen Keramik aus folgenden Epochen gefunden: MB II, E I, II, pers., hell., röm., byz., mittelalt., ottom.[345]

---

[339] M. Kochavi (Hrsg.), Judaea, Samaria and the Golan, 214 (Nr. 62).

[340] M. Kochavi (Hrsg.), Judaea, Samaria and the Golan, 215 (Nr. 63).

[341] M. Kochavi (Hrsg.), Judaea, Samaria and the Golan, 215 (Nr. 64).

[342] Vgl. dazu den Kurzbericht HA 77, 1981, 54.

[343] Die Ḥirbe ist auf der Karte 1:100 000 Sheet 5 Netanya nicht verzeichnet, dafür ist sie aber auf der Karte 1:20 000 Blatt 56 – ᶜAnabta mit den Koordinaten 1693.1922 eingetragen.

[344] Vgl. dazu den Kurzbericht HA 77, 1981, 54.

[345] M. Kochavi (Hrsg.), Judaea, Samaria and the Golan, 217 (Nr. 80); HA 77, 1981, 54.

50. Ḫirbet el-Farīsiyye: 1652.1932

Die *Ḫirbe* liegt ca. 6 km westlich von *Ğaba^c* auf der Spitze einer Kuppe. Neben Resten von Steinmauern und bearbeiteten Stufen wurde auf ihr Keramik aus folgenden Epochen gefunden: E I, II, byz., mittelalt. (hauptsächlich). Am Fuß der *Ḫirbe* wurde noch etwas MB II-Keramik entdeckt.[346]

51. Ḫirbet Ğāfa: 1723.1933

Die *Ḫirbe* liegt ca. 1,7 km nordöstlich von *Ğaba^c* wenige hundert Meter östlich der Straße von *Ğaba^c* nach *Ṣānūr*. Die Oberflächenuntersuchungen von A. Zertal und seinem Team ergaben dabei folgenden Keramikbefund: E I.[347]

52. Batn 'Umm Nārī: 1668.1992

Der ca. 3,5 km nördlich von *er-Rāme* (1663.1955) gelegene Tell war besiedelt in: FB II, MB II B, E I, II.[348]

53. Sel^ca: 1671.1993

Die kleine, unmittelbar östlich von *Batn 'Umm Nārī* (1668.1992) gelegene *Ḫirbe* war besiedelt in: E I, II, pers.[349]

54. er-Rāme: 1663.1955

In dem arabischen Dorf, ca. 6 km nordwestlich von *Ğaba^c* im Norden der Ebene von *Ğaba^c* gelegen, wurde an den Abhängen einer *Ḫirbe* Keramik aus folgenden Epochen gefunden: E I, II, pers., hell., röm., byz., mittelalt., ottom.[350] Auf der ca. 1,3 km östlich von *er-Rāme* gelegenen *Ḫirbet er-Rāme* konnten dagegen keine Siedlungsspuren aus der frühen Eisenzeit entdeckt werden. Am Fuß von *Ḫirbet er-Rāme* fand man folgende Keramik: pers., byz., mittelalt.; südlich der *Ḫirbe*: MB II, E II.[351]

55. ^cAğğe: 1685.1965

Das arabische Dorf liegt knapp 5 km nordwestlich von *Ğaba^c* im Norden der Ebene von *Ğaba^c*. An seinen Abhängen wurde Keramik aus folgenden Epo-

---

346 M. Kochavi (Hrsg.), Judaea, Samaria and the Golan, 216 (Nr. 73).
347 Vgl. den Kurzbericht in HA 77, 1981, 54.
348 A. Zertal, Arubboth, 123 (Nr. 60); M. Kochavi (Hrsg.), Judaea, Samaria and the Golan, 212 (Nr. 41) mit Abbildung.
349 A. Zertal, Arubboth, 124 (Nr. 61).
350 M. Kochavi (Hrsg.), Judaea, Samaria and the Golan, 214 (Nr. 60).
351 M. Kochavi (Hrsg.), Judaea, Samaria and the Golan, 214 (Nr. 61).

chen gefunden: FB (wenig), MB II (wenig), E I (wenig), II, pers., röm., byz.,
mittelalt., ottom.[352]

j) Ebene Dothan/*Sahel ʿArrābe* und Randgebiete

56. *el-Ḫirāb*: 1645.2047

Der im westlichen Ausläufer der Dothan-Ebene gelegene Tell war besiedelt
in: MB II B (wenig), E I, II, pers., hell.[353]

57. *er-Ruǧām* 1663.2046

Die unmittelbar südlich von *Yaʿbad* (166.206) und östlich von *el-Ḫirāb*
(1645.2047) gelegene *Ḫirbe* war besiedelt in: MB II B, SB, E I, II, pers.[354]

58. *Tell ʿAbida*: 166.206

Der *Tell*, unmittelbar nördlich von *Yaʿbad* (166.206) gelegen, wurde bei dem
Survey in der Dothanebene 1978/79 untersucht.[355] Nach den Siedlungsspuren wurde er zu Beginn der Eisenzeit gegründet.[356]

59. *ʿAbeide*: 1641.2058

Der westlich von *Yaʿbad* (166.206) gelegene *Tell* war besiedelt in: E I
(vereinzelt), II, pers., hell., röm.[357]

60. *Tell el-Maṣalle*: 1687.2057

Der *Tell* liegt ca. 9 km südwestlich von *Ǧenīn* und ca. 2,5 km östlich von
Yaʿbad auf der Spitze einer hohen Kuppe. Er war nach dem Keramikbefund
in folgenden Perioden besiedelt: FB, MB II, E I, II.[358]

---

[352] M. Kochavi (Hrsg)., Judaea, Samaria and the Golan, 214 (Nr. 56); A. Zertal, Arubboth,
131 (Nr. 78).

[353] A. Zertal, Arubboth, 101 (Nr. 20).

[354] A. Zertal, Arubboth, 102 (Nr. 22). Bei den Koordinatenangaben hat sich S. 102 ein
Druckfehler eingeschlichen: sie müssen richtig lauten: 1663.2046 und nicht 2663.2046.

[355] HA 69-71, 1979, 47 f.

[356] *Tell ʿAbida* ist auf den Karten 1:100 000 Sheet 5 *Netanya* und 1:20 000 Sheet 16-20
Nr. 48 *Yaʿbad* nicht verzeichnet.

[357] A. Zertal, Arubboth, 93 f. (Nr. 7).

[358] M. Kochavi (Hrsg.), Judaea, Samaria and the Golan, 209 (Nr. 14).

61. *Ǧōret Ward*: 1694.2051

Die im Nordwesten der Ebene von Dothan gelegene *Ḫirbe* war besiedelt in: MB II B, E I.[359]

62. *Tell el-Muḥaffar*: 1707.2054

Tell el-Muḥaffar (*Ḫirbet 'Umm el-Ḥaffe*), am nordwestlichen Rand der Dothanebene gelegen, war eine bedeutende Ortslage der späten Bronzezeit, "die, in mehreren Terrassen aufsteigend, die ganze Breite eines Bergvorsprungs zwischen zwei von Norden kommenden Tälchen einnahm".[360] Er war in folgenden Perioden besiedelt: FB, E I, II, pers., hell., röm., byz.[361]

63. *Ǧōret ʿĀmr*: 1713.2062

Die am Nordrand der Ebene von Dothan gelegene *Ḫirbe* war besiedelt in: MB II B, E I, II, pers., hell., röm., byz.[362]

64. *Tell*: 1720.2062

Die unmittelbar bei *Bīr Ḥasan* (1720.2059) gelegene *Ḫirbe* war besiedelt in: E I (wenig), II, pers., hell., röm., byz.[363]

65. *Ḫirbet Balʿāme*: 1777.2058

Ḫirbet Balʿāme liegt ca. 1,5 km südlich von *Ǧenīn*. Auf der *Ḫirbe* befinden sich Gebäudereste aus arabischer Zeit[364] und Keramik aus folgenden Perioden: FB, MB II, SB, E I, II, pers., hell., röm., byz., mittelalt.[365]

---

[359] A. Zertal, Arubboth, 96 f. (Nr. 13).

[360] A. Alt, PJ 27, 1931, 35.

[361] M. Kochavi (Hrsg.), Judaea, Samaria and the Golan, 209 (Nr. 16); vgl. noch G. E. Wright, ErIs 8, 1967, 63*; A. Zertal, Arubboth, 98 f. (Nr. 16).

[362] A. Zertal, Arubboth, 91 (Nr. 3).

[363] A. Zertal, Arubboth, 91 f. (Nr. 4); zu *Bīr Ḥasan* vgl. M. Kochavi (Hrsg.), Judaea, Samaria and the Golan, 209 (Nr. 17).

[364] W. F. Albright, BASOR 19, 1925, 8.

[365] M. Kochavi (Hrsg.), Judaea, Samaria and the Golan, 210 (Nr. 18); W. F. Albright, BASOR 19, 1925, 8 hatte vergeblich nach früheisenzeitlicher Keramik gesucht. Zur Identifikation von *Ḫirbet Balʿāme* mit Jibleam (II Reg 9,27) vgl. etwa G. Dalman, PJ 3, 1907, 8; W. J. Pythian-Adams, PEFQSt 54, 1922, 147; W. F. Albright, BASOR 19, 1925, 8; A. Alt, PJ 23, 1927, 48; Y. Aharoni, Das Land der Bibel, 442; vgl. zu dieser Identifikation kritisch H. J. Stoebe, ZDPV 82, 1966, 14 f. Zur Wasserversorgung von *Ḫirbet Balʿāme* vgl. G. Schumacher, PEFQSt 42, 1910, 107-112; HA 34-35, 1970, 13.

66. *Ḥirbet Abū Ġannām*: 1801.2057
Ḥirbet Abū Ġannām liegt ca. 2 km südöstlich von *Ǧenīn*. Auf der *Ḥirbe* wurde außer Gebäuderesten, Terrassen und Steinbegrenzungen Keramik aus folgenden Epochen vorgefunden: FB II, E I (hauptsächlich), pers., byz.[366]

67. *Ḥirbet el-Ǧanzūr*: 1739.2034
Die am Südrand der Ebene von Dothan gelegene *Ḥirbe* war besiedelt in: MB II B, E I, II, pers., byz.[367]

68. *el-Ḥirbe* (*Maḥrūn*): 1745.2013
Die ca. 2 km südöstlich von *Ḥirbet el-Ǧanzūr* (1739.2034) gelegene *Ḥirbe* war besiedelt in: MB II B, E I, II, pers. (wenig), hell., röm. (wenig).[368]

69. *Ḥirbet en-Namle*: 1723.2028
Die ca. 1 km nördlich von *Tell Dothan* gelegene *Ḥirbe* war besiedelt in: E I, II.[369]

70. *el-Qureināt*: 1665.2025
Die am Südrand des westlichen Ausläufers der Ebene von Dothan gelegene *Ḥirbe* war besiedelt in: E I, II (wenig), pers.[370]

71. *Ḥirbet ʾUmm Kaḥal*: 1644.2016
Die unmittelbar östlich von *Ḥirbet el-Ḥammām* (1628.2018) gelegene *Ḥirbe* war besiedelt in: E I (einzelne Scherben), II (viel), röm., byz. (wenig).[371]

72. *Tell Dōṯān*: 1727.2021
Der *Tell* liegt ca. 100 km nördlich von Jerusalem und knapp 10 km südwestlich von *Ǧenīn* in der Südostecke der gleichnamigen Ebene: "From the Jerusalem-Nablus-Jenin road, Dothan has the appearance of an ideal tell, with a fairly flat top and steeply sloping sides. The top covers 10 acres (40 dunams) and the slopes include several more acres."[372] *Tell Dōṯān* wurde in den Jahren 1953-1960 von einem amerikanischen Team unter der Leitung

---

[366] M. Kochavi (Hrsg.), Judaea, Samaria and the Golan, 210 (Nr. 21).
[367] A. Zertal, Arubboth, 107 f. (Nr. 30).
[368] A. Zertal, Arubboth, 117 f. (Nr. 48).
[369] A. Zertal, Arubboth, 110 (Nr. 36).
[370] A. Zertal, Arubboth, 109 (Nr. 33).
[371] A. Zertal, Arubboth, 115 (Nr. 43).
[372] So die Beschreibung des *Tells* durch seinen Ausgräber J. P. Free, BASOR 131, 1953, 16 Anm. 1.

von Joseph P. Free im Laufe von sieben Kampagnen ausgegraben.[373] Die
Ausgrabungen ergaben, daß der *Tell* von der Frühbronzezeit an bis in die
hellenistische Zeit wohl mehr oder weniger durchgehend besiedelt war.[374]

k) Gilboa

73. *Ǧālbūn*: 1893.2073

In *Ǧālbūn*, ca. 10,5 km östlich von *Ǧenīn* gelegen, wurde Keramik aus
folgenden Epochen gefunden: E I, II (vereinzelt), byz., mittelalt., ottom.
(hauptsächlich).[375]

---

[373] Vgl. dazu die Ausgrabungsberichte von J. P. Free, BASOR 131, 1953, 16-20; BASOR
135, 1954, 14-20; BASOR 139, 1955, 3-9; BASOR 143, 1956, 11-17; BASOR 147,
1957, 36 f.; BASOR 152, 1958, 10-18; BASOR 156, 1959, 22-29; BASOR 160, 1960,
6-15.

[374] J. P. Free, BASOR 135, 1954, 18 f.; ders., BASOR 139, 1955, 9; A. Zertal, Arubboth,
110 (Nr. 37).

[375] M. Kochavi (Hrsg.), Judaea, Samaria and the Golan, 208 (Nr. 10); zur Beschreibung der
Waldgegend südlich von *Ǧālbūn* vgl. A. Alt, PJ 23, 1927, 37-39; zur Identifikation von
Gilboa (I Sam 28,4) mit *Ǧālbūn* vgl. A. Jirku, JPOS 8, 1928, 188.

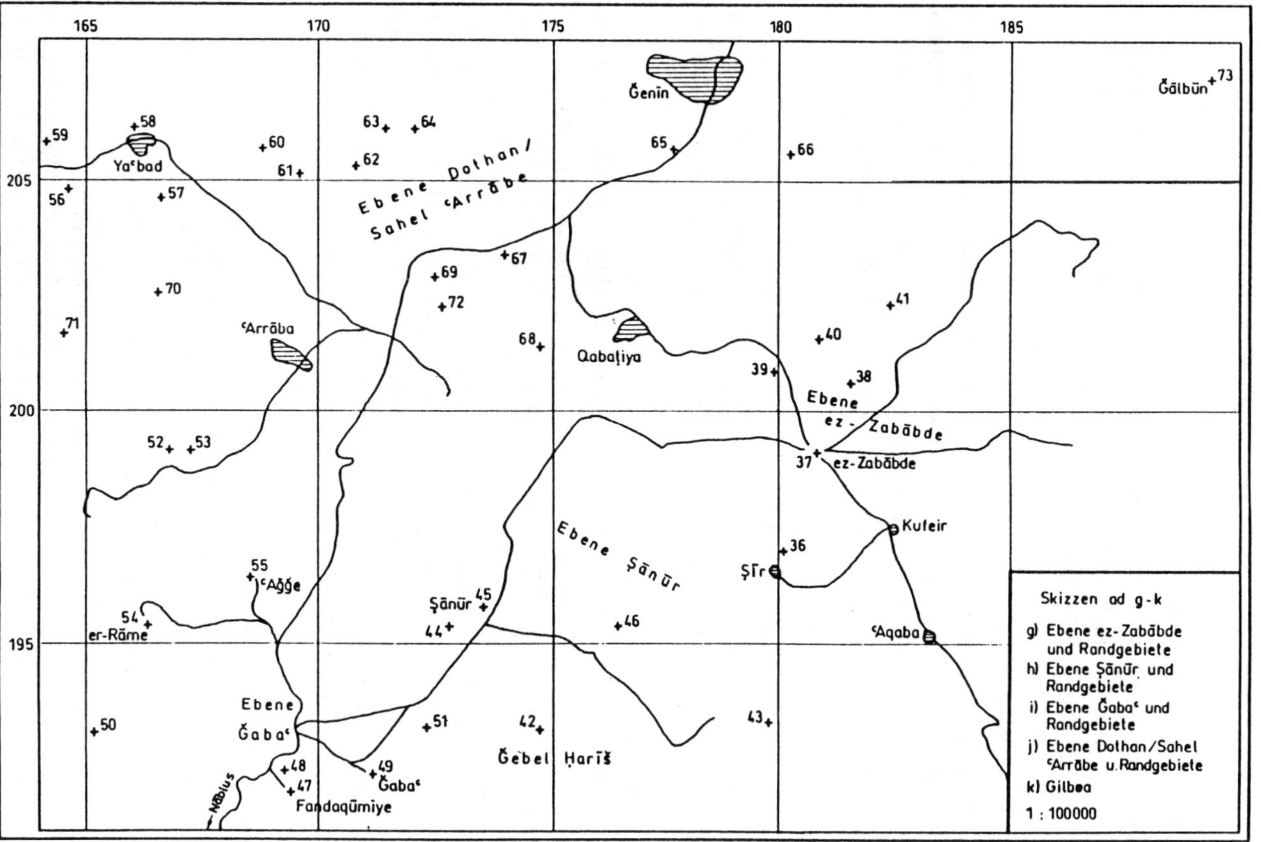
Ğālbūn
Ğenīn
Ebene Dothan/Sahel ʿArrābe
Yaʿbad
ʿArrāba
Qabaṭiya
Ebene ez-Zabābde
ez-Zabābde
Kufeir
Šīr
Ebene Šānūr
ʿAqaba
ʿAğğe
er-Rāme
Šānūr
Ebene Ğabaʿ
Nāblus
Ğabaʿ
Fandaqūmiye
Ğebel Ḥariš
Skizzen ad g–k
g) Ebene ez-Zabābde
   und Randgebiete
h) Ebene Šānūr und
   Randgebiete
i) Ebene Ğabaʿ und
   Randgebiete
j) Ebene Dothan/Sahel
   ʿArrābe u. Randgebiete
k) Gilboa
1 : 100000

1) Vorgebirge

74. *Rās el-Burǧ*: 1586.1829

Die Ortslage, knapp 10 km südöstlich von *Ṭūl Karm* auf einer Kuppe gelegen, zeigt neben Funden von bearbeiteten Steinen folgenden Keramikbefund:
E I, II (hauptsächlich), pers., röm., byz.[376]

75. *eṭ-Ṭaiyibe*: 1514.1861

eṭ-Ṭaiyibe ist ein arabisches Dorf, ca. 5 km südwestlich von *Ṭūl Karm*; nach
den Angaben von M. Garsiel und I. Finkelstein, die sich auf eine mündliche
Äußerung Y. Porats berufen, wurde hier Keramik aus der Eisen I-Zeit gefunden: "Early Iron Age pottery was collected on the site according to Y. Porat
(oral communication)."[377]

76. Namenloser *Tell*: 1548.1893

Der namenlose *Tell*, ca. 2 km südöstlich von *Ṭūl Karm* gelegen, zeigt folgenden Keramikbefund: E I, II (hauptsächlich), pers., hell., röm., byz.[378]

77. *Ḫirbet Šuweikāt er-Rās*: 1536.1942

Bei der *Ḫirbe*, ca. 3 km nördlich von *Ṭūl Karm* gelegen, handelt es sich um
eine ausgedehnte antike Ortslage (etwa 25 Dunam) mit Mauerresten an ihren
geböschten Rändern.[379] Der Keramikbefund wird von Gophna/Porat folgendermaßen angegeben: MB II, SB, E I, II, pers., hell., röm., byz., mittelalt.[380] Dieser Befund deckt sich unmittelbar mit den Beobachtungen, die
A. Alt bereits 1928 gemacht hatte: "Wir konnten diesmal den archäologischen Befund an seiner Oberfläche genauer prüfen und hatten festzustellen,
daß der Hügel mindestens von der späten Bronzezeit bis in die byzantinische
Periode bewohnt war; die jüngeren Schichten herrschen natürlich stark vor."[381]

---

[376] M. Kochavi (Hrsg.), Judaea, Samaria and the Golan, 225 (Nr. 155).

[377] M. Garsiel/I. Finkelstein, TA 5, 1978, 196 Anm. 12; M. Kochavi (Hrsg.), Judaea,
Samaria and the Golan, 221 (Nr. 123).

[378] M. Kochavi (Hrsg.), Judaea, Samaria and the Golan, 219 (Nr. 99).

[379] A. Alt, PJ 10, 1914, 69 Anm. 1.

[380] M. Kochavi (Hrsg.), Judaea, Samaria and the Golan, 215 (Nr. 67).

[381] A. Alt, PJ 25, 1929, 33. Zur Identifikation von *Ḫirbet Šuweikāt er-Rās* mit Socho (I
Reg 4,10) vgl. A. Alt, PJ 10, 1914, 69 Anm. 1; W. F. Albright, JPOS 2, 1922, 185 f.;
ders., JPOS 5, 1925, 28 Anm. 26; A. Alt, PJ 25, 1929, 33; B. Maisler, ZDPV 58, 1935,
79; M. Avi-Yonah, QDAP 10, 1940-44, 169; B. Maisler, PEQ 84, 1952, 49; A. Alt,
ZDPV 70, 1954, 47; B. Mazar, VTS 4, 1956, 62; G. E. Wright, ErIs 8, 1967, 61*;
P. Welten, Die Königs-Stempel, 6 f.; Y. Aharoni, Das Land der Bibel, 446.

78. Ḥirbet er-Ruǧūm: 1538.1983
Die Ḥirbe liegt ca. 7,5 km nördlich von Ṭūl Karm und knapp 4 km nördlich von Ḥirbet Šuweikāt er-Rās und zeigt folgenden Keramikbefund: FB (vereinzelt), MB II (hauptsächlich), E I (vereinzelt), pers. (hauptsächlich), hell.[382]

79. Ḥirbet el-Ḥammām: 1628.2018
Die Ḥirbe liegt ca. 4,5 km südlich von Ḥirbet Masʿūd (1605.2054). In den Jahren 1982 und 1984 fanden hier Ausgrabungen unter der Leitung von A. Zertal statt.[383] Der Keramikbefund: nördliche Kuppe: E I, II, pers., hell., röm.; südliche Kuppe: E II, pers., hell., röm.[384]

80. Namenloser Fundort: 1594.2026
Der Fundort liegt ca. 7,5 km südwestlich von Yaʿbad (166.206) auf der Spitze einer Kuppe. Neben Felsengräbern wurde Keramik aus folgenden Epochen gefunden: E I (vereinzelt), pers. (hauptsächlich).[385]

81. Ḥirbet Masʿūd: 1605.2054
Ḥirbet Masʿūd liegt ca. 3 km östlich von Ḥirbet el-ʿAqābe (Nr. 82; 1577. 2060) auf einem kleinen Hügel auf der Spitze einer Kuppe. In der Mitte der Ḥirbe befindet sich nackter Felsen mit ausgehauenen Zisternen. Außerdem sind noch Reste eines Mosaikfußbodens erkennbar. Die Keramik stammte aus folgenden Epochen: MB II, E I (hauptsächlich), II, pers., hell., röm., byz.[386]

82. Ḥirbet el-ʿAqābe: 1577.2060
Die Ḥirbe liegt ca. 3 km westlich von Ḥirbet Masʿūd (Nr. 81). Auf der Ḥirbe wurden Gebäudereste, behauene und bearbeitete Steine sowie Keramik aus folgenden Epochen gefunden: E I, II, pers., hell., röm., byz. Außerdem waren auf der Ḥirbe Terrassen erkennbar.[387]

---

[382] M. Kochavi (Hrsg.), Judaea, Samaria and the Golan, 213 (Nr. 47).
[383] HA 82, 1983, 21 f.; HA 85, 1984, 23; A. Zertal, Arubboth, 112-114 (Nr. 41); HA 69-71, 1979, 47 f.
[384] A. Zertal, Arubboth, 114. Zur Frage der Lokalisierung mit Arubboth vgl. H. N. Rösel, ZDPV 100, 1984, 89.
[385] M. Kochavi (Hrsg.), Judaea, Samaria and the Golan, 211 (Nr. 31).
[386] M. Kochavi (Hrsg.), Judaea, Samaria and the Golan, 209 (Nr. 13) mit Abbildung.
[387] M. Kochavi (Hrsg.), Judaea, Samaria and the Golan, 209 (Nr. 12).

83. *Ḫirbet Barṭaᶜa*: 1600.2089

Ḫirbet Barṭaᶜa, ca. 3,5 km nordöstlich von *Ḫirbet el-ᶜAqābe* (Nr. 82), liegt auf einer steilen Kuppe, auf deren Spitze sich einige Gebäude befinden. Auf den Abhängen der Kuppe wurde folgende Keramik gefunden: E I, II, pers., byz., mittelalt.[388]

---

[388] M. Kochavi (Hrsg.), Judaea, Samaria and the Golan, 208 (Nr. 5).

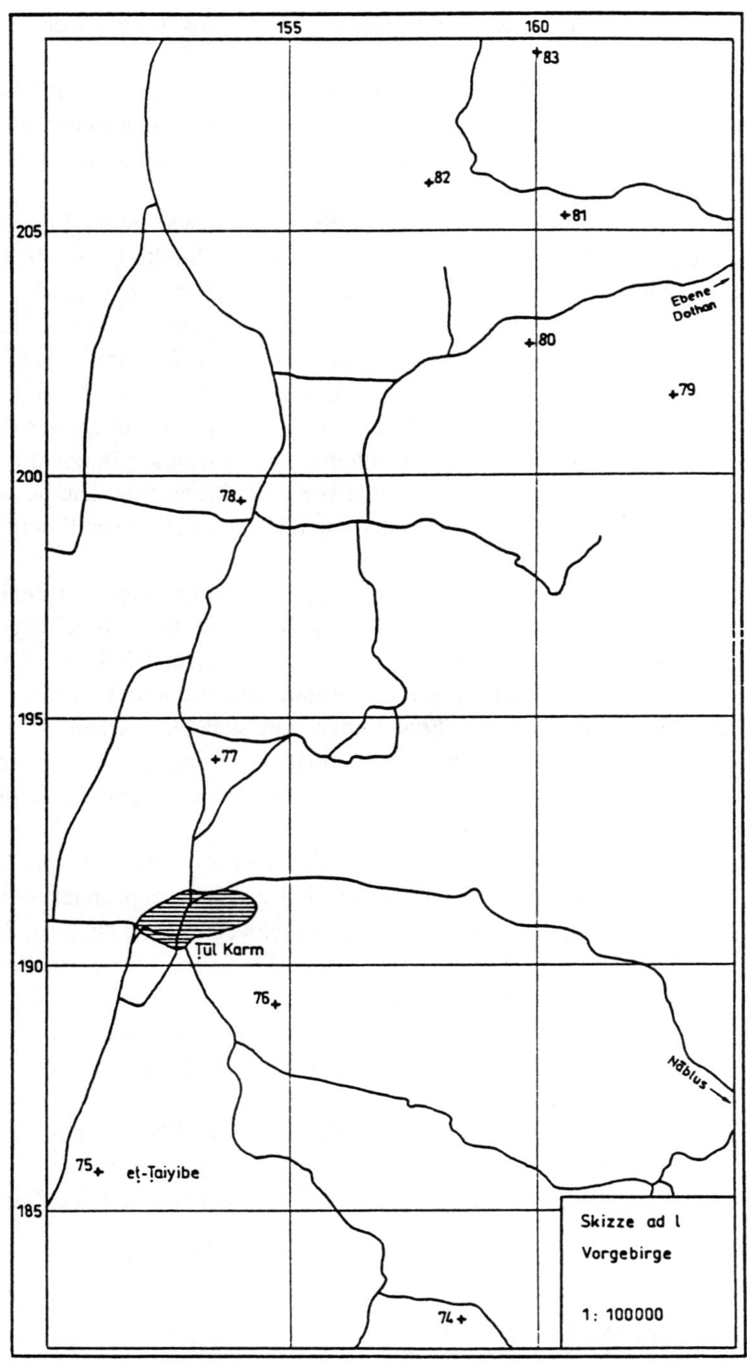
155
160
+83
+82
+81
Ebene Dothan
+80
+79
78+
+77
Tul Karm
76+
Nablus
75+ et-Taiyibe
74+
205
200
195
190
185
Skizze ad l
Vorgebirge
1: 100000

m) Schlußfolgerungen: Die Besiedlung Manasses in der Eisen I-Zeit

Zwischen *Nāblus* und *Sebasṭiye* (b) weisen 6 Ortslagen eisen-I-zeitliche Siedlungsspuren auf, wobei 2 (Nr. 1; 2) bereits in der Spätbronzezeit besiedelt waren. Vier Ortslagen (Nr. 1; 2; 5; 6) waren zu Beginn und in der Mitte der Bronzezeit besiedelt.

Der weite fruchtbare Talkessel von Samaria (c) war in der Eisenzeit ein bevorzugter Siedlungsort, da sich bei 7 Ortslagen Siedlungsspuren aus der Eisen I-Zeit nachweisen lassen. Bei dem namenlosen *Tell* (Nr. 13) und bei *Ḥirbet Qarqaf* (Nr. 7) finden sich zudem Siedlungsspuren, die in die Frühbronzezeit (Nr. 13) und MB II-Zeit (Nr. 7) weisen. R. Bach[389] fand eisenzeitliche Siedlungsspuren noch auf *Ḥirbet Ǧebel el-Badd* (1674.1889), *Ḥirbet el-Ḥawāriǧ* (1679.1882), *Ḥirbet Manāḥis* (1667.1871) und *Ḥirbet Qābūbe* (1655.1856), doch bleibt bei ihnen allen aufgrund weniger Funde die exakte Unterscheidung zwischen Eisen I- und II-Keramik unsicher. Die bevorzugte Besiedlung dieses Gebietes läßt sich vor allem wegen seiner Fruchtbarkeit gut verstehen.

Im Norden von *Nāblus* (d) wurden insgesamt 10 Ortslagen zu Beginn der Eisenzeit neu gegründet und besiedelt. Bronzezeitliche Siedlungsspuren weisen *Ḥirbet Kefr Qūs* (Nr. 16) und *ᶜAskar* auf. Der Blick auf die Karte zeigt, daß sich die eisenzeitlichen Neugründungen vor allem im näheren und weiteren Einflußbereich des Ebal finden und sich fast ringförmig um ihn gruppieren. Dünner besiedelt war offenbar der Raum um *Yāṣīd*, der sich aufgrund seines felsigen und zerfurchten Geländes nicht sonderlich für menschliche Ansiedlungen eignet.[390]

Zusammenfassend läßt sich sagen: Von den 23 Ortslagen mit eisen-I-zeitlicher Besiedlung wurden 15 in der E I-Zeit neu gegründet, ohne daß sich eine Besiedlung in früheren Epochen nachweisen läßt: Nr. 3; 4; 8; 9 (?); 10; 11; 12; 15(?); 17; 18; 19; 20; 21; 22; 23. Spuren der Besiedlung der Früh- und Mittelbronzezeit sind bei 5 Ortslagen zu beobachten: Nr. 5; 6; 7; 13; 14. Spätbronzezeitliche Keramik wurde bei 3 Fundorten festgestellt: Nr. 1; 2; 16. Alle Siedlungen bis auf Nr. 3; 15; 17; 20 waren in der Eisen II-Zeit weiter besiedelt.

Aus dem Befund der untersuchten Ortslagen im *Wādī Fārᶜa* (e) lassen sich folgende Beobachtungen ablesen:

1. Von den 19 untersuchten Ortslagen waren nur 6 in der E I-Zeit besiedelt.

---

[389] R. Bach, ZDPV 74, 1958, 48-51.
[390] Vgl. den Kurzbericht in HA 77, 1981, 55.

2. Die Ausgrabungen auf dem *Tell el-Fārᶜa* (Nr. 24) haben ergeben, daß der *Tell* vor und während der Zeit der Landnahme der israelitischen Stämme eine bedeutende kanaanäische Stadt gewesen war, weshalb er als Ansiedlungsort für die Israeliten kaum in Frage kam.

3. Sollte die These stimmen, daß *Tell Misqe* (Nr. 26) eine Art Vorposten zum *Tell el-Fārᶜa* bildete[391], so dürfte auch dieser Tell als Ansiedlungsort für die Israeliten kaum in Frage kommen.

4. Als mögliche Ansiedlungsorte bleiben somit nur *Ḫirbet Burǧ el-Fārᶜa* (Nr. 25), *Bāb en-Naqb* (Nr. 27) und *Ḫirbet Marāḫ el-ᶜInab* (Nr. 28) übrig, da bei ihnen die Besiedlung erst zu Beginn der Eisenzeit einsetzt.

5. Ob auch der *Tell eṣ-Ṣimādī* (Nr. 29) als israelitischer Siedlungsort in Frage kommt, muß offen bleiben, da er bereits in der Bronzezeit – offenbar durchgehend – besiedelt war.

6. Die dichtere Besiedlung des *Wādī Fārᶜa* setzt erst in der römischen bzw. byzantinischen Zeit ein (römisch: *Ḫirbet es-Sirb* 1831.1855; byzantinisch: *Ḫirbet ᶜOdfer Dabbas* 182.186; *Ḫirbet el-Muraṣṣaṣ* 1871.1820; *Tell Ḥaddād* 190.181; *Ḫirbet Beṣāliyye* 1934.1779; *Ḫirbet ed-Dayyiqa* 1934. 1762; Namenlose *Ḫirbe* 1947.1749).

7. Der Befund läßt sich insgesamt so interpretieren, daß das *Wādī Fārᶜa* als bevorzugter Siedlungsort für die israelitischen Stämme bei der Landnahme kaum in Betracht kam.

8. Bei 13 weiteren untersuchten Ortslagen konnten keine Siedlungsspuren aus der Zeit des Übergangs von der Spätbronze- in die Eisenzeit gefunden werden. Die Keramik stammte entweder aus früheren oder jüngeren Epochen: *Ḫirbet el-Ḫurēbe* 1815.1846[392]; *Ḫirbet ᶜOdfer Dabbas* 182.186[393]; *Ḫirbet Abū Sumēt* 183.186[394]; *Ḫirbet es-Sirb* 1831.1855[395]; *Ḫirbet Bēt Fār* 1850.1829[396]; *Ḫirbet el-Aqrabānīye* 1860.1833[397]; *Ḫirbet el-Muraṣṣaṣ* 1871.1820[398]; *Ḫirbet Bēt Ḥasan* 188.182[399]; *Tell Ḥaddād* 190.181[400];

---

[391] So die Vermutung von A. Kuschke, ZDPV 74, 1958, 15.
[392] S. Kappus, ZDPV 82, 1966, 77 f.
[393] R. Knierim, ZDPV 85, 1969, 52.
[394] R. Knierim, ZDPV 85, 1969, 53.
[395] S. Kappus, ZDPV 82, 1966, 78 f.
[396] S. Kappus, ZDPV 82, 1966, 79 f.
[397] S. Kappus, ZDPV 82, 1966, 79.
[398] S. Kappus, ZDPV 82, 1966, 80 f.
[399] R. Knierim, ZDPV 85, 1969, 54.
[400] R. Knierim, ZDPV 85, 1969, 57.

Ḫirbet Baṣāliyye 1934.1779[401]; *Ḫirbet ed-Dayyiqa* 1934.1762[402]; Namenlose *Ḫirbe* 1947.1749[403]; *Ḫirbet el-Maḫruq* 1982.1705[404].

Bei 4 der 6 bekannten Ortslagen im Gebiet von *Ṭūbās* und *Wādī Māliḥ* (f) setzt die Besiedlung in der Eisen I-Zeit neu ein (Nr. 30; 32; 33; 34). Unsicher bleibt allerdings die Besiedlung von *Tāyāṣīr* (Nr. 32), da hier nur wenig Keramik aus der frühen Eisenzeit gefunden wurde. *Ḫirbet ed-Dēr* (Nr. 31) und *Ḫirbet Tell el-Ḥulū* (Nr. 35) waren bereits in der Spätbronzezeit besiedelt.

Der Befund der 6 Ortslagen in der Ebene *ez-Zabābde* (g) zeigt, daß bei allen Orten die Besiedlung zu Beginn der Eisenzeit entweder vollkommen neu einsetzt (Nr. 39; 40; 41) oder nach einer Periode der Nichtbesiedlung wieder von neuem aufgenommen wird (Nr. 36; 37; 38). Alle Ortslagen liegen entweder an den Rändern oder abseits der Ebene.

Von 5 Ortslagen, die in der Ebene *Ṣānūr* (h) zu Beginn der frühen Eisenzeit besiedelt waren, wurden 4 in dieser Epoche neu (Nr. 43) bzw. nach einer Besiedlungsphase in der Mittelbronzezeit (Nr. 44; 45; 46) wieder neu besiedelt. Lediglich auf dem *Ǧebel Harīš* (Nr. 42) bestand die Besiedlung durchgehend von der Mittelbronze- bis in die byzantinische Zeit. Die Ebene *Ṣānūr* scheint als bevorzugter Ort israelitischer Ansiedlung auszuscheiden, die wenigen Ortslagen aus der frühen Eisenzeit liegen alle am Südrand und an den Verbindungswegen zu den benachbarten Ebenen (Ebene *Ǧabaᶜ* im Südwesten und Ebene *ez-Zabābde* im Osten und Nordosten). Die dünne Besiedlung der Ebene ist wohl vor allem auf das in den Wintermonaten ungünstige Klima zurückzuführen, wo große Teile überschwemmt werden und somit unbewohnbar sind.[405]

Alle im Bereich der Ebene *Ǧabaᶜ* (i) gelegenen Ortslagen wurden zu Beginn der Eisenzeit neu besiedelt. Lediglich bei *ᶜAǧǧe* (Nr. 55) bleibt die Ansiedlung in dieser Epoche unsicher, da die Keramikfunde aus der E I-Zeit sehr gering waren. Bei 5 Ortslagen muß man mit früh- und mittelbronzezeitlicher Besiedlung rechnen (Nr. 49; 50; 52; 54 (?); 55). Der Blick auf die Karte macht deutlich, daß die eisenzeitlichen Ortslagen nicht unmittelbar in der Ebene lagen, sondern sich fast ringförmig um die Ebene gruppierten. Alle Ortslagen mit Ausnahme von *Ḫirbet Ǧāfa* (Nr. 51) waren auch in der E II-Zeit weiter besiedelt.

---

[401] M. Kochavi (Hrsg.), Judaea, Samaria and the Golan, 227 (Nr. 176).

[402] M. Kochavi (Hrsg.), Judaea, Samaria and the Golan, 227 (Nr. 178).

[403] M. Kochavi (Hrsg.), Judaea, Samaria and the Golan, 228 (Nr. 182).

[404] Z. Yeivin, IEJ 24, 1974, 259 f.; HA 51-52, 1974, 18-21.

[405] HA 77, 1981, 54; bei dem Survey 1979 wurden ca. 90 % der Fläche der Ebene begutachtet.

Bei den meisten in der Ebene Dothan/*Sahel ᶜArrābe* (j) untersuchten Ortslagen setzt die Besiedlung zu Beginn der frühen Eisenzeit neu (Nr. 58; 59; 64; 69; 70; 71) oder wieder neu ein (Nr. 56; 60; 61; 62; 63; 66; 67; 68). *Ḫirbet Balᶜāme* (Nr. 65) und *Tell Dōṯān* (Nr. 72) waren offenbar mehr oder weniger durchgehend seit der Frühbronzezeit besiedelt. Ebenso wie bei den Ebenen *ez-Zabābde*, *Ṣānūr* und *Ǧabaᶜ* liegt die Mehrzahl der Orte an den Rändern der Ebene Dothan. Bis auf *Tell ᶜAbida* (Nr. 58), *Ǧōret Ward* (Nr. 61) und *Ḫirbet Abū Ġannām* (Nr. 66) waren alle Ortslagen auch in der E II-Zeit besiedelt.

Die Besiedlung des Gebietes im Nordosten Manasses im Übergang zum Gilboa (k) ist bisher noch weitgehend unbekannt.

In dem Gebiet des Übergangs zur Küstenebene sind 10 Fundorte mit eisen-I-zeitlicher Besiedlung bekannt. Davon wurden 7 neu (Nr. 74; 75; 76; 79; 80; 82; 83) und 3 wieder neu (Nr. 77; 78; 81) in der E I-Zeit besiedelt. Einen nahtlosen Übergang von der Spätbronze- zur Eisen I-Zeit scheint nur bei *Ḫirbet Šuweikāt er-Rās* (Nr. 77) vorzuliegen. Bis auf *Ḫirbet er-Ruǧūm* (Nr. 78) und den Fundort Nr. 80 waren alle Ortslagen in der E II-Zeit besiedelt.

Die Beobachtungen lassen sich thesenhaft folgendermaßen zusammenfassen:

1. In der Eisen I-Zeit wurde das Gebiet des nördlichen Teiles des Gebirges Ephraim mit einer Fülle von Neuansiedlungen überzogen.

2. Die Mehrzahl der Neuansiedlungen in diesem Gebiet hatte keine Vorläufer in früheren Epochen.

3. Bei den Neuansiedlungen in diesem Gebiet gab es kaum nahtlose Übergänge von der Spätbronze- in die Eisen I-Zeit.

4. Die Mehrzahl der Eisen I-Siedlungen war auch in der Eisen II-Zeit besiedelt.

5. Bei den Neuansiedlungen läßt sich eine gewisse Konzentration in bestimmten Gebieten beobachten. Erläuterung dazu:

Bevorzugtes Siedlungsgebiet waren offenbar das Gebiet um *Nāblus* sowie die Ebenen im Gebiet Manasses. Der Einzugsbereich des Ebal sowie des Talkessels von Samaria fallen hier besonders auf. Die Ebenen wurden fast ausschließlich an ihren Rändern besiedelt. Weit weniger bevorzugt als Ansiedlungsort scheint aufgrund der bisherigen Untersuchungen der östliche und nordöstliche Teil des Gebirges Ephraim gewesen zu sein. Der eisen-I-zeitliche Befund im *Wādī Fārᶜā* ist auf wenige Orte beschränkt. Die im Norden sich anschließende *Buqēᶜa* war offenbar in der Mittelbronzezeit I dichter besiedelt. A. Zertal entdeckte bei seinem Survey 6 Ortslagen und 7

größere Friedhöfe aus dieser Epoche.[406] Von den 15 Ortslagen, die R.
Gophna und Y. Porat in diesem Gebiet untersuchten, wies keine einzige
eisen-I-zeitlichen Befund auf.[407] Diese dünne Besiedlung gilt ebenso für
die im Norden der *Buqēᶜa* sich anschließenden Gebiete. Der Survey in
diesem Gebiet ist zwar noch nicht beendet, doch läßt sich schon jetzt vermuten, daß "this extensive arid area was relatively sparsely settled and here
the settlement pattern resembles that of other border regions, consisting of
short-lived waves of occupation in certain periods, with long gaps between
them".[408]

3. Die Besiedlung Ephraims und Manasses in der Eisen I-Zeit:
ein Vergleich

Vergleicht man die Besiedlung der Gebiete Ephraims und Manasses in der
Eisen I-Zeit, so lassen sich ähnliche Beobachtungen festhalten. Beide Gebiete wurden in der Eisen I-Zeit mit einer Fülle von Neuansiedlungen überzogen. Die Mehrzahl dieser Neuansiedlungen in beiden Gebieten hatte keine
Vorläufer in früheren Epochen, so daß es keine nahtlosen Übergänge von der
Spätbronze- in die Eisen I-Zeit gab. Sowohl im südlichen als auch im nördlichen Teil des Gebirges Ephraim waren die meisten Eisen I-Siedlungen auch
in der E II-Zeit besiedelt. In beiden Gebirgsteilen läßt sich eine Konzentration von Siedlungen in den Gebieten beobachten, die für die Lebensbedingungen leichtere Verhältnisse boten. Dazu zählten vor allem die zahlreichen landwirtschaftlich nutzbaren Ebenen. Die Ansiedlung im Gebiet
Ephraims und im Gebiet Manasses muß demnach in ähnlicher Weise vonstatten gegangen sein.

Diese Beobachtungen decken sich mit Untersuchungen im benjaminitischen Siedlungsgebiet, wo "in den Jahrzehnten um 1200 v. Chr. zahlreiche
Ortschaften nach einer Besiedlungspause neu angesiedelt oder überhaupt
erstmalig angelegt wurden".[409]

---

[406] Vgl. A. Zertal, HA 82, 1983, 25 f.
[407] M. Kochavi (Hrsg.), Judaea, Samaria and the Golan, 208 ff. (+ Karte).
[408] ESI 2, 1983, 43.
[409] K.-D. Schunck, Benjamin, 20; I. Finkelstein, Archaeology, 56-65.

§ 3 Ephraim und das Haus Joseph: Jos 17,14-18

1. Textkritische Beobachtungen

V. 14: LXX ergänzt in V. aα noch δέ; LXX, S geben *lî* mit *lānû* wieder, sie gleichen damit die Präposition mit Suffix an das pluralische Subjekt in V. aα an; LXX zieht "du hast als Erbbesitz gegeben" zu ἐκληρονόμησας zusammen; S gibt *wa ᵃnî* pluralisch mit *ᵃnaḥnû* wieder; der mit *Waw copulativum* an den Verbalsatz in V. bα angeschlossene Nominalsatz "ich bin ein großes Volk" beschreibt "einen der Haupthandlung *gleichzeitigen* Zustand"[410]; LXX ergänzt in dem Nominalsatz δέ wohl als Ersatz für das fehlende *wᵉ* und εἰμι; LXX läßt *ᶜad ᵃšär-ᶜad-kô* unübersetzt; die Wendung begegnet im Alten Testament nur hier und ist syntaktisch wegen des doppelten *ᶜad* schwierig[411]; vielleicht steht das erste *ᶜad* als Abkürzung für *ᶜal dᵉbar*[412]; als *lectio difficilior* sollte die Wendung dennoch beibehalten werden.

V. 15: T, S wandeln als Angleichung an das pluralische Subjekt in V. 14 und an "zu ihnen" in V. 15aα die 2. Sg. masc. in die 2. Pl. masc. um; LXX läßt *šām* und "im Land der Pheresiter und Rephaiter" unübersetzt; T, S geben "und die Rephaiter" mit "Giganten" *wᵉgibbārayyā'* (T) bzw. *wdgnbr'* (S) wieder.

V. 16: LXX läßt "die Josephiten" unübersetzt; offenbar hielt LXX die wiederholte Nennung des Subjektes (vgl. V. 14a) für überflüssig; die Wiedergabe von *hāhār* mit τὸ ὄρος τὸ Εφραιμ bei LXX ist Angleichung an V. 15b; LXX überträgt "und eiserne Wagen" freier mit καὶ ἵππος ἐπίλεκτος καὶ σίδηρος; LXX läßt *bᵉkål* unübersetzt und gibt *bᵉ'äräṣ-hāᶜemäq* mit ἐν αὐτῷ wieder, was sich auf τὸ ὄρος τὸ Εφραιμ beziehen muß; S gibt *hayyošeb* pluralisch mit *ytbyn* wieder.

V. 17: LXX liest als Angleichung an V. 14 *bᵉnê yôsep* für *bêt yôsep*; "zu Ephraim und Manasse" läßt LXX unübersetzt[413]; T, S wandeln wie in V. 15 als Angleichung an *bêt yôsep* als dem kollektiv-pluralischen Subjekt *'attâ* und *lᵉkā* in die 2. Pl. masc. um.

V. 18: LXX gibt *har* als Rückbezug zu V. 15 mit δρυμός (*yaᶜar*) wieder; S gibt *ûbere'tô* freier mit "rodet das Gebirge und so wird es für euch ausreichen" wieder; LXX läßt "seine Ausläufer" unübersetzt; LXX liest *'attâ*

---

[410] W. Gesenius/E. Kautzsch, Hebräische Grammatik, § 141 e.
[411] Zu *ᶜad kô* vgl. Gen 22,5; Ex 7,16; I Reg 18,45.
[412] Vgl. BHS, M. Noth, Das Buch Josua, 102.
[413] Vgl. dazu unten.

ḥāzaqtā mimmännû anstelle von *kî ḥāzāq hû'*; T, S geben *kî ḥāzāq hû'* pluralisch wieder.[414]

2. Forschungsgeschichtliche Orientierung

1. Die überwiegende Mehrzahl der Ausleger sieht in Jos 17,14-18 entweder die Zusammenarbeitung einer Doppelüberlieferung zu einer Erzählung oder umgekehrt die Zerdehnung einer Rede zu einer Doppelrede. Dies ergebe sich aus den zahlreichen Spannungen zwischen V. 14 f. und V. 16-18. So werde der Rat, den Wald zu roden, zweimal berichtet (V. 15; 18); die Frage der Josephsöhne, warum Josua ihnen nur einen Losanteil gegeben habe, bleibe letztlich unbeantwortet (V. 14); die Rede der Josephsöhne in V. 16 lasse die Rede Josuas in V. 15 unberücksichtigt; die Klage des Hauses Joseph über unzureichenden Siedlungsraum werde zweimal berichtet (V. 14; 16). Zu diesen inhaltlichen Spannungen kämen stilistische hinzu: *lî* (V. 14) und *lānû* (V. 16); *gôrāl 'äḥād wᵉḥäbäl 'äḥād* (V. 14 – Doppelaussage) und *gôrāl 'äḥād* (V. 17 – Einfachaussage); *hayyaᶜrâ* (V. 15 – mit Determination) und *yaᶜar* (V. 18 – ohne Determination).

Das Verhältnis dieser beiden Überlieferungen V. 14 f. und V. 16-18 und die Art und Weise der Zerdehnung der Rede zu einer Doppelrede werden von den Exegeten sehr unterschiedlich beurteilt. Nach A. Dillmann ist Jos 17,14-18 von dem Redaktor des Josuabuches aus zwei Darstellungen derselben Sache zusammengesetzt worden.[415]

Im Unterschied zu A. Dillmann geht K. Budde davon aus, daß in V. 14-18 die einmalige Rede und Antwort zu einer doppelten Wechselrede auseinander gezogen worden sei. V. 15 decke sich völlig mit V. 17.18aβ. Er nimmt deshalb V. 15.16aα aus dem Zusammenhang heraus und glaubt so, einen guten Anschluß der zweiten Rede des Hauses Joseph an die erste gefunden zu haben. V. 14 biete die eine, V. 16 die andere Hälfte derselben Gedankenfolge. Ebenso wie sich V. 14 zu V. 16 verhalte, verhalte sich V. 15 zu V. 17. 18aβ. V. 17b.18aβ seien dagegen recht ungeschickt aus V. 15 zusammengestoppelt: "Aus alle dem schließe ich, daß v. 14 f. den Versuch darstellt, das ursprüngliche Stück in einen möglichst kurzen und farblosen Auszug zusammenzudrängen, daß dann aber ein zweiter Entschluß und vielleicht auch eine zweite Hand das Uebrige nachtrug und so gut es anging zu einem zweiten Redegang herrichtete. Dazu mußte dann theilweise schon verwende-

---

[414] Vgl. dazu unten.
[415] A. Dillmann, Numeri, Deuteronomium und Josua, 546-548.

ter Stoff wiederholt werden."[416] Dieser Deutung K. Buddes schloß sich H. Holzinger an.[417]

R. Smend unterscheidet in V. 14-18 zwei Berichte, V. 14 f. und V. 16-18, wobei er V. 14 f. E und V. 16-18 J_2 zuschreibt: "Daß die Erzählung des E eine Nachbildung und, auf den geschichtlichen Gehalt angesehen, eine minderwertige Nachbildung der Erzählung des J_2 ist, liegt auch hier auf der Hand."[418]

Die neueren Auslegungen durch M. Noth[419], H. W. Hertzberg[420], S. Mittmann[421] und J. A. Soggin[422] rechnen alle mit zwei inhaltlich parallel laufenden Varianten: V. 14 f. und V. 16-18. Nach S. Mittmann habe V. 17b die Beschwerde der ersten Variante im Auge: "Die zweite Variante setzt hier also die erste voraus; und daraus ergibt sich mit zwingender Konsequenz, daß die erste bereits vorhanden war, als die zweite formuliert wurde."[423] Die zweite Variante habe einen ursprünglich selbständigen Kern, "der nachträglich mit der ersten Variante durch stilistische und inhaltliche Angleichung verschmolzen wurde."[424] H. Seebass rechnet in Jos 17,14-18 mit drei literarischen Schichten: 1. die älteste Tradition findet er in V. 16abα.17-18a; 2. V. 14 f.; "Söhne Josephs" in V. 16; "Ephraim und Manasse" in V. 17; Modifikation zur Legitimierung Manasses; 3. V. 16bβγ.18b: Ergänzungen unter gesamtisraelitischem Aspekt.[425]

2. Die Einheit von Jos 17,14-18 wird von wenigen Exegeten verteidigt.[426] Zu diesen zählen u. a. C. Steuernagel und in etwas modifizierterer Form G. Schmitt. Steuernagel wendet sich gegen den Versuch, in V. 14-18 zwei Quellen abzuleiten, da der Aufbau der Verse einigermaßen verständlich sei: "1) die Josephiden sagen, das *Gebirge Ephraim* ist uns zu eng; Josua antwortet, so rodet euch den Wald aus. 2) Die Josephiden erwidern: das

---

[416] K. Budde, Die Bücher Richter und Samuel, 36 Anm. 3; vgl. auch ders., ZAW 7, 1887, 93-166.

[417] H. Holzinger, Das Buch Josua, 71.

[418] R. Smend, Die Erzählung des Hexateuch, 332.

[419] M. Noth, Das Buch Josua, 106 f.; vgl. dazu Z. Kallai, BETL 94, 198 f.

[420] H. W. Hertzberg, Die Bücher Josua, Richter, Ruth, 104 f.

[421] S. Mittmann, Beiträge zur Siedlungs- und Territorialgeschichte des nördlichen Ostjordanlandes, 209-212.

[422] J. A. Soggin, Joshua, 182 f.

[423] S. Mittmann, Beiträge zur Siedlungs- und Territorialgeschichte des nördlichen Ostjordanlandes, 210.

[424] S. Mittmann, Beiträge zur Siedlungs- und Territorialgeschichte des nördlichen Ostjordanlandes, 210.

[425] H. Seebass, ZDPV 98, 1982, 70-76.

[426] So sieht R. G. Boling, Joshua, 417 in Jos 17,14-18 keine literarischen Probleme.

Gebirge ... reicht nicht für uns; in die Ebene können wir uns aber nicht ausdehnen. Josua antwortet: ihr könnt es, denn ihr seid ja stark und den Kananitern überlegen."[427]

G. Schmitt ist sich der Spannungen zwischen V. 14 f. und V. 16-18 zwar bewußt, hält es aber dennoch für nicht möglich, einen glatten Schnitt zwischen V. 14 f. und V. 16-18 zu machen.[428] Der zwischen V. 15 und V. 16 erkennbare Einschnitt habe nichts mit der Zusammenfügung paralleler Berichte, sondern vielmehr mit dem geschichtlichen Zusammenhang zu tun: "Was in Wirklichkeit in größerem zeitlichen Abstand zur Sprache kam, ist hier in eine einzige Wechselrede zusammengeschoben."[429] Nach Schmitt könne man V. 16-18 als eine nachträglich angehängte Fortsetzung zu V. 14f. bezeichnen. "Dabei ist es aber nicht gewiß oder auch nur wahrscheinlich, daß v. 14-15 noch den *Wortlaut* der ursprünglichen Tradition wiedergibt."[430]

3. Exegese von Jos 17,14-18

Der Blick auf die Forschungsgeschichte von Jos 17,14-18 zeigt, daß die Auslegung dieses Abschnittes an den zahlreichen Spannungen zwischen V. 14 f. und V. 16-18 nicht vorbeigehen kann.[431] Deshalb geht auch der folgende Auslegungsversuch von dem deutlichen Einschnitt zwischen V. 15 und V. 16 aus und betrachtet die beiden Unterabschnitte V. 14 f. und V. 16-18 zunächst gesondert voneinander.[432]

a) V. 16-18

V. 16 wird mit der Klage der Josephsöhne über unzureichenden Siedlungsraum auf dem Gebirge eingeleitet. Mit *hāhār* kann wegen des Gegensatzes zu "Land der Ebene" (V. 16b) nur das mittelpalästinische Gebirge gemeint

---

[427] C. Steuernagel, Deuteronomium und Josua, 220 f.
[428] G. Schmitt, Du sollst keinen Frieden schließen, 90.
[429] G. Schmitt, Du sollst keinen Frieden schließen, 95.
[430] G. Schmitt, Du sollst keinen Frieden schließen, 95.
[431] Vgl. zu den Spannungen oben.
[432] Die Spannungen zwischen V. 14 f. und V. 16-18 werden deutlich genannt von A. Dillmann, Numeri, Deuteronomium und Josua, 547 f.; K. Budde, Die Bücher Richter und Samuel, 33; S. Mittmann, Beiträge zur Siedlungs- und Territorialgeschichte des nördlichen Ostjordanlandes, 209 f.; G. Schmitt, Du sollst keinen Frieden schließen, 89 f.; H. Seebass, ZDPV 98, 1982, 70 f.

sein, "dessen Inbesitznahme durch Joseph vorausgesetzt ist, das aber den Josephiten nach ihrer Meinung nicht genug Siedlungsraum bietet".[433] Eine Ausdehnung in das "Land der Ebene"[434] könne ebenfalls nicht erwogen werden, da dort die Kanaanäer mit ihren eisernen Streitwagen[435] wohnten. Der recht unbestimmte Terminus "Land der Ebene" wird im weiteren durch "Bethsan"[436] sowie "die Ebene Jesreel" ergänzt und präzisiert. Der ungeschickte Anschluß mit dem zweimaligen *la"šär* und die Überlänge des Verses lassen vermuten, daß hier eine spätere Hinzufügung im Sinne von Jos 17,11; Jdc 1,27 vorliegt, die das "Land der Ebene" präzisieren sollte.[437]

Die Antwort Josuas auf das Anliegen der Josephiten wird in V. 17 berichtet. Im Unterschied zu V. 16 ist in der Redeeinleitung nicht von den "Josephiten", sondern vom "Haus Joseph"[438] die Rede. Die Verdeutlichung des "Hauses Joseph" mit "Ephraim und Manasse" ist wohl als ein späterer erklärender Zusatz zu verstehen, wofür die Singularität der Verbindung "Haus Joseph = Ephraim und Manasse" sowie das Fehlen in LXX spricht.[439] Josua kann die Klage des Hauses Joseph gut verstehen, da es ein "zahlreiches Volk" ist. Auffallend ist hier die Bezeichnung *ᶜam*, da der Ausdruck in der Regel nur als Bezeichnung einer ganzen Nation verwendet wird.[440] Er dient hier zur Unterstützung von *rab* und zur Betonung der Größe des Volkes. Das Haus Joseph ist nicht nur zahlreich, sondern auch mächtig und stark. Die Wendung *koᵃḥ gādôl* begegnet oft im Kontext von Aussagen über Jahwe: Jahwe führte mit "großer Macht" Israel aus Ägypten heraus[441]; er schuf mit "großer Macht" und ausgerecktem Arm Himmel und Erde[442]; er ist geduldig und von "großer Kraft"[443]; in Jdc 16,5 heißt

---

[433] M. Noth, Das Buch Josua, 106. Vgl. auch H. W. Hertzberg, Die Bücher Josua, Richter, Ruth, 104 f.; G. Schmitt, Du sollst keinen Frieden schließen, 91. Zur Bezeichnung von *hāhār* für das mittelpalästinische Bergland vgl. Jos 16,1; mit anderen geographischen Angaben findet sich *hāhār* im Josuabuch noch in 10,40; 12,8.

[434] Der Ausdruck begegnet im Alten Testament nur hier.

[435] Zum Ausdruck *räkäb barzäl* vgl. noch Jdc 1,19; 4,3.13.

[436] Der Ausdruck "Bethsan und seine Ortschaften" begegnet noch in Jos 17,11; Jdc 1,27.

[437] Vgl. BHS z. St.; mit einem nachträglichen Zusatz rechnen auch M. Noth, Das Buch Josua, 102 und H. Seebass, ZDPV 98, 1982, 73.

[438] Der Ausdruck begegnet noch in Gen 43,19; 50,8; Jos 18,5; Jdc 1,22.23.35; II Sam 19,21; I Reg 11,28; Am 5,6; Ob 18; Sach 10,6.

[439] Auch M. Noth, Das Buch Josua, 102 und H. Seebass, ZDPV 98, 1982, 73 rechnen bei "Ephraim und Manasse" mit einem erklärenden Zusatz.

[440] Vgl. etwa Gen 50,20; Ex 1,9; I Reg 3,8; Esr 10,13; II Chr 1,9; 30,13 (bezogen auf Israel); Jos 11,4 (bezogen auf Kanaan).

[441] Ex 32,11; Dtn 4,37; 9,29; II Reg 17,36.

[442] Jer 32,17.

[443] Nah 1,3.

es von Simson, seine Kraft sei groß. In dieser Wendung steckt eine hohe Auszeichnung für das Haus Joseph. Josua macht ihm damit deutlich, daß seine Angst vor den Kanaanäern (V. 16) unbegründet ist. Weil das Haus Joseph zahlreich und mächtig ist, soll es mehr als nur einen Losanteil bekommen.

Das Haus Joseph soll den bewaldeten Teil des Gebirges zusätzlich erhalten, ihn roden, um dann auch dort siedeln zu können.[444] Es wird die Kanaanäer vertreiben, obgleich sie eiserne Wagen haben und stark sind (V. 18). Die Hinzufügung von *lo'* zwischen *kî* und *tôrîš* durch R. Smend[445] und M. Noth[446] ist m. E. nicht berechtigt, da die Vertreibung der Kanaanäer nach den Aussagen über die Größe und Stärke des Hauses Joseph in V. 17b durchaus im Bereich des Möglichen liegt, auch wenn jene eiserne Wagen haben und stark sind. Eine Änderung von *kî ḥāzāq hû'* nach LXX in *'attâ ḥāzaqtâ mimmännû* ist deshalb nicht notwendig.[447] Stilistisch auffallend ist in V. 18 die fünfmalige Nennung von *kî*. Ob dieser Tatbestand allerdings zum Nachweis der "argen Verderbniß"[448] des Verses genügt, ist höchst unsicher, da die Häufung von *kî* nicht ungewöhnlich ist.[449]

Versucht man, sich den Aufbau von V. 16-18 zu verdeutlichen, so ergibt sich folgendes Bild: der Abschnitt setzt sich aus zwei Teilen zusammen: 1. Die Klage der Josephiten; 2. die Antwort Josuas: V. 17-18. Sowohl im ersten als auch im zweiten Teil lassen sich inhaltlich zwei Themen A + B unterscheiden: das Thema A bezieht sich auf "das Gebirge" und das Thema B dreht sich ganz um "die Kanaanäer". Die Klage der Josephiten beinhaltet beide Themen (V. 16aβ) und B (V. 16bαβ [γδ]), auf die Josua in seiner Antwort V. 17 f. eingeht. Josua zeigt Verständnis für die Klage über das nicht ausreichende Gebirge (V. 16aβ), da das Haus Joseph ein zahlreiches Volk sei (V. 17bα). Es soll deshalb mehr als einen Losanteil bekommen und

---

444 Das indeterminierte *har* ist korrekt; die Lesart *hāhār* von G. Schmitt, Du sollst keinen Frieden schließen, 93 liegt in seiner Annahme der Einheit von V. 14-18 und dem Bezug von *har* zu "Gebirge Ephraim" (V. 15b) begründet; vgl. dazu H. Seebass, ZDPV 98, 1982, 72.

445 R. Smend, Die Erzählung des Hexateuch, 333 f.

446 M. Noth, Das Buch Josua, 102.

447 Die LXX-Lesart wurde übernommen von: K. Budde, Die Bücher Richter und Samuel, 33; C. Steuernagel, Deuteronomium und Josua,, 220; G. Schmitt, Du sollst keinen Frieden schließen, 94.

448 K. Budde, Die Bücher Richter und Samuel, 35 Anm. 3; zu dem gleichen Urteil kommen C. Steuernagel, Deuteronomium und Josua, 220; S. Mittmann, Beiträge zur Siedlungs- und Territorialgeschichte des nördlichen Ostjordanlandes, 209.

449 4 x begegnet *kî* in Dtn 14,24; II Sam 23,5; I Reg 8,37; 5 x begegnet es in II Sam 19,7; an 23 Stellen im Alten Testament begegnet *kî* je 3 x.

die Waldgebiete des Gebirges roden, um sich dort festsetzen zu können (V. 17bγ.18a). Weniger Verständnis zeigt Josua für die Klage über die militärische Stärke der Kanaanäer (V. 16bαβ [γδ]), da das Haus Joseph selbst von beträchtlicher Stärke sei (V. 17bβ) und die Kanaanäer deshalb durchaus vertreiben könne (V. 18b). Die Antworten Josuas auf die Klagen des Hauses Joseph sind außerordentlich hilfreich, da sie präzise Lösungsvorschläge für dessen Schwierigkeiten bieten. Im ersten Teil (Thema A) billigt Josua dem Haus Joseph einen weiteren Losanteil zu und im zweiten Fall (Thema B) erinnert er es an dessen eigene Stärke.

Der Aufbau von Jos 17,16-18

Thema A: *das Gebirge*
Thema B: die Kanaanäer

1. Die Klage der Josephiten

V. 16aα   : Redeeinleitung: die Josephiten
V. 17bα   : Die erste Klage der Josephiten:
                 der kleine Siedlungsraum: *Thema A*
V. 16bαβ[γδ] :   Die 2. Klage der Josephiten:
                 die gute Ausrüstung der Kanaanäer:
                 Thema B

----

2. Die Antwort Josuas

V. 17aα   : Redeeinleitung: Josua
V. 17bα   : Die Berechtigung der Klage:
                 die Größe des Volkes: *Thema A*
V. 17bβ   :   Josephs Stärke als Chance:
                 Thema B
V. 17bγ.18a   : Die Konsequenz der Klage
                 V. 17b: Mehr als ein Los für das Volk:
                 Thema A
                 V. 18a: Bergland für das Volk: *Thema A*
V. 18b   :   Die Konsequenz aus Josephs Stärke:
                 Vertreibung der Kanaanäer: Thema B

b) V. 14 f.

V. 14 beginnt mit der vorwurfsvollen Frage der Josephiten[450] an Josua, warum er ihnen nur einen Los- und Gebietsanteil gegeben habe. Entsprechend der Terminologie bei der Zuteilung der Losanteile an die Stämme in Jos 13-19 wird dies mit der Wendung *nātān naḥªlâ* zum Ausdruck gebracht.[451] Die Josephiten verweisen begründend auf ihre stattliche Größe und ihre Segnung durch Jahwe.[452] Josua schlägt ihnen daraufhin vor, in das Waldgebiet hinaufzuziehen, um es zu roden, da das Gebirge in der Tat für sie zu eng sei.

c) Beobachtungen zum Verhältnis von V. 14 f. und V. 16-18

In welchem Verhältnis stehen nun V. 14 f. und V. 16-18 zueinander? Unübersehbar sind die zahlreichen Überschneidungen: "ein großes Volk sind wir/ ich" (V. 14) – "du bist ein großes Volk" (V. 15.17); "ein Los" (V. 14.17); "ins Waldland" (V. 15) – "Wald" (V. 18); "und rode" (V. 15) – "und rode es" (V. 18). Diese lassen sich am besten durch die Annahme der Gestaltung des einen Abschnittes mit Elementen aus dem anderen erklären. M. E. geschah dies in V. 14-18 so, daß V. 14 f. mit Elementen aus V. 16-18 gebildet wurden. Dies läßt sich mit folgenden Beobachtungen erhärten:

a) V. 14 f. bietet im Unterschied zu V. 16-18 an drei Stellen einen erweiterten Text: *gôrāl 'äḥād* (V. 14.17) wird in V. 14 mit *wᵉḥäbäl 'äḥād* erweitert; die Aussage über die Größe des Volkes (V. 14.15.17) wird in V. 14 mit dem Hinweis auf den Segen Jahwes verstärkt; die adverbielle Bestimmung des Ortes *hayyaᶜrâ* (V. 15) wird durch die Wendung "das Land der Perisiter und Rephaiter" präzisiert.

b) Die adverbielle Bestimmung des Ortes *hayyaᶜrâ* begegnet in V. 15 unvermittelt, während sie in V. 16-18 durch V. 17 sowie vor allem durch *har* in V. 18aα hinreichend vorbereitet ist.

c) Die seltene Verwendung des Ausdrucks "Haus Joseph" im Josuabuch[453] läßt vermuten, daß in V. 16-18 älteres Überlieferungsgut als in V. 14 f. vorliegt.

---

[450] Eine Änderung von *bᵉnê yôsep* in *bêt yôsep* wegen des folgenden *lî* (V. 14bα) ist nicht zwingend – gegen A. Dillmann, Numeri, Deuteronomium und Josua, 546.

[451] Vgl. Jos 13,14.33; 14,3; 17,4; 19,49.

[452] Gen 48,1-22; 49,22-26.

[453] Der Ausdruck begegnet außer in V. 17 nur noch in Jos 18,5.

Der Grund für die Aufnahme von Elementen aus V. 16-18 und ihre Erweiterung in V. 14 f. liegt m. E. in der Einbettung des Überlieferungsstückes V. 16-18 in den größeren Kontext der Verteilung des Landes durch Josua an die Stämme Israels. Durch V. 14 f. wird V. 16-18 unmittelbar an die Landverteilung an die Stämme Ephraim und Manasse angeschlossen. Dies zeigt sich in den Stichworten *nḥl/naḥ⁽ᵃ⁾lâ* (V. 14b), die in Jos 16,4.5.8.9; 17,4.6 als Leitworte begegnen sowie in dem Stichwort *b⁽ᵉ⁾nê yôsep* (V.14aα), das in Jos 16,1.4 begegnet. V. 14 f. übernehmen aus V. 16-18 nur Elemente, die dem Thema A "das Gebirge" zuzurechnen sind, was ebenfalls auf Jos 16 f. Bezug nimmt, da es hier in erster Linie um die Verteilung des Gebirges geht. Im Zuge der Verbindung von V. 16-18 mit Jos 16 f. durch V. 14 f. ist wohl auch "Ephraim und Manasse" in V. 17aβ eingefügt worden.

Die Annahme, in V. 14 f. ein Bindeglied zwischen V. 16-18 auf der einen und Jos 16 f. auf der anderen Seite zu sehen, das mit Elementen aus V. 16-18 gebildet wurde, hat m. E. mehr für sich als die Herausnahme einzelner Verse oder Versteile. So ist es m. E. nicht möglich, wie Budde es tut, den ganzen V. 15 und die Redeeinleitung in V. 16 herauszunehmen, um die zweite Rede des Hauses Joseph an die erste anzuschließen.[454] Budde übergeht dabei allzu leicht die stilistischen Unterschiede zwischen V. 14 und V. 16-18 und kann die spätere Hinzufügung von V. 15 nur schwer erklären. Unbeantwortet bleibt auch bei der scharfsinnigen Untersuchung von S. Mittmann, warum der von ihm herausgearbeitete Kern von V. 16-18, d. h. V. 16.17. 18aαγ.b nachträglich mit V. 17b.18aβ erweitert und mit V. 14 f. verknüpft wurde.[455]

d) Der geographische Hintergrund

Neben dem literarischen Problem stellt sich in Jos 17,14-18 noch die Frage nach dem geographischen Hintergrund. Dazu hatte K. Budde die einflußreiche These aufgestellt, daß mit dem in V. 15 und V. 18 genannten *hayya⁽c⁾râ* bzw. *ya⁽c⁾ar* und mit *har* in V. 18 das ostjordanische Gebirge gemeint sei. Budde ergänzte deshalb entsprechend in V. 15b und hinter *har* in V. 18 "Gilead". Er deutet V. 14-18 folgendermaßen: "Das Haus Joseph klagt bei Josua, daß er ihm nur *ein* Loos gegeben habe, da ihrer doch so viele seien: das Gebirge Ephraim sei ihnen zu enge und in der Ebene seien ihnen die

---

[454] K. Budde, Die Bücher Richter und Samuel, 36.

[455] S. Mittmann, Beiträge zur Siedlungs- und Territorialgeschichte des nördlichen Ostjordanlandes, 210.

Kanaaniter mit ihren eisernen Wagen überlegen. Josua antwortet, wenn sie so zahlreich und stark seien, sollten sie nicht bloß *ein* Loos haben. Vielmehr solle das Gebirge (Gilead) ihnen gehören; wenn es Wald sei, so sollten sie nur hinaufsteigen in den Wald und ihn roden".[456] Die These Buddes wurde u. a. von H. Holzinger[457], O. Procksch[458], R. Smend[459], M. Noth[460], S. Mittmann[461] und J.A. Soggin[462] übernommen.

Gegen diese Deutung von Jos 17,14-18 auf das Ostjordanland lassen sich jedoch gewichtige Einwände anführen[463]:

a) Die Ergänzung von "Gilead" in V. 15b und hinter *har* in V. 18 ist textkritisch nicht gerechtfertigt, da es weder in LXX noch in V, S, T begegnet.

b) Nach V. 16 klagen die Josephiten darüber, daß ihnen das "Gebirge" zu eng sei: "... sie ziehen aber gleichzeitig die (abstrakte) Möglichkeit in Betracht, vom Gebirge in die Ebene von Beth-Sche'an oder in die Ebene Jesreel hinabzusteigen, sodass diese als dem Gebirge benachbart erscheinen; das Gebirge ist also das südlich vom Karmel gelegene."[464]

c) Der Bezug zum Ostjordanland läßt sich nicht ohne weiteres mit dem Ausdruck "im Land der Perisiter und Rephaiter" stützen, da er in dieser Verbindung nicht eindeutig ist. Die Nennung der Perisiter weist eindeutig ins Westjordanland und zwar genau nach Mittelpalästina (Gen 13,7; 34,30; Jos 11,3).[465] Die Rephaiter dagegen sind im Ostjordanland zu suchen, wo sie in Basan (Dtn 3,13; Gen 14,5) und Ammon (Dtn 2,20) wohnen. Sie gelten als die sagenhaften Riesen der Vorzeit, als ein Volk so groß, so zahlreich

---

[456] K. Budde, Die Bücher Richter und Samuel, 34 f.

[457] H. Holzinger, Das Buch Josua, 71.

[458] O. Procksch, Das nordhebräische Sagenbuch, 156.

[459] R. Smend, Die Erzählung des Hexateuch, 333 f.

[460] M. Noth, Das Buch Josua, 106 f.

[461] S. Mittmann, Beiträge zur Siedlungs- und Territorialgeschichte des nördlichen Jordanlandes, 212.

[462] J. A. Soggin, Joshua, 182 f.

[463] Gegen die Deutung auf das Ostjordanland haben sich ausgesprochen: C. Steuernagel, Deuteronomium und Josua, 219 f.; H. W. Hertzberg, Die Bücher Josua, Richter, Ruth, 104 f.; E. Nielsen, Shechem, 141; G. Schmitt, Du sollst keinen Frieden schließen, 92 f.; H. Seebass, ZDPV 98, 1982, 72; Z. Kallai, BETL 94, 197-205.

[464] C. Steuernagel, Deuteronomium und Josua, 220.

[465] Die Perisiter werden oft in wechselnder Ordnung zusammen mit den Kanaanäern, Hethitern, Jebusitern, Amoritern, Girgaschitern, Hiwitern u. a. genannt (vgl. nur Ex 23,23; 33,2; 34,11), um die vorisraelitischen Völkerschaften Palästinas zu bezeichnen, die "sieben Völker im Land Kanaan" (Act 13,19); zum Vorkommen der Perisiter vgl. Gen 13,7; 15,20; 34,30; Ex 3,8.17; 23,23; 33,2; 34,11; Dtn 7,1; 20,17; Jos 3,10; 9,1; 11,3; 12,8; 24,11; Jdc 1,4 f.; 3,5; I Reg 9,20; Esr 9,1; Neh 9,8; II Chr 8,7.

und so hochgewachsen wie die Enakiter (Dtn 2,20 f.). Die Erinnerung an dieses sagenumwobene Volk ist jedoch auch im Westjordanland in dem Namen der Rephaiter-Ebene und in der Nähe von Jerusalem lebendig (Jos 15,8; 18,16).

d) Gegen die Deutung von *ya^car* auf das Ostjordanland spricht die Terminologie, da das waldreiche Gilead niemals im Alten Testament einfach mit "(der) Wald" bezeichnet wird.[466] In Mi 7,14 steht *ya^car* sogar im Gegensatz zu "Basan und Gilead". Zudem wäre statt *^{ca}lê* in V. 15aβ *^{ca}bor* zu erwarten.[467]

Der "Wald" sollte nicht im ost-, sondern im westjordanischen Gebirge gesucht werden. Zwar gibt es dort heute kaum noch nennenswerte Waldgebiete, aber diese Waldlosigkeit "kann im größten Teil von Palästina nur künstlich herbeigeführt sein ...".[468] Die Gründe für die Rodung liegen in der jahrtausendelangen rücksichts- und gedankenlosen Nutzung und Mißhandlung des Waldes vor allem durch den Weidebetrieb und die Beschaffung von Brennholz.[469] Schon das Alte Testament berichtet von der Holzgewinnung aus dem Wald[470], dem Raubbau am Wald[471] sowie vom Waldbrand.[472] Das Bild von den ursprünglichen Waldbeständen läßt sich mit den heutigen Resten von Wäldern rekonstruieren: "Nach der heute unter den Kennern der mediterranen Pflanzenwelt allgemein herrschenden Auffassung sind ... Macchia und Garigue nur aus mißhandelten Wäldern hervorgegangen."[473] Zur Annahme einer Klimaveränderung gibt es nach Gradmann keine ausreichenden Gründe.[474]

Die entsprechenden Karten zur Vegetation des mittelpalästinischen Berglandes verzeichnen nördlich von Sichem und südlich von *Ǧenīn* niedriges, weitständiges Gebüsch, was auf ursprünglichen Waldbestand schließen

---

[466] G. Schmitt, Du sollst keinen Frieden schließen, 92.

[467] Vgl. nur Jos 1,2 u. ö.

[468] R. Gradmann, ZDPV 57, 1934, 164.

[469] R. Gradmann, ZDPV 57, 1934, 170 f. Einen kurzen historischen Überblick über die Zerstörung des Waldes in Palästina geben O. Keel/M. Küchler/C. Uehlinger, Orte und Landschaften der Bibel. Band 1, 88 f.; vgl. auch D. Baly, Geographisches Handbuch zur Bibel, 63.

[470] Dtn 19,5; Jer 10,3; Ez 39,10.

[471] Jes 14,8; 37,24.

[472] Ez 21,1-5; Ps 83,15; Jes 9,17; 10,18 f.; Jer 21,14; Jak 3,5.

[473] R. Gradmann, ZDPV 57, 1934, 171; so auch M. B.Rowton, in: Studies in Honor of B. Landsberger, 1965, 378; zu Macchia und Garigue vgl. L. Rost, PJ 27, 1931, 116 f.

[474] R. Gradmann, ZDPV 57, 1934, 174 f.

läßt.[475] Waldgebiete, d. h. weitständige Fleckenwälder, finden sich heute noch vor allem auf dem Karmel- und Gilboagebirge sowie in Samarien.[476] So dürfte der in Jos 17,15 genannte Wald ein Gebiet bezeichnen, das sich von Ost nach West etwa nördlich von Sichem auf den an die Jesreelebene angrenzenden Gebirgszügen erstreckt.[477]

Zahlreich sind die Nachrichten über den Waldreichtum dieses Gebietes bei antiken Schriftstellern und Pilgern. So berichtet etwa Flavius Josephus von dem Waldreichtum Samarias (πολύφοροι κατάδενδροί).[478] Auch der Bischof Eucherius preist das dicht bewaldete und fruchtbare Gebiet Samarias mit überschwenglichen Worten: *"Nemorosa regio et ideo diues pecoris, abundans lactis, denique nusquam sic lacte distenta pecus ubera gerit."*[479] Ebenso berichtet der russische Abt Daniel von ausgedehnten Wäldern in und um Samaria: "des figuiers, des noisetiers, des caroubiers, des oliviers, qui forment autour de *Samarie* comme des forêts touffnes, qui bordent des champs très fertiles en toute espèce de blé ..."[480]

4. Schlußfolgerungen: Ephraim und das Haus Joseph

Der Abschnitt Jos 17,14-18 enthält eine Reihe von wichtigen Aussagen über das Haus Joseph. Er setzt die Inbesitznahme des mittelpalästinischen Gebirges durch das Haus Joseph voraus. Da es jedoch ein starkes und zahlreiches Volk ist, bietet dieser besiedelte Teil des Gebirges nicht genügend Raum. Wegen der Kanaanäer ist eine Ausdehnung in die Ebene schwer möglich, weshalb das Haus Joseph im nördlichen Teil des Gebirges Wald rodet, um dort siedeln zu können.

---

[475] Vgl. etwa R. Koeppel, Palästina, 48 f. + Karten Nr. 51 + 52; D. Baly, Geographisches Handbuch zur Bibel, 63; Oxford Bible Atlas, Karte S. 50. Vgl. dazu die TAVO-Karte A VI 8 Südliche Grenze Levante (Israel und angrenzende Gebiete) Vegetation.

[476] G. Dalman, Arbeit und Sitte in Palästina I/1, 76: "In *Samarien* beginnt das westliche Waldgebiet etwa in der Mitte des westlichen Berglandes und setzt sich von da westlich fort." Dalman konnte 1912 dort zwei Eichenarten, Johannisbrot, Weißdorn, Kreuzdorn, Phillyrea, Storax und Oliven feststellen.

[477] M. B. Rowton, in: Studies in Honor of B. Landsberger, 1965, 380. Vgl. dazu die TAVO-Karte A VI 8 Südliche Levante (Israel und die angrenzenden Gebiete) Vegetation.

[478] Flavius Josephus, De Bello Judaico III, 3,4.

[479] Eucherii quae fertur de situ Hierusolimae epistula ad faustum presbyterum, 28, in: CCSL 175; vgl. zu dieser Schrift H. Donner, Pilgerfahrt ins Heilige Land, 171-175.

[480] Itinéraires Russes en Orient, traduit par Mme. B. de Khitrowo, Osnabrück 1966 (Nachdruck von 1889); vgl. auch A. Leskien, ZDPV 7, 1884, 17-64.

Der Abschnitt dokumentiert m. E. zugleich die Existenz des Hauses Joseph in vorstaatlicher Zeit. Hier sollte den in Jos 17,14-18 zugrundeliegenden Nachrichten mehr Vertrauen entgegengebracht werden als dies etwa von E. Täubler[481], C. H. J. de Geus[482] und H.-J. Zobel[483] getan wird, für die das Haus Joseph erst ab der frühköniglichen Zeit existiert hat. Alle drei Autoren gehen sehr rasch über Jos 17,17 hinweg, um sich vor allem den Belegen für das Haus Joseph aus der Königszeit zuzuwenden.[484] Für E. Täubler ist nicht gesagt, daß *bêt* in V. 17aα sehr alt oder ursprünglich sein soll. Für ihn ist der Ausdruck "Haus Joseph" die genealogische Komplementär-Bezeichnung für die territoriale des Vogteibezirkes "Gebirge Ephraim" (I Reg 4,8). Nach C. H. J.de Geus machen die Formulierungen in V. 16-18 einen sehr jungen Eindruck. Die Glosse "Ephraim und Manasse" in V. 17aβ darf nach ihm nicht als richtiger Stammesname, sondern nur als Hinweis ("a comprehensive indication"[485]) auf die Stämme Ephraim und Manasse verstanden werden. Ebenso wie für C. H. J. de Geus hat sich für H.-J. Zobel die Bezeichnung "Haus Joseph" aus dem Gegenüber zu "Haus Juda" heraus gebildet, um dieser spannungsvollen Rivalität Ausdruck zu verleihen. Der enorme Machtzuwachs Judas und sein politisches Übergewicht im Reich Davids hätten den politischen Einigungswillen der nichtjudäischen west-palästinischen Stämme unter der Selbstbezeichnung "Haus Joseph" stimuliert. Zobel hat hier insofern recht, als der Begriff "Haus Joseph" oft als Kontrastbegriff für das "Haus David" dient.[486] Jos 17,17 widerspricht jedoch seiner These, daß sich diese Bezeichnung allein aus der Opposition zum "Haus David" heraus gebildet habe.

Jos 17,17 legt die Vermutung nache, daß der Begriff "Haus Joseph" aus der Zeit der Landnahme stammt und einen größeren Verband von Sippen bezeichnet, die im mittleren Westjordanland seßhaft geworden sind.[487] Zu diesen Sippen zählten auch diejenigen, die den Stamm Ephraim bildeten.

---

[481] E. Täubler, Biblische Studien, 176.197-199.

[482] C. H. J. de Geus, The Tribes of Israel, 70-96.

[483] H.-J. Zobel, ThV 14, 1985, 35.

[484] II Sam 19,21; I Reg 11,28.

[485] C. H. J. de Geus, The Tribes of Israel, 82.

[486] So in Jos 18,5; Jdc 1,22; II Sam 19,21; I Reg 11,28; Sach 10,6.

[487] So auch M. Noth, Geschichte Israels, 59 f.87. Er weist auf die Unwahrscheinlichkeit hin, daß im Kulturland zwei Stämme sich nachträglich unter einem gemeinsamen Gesamt-namen eng zusammengeschlossen haben sollten.

§ 4 Der Stammesspruch über Joseph: Gen 49,22-26

Der Stammesspruch über Joseph in Gen 49,22-26 ist Bestandteil des Jakobsegens, einer Sammlung von recht unterschiedlichen Sprüchen über die Stämme Israels. In der Forschung besteht weitgehend Einigkeit darüber, daß die Stammessprüche wohl ursprünglich selbständig und unabhängig voneinander entstanden sind. Sie stellen mit Hilfe von Vergleichen, Beschreibungen und Wortspielen die Stämme Israels vor. Sie geben die geographische Lage eines Stammes an, ob er am Meer wohnt, im Süden oder auf fruchtbarem Boden, und sie beschreiben die Lebensbedingungen der Stämme, wovon er lebt, wie er sich ernährt, ob er friedliebend oder kriegerisch ist. Die Entstehung dieser Sprüche ist nur in einer Zeit denkbar, als das Stämmebewußtsein und die Kenntnis der Besonderheiten der Stämme noch lebendig waren. Deshalb werden die Sprüche allgemein als wichtiges Dokument für die Geschichte Israels angesehen. Schwierigkeiten bereiten dabei jedoch die für uns nicht immer leicht verstehbaren Andeutungen und Anspielungen sowie zahlreiche philologische Probleme, die die Deutung eines Wortes oder eines ganzen Satzteiles betreffen. Beide Schwierigkeiten treten gerade in Gen 49,22-26 verstärkt vor Augen.[488]

1. Übersetzung von Gen 49,22-26

V. 22: Ein junger Fruchtbaum ist Joseph,
　　　ein junger Fruchtbaum an einer Quelle,
　　　(seine) Ranken steigen über die Mauer.
V. 23: Aber Pfeilschützen erbitterten ihn, schossen Pfeile und feindeten ihn an.
V. 24: Aber sein Bogen blieb fest und gelenk die Kraft seiner Hände durch die Hände des Starken Jakobs, von dort,
　　　dem Hirten des Israelsteines,

---

[488] Aus der Fülle der Literatur zu Gen 49 seien hier nur genannt: L. Diestel, Der Segen Jakob's; K.Kohler, Der Segen Jacob's; H. Zimmern, ZA 7, 1892, 161-172; C. J. Ball, PSBA 17, 1895; 164-191; E. Seydl, ZKTh 23, 1899, 756-759; ders., ZKTh 24, 1900, 576-578; P. Riessler, ThQ 90, 1908, 489-503; C. H. Cornill, BZAW 27, 1914, 103-113; H. Gressmann, Die Anfänge Israels, 171-185; F. Zorell, BZ 13, 1915, 114-116; E. Burrows, The Oracles of Jacob and Balaam; B. Vawter, CBQ 17, 1955, 1-18; J. Coppens, VTS 4, 1956, 97-115; H.-J. Kittel, Die Stammessprüche Israels; H. J. Stoebe, Art.: Jakobsegen, RGG III, 1959³, 524 f.; A. H. J. Gunneweg, Sola Scriptura, 25-35; H.-J. Zobel, Stammesspruch und Geschichte; S. Gevirtz, HUCA 46, 1975, 33-54; H. Seebass, ZAW 96, 1984, 333-350.

V. 25: durch den Gott deines Vaters, der dir helfen möge
und bei Schaddaj, der dich segnen möge
mit Segnungen des Himmels oben,
mit Segnungen der Flut, die unten lagert,
mit Segnungen der Brüste und des Mutterschoßes.
V. 26: Die Segnungen deines Vaters sind reicher
als die Segnungen der uralten Berge,
als die Pracht der ewigen Hügel.
Sie mögen auf das Haupt Josephs kommen
und auf den Scheitel des Geweihten unter seinen Brüdern.

2. Einzelexegese von V. 22-26

a) V. 22

Der Vers bietet eine Fülle von Fragen, die in der wissenschaftlichen Literatur sehr unterschiedlich beantwortet werden. V. 22aα wird in den Versionen wiedergegeben mit:

LXX: Υἱὸς ηὐξημένος ᾽Ιωήφ
T°: *b^erî d^eyisgê yôsep*
V: *Filius accrescens Joseph*

Die Versionen leiten offenbar das schwierige Wort *porāt* von der Wurzel *prh* ab und sehen in *ben porāt* eine Konstruktusverbindung. Da *ben* hier nicht in der üblichen Form des Sg. m. st. constructus *bän* mit *linea maqqeph* erscheint, wird der Text hier von einigen Exegeten geändert. H. Holzinger[489] und A. Dillmann[490] lesen deshalb *bän* statt *ben*. J. A. Emerton deutet es nicht als "Sohn", sondern als eine bestimmte Baumart ("ben-tree").[491] H. Seebass übersetzt es mit "Frucht", da es in Verbindung mit dem femininen Nomen *porāt* nicht "Sohn, jung", heißen könne, da man in diesem Fall *bat* erwarten müßte.[492] Ähnlich urteilt A. Caquot, der die Änderung von *ben* in *bän* aus den gleichen Gründen wie Seebass ablehnt. Er

---

[489] H. Holzinger, Genesis, 261.
[490] A. Dillmann, Genesis, 469.
[491] J. A. Emerton, FS D. W. Thomas, 91-93.
[492] H. Seebass, ZAW 96, 1984, 334 f.; in die gleiche Richtung geht J. Wellhausen, Die Composition des Hexateuchs, 322-325, der es mit "Zweig" übersetzt.

setzt dafür "Joseph" in den Vokativ und übersetzt: "Un fils (est) une (plante) féconde, (ô) Joseph ..."[493]

Problematisch ist von diesen Deutungen vor allem der Vorschlag von J. A. Emerton, da er sich bei seiner Auslegung auf die sehr schwierige Stelle Jes 44,4 stützt.[494] M. E. kann die Wendung durchaus als Konstruktusverbindung angesehen werden, die Schreibung *ben* erklärt sich gut aus metrischen Gründen, da bei dieser Vokalisation die in V. 22 vorausgesetzte Dreigliedrigkeit gewahrt bleibt.[495] Daß es nicht *bat*, sondern *ben porāt* heißt, kann im Kontext dieses identifizierenden und qualifizierenden Nominalsatzes mit Joseph als maskulinem Subjekt als *constructio ad sensum* gedeutet werden.[496]

Eine Fülle von Deutungen werden in der wissenschaftlichen Exegese für das schwierige Wort *porāt* gegeben.

α) Eine große Zahl von Exegeten übersetzt es mit "Fruchtbaum/Fruchtrebe/Weinstock". Sie stützen sich dabei auf das in Jes 17,6; 32,12; Ez 19,10; Ps 128,3 vorkommende feminine Partizip *Qal poriyyâ* (<*prh*), das sie mit *porāt* identifizieren. Dieser Deutung folgen u. a. H. Holzinger[497], A. Dillmann[498], E. Seydl[499], J. Skinner[500], J. Wellhausen[501], E. Burrows[502], G. von Rad[503], E. Täubler[504], H.-J. Kittel[505], H.-J. Zobel[506], A. Elliger[507], A. Caquot[508] und C. Westermann[509].

β) Sehr häufig wird *porāt* auch mit "Stier, Kuh" übersetzt und mit *pār/ pārâ* in Verbindung gebracht. Dabei stützen sich die Exegeten auf das im Paralleltext Dtn 33,17 begegnende *šôr*, auf den Kontext von Gen 49,22, der ei-

---

[493] A. Caquot, Sem. 30, 1980, 47 f.

[494] Zu Jes 44,4 vgl. K. Elliger, Deuterojesaja, 363 f.391.

[495] Nach R. Meyer, Hebräische Grammatik II, 80 ist *ben* hier *status constructus*; mit einem metrischen Grund rechnet auch J. Skinner, Genesis, 529.

[496] W. Gesenius/E. Kautzsch, Hebräische Grammatik, § 145; C. Brockelmann, Hebräische Syntax, § 28 b.

[497] H. Holzinger, Genesis, 261.

[498] A. Dillmann, Genesis, 469.

[499] E. Seydl, ZKTh 24, 1900, 577.

[500] J. Skinner, Genesis, 529.

[501] J. Wellhausen, Die Composition des Hexateuchs, 324.

[502] E. Burrows, The Oracles of Jacob and Balaam, 35.

[503] G. von Rad, Das erste Buch Mose, 345.

[504] E. Täubler, Biblische Studien, 205.

[505] H.-J. Kittel, Die Stammessprüche Israels, 34.

[506] H.-J. Zobel, Stammesspruch und Geschichte, 21 f.

[507] A. Elliger, Frühgeschichte, 271 f.279.

[508] A. Caquot, Sem. 30, 1980, 48.

[509] C. Westermann, Genesis 37-50, 247 f.

nen Tiervergleich empfehle und auf das ugaritische *prt* "junge Kuh". Diese Deutung übernehmen u. a. J. P. Peters[510], H. Zimmern[511], H. Gunkel[512], P. Riessler[513], H. Gressmann[514], L. Gry[515], A. H. J. Gunneweg[516] und V. Salo[517].

γ) C. J. Ball nimmt *porāt* ganz aus V. 22 heraus und liest statt dessen *'ayyālâ* "Hirsch". Er vermutet, daß das in V. 21 begegnende Nomen ursprünglich zu V. 22 gehörte. Er übersetzt deshalb V. 22a: "A young hart is Joseph, A young hart beside a spring ..."[518]

δ) Nach T. K. Cheyne ist der ganze V. 22 unverständlich, weshalb er ihn in "Ephraim is an ornament for Joseph ..." (*tip'ärät*) umändert.[519]

ε) Als Dittographie wird *ben porāt* in V. 22aα von O. Procksch gestrichen, da im Jakobsegen jeder Spruch den Namen des Stammes an den Anfang stelle.[520]

ζ) J. M. Allegro und J. A. Emerton deuten *ben* im Anschluß an Jes 44,4 als Baumart, vokalisieren *prt* mit *p'rāt* und übersetzen entsprechend "Euphratean poplar"[521] bzw. "a tamarisk of the Euphrates"[522].

η) S. Gevirtz leitet *porāt* von *pärä'* ab und übersetzt V. 22aα mit: "A son of a wild she-ass is Joseph ..."[523]

Wie sind diese Vorschläge zur Änderung des Textes zu werten? Äußerst problematisch sind diejenigen von C. J. Ball (γ) und T. K. Cheyne (δ), da sie nicht mit dem Konsonantenbestand in V. 22aα in Übereinstimmung gebracht werden können. Der Vorschlag von Procksch (ε), den Anfang von V. 22aα als Dittographie zu streichen, zerstört die in V. 22 vorausgesetzte Dreigliedrigkeit des Spruches. Die Lesart von J. M. Allegro und J. A. Emerton (ζ) ist vor allem wegen der textkritisch schwierigen Stelle Jes 44,4 problematisch. Gegen die Deutung auf ein Tier (Stier/Kuh – β, Esel – η) lassen sich zwei gewichtige Argumente anführen: die Lesung mit "Stier/Kuh/Esel" läßt sich

---

[510] J. P. Peters, JBL 1886, 111.

[511] H. Zimmern, ZA 7, 1892, 165.

[512] H. Gunkel, Genesis, 485.

[513] P. Riessler, ThQ 90, 1908, 498.

[514] H. Gressmann, Die Anfänge Israels, 173.

[515] L. Gry, RB 26, 1917, 512.

[516] A. H. J. Gunneweg, Sola Scriptura, 29.

[517] V. Salo, BZ N. F. 12, 1968, 94 f.

[518] C. J. Ball, PSBA 17, 1895, 175.

[519] T. K. Cheyne, PSBA 21, 1899, 242.

[520] O. Procksch, Die Genesis, 282 f.

[521] J. M. Allegro, ZAW 64, 1952, 250.

[522] J. A. Emerton, FS D. W. Thomas, 93.

[523] S. Gevirtz, HUCA 46, 1975, 41.

inhaltlich schwer mit V. 22b in Verbindung bringen, so daß auch dieser Versteil von den Vertretern der Tier-Deutung abgeändert werden muß[524]; diese Lesart wird durchweg mit dem Argument verteidigt, daß der Kontext einen Tiervergleich empfehle, "da diese Art des Vergleichs in dem ganzen Segen des Patriarchen so reich vertreten"[525] sei; dieses Argument ist methodisch anfechtbar, denn es setzt die Einheit der Form von Gen 49 voraus und übergeht die in der Forschung anerkannte Beobachtung, daß die Sprüche in Gen 49 die Eigenart des jeweiligen Stammes wiedergeben, ursprünglich wohl unabhängig voneinander tradiert wurden und deshalb nur sehr bedingt miteinander verglichen werden können[526]; man darf nicht von der Mehrzahl der Tiervergleiche in den Sprüchen auf einen solchen in Gen 49,22 schließen.

M. E. läßt sich die Wiedergabe von *porāt* mit "Fruchtbaum/Fruchtrebe/ Weinstock" mit guten Argumenten verteidigen: die Versionen sprechen für diese Deutung, da sie bei der Wiedergabe von V. 22aα offenbar nicht an ein Tier, sondern an eine Pflanze denken, um den sich schnell ausbreitenden und größer werdenden Stamm Joseph zu beschreiben; es spricht lautgesetzlich nichts gegen die Gleichung *porāt = poriyyâ*[527], was in Jes 17,6 mit einem "Zweig" und in Jes 32,12; Ps 128,3 mit einem "Weinstock" verknüpft wird; das Bild von dem sich üppig ausbreitenden Weinstock und seine Deutung auf Israel ist im Alten Testament bekannt (vgl. Hos 10,1). Für Palästina sind sich üppig ausbreitende Weinstöcke nichts Ungewöhnliches. G. Dalman berichtet davon, daß man oft Weinstöcke auf Bäume oder hohe Gestelle steigen läßt, damit sie sich zu einem längeren Wuchs entwickeln können. In Jericho habe es einst einen von Hunderten von Pfählen gestützten Weinstock gegeben, der einige tausend Trauben hervorgebracht habe.[528]

In zahlreichen Auslegungen findet sich der Hinweis, in V. 22 liege mit dem Nomen *prt* eine Anspielung an "Ephraim" (*'prt*) vor, er lobe Ephraims schnelles Wachstum sowie seine Fruchtbarkeit.[529] Diese Deutung ist des-

---

[524] Vgl. dazu unten zu V. 22b.

[525] So etwa V. Salo, BZ N. F. 12, 1968, 94; so auch C. H. J. de Geus, The Tribes of Israel, 90.

[526] Vgl. dazu H.-J. Zobel, Stammesspruch und Geschichte, 53-61.

[527] Nach R. Meyer, Hebräische Grammatik II, 160 liegt in *porāt* eine aus **pārātu* < **pāriyatu* kontrahierte Form vor.

[528] G. Dalman, Arbeit und Sitte in Palästina IV, 292.

[529] So u. a. K. Kohler, Der Segen Jacob's, 76 f.; J. Wellhausen, Die Composition des Hexateuchs, 324; P. Riessler, ThQ 90, 1908, 498; E. Burrows, The Oracles of Jacob and Balaam, 35 f.; H.-J. Zobel, Stammesspruch und Geschichte, 21 f.; A. Elliger, Frühgeschichte, 271 f.; C. Westermann, Genesis, 37-50, 270.

halb wenig wahrscheinlich, weil auf diese Weise Joseph zum Sohn Ephraims würde.[530]

Die Entscheidung zur Übersetzung von *porāt* in V. 22aα mit "Fruchtbaum" hat unmittelbare Konsequenzen für die Übersetzung von V. 22aβ. Ist diese Deutung richtig, so muß V. 2aβ mit "ein junger Fruchtbaum an einer Quelle" übersetzt werden. Die Versionen weichen zwar bei ihrer Wiedergabe leicht von MT ab, sie unterstützen jedoch die vorgeschlagene Übersetzung:

LXX: υἱὸς ηὐξημένος ζηλωτός
T°:   *bry dytbrk kgpn dnṣb ᶜl-ᶜnh dmy᾿*
V: *filius accrescens et decorus aspectu*

LXX verknüpft *ᶜyn* nicht mit dem Nomen "Quelle", sondern leitet es von der Wurzel *ᶜyn* "mit Argwohn betrachten" ab.[531] Die aramäische Übersetzung bringt *porāt* unmittelbar mit "Weinstock" in Verbindung. In V. 22aβ wird das im ersten Versteil verwendete Bild steigernd weitergeführt, denn ein junger Fruchtbaum an einer Quelle bietet die besten Voraussetzungen für ein schnelles Wachstum.[532] Da sich bei dieser Deutung V. 22aα und V. 22aβ zu einem klaren Bild zusammenfügen, sollte man nicht wie Gry in Anlehnung an Gen 16,7 in *ᶜayin* einen Ortsnamen sehen[533] und auch nicht wie Cheyne[534] und Coppens[535] den Text radikal ändern. Es geht in V. 22a um die sich rasch ausbreitende Größe des Stammes Joseph, was mit dem Bild des jungen Fruchtbaums an einer Quelle ausgedrückt wird.

Ebenso schwierig und umstritten wie V. 22a ist V. 22b. Dies zeigt schon ein Blick auf die Versionen, die den Versteil sehr unterschiedlich wiedergeben:

LXX: υἱός μου νεώτατος. πρός με ἀνάστρεφον
T°:   *tryn šbṭym ypqwn mbnwhy yqblwn ḥlqh w᾿ḥsnt*
V: *Filiae discurrerunt super murum*

---

[530] L. Diestel, Der Segen Jacob's, 99; O. Procksch, Die Genesis, 282 f.

[531] L. Koehler/W. Baumgartner, Lexicon in Veteris Testamenti Libros, 773.

[532] G. von Rad, Das erste Buch Mose, 351: "Bäume an perennierendem Wasser sind in der palästinischen Landschaft etwas Seltenes; sie fallen von weitem auf und waren deshalb ein Gegenstand, dessen sich die Dichtung gern bemächtigte (Ps 1,3; Jer 17,8)."

[533] L. Gry, RB 26, 1917, 512.

[534] T. K. Cheyne, PSBA 21, 1899, 242.

[535] J. Coppens, VTS 4, 1956, 101.

Eine wörtliche Übersetzung des masoretischen Textes bietet nur V. LXX scheint *bny ṣᶜyry ᶜly šwb* "mein jüngster Sohn, kehre zu mir um/zurück" vorauszusetzen. Tᵒ entfernt sich ganz von MT, indem er angibt, daß zwei Stämme von Joseph ausgehen werden, die beide einen bestimmten Anteil an Besitz erhalten werden.

Das erste Wort *bānôt* wird von J. Peters[536], J. M. Allegro[537], A. Caquot[538] und H. Seebass[539] im wörtlichen Sinn als "Töchter" bzw. "Tochter" verstanden. Für J. M. Allegro liegt hier kein Plural, sondern der seltene Fall der Schreibung von *bat* mit einem *Nun* wie assyrisch *bintu* vor. Vollständig herausgenommen und meist im Anschluß an LXX durch *ben* ersetzt wird das Nomen u. a. von H. Zimmern[540], L. Gry[541], B. Vawter[542] und J. Coppens[543]. O. Procksch ändert es in *bᵉnāwâ* "auf der/einer Weide"[544] und V. Salo in *bānāt* (*bnh*), was er mit "Geschöpf" übersetzt, um.[545]

Alle diese Deutungen haben zum Nachteil, daß sie sich schwer in den Kontext von V. 22 einfügen. Unabhängig davon, ob man in V. 22a "Fruchtbaum" oder "Kuh/Stier" liest, läßt sich die wörtliche Übersetzung "Töchter" kaum mit V. 22 in Übereinstimmung bringen. Warum sollten plötzlich die Töchter genannt werden? Welche Bedeutung sollte ihr Schreiten auf einer Mauer haben? Daß es sich in V. 22b um ein Erntebild handeln soll[546], ist ebensowenig einsichtig wie die Deutung, daß in V. 22a + b ein antithetischer Parallelismus vorliege, um auszusagen, daß nur der Sohn fähig sei, die Kontinuität der Familie zu garantieren, die Töchter seien dagegen nutzlose Zweige.[547] Bleibt man jedoch im Bild des Fruchtbaumes, so kann *bānôt* nur dessen "Zweige, Schosse, Ranken" bezeichnen. Diese Deutung fügt sich durch die Weiterführung des Pflanzenbildes gut in V. 22 ein. Daß das Nomen in übertragener Bedeutung verwendet werden kann, zeigen die Wendungen in Thr 2,18 ("Augapfel"), Koh 12,4 ("Töne oder Lieder").

---

[536] J. Peters, JBL 1886, 111.
[537] J. M. Allegro, ZAW 64, 1952, 251.
[538] A. Caquot, Sem. 30, 1980, 50 f.
[539] H. Seebass, ZAW 96, 1984, 334 f.
[540] H. Zimmern, ZA 7, 1892, 165.
[541] L. Gry, RB 26, 1917, 512.
[542] B. Vawter, CBQ 17, 1955, 7.
[543] J. Coppens, VTS 4, 1956, 101.
[544] O. Procksch, Genesis, 282 f.
[545] V. Salo, BZ N. F. 12, 1968, 94 f.
[546] So H. Seebass, ZAW 96, 1984, 334 f.
[547] So A. Caquot, Sem. 30, 1980, 50-52.

Die auf das Nomen folgende Verbform wird von J. P. Peters[548], H. Bauer/P. Leander[549] und C. Brockelmann[550] als 3. *Pl.* fem. bestimmt. Diese Form sei im Hebräischen verdrängt worden, weil sie mit der jüngeren Form der 3. Sg. fem. zusammengefallen sei. Diese Auffassung ist jedoch nicht sicher, denn die Plurale von Tiernamen und Sachbezeichnungen werden manchmal mit dem femininen Singular des verbalen Prädikats konstruiert.[551] Das Verb selbst begegnet im Alten Testament noch sechs Mal. In Jdc 5,4; Ps 68,8; Hab 3,12 beschreibt es mit Jahwe als Subjekt dessen feierliches Einherschreiten. In Jer 10,5 wird damit das Nichtlaufenkönnen der Götzen zum Ausdruck gebracht. In II Sam 6,13 begegnet es im Kontext der Ladeheimholung nach Jerusalem, um das Gehen der Träger der Lade zu beschreiben. In Prov. 7,8 bringt es das Gehen des Unverständigen zur fremden Frau zum Ausdruck. In Gen 49,22b wird es mit *bānôt* als Subjekt und der adverbialen Bestimmung *ᶜalê šûr* am besten mit "hinübergehen", d. h. "steigen" zu übersetzen sein.

Die beiden letzten Worte von V. 22 sind nicht weniger umstritten als der ganze Vers. J. P. Peters[552], H. Zimmern[553], B. Vawter[554], J. Coppens[555] und V. Salo[556] u. a. vokalisieren *šôr* "Rind, Stier" an Stelle von *šûr* "Mauer". C. J. Ball[557] und in seinem Gefolge H. Holzinger[558] ändern in *ᶜālû šûr* "sie steigen hinauf, um aufzulauern" um, da diese Konjektur V. 23.24a besser gerecht werde. A. Ehrlich[559], L. Gry[560] und St. Gevirtz[561] bringen *šûr* mit dem in Gen 16,7 vorkommenden Ort in Verbindung.

Die Entscheidung für die Übersetzung von *porāt* mit "Fruchtbaum" und die Deutung von *bānôt* als dessen Ranken legt die Übersetzung von *ᶜalê šûr*

---

[548] J. P. Peters, Hebr. 3 1886-1887, 111 f.; ders., Hebr. 5, 1888-1889, 190 f.

[549] H. Bauer/P. Leander, Historische Grammatik, § 42 o'.

[550] C. Brockelmann, Hebräische Syntax, § 50 a.

[551] Vgl. Jer 12,4; Joel 1,20. Berechtigte Bedenken gegen die Deutung 3. *Pl.* fem. haben W. Gesenius/E. Kautzsch, Hebräische Grammatik, § 145 k und Th. Nöldeke, Beiträge 19 erhoben.

[552] J. P. Peters, JBL 1886, 112.

[553] H. Zimmern, ZA 7, 1892, 165.

[554] B. Vawter, CBQ 17, 1955, 8.

[555] J. Coppens, VTS 4, 1956, 101.

[556] V. Salo, BZ N. F. 12, 1968, 94.

[557] C. J. Ball, PSBA 17, 1895, 175.

[558] H. Holzinger, Genesis, 261.

[559] A. B. Ehrlich, Randglossen zur hebräischen Bibel, Bd. 1, 250.

[560] L. Gry, RB 26, 1917, 512.

[561] S. Gevirtz, HUCA 46, 1975, 41.

mit "auf/über der/die Mauer" nahe. Dieses Bild paßt gut zu V. 22.[562] Der zweite Versteil wird demnach am besten mit "(seine) Ranken steigen über die Mauer" zu übersetzen sein. Die vorgeschlagene Textänderung ist nur aufgrund von einschneidenden Änderungen in V. 22a.bα möglich, was m. E. wenig wahrscheinlich ist.

Zusammenfassend läßt sich zu V. 22 sagen: Der Stamm Joseph wird hier mit einem jungen Fruchtbaum an einer Quelle verglichen. Da er unmittelbar am Wasser steht, kann er sich so schnell und üppig ausbreiten, daß seine Ranken sogar über die den Fruchtbaum schützende Mauer hinauswachsen.

b) V. 23

Im Unterschied zu V. 22 bietet V. 23 textlich wenig Probleme. Lediglich die Verbform *wārobbû* * < rbb II wird gerne im Anschluß an LXX εἰς ὃν διαβουλευόμενοι ἐλοιδόρουν in *wayᵉrîbuhû* abgeändert.[563] Versteht man sie jedoch als sog. frequentatives Perfekt, so ist diese Konjektur nicht notwendig.[564] Sie ist gegenüber *wārobbû* als *lectio facilior* aufzufassen. Ebenso wie *rbh* II begegnen die beiden anderen Verben im Alten Testament recht selten: *mrr Piᶜel* findet sich noch in Ex 1,14; Jes 22,4 und hat im *Piᶜel* die Bedeutung "bitter machen, erbittern, verbittern"[565]; *śṭm* heißt "anfeinden" und ist noch in Gen 27,41; 50,15; Ps 55,4; Hi 16,9; 30,21 belegt. Das bei beiden Verben angehängte Suffix der 3. Sg. m. ist auf Joseph (V. 22) zu beziehen. Der von A. Caquot vorgeschlagene Bezug auf Gott ist m. E. kaum wahrscheinlich, da dieser doch in V. 22 hätte bereits genannt werden müssen. Zudem ist Caquots Vorschlag von seiner Übersetzung von V. 22 und seiner geschichtlichen Deutung des Spruches auf den Bruch zwischen Nord- und Südreich abhängig.[566]

Ob V. 23 als eigenständiger Stammesspruch anzusehen ist, dessen Stammesname am Anfang vom Redaktor bewußt zur Verknüpfung mit V. 22 weg-

---

[562] Zu den in Palästina üblichen Schutzmauern aus zusammengelesenen Steinen für Gärten, Weingärten und Felder vgl. G. Dalman, Arbeit und Sitte IV, 316 + die Abbildungen 88-94.

[563] So von H. Holzinger, Genesis, 261; O. Procksch, Genesis, 282; H. Gunkel, Genesis, 485 ändert in *Imperfekt consecutivum wayyārobbû* um.

[564] Vgl. dazu W. Gesenius/E. Kautzsch, Hebräische Grammatik, §§ 67 m; 113 rr. Beispiele für *Perfekt consecutivum* in Anlehnung an ein vorhergehendes *Imperfekt consecutivum*: I Sam 1,4; 5,7; 7,15 f.

[565] E. Jenni, Das hebräische Piᶜel, 105 f.

[566] A. Caquot, Sem. 30, 1980, 53.

gelassen worden sei, ist hypothetisch. Nach dieser Auffassung von C. Westermann ist ein Imperfekt consecutivum am Anfang eines Verses von der
Form der Stammessprüche her nicht möglich.[567] Hier bleibt zu fragen, ob
man so ohne weiteres von *der* Form des Stammesspruches überhaupt ausgehen kann.[568] Subjekt in V. 23 sind die schwer deutbaren "Pfeilschützen",
die den Stamm Joseph bedrohen.[569]

c) V. 24

Weitaus häufiger als in V. 23 wird der Text von V. 24a von den Gelehrten
geändert. Dabei folgen sie meist LXX, die die Feinde zum Subjekt macht
und "aber ihr Bogen wurde mit Kraft zerstört und die Sehnen ihrer Hände
gebrochen" liest. H. Gunkel[570], P. Riessler[571], O. Procksch[572], B. Vawter[573] und A. Caquot[574] u. a. haben diese Lesart übernommen. Diese Textänderung ist jedoch nicht zwingend, da auch MT eine sinnvolle Aussage
ergibt: "aber sein Bogen blieb fest[575] und gelenk[576] die Kraft seiner Hände".[577] *'êtān* begegnet im Alten Testament oft als Adjektiv in attributiver
Stellung in Verbindung mit Bach (Dtn 21,4; Am 5,24; Ps 74,15); Aue (Jer
49,19; 50,44); Volk (Jer 5,15) und Wohnung (Num 24,21). Die in Gen 49,24
vorangestellte Präposition ist m. E. als b^e — *essentiae* im Sinne von "als ein
fester Bogen" zu deuten.[578] Sehr gewagt und wohl kaum wahrscheinlich ist
die von H. Seebass vorgetragene Interpretation als Ortsangabe. Da das
Adjektiv wasserreiche *Wādīs* bezeichnen könne, sieht er hier eine Anspielung auf das *Wādī Fārᶜa* als das Einfallstor auf das samarische Gebirge.
V. 24a besage, "daß der Bogen der Verteidiger am *wādī fārᶜa* Stellung

---

[567] C. Westermann, Genesis 37-50, 270 f.

[568] Zur Kritik an Westermann vgl. H. Seebass, ZAW 96, 1984, 335 Anm. 11.

[569] Zu den verschiedenen Deutungen der "Pfeilschützen" siehe unten Abschnitt Nr. 4. Zu
den Pfeilen vgl. H. Bonnet, Die Waffen der Völker des Alten Orients, 156-173; Helga
Weippert, Art.: Pfeil, BRL², 249 f.

[570] H. Gunkel, Genesis, 485.

[571] P. Riessler, ThQ 90, 1908, 498 f.

[572] O. Procksch, Genesis, 271.282.

[573] B. Vawter, CBQ 17, 1955, 10.

[574] A. Caquot, Sem. 30, 1980, 53.

[575] Zu *jšb* vgl. Lev 12,4; I Reg 22,1; Ps 125,1.

[576] Im *Piᶜel* heißt *pzz* "umherhüpfen, tanzen" (II Sam 6,16); E. Jenni, Das hebräische Piᶜel,
153.

[577] So auch u. a. E. Jenni, Das hebräische Piᶜel, 153.

[578] So auch J. Skinner, Genesis, 530.

bezog und 'die Arme beider Ufer' kraftvoll blieben".[579] Ob hier allerdings an ein solch konkretes Geschehen gedacht wird, ist m. E. ebenso fraglich wie die Deutung der Konstruktusverbindung als "die Arme beider Ufer".

In V. 24b findet sich mit dem Hinweis auf Gottes Hilfe die Begründung für die Stärke des Stammes. Der Ausdruck "der Starke Jakobs" findet sich noch in Jes 49,26 (= Jes 60,16); Ps 132,2.5, wo er als Bezeichnung für Jahwe dient. In Jes 1,24 ist in Variation dieses Ausdrucks von "dem Starken Israels" die Rede.[580] Nicht ohne weiteres verständlich ist die Wendung in V. 24bβ, die mit "von dort kommt ein Hüter, der Stein Israels" zu übersetzen ist. Die Deutung dieser Übersetzung stößt jedoch auf zwei Schwierigkeiten: 1) Ebenso wie in V. 24bα liegt hier eine Umschreibung für Gottes Hilfe vor. Müßte es dann aber nicht determiniert *hāroᶜâ* heißen? 2) Die Benennung mit Gott als "Stein Israels" wäre im Alten Testament singulär. Man sollte deshalb *roᶜê* vokalisieren und mit "Hirte des Israelsteines" mit Bezug auf Gen 28,18 f.22; 35,14 übersetzen.[581] Die Änderung von *miššām* in *miššem*[582] und die Ersetzung von *roᶜâ* durch *ᶜozer* im Anschluß an LXX[583] ist als nachträgliche Glättung des Textes anzusehen.

d) V. 25

In V. 25aβ bereitet das vor Schaddaj stehende *wᵉ'et* Schwierigkeiten. N. Walker versteht es als Hervorhebung des Nominativ und übersetzt: "... even Shaddai *Himself* ..."[584] Dem hat jedoch J. Blau heftig widersprochen, da die Existenz eines emphatischen *'et* im alttestamentlichen Hebräisch nicht nachzuweisen sei.[585] Er ändert deshalb den Text in *me'el* um. Er liegt damit auf gleicher Linie wie A. Dillmann[586], C. J. Ball[587], H. Holz-

---

[579] H. Seebass, ZAW 96, 1984, 335 f.

[580] Zum religions- und traditionsgeschichtlichen Hintergrund dieses Ausdrucks vgl. O. Eissfeldt, Kleine Schriften III, 393 Anm. 2; F. Dumermuth, ZAW 70, 1958, 85 f.; H. Seebass, Der Erzvater Israel, 50 f.; P. D. Miller, HThR 60, 1967, 421 f.; J. P. Hyatt, JBL 86, 1967, 377; H. Gese, Die Religionen Altsyriens, 105 f.; F. Stolz, Jahwes und Israels Kriege, 35; M. Köckert, Vätergott und Väterverheißungen, 63.

[581] So auch A. Dillmann, Genesis, 470; H. Seebass, Der Erzvater Israel, 15.

[582] So u. a. H. Gunkel, Genesis, 485 f.; V. Maag, Kultur, Kulturkontakt und Religion, 121; M. Dahood, Bib. 40, 1959, 1002.

[583] C. J. Ball, PSBA 17, 1895, 175 f.; E. Täubler, Biblische Studien, 213 liest "*Eben Haᶜezer*".

[584] N. Walker, VT 5, 1955, 314 f.

[585] J. Blau, VT 4, 1954, 7-19; ders., VT 6, 1956, 211 f.

[586] A. Dillmann, Genesis, 471.

inger[588], O. Procksch[589], B. Vawter[590], J. Coppens[591], H.-J. Zobel[592], M. Weippert[593], C. Westermann[594] u. a., die w^e'*el* lesen. Es bleibt jedoch zu fragen, ob diese Änderung notwendig ist und ob '*et* hier nicht im Sinne von "bei" zu verstehen ist. Nach der dreimaligen Zusage der Hilfe durch die Gottesgrößen "Starker Jakobs", "Hirte des Israelsteines" und "Gott deines Vaters" mit der Präposition *min* wird Joseph der Segen Schaddajs ("mit"/'*et*) zugesagt. Nach V. 25 scheint der Segen eine besondere Wirkungsweise Schaddajs zu sein. Diese persönliche Nähe und Wirkkraft Schaddajs kann mit der Präposition '*et* besser als mit *min* zum Ausdruck gebracht werden.[595]

Der Inhalt des Segens wird in V. 25aγδ.b beschrieben. Joseph wird mit Wasser (V. aγδ) und Fruchtbarkeit (V. b) gesegnet sein. Mit $t^e h\hat{o}m$ müssen hier die "unterweltlichen Gewässer"[596] bezeichnet sein, die hier durch die Hinzufügung von *robâṣät* stark personifiziert dargestellt werden.[597]

e) V. 26

Die in V. 25 begonnene Beschreibung des Segens als stärkender Kraft wird in V. 26a steigernd mit der Aussage weitergeführt, daß die Segnungen, die dem Vater zuteil werden, stärker sind als diejenigen der uralten Berge und Hügel. Sprachlich wird dies mit dem Verb *gbr* und der Präposition $^c l$ ausgedrückt, die hier zur Bezeichnung des Übertreffens, Erhabenseins über etwas dient und den Wendungen in Gen 48,22; Ps 137,6; Dan 11,5 vergleichbar ist. Schwer in V. 26 einzuordnen sind *hôray* und $^c ad$. *hôrîm* ist wohl als "Eltern" zu übersetzen, was jedoch sonst im Alten Testament nicht vorkommt und mit $^c ad$ nicht verknüpft werden kann. Man sollte daher im Anschluß an

---

[587] C. J. Ball, PSBA 17, 1895, 175 f.

[588] H. Holzinger, Genesis, 262.

[589] O. Procksch, Genesis, 283.

[590] B. Vawter, CBQ 17, 1955, 13.

[591] J. Coppens, VTS 4, 1956, 101.

[592] H.-J. Zobel, Stammesspruch und Geschichte, 24.

[593] M. Weippert, Art.: *šadday*, in: THAT II, 873.

[594] C. Westermann, Genesis 37-50, 249.

[595] Diese Auslegung knüpft an Beobachtungen von K. Koch, Studien, 145-148 an.

[596] G. von Rad, Das erste Buch Mose, 351

[597] *robâṣät* begegnet meist in Verbindung mit Tieren: Löwe (Gen 49,9; Ez 19,2; Ps 104, 22), Esel (Gen 49,14; Ex 23,5), Drache (Ez 29,3), Vogel (Dtn 22,6), Panther (Jes 11,6) u. a.; in Gen 4,7 steht es in Verbindung mit "Sünde".

LXX[598] mit der Mehrzahl der Exegeten[599] den Text in *harᵃrê ᶜad* abändern. Für diese Konjektur sprechen die Parallelformulierungen *gibᶜot ᶜôlām*
am Ende von V. 26a sowie in Dtn 33,15.[600] Auf diese Weise ergibt sich in
V. 26a eine sinnvolle Aussage, die die unvergleichliche Fülle und Kraft des
göttlichen Segens hervorhebt.[601]

Dieser reiche Segen soll auf das Haupt Josephs, auf den "Scheitel des
Geweihten seiner Brüder" kommen. Der "Geweihte" ist hier wohl im Sinne
von Jdc 13,5 zu verstehen als der, der Israel vor den Feinden rettet. Joseph
wird zum "Vorkämpfer und Parteigänger Israels".[602] Da der Geweihte nach
Num 6,5 nur langes Haar tragen darf, findet sich hier die Verbindung mit
dem Scheitel.

3. Zur Gliederung und Form von Gen 49,22-26

a) Zur Gliederung

Der Abschnitt läßt sich in drei Teile gliedern: der erste Teil (V. 22) beschreibt das schnelle Wachstum des jungen Fruchtbaumes Joseph an der
Quelle; im zweiten Teil geht es um feindliche Angriffe gegen Joseph, die er
jedoch mit seiner Stärke abwehren kann; der dritte Teil (V. 24b-26) begründet Josephs Stärke mit dem Hinweis auf die göttliche Hilfe und kündigt
allumfassenden Segen für Joseph an.

---

[598] ὀρέων μονίμων.

[599] A. Dillmann, Genesis, 471 f.; H. Holzinger, Genesis, 262 f.; C. J. Ball, PSBA 17, 1895,
179; E. Seydl, ZKTh 23, 1899, 757; P. Riessler, Th 90, 1908, 500; nach Riessler ist *ᶜad*
ein Ortsname; J. de Vraine, Bijdr. 12, 1951, 142; H.-J. Zobel, Stammesspruch und
Geschichte, 6; C. Westermann, Genesis 37-50, 249. G. Rendsburg, JBL 99, 1980, 291 f.
ändert den Text dagegen nicht!

[600] Vgl. noch Num 23,7; Hab 3,6.

[601] Dadurch entfallen auch die Konjekturen von H. Gunkel, Genesis, 486 f. und O.
Procksch, Genesis, 283 f.

[602] H. Gunkel, Genesis, 487.

I V. 22   : *Der junge Fruchtbaum Joseph*
         V. 22aα : der Fruchtbaum Joseph
         V. 22aβ : der Fruchtbaum Joseph an der
                     Quelle
         V. 22b   : der Fruchtbaum Joseph über der
                     Mauer

II V. 23-24a : *Der Angriff der Pfeilschützen und*
               Josephs ungebrochene Stärke
         V. 23   : der Angriff der Pfeilschützen
         V. 24a   : Josephs ungebrochene Stärke
                 V. 24aα : die Härte seines Bogens
                 V. 24aβ : die Kraft seiner Hände

III V. 24b-26 : *Die göttliche Hilfe und allumfassender Segen*
         V. 24b   : Die göttliche Hilfe
              : V. 24bα : der Starke Jakobs
                V. 24bβ : der Hüter des Israel-
                       steines
         V. 25aαβ : Die göttliche Hilfe und Segens-
                     verheißung
                V. 25aα : der Gott des Vaters
                V. 25aβ : Segen bei Schaddaj

         V. 25aγδ.b : Allumfassender Segen
                V. 25aγ : Segnungen des Himmels
                V. 25aδ : Segnungen der Flut
                V. 25b   : Segnungen der Brüste
                     und des Mutterschoßes
         V. 26a   : Der Reichtum der Segnungen für
                     den Vater
                V. 26aα : Segnungen der Berge
                V. 26aβ : Segnungen der Hügel
         V. 26b   : Joseph — der Geweihte unter
                     seinen Brüdern

b) Form

Der Abschnitt wird in V. 22 mit dem Namen "Joseph" eröffnet und in V. 26 damit abgeschlossen. Die drei Teile sind durch suffigierte Stichwortverbindungen miteinander verklammert: in V. 23 weist das Suffix der 3. Sg. masc. auf Joseph in V. 22 zurück; der 2. und 3. Teil sind durch das Stichwort "Hand" (V. 24a: "die Gewalt seiner *Hände*" – V. 25b: "durch die *Hände* des Starken Jakobs") miteinander verknüpft; im 3. Teil sind die beiden Unterabschnitte durch das Stichwort "Segen" miteinander verklammert (V. 25aβ: *Segen* bei Schaddaj – V. 25aγ *Segnungen* des Himmels). Ein auffallendes Kennzeichen des Abschnittes ist die Dreigliedrigkeit der meisten Verse: V. 22 besteht aus 3 Teilen; in V. 23 begegnen 3 Verben unmittelbar hintereinander; in V. 24b.25aα steht 3 x die Präposition *min* mit folgender Gottesprädikation; in V. 25aγδ.b findet sich 3 x das Nomen "Segnungen" als nomen regens einer Konstruktusverbindung; V. 26a besteht ebenfalls aus 3 Teilen. In allen diesen Fällen führen jeweils das 2. und 3. Glied das erste präzisierend weiter, indem sie es meist noch einmal aufnehmen (vgl. V. 22; 24b. 25aα; 25aγδ.b) und durch weitere Aspekte erläutern.

Die Rahmung des Abschnittes durch Joseph in V. 22a.26b, die Verklammerungen der Teile durch suffigierte Formen sowie Stichwortverbindungen und die zu beobachtende Dreigliedrigkeit der Mehrzahl der Verse sprechen m. E. für die Einheit von V. 22-26. Zudem sind die Abschnitte II und III so sehr auf I bezogen, daß sie kaum jemals als eigenständige Sprüche verbreitet waren. Die Einheit von V. 22-26 wurde vor allem von E. J. Fripp bezweifelt, für den V. 24b-26 als Glosse anzusehen sind. Sie trügen ein religiöses Element ein, das den Sprüchen insgesamt gänzlich unbekannt sei, sie seien nicht mit der Vorrangstellung Judas in V. 8-12 vereinbar und von Dtn 33 abhängig.[603] Gegen die Argumentation von Fripp läßt sich einwenden, daß es methodisch problematisch ist, V. 22-26 mit den Stammessprüchen in Gen 49 zu vergleichen, da alle diese Sprüche ursprünglich wohl unabhängig voneinander tradiert wurden und deshalb nur sehr bedingt miteinander verglichen werden können. Man kann deshalb in Gen 49 nicht von *dem* "Schreiber" oder *dem* "Autor" sprechen, wie es Fripp tut.[604]

---

603 E. J. Fripp, ZAW 11, 1891, 262-266.

604 E. J. Fripp, ZAW 11, 1891, 262.265; in die gleiche Richtung wie Fripp gehen G. Beer, FS K. Budde, 29; C. H. J. de Geus, The Tribes of Israel, 90; J. van Seters, Bib. 61, 1980, 226 f.; die Einheit von V. 22-26 wird von H. Seebass, ZAW 96, 1984, 339 verteidigt.

4. Erwägung zum historischen Hintergrund: Gen 49,22-26 und Jos 17,14-18

Auf die Frage nach dem möglichen historischen Hintergrund von Gen 49,22-26 finden sich in der Literatur sehr unterschiedliche Antworten:

a) Nach C. J. Ball ist es unmöglich, die Verbindung zu einem historischen Ereignis herzustellen, denn zum einen werde in den Versen eine lange geschichtliche Entwicklung zusammengefaßt und zum anderen fehlten genaue Hinweise etwa auf die Richterzeit.[605]

b) In Raschis Pentateuchkommentar wird vor allem V. 23 unmittelbar auf die Josephserzählung bezogen. Die, die Joseph verbitterten und bekämpften, seien seine Brüder sowie Potiphar und seine Frau gewesen, die ihn ins Gefängnis gebracht hatten.[606] Die Deutung auf die Josephsgeschichte findet sich auch bei L. Diestel. Er bezieht V. 23 jedoch auf Kriege, die Joseph als ägyptischer Minister und Feldherr geführt habe.[607]

c) Sehr häufig findet sich in der Literatur der Hinweis, die hier beschriebenen Ereignisse seien in die Richterzeit zu datieren[608], wobei man meist an die in Jdc 6-8 berichteten Midianitereinfälle denkt.[609]

d) Nach J. Wellhausen muß man an die Zeit der geteilten Reiche denken. Joseph heiße "der Gekrönte seiner Brüder", weil an ihm das Königtum über Nordisrael hafte. Mit den Pfeilschützen könnten nur die Aramäer von Damaskus gemeint sein. Hier sei Joseph zwar sehr bedrängt worden, er habe aber dennoch tapfer ausgehalten.[610]

e) Die Verbindung von Gen 49,22-26 zu Jdc 19-21 wird von O. Eissfeldt hergestellt.[611] In beiden Texten geht es nach ihm um die erfolgreiche Auflehnung Benjamins gegen Groß-Ephraim. Da die Benjaminiten als besonders tüchtige Bogenschützen bekannt seien (I Chr 8,40; 12,2; II Chr 17,17), dränge sich die Vermutung, daß in Gen 49,23 mit den Pfeilschützen die Benjaminiten gemeint seien, die Ephraim zugesetzt haben, geradezu auf. Ephraim sei ein sehr eifersüchtiger und herrischer Stamm gewesen, der genau auf die Wahrung und Mehrung der von ihm beanspruchten politischen Vormachtstellung bedacht gewesen sei. Als Textbeispiele dafür nennt Eiss-

---

[605] C. J. Ball, PSBA 17, 1895, 179 f.

[606] S. Bamberger, Raschis Pentateuchkommentar, 134; so auch J. P. Peters, JBL 1886, 112.

[607] L. Diestel, Der Segen Jakob's, 105.

[608] C. H. Cornill, BZAW 27, 1914, 108; R. Smend, Jahwekrieg und Stämmebund, in: ders., Zur ältesten Geschichte Israels, 179 f.; A. Weiser, Einleitung in das Alte Testament, 99.

[609] A. Dillmann, Die Genesis, 23 f.; O. Procksch, Genesis, 282; G. von Rad, Das erste Buch Mose, 351.

[610] J. Wellhausen, Die Composition des Hexateuchs, 322-325.

[611] O. Eissfeldt, Kleine Schriften II, 64-80.

feldt Jdc 8,1 ff.; 12,1-6.[612] Diese herrische Gesinnung Ephraims mache
Selbständigkeitsbestrebungen wie die Benjamins gut verständlich. In Jdc 19-
21 werde dieses politische Geschehen allerdings durch sexuelle Freveltaten
verdeckt und zugleich vereinfacht. Dies sei deshalb geschehen, weil die
Menschen für die Abscheulichkeit sexueller Untaten eher Verständnis hätten
als für die Hintergründe politischer Vorgänge.

Diese Deutung Eissfeldts wird von H.-J. Zobel mit der Modifikation
übernommen, daß die Auseinandersetzung zwischen Ephraim und Benjamin
dem Besitz der Lade als dem die kultische und politische Führung verbür-
genden gesamtisraelitischen Heiligtum galt.[613]

Wie sind diese Deutungen zu werten? Recht unwahrscheinlich ist der
Bezug von V. 22-26 auf das Geschick Josephs (ad b), denn auf welche Art
und Weise will man V. 22 einordnen? Warum sollten die Brüder Josephs als
Pfeilschützen bezeichnet werden? Wie kann man die Stärke Josephs (V. 24a)
mit seiner Verschleppung nach Ägypten und seinem dortigen Gefängnisauf-
enthalt verbinden? Joseph als Person hatte nicht aufgrund militärischer
Stärke, sondern wegen seiner Klugheit Erfolg. Von den Kriegen, die Joseph
als ägyptischer Minister und Feldherr geführt haben soll, wird in Gen 37 ff.
nichts berichtet.

Schwierigkeiten bereitet auch die Deutung auf die Zeit der geteilten
Reiche (ad d), denn der Begriff "der Geweihte unter seinen Brüdern" ist
nicht auf das Königtum über Nordisrael, sondern auf die Retterfunktion
Josephs für Israel zu beziehen. In Gen 49 geht es um das Schicksal der
Einzelstämme, was doch eher in die vorkönigliche Zeit weist.

Problematisch bleibt Eissfeldts Bezug von V. 22-26 zu Jdc 19-21 (ad e),
denn in Jdc 19-21 geht es nicht um die politische Auseinandersetzung
zwischen Ephraim und Benjamin, die zudem noch durch die Darstellung
sexueller Untaten verdeckt sein soll, sondern der Gehalt von Jdc 19-21 wird
in 19,30; 21,25 deutlich. Beide Verse zeigen, daß die Erzählung als "ein-
dringliches Plädoyer für die Notwendigkeit des Königtums als innerstaatli-
chen Ordnungsfaktors"[614] verstanden sein will. "Was zur Zeit der erzählten
Ereignisse nicht gegeben war, ist in den Tagen des Erzählers Wirklichkeit.
Er erwartet, daß die Hörer/Leser aus der Erzählung eine Konsequenz ziehen:
die Konsequenz, daß nicht nur in Jerusalem ein solches Verbrechen nicht
geschieht und nicht geschehen kann, sondern auch nicht in Gibea und nir-

---

[612] Zur Deutung dieser Texte vgl. oben §§ 8 + 9.
[613] H.-J. Zobel, Stammesspruch und Geschichte, 118 f.
[614] H.-W. Jüngling, Richter 19, 292.

gends in Israel, weil es den König gibt."[615] So wird die Entstehung dieser Erzählung aufgrund des positiven Urteils über das Königtum als Schutzinstanz für Recht und Gerechtigkeit in den Tagen Davids und vielleicht Salomos besser verständlich als zur Zeit der Stämmeauseinandersetzungen.[616]

M. E. steht hinter V. 22-26 dasselbe Geschehen wie hinter Jos 17,14-18.[617] Es geht um die Ausdehnung des Hauses Joseph auf den mittleren und nördlichen Teil des ephraimitischen Gebirges, was wohl kaum ohne kleinere und größere Auseinandersetzungen mit der kanaanäischen Bevölkerung möglich war. Dies wird in Jos 17,14-18 und Gen 49,22-26 in unterschiedlichen, aber doch ähnlichen Bildern zum Ausdruck gebracht. Der Beschreibung des Hauses Joseph als "zahlreiches Volk", dessen Siedlungsgebiet zu klein geworden ist (V. 16), entspricht in Gen 49,22 der Vergleich mit dem über die Mauer wachsenden jungen Fruchtbaum. Die Pfeilschützen in Gen 49,23 sind die in Jos 17,15 f. genannten Perisiter, Rephaiter und Kanaanäer. Der Hinweis auf die militärische Stärke des Hauses Joseph in Gen 49,24 entspricht in Jos 17,17 die Aussage, daß es "starke Kraft" besitze. Sowohl in Jos 17,14 als auch in Gen 49,25 f. findet sich der Hinweis auf den göttlichen Segen.

So weist Gen 49,22-26 nicht in die Richterzeit (ad c), sondern in die Zeit der Festsetzung des Hauses Joseph in Mittelpalästina zwischen Landnahme und Richterzeit. Dieses Geschehen wird in Gen 49,22-26 im Kontext der Stammessprüche in poetischer Sprache und in Jos 17,14-18 im Anschluß an die Grenzbeschreibung Ephraims als Konflikt zwischen dem Haus Joseph und Josua beschrieben.

5. Zusammenfassung: Der Stammesspruch über Joseph in Gen 49,22-26

Joseph wird in Gen 49,22-26 mit einem jungen Fruchtbaum an einer Quelle verglichen, dessen Ranken über die Mauer steigen. Die feindlichen Angriffe kann er aufgrund des göttlichen Beistandes abwehren. Die Rahmung dieses Stammesspruches durch Joseph in V. 22.26, die Verklammerungen der Verse durch Stichwortverbindungen sowie die Dreigliedrigkeit der meisten Verse

---

[615] H.-W. Jüngling, Richter 19, 293.

[616] So im Anschluß an H.-W. Jüngling, Richter 19, 294.

[617] Diese Verbindung erwägen auch K. Kohler, Der Segen Jacob's, 77-83; H.-J. Zobel, Stammesspruch und Geschichte, 116: "Es fällt schwer, nicht an Jos 17,14-18 zu denken."

sprechen für die Einheit von V. 22-26. Der geschichtliche Hintergrund des Spruches weist möglicherweise auf die Ausdehnung des Hauses Joseph auf das mittelpalästinische Gebirge zwischen Landnahme und Richterzeit. Der Spruch hätte damit das gleiche Ereignis wie Jos 17,14-18 vor Augen. Man muß jedoch zugestehen, daß in dieser Frage eine letzte Sicherheit nicht zu erreichen ist. Die Verbindung von Jos 17,14-18 und Gen 49,22-26 muß hypothetisch bleiben.

§ 5 Ephraim, Manasse und die Kanaanäer: Jos 16,1-10

1. Der Stand der Forschung

a) Die exegetische Arbeit an Jos 16,1-17,13

Die exegetische Arbeit an Jos 16,1-17,13 steht am Ende des letzten und am Beginn dieses Jahrhunderts ganz unter dem Einfluß der Quellenscheidungshypothesen zum Hexateuch. Im tabellarischen Anhang von H. Holzingers "Einleitung in den Hexateuch"[618] findet sich eine instruktive Übersicht über "Quellenscheidung von Genesis bis Josua", in der die unterschiedlichen Zuordnungen von Jos 16,1-17,13 zu den Hexateuchquellen bis 1893 dokumentiert sind. Holzinger gibt in dieser Tabelle die Quellenscheidung von Jos 16,1-17,13 bei Dillmann, Wellhausen, Kuenen, Cornill, Kittel, Budde und Driver wieder. Diese Gelehrten stimmen nur darin überein, daß sie den Grundbestand der beiden Kapitel zu P^g bzw. JE rechnen. In den Einzelzuweisungen der Verse unterscheiden sie sich jedoch beträchtlich. Sehr unterschiedliche und z. T. komplizierte Quellenaufteilungen finden sich auch in der Literatur nach 1900.[619]

Einen bedeutenden Einschnitt in der Erforschung von Jos 16,1-17,13 bilden die Untersuchungen von A. Alt und in seinem Gefolge M. Noth, deren Beiträge die Diskussion bis heute bestimmen. A. Alt vermutet im 2. Teil des Josuabuches ein System von Stammesgrenzen, das der Redaktor des Josuabuches verarbeitet habe, "um dem Leser ein Bild von dem Territorialbesitz

---

[618] H. Holzinger, Einleitung in den Hexateuch.
[619] Vgl. etwa W. Nowack, Deuteronomium und Josua, 214-221; R. Smend, Die Erzählung des Hexateuch, 314 f.326-331; O. Eissfeldt, Hexateuch-Synopse, 233*-236*; G. von Rad, Die Priesterschrift im Hexateuch, 153 f.; W. Rudolph, Der "Elohist" von Exodus bis Josua, 222-228.

der Stämme Israels nach ihrer Landnahme in Palästina zu geben ...".[620]
Diese Grenzbeschreibungen bilden ein geschlossenes System, was literarisch
durch "die durchgängige Gleichheit des sehr exakten, aber auch sehr mono-
tonen Stiles"[621] und sachlich durch den geographischen Zusammenhang der
einzelnen Stücke, "die kaum irgendein Fleckchen palästinischer Erde westlich vom Jordan freilassen"[622] bewiesen sei. In ihrem Bestreben, einen
geschlossenen Territorialbesitz zu umschreiben, bekunde sich "das alte
Bewußtsein der Zusammengehörigkeit der Stämme und ihre Forderung auf
Alleinherrschaft im Lande".[623]

Während A. Alt als Grundlage für die 2. Hälfte des Josuabuches von
einem geschlossenen System von Grenzbeschreibungen ausgeht, sieht M.
Noth in ursprünglichen Reihen von Grenzfixpunkten die Basis für Jos
14 ff.[624] Die Umsetzung der Reihen der Grenzfixpunkte in einem zusam-
menhängenden Text werde in unterschiedlichem Maß verwirklicht. Noth
glaubt, "alle möglichen Stadien eines verbindenden Textes einerseits und der
unveränderten Übernahme des einfachen Nebeneinanders der Grenzfixpunkte
andrerseits"[625] nachweisen zu können. Da der Redaktor in Jos 16,1 mit
dem Begriff "Söhne Josephs" arbeite, habe er also anfangs mit nur einem
Stammesgebiet zwischen Benjamin im Süden und den galiläischen Stämmen
im Norden gerechnet. Das System der Grenzfixpunktreihen faßte das Gebiet
zwischen Benjamin und Galiläa als Einheit. Dann folgte in diesem System
die Teilung von Joseph in zwei selbständige Stämme. Dadurch wurde
Ephraim ausgesondert, während der Rest für Machir, später Manasse ver-
blieb. "Während wir es ... *faktisch* mit zwei Stämmen zu tun haben, ist in
der *Theorie* teilweise noch der ältere Zustand festgehalten worden, nämlich
die Vorstellung von einem Gesamtgebiet, das nun ... nicht mehr Joseph ...,
sondern Machir benannt wurde."[626]

Die Untersuchungen von Alt und Noth stehen am Anfang der Erforschung
von Jos 16,1-17,13, in der nicht mehr die Fragen nach den Quellenzuweisun-
gen, sondern die nach der Komposition der beiden Kapitel, d. h. insbesondere das Verhältnis zwischen den "Söhnen Josephs" auf der einen und Ephraim
und Manasse auf der anderen Seite im Vordergrund stehen.

---

[620] A. Alt, Kleine Schriften I, 193-202, Zitat S. 193.

[621] A. Alt, Kleine Schriften I, 195.

[622] A. Alt, Kleine Schriften I, 195.

[623] A. Alt, Kleine Schriften I, 198.

[624] M. Noth, Aufsätze zur biblischen Landes- und Altertumskunde 1, 229-280.

[625] M. Noth, Aufsätze zur biblischen Landes- und Altertumskunde 1, 241.

[626] M. Noth, Aufsätze zur biblischen Landes- und Altertumskunde 1, 245; zur neueren
Erforschung des Gesamtkomplexes von Jos 13 ff. vgl. die jüngste Veröffentlichung von
E. Cortese, Josua 13-21 (mit ausführlicher Bibliographie).

Eine Gruppe von Forschern geht dabei von einer ursprünglichen Vorordnung von Manasse vor Ephraim aus. Dies wird u. a. von K. Elliger[627] vertreten, wobei er an Überlegungen von J. Wellhausen[628] und W. Nowack[629] anknüpft. Elliger geht von der Beschreibung von zwei Südgrenzen in Jos 16,1-3 und 16,5.6aα aus. Daß sie beide nebeneinander stehen, ist für ihn die Folge eines sekundären Eingriffes: "Der Verfasser der Grenzbeschreibungen selbst hatte die Grenzbeschreibung Manasses als des 'Erstgeborenen' *vor* der Ephraims stehen."[630] Er begründet dies zum einem mit 16,4 + 17,1, wo Manasse vor Ephraim genannt wird (16,4) und von der Erstgeburt Manasses die Rede ist (17,1). Zum anderen werde in 16,8 Thappuah als eine bekannte Größe eingeführt, obwohl in den Versen vorher nie von ihr die Rede ist. Dagegen ist die Stadt in 17,7 f. ausführlich behandelt: "... man versteht den kurzen Hinweis 16,8 vollkommen, wenn die Grenzbeschreibung Ephraims ursprünglich folgte."[631]

Als Vereinigung zweier ursprünglich getrennter Grenzbeschreibungen wird Jos 16 f. von A. Elliger und A. G. Auld angesehen. Ephraim und Manasse seien von Anfang an als zwei Stämme im System der Stammesgrenzen gezählt worden. Erst durch die Hinzufügung des Losanteils Levis "mußten sich auch Ephraim und Manasse mit dem einen Losanteil Josephs begnügen ...".[632]

Im Gegensatz zu den eher kritischen Auslegungen von Jos 16,1-17,13 durch Alt, Noth, Elliger u. a. betonen J. Simons[633] und E. Täubler[634] den klaren und stringenten Aufbau beider Kapitel. Nach J. Simons hatte der Autor ein Dokument vor sich, das die Grenzen des Hauses Joseph beschrieb. Außerdem lagen ihm zwei andere Dokumente vor, die sich mit dem Gebiet von Ephraim und Manasse beschäftigten. Als der Autor sah, daß sein Dokument über Ephraim mit der gleichen Linie wie 1-3 begann, konnte er sich nicht sofort den Einzelstämmen zuwenden. Er kopierte und reduzierte deshalb die Südgrenze Ephraims. Sein Hauptinteresse galt der Nordgrenze

---

[627] K. Elliger, ZDPV 53, 1930, 265-309, bes. 266-273. Weitere Vertreter: M. Noth, Das Buch Josua, 100; H.-W. Hertzberg, Die Bücher Josua, Richter, Ruth, 102; C. H. J. de Geus, The Tribes of Israel, 79 f.; A. G. Auld, Joshua, Moses and the Land, 61; E. Otto, Jakob in Sichem, 244; H. Seebass, ZDPV 100, 1984, 70-83.

[628] J. Wellhausen, Die Composition des Hexateuchs, 130 f.

[629] W. Nowack, Deuteronomium und Josua, 216.

[630] K. Elliger, ZDPV 53, 1930, 267.

[631] K. Elliger, ZDPV 53, 1930, 267.

[632] A. Elliger, Frühgeschichte, 40. So auch A. G. Auld, Joshua, Moses and the Land, 60 f.

[633] J. Simons, Orientalia Neerlandica 1948, 190-215; ders., The Geographical and Topographical Texts of the Old Testament, 158-169.

[634] E. Täubler, Biblische Studien, 188 f.

(16,6aβ-8), weil sie die Trennlinie zwischen beiden Stämmen war: "Therefore he not only describes it most fully ... but also immediately appended the
southern boundary of Manasseh (XVII 7-9) which in its turn coincided with
Ephraim's northern boundary ..."[635] Nach E. Täubler verbietet sich die Um-
stellung von Ephraim und Manasse, da diese Reihenfolge exakt der Textgestaltung der beiden Kapitel entspreche. Die ranggleiche Gegenüberstellung
des Hauses Joseph zu Juda verlange die Einheit der beiden Joseph-Stämme
und mache es nötig, die Grenzen beider Stämme in geographischer Folge mit
Ephraim beginnend zu beschreiben.[636]

Eine recht große Anzahl von Gelehrten sieht in Jos 16,1-17,13 die Wider-
spiegelung von historischen Tatsachen. Welche historischen Vorgänge
allerdings im Hintergrund stehen sollen, ist äußerst umstritten.

Nach Y. Aharoni[637] und Z. Kallai[638] geht es in Jos 16,1-17,13 um "historic
reality"[639] und nicht um eine "desription based on a theory or vision of the
future"[640]. Nach Y. Aharoni hätte der Text von Jos 16,1-17,13 "kaum
einem anderen als dem ihm in der Bibel zugeschriebenen Zweck dienen können, nämlich die Stammesgrenzen im Rahmen des Stämmebundes exakt festzuhalten".[641]

C. H. J. de Geus[642], E. Otto[643] und H. Seebass[644] deuten Jos 16,1-
17,13 dagegen als ein Dokument der Vormachtstellung Ephraims vor
Manasse. Nach C. H. J. de Geus war Ephraim ein aggressiver und expansio-
nistischer Stamm, dessen Ansiedlung und Aufstieg teilweise auf Kosten von
Manasse und Benjamin vorgegangen sein muß. Der Aufstieg Ephraims sei
sehr zielstrebig verlaufen bis zu dem Höhepunkt, an dem das ganze Nordreich einfach als Ephraim bezeichnet wurde. Die Vorrangstellung Ephraims
vor Manasse in Jos 16,1-17,13 markiere ein Stadium dieses Prozesses. In
die gleiche Richtung gehen die Überlegungen von E. Otto, der den Vorrang
Ephraims vor Manasse von dessen kriegerischer Stärke her interpretiert: "So
zeigt sich, daß der historische Vorgang der Ausbreitung des Stammes
Ephraim auf manassitisches Gebiet in einem Erstarken Ephraims, das

---

[635] J. Simons, Orientalia Neerlandica 1948, 205.
[636] E. Täubler, Biblische Studien, 188 f.
[637] Y. Aharoni, Das Land der Bibel, 260-268.
[638] Z. Kallai, Historical Geography, 138-178.279-293.
[639] Z. Kallai, Historical Geography, 279.
[640] Z. Kallai, Historical Geography, 279.
[641] Y. Aharoni, Das Land der Bibel, 264.
[642] C. H. J. de Geus, The Tribes of Israel, 70-96.
[643] E. Otto, Jakob in Sichem, 227-245.
[644] H. Seebass, ZDPV 100, 1984, 70-83.

Manasse überflügeln, Benjamin in seine Gewalt bringen und die Vor-
herrschaft in Mittelpalästina erringen konnte, begründet ist."[645] H. Seebass
verbindet die zugunsten Ephraims korrigierte Fassung von Jos 16,1-17,13
mit Gen 48,13 f. 17-20, wo in der Weise des Bevölkerungssegens das ausgedrückt werde, was die Ephraim-Fassung territorial entfalte. Jos 16,1-
17,13 sei das Korrelat zur Volksüberlieferung von Gen 48,13 f.17-20.[646]

Sehr kritische Analysen von Jos 16,1-17,13 haben W. J. Phythian-
Adams[647] und S. Mowinckel[648] vorgelegt. Phythian-Adams geht in
seiner Analyse von dem Widerspruch zwischen der Voranstellung
Ephraims vor Manasse und seinem im Vergleich zu Manasse äußerst
kleinen Gebiet aus. Von hier aus schließt er "that the boundary ... in
Josh. XVI. and XVII. is an impossible one for the date to which the writer
ascribes it ...".[649] Die beschriebenen Grenzen könnten deshalb nur in eine
spätere Zeit datiert werden, in der der Niedergang Ephraims und das
gleichzeitige Emporkommen Manasses eingetreten sei. Dies sei in der
Regierungszeit Ahabs der Fall gewesen, in der sich die Nordgrenze
Ephraims bis zum *Wādī Kānah* zurückgebildet habe: "The whole of the
hill-country north of this line is now occupied by five out of the six clans
of Manasseh."[650] Er stützt sich dabei u. a. auf die Ostraka von Samaria.
Ebenso wie Phythian-Adams vertritt S. Mowinckel die These, daß die Darstellung in Jos 16,1-17,13 unmöglich vor der Königszeit entstanden sein
könne. Er lehnt vor allem die These von den Jos 16,1-17,13 zugrundeliegenden Grenzbeschreibungen bzw. Grenzfixpunkten vehement ab, da
diese keinen praktischen Zweck haben könnten. Von den tatsächlich geschichtlichen Ereignissen, die zu den Grenzziehungen geführt hätten, habe
der Verfasser nichts mehr gewußt: "... es war ihm aber natürlich, darin das
Resultat der Verteilung des Landes zwischen den Stämmen schon unter
Josua zu sehen, und demnach hat er 'rekonstruiert'."[651] Literarisch
stamme Jos 13-19 aus nachexilisch-jüdischer Zeit und der Verfasser dieses
Abschnittes sei P.

---

[645] E. Otto, Jakob in Sichem, 253.
[646] H. Seebass, ZDPV 100, 1984, 82 f.
[647] W. J. Phythian-Adams, PEFQSt 1929, 228-241.
[648] S. Mowinckel, Zur Frage nach dokumentarischen Quellen in Josua 13-19.
[649] W. J. Phythian-Adams, PEFQSt 1929, 232.
[650] W. J. Phythian-Adams, PEFQSt 1929, 234.
[651] S. Mowinckel, Zur Frage nach dokumentarischen Quellen in Josua 13-19, 30.

b) Die topographischen Angaben in Jos 16,1-17,13

Die topographischen Angaben in Jos 16,1-17,13 sind seit dem Beginn dieses Jahrhunderts intensiv erforscht worden, woran in besonderem Maße die Lehrkurse und Exkursionen des Deutschen Evangelischen Instituts für Altertumswissenschaft des Heiligen Landes sowie zahlreiche Einzeluntersuchungen Anteil haben.[652] Hierbei sind in erster Linie die Studien von K. Elliger[653], F.-M. Abel[654], M. Noth[655], E. Jenni[656], G. Wallis[657], A. Kuschke[658], L. Wächter[659], E. Otto[660] und N. Na'aman[661] hilfreich und weiterführend gewesen. Die Ergebnisse zur Lokalisation der Ortsangaben lassen sich folgendermaßen zusammenfassen:

16,1:

Jericho: *Tell es-Sulṭān* (192.142)

Die "Wasser von Jericho": Hiermit sind wohl die Abflüsse der *ᶜĒn en-Nuwēᶜime* und der *ᶜĒn ed-Dūq* bzw. die *ᶜĒn es-Sulṭān* gemeint.[662]

Bethel: *Bētīn* (173.148); zum Nebeneinander von Bethel und Lus vgl. unten.

16,2:

Das Gebiet der Architer: Eine genaue Lokalisation ist wegen des seltenen Vorkommens im Alten Testament nicht möglich.[663] Vielleicht ist es im Gebiet von *el-Bīre* (171.146) zu suchen.[664]

---

[652] Vgl. etwa P. Volz, PJ 1, 1905, 117-123; G. Dalman, PJ 7, 1911, 16-18; ders., PJ 10, 1914, 15-18; R. Graf, PJ 13, 1917, 103-111; A. Alt, PJ 21, 1925, 25 f.; ders., PJ 22, 1926, 33.38-40; ders., PJ 23, 1927, 33 f.49 f.; ders., PJ 25, 1929, 12-14.31 f.54-57; ders., PJ 27, 1931, 45 f.; A. Kuschke, ZDPV 74, 1958, 13; H. J. Stoebe, ZDPV 80, 1964, 20; ders., ZDPV 82, 1966, 13 f.; M. Noth, ZDPV 82, 1966, 260 f.; Ute Lux, ZDPV 87, 1971, 3 f.

[653] K. Elliger, ZDPV 53, 1930, 265-309, bes. S. 274 ff.; ders., JPOS 18, 1938, 7-16; ders., FS K. Galling, 91-100.

[654] F.-M. Abel, RB 45, 1936, 103-112.

[655] M. Noth, Das Buch Josua, 100-107.

[656] E. Jenni, ZDPV 74, 1958, 35-40.

[657] G. Wallis, ZDPV 77, 1961, 38-45.

[658] A. Kuschke, FS H. W. Hertzberg, 102-106.

[659] L. Wächter, ZDPV 84, 1968, 55-62.

[660] E. Otto, ZDPV 94, 1978, 108-118.

[661] N. Na'aman, Borders and Districts, 145-166.

[662] M. Noth, Das Buch Josua, 101; Y. Aharoni, Das Land der Bibel, 270.

[663] Der Name begegnet sonst nur noch in der Wendung: "Husai der Arkiter" (II Sam 15,32; 16,16; 17,5.14; I Chr 27,33).

[664] M. Noth, Das Buch Josua, 101.

Ataroth: Die Lage von Ataroth – und Ateroth-Addar (V. 5) – ist unsicher. Viele Gelehrte schlagen als denkbare Lokalisierung *Ḥirbet ʿAṭṭāra* (171.143) vor, die ca. 1 km vom *Tell en-Naṣbe* (171.144) entfernt liegt.[665]

16,3:

Das Gebiet der Japhlethiter: Das Gebiet der Japhlethiter begegnet im Alten Testament nur hier und kann nicht lokalisiert werden.

Unter-Beth-Horon: Die Identifikation mit *Bēt ʿŪr et-Taḥta* (158.144) wird nicht bezweifelt.[666] Der archäologische Befund: E I, II, pers., hell (?), röm., byz., arab.[667]

Geser: Die Identifikation von Geser mit *Tell Ğeser* (142.140) ist gesichert.[668]

16,5:

Ateroth-Addar: Vgl. 16,2 Ataroth.

Ober-Beth-Horon: Die Identifikation mit *Bēt ʿŪr el-Fōqa* (160.143) wird nicht bezweifelt.[669] Der archäologische Befund: E I (?), II, pers., hell., röm., byz., arab. (?).[670]

---

[665] G. Dalman, PJ 10, 1914, 17 f.; W. F. Albright, JPOS 3, 1923, 114; A. Jirku, JPOS 8, 1928, 189; ders., ZDPV 53, 1930, 139 Anm. 1; G. E. Wright, BA 10, 1947, 69-77; J. Simons, The Geographical and Topographical Texts of the Old Testament, § 324; kritisch zu dieser Lokalisation äußert sich J. Hempel, ZDPV 53, 1930, 233-236; A. Alt, PJ 22, 1926, 39; 25, 1929, 12-15 identifiziert dagegen das in Jdc 4,5 Targum vorkommende Ataroth-Debora mit *Ḥirbet ʿAṭṭāra*; dazu J. Jeremias, ZDPV 82, 1966, 136-138.

[666] Vgl. etwa P.-M. Séjourné, RB 2, 1893, 144; E. Nestle, ZDPV 34, 1911, 93 f.; F.-M. Abel, RB 32, 1923, 497 f.; T. Canaan, JPOS 7, 1927, 54; A. Jirku, JPOS 8, 1928, 189; W. F. Albright, BASOR 35, 1929, 6; M. Avi-Yonah, QDAP 2, 1933, 149 Nr. 29; ders., QDAP 5, 1936, 148; F.-M. Abel, RB 46, 1937, 218; J. Simons, The Geographical and Topographical Texts of the Old Testament, § 677 u. ö.; M. Noth, Das Buch Josua, 101.105.143; B. Bar-Kochva, PEQ 108, 1976, 13-21 + Karte S. 14; Y. Aharoni, Das Land der Bibel, 439.

[667] Zum archäologischen Befund vgl. I. Finkelstein, Archaeology, 177 (FH 12).

[668] R. A. S. Macalister, The Excavation of Gezer 1902-1905 and 1907-1909, Bd. I-III: Bd.I, S. 1-44 bes. S. 45 f.; W. G. Dever, H. D. Lance, G. E. Wright, Gezer I; W. G. Dever (Hrsg.), Gezer II; ders., Gezer IV.

[669] Vgl. etwa C. Schick/J. Benzinger, ZDPV 19, 1896, 163; E. Nestle, ZDPV 34, 1911, 93f.; F.-M. Abel, RB 32, 1923, 497 f.; A. Jirku, JPOS 8, 1928, 189; J. Simons, The Geographical and Topographical Texts of the Old Testament, § 677 u. ö.; M. Noth, Das Buch Josua, 101.143; B. Bar-Kochva, PEQ 108, 1976, 13-21; Y. Aharoni, Das Land der Bibel, 439.

[670] Zum archäologischen Befund vgl. I. Finkelstein, Archaeology, 174 (SS 19).

16,6:

Michmethath: Trotz einer intensiven Diskussion gelang es bisher noch nicht, den Grenzort genauer zu lokalisieren. Vielleicht ist er mit *Ḫirbet Ibn Nāṣir* (1792.1784) oder mit dem *Ǧebel el-Kebīr* (185.180) identisch.[671]

Thaanath-Silo: Die Ortslage ist entweder mit *Ḫirbet Tana et-Taḥta* (1871.1732)[672] oder mit *Ḫirbet Tana el-Fōqa* (1851.1759)[673] zu identifizieren.[674] Der archäologische Befund: *Ḫirbet Tana et-Taḥta*: E I, II, röm., byz., arab.; *Ḫirbet Tana el-Fōqa*: E I, II, röm., byz., mamel.[675]

Janoah: Das Problem der Identifikation von Janoah mit dem kleinen Dorf *Yānūn* (1837.1726) oder mit der ca. 1,5 km nordöstlich von *Yānūn* gelegene *Ḫirbet Yānūn* (1843.1739) dürfte sich vielleicht aufgrund des Keramikbefundes zugunsten von *Ḫirbet Yānūn* entschieden haben.[676] Der archäologische Befund: *Yānūn*: E II, byz.; *Ḫirbet Yānūn*: E I, II, pers., hell., röm., byz.[677]2

16,7:

Ataroth: Die Lage des in V. 7 genannten Ataroth ist unbekannt. Es ist unsicher, ob der Ort mit *Ḫirbet el-ʿAūǧa el-Fōqa* (188.150) am Austritt des *Wādī el-Aūǧa* in die Jordanebene zu identifizieren ist.[678]

---

[671] *Ḫirbet Ibn Nāṣir*: PJ 7, 1911, 17 f.; K. Elliger, ZDPV 53, 1930, 285 ff.; E. Jenni, ZDPV 74, 1958, 35; A. Kuschke, FS H.-W. Hertzberg, 104 f.; H. J. Stoebe, ZDPV 82, 1966, 13 f.; L. Wächter, ZDPV 84, 1968, 55-62; E. F. Campbell, BASOR 190, 1968, 29; K. Elliger, FS K. Galling, 91-100 (mit Abbildung); E. F. Campbell, FS L. E. Toombs, 67-69. *Ǧebel el-Kebīr*: N. Naʾaman, Borders and Districts, 153.

[672] So K. Elliger, ZDPV 53, 1930, 277; M. Noth, Das Buch Josua, 151.

[673] So A. Alt, PJ 25, 1929, 54 f.; G. Wallis, ZDPV 77, 1961, 38-45; E. Otto, ZDPV 94, 1978, 108-118; Y. Aharoni, Das Land der Bibel, 446. J. Simons, The Geographical and Topographical Texts of the Old Testament, 166 läßt die Entscheidung offen.

[674] Die Schreibung *Tana* und *Taʿna* schwankt in der Literatur.

[675] G. Wallis, ZDPV 77, 1961, 38-45, S. 41 Abbildung: Zur Lage von Thaanath-Silo. N. Naʾaman, Borders and Districts, 153 f. deutet "Thaanath-Silo" als den Namen eines heiligen Baumes!

[676] Zur Frage der Lokalisation vgl. R. Dussaud, Syr. 7, 1926, 17; A. Alt, PJ 23, 1927, 33; W. F. Albright, BASOR 74, 1939, 15; G. Wallis, ZDPV 77, 1961, 44 f.; A. Kuschke, FS H.-W. Hertzberg, 105 f. Gegen diese Lokalisation spricht sich N. Naʾaman, Borders and Districts, 157 f. aus.

[677] E. Otto, ZDPV 94, 1978, 108-118; I. Finkelstein, Archaeology, 141 f. (mit Abbildung von *Ḫirbet Yānūn*).

[678] Diesen Identifikationsvorschlag hatte A. Alt, PJ 22, 1926, 33 gemacht; zur *Ḫirbet el-ʿAūǧa el-Fōqa* vgl. G. Dalman, PJ 10, 1914, 15 f. mit Abbildung 5! J. Simons, The Geographical and Topographical Texts of the Old Testament, 166 nennt neben *Ḫirbet el-Aūǧa el-Fōqa* noch *Tell Šēḫ ed-Dīāb* (1909.1613) als mögliche Identifizierung mit Ataroth (Jos 16,7).

Naara: Naara(th) ist mit großer Wahrscheinlichkeit auf dem *Tell el-Ǧisr* (1902.1446) zu suchen.[679]

16,8:

Thappuah: Thappuah ist wohl mit *Tell Šēḫ 'Abū Zarad* (1719.1679) zu identifizieren.[680]

Bach Kana: Mit dem "Bach Kana" ist zweifellos das heutige *Wādī Kānah* gemeint.[681]

c) Die gegenwärtige Aufgabe

Der forschungsgeschichtliche Überblick zeigt, daß die topographischen Angaben in Jos 16,1-10 intensiv und z. T. mit Erfolg erforscht wurden, auch wenn die Lokalisierung einiger Ortslagen bisher noch nicht gelungen ist und wohl kaum gelingen kann (vgl. Michmethath). Sehr unterschiedlich wird Jos 16,1-10 allerdings immer noch im Hinblick auf seinen Text, seinen Aufbau und seine Funktion beurteilt. Der Schwerpunkt der Untersuchung soll deshalb auf literarischem Gebiet liegen. Jos 16,1-10 soll bezüglich seines Textes, seiner Komposition und seiner Stellung im Kontext von Jos 16,1-17,13 exegesiert werden. Die Frage nach seiner Datierung in der vorliegenden Gestalt soll dagegen in den Hintergrund treten, da dies nur im Kontext einer Gesamtanalyse von Jos 13-19 möglich ist.

2. Zum Text von Jos 16,1-10

V. 1aα: LXX liest für "Und das Los fiel" καὶ ἐγένετο τὰ ὅρια (*wayᵉhî gᵉbûl*). Tʲ, V bestätigen MT. Hier sollte MT der Vorzug gegeben werden, da

---

[679] Vgl. dazu die überzeugenden Argumente bei M. Noth, ZDPV 71, 1955, 51 f.; vgl. noch L. H. Vincent/B. Carrière, RB 30, 1921, 579 Anm. 1; A. Alt, PJ 21, 1925, 24 f.; H. Donner, ZDPV 81, 1965, 19 f.; M.Noth, Das Buch Josua, 105.148; Y. Aharoni, Das Land der Bibel, 444; J. Simons, The Geographical and Topographical Texts of the Old Testament, § 324.

[680] Vgl. zu dieser Lokalisierung die Argumente bei G. Schmitt, Ein indirektes Zeugnis der Makkabäerkämpfe, 26-30; zur Diskussion über "Thappuah" vgl. F.-M. Abel, RB 45, 1936, 103-112; K. Elliger, PJ 33, 1937, 7-22; ders., JPOS 18, 1938, 8-13; E. Jenni, ZDPV 74, 1958, 35-40; A. Kuschke, FS H.-W. Hertzberg, 104; M. Noth, ZDPV 82, 1966, 270-273; V. Fritz, ZDPV 85, 1969, 149; I. Finkelstein, Archaeology, 152 (mit Abbildung); E. F. Campbell, FS L. E. Toombs, 70.

[681] Zum *Wādī Kānah* vgl. die Beschreibung bei K. Elliger, ZDPV 53, 1930, 274-276.

die Wendung noch in Jos 19,1.24; 21,4 belegt ist. Bei der LXX-Lesung liegt der Verdacht einer Angleichung an V. 5 nahe.

V. 1aβ: LXX läßt anders als T^J, V die "Wasser von Jericho" unübersetzt. MT sollte beibehalten werden. Möglicherweise identifizierte LXX die im Alten Testament nur hier vorkommende Wendung mit "vom Jordan bei Jericho" (V. 1aα).

LXX, V geben *mizrāḥâ* mit ἀπ' ἀνατολῶν bzw. *ab oriente* (*mimmizrāḥ*) wieder; in der Tat ist die Lesung von MT und T^J schwierig, da sie eine direkte und unwahrscheinliche Umkehr der Grenzlinie nach Osten, d. h. doch wohl zum Jordan voraussetzt. Den masoretischen Text kann man jedoch dadurch verteidigen, daß man *mizrāḥâ* wie in Jos 12,3 mit "Ostseite" wiedergibt und übersetzt: "Vom Jordan bei Jericho zu den Wassern von Jericho auf der Ostseite/zur Ostseite hin." Dies ergibt einen guten Sinn.[682]

V. 1bα: LXX läßt im Unterschied zu V, T^J *hammidbār* unübersetzt.

V. 1bβ: LXX liest anstelle des Partizips ʿolâ καὶ ἀναβήσεται (*wᵉʿālâ*); der masoretische Text ist in sich durchaus verständlich. In MT is *wᵉʿālâ* ausgeschlossen, da *hammidbār* unmittelbar vorausgeht; wegen des Fehlens von *hammidbār* in LXX ist die Lesung καὶ ἀναβήσεται möglich. MT ist hier als *lectio difficilior* der Vorzug zu geben, da LXX eine elegantere Lösung bietet.

V. 1b: LXX bietet in V. 1b einen erweiterten Text, da sie anders als V, T^J bei *bāhār* und *bêt-'el* jeweils ἔρημος und Λουζα verdeutlichend einfügt.

V. 2: LXX bietet in V. 2 im Unterschied zu V, T^J einen deutlich kürzeren Text: *min* vor "Bethel" fehlt; "nach Lus" fehlt; "Architer" fehlt; das Fehlen von "nach Lus" ist möglicherweise durch die Hinzufügung von Λουζα in V. 1b bedingt; das Fehlen von "nach Lus" dürfte wiederum das Fehlen von *min* vor "Bethel" bedingt haben; schwer erklärbar ist das Fehlen von "Ar-chiter" in V. 2b; vielleicht war LXX die Lage des Gebietes nicht klar; "Architer" begegnet im Alten Testament sonst nur noch in der Wendung "der Arkiter Husaj" (II Sam 15,32; 16,16; 17,5.14; I Chr 27,33). – T führt die partizipiale Konstruktion von V. 1 in V. 2 weiter: *wᵉnāpêq* – *wᵉʿābar*.

V. 3: LXX bietet im Gegensatz zu V, T^J durch das Fehlen von "bis nach Geser" einen kürzeren Text. LXX zeigt in 16,1-10 eine deutliche Tendenz zu einem kürzeren Text.[683] In dieser Tendenz steht auch V. 3, weshalb MT, V, T^J der Vorzug gegeben werden sollte. V gibt "zum Meer" in V. 3 verdeutlichend mit *mari magno* wieder, wohl zur Unterscheidung der Rich-tungsangabe (*ad occidentem* – V. 3).

---

[682] Zur Begründung siehe unten zur Auslegung von V. 1.
[683] Einen kürzeren Text bietet LXX in V. 1. 2. 3. 6. 7. 8.

V. 4: LXX bietet im Unterschied zu MT, V, T^J die Reihenfolge Εφραιμ καὶ Μανασση. Es ist nicht auszuschließen, daß LXX diese Reihenfolge in Anlehnung an Gen 48,5.17.20; Dtn 34,2; Jos 17,17; Jdc 12,4; I Chr 9,3; II Chr 15,9; 30,1.10.18; 31,1 formulierte.

V. 5: LXX gibt entgegen MT, V, T^J wie in V. 1 "ostwärts" mit ἀπὸ ἀνατολῶν (*mimmizrāḥ*) wieder. Die Lesart der LXX ist als *lectio facilior* anzusehen, da sie die adverbielle Bestimmung des Ortes in den Beginn der Schilderung der Grenzen Ephraims einpaßt. – LXX versteht anders als V, T^J Ateroth-Addar nicht als Doppelnamen, sondern als zwei eigenständige Ortsnamen: Αταρωθ καὶ Εροκ. Der Wiedergabe von Addar entspricht jedoch keineswegs Εροκ, das sonst im Alten Testament unbekannt ist. – LXX ergänzt in V. 5bγ καὶ Γαζαρα; vielleicht liegt hier eine Übernahme von V. 3a vor.

V. 6: LXX gibt "Michmethath im Norden" mit dem schwer verständlichen Ἰκασμων ἀπὸ βορρᾶ Θερμα wieder. Ἰκασμων begegnet im Alten Testament nur hier; Θερμα dient in Jos 12,24 (LXX^A) als Wiedergabe von "Thirza". – LXX läßt wohl aus stilistischen Gründen zur Vermeidung der Wiederholung *hagg^ebûl* nach *w^enāsab* unübersetzt. – T^J liest *mimmizrāḥ*. – Ebenso wie in V. 5bβ versteht LXX den Doppelnamen Thaanath-Silo als zwei Ortsnamen: Θηνασα καὶ Σελλησα. – LXX, V, S lassen *'ôtô* unübersetzt; es fügt sich syntaktisch schwer in den Vers ein, da es wegen des Bezugs auf "Thaanath-Silo" eigentlich mit dem Suffix der 3. Sg. f. versehen werden müßte.[684] Ob sich in *'ôtô* noch die Reste eines verstümmelten Ortsnamens[685], vielleicht eines weiteren Taanath (*'wtw △ t'nt*) verbergen[686] oder ob sich das Suffix der 3. Sg. masc. auf das "Gebiet" von Thaanath-Silo bezieht[687], läßt sich jeweils schwer beweisen. Es muß wohl als sekundär angesehen werden.[688]

V. 7: LXX läßt *w^eyārad* unübersetzt. – LXX gibt "von Janoah" mit εἰς Μαχω wieder: Die von MT abweichende Lesart liegt wohl in der Unsicherheit von LXX bei Lokalisierungsproblemen begründet.[689] – LXX bietet zwischen "von Janoah" und "Ataroth" noch die Kopula καί, was sicherlich als *lectio facilior* angesehen werden muß. – "und Naarath" versteht LXX nicht als Ortsnamen, sondern als pluralisches Nomen mit Suffix: καὶ αἱ

---

[684] W. Gesenius/E. Kautzsch, Hebräische Grammatik, § 122 h.

[685] M. Noth, Das Buch Josua, 100.

[686] A. Elliger, Frühgeschichte, 53.

[687] Z. Kallai, Historical Geography, 159.

[688] So auch u. a. J. Simons, Orientalia Neerlandica 1948, 215; K. Elliger, FS K. Galling, 96.

[689] Vgl. dazu etwa die Abweichungen von MT in LXX in V. 5 f.: Αταρωθ καὶ Εροκ; Θηνασα καὶ Σελλησα.

χῶμαι αὐτῶν = *wᵉḥaṣrêhän*; vielleicht liegt hier eine Übernahme aus V. 9b vor.

V. 8: LXX ergänzt vor "von Thappuah" die Kopula καί. – V läßt "Grenze" unübersetzt. – LXX zieht "Bach Kana" zu Χελκανα zusammen; V gibt es mit *Vallem arundineti* (*naḥal qānâ*) wieder. – V überträgt "zum Meer" mit in *mare salsissimum* und versteht darunter fälschlicherweise das Tote Meer. – LXX läßt *bᵉnê* unübersetzt.

V. 9: V gibt "alle Ortschaften samt ihren Gehöften" vereinfachend mit *et villae earum* wieder.

V. 10: LXX, V ergänzen in V. 10aα das Subjekt Εφραιμ. – LXX bietet in V. 10b einen längeren Zusatz: "... ἕως ἀνέβη Φαραω βασιλεὺς Αἰγύπτου καὶ ἔλαβεν αὐτὴν καὶ ἐνέπρησεν αὐτὴν ἐν πυρί, καὶ τοὺς Χαναναίους καὶ τοὺς Φερεζαίους καὶ τοὺς κατοικοῦντας ἐν Γαζερ ἐξεκέντησαν, καὶ ἔδωκεν αὐτὴν Φαραω ἐν φερνῇ τῇ θυγατρὶ αὐτοῦ." Die Beschreibung des ägyptischen Pharao als Eroberer von Geser und Vernichter ihrer Einwohner sowie die Übergabe von Geser als Mitgift für seine Tochter wurde aus I Reg 9,16 entlehnt.

3. Zur Exegese von Jos 16,1-10

a) V. 1-3: Die Südgrenze des Hauses Joseph

Der Abschnitt über die Südgrenze des Hauses Joseph wird wie bei den Stämmen Simeon[690] und Asser[691] mit "Und das Los fiel ..." eingeleitet. Er fügt sich somit in das System der Grenzbeschreibungen in Jos 13-19 ein.[692] Ausgangspunkt der Beschreibung in V. 1 ist der "Jordan bei Jericho". Dieser geographische Terminus dient im Alten Testament meist als Kontrastbegriff zum "Gefilde Moab"[693] und als Hilfe bei der Lokalisierung anderer ostjordanischer Gebiete.[694] Jos 16,1 ist die einzige Stelle im Alten Testament, an der er losgelöst von den Angaben über das Ostjordanland

---

[690] Jos 19,1.

[691] Jos 19,24.

[692] Die Einleitungen zu den Grenzbeschreibungen variieren; vgl. nur Ephraim: Jos 16,5; Manasse: 17,1; Benjamin: 18,11; Dan: 19,47.

[693] Num 22,1; 26,3.63; 31,12; 33,48.50; 35,1; 36,13; Jos 13,32.

[694] Num 34,15; Jos 20,8; I Chr 6,63.

erscheint. Als eine markante Landmarke dient er hier als östlicher Ausgangspunkt der Grenzbeschreibung des Hauses Joseph.[695]

Vom Jordan bei Jericho verläuft die Grenze dann zu den Wassern von
Jericho, womit die Oase von Jericho gemeint ist.[696] Die darauf folgende
adverbielle Bestimmung des Ortes *mizrāḥâ* kann man schwerlich mit "nach
Osten" übersetzen, da dies den topographischen Gegebenheiten gänzlich
widersprechen würde. Versteht man *mizrāḥâ* jedoch als "Ostseite", fügt es
sich gut in V. 1a ein. Die Übersetzung mit "Ostseite" wird gestützt durch Jos
12,3, wo von der "Ostseite des Sees Genezareth" und der "Ostseite des Toten
Meeres" geredet wird.

In V. 1b steht "die Wüste" betont als Akkusativ des Ortes am Anfang des
Versteiles. Dies macht es notwendig, anstelle der üblichen voranstehenden
Form mit Perfekt consecutivum eine Partizipialform folgen zu lassen.[697]
Die Grenze verläuft dann von Jericho aus auf das Gebirge nach Bethel zu.

V. 1 nennt jeweils zwei Anfangs- und zwei Endpunkte der Südgrenzlinie
des Hauses Joseph. Die beiden Anfangspunkte werden übereinstimmend mit
der Präposition *min* und die beiden Endpunkte mit den Präpositionen *lᵉ* und
bᵉ eingeführt. Zwischen beiden Punkten steht in besonderer Betonung der
Akkusativ des Ortes *hammidbār* sowie die Partizipialkonstruktion *ᶜolâ*. V. 1
nennt bei der Beschreibung der Grenzlinie die beiden Orte Jericho und
Bethel sowie die drei wichtigsten und markantesten Geländeformen dieses
Gebietes: den Jordan, die Wüste und das Gebirge. In V. 1 ist m. E. durchaus
eine Struktur erkennbar, weshalb man nicht von einem wunderlich zusam-
mengestückelten Satz reden sollte[698]:

... vom *Jordan* bei Jericho

    auf der Ostseite der Wasser Jerichos

        hinauf durch die *Wüste*

    von Jericho an

    auf das *Gebirge* nach Bethel.

---

[695] Bei der Wendung liegt eine *Constructus-Verbindung* vor, da der sonst übliche Artikel
bei *yarden* fehlt (vgl. W. Gesenius/E. Kautzsch, Hebräische Grammatik, § 127 a.128); sie
begegnet im Alten Testament noch in Num 22,1; 26,3.63; 31,12; 33,48.50; 34,15; 35,1;
36,13; Jos 13,32; 20,8; I Chr 6,63.

[696] Eine anschauliche Beschreibung der Oase von Jericho findet sich bei O. Keel/M. Küchler, Orte und Landschaften der Bibel, Band 2, 492-497.

[697] Nach G. Schmitt, Drei Studien zur Archäologie und Topographie Altisraels, 44 f. wurde
wᵉ vor *ᶜlh* deshalb weggelassen, um *hammidbār* mit dem Folgenden zu verbinden.

[698] G. Schmitt, Drei Studien zur Archäologie und Topographie Altisraels, 45; ähnlich
N. Naʼaman, ZDPV 103, 1987, 15.

V. 2 führt die Beschreibung der Grenzlinie mit den beiden Punkten Bethel und Lus weiter. Bei diesen Orten fällt im Vergleich zu den übrigen Grenzpunkten die ungemein geringe Entfernung von ca. 500 m auf (*Burǧ Bētīn* und *Bētīn*). Nach G. Schmitt soll hier anstelle von Bethel ursprünglich Beth-Awen gestanden haben: "Der ursprüngliche Text enthielt nebeneinander Bet-Awen und Betel. Ein Bearbeiter, der Bet-Awen als eigenen Ortsnamen nicht mehr kannte, wohl aber Hosea, war von diesem Nebeneinander begreiflicherweise irritiert und fand eine vermeintliche Lösung in Gen 28,19. Den Namen Bet-Awen für das Heiligtum, der ihm zu unverständlich oder auch für die Zeit vor Jerobeam unpassend schien, änderte er in Betel; den Namen Betel, um die Differenzierung aufrechtzuerhalten ... in Lus."[699] Schmitt identifiziert Beth-Awen mit *Ḫirbet el-Ḫudrīya* (1774.1466), da sie sich ausgezeichnet zu einer auf Bethel zulaufenden Grenze einfüge.[700] Ob diese Überlegung den ursprünglichen Zustand der Grenzbeschreibung trifft, ist schwer nachweisbar. M. E. spricht folgendes eher dagegen: auf *Ḫirbet el-Ḫudrīya* wurde nur Material von der byzantinischen bis zur arabischen Zeit gefunden; die Ortslage ist nicht sehr weit von Bethel entfernt (ca. 4 km) und fällt somit auch aus der sehr grobgliedrigen Bescchreibung[701] von V. 1-3 heraus.

Nach der Nennung von Bethel und Lus werden als weitere Grenzpunkte das Gebiet der Architer, der Japhlethiter und Unter-Beth-Horon genannt, wobei vor allen drei Namen jeweils *gᵉbûl* erscheint. Die beiden letzten Grenzpunkte Geser und das Mittelmeer[702] gehören nicht von Hause aus zur Grenzbeschreibung, sondern wurden in einem späteren Stadium ergänzt.[703] Nach I Reg 9,16 f. kommt Geser erst unter Salomo an Israel, und das Durchziehen der Grenzlinie bis zum Meer verdankt seine Entstehung dem Bedürfnis nach einer Ideallinie von Ost nach West.

Zusammenfassend läßt sich sagen: In Jos 16,1-3 handelt es sich um die Beschreibung der Südgrenze des Hauses Joseph. Zur Lokalisierung der Grenze dienen zum einen die Orte Jericho, Bethel, Lus, Unter-Beth-Horon und Geser und zum anderen die Landschaftstypen des Jordan, die Wasser

---

[699] G. Schmitt, Drei Studien zur Archäologie und Topographie Altisraels, 51.

[700] G. Schmitt, Drei Studien zur Archäologie und Topographie Altisraels, 57. Zu den verschiedenen Vorschlägen zur Lokalisierung von Beth-Awen siehe N. Naʾaman, ZDPV 103, 1987, 13.

[701] So die Bezeichnung von G. Schmitt, Drei Studien zur Archäologie und Topographie Altisraels, 50.

[702] Zur Wendung vgl. noch Jos 16,8; 17,9.

[703] So auch K. Elliger, ZDPV 53, 1930, 306 f.; F.-M. Abel, Le Livre de Josué, 76 f.; H. Seebass, ZDPV 100, 1984, 76-78; E. Cortese, Josua 13-21, 17.

von Jericho, die Wüste, das mittelpalästinische Gebirge und die Küste. In V.
2 f. wird zudem das Gebiet der beiden nichtisraelitischen Stämme der
Architer und Japhlethiter zur Lokalisierung der Grenze herangezogen.
Sprachlich zeigt der Verfasser eine besondere Vorliebe zu dem Nomen $g^e b\hat{u}l$,
das in V. 2 f. insgesamt 3 x erscheint. Die Verbindung zwischen den einzelnen Grenzpunkten wird mit *He-locale* (V. 2 f.), den Präpositionen *min*, l^e,
b^e, *'äl* und $^c ad$ sowie mit vier Formen des Perfekt consecutivum (V. 2. f.) und
einer Partizipialkonstruktion (V. 1) zum Ausdruck gebracht. Die beiden letzten Grenzpunkte in V. 3 (Geser und das Meer) gehören nicht zum ursprünglichen Bestand der Grenzbeschreibung.

b) V. 4-10: Ephraim und sein Gebiet

Der zweite Abschnitt von Jos 16,1-10 läßt sich in vier Unterabschnitte
untergliedern: α) V. 4: Einleitung; β) V. 5-8: Grenzbeschreibung Ephraims;
γ) V. 9: Ephraim und Manasse; δ) V. 10: Ephraim und Kanaan.

α) In V. 4 ist zweierlei auffallend: Zum einen werden die Josephiten im
Unterschied zu V. 1 als die beiden Stämme Manasse und Ephraim eingeführt. Man hätte zum besseren Verständnis die Nennung der beiden Stammesnamen bereits in V. 1 erwartet. Zum anderen ist die Reihenfolge Manasse und Ephraim insofern auffallend, als in V. 5 ff. zunächst die Grenzlinien
Ephraims und nicht diejenigen Manasses beschrieben werden. Im Alten
Testament begegnet die in V. 4 aufgeführte Reihenfolge seltener.[704] Diese
Unstimmigkeit sowie die Angaben über die "Erstgeburt" Manasses in 17,1
und die Einfügung von Thappuah in 16,8 als einer bekannten Größe, obwohl
vorher nie die Rede von ihr ist, bewog J. Wellhausen, W. Nowack, K. Elliger
u. a. zur Voranstellung von Manasse.[705] Diese These trifft für ein früheres
Textstadium vielleicht zu, die jetzige Voranstellung von Ephraim aber liegt
in der Komposition von 16,1-17,13 begründet.[706]

Enge Beziehungen weist V. 4 zu Jos 14,1.4 auf, wo das Stichwort *nḥl* (V.
1) und die Angabe, daß das Haus Joseph aus zwei Stämmen bestehe (V. 4),
begegnet. Die letztgenannte Angabe in 14,4 begegnet im Vergleich zu 16,4
in leicht erweiterter Form.[707]

---

[704] "Manasse und Ephraim": Gen 46,20; 48,1; Num 26,28; 34,23; Jos 14,4; 16,4; II Chr
　　　34,6.9. "Ephraim und Manasse": Gen 48,5.17.20; Num 1,10.32.34; Dtn 34,2; Jos 17,17;
　　　Jdc 12,4; I Chr 9,3; II Chr 15,9; 30,1.10.18; 31,3.
[705] Siehe dazu oben bei Nr. 1 a.
[706] Vgl. dazu unten Nr. 3 c.
[707] Zu Jos 14,1-5 vgl. M. Wüst, Untersuchungen zu den siedlungsgeographischen Texten des
　　　Alten Testaments, 188-191; 202-205; 229 f.

β) Die Grenzbeschreibung Ephraims (V. 5-8) wird mit einer ausführlichen parallelistisch formulierten Einleitung in V. 5a und V. 5bα eröffnet. Die adverbielle Bestimmung des Ortes "ostwärts" am Ende der Einleitung leitet dann zu der eigentlichen Grenzbeschreibung über. Sie fügt sich allerdings schwer in V. 5b ein, da man eher *mimmizrāḥ* erwarten würde. Vielleicht ist sie als bewußte Entsprechung zu *hayyāmmâ* in V. 8aβ gedacht. Die Grenzbeschreibung selbst lokalisiert den Grenzverlauf mit Hilfe von insgesamt neun Ortslagen: Ateroth-Addar; Ober-Beth-Horon; Michmethath; Thaanath-Silo; Janoah; Ataroth; Naarath; Jericho; Tappuah sowie zwei Landschaftstypen: Jordan und Bach Kana. Sie werden mit den üblichen Formen des Perfekt consecutivum (6 x) verbunden, lediglich in V. 8aα steht wegen des vorausgehenden Ortsnamens Thappuah das Imperfekt. Insgesamt wird 5 x das Nomen *hagg^ebûl* verwendet. 6 x erscheinen Angaben über die Himmelsrichtung, davon je 3 x *mizrāḥâ* und *yāmmâ*. Ebenso wie in V. 3 endet die Grenzbeschreibung mit der Wendung "... und endet am Meer". Auch hier ist wie in V. 3 zu vermuten, daß sie in einem späteren Stadium hinzugefügt wurde, um die Grenzlinie als Ideallinie am Mittelmeer enden zu lassen. Sie begegnet oft im Alten Testament mit jeweils unterschiedlichen Ortsangaben, was auf eine geprägte Wendung schließen läßt.[708] Der Schlußvers in V. 8b greift bewußt durch die Aufnahme von *naḥ^elâ* und *b^enê-'äprayim l^emišp^eḥotām* auf die Einleitung in V. 5abα zurück.

γ) V. 9 gehört nicht mehr zu der eigentlichen Grenzbeschreibung, da er auf die Besonderheit im Verhältnis von Ephraim und Manasse eingeht, daß es ephraimitische Ortschaften gibt, die abgesondert in dem Erbbesitz von Manasse liegen. Der Anschluß von V. 9 an V. 8 mit *Waw copulativum* zeigt, "that these are cities that were added to those already included in Ephraim's initial allotment".[709]

δ) V. 10 liegt auf einer anderen Ebene als V. 5a-9, da es hier um das Verhältnis zu den Kanaanäern geht. Der wohl nachträglich hinzugefügte Vers bietet einen ähnlichen Text wie Jdc 1,29.[710]

---

[708] Sie begegnet mit jeweils anderen Ortsangaben in Num 34,4.5.9.12; Jos 15,7; 17,9; 18,12.14.19; 19,14.29.33.

[709] Z. Kallai, Historical Geography, 153.

[710] M. Noth, Das Buch Josua, 100; zur Wendung *l^emas-^cobed* vgl. Gen 49,15; I Reg 9,21; II Chr 8,8. Siehe zu V. 10 und Jdc 1,29 § 7.

c) Schlußfolgerungen

1. Der Aufbau von Jos 16,1-10 ist klar. Das Kapitel beginnt mit der Beschreibung der gemeinsamen ephraimitischen und manassitischen Südgrenze, deren Grenzverlauf nach einer einleitenden und gliedernden Rahmenbemerkung (V. 1aα) nachgezeichnet wird (V. 1aα-3). Daran anschließend werden die das Haus Joseph bildenden Stämme Ephraim und Manasse einzeln beschrieben, wozu die gliedernde Rahmenbemerkung in V. 4 überleitet. Die Reihenfolge der beiden Stämme Manasse (1.) und Ephraim (2.) läßt vermuten, daß ursprünglich zunächst die Grenzen Manasses wiedergegeben wurden, was jedoch in einem späteren Redaktionsstadium geändert wurde.

Skizze zum Aufbau von Jos 16,1-10:

V. 1-3 Die Südgrenze des Hauses Joseph	
V. 1aα$_1$ (bis *yosep*) V. 1aα$_2$ (ab *miyyarden*)-3	gliedernde Rahmenbemerkung der Grenzverlauf des Hauses Joseph
V. 4-10 Ephraim und sein Gebiet	
V. 4	Der Erbbesitz von Ephraim und Manasse – gliedernde Rahmenbemerkung
V. 5-8	Der Grenzverlauf Ephraims
V. 5abα	gliedernde Rahmenbemerkung
V. 5aβ-8a	der Grenzverlauf Ephraims
V. 8b	gliedernde Rahmenbemerkung
V. 9	Ephraim und Manasse
V. 10	Ephraim und Kanaan

Möglicherweise ist die jetzige Voranstellung von Ephraim durch geographische Überlegungen bedingt, da das Gebiet dieses Stammes ja unmittelbar an die Südgrenze des Hauses Joseph stößt.[711] "Die Verschiedenheit v. 4 Manasse und Ephraim, dann aber Ephraim und Manasse, entspricht ... der Textgestaltung."[712] Die sich an V. 4 anschließende Beschreibung von Ephraim bezieht sich auf drei Angaben: der Grenzverlauf Ephraims; Ephraim und Manasse; Ephraim und Kanaan. Die Wiedergabe des Grenzverlaufes von Ephraim wird durch Einleitung und Schlußformel umrahmt. V. 9 f. erweitern die Angaben zu den Grenzen mit den Bemerkungen, daß es ephraimitische Orte gibt, die in manassitischem Gebiet liegen und daß Kanaanäer mitten in Ephraim wohnen.

2. Der Aufbau zeigt deutlich das geographische Interesse an der Fixierung des Grenzverlaufes des Hauses Joseph sowie des Stammes Ephraim. Diese Grenzbeschreibungen entsprechen wohl in etwa den tatsächlichen Verhältnissen.[713] Sie sind sehr grobgliedrig, neben Ortslagen dienen charakteristische Geländeformen zur Festlegung des Grenzverlaufes. So wird die ephraimitische Südgrenze (V. 5bβ.6aα) im Unterschied zur Südgrenze des Hauses Joseph (16,2 f.) lediglich mit den beiden Orten Ateroth-Addar und Ober-Beth-Horon angegeben. Die Nordgrenze kennt nur Thappuah und das *Wādī Kānah* (V. 8a), und mit Michmethath im Nordosten beginnt die Ostgrenze mit Taanath-Silo, Janoah, Ataroth, Naara und Jericho (V. 6aβb-7). Sie ist nicht mit dem Jordan identisch, sondern verläuft weiter westlich. Als Westgrenze dient das Mittelmeer.

3. Die Grobgliedrigkeit der Grenzbeschreibungen in Jos 16 läßt vermuten, daß der Redaktor bei seiner Beschreibung eine Auswahl aus den ihm vorliegenden Quellen getroffen hat. Möglicherweise waren die Teilbeschreibungen ursprünglich nach allen vier Himmelsrichtungen vollständig.[714] Gründe für die Kürzungen mögen zum einen in der Vermeidung von Wiederholungen gelegen haben. So war es beispielsweise unnötig, die Südgrenze Ephraims genauer zu beschreiben (V. 5bβ.6aα), nachdem die Südgrenze des Hauses Joseph bereits ausführlich aufgeführt worden war (V. 2 f.).[715] Zum anderen mögen die Grenzangaben deshalb so spärlich vorliegen, weil der genaue Verlauf der Grenze in vielen Fällen gar nicht bekannt gewesen war. Sicherlich war es so, daß "... most frontier-places ... were practically inhabited by people from both sides. It would be a grave error to think of the

---

[711] E. Täubler, Biblische Studien, 188 f.; Y. Kaufmann, The Biblical Account of the Conquest of Canaan, 55.

[712] E. Täubler, Biblische Studien, 189.

[713] Vgl. dazu S. Mowinckel, Die Frage nach dokumentarischen Quellen in Josua 13-19 und A. Alt, Kleine Schriften I, 198.

[714] K. Elliger, ZDPV 53, 1930, 267 f.; Y. Aharoni, Das Land der Bibel, 263.

[715] K. Elliger, ZDPV 53, 1930, 307; J. Simons, Orientalia Neerlandica 1948, 205.

tribal boundaries ... in terms of modern states-frontiers, except where a river or a valley constituted a natural demarcation".[716] Wie kompliziert der Verlauf der Grenzen gewesen sein muß, zeigen deutlich die Angaben in 16,9 f. Ephraimitische Orte lagen als Exklaven in manassitischem Gebiet und kanaanäische Bevölkerung wohnte inmitten von Ephraim. Die beiden letzten Verse in Jos 16 zeigen zudem, daß es der Redaktor bei der Komposition von Jos 16 f. nicht bei der bloßen Beschreibung der Grenzen belassen wollte. Er legte auch Wert darauf, die engen Berührungen zwischen Ephraim und Manasse sowie Ephraim und Kanaan hinsichtlich ihrer sich überschneidenden Gebiete und Siedlungsräume zu beschreiben.

d) Ephraim und sein Gebiet nach 1 Sam 9,1-10,16

Das Grenzgebiet von Ephraim und Benjamin wird in einer von den Grenzbeschreibungen des Josuabuches gänzlich unterschiedenen Form angesprochen in der Erzählung von der Salbung Sauls (1 Sam 9,1-10,16). Hier ist davon die Rede, daß er auf der Suche nach den Eselinnen durch das "Gebirge Ephraim" gezogen sei (1 Sam 9,4). Dabei werden als Stationen genannt: die Landschaft Salisa 9,4 (a), die Landschaft Saalim 9,4 (b), das Land Jemini 9,4 (c), die Landschaft Zuph 9,5 (d). Ferner ist von dem "Rahelgrab" auf benjaminitischem Gebiet in Zelzah 10,2 (e), von der Eiche Thabor 10,3 (f), von Bethel 10,3 (g) und dem Gibea Gottes 10,5 (h) die Rede. Versucht man diese Orte und Landschaften zu lokalisieren, so ergibt sich folgendes Bild:

ad a) *Salisa* (1 Sam 9,4): Mit Salisa ist eine Örtlichkeit im Gebirge Ephraim bezeichnet, die Saul bei der Suche nach seinen Eselinnen durchzieht. Möglicherweise ist dieser Ort mit dem in der Elisageschichte genannten "Baal-Salisa" in Verbindung zu bringen (2 Reg 4,42). Eine genaue Lokalisierung ist bisher noch nicht gelungen. Nach Eusebs Onomastikon lag dieser Ort Βαιθσαρισα 15 Meilen (= 22,5 km) nördlich von Diospolis.[717] Diese würde zu *Ḥirbet Serisia* führen. Aus sprachlichen Gründen wird jedoch allgemein die ca. 3,5 km nördlich von *Ḥirbet Serisia* gelegene *Ḥirbet Kefr Tilt*

---

[716] J. Simons, Orientalia Neerlandica 1948, 203 Anm. 2; nach E. Cortese, Josua 13-21, 44 sind die Lücken in der Gebietsbeschreibung von Ephraim und Manasse durch die Geschehnisse des Untergangs des Nordreiches am Ende des 8. Jh. v. Chr. bestimmt worden! Anders seien die Lücken nicht verstehbar.

[717] 56,21-23.

(154.173) vorgezogen.[718] Inwieweit der Name Salisa eine Anspielung auf die Auferstehung am 3. Tag enthält (Hos 6,2), bleibt ganz ungewiß.[719]

ad b) *Saalim* (1 Sam 9,4): Neben Salisa wird das Land Saalim genannt. Die Lage dieses Gebietes oder Ortes ist nicht mehr festzustellen. Die Verbindung von Saalim mit dem in Jos 19,42; Jdc 1,35 genannten Saalabbin, das vielleicht mit *Selbīṭ* (148.141) zu identifizieren ist, ist m. E. nicht möglich[720], da es von dem Gebiet um Baal-Salisa sehr weit entfernt läge. Wahrscheinlicher scheint in diesem Fall die Verbindung mit Pirathon (Jdc 12,13.15), dem heutigen *Farᶜatā* (166.177) zu sein, das ca. 10 km südwestlich des heutigen *Nāblus* zu suchen ist. Dafür sprechen einige griechische Handschriften, die in Jdc 12,15 "das Land von Saalim" (γη σελλημ/ σελλεμ) lesen sowie die Nähe zu "Land Salisa". Wenn diese Vermutung stimmt, so wäre "das Land von Saalim" der nördlichste Punkt der Reise Sauls.[721] Aber diese Lokalisierung bei *Farᶜatā* ist äußerst unsicher.

ad c) *Jemini* (1 Sam 9,4): T (*b'rᶜ šybṭ bnymyn*) und viele Ausleger deuten "Jemini" als Benjamin, was jedoch nicht gesichert ist.[722] Die Lage von Jemini ist nicht mit Sicherheit zu bestimmen, vielleicht ist es mit *Ḫirbet Beit Jemīn* (152.171) südwestlich von *Kefr Tilṯ* zu identifizieren.[723]

ad d) *Zuph* (1 Sam 9,5): Bei der Lokalisierung von "Zuph" kann möglicherweise die Angabe von 1 Sam 1,1 herangezogen werden, wo es heißt, daß Elkana ein Mann aus Ramathajim, ein "Zuphit", sei. Wenn die Lesart *ṣûp* oder *ṣûpî* richtig ist[724] und 1 Sam 9,5 mit 1 Sam 1,1 kombiniert werden kann, müßte "Zuph" in der Nähe von Ramathajim zu suchen sein, also vielleicht in der Gegend von *Rentīs* (152.159).[725]

ad e) *Rahelgrab* (1 Sam 10,2): Nach 1 Sam 10,2 lag das "Rahelgrab" auf der Grenze von Benjamin und Ephraim. Das in 1 Sam 10,2 noch genannte Zelzah ist wohl ein Ortsname, auch wenn seine Nennung nach dem "Rahel-

---

[718] So etwa F.-M. Abel, Géographie de la Palestine II, 259 f.; J. Simons, The Geographical and Topographical Texts of the Old Testament, § 662; H. J. Stoebe, KAT VIII/1, z. St.; H. W. Hertzberg, ATD 10, 63; R. Knippenberg, Art.: Salisa, BHH III, 1649.

[719] H. W. Hertzberg, ATD 10, 62 Anm. 1.

[720] So Stoebe, KAT VIII/1, 194.

[721] So im Anschluß an J. Simons, The Geographical and Topographical Texts of the Old Testament, § 602-3.

[722] Siehe Stoebe, KAT VIII/1, 194.

[723] So der Vorschlag von J. Simons, The Geographical and Topographical Texts of the Old Testament, § 663-5.

[724] So im Anschluß an Stoebe, KAT VIII/1, 89.

[725] Der Identifikation von Ramathajim folgen die meisten Gelehrten: u. a. P.-M. Séjourné, RB 6, 1897, 316 f.; A. Alt, PJ 24, 1928, 5 ff.; D. Baly, Geographisches Handbuch zur Bibel, 205; Oxford Bible Atlas, 138.

grab" ungewöhnlich ist. Schon ein Teil der alten Übersetzungen war im Zweifel, ob "Zelzah" ein Eigenname sei (Vulg. *"in meridie"*). Hertzberg liest "im Schatten eines Felsens".[726] In Jer 31,15 wird das "Rahelgrab" zusammen mit Rama (*er-Rāme* 172.140) genannt. In späterer Zeit wird das Rahelgrab bei Bethlehem gezeigt (Gen 35,19; 48,7; Mt 2,17 f.).

ad f) *Eiche Thabor* (1 Sam 10,3): Auf seinem Weg durch das Gebirge Ephraim erreichte Saul nach dem Ort des Rahelgrabes die "Eiche Thabor". Geht man davon aus, daß Saul auf dem Weg nach Gibea (*Tell el-Fūl* 172. 136) war, so muß die "Eiche Thabor" südlich des Rahelgrabes (1 Sam 10,2) gelegen haben. Ob man die "Eiche Thabor" mit der "Eiche der Debora", der Amme Rebekkas (Gen 35,8), bei Bethel identifizieren darf, bleibt höchst unsicher, da Bethel doch weiter nördlich liegt. Saul hatte ja bereits das Gebiet Benjamin bei Rahelgrab betreten. Dagegen läßt sich der geographische Kontext relativ gut mit "Tomär Debora" (Jdc 4,5) verbinden. Nach der Deboraerzählung lag "Tomär Debora" zwischen Rama und Bethel.[727]

ad h) *Gibea Gottes* (1 Sam 10,5): Aus inhaltlichen Gründen ist die Örtlichkeit wohl mit dem Ausgangspunkt der Reise, dem Gibea Sauls (*Tell el-Fūl*) zu identifizieren oder doch in unmittelbarer Nähe davon zu suchen.[728]

Zusammenfassend ist zu 1 Sam 9,1-10,16 zu sagen, daß die hier genannten ephraimitischen und benjaminitischen Orte nicht mehr exakt lokalisiert werden können. Dennoch kann zumindest ihre ungefähre Lage durch Kombination unterschiedlicher Angaben bestimmt werden. So führen die hier genannten Orte in den nordwestlichen und westlichen Teil des Gebirges Ephraim sowie in das Grenzgebiet von Ephraim und Benjamin. Die beiden Örtlichkeiten "Rahelgrab" und "Eiche Thabor" sind im benjaminitischen Gebiet zu suchen, genauer zwischen Rama und Bethel. Sie bestätigen damit den Verlauf der Südgrenze Ephraims von Jericho nach Bethel und Unter-Beth-Horon, da das südlich dieser Orte gelegene Gebiet bereits zu Benjamin zählte.

In den in 1 Sam 9,1-10,16 genannten Orten dürften alte und m. E. auch authentische Nachrichten über den westlichen und südlichen Teil des ephraimitischen Gebietes vorliegen. Insofern bilden die hier genannten Orte eine wichtige Ergänzung zu den Grenzbeschreibungen in Jos 16,1-10.

---

[726] H. W. Hertzberg, ATD 10, 59.

[727] Vgl. dazu unten § 6/3.

[728] Siehe H. J. Stoebe, KAT VIII/1, 198 Anm. 5; siehe dort die Auflistung der unterschiedlichen Lokalisierungsvorschläge! Der Identifikation von "Gibea Gottes" mit dem "Gibea Sauls" (*Tell el-Fūl*) wurde vor allem von J. Simons, The Geographical and Topographical Texts of the Old Testament, § 669-70 widersprochen.

4. Jos 16,1-10 im Kontext von Jos 16,1-17,13

a) Zu Text und Exegese von Jos 17,1-13

Die Aufteilung des Hauses Joseph in die beiden Stämme Ephraim und Manasse (16,4) nötigt dazu, Jos 16,1-10 auch im Kontext von Jos 17,1-13 zu betrachten. Im folgenden soll Jos 17 vor allem im Hinblick auf seinen Text sowie seine Komposition betrachtet werden. Die textkritischen Entscheidungen tragen ebenso wie die Beobachtungen zur Komposition zum Verständnis des Kapitels bei.

1. *V. 1*: Bei der LXX-Lesart *hagg^ebûl* legt sich der Verdacht einer Angleichung an 16,5; 17,7 nahe. Dies gilt auch für V *cecidit* (16,1). Die Lesart von MT sollte deshalb beibehalten werden. – Ebenso wie bei *haggôrāl* sollte auch hier MT den Vorzug vor LXX erhalten; LXX bevorzugt offenbar die Wendung *b^enê m^enaššâ* (vgl. V. 6). – LXX sagt nicht ausdrücklich, daß Machir der Besitzer von Gilead und Basan gewesen sei.

V. 2.: LXX vertauscht die Reihenfolge der beiden Namen "Hepher" und "Semida". Sie hat sich hier möglicherweise an Num 26,36 LXX orientiert, wo ebenfalls die Reihenfolge Συμαριν/Συμαερ – Οφερ begegnet. – LXX läßt die genealogische Angabe "... von Manasse, dem Sohn Josephs ..." unübersetzt. Es fällt auf, daß LXX ebenso in V. 3 f. genealogische Angaben unübersetzt läßt. LXX orientiert sich hier möglicherweise an Num 26,38 LXX.

V. 3: Ebenso wie in V. 2 fehlt in LXX die genealogische Angabe. LXX orientiert sich hier vielleicht an Num 26,37 LXX (= Num 26,33), da der Vers mit Ausnahme von ἐγένοντο (Jos 17,3 ἦσαν) mit Jos 17,3 LXX übereinstimmt. – Die Wiedergabe von *b^enotâw* mit τῶν θυγατέρων Σαλπααδ kann mit der engen Anlehnung an Num 26,37 LXX erklärt werden. – Die Hinzufügung von καί vor "Hogla" und "Milka" ist ebenfalls durch die enge Anlehnung an Num 26,37 LXX bedingt.

V. 4: Schwer erklärbar ist das Fehlen von "der Sohn Nuns" in LXX. – Auffallend ist die Wiedergabe von JHWH mit ὁ θεός. – LXX, V geben "Mose" verdeutlichend mit διὰ χειρός M. bzw. *per manum M.* wieder.

V. 5: LXX läßt "zehn" unübersetzt. – LXX bietet einen im Vergleich zum MT sehr schwer verständlichen Text: καὶ ἔπεσεν ὁ σχοινισμὸς αὐτῶν ἀπὸ Ανασσα καὶ πεδίον Λαβεκ ἐκ τῆς Γαλααδ, ἥ ἐστιν πέραν τοῦ Ιορδάνου. T, V stimmen mit MT überein.

V. 6: LXX liest υἱῶν Μανασση und statt *bānâw* τῶν ἀδελφῶν αὐτῶν.

V. 7: LXX liest *b^enê m^enaššâ* und läßt "von Asser" unübersetzt. "Von Asser" wird in der exegetischen Literatur sehr unterschiedlich beurteilt. So sehen W. Nowack und K. Elliger darin den Rest eines verstümmelten Textes, der den östlichen Teil der Südgrenze behandelt haben soll.[729] F.-M. Abel und in seinem Gefolge H. Seebass und N. Na'aman lesen *me'āšed* "vom Abhang" statt *me'āšer*, da der Einsatz beim Stammesgebiet von Asser gegenüber 17,10 nicht einleuchte.[730] M. E. ist die Lesart *me'āšer* durchaus gerechtfertigt. Würde "Asser" im Text wie bei LXX fehlen, so hätte die Grenzbeschreibung Manasses keinen rechten Anfangspunkt. In Jos 17,10 ist davon die Rede, daß Manasse im Norden an Asser stößt. Von hier aus ergibt sich m. E. die Deutung von Asser als Stammesname auch in V. 7. Die Komposition von V. 7 spricht ebenfalls für die Beibehaltung von Asser und seiner Deutung als Stammesname. V. 7 zeigt einen sich entsprechenden Aufbau. Die beiden Vershälften beginnen jeweils mit einer Verbform (a + a') mit folgendem Subjekt (b + b'). Daran schließen sich je zwei adverbielle Bestimmungen des Ortes an (c + c'), wobei mit der Nennung von Asser die nördliche und mit derjenigen von Thappuah die südlichste Grenzlinie des manassitischen Gebietes genannt werden.

LXX versteht *hayyāmîn* als ein *nomen proprium* (Ιαμιν).[731] Wenn Asser als Stamm den Nordpunkt des manassitischen Gebietes markiert, dann steht *hayyāmîn* wohl für den Süden.[732] Eine Umänderung in *yāmmâ* ist nicht notwendig.[733]

Schwer verständlich ist in V. 7b *yošᵉbê*, das sich nicht sonderlich gut in den Stil der Grenzbeschreibung einpaßt. Sehr gut fügt sich jedoch die Lesart *yāšub* ein, da in unmittelbarer Nachbarschaft von dem wahrscheinlich mit Thappuah zu identifizierenden *Tell Šēḫ Abū Zarad* ein Dorf namens *Yāsūf* (172.168) liegt, das vielleicht mit dem in dem samarischen Ostrakon Nr. 48 begegnenden *ysb* gleichzusetzen ist.[734] Von diesen geographisch-topographischen Gegebenheiten her sollte man besser *yāšub* lesen und darin wie LXX (Ιασσιβ) einen Ortsnamen sehen.[735]

---

[729] W. Nowack, Deuteronomium und Josua, 216 f.; K. Elliger, ZDPV 53, 1930, 269 f.

[730] F.-M. Abel, RB 45, 1936, 104 f.; H. Seebass, ZDPV 100, 1984, 71; N. Na'aman, Borders and Districts, 148 f.

[731] Als Ortsname ist "Jamin" im Alten Testament unbekannt. Dachte LXX an Jamin, den Sohn Simeons (Gen 46,10; Ex 6,15; Num 26,12; I Chr 2,27; 4,24)?

[732] In Ps 80,13 begegnet *yāmîn* ebenfalls als Kontrastbegriff zum "Norden".

[733] Gegen W. F. Albright, AASOR 4, 1922-23, 150 f.

[734] Y. Aharoni, Das Land der Bibel, 384.

[735] So im Anschluß an F.-M. Abel, RB 45, 1936, 103-112; K. Elliger, JPOS 18, 1938, 12; M. Noth, ZDPV 82, 1966, 270-273; J. A. Soggin, Joshua, 181 f.; N. Na'aman, Borders and Districts, 150 f. Zu *Yāsūf* vgl. A. Alt, PJ 24, 1928, 65 f.

V. 8: LXX läßt "das Land Thappuah" unübersetzt. Der klare Aufbau von V. 8 zeigt, daß man LXX nicht folgen und MT beibehalten sollte. Die beiden Objekte "Manasse" am Versanfang und "den Ephraimiten" am Versende entsprechen sich ebenso (a + a') wie die beiden Subjekte "Land Thappuah" und "Thappuah" (b + b').

V. 9: LXX ergänzt ἐπὶ vor *naḥal*; für "Kana" liest sie Καρανα; – LXX versteht *ᶜārîm* als *nomen proprium*: Ιαριηλ; Ιαριηλ ist in Jos 15,56[B] Wiedergabe von "Jisreel"; – LXX versteht *hā'ellâ* als Nomen: τερέμινθος (*'elâ*). *ᶜārîm ha'ellâ* ist offenbar korrupt, da die grammatisch korrekte Form *häᶜārîm* ... lauten müßte. Der Konsonantenbestand des zweiten Teils *h'lh* ist durch LXX gesichert, so daß hier keine Veränderungen vorgenommen werden sollten (vgl. noch V. 12). Der offenbar feste Konsonantenbestand spricht gegen die Konjektur von H. Seebass, der *hālᵉ'â* liest: "Städte sind da weiterhin".[736] Die Entfernung von *ᶜārîm hā'ellâ* aus dem jetzigen Kontext ist äußerst schwierig, da dadurch ein kaum verständliches Satzgefüge entstehen würde. Am besten fügt sich noch die Lesart *häᶜārîm hā'ellâ* ein.[737]

V. 10: LXX gibt "gegen Süden" mit ἀπὸ λιβός (*minnāgäb*) wieder; MT wird durch V, T bestätigt; – LXX liest *wᵉhāyâ* (καὶ ἔσται); LXX liest für "seine Grenze" die Form mit pluralischem Suffix: ὁρια αὐτοῖς (*gᵉbûlām*). Der LXX-Lesart folgt wegen des Plurals *yipgᵉᶜûn* in V. 10b Simons.[738] Hier sollte man MT als *lectio difficilior* beibehalten.[739] LXX gibt *miṣṣāpôn* mit ἐπὶ βορρᾶν (*'äl ṣāpôn*) wieder. Wegen der häufig zu beobachtenden geographischen Unsicherheiten von LXX sollte man MT folgen.

V. 11: LXX liest wie in V. 10 *wᵉhāyâ* (καὶ ἔσται). – LXX läßt V. 11aγ unübersetzt! – LXX liest in V. 11b die Ordinalzahl *ûsᵉlîšît*, versteht *hannāpät* als *nomen loci* (Ναφετα) und fügt noch καὶ τὰς κώμας αὐτῆς an.

V. 13: LXX liest καὶ ἐπεὶ für *kî*.

Zusammenfassung: Änderungen in 17,1-13

1. V 7: lies *yāšub* für *yosᵉbê*.

2. V. 9: lies *häᶜārîm ha'ellâ* für *ᶜārîm ha'ellâ*.

---

[736] H. Seebass, ZDPV 100, 1984, 72.
[737] Vgl. BHS z. Stelle.
[738] J. Simons, Orientalia Neerlandica 1948, 201 f.
[739] So auch u. a. E. Otto, Jakob in Sichem, 232.

2. Jos 17,1-13 zerfällt in zwei Teile: V. 1-6 und V. 7-13. Der erste Teil beinhaltet Fragen zur Genealogie des Stammes Manasse und gibt Hinweise auf die Beziehungen zu den Kanaanäern.

Die Genealogie setzt in V. 1 bei Joseph und dessen erstgeborenem Sohn Manasse ein.[740] Der erstgeborene Manasses ist Machir, der als Vater Gileads[741], als bedeutender Krieger[742] und als Besitzer von Gilead und Basan bezeichnet wird.[743] In V. 2 werden die übrigen Söhne Manasses aufgeführt: Abieser, Helek, Asriel, Sechem, Hepher und Semida. V. 3-6 erläutern die besondere Situation Zelophhads, des Sohnes Hephers, der nur Töchter als Nachkommen hat: Mahla, Noa, Hogla, Milka und Thirza. Diese Genealogie steht in enger Verbindung zu Num 26,28-34; 27,1 f., wobei jedoch der Unterschied auffällt, daß die Söhne Gileads aus Num 26,28-34 in Jos 17,1-6 als Söhne Manasses erscheinen. Dies hat nach M. Wüst "seine Ursache in der selbstverständlichen Beziehung des Namens Gilead auf das Ostjordanland, genauer auf die nach Num 32,29 f.; Dtn 3,15 im Ostjordanland siedelnden Machiriten, die es unmöglich machte, die Verbindung Gileads zu den westjordanischen Geschlechtern um Samaria beizubehalten".[744]

Im zweiten Teil V. 7-13 geht es um das Gebiet von Manasse (V. 7aα). Mit der Nennung des Stammes Asser, der Ortslagen Michmethath, Jasub und En-Tappuah werden in V. 7 die nördlichen sowie die südöstlichen und südwestlichen Punkte des manassitischen Gebietes abgesteckt. Thappuah ist das Bindeglied zwischen V. 7 und V. 8. V. 8 beschreibt die komplizierte Landverteilung zwischen Manasse und Ephraim. Hier zerschneidet die Grenzlinie den Zusammenhang von Thappuah mit seinem Territorium.[745] Daß dies das Resultat alter Grenzstreitigkeiten zwischen Ephraim und Manasse sein soll[746], geht aus V. 8 nicht hervor. Der Vers gibt keine Auskunft darüber, auf welche Weise diese Gebietsüberschneidung zustandekam. Daß dabei manassitische Sippen von Norden kamen, das Hinterland des kanaanäischen Stadtstaates besetzten, ehe den Ephraimiten, die von Süden her-

---

[740] Zu Manasse als dem erstgeborenen Sohn Josephs vgl. Gen 41,51; 48,14.

[741] I Chr 2,21.23; 7,14.

[742] Machir wird nur an dieser Stelle als Kriegsmann bezeichnet.

[743] Num 32,40; Dtn 3,15.

[744] M. Wüst, Untersuchungen zu den siedlungsgeographischen Texten des Alten Testaments, 69 Anm. 228. Vgl. zu 17,1-6 noch R. Smend, Die Erzählung des Hexateuch, 314 f.; S. Mowinckel, Zur Frage nach dokumentarischen Quellen in Josua 13-19, 33; M. Noth, Das Buch Josua, 103; A. Lemaire, Sem. 22, 1972, 13-20; E. Cortese, Josua 13-21, 76 f.

[745] A. Alt, Kleine Schriften I, 200.

[746] So S. Mowinckel, Zur Frage nach dokumentarischen Quellen in Josua 13-19, 30.

anrückten, die Eroberung der festummauerten Stadt gelang, bleibt bloße Vermutung.[747]

In V. 9aα wird die Grenzbeschreibung in Anknüpfung an V. 7 bis zum Bach Kana weitergeführt. Im darauf folgenden Teil des Verses wird wie in V. 8 auf die komplizierten Gebietsüberschneidungen zwischen Ephraim und Manasse hingewiesen: "Hier spiegelt sich, dem Befund für Tappuah entsprechend, eine Gemengenlage zwischen Ephraim und Manasse."[748] Sehr summarisch sind die Angaben über die West-, Nord- und Ostgrenze Manasses in V. 10. Im Westen bildet das Meer, im Norden der Stamm Asser und im Osten der Stamm Issaschar die Grenze.

Ebenso wie in V. 8 und V. 9aβγ werden in V. 11 die komplizierten Gebietsverhältnisse erläutert. An Manasse fallen in Issaschar und Asser die Orte Bethsean, Jibleam, Dor, En-Dor, Thaanach und Megiddo mitsamt ihren Nebenorten. Der Vers zeigt deutliche Berührungen mit Jdc 1,27, wo mit Ausnahme von En-Dor die gleichen Orte — freilich in einer anderen Reihenfolge — wieder erscheinen: 1. Bethsean; 2. Thaanach; 3. Dor; 4. Jibleam; 5. Megiddo.[749] Im Unterschied zu Jos 17,11 fällt der häufigere Gebrauch der *nota accusativi* auf. In Jdc 1,27 fehlt zudem die schwierige Wendung *š^elošät hannapät*. Sie ist wohl mit G. Dahl als spätere Ergänzung zu dem dritten Ortsnamen Dor zu verstehen.[750] Er liest und übersetzt V. 11b wie folgt: *š^elišitāh nāpat do'r* = "beim dritten Ortsnamen ist das Hügelland von Dor gemeint". Nach Dahl wollte der Glossator das in 17,11 begegnende Dor mit dem "Hügelland von Dor" in Jos 12,23 verbinden.[751]

Ebenso wie V. 11 zeigt V. 12 enge Berührungen mit Jdc 1,27. In beiden Versen ist von dem Unvermögen Manasses die Rede, die Kanaanäer aus den genannten Orten zu vertreiben. V. 12b stimmt im Wortlaut genau mit Jdc 1,27 b überein. V. 13 wiederum stimmt bis auf einige wenige Abweichungen mit Jdc 1,28 überein. Die engen Berührungen von V. 11-13 mit Jdc 1,27f machen es wahrscheinlich, daß V. 11-13 ursprünglich nicht mit der manassitischen Grenzbeschreibung V. 7-10 verbunden waren.[752]

---

[747] So auch A. Elliger, Frühgeschichte, 57-60.

[748] E. Otto, Jakob in Sichem, 238.

[749] Vgl. zu Jdc 1,27 unten § 7/3 b.

[750] G. Dahl, JBL 53, 1934, 381-383.

[751] G. Dahl, JBL 53, 1934, 382; ähnlich M. Ben-Dov, TA 3, 1976, 70-72. *nāpat* ist im Alten Testament immer mit *dôr/do'r* verbunden: Jos 11,2 (Pl.: *nāpôt*); 12,23; I Reg 4,11.

[752] So M. Noth, Das Buch Josua, 105; nach E. Cortese, Josua 13-21, 91 ist Jos 17,11 ff. einem nachpriesterschriftlichen Redaktor zuzuschreiben. Zum Verhältnis von Jos 17,11-13 zu Jdc 1,27 f vgl. § 7/3 b.

Jos 17 setzt in seinem Aufbau zwei Schwerpunkte: es geht zum einen um die Wiedergabe der Genealogie Manasses (V. 1-6) und zum anderen um die Beschreibung der geographischen Verhältnisse des Stammes (V. 7-13). Bei dem letzten Punkt können zum einen die streng auf die Grenzbeschreibung bezogenen (V. 7; 9aα_1; 9b; 10aβb) und zweitens die auf die komplizierte Gebietsverteilung zwischen Manasse und Ephraim bzw. Manasse und Ephraim eingehenden Angaben (V. 8; 9aα_1-aγ; 10aα; 11-13) unterschieden werden. Sie wechseln im Duktus von V. 7-13 ständig miteinander ab:

17,7-13	Grenzbeschreibung von Manasse	Gebietsverteilung zwischen Manasse und Ephraim — Manasse und Kanaan
V. 7	Nord- und Südpunkte	
V. 8		Thappuah und sein Gebiet
V. 9aα_1 (bis *qānâ*)	Bach Kana	
V. 9aα_1-aγ		Orte südlich des Baches Kana
V. 9b	Vom Bach Kana bis zum Meer	
V. 10aα		Ephraim und Manasse
V. 10aβb	Asser und Issachar als Nord- und Ostpunkt	
V. 11-13		Manasse und Kanaan

Die Exegese von Jos 17 zeigt, daß das Kapitel aus unterschiedlichen Quellen gespeist wird. Die genealogischen Angaben in V. 1-6 schöpfen aus Num 26,28-34 und diejenigen über die Beziehung von Manasse zu Kanaan (V. 11-13) aus Jdc 1,27f. Dem Mittelabschnitt V. 7-10 liegen möglicherweise ausführlichere Angaben zum Grenzverlauf zugrunde, die jedoch nur noch in Auswahl verarbeitet sind.[753] Am deutlichsten scheinen die Grenzangaben noch in V. 7 und V. 9aα_1 (bis *qānâ*) erkennbar zu sein, da hier der einheitliche Stil der Grenzbeschreibungen (Perfekt consecutivum + *hagg^{e}bûl*) am

---

[753] Zu diesem Kürzungsverfahren vgl. K. Elliger, ZDPV 53, 1930, 307.

sichtbarsten durchleuchtet. Die zahlreichen Angaben zu den Gebietsüberschneidungen zwischen Manasse und Ephraim haben die ursprünglich wohl detaillierteren Grenzbeschreibungen in den Hintergrund gedrängt. Jos 17,1-13 möchte in seiner jetzigen Gestalt mehr als eine bloße Grenzbeschreibung Manasses sein. Manasse soll als der Erstgeborene Josephs dargestellt, sein enges räumliches Miteinander mit Ephraim und seine Überlegenheit über die Kanaanäer beleuchtet werden.

b) Die Komposition von Jos 16,1-17,13

Die Komposition von Jos 16,1-17,13 macht deutlich, daß es hier um die Darstellung der Grenzen und Gebiete der beiden Stämme Ephraim und Manasse in ihrer Gemeinsamkeit und Unterschiedenheit geht. Im Einleitungsabschnitt 16,1-3 wird die *gemeinsame* ephraimitische und manassitische Südgrenze beschrieben. Im Anschluß daran werden die beiden Stämme *einzeln* vorgestellt (16,5-10; 17,1-13), wobei sowohl bei Ephraim als auch bei Manasse auf drei Angaben besonderes Gewicht gelegt wird: zum einen geht es um die Wiedergabe der Grenzverläufe (16,5-8; 17,7.9aα.9b.10aβb), zum anderen soll die komplizierte Gebietsverteilung zwischen beiden Stämmen expliziert werden (16,9; 17,8.9aβ.10a) und drittens ist die Beziehung zu Kanaan Gegenstand der Erörterung (16,10; 17,11-13). Die Komposition von 16,1-17,13 läßt sich skizzenhaft wie folgt darstellen:

<table>
<tr><td colspan="4">16,1-3: die gemeinsame ephraimitische und manassitische Südgrenze

V. 1aα (bis yōsep) – gliedernde Rahmenbemerkung
V. 1aα-3b – der Grenzverlauf

16,4: "So erhielten die Söhne Josephs, Manasse und Ephraim, Erbbesitz"</td></tr>
<tr><td colspan="2">16,5-10 Ephraim</td><td colspan="2">17,1-13 Manasse</td></tr>
<tr><td rowspan="3">Ephraims Grenzen:
16,5-8</td><td>V. 5abα: gliedernde Rahmenbemerkung</td><td colspan="2">V. 1-6 genealogischer Vorspann</td></tr>
<tr><td>V. 5bβ-8a: Grenzverlauf</td><td rowspan="2">Manasses Grenzen:</td><td>V. 7aα: gliedernde Rahmenbemerkung</td></tr>
<tr><td>V. 8b: gliedernde Rahmenbemerkung</td><td>17,7.9aαb.10aβb: Grenzverlauf</td></tr>
<tr><td colspan="2">Ephraim und Manasse: 16,9</td><td colspan="2">Manasse und Ephraim: 17,8.9aβ.10a</td></tr>
<tr><td colspan="2">Ephraim und Kanaan: 16,10</td><td colspan="2">Manasse und Kanaan: 17,11-13</td></tr>
</table>

5. Ephraim, Manasse und die Kanaanäer

In Jos 16,1-17,13 ist ein komplizierter, aber dennoch durchschaubarer Aufbau erkennbar. Die sehr kritischen Urteile von A. Dillmann, W. Nowack und M. Noth, die beiden Kapitel würden sich durch die Unklarheit ihres Aufbaus und den Mangel an detaillierten Angaben von den sie umgebenden Abschnitten stark abheben, treffen in dieser scharfen Form nicht zu.[754] Innerhalb der beiden Kapitel lassen sich vier Gruppen von Angaben unterscheiden:

1. Die Grenz- und Gebietsangaben spiegeln das geographische Interesse des Abschnittes wider. Es geht um die Festlegung der Grenzen sowie um die Beschreibung der sich teilweise überlappenden Gebiete von Ephraim und Manasse. Die z. T. sehr grobgliedrigen Angaben dürften aus ausführlicheren Grenzpunktlisten entnommen worden sein. Der Bearbeiter hat dabei offenbar zur Vermeidung von Wiederholungen Kürzungen vorgenommen. Die Grobgliedrigkeit dürfte zudem noch auf die Unkenntnis des tatsächlichen Grenzverlaufs zurückzuführen sein. In 16,3b.8aβ; 17,9bβ wurden die Grenzlinien vom Bearbeiter nachträglich zugunsten einer Ideallinie bis zum Mittelmeer durchgezogen. Die Grenz- und Gebietsangaben sind in folgenden Versen greifbar: 16,1aα(ab *miyyarden*)-3b.5bβ-8a.9; 17,7-10.

2. Sowohl in dem Abschnitt über Ephraim als auch in dem über Manasse kommt das Verhältnis beider Stämme zu Kanaan zur Sprache (16,10; 17,11-13). Kanaanäische Bevölkerung lebte im ephraimitischen und im manassitischen Gebiet.

3. Die Grenz- und Gebietsangaben zu Manasse werden durch einen ausführlichen genealogischen Vorspann eingeleitet (17,1-6), der die besondere Situation von Manasses Erbbesitz im West- *und* Ostjordanland mit dem Hinweis auf Verwandschaftsverhältnisse näher erläutert.

4. Die Rahmenbemerkungen in 16,1aα.4.5abα.8b; 17,7aα gliedern nicht nur die beiden Kapitel, sondern sie fügen sie auch in die Grenzbeschreibungen der israelitischen Stämme in Jos 13-19 ein.[755]

Der Aufbau und der Inhalt der beiden Kapitel spiegeln offenbar die besondere historische Situation von Ephraim und Manasse wider. Die zwei Stämme bilden eine in dem Begriff "Haus Joseph" zum Ausdruck kommende

---

[754] A. Dillmann, Numeri, Deuteronomium und Josua, 536 f.; W. Nowack, Deuteronomium und Josua, 214 f.; M. Noth, Aufsätze zur biblischen Landes- und Altertumskunde I, 242.

[755] Ruben: 13,15-23; Gad: 13,24-28; Halbmanasse: 13,29-32; Juda: 15,1-12; Benjamin: 18,11-28; Simeon: 19,1-9; Sebulon: 19,10-16; Issaschar: 19,17-23; Asser: 19,14-31; Naphthali: 19,32-39; Dan: 19,40-48. Die Einleitungssätze finden sich in 13,15.24.29; 15,1; 18,11; 19,1.10.17.24.32.40; die Abschlußbemerkungen stehen in 13,23.28.31; 15,12.20; 19,8.16.23.31.39.48.

Einheit, obwohl sie territorial unterschieden sind. Mit diesem Sachverhalt war der Autor bzw. Redaktor offenbar konfrontiert, weshalb er seine Aufgabe darin sah, "... to delimitate the common block as well as to trace the line of demarcation between its componants".[756] Die Besonderheit der historischen Einheit bei gleichzeitiger territorialer Unterschiedenheit wird in Jos 16f nicht nur im Hinblick auf Ephraim und Manasse, sondern auch bezüglich Manasse allein beleuchtet, da dieser Stamm sowohl im West- als auch im Ostjordanland Erbbesitz hat.

Ist es richtig, in Jos 16f das Problem von historischer Einheit und territorialer Unterschiedenheit von Ephraim und Manasse behandelt zu finden, so schließt dies m. E. die von J. de Geus[757] und E. Otto[758] vertretene Deutung von Jos 16f als Dokument des Vordringens Ephraims gegen Manasse aus. Ebenso sollte Jos 16f nicht als territoriales Korrelat zur Volksüberlieferung von Gen 48,13-14.17-20 gelesen werden.[759] Diese Interpretationen messen der Voranstellung Ephraims vor Manasse und insbesondere 16,4 ein zu großes Gewicht bei. Die Voranstellung Ephraims ist geographisch bedingt, da die Südgrenze dieses Stammes mit derjenigen des Hauses Joseph identisch ist. Die unterschiedliche Reihenfolge in 16,4 ist nicht von entscheidender Bedeutung, da in 17,10f Asser und Issaschar auch miteinander wechseln. Zudem müssen diese Interpretationen aus dem Text ein Expansionsstreben Ephraims herauslesen, das in Jos 16f nicht deutlich ausgesagt ist.

Der in Jos 16f dargestellte Sachverhalt dürfte in seinem Kern, d. h. in der Wiedergabe der Grenzverläufe, bei der Darstellung der komplizierten Gebietsverteilung, bei der Notiz über die Beziehung zu Kanaan, den historischen Tatsachen entsprechen.[760] Die Festlegung der Grenzen war ein unmittelbares Bedürfnis, "soweit die Siedlungsgebiete der einzelnen Stämme tatsächlich aneinanderstießen ...".[761] In der uns in Jos 16f vorliegenden Beschreibung der geschichtlichen Tatbestände sind allerdings noch Elemente

---

[756] J. Simons, Orientalia Neerlandica 1948, 199.

[757] C. H. J. de Geus, The Tribes of Israel, 79 f.

[758] E. Otto, Jakob in Sichem, 244-253.

[759] So H. Seebass, ZDPV 100, 1984, 82 f. Nach der Rekonstruktion des Grenzverlaufs durch E. F. Campbell, FS L. E. Toombs, 72 scheint sogar der Grenzverlauf Manasse und nicht Ephraim zu bevorteilen: "All things considered, it suggests a boundary which favors Manasseh regularly."

[760] S. Mowinckel, Zur Frage nach dokumentarischen Quellen in Josua 13-19,23.

[761] A. Alt, Kleine Schriften I, 198; so auch Y. Aharoni, Das Land der Bibel, 264: Der ursprüngliche Text eines so detaillierten geographischen Verzeichnisses "hätte kaum einem anderen als dem ihm in der Bibel zugeschriebenen Zweck dienen können, nämlich die Stammesgrenzen im Rahmen des Stämmebundes exakt festzuhalten".

hinzugetreten, die auf ein starkes theoretisches Interesse schließen lassen.[762] So entspringt die Durchziehung der Grenzen bis zum Meer in 16,3.8; 17,9 offenbar dem Bedürfnis der Vervollkommnung der unvollkommenen geschichtlichen Tatbestände.[763] Ebenso dient der umfangreiche genealogische Vorspann zur Grenzbeschreibung von Manasse (17,1-6) dem Bedürfnis, die komplizierten territorialen Verhältnisse dieses Stammes zu erklären.[764]

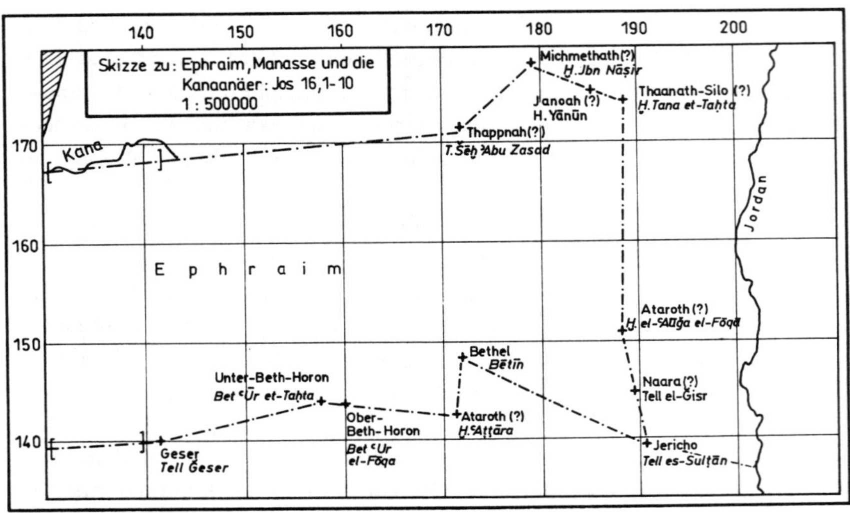

<hr>

[762] A. Alt, Kleine Schriften I, 196.

[763] A. Alt, Kleine Schriften I, 196.

[764] Zur Datierung vgl. A. Alt, Kleine Schriften I, 200; er datiert das System der Stammesgrenzen *sachlich* in die Zeit zwischen Landnahme und israelitischer Staatenbildung; so ähnlich E. Cortese, Josua 13-21, 44; nach S. Mowinckel, Zur Frage nach dokumentarischen Quellen in Josua 13-19, 16-18 sind die in Jos 13-19 beschriebenen Sachverhalte vor der Königszeit undenkbar; H. Seebass, ZDPV 100, 1984, 79 f. sieht in dem aus der Zeit Salomos bekannten Gausystem (I Reg 4,7-19) den *terminus ad quem*; so ähnlich Z. Kallai, Historical Geography, 279 f.; N. Naʾaman, Borders and Districts, 95; nach Y. Aharoni, Das Land der Bibel, 264 f. stimmen die Grenzbeschreibungen mit den Stammeserbteilen aus der Richterzeit überein.

C Ephraim zur Zeit der Richter

§ 6 Der Ephraimspruch im Deboralied: Jdc 5,14a

Der Ephraimspruch im Deboralied zählt zu dem Abschnitt V. 13-18, in dem die Stämme Israels im Mittelpunkt stehen. Es soll in diesem Paragraphen speziell nach dem Verständnis von Jdc 5,14a und nach möglichen historischen Aussagen, die sich aus dem Vers gewinnen lassen, gefragt werden.[1]

---

[1] Aus der Fülle der Literatur zum Deboralied sei hier nur eine subjektive Auswahl getroffen (ohne die Kommentare zum Richterbuch und Spezialuntersuchungen zu einzelnen Versen): P. R. Ackroyd, VT 2, 1952, 160-162; W. F. Albright, JPOS 2, 1922, 69-86; ders., JPOS 2, 1922, 284 f.; ders., BASOR 62, 1936, 26-31; U. Bechmann, Deboralied; J. Blenkinsopp, Bib. 42, 1961, 61-76; C. Bruston, ETR 2, 1927, 489-515; A. Causse, Les Plus Vieux Chants de la Bible, 46-59; M. D. Coogan, CBQ 40, 1978, 143-166; P. C. Craigie, JBL 88, 1969, 253-265; ders., VT 22, 1972, 349-353; ders., JSOT 2, 1977, 33-49; ders., ZAW 90, 1978, 374-381; R. M. Engberg/W. F. Albright, BASOR 78, 1940, 4-7.7-9; G. Garbini, La ParPass 33, 1978, 5-31; G. Gerleman, VT 1, 1951, 168-180; A. Globe, JBL 93, 1974, 493-512; H. Grätz, MGWJ 31, 1882, 193-207; O. Grether, Das Deboralied; P. Haupt, FS J. Wellhausen, BZAW 27, 1914, 191-225; ders., ZAW 34, 1914, 229-231; M. J. Lagrange, RB 9, 1900, 200-225; W. Lotz, NKZ 30, 1919, 191-202; J. Marquart, Fundamente, 1-10; A. D. H. Mayes, VT 19, 1969, 353-360; Th. F. McDaniel, Deborah Never Sang; E. Meier, Übersetzung und Erklärung des Debora-Liedes; A. Müller, Königsberger Studien 1, 1887, 3-21; H. P. Müller, VT 16, 1966, 446-459; E. Nestle, ZDMG 57, 1903, 197 f.; ders., ZDMG 57, 1903, 567; C. Niebuhr, Versuch einer Reconstellation des Deboraliedes; R. Dell'Oca, RevBib 30, 1968, 162-169; T. Piatti, Bib. 27, 1946, 65-106.161-209 (mit umfangreicher Bibliographie) 434; T. H. Rich, JBL 1881, 56-58; P. Riessler, BZ 7, 1909, 260-278; J. W. Rothstein, ZDMG 56, 1902, 175-208.437-485.697-728; 57, 1903, 81-106.344-370; P. Ruben, JQR 10, 1897/98, 541-558; J. Schreiner, Bib. 42, 1961, 173-200.333-358; M. S. Seale, JBL 81, 1962, 343-347; A. Segoud, Le Cantique de Débora; L. E. Stager, VTS 40, 1988, 221-234; K. L. Stephan, Das Debora-Lied; E. Tov, VT 28, 1978, 224-232; A. Weiser, ZAW 71, 1959, 67-97; V. Zapletal, Das Deboralied; H.-J. Zobel, Stammesspruch und Geschichte.

1. Jdc 5,14aα

a) Die Wiedergabe in den alten Versionen

α) Septuaginta

LXX[A]: λαὸς Εφραιμ ἐτιμωρήσατο αὐτοὺς ἐν κοιλάδι
"Das Volk Ephraim rächte sich an ihnen in der Ebene ..."

LXX[A] läßt *minnî* unübersetzt. Die Verwendung von λαὸς ist entweder Angleichung an V. 14aβ, wo ἐν λαοῖς σου begegnet oder vom Anfang der 2. Hälfte von V. 13 an den Anfang der 1. Hälfte von V. 14 gestellt worden.[2] An Stelle von *šåršām* bietet LXX[A] ἐτιμωρήσατο αὐτούς, sie scheint damit *šikkᵉlām* vorauszusetzen.[3] Die Lesart ἐν κοιλάδι als Übertragung von *baᶜᵃmāleq* läßt auf *bᵉᶜemäq* als Vorlage schließen.

LXX[B]: ἐξ ἐμοῦ Εφραιμ ἐξερρίζωσεν αὐτοὺς ἐν τῷ Αμαληκ.
"Von mir – Ephraim rottete sie in Amalek aus."

LXX[B] deutet die poetische Form von *min* mit *Ḥiräq compaginis*[4] als *min* + Suffix 1. Sg. com. "Ephraim" wird ebenso wie bei LXX[A] korrekt mit Εφραιμ wiedergegeben. LXX[B] überträgt *šåršām* mit ἐξερρίζωσεν αὐτούς, was vielleicht auf *gerāšām* schließen läßt.[5] In der Übertragung von *baᶜᵃmāleq* stimmt LXX[B] mit MT überein: ἐν τῷ Αμαληκ.

β) Theodotion

Θ': ὁ λαὸς εφραιμ ἐτιμωρήσατο αὐτοὺς ἐν κοιλάδι ...
"Das Volk Ephraim rächte sich an ihnen in der Ebene ..."

---

[2] λαός begegnet in Jdc 5 noch in V. 2.9.11.12.13.14 (bis).18.

[3] In Ez 5,17; 14,15 wird *škl Piᶜel* jeweils mit dem Verb τιμωρεῖν wiedergegeben; vgl. noch Prov 22,3; zur Übertragung von LXX[A] vgl. J. Schreiner, Septuaginta-Massora, 84; E. Tov, VT 28, 1978, 224-232.

[4] Zu *minnî* als poetischer Nebenform von *min* vgl. W. Gesenius/E. Kautzsch, Hebräische Grammatik, § 102 b; P. Joüon, Grammaire, § 93 q.103 d.

[5] ἐκριζοῦν wird von LXX zur Wiedergabe von *grš Piᶜel* (Zeph 2,4), *ntš* (Jer 1,10); *ᶜqr Nifᶜal* (Zeph 2,4), *ᶜqr Ithpe* (Dan 7,8) verwendet.

Die Übertragung von Jdc 5,14aα durch Theodotion stimmt mit der Wiedergabe von LXX überein.

γ) Targum

mdbyt 'prym qm yhwš^c br nwn qdmwt' 'gyḥ qrb' bdbyt ^cmlq
"Aus dem Haus Ephraim kam Josua, der Sohn Nuns, der als erster gegen das Haus Amalek kämpfte."

Targum paraphrasiert V. 14aα, indem er darauf hinweist, daß Josua aus dem Haus Ephraim der erste gewesen sei, der gegen das Haus Amalek gekämpft habe.

δ) Peschitta

mn 'prym w^cbdwhy b^cmlq
"... aus Ephraim, dessen Taten in Amalek (geschehen) ..."[6]

Die syrische Übertragung von Jdc 5,14aα weicht sowohl von MT als auch von LXX und Targum ab und bietet dafür eine eigene Übersetzung.

ε) Vulgata

Ex Ephraim delevit eos in Amalec ...
"Aus Ephraim hat er sie in Amalek vernichtet ..."

Die lateinische Übertragung kommt der Wiedergabe von LXX^B am nächsten.
Keine der alten Versionen übersetzt V. 14aα entsprechend dem masoretischen Text. Vor allem das suffigierte Nomen *šoräš* wird von keiner der Versionen übertragen, vielmehr tritt an dessen Stelle jeweils eine Verb-(LXX^{A+B}, Θ', T, V) bzw. Nominalform (P), die in ihren Bedeutungen wesentlich von *šåršåm* abweichen. Trotz der unterschiedlichen Wiedergabe von V. 14aα stimmen die alten Versionen jedoch bis auf V insofern überein, als sie Ephraim ein erfolgreiches kriegerisches Unternehmen zuschreiben.

---

[6] Verb in Klammer ergänzt.

b) Jdc 5,14aα in der wissenschaftlichen Diskussion

Der Vielfalt in den Übertragungen von Jdc 5,14aα in den alten Versionen entspricht die Vielfalt der Textänderungen mitsamt ihren unterschiedlichen Interpretationen, von denen hier einige wichtige Positionen dargestellt werden sollen.[7]

α) Nach H. Winckler ist in V. 14aα "aus Ephraim, dessen Wurzel in Amalek ist" "sprachlich ebenso unmöglich, wie sachlich falsch".[8] Er liest deshalb für *šåršām* die Verbalform *šārû*, die er aus dem babylonisch-assyrischen Verb *šāru* "senken, niederlassen" ableitet.[9] Statt *ba^{ca}māleq* liest er *b^{ec}emäq* und übersetzt den Versteil zusammen mit dem übrigen Vers folgendermaßen: "aus Ephraim stiegen herab ins tal, von Makhir stiegen herab stabtragende führer, und von Zebulon solche, die den Stab halten (= häuptlinge)".[10] Mit diesen Konjekturen erhält er gleiche die Einzelverse verknüpfende Ausdrücke *yār^{e}dû – šārû* und *mo^{se}kîm b^{e}šebät – m^{e}ḥoq^{e}qîm*. In dieser Interpretation des Versteils sind ihm u. a. K. Budde[11], E. Meyer[12], V. Zapletal[13], P. Riessler[14], P. Haupt[15] und G. F. Moore[16] gefolgt.

β) M. J. Lagrange liest für *šåršām* das Nomen *sālîšîm* "Adjutanten" und für *ba^{ca}māleq* ebenso wie Winckler *b^{ec}emäq*: "D'Ephraim 'des capitaines' sont 'dans la vallée' ...".[17] In ähnlicher Richtung wie M. J. Lagrange ändert E. Sellin den Text von V. 14aα ab, indem er für *šåršām ba^{ca}māleq* die Lesart *'ā^{se}rû šārim* "Fürsten schritten" vorschlägt.[18] Er rechtfertigt die Textänderung mit der Nennung der Führer bei allen Stämmen außer bei Ephraim und Benjamin. Die Entstehung von *šåršām* könne leicht durch

---

[7] Ein Kurzreferat wichtiger Auslegungen zu 5,14aα findet sich bei Ulrike Bechmann, Deboralied, 66-68; Die Behandlung textkritischer Fragen spielt gerade im Deboralied eine entscheidende Rolle, da hier wichtige Vorentscheidungen für das Verständnis eines Verses fallen; vgl. J. A. Soggin, ThLZ 106, 1981, 627.

[8] H. Winckler, Altorientalische Forschungen II, 193.

[9] H. Winckler, Alttestamentliche Untersuchungen, 131 Anm. 1.

[10] H. Winckler, Altorientalische Forschungen II, 193.

[11] K. Budde, Das Buch der Richter, 44 f.

[12] E. Meyer, Die Israeliten und ihre Nachbarstämme, 392.

[13] V. Zapletal, Das Deboralied, 16.33.

[14] P. Riessler, BZ 7, 1909, 266 f.; er zerlegt *šåršām* in *šar šām* "es zog dorthin".

[15] P. Haupt, FS J. Wellhausen, 193.203.217.

[16] G. F. Moore, Judges, 150-152; A. Globe, ZAW 87, 1975, 171.

[17] M. J. Lagrange, RB 9, 1900, 223.

[18] E. Sellin, FS O. Procksch zum 60. Geburtstag, 158.

Haplographie des *r* erklärt werden.[19] Sellins Vorschlag wurde von O. Grether[20] und in jüngster Zeit von J. A. Soggin[21] übernommen.

γ) Nach T. Piatti fügt sich am besten die Lesart *mᵉšorᵉšîm* (Ptz. *Poᶜel*) an Stelle von *šåršām* als gute Parallele zu *mᵉḥoqᵉqîm* (V. 14bα) in den Kontext des Verses ein. Sie könne bei defektiver Schreibung und Haplographie von *m* leicht mit *šåršām* verwechselt werden.[22] Ebenso wie H. Winckler, M. J. Lagrange u. a. liest er *bᵉᶜemäq* für *baᶜᵃmāleq*.[23]

δ) Im Unterschied zu den Textänderungsvorschlägen von H. Winckler, M. J. Lagrange und T. Piatti versucht E. Täubler, den Textbestand ohne jede Änderung zu belassen.[24] Er geht davon aus, daß der Bileam-Vers in Num 24,20 "Der Anfang der Völker war Amalek, aber sein Ende führt zum Untergang"[25] an Jdc 5,14aα erinnere, da in beiden Versen etwas Hervorhebendes über Amalek und Ephraim ausgesagt werde. Eine sprachliche Beziehung zwischen beiden Versen lasse sich nicht verkennen. Die Präposition *bᵉ* vor *ᶜᵃmāleq* versteht er als *bᵉ-essentiae* und interpretiert den ganzen Versteil so, daß Ephraims Wurzeln von der Eigenschaft derjenigen von Amalek seien.[26] Der Vers besage, daß Ephraim so eifrig zum Kampf sei, "wie es im Vergleich von keinem anderen Volk so sehr als von den Amalekitern gesagt werden konnte".[27] Täublers Interpretation des Verses wurde von H. W. Hertzberg übernommen: "... von Ephraim, deren Sprossen wie Amalek ..."[28]

ε) A. Weiser versteht V. 14-15b als Teil eines liturgischen Rahmens und als Fortsetzung des Aufrufs von V. 12b.13, der sich nun an die einzelnen Stammesführer wende und inhaltlich deren Einordnung in die Prozession zum Gegenstand habe.[29] Nach Weiser sind V. 14-17 eine Art "Anwesenheitsliste bei der Feier".[30] Er ändert den Text von V. 14aα ab und liest *mᵉ'aššᵉrîm lāᶜemäq* "Führer talwärts", da der Vers verderbt sei und "in Amalek" kaum erklärbar sei.[31]

---

[19] E. Sellin, FS O. Procksch zum 60. Geburtstag, 158.

[20] O. Grether, Das Deboralied, 42.

[21] J. A. Soggin, Judges, 82.88 f.; ders., ThLZ 106, 1981, 631.

[22] T. Piatti, Bib. 27, 1946, 181.

[23] T. Piatti, Bib. 27, 1946, 181 f.

[24] E. Täubler, Biblische Studien, 136-141.

[25] Übersetzung nach M. Noth, Das 4. Buch Mose, 151.

[26] E. Täubler, Biblische Studien, 137.

[27] E. Täubler, Biblische Studien, 138.

[28] H. W. Hertzberg, Die Bücher Josua, Richter, Ruth, 172 + Anm. 3.

[29] A. Weiser, ZAW 71, 1959, 84.

[30] A. Weiser, ZAW 71, 1959, 84.

[31] A. Weiser, ZAW 71, 1959, 86.

ζ) Einen weiteren Textänderungsvorschlag führte W. Richter in die wissenschaftliche Diskussion ein.[32] Da die Emendation *b^ec^emäq* schwerlich zu V. 14aβ passe, geht er über zu ugaritisch *^cmq* II "tüchtig, stark, fest" und akkadisch *^amēl^emūgi* = Soldaten: "Dann kann hier 'Macht' = 'Streitmacht' gemeint sein, das zu Amalek korrumpierte."[33] Durch die zusätzliche Änderung von *šåršām* in *śārîm* kommt er zu folgender Übersetzung von V. 14aα: "Von Ephraim Fürsten mit ihrer Streitmacht ..."[34]

η) R. Tournay sieht in *š^erîśîm* (= *ś^erîśîm*) *b^ec^emäq* den ursprünglichen Text von Jdc 5,14. Die Lesart *b^ec^emäq* sei durch LXX[A] und andere Textzeugen gesichert und verbinde sich gut mit V. 15b, wo der gleiche Ausdruck verwendet werde.[35] Bei der Emendation von *šåršām* in *š^erîśîm* müsse lediglich die defektive Schreibweise berücksichtigt werden.[36] Er übersetzt V. 14aα deshalb entsprechend: *"D'Éphraïm, les officiers sont dans la plaine ..."*[37] Nach R. Tournay ist der jetzige masoretische Text das Ergebnis einer beabsichtigten gegen Ephraim und Samaria gerichteten Überarbeitung jüdischer Schreiber aus dem 2. Jh. v. Chr.[38]

θ) Ebenso wie E. Täubler verändert H.-J. Zobel den masoretischen Text von V. 14aα nicht.[39] Er gelangt allerdings zu einer von E. Täubler wesentlich unterschiedenen Interpretation des Verses.[40] Nach ihm besagt der Vers, daß kleine Teile von Amalekitern sich im Laufe der Zeit im mittelpalästinischen Raum noch vor der Einwanderung der Israeliten festgesetzt hatten.[41] So sei der Kampf Sauls gegen die Amalekiter nur dann ganz verständlich, "wenn es sich nicht um die für Saul im fernen Süden befindlichen Amalekiter handelte, sondern um solche, die in nächster Nähe Benjamins waren".[42] V. 14aα bringe zum Ausdruck, daß Ephraimiten, die in dieser Gegend auf den mittelpalästinischen Gebirgszügen festen Fuß gefaßt hatten, dem Aufruf der Debora zum Kampf gegen die kanaanäischen Herren im Norden gefolgt seien und sich dem voranziehenden benjaminitischen Heerbannaufgebot

---

[32] W. Richter, Traditionsgeschichtliche Untersuchungen, 77 f.
[33] W. Richter, Traditionsgeschichtliche Untersuchungen, 78.
[34] W. Richter, Traditionsgeschichtliche Untersuchungen, 78.
[35] R. Tournay, RB 71, 1964, 508.
[36] R. Tournay, RB 71, 1964, 509.
[37] R. Tournay, RB 71, 1964, 509.
[38] R. Tournay, RB 71, 1964, 511.
[39] H.-J. Zobel, Stammesspruch und Geschichte, 44-47.
[40] H.-J. Zobel, Stammesspruch und Geschichte, 45.
[41] H.-J. Zobel, Stammesspruch und Geschichte, 45.
[42] H.-J. Zobel, Stammesspruch und Geschichte, 46.

angeschlossen hätten.[43] Die gleiche Interpretation des Verses geben R. G. Boling[44] und H. Cazelles.[45]

ι) Als Reaktion auf den Aufsatz von H. Cazelles trug M. Rose einen weiteren Textänderungsvorschlag vor.[46] Er geht von der Lesart des masoretischen Textes aus und nimmt an, "daß es durch falsche Worttrennung im Laufe der Überlieferung zu der heute kaum verständlichen Lesung kam ...".[47] Sein neuer Vorschlag lautet: *minnî 'äprayim šārû šib^{c}im m^{e}lākîm* "aus Ephraim brachen siebzig Könige auf". In V. 14aα liege der Vorgang der Elimination fremdgewordener Tradition vor. Nachdem späteren Textauslegern die "70 Könige aus Ephraim" als nicht sinnvoll erschienen, setzte der Prozeß "vom rekonstruierten Text zu jener späteren Textform, wie sie dann (in Abwandlungen) von der gesamten Textüberlieferung bezeugt" werde, ein.[48] Hinter dieser "70 Könige"-Tradition stehe "die Vorstellung einer größeren, geschlossenen Gruppe von Führergestalten, die nach dem Ausweis der Belege wohl im ephraimitischen Bergland zu suchen" sei.[49]

κ) Nach A. Caquot bezeichnet *šåršām* an dieser Stelle nicht "Wurzel", sondern "Nachkommenschaft": "Le nom *šoreš* ne signifie probablement pas ici 'racine', mais 'postérité', comme en Isaïe 11,10 et 14,29, comme l'ougaritique *šrš* en KTU 1.17,I,25 et comme l'araméen ^{c}qr dans le traité de Sfiré (III,1)."[50] Die Aussage, daß Ephraim eine Nachkommenschaft in Amalek habe, könne man nur satirisch verstehen.

λ) Th. F. McDaniel vokalisiert *šršm* als Partizip Pl. m. st. abs. *Qal šor^{e}šîm* und leitet dies von der ägyptischen Wurzel *šrš* "schnell sein, herbeieilen (zur Hilfe)" ab. Der Verfasser habe ein Wortspiel mit Ephraim herstellen wollen, "as though it were a dual noun from *'pr* 'quick, active' ... or from *pr'* 'run, be quick'. The participle *šršym* and the name *'prym* could suggest 'quick, hurrying ones'".[51] Er übersetzt V. 14aα dann mit "Some from Ephraim, hastening through Amalek ...".[52]

---

[43] H.-J. Zobel, Stammesspruch und Geschichte, 46.

[44] R. G. Boling, Judges, 102.111.

[45] H. Cazelles, VT 24, 1974, 235-238.

[46] M. Rose, VT 26, 1976, 447-452.

[47] M. Rose, VT 26, 1976, 448.

[48] M. Rose, VT 26, 1976, 449.

[49] M. Rose, VT 26, 1976, 451.

[50] A. Caquot, Sem. 36, 1986, 58.

[51] T. F. McDaniel, Deborah Never Sang, 204.

[52] T. F. McDaniel, Deborah Never Sang, 203.

Übersicht über wichtige Textänderungsvorschläge in V. 14aα

"von Ephraim stiegen herab ins Tal" (H. Winkler u. a.)
"von Ephraim verteilten sie sich in der Ebene" (C. F. Burney)[53]
"von Ephraim - Adjutanten sind in der Ebene" (M. J. Lagrange u. a.)
"aus Ephraim schritten Fürsten in die Ebene" (O. Grether u. a.)
"aus Ephraim haben sie sich in der Ebene festgesetzt" (T. Piatti)
"aus Ephraim (gingen) Führer talwärts (A. Weiser)
"Von Ephraim Fürsten mit ihrer Streitmacht" (W. Richter)
"aus Ephraim, die Führer sind in der Ebene" (R. Tournay)
"aus Ephraim brachen 70 Könige auf" (M. Rose)
"einige aus Ephraim, die durch Amalek eilten ..." (Th. F. McDaniel)

c) Exegese

In kritischer Auseinandersetzung mit den im vorausgehenden Abschnitt
referierten Textänderungsvorschlägen soll V. 14aα nun exegesiert werden.

V. 14aα wird ebenso wie V. 14bα mit der Präposition *min* eingeleitet, die
hier in ihrer erweiterten auf die Poesie beschränkten Form *minnî* (<* *min* +
Ḥiräq compaginis) erscheint.[54] Diese Langform begegnet achtmal im Psal-
menbuch[55], achtzehnmal im Hiobbuch[56] sowie je zweimal in Jes 46,3; Mi
7,12; Jdc 5,14. Jes 30,11 ist die einzige Stelle, an der die Präposition in der
Form *minnê* begegnet. Ebenso wie in Jdc 5,14aα.bα (Ephraim und Machir)
steht sie in Ps 68,32 (Ägypten) und Mi 7,12 (Assur und Ägypten) vor einem
Ländernamen. "Ephraim" als Bezugswort zur Präposition *minnî* begegnet in
Jdc 5 nur an dieser Stelle.

Das Referat der Textänderungsvorschläge zu *šåršām* hat gezeigt, daß die
Mehrzahl der Gelehrten nicht an dieser Lesart festhält. Im folgenden soll
versucht werden, in kritischer Diskussion der Textänderungen die Lesart
šåršām als ursprüngliche Lesung zu verteidigen. Dies läßt sich m. E. mit
folgenden Argumenten tun:

---

⁵³ C. F. Burney, The Book of Judges, 132 f.
⁵⁴ Vgl. dazu W. Gesenius/E. Kautzsch, Hebräische Grammatik, § 102 b; P. Joüon, Gram-
maire, §§ 93 q.103 d; R. Meyer, Hebräische Grammatik II, 178.
⁵⁵ Ps 44,11.19; 45,9; 68,32; 74,22; 78,2.42; 88,10; davon 3 x vor indeterminierten Nomina:
Ps 74,22; 78,2; 88,10.
⁵⁶ Hi 6,16; 7,6; 9,3.25; 11,9; 12,22; 14,11; 15,22.30; 16,16; 18,17; 20,4; 28,4; 30,30; 31,7;
33,18.23.30; bis auf Hi 31,7 jeweils vor indeterminierten Nomina.

α) Die Lesung *šåršām* ist gegenüber den meisten Änderungsvorschlägen als *lectio difficilior* anzusehen, da fast alle Änderungen mit Angleichungen an den Kontext von V. 14aα begründet werden. H. Winckler gleicht mit seiner Konjektur *šārû* an *yārᵉdû* (V. 14bα) an[57], M. J. Lagrange begründet seine Textänderung in *šālîšîm* mit der Nennung der Führer bei allen Stämmen außer bei Ephraim und Benjamin[58], und nach T. Piatti fügt sich die Lesart *mᵉšorᵉšîm* als gute Parallele zu *mᵉhoqᵉqîm* in den Vers ein.[59]

β) Jede Textänderung verkürzt oder erweitert das Nomen *šåršām* und damit die Konsonantenfolge *šršm* um ein bis zwei Konsonanten. Bei der Änderung in *šārû* (H. Winckler u. a.) werden die beiden letzten Konsonanten *šm* nicht mehr berücksichtigt, bei *šālîšîm* (M. J. Lagrange u. a.), *'ašᵉrû* (O. Grether u. a.), *mᵉ'aššᵉrîm* (A. Weiser) und *śārîm* (W. Richter) sind die Erweiterungen mit *l*, *'* und die Elision von *š* bzw. *m* schwer erklärbar, bei *śᵉrîśîm* (R. Tournay) bereitet der Wechsel von *ś* und *s* Schwierigkeiten und bei *šārû šibᶜîm* (M. Rose) ist die verschiedene Konsonantenfolge schwierig. Am einleuchtendsten − wenn man überhaupt den Text ändern will! − scheint noch die Lesung *mᵉšorᵉšîm* (T. Piatti) als Haplographie von *m*.

γ) Die häufige Änderung von *šåršām* in *šārû* ist insoweit schwierig, als die Bedeutung des Verbs *šur* nicht ganz gesichert ist.[60] Es begegnet im Alten Testament nur an drei textkritisch sehr umstrittenen Stellen: Jes 57,9; Ez 27,25; Cant 4,8. In der Diskussion um die korrekte Übersetzung des Verbs hat P. Wernberg-Møller darauf aufmerksam gemacht, daß es sowohl in Jes 57,9 als auch in Ez 27,25 von LXX mit "zahlreich machen" übersetzt werde: Jes 57,9: καὶ ἐπλήθυνας; Ez 27,25: ἐν τῷ πλήθει.[61] Dies könne sicherlich kein Zufall sein, selbst unter der Annahme, daß der Übersetzer von Jes 65,9 der gleiche wie der von Ez 27,25 gewesen sei. Er geht deshalb davon aus, "that in these two passages the translator(s) realized a meaning of the words in question which was later forgotten".[62] Ebenso wie in Jes

---

[57] H. Winckler, Altorientalische Forschungen II, 193.

[58] M. J. Lagrange, RB 9, 1900, 223.

[59] T. Piatti, Bib. 27, 1946, 181 f.

[60] HAL³, 1346.

[61] P. Wernberg-Møller, VT 8, 1958, 307 f.

[62] P. Wernberg-Møller, VT 8, 1958, 307; zum schwierigen Text von Ez 27,25 vgl. G. Dalman, Arbeit und Sitte in Palästina VI, 160, der *šᵉyārôt* "Karawanen" für *šārôt* liest; C. G. Howie, The Date and Composition of Ezekiel, 60 schlägt die Lesung *šᵉkiyyôt* "Schiffe" an Stelle von *šārôt* vor; vgl. außerdem zu Ez 27,25 H. P. Rüger, Das Tyrosorakel Ez 27, S. 16; W. Zimmerli, Ezechiel, 633.

65,9; Ez 27,25 ist in Cant. 4,8 der Text nicht ganz gesichert, wo vielleicht *tāsûrî* für *tāšûrî* zu lesen ist.[63]

δ) Das Nomen *šoräš* begegnet im Alten Testament an 33 Stellen[64], wobei sich an ca. 10 Stellen die konkrete Bedeutung "Wurzel des Baumes bzw. Weinstocks" greifen läßt.[65] An den restlichen Stellen wird es ausschließlich metaphorisch gebraucht. Innerhalb dieser letzten Gruppe fallen als Vergleichsstellen zu Jdc 5,14aα besonders Hos 9,16 und Am 2,9 auf, da hier das Nomen ebenso wie in Jdc 5,14aα mit einem Stammesnamen in Verbindung steht. In Hos 9,16 ist davon die Rede, daß Ephraim geschlagen und seine Wurzel vertrocknet sei. Der Vers steht im Kontext des Abschnittes Hos 9,10-17, in dem der Gegensatz zwischen der Liebe Jahwes zu seinem Volk und Israels Treulosigkeit beschrieben werden. Ephraim wird als Folge seiner Untreue der Tod angekündigt.[66] Am 2,9 zählt zu dem Israelspruch 2,6-16, in dem in den Versen 9-12 Gottes gute Taten an Israel geschildert werden, wozu auch die Vernichtung der Wurzeln der Amoriter zählen.[67] Hos 9,16; Am 2,9 zeigen zumindest soviel, daß die Rede von der "Wurzel Ephraims" und das Bild von der "Wurzel" eines Stammes ein im Alten Testament geläufiges Motiv ist, was für die Beibehaltung des masoretischen Textes in Jdc 5,14aα spricht.

Ebenso wie bei *šåršäm* soll die Lesart *ba^{ca}māleq* im folgenden als zum ursprünglichen Text gehörig verteidigt werden.

α) Die Änderung des Textes in *b^{ec}emäq* ist gegenüber der Lesung *ba^{ca}māleq* als *lectio facilior* anzusehen, da sie den Halbvers geschickt in den geographischen Rahmen der Deboraschlacht einordnet und ihn somit in das Gefüge von Jdc 4 f. einpaßt.[68] Nach Jdc 4,6 f.9 f.13 fand die Schlacht zwischen Barak und Debora auf der einen und Sisera auf der anderen Seite in der Jesreelebene statt.

---

[63] Vgl. BHK z. St.; zu Cant. 4,8 vgl. A. Bertholet, FS W. W. Baudissin, 47, Anm. 1; J. Boehmer, MGWJ 80, 1936, 452, der *tbw'y* und *tšwry* als Doppelbegriff interpretiert: "komm schaun"; A. Vaccari, Bib. 28, 1947, 398 f.; G. Gerleman, Das Hohelied, 151; O. Keel, Das Hohelied, 144-148.

[64] Dtn 29,17; Jdc 5,14; II Reg 19,30; Jes 5,24; 11,1.10; 14,29.30; 37,31; 53,2; Jer 17,8; Ez 17,6.7.9 (bis); 31,7; Hos 9,16; 14,6; Am 2,9; Mal 3,19; Ps 80,10; Prov 12,3.12; Dan 11,7; Hi 8,17; 13,27; 14,8; 18,16; 19,28; 28,9; 29,19; 30,4; 36,30.

[65] Dtn 29,17; Jer 17,8; Ez 17,6.7.9 (bis); 31,7; Ps 80,10; Hi 14,8; 30,4.

[66] Zur Exegese von Hos 9,16 vgl. H. W. Wolff, Hosea, 218; W. Rudolph, Hosea, 186; J. Jeremias, Der Prophet Hosea, 125; H.-D. Neef, Die Heilstraditionen Israels, 66-75.

[67] Zur Exegese von Am 2,9 vgl. H. W. Wolff, Joel.Amos, 204 f.

[68] So auch J. A. Soggin, ZDPV 98, 1982, 59. Auf der gleichen Seite in Zeile 15 muß es statt "Aus Ephraim diejenigen, deren Wurzeln in Ephraim (*sic!*) sind ..." richtig "Aus Ephraim diejenigen, deren Wurzeln in Amalek (!) sind ..." heißen.

β) Bei der Lesung *b^ec^emäq* ist der Wegfall von *l* nicht ganz leicht zu erklären, da dieser Konsonant aufgrund seiner charakteristischen Schreibung kaum mit einem anderen Konsonanten verwechselt oder übersehen werden kann.

γ) Der Wortlaut des masoretischen Textes ist in sich durchaus verständlich: " Aus Ephraim diejenigen, deren Wurzel in Amalek ist." Unter Amalek versteht das Alte Testament einen dem Stammbaum des Esau angegliederten nomadischen Stämmeverband (Gen 36,12.16)[69], der gegen Ende des 2. Jahrtausends v. Chr. auf der Sinaihalbinsel und an den Rändern des palästinischen Kulturlandes lebte. Nach Gen 14,7 siedelte er bei Kades-Barnea und nach Num 13,29 wohnten die Amalekiter im Südland.[70] Da sie von hier aus gelegentlich Raubzüge gegen das Kulturland unternahmen (I Sam 30,1.18), bezeichnet sie das Alte Testament als die Feinde Israels (Jdc 3,13; 6,3.33; 7,12; 10,12). Nach Ex 17,8-16 war es bereits bei der Wüstenwanderung zu einem Zusammenstoß mit den Amalekitern gekommen, was zu einer tiefen Feindschaft zwischen ihnen und Israel führte (Dtn 25,17.19; I Sam 15,2). Siege über die Amalekiter werden Saul (I Sam 14,48; 15) und David (I Sam 27,8; 30,18) zugeschrieben.[71] In außerbiblischen Quellen sind die Amalekiter m. W. bisher nicht belegt.[72]

Der masoretische Text will offenbar besagen, daß Teile des Stammes Ephraim im Gebiet der Amalekiter zu suchen sind. Dieses Verständnis des

---

[69] Gen 14,7; 36,12.16; Ex 17,8-11.13.14.16; Dtn 25,17.19; Num 13,29; 14,25.43.45; 24,20; Jdc 3,13; 5,14; 6,3.33; 7,12; 10,12; 12,15; I Sam 14,48; 15,2.3.5-8.15.18.20.32; 27,8; 28,18; 30,1.18; II Sam 1,1.8.13; 8,12; Ps 83,8. Nach M. Weippert, Edom, 252.294 ist eine sprachliche Erklärung des Namens nicht möglich; man könne höchstens arab *c^imlāq*, Pl. *c^amāliqa* "groß, Riese" vergleichen; aber dieses Wort sei wohl ein Reflex des biblischen Namens "Amalek".

[70] Vgl. dazu die Angaben bei Eusebius, Das Onomastikon der biblischen Ortsnamen 16,5-11.

[71] Zur Frage der Historizität dieser Kriegszüge vgl. M. Weippert, Edom, 264: "So weit die hier genannten Kriegszüge Sauls nicht anderweitig bezeugt sind, kann ihre Historizität nicht als gesichert angesehen werden. Man wird im Gegenteil annehmen dürfen, daß sie erfunden sind."

[72] Zu "Amalek" vgl. T. Nöldeke, Ueber die Amalekiter und einige andere Nachbarvölker der Israeliten, 11-19; H. Guthe (Hrsg.), Kurzes Bibelwörterbuch, 28; E. Meyer, Die Israeliten und ihre Nachbarstämme, 389-399; A. Alt, Art.: Amaleqiter, in: Reallexikon der Vorgeschichte Bd. 1. 147; F.-M. Abel, Géographie de la Palestine Bd. 1, 270-273; E. Kalt, Biblisches Reallexikon Bd. 1, 79 f.; J. Simons, The Geographical and Topographical Texts of the Old Testament, § 8; R. Bach, Art.: Amalek, in: BHH 1,77; A. van den Born, Art.: Amalek, in: Bibel-Lexikon, hrsg. von H. Haag, 56 f.; J. H. Grønbaeck, StTh 18, 1964, 26-45; B. P. Robinson, JSOT 32, 1985, 15-22; M. Görg, BN 40, 1987, 14 f.

Verses wird gestützt durch die Angaben in Jdc 12,15, wo die Grabstätte des Richters Abdon mit "Pireathon im Land Ephraim auf dem Gebirge/Berg der Amalekiter" angegeben wird.[73] Da Pireathon wahrscheinlich mit dem heutigen *Farᶜatā* (166.177) zu identifizieren ist, wird damit die Gegend des "Gebirges/Berges Amalek" ca. 10 km südwestlich des heutigen *Nāblus* zu suchen sein.[74] Weitere Angaben über Amalek selbst und dessen Verhältnis zu Ephraim lassen sich allerdings aus dieser kurzen Notiz nicht entnehmen. Ob man daraus schließen kann, daß sich irgendeine Gruppe umherstreifender Amalekiter hier aufgehalten habe, die dann später von den Ephraimiten vernichtet worden seien[75] oder daß diese Amalekiter als eigenständige Gruppe anzusehen seien und unter keinen Umständen mit dem viel weiter entfernt in der südlichen Wüste beheimateten Erbfeind Israels in Verbindung gebracht werden können[76], muß letztlich offen bleiben. Die Wahrscheinlichkeit spricht m. E. für die letztere Vermutung, da auffallend ist, daß der an sich im Süden Palästinas siedelnde Stamm Amalek im Richterbuch nicht als *der* Hauptfeind schlechthin dargestellt wird. Otniel kämpft gegen Kusan-Risathaim aus Mesopotamien (Kap. 3), Ehud gegen Eglon von Moab (3), Samgar gegen die Philister (3), Barak und Sisera gegen die Kanaanäer (4), Gideon gegen Midian (6-9), Jephta gegen Ammon (10-12) und Simson gegen die Philister (13-16). Offenbar spielte Amalek als Feind keine entscheidende Rolle in dieser Periode der Geschichte der nördlichen Stämme.[77]

---

[73] Diese Notiz in Jdc 12,15 ist in der alttestamentlichen Wissenschaft nicht unumstritten; so schließt K. Budde, Das Buch der Richter, 90 die Annahme einer Glosse aus dem verdorbenen 5,11 nicht aus; für J. A. Soggin, Judges, 224 ist 12,15 "a doubtful reading"; J. H. Grønbaeck, StTh 18, 1964, 28 billigt der Stelle allerdings durchaus Glaubwürdigkeit zu: "Ratsam ist es aber nicht, das 'Amalek' in Ri 5,14 fortzu'emendieren', denn die Verbindung Amaleks mit Ephraim wird ja eben durch Ri 12,15 bestätigt, wo ein 'Berg der Amalekiter' in Ephraim vorkommt." Vgl. noch C. F. Keil, Josua, Richter und Ruth, 239.

[74] Zur Identifikation von *Farᶜatā* (166.177) mit Pireathon vgl. F.-M. Abel, RB 34, 1925, 206; A. Alt, PJ 27, 1931, 29-31; K. Elliger, JPOS 18, 1938, 11 Anm. 4; Y. Aharoni, Das Land der Bibel, 444; J. A. Soggin, ZDPV 98, 1982, 59 f. (Soggins Koordinatenangaben von *Farᶜatā* 166.167 sind falsch!); N. Naʾaman, BN 50, 1989, 11-16; E. A. Knauf, BN 51, 1990, 19-24; gegen die Gleichsetzung mit *Farᶜatā* hat sich W. F. Albright, BASOR 19, 1925, 7 ausgesprochen.

[75] So die Vermutung von J. H. Grønbaeck, StTh 18, 1964, 28.

[76] So die Erwägung von J. A. Soggin, ZDPV 98, 1982, 59; vgl. auch ders., ThLZ 106, 1981, 631; Diana Edelman, JSOT 35, 1986, 71-84, bes. 72.

[77] J. H. Grønbaeck, StTh 18, 1964, 28.

δ) Jdc 5,14aα zählt zu dem größeren Abschnitt V. 13-18[78], in dem sowohl die an dem Krieg beteiligten als auch die nichtbeteiligten Stämme aufgezählt werden. In V. 13-15a.18 ist von denjenigen Stämmen die Rede, die dem Aufgebot folgten und in V. 15b-17 von denen, die ihm fernblieben. Den einzelnen Worten innerhalb von V. 13-17 liegt die Gattung des "Stammesspruches" zugrunde, dessen Funktion wohl darin zu sehen ist, nähere Angaben über Ort, Kennzeichen und Wesen des jeweiligen Stammes zu machen.[79] Insgesamt werden 10 Stämme genannt[80], wovon bei 5 Stämmen Angaben über deren Wohngebiet gemacht werden. Gilead wohnt jenseits des Jordan (V. 17aα), bei Dan wird gefragt, warum es bei den Schiffen weile (V. 17aβ)[81], Asser saß am Gestade des Meeres (V. 17b) und Naphthali auf den Höhen seines Gebietes (V. 18b). Zu diesen Ortsbestimmungen fügt sich sehr gut die adverbielle Bestimmung des Ortes in V. 14aα "aus Ephraim, dessen Wurzel in Amalek ist" ein, was m. E. für ihre Beibehaltung im Vers spricht.[82]

Daß diese Angabe in V. 14aα zum ursprünglichen Bestand des Deboraliedes gehört, läßt sich noch durch eine weitere Beobachtung erhärten. Zu den stilistischen Besonderheiten von Jdc 5 gehört die von G. Gerleman untersuchte und bezeichnete "atomizing technique"[83], d. h. die durch kleine in sich selbständige Szenen und Momentaufnahmen unterbrochene Form der Erzählung. Diese stilistisch-formgeschichtliche Beobachtung läßt sich ebenfalls gut auf V. 14aα übertragen und als Argument für dessen Ursprünglichkeit in Anspruch nehmen.[84]

ε) Die Lesart der Septuaginta (LXX^A) in Jdc 5,14aα (ἐν κοιλάδι) und in Jdc 12,15 (Λαναχ) ist m. E. nicht frei von dem Verdacht einer theologischen Korrektur. Da Amalek im Alten Testament als Erbfeind Israels bekannt ist und so auch dargestellt wird (vgl. nur Dtn 25,17.19; Ps 83,8), könnten die beiden Stellen Jdc 5,14; 12,15, die Amalek keineswegs als Feind Israels

---

[78] Mit gewichtigen Argumenten vertreten u. a. H.-J. Zobel, Stammesspruch und Geschichte, 51 f. und H.-P. Müller, VT 16, 1966, 451 f. die These, V. 18 gehöre wohl nicht von Haus aus dem Deboralied an.

[79] H.-J. Zobel, Stammesspruch und Geschichte, 44-52; A. H. J. Gunneweg, Sola Scriptura, 25-35; H.-P. Müller, VT 16, 1966, 450.

[80] Ephraim, Benjamin, Machir, Sebulon, Issaschar, Ruben, Gilead, Dan, Asser, Naphthali.

[81] Vgl. dazu die Auslegung von H. M. Niemann, Die Daniten, 56-59.

[82] So auch Barthélemy, Critique Textuelle 1, 84-86; zur Funktion der adverbiellen Bestimmungen im Deboralied und zwar vor allem am Satzanfang (V. 4.6.15.20.25.27 f.) vgl. G. Gerleman, VT 1, 1951, 179.

[83] G. Gerleman, VT 1, 1951, 171.

[84] Ohne Begründung wird *šåršām ba^caˉmāleq* etwa von E. A. Knauf, Bib. 64, 1983, 428 als "sicher kein Bestandteil des ursprünglichen Liedes" ausgeschieden.

kennzeichnen, von LXX^A bewußt korrigiert worden sein. Jedenfalls fällt es auf, daß an allen Stellen im Alten Testament, an denen Amalek als Feind Israels beschrieben wird, "Amalek" von LXX korrekt mit Αμαλεκ übertragen wird.

d) Fazit

Textkritische und inhaltliche Gründe sprechen dafür, den masoretischen Text in Jdc 5,14aα beizubehalten, da fast alle Textänderungsvorschläge als *lectio facilior* angesehen werden müssen. Der Versteil ist grammatisch korrekt gebildet, übersetzbar und inhaltlich verständlich ("aus Ephraim die, deren Wurzel in Amalek ist"). Hinter ihm steht offenbar das Wissen, daß Teile des Stammes Ephraim in einem Gebiet siedelten, in dem Amalekiter saßen (Jdc 12,15), die unabhängig von dem im Süden Palästinas siedelnden Stamm Amalek im mittleren palästinischen Gebirgsland wohnten. Wie dieses Nebeneinander von Amalek und Ephraim näher aussah, läßt sich nicht mehr beschreiben, da darüber sowohl im Alten Testament als auch in außeralttestamentlichen Quellen genauere Angaben fehlen.

2. Jdc 5,14aβ

a) Die Wiedergabe in den alten Versionen

α) Septuaginta

LXX^A: ... ἐν κοιλάδι ἀδελφοῦ σου Βενιαμιν ἐν λαοῖς σου.
"... in der Ebene deines Bruders Benjamin bei deinen Völkern".

LXX^A liest *'āḥîkā* für *'aḥᵃrâkā*.

LXX^B: ... ὀπίσω σου Βενιαμιν ἐν τοῖς λαοῖς σου.
"... hinter dir Benjamin mit deinen Völkern."

Die Übertragung von Jdc 5,14aβ durch LXX^B stimmt mit dem masoretischen Text überein.

β) Symmachus

σ' ἀκολουθήσω σοι βενιαμεῖν μετὰ τῶν λαῶν τῶν περὶ σε
"... ich werde dir folgen Benjamin mit den Volksscharen bei dir."

σ' liest anstelle von *'aḥ"rākā* ἀκολουθήσω σοι und scheint damit *'el̊kâ l̊kā* vorauszusetzen.[85]

γ) Targum

btrwhy qm mlk' š'wl mdbyt bnymyn qṭyl yt dbyt ᶜmlq w'qyḥ qrb' bš'r ᶜmmy'
"... nach ihm kam König Saul aus dem Haus Benjamin, er hat die vom Haus Amalek vernichtet, er führte Krieg mit dem Rest der Völker."

Ebenso wie in V. 14aα nennt Targum mit Saul einen weiteren Israeliten, der gegen Amalek gekämpft und es sogar besiegt habe. Targum hat offenbar die Überlieferung von Sauls Krieg gegen Amalek (I Sam 15) vor Augen.

δ) Peschitta

btrk bnymyn bhwbk
"hinter dir Benjamin, wegen deiner Liebe"

Die syrische Übertragung weicht in der Wiedergabe von *baᶜᵃmāmâkā* wesentlich von MT ab und liest *bḥwbk* (*'aḥᵃbāt̊kā*?).

ε) Vulgata

Et post eum ex Beniamin in populos tuos, o Amalec ...
"Und nach ihm aus Benjamin in deinen Volksscharen, Amalek ..."

Die lateinische Übersetzung liest für *'aḥ"rākā et post eum* und setzt damit *'aḥ"rāw* als Lesart voraus; außerdem ergänzt sie am Ende des Versteils noch "Amalek".

Von den alten Versionen stimmt lediglich die Übertragung von LXX[B] mit dem masoretischen Text überein. Alle Versionen geben "Benjamin" wieder, weichen allerdings in der Übersetzung von *'aḥ"rākā* und *baᶜᵃmāmâkā* stark voneinander ab. LXX[A] hat anstelle der Präposition den Verwandtschaftsbegriff *'āḥîkā* verwendet, σ' überträgt sie mit der finiten Verbform *'el̊kâ l̊kā* und

---

[85] Zur Wiedergabe von *hlk* mit ἀκολουθεῖν vgl. Num 22,20; I Reg 19,20; Jes 45,14; Hos 2,7.

Vulgata liest das Suffix der 3. Sg. m. für das Suffix der 2. Sg. m. *ba^{ca}ma-mâkā* wird nur von T und Peschitta abweichend wiedergegeben.

b) Jdc 5,14aβ in der wissenschaftlichen Diskussion

Die unterschiedliche Wiedergabe in den Versionen und das damit verbunde-ne unterschiedliche Verständnis des Versteils setzt sich in der wissenschaftli-chen Diskussion über diese Stelle fort. Hier lassen sich im wesentlichen fünf verschiedene Interpretationen feststellen:

α) Nach C. F. Keil[86], E. Sellin[87] und R. Tournay[88] muß man das Suffix der 2. Sg. m. sowohl bei der Präposition als auch bei dem Nomen auf Ephraim beziehen, da der Gesichtswinkel hier vom Standpunkt der Ebene Jesreel aus eingenommen werde und dadurch Benjamin "hinter" Ephraim liege. Auch E. Bertheau bezieht das Suffix der 2. Sg. m. jeweils auf Ephraim, allerdings lehnt er das geographische Argument Keils strikt ab. Nach E.Ber-theau besagt der Vers, daß Benjamin hinter den Ephraimiten herzog "und mit den efraimitischen Scharen zugleich auf den Schauplatz des Krieges" kam.[89]

β) K. Budde[90], M. J. Lagrange[91], P.Haupt[92] und G. F. Moore[93] folgen LXX[A] als dem ursprünglichen Text, indem sie *'āḥîkā* für *'aḥ^arâkā* lesen. Nach K. Budde verträgt sich *'aḥ^arâkā* nicht mit *ba^{ca}māmâkā*. Der Vers wolle zum Ausdruck bringen, daß Benjamin kein eigenes Heer in den Kampf geschickt habe. Nach ihm stammte die Textverderbnis vermutlich aus Hos 5,8. Auch V. Zapletal[94] setzt das Nomen *'aḥ* als den ursprünglichen Text voraus, allerdings fügt er nicht das Suffix der 2. Sg. m., sondern das der 3. Sg. m. hinzu, da er von einer Verwechslung von *w* und *k* ausgeht. Ebenso wie Budde sieht er die Aussage des Versteils darin, daß der relativ kleine Stamm Benjamin keinen "besonderen Heerhaufen"[95] bildete, sondern sich vielmehr Ephraim angeschlossen hatte.

---

86   C. F. Keil, Josua, Richter, Ruth, 239.

87   E. Sellin, FS O. Procksch, 158 f.

88   R. Tournay, RB 71, 1964, 509.

89   E. Bertheau, Das Buch der Richter und Ruth, 113.

90   K. Budde, Das Buch der Richter, 44 f.

91   M. J. Lagrange, RB 9, 1900, 223.

92   P. Haupt, FS J. Wellhausen, 193.

93   G. F. Moore, Judges, 153.

94   V. Zapletal, Das Deboralied, 49; ders., Das Buch der Richter, 81.

95   V. Zapletal, Das Buch der Richter, 81.

γ) O. Grether[96] fügt in V. 14aβ sowohl bei der Präposition als auch bei dem Nomen das Suffix der 3. Sg. m. ein. Er vermutet, daß der "an *einer* Stelle eingeschlichene Fehler"[97] weiter wirkte. Hinter *'aḥᵃrāw* ergänzt er das durch LXX^A bezeugte *'aḥîkā*, allerdings ändert er das Suffix in die 3. Sg. m. um und übersetzt entsprechend "hinter ihm sein Bruder". "Durch Ausfall des zweiten wäre MT, durch Übersehen des ersten G^A entstanden".[98]

δ) Im Unterschied zu den referierten Textänderungen wird der masoretische Text unverändert u. a. von S. Oettli[99], C. F. Burney[100], K.-D. Schunck[101], H.-J. Zobel[102] und R. G. Boling[103] übernommen. Nach C. F. Burney ist es unwahrscheinlich, "that the poet should address the tribe mentioned in the previous stichos (and there alluded to in the 3rd pers.), and not the tribe with which the present stichos deals".[104] Ohne Veränderungen wird der Text auch von E. Täubler übernommen, der die Präposition *bᵉ* jedoch mit "in Gestalt von" übersetzt.[105] Nach ihm ist ebenfalls nicht Ephraim, sondern Benjamin angesprochen. Benjamin trete nicht hinter Ephraim zurück, "sondern der kleine Stamm tritt vor den größeren; die geographische Reihe wird umgekehrt, darum die hervorhebende Anrede: Ephraim an der Spitze, aber – zu Benjamin gewandt – *hinter dir, Benjamin ... in Gestalt von deinen Leuten*".[106]

ε) H. Winckler rechnet V. 14aβ nicht zum ursprünglichen Bestand des Verses: "das zweite glied steht, wie so vieles in diesem liede, an unrechter Stelle."[107] Nicht ganz so kritisch ist P. Riessler, für den nur "Benjamin" nicht zum ursprünglichen Bestand des Versteiles gehört, da der Stamm in Jdc 4 nicht genannt werde. "Hätte nämlich der Verfasser der geschichtlichen Erzählung des Kap. 4 schon 'Benjamin' und 'Ephraim' in der ihm vorliegenden Gestalt des Deboraliedes gelesen, dann hätte er sicher die höchst bemerkenswerte Mitwirkung dieser beiden Stämme beim Befreiungskampfe in

---

[96] O. Grether, Das Deboralied, 43.
[97] O. Grether, Das Deboralied, 43.
[98] O. Grether, Das Deboralied, 43.
[99] S. Oettli, Das Deuteronomium und die Bücher Josua und Richter, 241.
[100] C. F. Burney, The Book of Judges, 133 f.
[101] K.-D. Schunck, Benjamin, 54 f.
[102] H.-J. Zobel, Stammesspruch und Geschichte, 46.
[103] R. G. Boling, Judges, 111 f.
[104] C. F. Burney, The Book of Judges, 134.
[105] E. Täubler, Biblische Studien, 138 f.
[106] E. Täubler, Biblische Studien, 138.
[107] H. Winckler, Altorientalische Forschungen II, 193.

seiner Geschichtsdarstellung nicht unerwähnt gelassen."[108] Nach Riessler
sei die Einfügung von "Benjamin" wohl durch Hos 5,8 veranlaßt worden.

c) Exegese

Im Gegensatz zu den oben referierten Textänderungsvorschlägen soll im
folgenden der masoretische Text als der ursprüngliche verteidigt werden, da
sich gegen alle Textänderungen gewichtige Gründe anführen lassen.

α) Das Suffix der 2. Sg. m. bei *'aḥᵃrâkā* läßt sich kaum auf Ephraim
(V. 14aα) beziehen (so u. a. auch C. F. Keil, E. Sellin, R. Tournay), da bei
diesem Bezug das Suffix der 3. Pl. m. in Entsprechung zu *šåršām* zu erwarten gewesen wäre. Man sollte deshalb das Suffix der 2. Sg. m. auf das
folgende Nomen Benjamin beziehen: "hinter dir, nämlich Benjamin."[109]

β) Die u. a. von K. Budde, M. J. Lagrange, P. Haupt und G. F. Moore
vorgeschlagene Änderung von *'aḥᵃrâkā* in *'āḥîkā* ist als *lectio facilior* anzusehen, da sie die Aussage des Halbverses glättet und aus *'aḥᵃrâkā* durch
Auslassung von *r* leichter *'āḥîkā* werden konnte als umgekehrt.[110]

γ) Der Ausdruck "hinter dir Benjamin" begegnet im Alten Testament
noch in Hos 5,8. Dort werden die benjaminitischen Orte Gibea (*Tell el-Fūl*
172.136) und Rama (*er-Rām* 172.140) zum Krieg gegen Ephraim aufgeru-
fen. Es ist nicht ausgeschlossen, daß in Hos 5,8 eine bewußte Anspielung
auf Jdc 5,14aβ vorliegt, um den Bruch der ehemaligen engen Beziehung
zwischen Ephraim und Benjamin (so Jdc 5,14aβ) deutlich zum Ausdruck zu
bringen.[111]

d) Fazit

Ist der vorliegende masoretische Text richtig als der ursprüngliche erkannt,
dann will V. 14a besagen, daß Teile des Stammes Ephraim, die zusammen

---

[108] P. Riessler, BZ 7, 1909, 267.

[109] So auch S. Oettli, Das Deuteronomium und die Bücher Josua und Richter, 241; A. Caquot, Sem. 36, 1986, 59.

[110] So auch P. Riessler, BZ 7, 1909, 267.

[111] Mit einer bewußten Anspielung auf Jdc 5,14aβ in Hos 5,8 rechnen auch W. Rudolph,
Hosea, 125-127 und J. Jeremias, Der Prophet Hosea, 80 f.; nach W. Rudolph, Hosea, 126
war das Deboralied z. Zt. Hoseas eine Art Nationalepos, dem man "geflügelte Worte"
entnahm, "die dann eigenes Leben gewannen und sich nicht mehr unbedingt mit dem
Ursinn zu decken brauchten".

mit Amalekitern im mittelpalästinischen Gebirgsland siedelten, hinter benjaminitischen Heerscharen in den Kampf gegen die Kanaanäer zogen. Diese Tatsache kann am ehesten als Zeichen der engsten Verbundenheit zwischen ephraimitischen und benjaminitischen Gruppen gedeutet werden.

3. Ephraim und die Deboraschlacht

Der Ephraimspruch 5,14a im Deboralied stellt die Schlacht gegen Sisera so dar, als ob eine Gruppe von insgesamt sechs Stämmen gegen die Kanaanäer ausgezogen seien: Ephraim, Benjamin, Machir, Sebulon, Issaschar und Naphtali (V. 14.15a.18). Ruben, Gilead, Dan und Asser seien dagegen der Schlacht aus unterschiedlichsten Gründen ferngeblieben (V. 15b-17). Diese Angaben stehen im Widerspruch zu dem Bericht über die Deboraschlacht in Jdc 4, wonach an dem Kampf nur die beiden Stämme Naphthali und Sebulon teilgenommen haben (4,6.10). Im folgenden soll versucht werden, eine mögliche Antwort auf diese widersprüchliche Angabe zu finden. Dies soll in kritischer Auseinandersetzung mit bisherigen Lösungsvorschlägen sowie unter Verwendung von überlieferungsgeschichtlichen und topographischen Erwägungen geschehen.

a) Vorgeschlagene Problemlösungen

In der Literatur lassen sich zu dieser Frage grob drei Lösungsmöglichkeiten unterscheiden: α) die erste, deren wichtigste Vertreter M. Noth, W. Richter und A. Elliger sind, verteidigen die Angaben in Jdc 4,6.10 als die historisch wahrscheinlichsten; β) die zweite wird von R. Smend vertreten, der die in Jdc 5,14.15a.18 genannten sechs Stämme als an der Deboraschlacht beteiligt ansieht; γ) die dritte versucht, die widersprüchlichen Angaben mit literarkritischen, überlieferungs- und formgeschichtlichen Erwägungen zu Jdc 4 und 5 zu erklären.

ad α) M. Noth geht davon aus, daß allein Sebulon und Naphthali an der Deboraschlacht teilgenommen hätten, da er – leider ohne Angabe von Gründen – Jdc 5,13-18 für eine sekundäre Erweiterung des Kreises der beteiligten Stämme hält. Das Deboralied knüpfe an die Traditionen von der Vorgeschichte so an, daß es eingangs vom Kommen Jahwes vom Sinai her spreche und das große Ereignis als eine Angelegenheit *aller* israelitischen Stämme beschreibe, wobei nur die weitab wohnenden Südstämme außerhalb des Kreises der Betrachtung blieben.[112]

Nach W. Richter ergeben sich die sachlichen Differenzen zwischen Jdc 4 und 5 aus der verschiedenen Gattung beider Kapitel. Jdc 5 zeige "einen hohen Stand von künstlerischer Verdichtung der Wirklichkeit, während die Erzählung in Ri 4 von schlichter Form"[113] sei. Jdc 5 bestimmt er als Werbelied, da ein historisches Faktum zur Gelegenheit genommen werde, "die Vollzahl der Stämme aufzuzählen, sie zu ordnen nach ihrem Kampfesgeist und Einsatz für das Ganze, wie sie dem Verfasser geläufig waren ... zur Weckung der Verantwortung bei den Hörern".[114] Historisch gesehen habe der Bericht in Jdc 4 die genaueren Angaben, da es in Jdc 5 nicht primär um die "Verdichtung"[115] der Wirklichkeit gehe. So gehe es etwa in 5,13-18 nicht um die genaue Aufzählung der beteiligten und nichtbeteiligten Stämme, sondern vielmehr um das Interesse an Israel und am *ᶜam JHWH* und um die Weckung des Interesses bei den Hörern. Wenn wirklich nur die Nordstämme beteiligt gewesen sein sollten, dann sei die Erwähnung der Beteiligten der Josephstämme schon eine Erweiterung, die sich am leichtesten erkläre, "wenn der die Verantwortung weckende Träger des Liedes diesen Stämmen angehörte, vielleicht Ephraim als dem erstgenannten Stamm".[116]

Ebenso wie M. Noth und W. Richter geht A. Elliger von der alleinigen Beteiligung der Stämme Sebulon und Naphthali an der Deboraschlacht aus.[117] Er widerspricht der Feststellung von R. Smend, wonach die Zahl der beteiligten Stämme nach der Doktrin des Jahwekrieges verringert worden sei. Nach A. Elliger bestand in davidischer und salomonischer Zeit in der Literatur im Gegenteil die Neigung, ein *Gesamtisrael* handeln zu lassen, was sich deutlich an der Darstellung der Exodus- und Landnahmegeschichten ablesen lasse. Wo einzelne Stämme am Werk gewesen seien, lägen ältere und genauere Traditionen vor, die in der Rahmung später auf ein Gesamtisrael erweitert worden seien: "Für unseren Zusammenhang genügt die Feststellung, daß für die alte Zeit eine Verminderung der beteiligten Stämme

---

[112] M. Noth, Geschichte Israels, 139 f.; ders., Das System der Zwölf Stämme Israels, 5 f.35 f.; Noth lehnt es entschieden ab, Jdc 5 als Quelle für die Überlieferung des Zwölfstämmesystems oder irgend eines anderen Stämmesystems in Anspruch zu nehmen; der Verfasser führe in freier Auswahl und freier Anordnung eine Reihe von Stämmen auf! Vgl. dazu B. Lindars, VTS 30, 1979, 95-112.

[113] W. Richter, Traditionsgeschichtliche Untersuchungen, 111.

[114] W. Richter, Traditionsgeschichtliche Untersuchungen, 103 f.

[115] W. Richter, Traditionsgeschichtliche Untersuchungen, 98.

[116] W. Richter, Traditionsgeschichtliche Untersuchungen, 99.

[117] A. Elliger, Frühgeschichte, 88.

nicht nachgewiesen werden kann, daß es im Gegenteil sogar unwahrscheinlich ist, da gerade die vorkönigliche Zeit auf ein Gesamtisrael zustrebt und
längere Zeit beibehält, als dieses Ziel zunächst erreicht ist."[118] Deshalb
bleibt für Elliger das historische Ereignis der Deboraschlacht im Blick auf
die Stämme Ephraim und Manasse außerhalb seines Interesses.

ad β) Da R. Smend Jdc 5 als die ältere und vertrauenswürdigere Quelle
ansieht, rechnet er mit der Teilnahme nicht nur von Sebulon und Naphthali
(so nach Jdc 4,6.10), sondern auch von Ephraim, Benjamin, Machir und
Issaschar an der Schlacht.[119] "Daß Spätere den Kreis der Beteiligten nicht,
wie man nach vielen Analogien zunächst vermuten könnte, in Richtung auf
das Gesamtisraelitische hin erweitert, sondern umgekehrt verringert"[120]
hätten, entspreche der Doktrin des Jahwekrieges, die viel eher eine geringe
als eine große Truppenmacht auf israelitischer Seite verlange. Er vermutet
dabei, daß der Blick auf die vier nicht teilnehmenden Stämme "ein mehr
oder weniger theoretisches Betrachten nach der Tat aus fast gesamtisraelitischem Gesichtswinkel wäre".[121]

ad γ) Nach O. Eissfeldt[122] sind Jdc 4 und 5 auf zwei Quellen zu verteilen, wobei der einen die Jabin-Erzählung und der anderen die Sisera-Erzäh-
lung mit dem Lied angehöre. Von hier aus sei "es nun auch völlig verständlich, wenn der Redaktor, der hier wie sonst die beiden Quellen zu einer
Einheit verschmelzen wollte, auch vor, in und hinter dem Liede Verbin-
dungsklammern angebracht"[123] habe. Der Anlaß der Verbindung sei Barak
als Hauptperson sowohl in der Sisera- als auch in der Jabin-Erzählung
gewesen. Die Jabin-Erzählung nenne Naphthali und Sebulon als die gegen
Jabin kämpfenden Stämme, die Sisera-Geschichte nenne eine noch größere
Stämmekoalition.

Die Abweichungen des Prosaberichtes von den Angaben des Liedes sind
für G. von Rad[124] nichts Außergewöhnliches, keiner, "der etwas von ge-

---

[118] A. Elliger, Frühgeschichte, 88.

[119] R. Smend, Jahwekrieg und Stämmebund, in: ders., Zur ältesten Geschichte Israels, 118
f.; von einer größeren Zahl teilnehmender Stämme gehen auch aus: E. Bertheau, Das
Buch der Richter und Ruth, 115; V. Zapletal, Das Deboralied, 12 f.34; H.-J. Zobel,
Stammesspruch und Geschichte, 46 f.; unentschieden bleibt J. A. Soggin, ThLZ 106,
1981, 637.

[120] R. Smend, Jahwekrieg und Stämmebund, in: ders., Zur ältesten Geschichte Israels, 119;
vgl. dazu noch H.-D. Neef, VT 44, 1994, 47-59.

[121] R. Smend, Jahwekrieg und Stämmebund, in: ders., Zur ältesten Geschichte Israels, 124.

[122] O. Eissfeldt, Die Quellen des Richterbuches, 27 ff.

[123] O. Eissfeldt, Die Quellen des Richterbuches, 32.

[124] G. von Rad, Der Heilige Krieg, 19.

schichtlichen Überlieferungen weiss"[125], werde sich darüber wundern. "Der andere Fall wäre ja viel verdächtiger. Was die Verwandtschaft der beiden Texte anlangt, so ist sie wahrscheinlich weder einseitig literarisch im Sinne einer literarischen Abhängigkeit des Einen vom Anderen zu erklären, noch versteht sie sich einfach aus der beiden Texten vorgegebenen Geschichte, sondern sie beruht vielmehr auf der zwischen beiden Grössen liegenden mündlichen Überlieferung."[126]

A. Weiser löst das Problem der unterschiedlichen Angaben für die Beteiligung der Stämme an der Deboraschlacht durch die Neuinterpretation von Jdc 5 als einer liturgischen Komposition "für die Jahwekultfeier, zu der sich der Stämmeverband 'Israel' in seinen Vertretern mit den siegreichen Kampftruppen zusammengefunden"[127] habe. Diese Feier habe "nicht nur die kultdramatische Darstellung der Niederlage und Vernichtung des Feindes zum Gegenstand (VV. 19-30), sondern auch den durch den Sieg bedingten nicht minder bedeutsamen erneuten Zusammenschluß des sakralen Stämmeverbandes zu Jahwes Volk in verschiedenen Akten, auf die sich VV. 2-18 beziehen".[128] Auf diese Weise entfallen nach ihm die wesentlichen Differenzen zwischen Jdc 4 und 5, da die Unterschiede nur durch die verschiedene Stilart der Geschichtserzählung (Jdc 4) und der dramatisch-heilsgeschichtlichen Darstellung im kultisch-sakralen Raum (Jdc 5,19-27) bedingt seien.[129] Für die Geschichte der Deboraschlacht bedeute dies, "daß auch nach dem Deboralied nur Sebulon und Naphthali am Kampfe beteiligt waren und daß der Stämmeverband Israel damals zehn Stämme umfaßt"[130] habe. Von dieser Position ausgehend, deutet A. Weiser Jdc 5,14-17 nicht als Liste der am Kampf beteiligten bzw. ferngebliebenen Stämme, sondern als Fortsetzung des Ausrufs von V. 12b.13, der sich an die einzelnen Stammesführer wende und inhaltlich deren Einordnung in die Prozession zum Gegenstand habe.[131] Von der Teilnahme an der Schlacht rede das Deboralied erst in V. 18, wo Sebulon und Naphthali als die beiden am Kampf beteiligten israelitischen Stämme genannt seien.

Nach A. Caquot sind die unterschiedlichen Angaben über die Beteiligung der Stämme das Werk eines judäischen Redaktors, der die Nordstämme

---

[125] G. von Rad, Der Heilige Krieg, 19.
[126] G. von Rad, Der Heilige Krieg, 19.
[127] A. Weiser, ZAW 71, 1959, 95 f.
[128] A. Weiser, ZAW 71, 1959, 96.
[129] A. Weiser, ZAW 71, 1959, 96.
[130] A. Weiser, ZAW 71, 1959, 96.
[131] A. Weiser, ZAW 71, 1959, 84.

diskreditieren wollte. "... destiné à discréditer les tribus du Nord en faisant entendre, à mots plus ou moins couverts, qu'elles n'ont pas accouru au secours de Baraq."[132] Jdc 5,14-17 seien eine Erweiterung des Deboraliedes und in einer Zeit geschrieben, in der die Beziehungen zwischen Nord- und Südreich sehr schlecht waren.

b) Die an der Deboraschlacht beteiligten Stämme

Die vorgeschlagenen Problemlösungen zeigen deutlich die Schwierigkeit, die genaue Zahl der an der Deboraschlacht beteiligten Stämme zu bestimmen. Die Ursache dafür liegt darin begründet, daß sowohl in der Erzählung über die Schlacht (Jdc 4) als auch im Deboralied (Jdc 5) keine historisch exakten Berichte vorliegen, sondern unterschiedliche Überlieferungen über dieses Ereignis festgehalten wurden.[133] Dies zeigt sich vor allem in der Schilderung von Siseras Tod (4,17-22; 5,24-27).

In Jdc 4,17-22 stehen die Dialoge zwischen Jael und Sisera im Mittelpunkt. Sie beginnen jeweils mit einer Redeeinleitung (V. 18aα.19aα.20aα), auf die Imperative mit den Bitten um Einkehr, Wasser und Schutz folgen (V. 18aβ.19aβ.20aβb). Zweimal wird von der Ausführung der Bitten berichtet (V. 18b.19b), anstelle der fehlenden dritten steht dann der Hinweis auf die Tötung Siseras (V. 21). Die Komposition der Dialoge sowie ihre Einbettung in einen sich aufeinander beziehenden Anfang und Schluß zeigen, wie sehr an diesem Abschnitt literarisch gearbeitet wurde.[134] Hier soll kein historisch exakter Bericht über die Tötung Siseras geliefert werden, denn dazu ist die Darstellung zu parteiisch, sie malt Jael und Sisera zu schematisch und legt auf die Wiedergabe von Detailfragen — woher weiß Jael, daß sie Sisera bedecken soll (V. 18b)? — außer bei der Schilderung der Tötung (V. 21) keinen Wert. Die Jaeltat und die Tötung Siseras stehen hier ganz im Vordergrund.[135] Gerade in diesem letzten Punkt aber unterscheiden sich Jdc 4 und 5. Während nach Jdc 4 Sisera von Jael im Schlaf getötet wird (V. 21), tötet

---

[132] A. Caquot, Sem. 36, 1986, 69.

[133] Zu Jdc 4 vgl. H.-D. Neef, ZAW 101, 1989, 28-49. Vgl. noch N. Na'aman, VT 40, 1990, 423-436.

[134] Zumindest für diesen Abschnitt trifft nicht zu, daß die Erzählung in Jdc 4 im Vergleich zu Jdc 5 von schlichter Form sei; so W. Richter, Traditionsgeschichtliche Untersuchungen, 111.

[135] Nach F. C. Fensham, BASOR 175, 1954, 51-54 bestand ein Freundschaftsvertrag zwischen den Kenitern und Israeliten, der Jael dazu veranlaßte, Sisera als Feind des Bundespartners zu töten.

sie ihn nach Jdc 5 bei vollem Bewußtsein, so daß er zu ihren Füßen zusammenbricht (V. 26 f.). Von einem Dialog zwischen Jael und Sisera ist hier ebensowenig die Rede wie umgekehrt in Jdc 4 die nach ihrem Sohn Ausschau haltende Mutter Siseras ungenannt bleibt. Die Widersprüche zeigen, daß es zu dem Ereignis der Deboraschlacht offenbar unterschiedliche und sich widersprechende Überlieferungen gab.

Lassen sich dennoch trotz dieser Schwierigkeit Hinweise zur Beantwortung der Frage nach den an der Schlacht beteiligten Stämmen finden? M. E. gibt es gewichtige Gründe, die für die Teilnahme von mehr als zwei Stämmen (Sebulon und Naphthali) an der Deboraschlacht sprechen. Diese Gründe können zwar keinen Beweis liefern, aber die Entscheidung zu einem größeren Kreis von teilnehmenden Stämmen deutlicher machen.

α) In Jdc 5,14.15a.18 werden Ephraim, Benjamin, Machir, Sebulon, Issaschar und Naphthali als die sechs an der Schlacht beteiligten Stämme genannt. In unmittelbarem Anschluß daran werden vier Stämme aufgezählt, die aus unterschiedlichen Gründen der Schlacht fernblieben: Ruben, Gilead, Dan, Asser (V. 15b-17). Geht man nun wie M. Noth, W. Richter und A. Elliger von nur zwei beteiligten Stämmen aus, so läßt sich die unterschiedliche Beurteilung von Ephraim, Benjamin, Machir, Sebulon, Issaschar und Naphthali im Vergleich zu den nichtbeteiligten Stämmen Ruben, Gilead, Dan und Asser nur schwer erklären. Die Gründe für die Gegenüberstellung der sechs teilnehmenden und vier nichtteilnehmenden Stämme blieben offen.[136] Die unterschiedliche Beurteilung der Stämme in Jdc 5 spricht mehr für als gegen eine Beteiligung von Ephraim, Machir, Sebulon, Issaschar und Naphthali an der Schlacht.

β) A. Weiser hatte Jdc 5,14-17 als Fortsetzung des Ausrufs von V. 12b.13 gedeutet, der sich an die einzelnen Stammesführer wende und inhaltlich deren Einordnung in die Prozession zum Gegenstand habe. Bei dieser Interpretation von Jdc 5 läßt sich ebenfalls die Unterscheidung von teilnehmenden und nichtteilnehmenden Stämmen nicht befriedigend erklären, da man bei der von A. Weiser postulierten Jahwekultfeier die Teilnahme *aller* Stämme verpflichtend voraussetzen sollte.[137] Die Teilnahme dürfte doch sicherlich mehr als eine "moralische Verpflichtung"[138] gewesen sein. A. Weiser

---

[136] So auch H. Rösel, Die Topographie der Kriege, 53.161 (Anm. 285); die Gründe für die Gegenüberstellung von teilnehmenden und nichtteilnehmenden Stämmen bleiben m. E. auch offen, wenn man wie W. Richter, Traditionsgeschichtliche Untersuchungen, 103 f. Jdc 5 als "Werbelied" bestimmt. Vgl. noch A. Elliger, Frühgeschichte, 85.
[137] A. Elliger, Frühgeschichte, 83 f.
[138] A. Weiser, ZAW 71, 1959, 85.

muß bei seiner Deutung von Jdc 5,14-17 einen sakralen Stämmebund von 10 Stämmen voraussetzen, der schwer nachgewiesen und rekonstruiert werden kann.[139]

γ) M. E. steht die Nennung von nur zwei Stämmen in Jdc 4 in enger Verbindung mit den topographischen Angaben dieses Kapitels, die im Vergleich zu denjenigen in Jdc 5 detaillierter und häufiger angegeben werden. Werden in Jdc 5 nur Thaanach an den Wassern Megiddos (V. 19) und der Kisonbach (V. 21) im Zusammenhang mit der Schlacht genannt, so werden in Jdc 4 im engeren und weiteren Umfeld der Schlacht Hazor, Haroseth-Gojim, Tomär Debora, Kedes, der Thabor, der Kison und die Eiche von Zaanaim aufgeführt. Im folgenden Exkurs soll versucht werden, diese Orte zu lokalisieren, um auf diese Weise die These von dem Zusammenhang der topographischen Angaben mit der Nennung von nur zwei Stämmen in Jdc 4 zu erläutern und zu verdeutlichen.

Exkurs: Zur Topographie der Deboraschlacht

α) *Hazor*: Jdc 4,2.17

Zweimal wird in Jdc 4 Hazor als Regierungssitz des Königs Jabin genannt (V. 2.17).[140] An der Identifikation dieses Ortes mit *Tell Waqqāṣ*[141] (203. 269), südwestlich des *Ḥule*-Sees, kann kaum gezweifelt werden.[142]

β) *Haroseth-Gojim*: Jdc 4,2.13.16

Haroseth-Gojim begegnet im Alten Testament nur in Jdc 4,2.13.16. Nach Jdc 4,2 war es der Standort von Sisera, dem Heerführer des Königs Jabin. Von hier aus zog Sisera mit seinen Truppen zum Kison, um mit Barak zu streiten (4,13) und hierhin flohen Siseras Truppen zurück, um der drohenden Niederlage durch Barak und seine Truppen entgehen zu können (4,16).

---

[139] R. Smend, Jahwekrieg und Stämmebund, in: ders., Zur ältesten Geschichte Israels, 120; A. Elliger, Frühgeschichte, 84.

[140] Zum sonstigen Vorkommen im Alten Testament vgl. Jos 11,1.10.11.13; 12,19; 19,36; I Sam 12,9; I Reg 9,15; II Reg 15,29.

[141] Der Tell ist auch unter dem Namen *Tell Qidaḥ el-Ġul* bekannt.

[142] Y. Aharoni, Das Land der Bibel, 441 u. ö.; D. Baly, Geographisches Handbuch zur Bibel, 186; A. Kuschke, Art.: Hazor, in: BRL², 141-144 (dort weitere Literatur); J. Simons, The Geographical and Topographical Texts of the Old Testament, § 498.

Nach B. Maisler handelt es sich bei Haroseth-Gojim nicht um einen Ortsnamen, sondern um einen Namen eines Gebietes, was er aus der Zusammensetzung des Namens zu erklären versucht: "The name is compounded of two elements, the first of which is peculiar, and the second of which means, perhaps, a conglomeration of various ethnic groups living in one area, or at least represents an ancient term for an ethnically and socially indefinate population (hordes, tribes) in contrast to the permanent and politically organized population of a country or a region ..."[143] Maisler vergleicht den Namen mit dem Ausdruck "Gelil Ha-Gojim" (Jes 8,23), womit ebenfalls eine ganze Region bezeichnet werde. Da in Haroseth das Element *horäš* "bewaldeter Berg" steckt, schließt er daraus, daß damit die gesamte Region des bewaldeten und gebirgigen Gebietes von Nordpalästina gemeint sei: "It becomes apparent that Harosheth is nothing else but the hill country of northern Palestine, the entire region occupied by the Israelite tribes, surrounded by the Canaanite city-states in the maritime plain, the Ezdraelon Valley and the Jordan Valley, and in some areas in Lower Galilee."[144]

Gegen die Argumentation von B. Maisler lassen sich jedoch zwei gewichtige Gegengründe anführen, die dazu raten, in Haroseth-Gojim eben doch einen Orts- und keinen Gebietsnamen zu sehen.

1. In Jdc 4,2 werden Jabin und Sisera vorgestellt, was bei Jabin mit Hilfe einer nachstehenden Apposition ("König von Kanaan") sowie einer adverbiellen Bestimmung des Ortes ("er war König in Hazor") und bei Sisera durch eine vor das Subjekt gestellte Apposition und einen Nominalsatz mit adverbieller Bestimmung des Ortes ("er wohnte in Haroseth-Gojim") ausgedrückt wird. Die Verwendung des Verbs *jšb* sowie die Entsprechung von *Hazor* als dem Sitz des *Königs* (V. 2a) und *Haroseth-Gojim* als dem Sitz des *Heerführers* (V. 2b) widerraten m. E. der Auffassung, in Haroseth-Gojim die Bezeichnung für den gebirgigen und bewaldeten Teil Nordpalästinas zu sehen. Hier ist doch wohl eher an einen Ortsnamen zu denken.[145]

2. Ebenso wie sich in V. 2 Hazor und Haroseth-Gojim entsprechen, entsprechen sich in V. 10 und 13 Haroseth-Gojim und Kedes. Barak beruft seine Truppen nach *Kedes* ein und Sisera beruft die seinen in *Haroseth-*

---

[143] B. Maisler, HUCA XXIV, 1952-53, 82; dieser Interpretation folgt auch V. Fritz, UF 5, 1973, 128.

[144] B. Maisler, HUCA XXIV, 1952-53, 83.

[145] So auch J. Simons, The Geographical and Topographical Texts of the Old Testament, § 548; H. Rösel, Die Topographie der Kriege, 55 f. Die gleichen Argumente wie gegen B. Maisler lassen sich auch gegen A. F. Raineys Vorschlag (TA 10, 1983, 46-48), in Haroseth-Gojim das Gebiet zwischen Thaanach und Megiddo zu sehen, vorbringen.

Gojim, um von dort aus zum Kison zu ziehen. Diese Entsprechung läßt in Haroseth-Gojim ebenfalls eher einen Orts- als einen Gebietsnamen vermuten.

Als Identifikationsmöglichkeit mit Haroseth-Gojim bietet sich der von W. F. Albright vorgeschlagene *Tell ᶜAmr* (1593.2372) an.[146] Er hat durch seine Lage an der Verzweigung der Wege nach Haifa und Akko, in das untergaliläische Bergland und durch die Talenge hinauf zur Jesreelebene eine bedeutende strategische Position.[147] Nach W. F. Albright spricht auch der Siedlungsbefund für diese Identifikation: "*Tell ᶜAmr* is an exclusively iron age site, though clearly founded very early in this period, a fact which materially increases the probability that it represents Haroseth, which, if built shortly before the time of the war between Sisera and Israel, would date back to about 1200 B. C.[148] Dieser Identifikationsvorschlag ist dem von Haroseth-Gojim mit *el-Ḥārit̠īje*, ca. 1 km nordöstlich von *Tell ᶜAmr* gelegen[149], vorzuziehen, da *el-Ḥārit̠īje* kein Tell ist und wohl auch keine kanaanäische Stadt der späten Bronzezeit war.[150] Nicht ganz auszuschließen ist auch die Identifikation von Haroseth-Gojim mit der ca. 1,5 km von Kison entfernt liegenden *Ḥirbet el-Harbağ* (158.240), die sowohl in der Spätbronzezeit als auch in der Eisen I-Zeit besiedelt war.[151]

---

[146] W. F. Albright, AASOR 2/3, 1921/22, 29; vgl. die Abbildung Fig. 9, S. 22.

[147] A. Alt, PJ 21, 1925, 42 f.

[148] W. F. Albright, AASOR 2/3, 1921/22, 29; vgl. auch ders., BASOR 4, 1921, 8. Dieser Vorschlag wurde auch von F.-M. Abel, Géographie de la Palestine II, 343 f. übernommen. In jüngster Zeit hat G. Schmitt, ZDPV 103, 1987, 42-48 die Identifikation von Haroseth-Gojim mit *Tell el-ᶜAmr* zurückgewiesen; er folgt in der Interpretation von Jdc 4 derjenigen von A. F. Rainey, TA 10, 1983, 46-48; er nimmt den Vorschlag von S. Mittmann auf, *Tell el-ᶜAmr* mit Gintikirmil (el-Amarna 288, 26) zu identifizieren.

[149] Die Identifikation von *el-Ḥārit̠īje* mit Haroseth-Gojim hatte G. Dalman, PJ 18/19, 1922/23, 27 erwogen; auch C. R. Conder/H. H. Kitchener, The Survey of Western Palestine I, 270 halten diese Identifikation für möglich; deutlich gegen diesen Vorschlag sprachen sich F. Buhl, Geographie des alten Palästina, 214 und H. Rösel, Die Topographie der Kriege, 54 aus.

[150] B. Maisler, HUCA XXIV, 1952-53, 79 f.

[151] So im Anschluß an Garstang, H. Rösel, Die Topographie der Kriege, 55; daß *Ḥirbet el-Harbağ* allerdings die einzige Möglichkeit zur Identifikation von Haroseth-Gojim sein soll (so H. Rösel) ist nicht zwingend, da die Kleinheit von *Tell el-ᶜAmr* nicht unbedingt gegen seine Gleichsetzung mit Haroseth-Gojim spricht; *Ḥirbet el-Harbağ* (158.240) ist zudem vielleicht mit Achsaph (Jos 11,2; 12,20; 19,25) zu identifizieren (vgl. Y. Aharoni, Das Land der Bibel, 437.469).

γ) *Tomär Debora*: Jdc 4,5

In Jdc 4,5 wird die Heimat der Prophetin und Richterin Debora mit dem zwischen Rama und Bethel gelegenen Tomär Debora[152] angegeben. Der Ort begegnet im Alten Testament nur hier und kann aufgrund der Nennung von Rama und Bethel wenigstens ungefähr lokalisiert werden. Bethel ist zweifellos mit dem im südlichen Teil des ephraimitischen Gebirges gelegenen *Bētīn* (1735.1480) zu identifizieren.[153] Rama kann mit großer Sicherheit mit dem ca. 8 km nördlich von Jerusalem und ca. 7,5 km südlich von *Bētīn* an der Kammstraße gelegenen *er-Rāme* (172.140) in Verbindung gebracht werden.[154] Die Ortsbestimmung "zwischen Rama und Bethel" deutet darauf hin, daß zwischen beiden Orten keine bedeutende Ortschaft mehr lag. Man kann vermuten, daß der Ort, an dem die Israeliten Recht suchten, nicht abseits im Gebirge, sondern in nächster Nähe zur Hauptstraße des ephraimitischen Gebirges lag.[155] So kann man mit G. Dalman als geeigneten Punkt die Gegend von *el-Bīre* (171.146) annehmen, "bei dessen starker Quelle unmittelbar am alten Wege"[156] sich Tomär Debora gut denken ließe.

δ) *Kedes*: Jdc 4,6.9.10.11

Der Ort Kedes erscheint in Jdc 4,6.9.10.11 als Bezeichnung für den Herkunftsort Baraks (V. 6), als Sammlungsort der Stämme Sebulon und Naphthali (V. 9.10) sowie als Fixpunkt bei der Lokalisation der "Eiche von Zaanaim" (V. 11). Kedes als Ortsbezeichnung findet sich im Alten Testament mehrfach. So wird in Jos 15,23 ein Ort namens Kedes im Gebiet des Stammes Juda und in I Chr 6,57 ein gleichnamiger Ort im Gebiet des Stammes Issaschar genannt. Außer an diesen beiden Stellen erscheint Kedes im Alten Testament noch in Jos 12,22; 19,37; 20,7; 21,32; Jdc 4,6.9.10.11; II Reg 15,29; I Chr 6,61. Hier wird der Ort in den unterschiedlichsten Verbindun-

---

[152] Die häufig zu lesende Übersetzung mit "Palme Deboras" ist ganz unsicher.
[153] Vgl. dazu oben § 2/3.
[154] So etwa L. Heidet, RB 3, 1894, 328 Anm. 2; F. Buhl, Geographie, 170-172; F. Hagemeyer, ZDPV 32, 1909, 16; A. T. Richardson, PEFQSt 57, 1925, 162 f.; A. Barrois, RB 38, 1929, 408; A. Jirku, JPOS 8, 1928, 188; G. E. Wright, BA 10, 1947, 73; Y. Aharoni, VT 9, 1959, 232; ders., Das Land der Bibel, 445; J. M. Miller, VT 25, 1975, 150; E. Vogt, Bib. 56, 1975, 34.
[155] G. Dalman, JBL 48, 1929, 358.
[156] G. Dalman, JBL 48, 1929, 358.

gen gebraucht und durch adverbielle Bestimmungen des Ortes näher umschrieben:

a) In Jos 12,22 erscheint er als *nomen rectum* in einer Konstruktusverbindung: *mäläk qädäš*.

b) In Jos 20,7 wird er durch zwei adverbielle Bestimmungen des Ortes festgelegt: *qädäš baggālîl b^ehar naptālî*.

c) Ähnlich wie in Jos 20,7 wird er in Jos 21,32; I Chr 6,61 durch eine adverbielle Bestimmung des Ortes und ein Akkusativobjekt näher bestimmt: *qädäš baggālîl w^e'ät migrāšähā*.

d) In Jdc 4,6 wird *qädäš* noch durch den Zusatz *naptālî* erläutert.

e) In Jdc 4,9.10 begegnet *qädäš* mit *He-locale* und in Jos 19,37; Jdc 4,11; II Reg 15,29 steht er ohne irgendwelche Zusätze.

In der außeralttestamentlichen Literatur findet sich Kedes I Makk 11,63. 73 (Κηδες; Κέδες), bei Flavius Josephus: bell 2,459; 4,104; ant 5,63.91; 9,235; 13,154.162 (Καδασα; Κεδασα; Κεδεσα; Κυδασα; Κυδισσα; Κυδυσσα)[157], in den Zenon-Papyri 59 004,11 (κυδίσωι)[158] und in Eusebs Onomastikon 116,8-11[159]: Κάδες (Jos 19,37). κλήρου Νεφθαλείμ ἱερατική, τὸ πρὶν οὖσα φυγαδευτήριον "ἐν τῇ Γαλιλαιᾳ ἐν τῷ ὄρει Νεφθαλείμ". καὶ ταύτην εἶλεν ὁ "βασιλεὺς 'Ασσυρίων". αὕτη ἐστιν Κυδισσός, ἀπέχουσα Τύρου σημείοις κ', παρακειμένη Πανεάδι.

Das im Alten Testament genannte Kedes kann nicht an allen Stellen mit letzter hinreichender Begründung und Genauigkeit lokalisiert werden. Es kommen insgesamt drei Ortslagen dafür in Betracht: *Tell Qades* (1996.2798), *Ḥirbet el-Qadīš* (2023.2378), *Tell Abū Qudēs* (1705.2184).

Tell Qades (1996.2798)
Der Tell liegt ca. 14,5 km nordwestlich von *Tell Waqqāṣ* (203.269) und bietet eine gute Aussicht auf den *Ḥule*-See. Im April 1953 führte Y. Aharoni eine Sondage auf dem *Tell* im Auftrag der "Israel Exploration Society" durch und fand dabei in dem 17 m langen und ca. 1,25 m breiten angelegten Trench Keramik aus folgenden Epochen: FB, MB, SB, E I, II, hell., arab.[160]

---

[157] O. Michel/O. Bauernfeind, Flavius Josephus. De bello Judaico. Der jüdische Krieg. Bd. I (bell. 1-3); Bd. II 1 (bell. 4-5); Flavius Josephus, Jewish Antiquities, Book Iff, hrsg. von H. S. J. Thackeray/R. Marcus (The Loeb Classical Library).

[158] Zenon Papyri, ed. C. C. Edgar. Catalogue Général des Antiquités Égyptiennes du Musée du Caire, Vol. I-V.

[159] Eusebius, Das Onomastikon der biblischen Ortsnamen, 116,8-11.

[160] Vgl. den Hinweis in der Chronique Archéologique: RB 62, 1955, 88 f. Vgl. ebenso die Beschreibung von C. R. Conder/H. H. Kitchener, Survey of Western Palestine I, 226-230.

Mit relativ großer Gewißheit kann das in Jos 19,37; 20,7; 21,32; II Reg 15,29; I Chr 6,61 genannte Kedes aufgrund der Hinzufügung von *baggālîl* in Jos 20,7; 21,32; I Chr 6,61 sowie der Auswertung des Kontextes in Jos 19,37; II Reg 15,29 mit *Tell Qades* identifiziert werden. Auch die topographischen Angaben Eusebs führen zu dem *Tell Qades*, obgleich die von ihm genannte Entfernung von Tyrus (20 römische Meilen ≙ 30 km) nicht ganz stimmt, da die tatsächliche Distanz zwischen dem Tell und Tyrus ca. 36 km beträgt.

Diese Identifikation wird von einer großen Zahl von Forschern vertreten, u. a. von W. Oehler[161], H. Clauss[162], W. F. Albright[163], M. Noth[164], Y. Aharoni[165] und G. Schmitt[166]. Ist diese Identifikation von Kedes mit *Tell Qades* schwerlich bezweifelbar, so muß allerdings m. E. das in Jdc 4,6 genannte Kedes an einem anderen Ort gesucht werden. Dafür sprechen zum einen die Hinzufügung von *naptālî*, die wohl zur Unterscheidung von *qädäš baggālîl* dienen soll und zum anderen der Kontext von V. 6, der einen Ort vor Augen hat, der näher als *Tell Qades* bei dem Thabor liegt. Hier bietet sich als Lokalisationsmöglichkeit *Ḥirbet el-Qadīš* (2023.2378) an.

Ḥirbet el-Qadīš (2032.2378) = Kedes Naphthali: Jdc 4,6

Ḥirbet el-Qadīš, ca. 1,5 km vom Südwestufer des Sees Genezareth und ca. 16 km nordöstlich des Thabor gelegen, fügt sich aufgrund des Namenszusatzes und der Nähe zum Thabor besser als das ca. 50 km vom Thabor entfernte *Tell Qades* in den geographischen Rahmen von Jdc 4,6 ein. Der Identifikationsvorschlag von Kedes Naphthali (Jdc 4,6) mit *Ḥirbet el-Qadīš* geht auf C. R. Conder[167] zurück und wurde von A. Saarisalo[168], Y. Aharoni[169], M. Kochavi[170], J. S. Ackerman[171] und H. Rösel[172] übernommen. M. Kochavi fand auf der Ḥirbe Keramik aus folgenden Epochen: FB (we-

---

[161] W. Oehler, ZDPV 28, 1905, 24.

[162] H. Clauss, ZDPV 30, 1907, 37 f.

[163] W. F. Albright, BASOR 4, 1921, 10 f.; ders., BASOR 19, 1925, 12; ders., BASOR 35, 1929, 9.

[164] M. Noth, Aufsätze zur biblischen Landes- und Altertumskunde I, 259 f. + II, 70; ders., Das Buch Josua, 120.150.

[165] Y. Aharoni, Das Land der Bibel, 443 u. ö.

[166] Christa Möller/G. Schmitt, Siedlungen Palästinas nach Flavius Josephus, 112 f.

[167] C. R. Conder, Tent Work in Palestine II, 181.

[168] A. Saarisalo, The Boundary between Issachar and Naphtali, 82-84.

[169] Y. Aharoni, Das Land der Bibel, 232 f.443.

[170] M. Kochavi, BIES 27, 1963, 165-172; zur Lage vgl. die Karte S. 165.

[171] J. S. Ackerman, BASOR 220, 1975, 5-13, bes. S. 7 f.

[172] H. Rösel, Die Topographie der Kriege, 57.

nig), MB I (wenig), II, SB I, II, E I (viel), II (viel), III[173], pers., byz., arab.[174] Der Keramikbefund unterstützt diesen Identifikationsvorschlag, da der Ort in der frühen Eisenzeit durchgehend besiedelt gewesen ist.

Tell Abū Qudēs (1705.2184) = Kedes: Jdc 4,9-11
In Jdc 4,9-11 wird Kedes im Zusammenhang mit der Schlacht zwischen Barak und Sisera genannt. In Jdc 5,19 wird diese bei Thaanach (*Taᶜanek* 171.214) bei den "Wassern von Megiddo" lokalisiert. Diese Beschreibung paßt sehr gut zu *Tell Abū Qudēs* als dem Kedes von Jdc 4,9-11.

Tell Abū Qudēs (1705.2184) liegt zwischen Thaanach und Megiddo in der Jesreelebene, er bedeckt eine Fläche von ca. 10 Dunam und ragt 6-7 m aus seiner unmittelbaren Umgebung hervor.[175] An seiner Nordwestecke befindet sich eine Gruppe von kleineren Quellen, die wohl der Grund für die Siedlung an diesem Ort in alter Zeit waren. Im Jahr 1968 fanden auf dem Tell Ausgrabungen der Universität Tel Aviv unter der Leitung von E. Stern und J. B. Ariel statt, die folgendes Bild der Besiedlung ergaben[176]: die früheste Besiedlung des Ortes geht in die Spätbronzezeit (14.-13. Jh. v. Chr.) zurück. Die Siedlung wurde jedoch zerstört und zu Beginn der Eisenzeit wieder erneuert. Um die Mitte des 12. Jahrhunderts wurde sie zerstört und war bis zum Beginn des 10. Jahrhunderts unbesiedelt. Vom Beginn des 10. Jahrhunderts bis zum späten 8. Jahrhundert war der Ort ununterbrochen besiedelt, bis er durch die Assyrer im 8. Jahrhundert wieder zerstört wurde. Eine neue Blütezeit erlebte der Tell in der Perserzeit. In der spätrömischen Zeit war er vom 1.-4. Jahrhundert n. Chr. besiedelt. Die letzte Besiedlung fällt wohl in die früharabische Zeit, vielleicht auch erst in das Mittelalter (12./13. Jh. n. Chr.). Diese Ausgrabungsergebnisse ermöglichen die Identifikation von *Tell Abū Qudēs* mit Kedes in Jdc 4,9-11.[177]

Außer der Nähe von *Tell Abū Qudēs* zum Thabor, der Verbindung von Jdc 4,9-11 mit Jdc 5,19 sowie den archäologischen Nachrichten sprechen noch Erwägungen zum Fluchtweg Siseras für die Identifikation von Kedes in 4,9-11 mit *Tell Abū Qudēs*. Nach Jdc 4,15 erlitt das Heer Siseras eine

---

[173] Zur Einteilung der Eisenzeit vgl. Y. Aharoni/Ruth Amiran, IEJ 8, 1958, 171-184.

[174] M. Kochavi, BIES 27, 1963, 169-171.

[175] Vgl. die Abbildung in TA 6, 1979, Abb. 1 Plate 1.

[176] E. Stern/J. B. Arieh, in: Essays in Honour of Professor S. Yeivin, 93-122 (vgl. Karte S. 117; hebr.); dies., TA 6, 1979, 1-25; E. Stern, IEJ 18, 1968, 193-195.

[177] Dieser Identifikation folgen außer E. Stern und J. B. Arieh noch J. Simons, The Geographical and Topographical Texts of the Old Testament, § 552-3 und D. Baly, Geographisches Handbuch zur Bibel, 192; ablehnend dagegen H. Rösel, Die Topographie der Kriege, 56; er setzt Kedes Naphthali (4,6) mit Kedes (4,9-11) gleich.

vernichtende Niederlage, der Sisera selbst sich mit seiner Flucht entziehen wollte. Während Barak das Heer westwärts bis nach Haroseth-Gojim verfolgte (V. 16), floh Sisera zum Zelt Hebers (4,17), das bei Kedes lag. Würde man nun Kedes mit *Ḥirbet el-Qadīš* oder gar mit *Tell Qades* identifizieren, so hätte sich Sisera einige Tage auf der Flucht befinden müssen, was schwerlich vorstellbar ist, da *Ḥirbet el-Qadīš* ca. 40 km und *Tell Qades* sogar ca. 70 km vom Kison und der Jesreelebene entfernt liegen.[178] *Tell Abū Qudēs* fügt sich gut in den Kontext von Jdc 4,9-11 ein.

ε) *Thabor*: Jdc 4,6.12.14 u. ö.

Der Berg Thabor erscheint in Jdc 4,6.12.14 als Versammlungsort der Truppen Baraks.[179] Er liegt ca. 10 km östlich von Nazareth und ragt in einer Höhe von fast 500 m aus dem untergaliläischen Bergland heraus.

ζ) *Kison*: Jdc 4,7.13; 5,21 u. ö.

Der Kison (*Nahr el-Muqaṭṭaᶜ*) wird außer in Jdc 4,7.13 im Alten Testament noch in Jdc 5,21; I Reg 18,40; Ps 83,10 genannt. Nach Jdc 5,21 werden die Könige Kanaans durch den Kisonbach fortgerissen, nach I Reg 18,40 tötet Elia die Baalspropheten am Bach Kison und Ps 83,10 nimmt die Tradition von Jdc 4 auf: "wie Jabin am Bach Kison." Indirekte Zeugnisse für den Kison finden sich in Jos 19,11 bei der Beschreibung der Grenze des Stammes Sebulon, wo es heißt, daß die Grenze an den Bach stoße, der gegenüber von Jokneam fließt und in Jdc 5,19, wo mit den "Wassern Megiddos" der Kison gemeint sein könnte.[180]

Sehr schwierig ist es, die Bedeutung des Namens Kison näher zu bestimmen. Vielleicht leitet er sich von dem Namen einer Stadt in Issaschar namens *qišyôn* (Jos 19,20; LXX[A]: Κισων; LXX[B]: Κεσιων) ab, deren Lage allerdings unsicher ist.[181]

---

[178] G. Marmier, RB 9, 1900, 598.

[179] Zum sonstigen Vorkommen im Alten Testament vgl. Jos 19,22; Jdc 8,18; Hos 5,1; Jer 46,18; Ps 89,13; I Chr 6,62.

[180] So J. Simons, The Geographical and Topographical Texts of the Old Testament, § 557-8.

[181] Nach J. Simons, The Geographical and Topographical Texts of the Old Testament, § 330 soll *qišyôn* (Jos 19,20) mit *Tell el-ᶜAǧǧūl* (185.226) zu identifizieren sein, was jedoch sehr unsicher bleibt (M. Noth, Das Buch Josua, 129).

Das enge Flußbett des Kison verbindet die Jesreel-Ebene mit der Akko-
Ebene und wird an beiden Seiten von relativ niedrigen, für den Verkehr aber
ungünstigen Bergen abgeschlossen.[182] An seinem Ausgang im Nordwesten
in die Küstenebene von Akko liegt die sog. Kison-Pforte, die an ihrer engsten Stelle weniger als 400 m breit ist: "Die übermäßige Enge dieses Aus-
gangs, durch den die Ebene entwässert wird, bedeutete, daß der Kison nur
ein unwirksames Mittel ist, die Flutwasser, die während der wilden Winter-
stürme von allen Bergseiten herabströmen, wegzuschaffen. Und doch ist es
der Kison, der die ganze Last zu tragen hat; denn die Wasserscheide, die die
Mittelmeerströme von denen trennt, die zum Jordan fließen, liegt weit im
Südosten in der Nähe von Jesreel. Das Ergebnis ist, daß fast das Ganze
dieses Tieflandes unter der 75-m-Linie während der Wintermonate schnell
voll Wasser läuft und vor der Einführung moderner Entwässerung konnte
man wochen-, ja sogar monatelang nur mit Unterbrechungen in diesem
Gebiet weilen."[183]

η) *Eiche von Zaanaim*: Jdc 4,11

In Jdc 4,11 wird bei der Nennung des Keniters Heber gesagt, er habe seine
Zelte bei der "Eiche von Zaanaim", die bei Kedes liegt, ausgespannt. Wenn
die Identifikation des in Jdc 4,9-11 genannten Kedes mit *Tell Abū Qudēs*
richtig ist, dann muß die "Eiche von Zaanaim" in unmittelbarer Nähe dieser
Ortslage gesucht werden. Damit kann bei dieser Lokalisation "die Eiche von
Zaanaim" (Jdc 4,11) auch nicht mit dem in Jos 19,33 im Kontext der Grenzbeschreibung des Stammes Naphthali genannten gleichnamigen Ort (*me'elôn
b^eṣa^{ca}nannîm*) identisch sein. Nach J. Simons soll die "Eiche von Zaanaim"
mit dem ca. 3-4 km nordwestlich von *Tell Abū Qudēs* gelegenen *Ḫān el-
Leǧǧūn* identisch sein.[184] J. Garstang dagegen bringt die "Eiche von Zaanaim" mit dem in I Chr 6,22 genannten Kedes von Issaschar in Verbindung.[185] Eine genaue Lokalisation kann jedoch trotz dieser Vorschläge
nicht durchgeführt werden.[186]

---

[182] Y. Aharoni, Das Land der Bibel, 23 f.

[183] D. Baly, Geographisches Handbuch zur Bibel, 91.

[184] J. Simons, The Geographical and Topographical Texts of the Old Testament, § 554.

[185] J. Garstang, Joshua. Judges, 403.

[186] H. Rösel, Die Topographie der Kriege, 58 f.166-169 (Anm. 318) vermutet die Lage der
"Eiche von Zaanaim" im Anschluß an Conder, Tent Work in Palestine II, 181.340 auf
Ḫirbet eš-Šēḫ Beṣṣūm (195.232); diese Identifikation ist abhängig von Rösels Gleichset-
zung von Kedes (4,9-11) mit *Ḫirbet el-Qadīš* (2032.2378). Vgl. noch N. Na'aman,

Übersicht über die vorgeschlagenen Lokalisierungen

Hazor (4,2.17) – *Tell Waqqāṣ* (203.269)
Haroseth-Gojim (4,2.13.16) – *Tell ᶜAmr* (1593.2372) (?)[187]
Tomär Debora (4,5) – bei *el-Bīre* (171.146) (?)
Kedes Naphthali (4,6) – *Ḫirbet el-Qadīš* (2032.2378) (?)
Kedes (4,9-11) – *Tell Abū Qudēs* (1705.2184) (?)
Thabor (4,6.12.14)
Kison (4,7.13)
Eiche von Zaanaim (4,11) – bei *Tell Abū Qudēs* (1705.2184) (?)

Schlußfolgerung

Unter den hier vorgeschlagenen Lokalisierungen sind für die Frage nach dem
Zusammenhang der topographischen Angaben mit der Nennung der beiden
Stämme Sebulon und Naphthali neben dem Kison vor allem Kedes Naphthali
und Haroseth-Gojim interessant, da beide Orte in besonderer Weise mit der
Schlacht in Verbindung stehen. Barak stammte aus Kedes Naphthali, er und
sein Heer schlagen nach der Darstellung von Jdc 4,10.12-16 vernichtend
Siseras Heer. Der Stützpunkt Siseras war Haroseth-Gojim. Ist die Identifikation dieses Ortes mit *Tell ᶜAmr* (1593.2372) richtig, dann lag er in unmittel-
barster Nähe zu dem Siedlungsgebiet des Stammes Sebulon. Naphthali war
demnach offenbar *führender* und Sebulon am *unmittelbarsten betroffener
Stamm* im Kampf gegen die Kanaanäer.[188] Es ist deshalb wohl eine über-
legte Aussage, wenn im Deboralied Sebulon und Naphthali besonders ge-
rühmt werden: "Sebulon ist ein Volk, das sein Leben dem Tode preisgibt,
auch Naphthali auf den Höhen seines Gefildes" (5,18). Die Verbindung von
Sebulon und Naphthali mit dem Kampfgeschehen in Jdc 4 scheint demnach
weniger in dem historisch exakten Verlauf als vielmehr in dem kompositori-
schen Willen der Überlieferer und Redaktoren von Jdc 4 begründet zu sein.
Ist die Vermutung richtig, daß die Nennung von nur zwei an der Schlacht
beteiligten Stämmen nicht aufgrund des tatsächlichen Verlaufs der Schlacht,
sondern in engem Zusammenhang mit der Komposition des Kapitels steht,
dann ist die Wahrscheinlichkeit groß, daß insgesamt mehr Stämme als nur

---

ZDPV 103, 1987, 20. G. Schmitt, in: Von der Quelle zur Karte, 150.
[187] ? = unsichere Lokalisation.
[188] So auch ähnlich V. Zapletal, Das Deboralied, 12 f. Vgl. dazu noch H.-D. Neef, VT 44,
     1994, 51-53.

Sebulon und Naphthali an der Schlacht teilnahmen. Demnach würde die
Aufzählung der Stämme Ephraim, Benjamin, Machir, Sebulon, Issaschar und
Naphthali in Jdc 5,14.15a.18 dem historischen Verlauf der Schlacht mehr
entsprechen als die Darstellung in Jdc 4. Deshalb dürfte auch Ephraim, d. h.
genauer ein Teil Ephraims (Jdc 5,14aα) an der Deboraschlacht teilgenommen
haben.

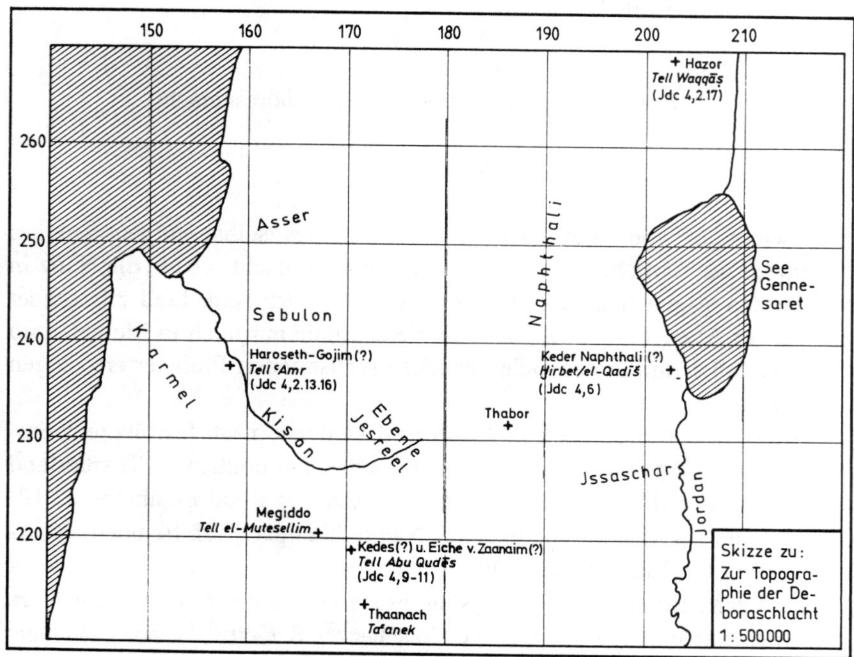

c) Fazit

Ein Teil des Stammes Ephraim[189] nahm wahrscheinlich zusammen mit
Benjamin, Machir, Issaschar sowie Sebulon und Naphthali an der Deboraschlacht teil. Die Angaben über die beteiligten Stämme in Jdc 4 scheinen
dem historischen Verlauf der Auseinandersetzung weniger gerecht zu werden

---

[189] A. van Selms, VT 14, 1964, 297 f.; Y. Aharoni, in: Essays in Honor of Nelson Glueck,
262; siehe dazu oben die Ergebnisse von § 6/1+2.

als diejenigen in Jdc 5, da die Nennung von nur zwei beteiligten Stämmen in Jdc 4 literarische Gründe haben dürfte. Die Überlieferer und Redaktoren des Kapitels wollten lediglich den führendsten und am unmittelbarsten betroffenen Stamm nennen. Naphthali ist führend, weil aus seinem Kreis Barak als der Führer des Kampfes auf israelitischer Seite stammt und Sebulon ist am unmittelbarsten betroffen, weil sein Gebiet am nächsten zum Stützpunkt Siseras liegt.

4. Erwägungen zur Datierung der Deboraschlacht

a) Samgar ben Anath

Ein wichtiges vom Verfasser des Deboraliedes selbst aufgenommenes Datum für die zeitliche Eingrenzung der Deboraschlacht scheint die Notiz in 5,6 "in den Tagen Samgars, des Sohnes Anaths" zu sein. Leider begegnet Samgar im Alten Testament außer an dieser Stelle nur noch in Jdc 3,31, wo es heißt, daß er mit einem Ochsenstecken sechshundert Philister erschlagen haben soll.

Die Notiz über Samgar ben Anath in 3,31 dürfte nach fast übereinstimmender Meinung der Gelehrten nicht zum ursprünglichen Textbestand zählen[190], da er den Zusammenhang zwischen der Ehud-Erzählung (3,12-30) und Jdc 4,1 unterbricht und der Name "Samgar" auf fremden, nichtsemitischen Einfluß schließen läßt.[191]

Nicht ganz einfach ist allerdings die Frage zu beantworten, wer den Vers an dieser Stelle eingefügt hat. G. Hölscher[192], S. Oettli[193] und C. Steuernagel[194] halten ihn für einen jungen, zeitlich jedoch nicht genau bestimm-

---

[190] Soweit ich sehe, hält offenbar nur E. Bertheau, Das Buch der Richter und Ruth, 81 f. an der Verankerung von V. 31 in Kapitel 3 fest.

[191] Am deutlichsten wurde dieser Sachverhalt bisher von B. Maisler, PEFQSt 66, 1934, 192 ausgesprochen — eine ähnliche Position wird vertreten u. a. von S. Oettli, Das Deuteronomium und die Bücher Josua und Richter, 233; K. Budde, Das Buch der Richter, 32 und X; W. Nowack, Richter, Ruth und Bücher Samuelis, 30; C. Steuernagel, Lehrbuch der Einleitung in das Alte Testament, 288.301; C. F. Burney, The Book of Judges, ciii. 76; V. Zapletal, Das Buch der Richter, 51-53; O. Eissfeldt, Die Quellen des Richterbuches, 21; G. F. Moore, Judges, 104-6; G. Hölscher, Geschichtsschreibung in Israel, 353; E. Täubler, Biblische Studien, 170-175; R. G. Boling, Judges, 89 f.; J. A. Soggin, Judges, 57-59.

[192] G. Hölscher, Geschichtsschreibung in Israel, 353.

[193] S. Oettli, Das Deuteronomium und die Bücher Josua und Richter, 233.

[194] C. Steuernagel, Lehrbuch der Einleitung in das Alte Testament, 301.

baren Zusatz. Nach W. Richter wurde 3,31 vom Verfasser des deuteronomistischen Geschichtswerkes unabhängig von der Überlieferung frei gebildet und an dieser Stelle eingefügt.[195] R. G. Boling dagegen glaubt, daß der Vers vom Deuteronomisten aus einer unabhängigen Quelle übernommen wurde.[196] K. Budde[197], G. F. Moore[198] und W. Nowack[199] sehen 3,31 als den jüngsten Zusatz zum bereits fertigen Richterbuch an. O. Eissfeldt[200] und V. Zapletal[201] gehen davon aus, daß der Vers ursprünglich hinter 16,31 stand und von dort aus wegen 5,6 in 3,31 eingefügt wurde.

Ist die späte Hinzufügung von V. 31 in Jdc 3 als wahrscheinlich erkannt, so bleibt dennoch trotz aller Versuche die Frage offen, wer den Vers in den jetzigen Kontext eingefügt hat. Da das charakteristische deuteronomistische Schema der "Kleinen Richter 10,1-5; 12,8-15" fehlt, dürfte der Vers entweder vom Deuteronomisten selbst gebildet sein[202] oder einer nachdeuteronomistischen Redaktion angehören.[203] Muß die Beantwortung dieser Frage letztlich offenbleiben, so ist doch zweierlei deutlich:

α) Samgar ben Anath in 3,31 dürfte aus 5,6 entnommen worden sein, weil man seine Nennung bereits vor dem eigentlichen Deboralied wünschte.[204]

β) Auch wenn die Notiz in 3,31 vom Deuteronomisten oder einer nachdeuteronomistischen Redaktion frei verfaßt wurde, so dürfte ihre inhaltliche Aussage auf eine alte Tradition zurückgehen, denn an "freie Erfindung der eigenartigen Notiz ist kaum zu denken".[205]

---

[195] W. Richter, Bearbeitungen, 92-87.

[196] R. G. Boling, Judges, 89 f.

[197] K. Budde, Das Buch der Richter, 32.

[198] G. F. Moore, Judges, 104-6.

[199] W. Nowack, Richter, Ruth und Bücher Samuelis, 30.

[200] O. Eissfeldt, Die Quellen des Richterbuches, 21.

[201] V. Zapletal, Das Buch der Richter, 51-53.

[202] So W. Richter, Bearbeitungen, 92-97.

[203] So K. Budde, Das Buch der Richter, 32; G. F. Moore, Judges, 104-106; W. Nowack, Richter, Ruth und Bücher Samuelis, 30.

[204] So u. a. auch H. W. Hertzberg, Die Bücher Josua, Richter, Ruth, 168 f.

[205] C. Steuernagel, Lehrbuch der Einleitung in das Alte Testament, 301. So auch J. A. Soggin, Judges, 58; ob die Notiz 3,31 auf einer Verwechslung mit Samma ben-Age (II Sam 23,11) beruht (so P. Haupt, FS J. Wellhausen, 199 f.), ist schwer zu beweisen; ob der Autor der Notiz 3,31 den israelitischen Richter Samgar bei seiner Übernahme von 5,6 falsch interpretierte, "so that the transformation of the oppressor of Israel into an Israelite Judge is due to a misinterpretation on the part of the editor of the Book of Judges" (so B. Maisler, PEFQSt 66, 1934, 192), scheint mir nicht unbedingt zwingend zu sein; so auch W. Richter, Bearbeitungen, 96 f.; an der Identität von Jael in 5,6 mit Jael in 4,17.18.21.22 kann m. E. kaum Zweifel bestehen (gegen O. Eissfeldt, Die

Trifft diese letzte Vermutung den richtigen Tatbestand, so wird in der Notiz in 3,31 die Erinnerung dafür wachgehalten, daß ein gewisser Samgar ben Anath einen erfolgreichen Krieg gegen die Philister geführt hat, der für die Israeliten von großem Vorteil gewesen ist.

Der Name Samgar ben Anath gab zu vielerlei Deutungen und Ableitungen Anlaß.[206] Man brachte ihn u. a. mit Sangar, dem Namen eines Hethiterkönigs von Karchemis z. Zt. Assurnasirpals III. (883-858) und seines Sohnes Salmanassers III. (858-824) in Verbindung[207], sah in ihm den Vater und Vorgänger Siseras[208], bezog das zweite Namenselement auf den in Jos 19,38; Jdc 1,33 vorkommenden Ort Beth-Anath[209] und deutete ihn als "Dynasten" eines relativ großen Machtbesitzes[210] und als militärischen Führer kanaanäischer Herkunft[211], der in Israel eine den Richtergestalten ähnliche Funktion als Führer des Volkes übernommen haben soll.[212]

Diese z. T. sehr unsicheren Ableitungen wurden jedoch mit gewichtigen Argumenten zurückgewiesen. So ist die Verbindung des erst im 9. Jh. v. Chr. begegnenden Namens Sangar(a) mit dem im 13./12. Jh. v. Chr. wirkenden Samgar ben Anath nicht ohne weiteres möglich.[213] Die Herkunft Samgars aus dem galiläischen Ort Beth-Anath müßte durch das Gentilizium ausgedrückt sein.[214] Die Angabe in Jdc 3,31, Samgar habe mit einem Ochsenstecken 600 Philister erschlagen, erinnert sehr an die Erzählung von Simson und dem Eselskinnbacken (Jdc 15,15-20), weshalb man in Samgar eher einen Volkshelden als einen "Dynasten" oder militärischen Führer sehen möchte.[215]

Von den unterschiedlichsten Ableitungsversuchen des Namens Samgar ist derjenige von B. Maisler m. E. immer noch am überzeugendsten.[216] Nach Maisler ist Samgar mit dem hurritischen Personennamen *ši-mi-ga-ri* in

---

Quellen des Richterbuches, 22 Anm. 3).

[206] Vgl. dazu ausführlich T. F. McDaniel, Deborah Never Sang, 66-86.

[207] C. F. Burney, The Book of Judges, 75-77; P. Haupt, FS J. Wellhausen, 199 f.

[208] P. Haupt, FS J. Wellhausen, 199 f.

[209] M. Noth, Die israelitischen Personennamen, 123 Anm. 1; A. Alt, Kleine Schriften I, 261-263; E. Täubler, Biblische Studien, 170.

[210] A. Alt, Kleine Schriften I, 261.

[211] Y. Aharoni, in: Essays in Honor of Nelson Glueck, 256.

[212] T. F. McDaniel, Deborah Never Sang, 93.

[213] B. Maisler, PEFQSt 66, 1937, 192.

[214] A. van Selms, VT 14, 1964, 301 f.

[215] H. W. Hertzberg, Die Bücher Josua, Richter, Ruth, 168; H. M. Niemann, Die Daniten, 40. Die Nähe der Samgar-Episode zur Simsonsage betont auch R. Bartelmus, Heroentum in Israel und seiner Umwelt, 112.

[216] PEFQSt 66, 1934, 192-194.

Verbindung zu bringen, der aus Nuzi-Texten bekannt ist.[217] Dieser Name
sei aus dem theophoren Element *Simiegi* und dem Element *ari*, das oft in
hurritischen Personennamen verwendet werde, zusammengesetzt. Der bekannte semitische Gottesname Anath sei ins hurritische Pantheon übernommen worden und erscheine als hurritischer Gott sowohl in den Boghazköi-
Texten als auch in den nichtsemitischen Ras-Shamra-Tafeln.[218]

Da ben Anath nicht nur als theophorer Name, sondern auch als kanaanäischer Personenname gut bezeugt ist, sieht O. Eissfeldt in ihm nicht eigentlich einen Namen, sondern einen Zunamen "zu dem allgemein und gewiß
mit Recht für hurritisch gehaltenen eigentlichen Namen des Mannes Schamgar. Das Beieinander eines hurritischen Namens und eines kanaanäischen
Zunamens könnte sich so erklären, daß Schamgar, der selbst aus einem
anderen Land nach Kanaan gekommen sein mag oder doch aus der Fremde
eingewanderte Vorfahren gehabt haben wird, seinem hurritischen Geburts-
namen einen seiner neuen Heimat entsprechenden kanaanäischen Namen
hinzugefügt hat ...".[219] Nach Eissfeldt soll der Beiname eine positive Eigenschaft des Namensträgers ausdrücken, "was bei der ausgesprochen kriegerischen Art der ᶜAnat nur Tapferkeit, Wehrhaftigkeit, kriegerischer Sinn
oder dergleichen sein könnte".[220] Da Anath als Qualifikationsbegriff zu
verstehen sei, verliere Anath seine göttliche Personhaftigkeit und verblasse
zu der säkularen Bezeichnung der Tapferkeit, weshalb Samgar ben Anath
einfach mit "Samgar der Held" oder dergleichen wiederzugeben wäre.

Diese Deutung des zweiten Namenselementes als Bezeichnung der Tapferkeit Samgars fügt sich gut in das Bild des Volkshelden Samgar ein, der
den Philistern solch eine Niederlage zugefügt hatte, daß sie keine Angriffe
mehr gegen israelitische Stämme wagten.[221]

---

[217] Maisler stützt sich hier auf die Veröffentlichung von E. Chiera/E. A. Speiser, JAOS 47,
1927, 36-60; vor allem S. 49 f. Nr. 15.

[218] Maisler bezieht sich dabei auf C. Virolleaud, Syr. 12, 1931, 389 f. Nach F. C. Fensham,
JNES 20, 1961, 197 f. bezieht sich "Ben-Anath" als zweites Namenselement auf die aus
den Mari-Texten bekannte nomadische Gruppe der Hanäer, die sowohl nach Palästina als
auch mit den Hurritern engen Kontakt gehabt hatten; diese Verbindung wird auch von
P. C. Craigie, JBL 91, 1972, 240 verteidigt; vgl. gegen diese Sicht Eva Danelius, JNES
22, 1963, 191-193.

[219] O. Eissfeldt, Kleine Schriften IV, 278 f.

[220] O. Eissfeldt, Kleine Schriften IV, 279.

[221] So nach A. van Selms, VT 14, 1964, 306; weil die Philister sich nach der Niederlage
einer ihrer Kampftruppen auf keinen Krieg mit den Bewohnern mehr einlassen konnten,
konnte dieser Erfolg Samgars "be interpreted by the inhabitants of this part of Galilee
as a definite defeat of the enemy and there was every reason to glorify this victory in
popular songs".

b) Die Philister in Palästina

Ist die Annahme richtig, daß in Jdc 3,31 die Erinnerung an einen erfolgreichen Krieg Samgars ben Anath gegen die Philister wachgehalten und in Jdc
5,6 in diese Zeit zurückgeblickt wird[222], dann ist damit zugleich als *terminus a quo* für die Deboraschlacht die Anwesenheit der Philister in Palästina
anzusehen.

In der zahlreichen Literatur über die Philister findet sich insofern Übereinstimmung als ihr Auftreten in Palästina eng mit dem Niedergang der
Spätbronzekulturen in Zypern und an der Syro-Palästinischen Küste im
späten 13. Jahrhundert in Verbindung steht.[223] Nach Trude Dothan ist die
früheste Ansiedlung der Seevölker in Palästina durch das Auftauchen von
Myc. IIIC:1b Keramik als einziger entscheidender Faktor angezeigt: "Stylistically and stratigraphically, Myc. IIIC:1b pottery somewhat precedes and
heralds mainstream Philistine pottery."[224] Dieses Phänomen begegne in
Stratum IIIb in Asdod, das unmittelbar nach der Zerstörung der letzten
kanaanäischen Stadt folge. Die einzige andere Stadt, die ein ähnliches Bild
zeige, sei Bethsan, wo das Stratum VI, das unmittelbar auf die Zerstörung

---

[222] M. E. ist Jdc 5,6 "In den Tagen Samgars ben Anath und in den Tagen Jaels" am besten
als unmittelbares zeitliches Nacheinander zu verstehen, da dies dem Gebrauch der
Wendung *bîmê* + Name + *bîmê* + Name... am besten entspricht. Syntaktisch und inhaltlich nicht ausgeschlossen ist H. M. Niemanns, Die Daniten, 43 Anm. 38 Verständnis des
Verses: "(Wie damals) in den Tagen Schamgar ben Anats, (so jetzt) in den Tagen Jaels
..."

[223] W. F. Albright, Essays in Honor of W. F. Albright, 328-362, vor allem 335-340; A. Alt,
Kleine Schriften I, 216-230; R. D. Barnett, CAH³ II, § 28, 371-378; J. F. Brug, A
Literary and Archaeological Study of the Philistines, 5-50; A. R. Burn, Minoans, Philistines and Greeks, 141-172; Trude Dothan, The Philistines and their Material Culture,
1.289-196 — das Buch beinhaltet eine umfangreiche Bibliographie zum Thema "Philister"
(S. 297-303, über 330 Titel!); E. Grant, JBL 55, 1936, 175-194, vor allem S. 178 ff.;
Ruth Hestrin, The Philistines and the other Sea Peoples, 1-4; E. E. Hindson, The Philistines and the Old Testament, 14-24; B. Hrouda, FS A. Moortgat zum 65. Geb., 126-135;
K. A. Kitchen, in: D. J. Wiseman (hrsg.), Peoples of Old Testament Times, 53-78, bes.
53-60; R. A. S. Macalister, The Philistines, 1-29; A. Malamat, in: The World History of
the Jewish People III, 23-38.129-163 bes. 135-140; B. Mazar, in: The World History of
the Jewish People III, 164-179; G. von Rad, PJ 29, 1933, 30-42; B. D. Rahtjen, JNES
24, 1965, 100-104; N. K. Sandars, The Sea Peoples, 81 ff.; E. Sitarz, Kulturen am Rande
der Bibel, 101 ff.; G. A. Wainwright, VT 9, 1959, 73-84; M. Weippert, Art.: Philister, in:
Bibel-Lexikon, 1379-1382; ders., GGA 223, 1971, 1-20.

[224] Trude Dothan, The Philistines and their Material Culture, 295; zu dem Problem, inwieweit sich bestimmte Einwandergruppen in Palästina an Wandlungen des Keramikstils
und der materiellen Kultur überhaupt erkennen lassen vgl. M. Weippert, GGA 223,
1971, 15-20.

der Spätbronzezeit (Stratum VII) folge, ebenfalls Myc. IIIC:1b Keramik enthalte. Nur an diesen beiden Orten konnte philistäische Ansiedlung nachgewiesen werden. Auch wenn es nicht sicher sei, ob diese ersten Siedler Philister genannt werden könnten, sei deren materielle Kultur der folgenden klassischen Philisterkultur sehr nahe.[225]

Zur Ermittlung des Datums der Ankunft der Seevölker in Kanaan geht Trude Dothan von der Zerstörung Ugarits durch die Seevölker aus, die nach den hethitischen und ugaritischen Dokumenten in den letzten Jahren der geschwächten 19. Dynastie erfolgte (um 1200/1190 v. Chr.). Mit der Zerstörung Ugarits sei auch die letzte mykenische Keramik IIIB verschwunden, an deren Stelle dann relativ rasch die frühe Myc. IIIC:1 Keramik getreten sei. "Its bearers were undoubtedly the Sea Peoples."[226] Ugarit sei dann der Ausgangspunkt für eine der frühen Wellen der Seevölker nach Süden gewesen.

Die Hauptwelle der philistäischen Siedler kam im Gefolge ihrer Niederlage durch Ramses III. (1184-1153). Ramses III., die letzte bedeutende Herrschergestalt des Neuen Reiches, mußte während seiner Regierungszeit die doppelte Wanderbewegung der Libyer und der Seevölker gegen die Grenzen Ägyptens abwehren.[227] Die Texte und Reliefs des Pharao Ramses III. in *Medīnet Hābū* (Theben West) geben anschauliche Berichte über seine Auseinandersetzungen mit den auch die Philister einschließenden Fremdvölkern[228], die er in seinem 8. Jahr vernichtend schlug (um 1176 v. Chr.).[229] Die zahllosen Kriegsgefangenen wurden entweder als Söldner in das ägyptische Heer eingereiht oder in bedrohten Teilen des Reiches angesiedelt. Auf diese Weise erhielten die Philister ihre Wohngebiete um Gaza und Askalon.[230]

Trifft dieses historische Gerüst zu, dann wird man wohl um 1200 v. Chr. mit dem ersten Auftreten von Philistern in Kanaan rechnen können. Die Zeit

---

[225] Trude Dothan, The Philistines and their Material Culture, 295 f.

[226] Trude Dothan, The Philistines and their Material Culture, 292; vgl. dazu außerdem: G. Saadé, Ougarit. Métropole Cananéenne, 86-91; D. Kinet, Ugarit — Geschichte und Kultur einer Stadt in der Umwelt des Alten Testaments, 44-46; M. C. Astour, in: Ugarit in Retrospect, ed. by G. D. Young, 3-29; P. C. Craigie, Ugarit and the Old Testament, 26-43.

[227] E. Hornung, Grundzüge der ägyptischen Geschichte, 109 f.

[228] Die Texte finden sich übersetzt bei W. F. Edgerton/J. A. Wilson, Historical Records of Ramses III: The Texts in *Medinet Habu* Volumes I and II translated, 53-56.

[229] Zur Chronologie vgl. E. Hornung, Untersuchungen zur Chronologie und Geschichte des Neuen Reiches, 95-100.108 f.

[230] E. Hornung, Grundzüge der ägyptischen Geschichte, 110.

um 1200 v. Chr. dürfte dann zugleich *terminus a quo* für die Deboraschlacht sein.

Den *terminus ad quem* für die Deboraschlacht bilden die Siege Davids über die Philister.[231] Sie beenden die letzte Phase philistäischer Ansiedlung (ca. 1100-1000), in die auch der entscheidende Sieg der Philister über die Israeliten in Eben-Eser fällt. Dieser Sieg leitete zugleich die Schlußphase philistäischer Kultur ein. Nach Trude Dothan "should be stressed that it was during this period of greatest expansion that Philistine culture lost its uniqueness and vitality and slowly became assimilated into the surrounding Canaanite cultures ... This period of expansion was brought to an end by the conquests of David ...".[232]

c) Die Zerstörung Thaanachs um 1125 v. Chr.

Das Auftauchen der Philister in Palästina um 1200 v. Chr. und ihre Niederlagen durch David um 1000 v. Chr. bilden das historische Gerüst für die Deboraschlacht. In dem Bemühen um eine weitere Eingrenzung dieses Zeitraumes finden sich sowohl Vorschläge für eine Früh- (12. Jh.) als auch für eine Spätdatierung (11. Jh.) der Deboraschlacht.

Nach W. F. Albright ereignete sich die Schlacht um ca. 1125 v. Chr. z. Zt. der Nichtbesiedlung Megiddos.[233] Albright geht bei seinen Überlegungen von der geographischen Angabe in 5,19 "zu Thaanach an den Wassern Megiddos" aus und schließt daraus, "that Megiddo was not occupied at that time, but lay in ruins".[234] Das Ende von Megiddo Stratum VI liege ca. um 1050 v. Chr. und dasjenige von Stratum VII um 1150 v. Chr.: "Since the period of abandonment between strata VIII (fifteenth — thirteenth centuries) and VII (thirteenth — twelfth centuries) is much too early for the Song of Debora, if we are right in our deduction with regard to the relation of the Song to the Philistine invasion, and the similar period between VI and V (about 1050 B. C., ...) is much too low, it follows that we may tentatively place the Song in the interval between VII and VI, somewhere in the second half of the twelfth century."[235] Philistäische Keramik sei sowohl in Stratum

---

[231] Vgl. dazu etwa M. Noth, Geschichte Israels, 172-174; S. Herrmann, Geschichte Israels, 197 f.

[232] Trude Dothan, The Philistines and their Material Culture, 296.

[233] W. F. Albright, BASOR 62, 1936, 26-31.

[234] W. F. Albright, BASOR 62, 1936, 27.

[235] W. F. Albright, BASOR 62, 1936, 29.

VII als auch in Stratum VI gefunden worden. In dieser Zeit sei der schwache Ramses IX. (1127-1109) Pharao und der Niedergang der ägyptischen Macht in vollem Gang gewesen.

Problematisch ist an Albrights Einordnung der Deboraschlacht in die Zeit von 1200-1000 v. Chr. vor allem der gewagte Rückschluß von der Notiz in Jdc 5,19 auf eine Nichtbesiedlung Megiddos. Am heftigsten wurde dieser Sicht von A. D. H. Mayes widersprochen, da sie voraussetze, daß das unbesiedelte Megiddo so unbedeutend geworden sei, "that an event taking place in its vicinity had to be located by reference to another place, Taanach, some five miles away to the south-east".[236] Dies sei jedoch angesichts der beherrschenden Lage Megiddos am Südwestrand der Jesreelebene sehr unwahrscheinlich. "But even if Megiddo lay derelict for over fifty years it is highly unlikely, in view especially of its important commanding position overlooking the plain of Esdraelon, that its fame would have so completely died out."[237] A. D. H. Mayes selbst und in seinem Gefolge J. A. Soggin verteidigen dagegen die Spätdatierung der Deboraschlacht: ca. 1050-1000 v. Chr.[238]

A. D. H. Mayes ist vor allem darum bemüht, einen möglichen Kontext für die Schlacht zu finden. Da in diese Auseinandersetzung mehrere israelitische Stämme verwickelt waren, müsse man bereits ein enges Zusammengehörigkeitsbewußtsein voraussetzen. Das Ereignis sei eine Brücke zwischen der Einzelexistenz eines Stammes und der gemeinsamen Aktion unter Saul. "This consideration would give support to a fairly late date in the period of the judges for the victory over Sisera."[239] Diese Spätdatierung erlaubt Mayes zugleich, die Deboraschlacht mit derjenigen bei Aphek gegen Ende des 11. Jh. v. Chr. zeitlich zu verbinden (I Sam 4,1). Die Ursache für die Schlacht in Aphek müsse man darin sehen, daß Israel eine Bedrohung für die Philister geworden war. Der Grund dafür könne nur in dem Auftauchen von israelitischen Stämmen in den Ebenen Palästinas liegen, wozu auch der in Jdc 4 berichtete Zug Israels gegen die Philister zu zählen sei. Die Schlacht bei Aphek "should be seen as a direct result of the threat generated by Israel's victory over Sisera".[240]

---

[236] A. D. H. Mayes, VT 19, 1969, 354. Albrights Sicht wurde u. a. abgelehnt von A. Alt, Kleine Schriften I, 161.261; E. Täubler, Biblische Studien, 166; P. W. Lapp, BA 30, 1967, 9 f.; H. M. Niemann, Die Daniten, 43 f.

[237] A. D. H. Mayes, VT 19, 1969, 354.

[238] A. D. H. Mayes, VT 19, 1969, 358 f.; J. A. Soggin, ThLZ 106, 1981, 626 f.635-637.

[239] A. D. H. Mayes, VT 19, 1969, 356.

[240] A. D. H. Mayes, VT 19, 1969, 358.

Positiv ist bei Mayes vor allem das Bemühen um eine zeitliche und historische Einordnung der Deboraschlacht hervorzuheben. Schwierigkeiten bereitet allerdings die Verbindung von Debora- und Aphekschlacht, da es Israel in beiden Auseinandersetzungen mit verschiedenen Gegnern zu tun hat. Nach Jdc 4 f. kämpft Israel gegen Kanaanäer und nach I Sam 4 sind die Philister seine Gegner. Mayes müßte demnach überzeugend aufzeigen, inwiefern der Sieg Israels über die Kanaanäer im nördlichen Teil Palästinas eine akute Gefahr für die von der Jesreelebene weit entfernt im Süden wohnenden Philister war.[241]

Ebenso wie W. F. Albright datiert auch P. W. Lapp die Deboraschlacht um das Jahr 1125 v. Chr.[242] Im Unterschied zu Albright geht Lapp jedoch nicht von der Nichtbesiedlung Megiddos, sondern von der Zerstörung Thaanachs aus.

Nach P. W. Lapp war *Tell Taᶜannek* im 13. und 12. Jh. v. Chr. spärlich besiedelt: "There is only sparse evidence of occupation in the 13th century, but several substantial structures of the 12th century have been unearthed. The 12th century occupation does not seem to have been extensive, for large areas of the southwest quarter of the mound were not built up."[243] Die Besiedlung des 12. Jhs. v. Chr. sei durch eine starke Zerstörung beendet worden, die Lapp mit dem in Jdc 5 berichteten Sieg über die Kanaanäer in Verbindung bringt: "This occupation ended in a violent destruction, which it is tempting to associate with the victory celebrated in the Song of Debora (Judges 5)."[244] Der Keramikbefund lege das Jahr 1125 v. Chr. für die Zerstörung nahe. In dem folgenden Jahrhundert gebe es keine Anzeichen von Besiedlung mehr.

Der Vorteil der Position P. W. Lapps gegenüber denjenigen von W. F. Albright und A. D. H. Mayes liegt in der Verbindung von Thaanach mit Jdc 5,19, wo der Ort als wichtigster Bezugspunkt der Schlacht genannt wird. Die Nennung von Thaanach wäre bei einer Zerstörung oder Nichtbesiedlung des Ortes nicht sinnvoll.[245] Problematisch ist allerdings seine vorschnelle Verbindung der Zerstörung der Stadt mit der Deboraschlacht. Daß Thaanach von den Israeliten zerstört worden sei, geht aus dem Text in Jdc 5 nicht her-

---

[241] So auch H. M. Niemann, Die Daniten, 45 f.

[242] P. W. Lapp, BA 30, 1967, 2-27.

[243] P. W. Lapp, BA 30, 1967, 8; zu den Ausgrabungen vgl. ders., BASOR 173, 1964, 4-44; ders., BASOR 185, 1967, 2-39; ders., RB 75, 1968, 93-98; ders., BASOR 195, 1969, 2-49; M. Weippert, ZDPV 82, 1966, 293-296.

[244] P. W. Lapp, BA 30, 1967, 8.

[245] G. Schmitt, Du sollst keinen Frieden schließen, 73 Anm. 77.

vor.[246] Trotz dieses Vorbehaltes sind die Untersuchungen Lapps insofern von Nutzen, als sie das Jahr 1125 v. Chr. als einen möglichen *terminus ad quem*[247] für das Datum der Deboraschlacht darstellen. Die Deboraschlacht dürfte deshalb vielleicht grob in die Jahre zwischen 1150-1130 v. Chr. zu datieren sein.[248]

d) Fazit

Die Festlegung des genauen Datums der Deboraschlacht stößt auf nicht unerhebliche Schwierigkeiten, da sich in Jdc 4 und 5 keine eindeutigen Hinweise zur Ermittlung des Datums der Schlacht finden lassen. Das Datum kann nur unmittelbar durch Kombination verschiedener und z. T. sehr unsicherer Fakten und Hinweise ermittelt werden. Eine wichtige Rolle bei der zeitlichen Eingrenzung der Deboraschlacht spielt Samgar ben Anath (Jdc 3,31; 5,6). Mit ihm verbindet sich im Alten Testament die Überlieferung von einem Volkshelden, der den Philistern solch eine Niederlage zugefügt hatte, daß sie keine Angriffe mehr gegen israelitische Stämme wagten. Da er in Jdc 5,6 in die unmittelbare zeitliche Nähe zu Jael gerückt wird, muß die Deboraschlacht z. Zt. der Anwesenheit von Philistern in Palästina stattgefunden haben, was der Zeitspanne ihrer Einwanderung nach Kanaan und endgültigen Besiegung durch David (ca. 1200-1000 v. Chr.) entspricht. Innerhalb dieser zwei Jahrhunderte spricht vor allem die Zerstörung Thaanachs um 1125 v. Chr. als möglicher *terminus ad quem* für die Datierung der Schlacht etwa in die Jahre von 1150-1130 v. Chr.

5. Zusammenfassung: Ephraim und die Deboraschlacht

In Jdc 5,14a sollte trotz der abweichenden Übersetzungen in den alten Versionen und der Vielfalt der Textänderungen mit ihren unterschiedlichen Interpretationen der masoretische Text unverändert beibehalten werden, da die Mehrzahl der Textänderungsvorschläge als *lectio facilior* angesehen werden muß. V. 14aα ist grammatisch korrekt gebildet und fügt sich gut mit der kurzen prägnanten Angabe "deren Wurzel in Amalek ist" in die im ganzen Deboralied zu beobachtende Form der "atomizing technique" (G.

---

[246] So auch M. Weippert, ZDPV 82, 1966, 294 f. Anm. 124.
[247] So auch H. M. Niemann, Die Daniten, 44.
[248] So auch H. M. Niemann, Die Daniten, 44.

Gerleman) ein. Der Vers will offenbar besagen, daß Teile Ephraims in einem Gebiet siedelten, in dem auch Amalekiter ansässig waren. Aus Jdc 12,15 kann geschlossen werden, daß dieses Gebiet ca. 10 km südwestlich des heutigen *Nāblus* zu suchen ist. Die in diesem Gebiet siedelnden Ephraimiten zogen in enger Verbundenheit mit den benjaminitischen Heerscharen in den Kampf gegen die Kanaanäer (V. 14aα).

Ephraim und Benjamin nahmen zusammen mit Machir, Issaschar, Sebulon und Naphthali an der Deboraschlacht teil. Die Überlieferung in Jdc 4,6.10, nach der nur Sebulon und Naphthali an der Schlacht beteiligt gewesen sein sollen, dürfte nicht dem tatsächlichen Verlauf des Geschehens entsprechen. Diese Notiz muß im Zusammenhang mit den detaillierten geographischen Angaben und der Aussageabsicht in Jdc 4 gesehen werden. Sebulon wird deshalb genannt, weil sein Gebiet in unmittelbarer Nähe zum Stützpunkt Siseras liegt und Naphthali wird deshalb erwähnt, weil aus ihm Barak als der Führer des Kampfes auf israelitischer Seite stammt.

Die Deboraschlacht selbst dürfte um ca. 1150-1130 v. Chr. stattgefunden haben. Einziger Anhaltspunkt für diese Datierung ist die Nennung Samgar ben Anaths im Deboralied (5,6). Mit ihm verbindet sich die Überlieferung von einem Volkshelden, der den Philistern eine für die israelitischen Stämme wichtige Niederlage zugefügt hatte. Da er in 5,6 in die zeitliche Nähe zu Jael gerückt wird, muß die Deboraschlacht z. Zt. der Anwesenheit von Philistern in Palästina stattgefunden haben (ca. 1200-1000 v. Chr.). Innerhalb dieser Zeitspanne kann die Zerstörung Thaanachs um 1125 v. Chr. als möglicher *terminus ad quem* angesehen werden, da ihre Nennung als Schlachtort im Deboralied (5,19) bei einer Zerstörung oder Nichtbesiedlung wenig sinnvoll wäre.

§ 7 Ephraim in Jdc 1,29

1. Hauptprobleme der Forschung an Jdc 1,1-2,5

Die Notiz über Ephraim in Jdc 1,29 steht im Kontext des Einleitungskapitels zum Richterbuch Jdc 1,1-2,5. Dieser Einleitungsabschnitt hat die Forschung bisher intensiv beschäftigt ohne daß sich jedoch ein allgemein anerkanntes Urteil über das literarische Werden des Abschnitts herausgebildet hätte.[249]

---

[249] Literatur zu Jdc 1,1-2,5 in Auswahl und chronologischer Anordnung: C. F. Keil, Josua, Richter und Ruth, 193-199; E. Meyer, ZAW 1, 1881, 117-146; E. Bertheau, Das Buch der Richter und Ruth, 1-6.37-42; K. Budde, Die Bücher Richter und Samuel, 1-89; S. Oettli, Das Deuteronomium und die Bücher Josua und Richter, 223-226; G. F. Moore, Judges, 3-56; K. Budde, Das Buch der Richter, 11-14; W. Nowack, Richter, Ruth und Bücher

Lediglich bei der Einschätzung von 1,1-2,5 als wichtiger historischer Quelle zur Frühgeschichte Israels[250] sowie als Zusammenarbeitung ganz unterschiedlicher Überlieferungen[251] scheint die Forschung im wesentlichen einer Meinung zu sein. Die Hauptprobleme dieses Abschnittes liegen in den zahlreichen Spannungen im Text (a), im Verhältnis dieses Dokumentes zum Josuabuch (b) und in dem formgeschichtlichen Problem (c).

ad a) Von den zahlreichen Spannungen in 1,1-2,5 sind besonders auffallend: V. 3-21 sind auch ohne die Einleitung in V. 1 f. verständlich; V. 22ff. bleiben von V. 1 f. gänzlich unberührt; sachlich gehören V. 3 und V. 17 zusammen, V. 17 liest sich wie die Fortsetzung und Konkretisierung von V. 3; V. 4 führt eher V. 2 als V. 3 weiter; der Sieg über die Kanaanäer und Pheresiter wird doppelt berichtet (V. 4a.5b); V. 4 redet pauschal davon, daß der Herr die Kanaanäer in die Hände Judas gegeben habe; in V. 8 ff. wird dies deutlich eingeschränkt; die Eroberung von Debir wird doppelt und unterschiedlich berichtet, nach V. 11 wird der Ort von allen Judäern, nach V. 13 jedoch von Othniel erobert; V. 18 und V. 19b widersprechen sich ebenso wie V. 8 und V. 21.[252]

Samuelis, VII.1 ff.; R. Smend, Die Erzählung des Hexateuch auf ihre Quellen untersucht, 271-279; H. Gressmann, Die Anfänge Israels, 163-168; C. F. Burney, The Book of Judges, 1-52; E. Auerbach, ZAW 48, 1930, 286-295; B. Maisler, Untersuchungen zur alten Geschichte und Ethnographie Syriens und Palästinas, 68-74; O. Eissfeldt, Kleine Schriften II, 73 f.; G. E. Wright, JNES 5, 1946, 105-114; C. A. Simpson, The Early Traditions of Israel, 323-329; H. H. Rowley, From Joseph to Joshua, 100-103; Y. Kaufmann, The Biblical Account of the Conquest of Canaan, 126-132; E. O'Doherty, CBQ 18, 1956, 1-7; S. B. Gurewicz, ABR 7, 1959, 37-40; A. Vincent, Le Livre des Juges, 33; K.-D. Schunck, Benjamin, 76-79; C. H. J. de Geus, VoxTh 36, 1966, 32-56; M. Noth, Überlieferungsgeschichtliche Studien, 8 f.; M. Weinfeld, VT 17, 1967, 93-113; A. Alt, Kleine Schriften I, 197 f.; G. Schmitt, Du sollst keinen Frieden schließen, 46-80; K.-D. Schunck, FS A. Jepsen, 50-57; H. W. Hertzberg, Die Bücher Josua, Richter, Ruth, 147-154; Helga Weippert, VT 23, 1973, 76-89; M. Weippert, VT 23, 1973, 432 f.; A. G. Auld, VT 25, 1975, 261-285; R. G. Boling, Judges, 50-67; J. D. Martin, The Book of Judges, 24-29; J. Halbe, Das Privilegrecht Jahwes Ex 34,14-26, 310.346-391; S. Mittmann, ZDPV 93, 1977, 213-235; B. Lindars, VTS 30, 1979, 95-112; Y. Aharoni, Das Land der Bibel, 244-247; Z. Kallai, ZDPV 102, 1986, 68-74; R. Smend, Die Mitte des Alten Testaments, 124-137; ders., Zur ältesten Geschichte Israels, 217-228; K.-H. Hecke, Juda und Israel, 35 ff.; H. M. Niemann, Die Daniten, 9-35; J. A. Soggin, Judges, 26-35; H. N. Rösel, in: "Wünschet Jerusalem Frieden", 121-135; U. Becker, Richterzeit und Königtum, 21-62.

[250] Vgl. dazu etwa das Urteil von G. F. Moore, Judges, 7: "... Jud. 1 is, beyond dispute, one of the most precious monuments of early Hebrew history." Vgl. auch K. Budde, Die Bücher Richter und Samuel, 23; G. Schmitt, Du sollst keinen Frieden schließen, 46.

[251] Vgl. dazu etwa R. G. Boling, Judges, 63.

[252] Zu weiteren Spannungen in 1,1-2,5 vgl. E. Meyer, ZAW 1, 1881, 135 f.; K. Budde, Die Bücher Richter und Samuel, 1 ff.; G. F. Moore, Judges, 5; H. Gressmann, Die Anfänge Israels, 163; G. Schmitt, Du sollst keinen Frieden schließen, 48-53; A. G. Auld, VT 25, 1975, 265-267.

Die älteren Ausleger wie J. Wellhausen, E. Meyer, K. Budde, G. F. Moore, W. Nowack und C. F. Burney erklärten diese Spannungen aufgrund der Zusammenarbeit der noch in Jdc 1,1-2,5 greifbaren Pentateuchquelle J mit einer redaktionellen Bearbeitung (Rp bzw. R).[253] Die jüngeren Ausleger seit E. Auerbach[254] lösten sich jedoch von der Fixierung auf eine der Pentateuchquellen und deuten den Abschnitt als "a collection of miscellaneous fragments *of varying dates and of varying reliability*".[255] Nach S. B. Gurewicz haben wir es in 1,1-2,5 mit insgesamt drei Autoren zu tun: der Autor A beschrieb die Leistungen der Nordstämme, der Autor B beschrieb diejenigen Judas und der Autor C fügte die Angaben von A + B mit einem die Stämme rügenden Unterton zusammen.[256]

ad b) Unterschiedliche Antworten werden auch auf das Problem des Verhältnisses von 1,1-2,5 zum Josuabuch gegeben. Beide Berichte über die Landnahme widersprechen sich, da nach der Darstellung des Josuabuches Israel das *ganze* Land erobert und die Kanaanäer vernichtet hat, nach derjenigen von 1,1-2,5 konnte Israel jedoch keineswegs alle Städte erobern und alle Kanaanäer vertreiben.

Für E. Bertheau gehören beide Schilderungen dennoch zusammen, da die Darstellung von 1,1-2,5 ohne die geographischen Angaben des Buches Josua unverständlich sei. Die Aufzählung der nicht eroberten Städte und Gegenden könne an sich keine deutliche Anschauung vom Erfolg der Kämpfe gegen die Kanaanäer geben.[257] W. Nowack dagegen lehnt jede Beziehung zwischen dem Josuabuch und der Einleitung des Richterbuches ab. Das Buch Josua in der uns vorliegenden Form und Jdc 1 seien sich ausschließende Parallelen.[258] Nicht ganz so schroff sehen Y. Kaufmann[259] und R. G. Boling[260] die Beziehung beider Stellen. Für sie ist Jdc 1 eine nachträgliche Korrektur der Landnahmeerzählung des Josuabuches. Für R. Smend repräsentieren die Texte vom unvollständigen Landbesitz eine jüngere Schicht innerhalb des deuteronomistischen Geschichtswerkes. Das Problem zwischen Ideal und Wirklichkeit sei in einer späteren Zeit so drängend gewesen, daß

---

[253] Siehe die tabellarische Übersicht bei W. Nowack, Richter, Ruth und Bücher Samuelis, XXIV; C. F. Burney, The Book of Judges, 1.

[254] E. Auerbach, ZAW 48, 1930, 286; H. W. Hertzberg, Die Bücher Josua, Richter und Ruth, 147; R. G. Boling, Judges, 63; B. Lindars, VTS 30, 1979, 101.

[255] G. E. Wright, JNES 5, 1946, 109.

[256] S. B. Gurewicz, ABR 7, 1959, 38 f.

[257] E. Bertheau, Das Buch der Richter und Ruth, 3.

[258] W. Nowack, Richter, Ruth und Bücher Samuelis, 1.

[259] Y. Kaufmann, The Biblical Account of the Conquest of Canaan, 127 f.

[260] R. G. Boling, Judges, 66.

man um seinetwillen das vorliegende Geschichtswerk nachträglich kräftig retouchiert habe.[261]

ad c) Nicht ganz einfach ist in 1,1-2,5 die Zuordnung und die Gattung der einzelnen Abschnitte anzugeben, da sich hier kürzere Notizen mit ausführlicheren Angaben zu den Stämmen abwechseln. Kürzere Notizen finden sich in V. 3 und V. 17 zu Juda und Simeon, in V. 16 zu Juda und den Kenitern, in V. 18 f. zu den von Juda nicht eroberten Gebieten, in V. 20 zu Kaleb und Hebron und in V. 21 zu Benjamin und den Jebusitern in Jerusalem. Ausführlicher wird dagegen von dem Sieg Judas über Adonibesek (V. 4-7), über Jerusalem, die Kanaanäer, Hebron und Debir (V. 8-11), von Kaleb und Othniel (V. 12-15) und der Einnahme Bethels durch das Haus Joseph (V. 22-26) berichtet. Formal fallen besonders V. 27-35 auf, da hier ein bestimmtes Schema zugrunde zu liegen scheint. Es fällt zudem schwer, den Abschnitt 2,1-5 in seinem Verhältnis zu 1,1-36 genau zu bestimmen.

H. Gressmann erklärt diesen disparaten Befund mit der Verbindung einer geographischen Liste der westjordanischen Stämme Israels[262] mit erzählendem Stoff wie Anekdoten und Sagen. Ein Erzählfaden fehle und die in dem Text sich findenden Einzelheiten seien nach geographischen Gesichtspunkten geordnet: "Man wird ... behaupten dürfen, daß die uns nur in Bruchstücken erhaltene Überlieferung einst vollständiger und klarer gewesen sei. Eine Wiederherstellung des ursprünglichen Textes oder Zusammenhangs ist indessen unmöglich, weil sie durch die literarische Art des Stückes ausgeschlossen ist."[263]

2. Die Aufgabe

Die Probleme, die das Einleitungskapitel des Richterbuches stellt, sind äußerst vielfältig. Es ist daher nicht möglich, im Rahmen der Untersuchung der Ephraimnotiz in 1,29 auf alle offenen Fragen einzugehen, um nach überzeugenden Antworten zu suchen. Bei der Exegese von 1,29 soll deshalb der Vers im Kontext von 1,22-36 ausgelegt werden. Der Einschnitt zwischen V. 21 und 22 ist ohne weiteres deutlich, da es in V. 22 ff. im Unterschied zu V. 1-21 um die Nordstämme Israels geht.[264] Der Abschnitt soll nach sei-

---

[261] R. Smend, Zur ältesten Geschichte Israels, 226 f.

[262] So auch ähnlich Helga Weippert, VT 23, 1973, 83-89.

[263] H. Gressmann, Die Anfänge Israels, 166.

[264] C. F. Keil, Josua, Richter und Ruth, 193; G. F. Moore, Judges, 3; K. Budde, Das Buch der Richter, 11; G. E. Wright, JNES 5, 1946, 107 f.; H. W. Hertzberg, Die Bücher Josua, Richter, Ruth, 153; B. Lindars, VTS 30, 1979, 101 f.

nem Aufbau und seiner Form untersucht, die Parallelstellen im Josuabuch sollen mit denen in Jdc 1,22 ff. verglichen und abschließend sollen Erwägungen zur Datierung angestellt werden.

3. Jdc 1,29 im Kontext von 1,22-36

a) V. 22-26: Die Einnahme von Bethel

Der Abschnitt V. 22-26 kann aufgrund seines Inhaltes — die Eroberung von Bethel — als eigenständig im Kontext von V. 22-36 abgegrenzt werden. In V. 27 ff. ist dann von den Einzelstämmen die Rede. Der Bericht von der Einnahme Bethels durch das Haus Joseph versteht sich als Gegen- bzw. Seitenstück[265] zu den Schilderungen der Eroberungen Judas in V. 1-21. Dies wird zum einen deutlich durch die Entsprechung von V. 22 und V. 4[266] und zum anderen durch das wohl von dem Redaktor von Jdc 1 hinzugefügte "auch sie" (V. 22).[267]

Die Schilderung beginnt in V. 22 mit dem Zug des Hauses Joseph gegen Bethel und der Zusicherung der Begleitung Jahwes. Umstritten ist in V. 22b die Lesart "Und Jahwe war mit ihnen". Der masoretische Text wird zwar von LXX[B], V, T, S bestätigt, T gibt lediglich V. 22b freier mit "das Wort des Herrn war ihnen eine Hilfe"[268] wieder, doch liest LXX[A] anstelle des Gottesnamens "Juda". Die Lesart "Josua" wird von K. Budde an dieser Stelle eingetragen, er übersetzt V. 22 mit "Dann zog das Haus Joseph seinerseits hinauf, gegen Ai, und bei ihnen war Josua ...".[269] M. E. sind die beiden Lesarten zurückzuweisen. Die Lesart "Juda" steht sehr im Verdacht der Angleichung von V. 22 an den Kontext, LXX[A] wollte damit möglicherweise den Abschnitt an V. 1-21 anschließen. Von Juda ist zudem in V. 23-26 nicht mehr die Rede. Die Konjektur K. Buddes ist nur auf dem Hintergrund seiner — m. E. problematischen — Verbindung von V. 22 mit den Überlieferungen von Jos 8 und 17,14-18[270] verständlich. Auch hier gilt wie für Juda, daß von Josua in V. 23-26 geschwiegen wird.[271]

---

[265] K. Budde, Die Bücher Richter und Samuel, 12.

[266] G. F. Moore, Judges, 40.

[267] K. Budde, Das Buch der Richter, 11; U. Becker, Richterzeit und Königtum, 46 f.

[268] T: *Wmymr' dywhwh bs'dhwn.*

[269] K. Budde, Die Bücher Richter und Samuel, 86.

[270] Vgl. dazu unten die Auslegung von Jos 17,14-18 (§ 3).

[271] Zu Buddes Konjektur vgl. das Urteil von G. F. Moore, Judges, 40, dies sei "extremely ingenious, but equally hazardous ...".

Der Duktus der Erzählung von V. 22-26 weist auf das verborgene Handeln Jahwes, weshalb die Lesart "Und Jahwe war mit ihnen" (V. 22b) durchaus gerechtfertigt ist. Wie von Jahwe gewirkt kommt ein Mann aus Bethel den Spähern entgegen (V. 24), um ihnen trotz der drohenden Gefahr für den Ort bereitwillig den Eingang zur Stadt zu zeigen (V. 25). Neben V. 22 und 23 stehen noch V. 24 und 25 in Entsprechung zueinander: V. 24bα + V. 25aα; V. 24bβ + V. 25b. V. 26 weist mit dem Stichwort "Lus" auf V. 23b zurück, der in seiner Wortwahl sehr an Gen 28,19 erinnert.[272]

Ein Gesamturteil über diesen Abschnitt fällt schwer. Ob wir es hier nach G. F. Moore mit einer alten, historisch durchaus glaubwürdigen Erzählung[273] oder mit einer unhistorischen Anekdote[274] zu tun haben, läßt sich schwer entscheiden. Auch die These von K. Budde, nach der V. 22-26 Bruchstücke einer ausführlicheren Eroberungsgeschichte des Hauses Joseph gewesen sein soll, läßt sich schwer beweisen.[275] Im Gegensatz zu K. Budde geht A. G. Auld dagegen von einer eigenständigen Existenz des Abschnittes aus.[276] Mag auch die Frage nach dem historischen Kern und nach eventuellen Überlieferungsvorstufen letztlich offen bleiben, so ist doch deutlich, daß der Abschnitt in seiner vorliegenden Form Jahwes Mitsein mit dem Haus Joseph hervorheben will. Die Notiz "auch sie" in V. 22, der durchdachte Aufbau des Abschnittes[277] und wohl auch V. 25aβ[278] lassen auf eine redaktionelle Bearbeitung schließen.

b) V. 27: Manasse

Mit V. 27 beginnt die Aufzählung der Ortschaften, die von den israelitischen Stämmen nicht in Besitz genommen wurden. Diese sind bei Manasse die Städte Bethsan, Thaanach, Dor, Jibleam und Megiddo mitsamt ihren Nebenorten. Diese Aufzählung erscheint noch einmal in Jos. 17,11 f., wobei jedoch einige Abweichungen festzustellen sind.

---

[272] Vgl. Gen 35,6; Jos 18,13.

[273] G. F. Moore, Judges, 40 ff.

[274] E. Auerbach, ZAW 48, 1930, 292; ähnlich auch H. W. Hertzberg, Die Bücher Josua, Richter und Ruth, 152.

[275] K. Budde, Die Bücher Richter und Samuel, 13.

[276] A. G. Auld, VT 25, 1975, 276.

[277] Zum Aufbau: 1. V. 22: Das Hinaufziehen nach Bethel; 2. V. 23: Das Auskundschaften; 3. V. 24: Der Mann aus Bethel und seine Hilfe; 4. V. 25: Die Eroberung von Bethel und die Schonung des Mannes; 5. V. 26: Der Mann aus Bethel und Lus.

[278] Die Wendung begegnet noch in Jos 8,24; 19,47; Jdc 18,27; 20,48.

α) Die Abweichungen zwischen Jdc 1,27 und Jos 17,11 f. betreffen zum einen die Reihenfolge der Orte:

Jos 17,11 MT	Jos 17,11 LXX	Jdc 1,27 MT	Jdc 1,27 LXX[A]	Jdc 1,27 LXX[B]
Bethsan	Bethsan	Bethsan	Bethsan	Bethsan
Jibleam	-	-	-	-
-	-	Thaanach	Ektanaad	Thaanach
Dor	Dor	Dor	Dor	Dor
En-Dor	-	-	-	-
Thaanach	-	-	-	-
-	-	Jibleam	Balaam	Balak
Megiddo	Megiddo	Megiddo	Megiddo	Megiddo
-	Napheta	-	-	-
-	-	-	Jibleam	Jibleam

Bethsan, Dor und Megiddo sind in allen Textausgaben enthalten und erscheinen jeweils an gleicher Position. Jos 17,11 MT und Jdc 1,27 MT unterscheiden sich in der unterschiedlichen Reihenfolge von Thaanach und Jibleam und durch den Ort En-Dor, der in Jdc 1,27 MT fehlt. Mit großer Wahrscheinlichkeit dürfte Dor in Jos 17,11 MT aus Jdc 1,27 MT eingetragen sein, da bei Dor in Jos 17,11 MT als einziger Stelle die *nota accusativi* gesetzt ist, die in Jdc 1,27 MT sonst vor jeder Ortslage erscheint.[279] Die Nennung von Jibleam an 6. Position in Jdc 1,27 LXX[A+B] ist wohl auf einen Redaktor zurückzuführen, der nicht verstand, daß Βαλααμ (LXX[A]) und Βαλαχ (LXX[B]) an 4. Stelle Stellvertreter von Jibleam an 4. Stelle in Jdc 1,27 MT sind.[280] Ebenso dürfte die Nennung von Napheta an 4. Stelle in Jos 17,11 LXX auf einer Mißdeutung des schwierigen *hannāpät* in Jos 17,11 MT beruhen.[281]

---

[279] So schon E. Bertheau, Das Buch der Richter und Ruth, 37 f.
[280] So auch A. G. Auld, VT 25, 1975, 279.
[281] Zur Deutung von *šelošät hannāpät* in Jos 17,11 MT vgl. unten § 5/4.

Die in Jos 17,11 MT und Jdc 1,27 MT genannten Orte können alle bis
auf En-Dor mit großer Wahrscheinlichkeit lokalisiert werden:

Bethsan ist mit *Tell el-Ḥuṣn* (1975.2123)[282], Thaanach mit *Tell Taʿannek* (1709.2142)[283], Dor mit *Ḫirbet el-Burǧ* (142.224)[284], Jibleam mit *Ḫirbet Belʿame* (1777.2085)[285] und Megiddo mit *Tell el-Mutesellim* (167.
221)[286] zu identifizieren. Unsicher ist die genaue Lage von En-Dor, vielleicht ist der Ort auf der ca. 1 km nordöstlich von *Indur* gelegenen *Ḫirbet es-
Ṣafṣāfe* (1872.2275) zu suchen.[287]

Aus allen diesen Orten mitsamt ihren Ortschaften konnten die Kanaanäer
nicht vertrieben werden. Dadurch war das Haus Joseph von den in Galiläa
siedelnden Stämmen getrennt. Diese Orte decken mit Ausnahme von Dor die
Jesreelebene in wesentlichen Teilen ab. Bethsan liegt am Osteingang zur
Ebene, Megiddo, Thaanach und Jibleam decken den südwestlichen und En-
Dor den nördlichen Teil der Ebene ab.

---

[282] Jos 17,16; I Sam 31,10.12; II Sam 31,12; I Reg 4,12; I Chr 7,29; wichtige Literatur: A.
Alt, PJ 22, 1926, 108-120; A. Rowe, PEFQSt 61, 1929, 78-94; ders., The Topography
and History of Beth-Shan, 1-59; ders., The Four Canaanite Temples of Beth-Shan, Part
1: The Temples and Cult Objects; G. Fitzgerald, The Four Canaanite Temples of Beth-
Shan, Part 2: The Pottery; ders., Beth-Shan Excavations 1921-1923; ders., A Sixth
Century Monastery at Beth-Shan (Scythopolis); H. D. Thompson, BA 30, 1967, 110-135.

[283] Jos 12,21; 21,25; Jdc 5,19; I Reg 4,12; I Chr 7,29; wichtige Literatur: E. Sellin, Tell
Taʿannek; P. W. Lapp, BASOR 173, 1964, 4-44; ders., BASOR 185, 1967, 2-39; ders.,
BA 30, 1967, 2-27; ders., BASOR 195, 1969, 2-49; W. E. Rast, Taanach I, besonders S.
15.

[284] Jos 11,2; 12,23; I Reg 4,11; I Chr 7,29; wichtige Literatur: E. Stern, IEJ 32, 1982, 107-
117; ders., Bulletin of the Anglo-Israel Archaeological Society 1984-85, 62-69.

[285] II Reg 9,27; I Chr 6,55; wichtige Literatur: G. Dalman, PJ 3, 1907, 3-14; G. Schumacher, PEFQSt 42, 1919, 107-116; W. J. Phythian-Adams, PEFQSt 54, 1922, 142-147;
H. J. Stoebe, ZDPV 82, 1966, 1-45.

[286] G. Schumacher, Tell es-Mutesellim I. Band Fundbericht; C. Watzinger, Tell el-Mutesel-
lim II. Band Die Funde; C. S. Fisher, The Excavations of Armageddon; P. L. O. Guy,
New Light from Armageddon; R. M. Engberg/G. M. Shipton, Notes on the Chalcolithic
and Early Bronze Age Pottery of Megiddo; H. G. May, Material Remains of the Megiddo Cult; R.S. Lamon, The Megiddo Water System; P. L. O. Guy, Megiddo Tombs; G. M.
Shipton, Notes on the Megiddo Pottery of Strata VI-XX; G. Loud, The Megiddo Ivories;
G. Loud, Megiddo II Seasons of 1935-39 Text; D. Ussishkin, IEJ 16, 1966, 174-186;
T. L. Thompson, ZDPV 86, 1970, 38-49; U. Müller, ZDPV 86, 1970, 50-86; I. Duna-
yevsky/A. Kempinski, ZDPV 89, 1973, 161-187.

[287] Zu En-Dor im Alten Testament vgl. außer Jos 17,11 noch I Sam 28,7; Ps 83,11; wichtige Literatur: N. Zori, PEQ 84, 1952, 114-117; H. Rösel, ZDPV 92, 1976, 21 f. (mit
Lageskizze!); zur Diskussion der hier genannten Ortslagen vgl. auch G. F. Moore,
Judges, 43-45; C. F. Burney, The Book of Judges, 23-34; J. Garstang, Joshua-Judges,
353-404.

β) In Jos 17,12 wird im Unterschied zu Jdc 1,27 die Nichtvertreibung der Kanaanäer mit der Wendung *wᵉloʾ yākᵉlû ... lᵉ-hôrîš* wiedergegeben. Die Josuastelle hat hier wohl die ursprünglichere Gestalt bewahrt, da *wᵉloʾ hôrîš* in Jdc 1,27 wie eine Angleichung an V. 29.30.31.33 aussieht.[288]

γ) In Jdc 1,27 fehlt die Angabe *šᵉlošät hannāpät*.[289]

Welche Schlußfolgerungen lassen sich aus dem Vergleich zwischen Jdc 1,27 und Jos 17,11 f. ziehen? M. E. muß man bei beiden Stellen von einer gemeinsamen Grundlage ausgehen, da die Übereinstimmungen offenkundig sind: die Aufzählung der Orte ist bis auf die Nennung von En-Dor identisch; das Unvermögen, die Kanaaniter ganz aus dem Gebiet zu vertreiben, wird deutlich ausgesprochen. Von dieser gemeinsamen Grundlage ausgehend wurden beide Stelen leicht verändert und dem Kontext angepaßt. So wurde in Jdc 1,27 aus dem ursprünglichen *wᵉloʾ yākᵉlû ... lᵉhôrîš* die kürzere Form *wᵉloʾ hôrîš*, und die Ortslage Dor wurde aus Jdc 1,27 in Jos 17,11 vielleicht deshalb eingetragen, weil die genaue Lage von En-Dor im Unterschied zu den anderen großen Städten nicht mehr bekannt war. Dies scheint mir wahrscheinlicher als die von Bertheau[290] und Budde[291] geäußerte Vermutung, En-Dor sei ein durch Dor veranlaßter Zusatz.

c) V. 28: Israel und Kanaan

Der Vers berichtet davon, daß Israel trotz seiner Stärke die Kanaanäer nicht vertreiben konnte. Er ist in seiner inhaltlichen Aussage sowie in seinem Aufbau identisch mit Jos 17,13, lediglich in der Wortwahl unterscheiden sich beide Verse bei zwei Verben und der Wiedergabe des Subjektes: *ḥāzᵉqû* – Jos 17,13; *ḥāzaq* – Jdc 1,28/*wayyittᵉnû* – Jos 17,13; *wayyāśäm* – Jdc 1,28[292]/*bᵉnê yiśrāᶜel* – Jos 17,13; *yiśrāᶜel* – Jdc 1,28. Auffallend ist hier im Unterschied zur Rede von den Einzelstämmen in V. 27.29-35 die Rede von *Israel*. Man wird deshalb bei diesem Vers mit der Mehrzahl der Ausleger davon ausgehen müssen, daß hier die Zeit Davids und Salomos vorausgesetzt ist, da das *gesamte* Israel erst in dieser Epoche stark wurde.[293]

---

[288] So auch K. Budde, Die Bücher Richter und Samuel, 13 f.; ders., Das Buch der Richter, 11-13; S. B. Gurewicz, ABR 7, 1959, 38.

[289] Vgl. dazu unten § 5/4.

[290] E. Bertheau, Das Buch der Richter und Ruth, 37 f.

[291] K. Budde, Die Bücher Richter und Samuel, 86 f.

[292] In Jdc 1,30.33.35 wird *lāmas* mit dem Verb *hyh* verbunden.

[293] So u. a. E. Bertheau, Das Buch der Richter und Ruth, 38; G. F. Moore, Judges, 45-47; K. Budde, Das Buch der Richter, 12; W. Nowack, Richter, Ruth und Bücher Samuelis, 10; E. Auerbach, ZAW 48, 1930, 291; soweit ich sehe, datiert nur S. Oettli, Das Deute-

d) V. 29: Ephraim

Zur Wiedergabe des Verses in den Versionen läßt sich folgendes beobachten:

Septuaginta
Καὶ ᾿Εφράιμ οὐκ ἐξῆρεν τὸν Χαναναῖον τὸν κατοικοῦντα ἐν Γάζερ. καὶ κατῴκησεν ὁ Χαναναῖος ἐν μέσῳ αὐτοῦ ἐν Γαζερ, καὶ ἐγένετο εἰς Φόρον.

LXX bietet gegenüber MT wegen καὶ ἐγένετο εἰς Φόρον einen längeren Text.

Vulgata
Ephraim etiam non interfecit Chananeum qui habitabat in Gazer sed habitavit cum eo.

Auffallend ist die Wiedergabe von *hôrîš* mit *interfecit*! V. 29b wird zu *sed habitavit cum eo* verkürzt.

Targum
wdbyt 'prym l' tryk yt kn⁢ᶜn'y dytbyn bgzr wytybw kn⁢ᶜn'y bynyhwn bgzr.

Auffallend ist im Vergleich zu MT die Wiedergabe von "Und Ephraim" mit "Haus Ephraim", was allerdings auch bei Sebulon (V. 30), Asser (V. 31) und Naphthali (V. 33) der Fall ist. T gibt *hakkᵉnaᶜᵃnî* und entsprechend auch *hayyôšeb* sowie V. 29b pluralisch wieder.

Peschitta
w'prym l' 'wbd lknᶜny' dytb bgzr. wytbw knᶜny' bynthwn bgzr.

Ebenso wie T gibt S V. 29b pluralisch wieder.

Die Wiedergabe in den Textversionen zeigt, daß der Vers bis auf das letzte Wort *bᵉgāzär* keine Schwierigkeiten bietet. Diese adverbielle Bestimmung des Ortes dient in V. 29 zur Verdeutlichung des Suffixes der 3. Sg. m. bei *bᵉqirbô*, sie sollte offenbar einen Bezug zu "Ephraim" ausschließen. Von seiner syntaktischen Funktion aus gesehen liegt in *bᵉgāzär* ein sogenannter Permutativ vor, d. h. eine Verdeutlichung zu der vorausgehenden adverbiellen Bestimmung des Ortes *bᵉqirbô*.[294] Das Suffix der 3. Sg. m. bei *bᵉqirbô* bezog sich ursprünglich auf "Ephraim", was aus dem Paralleltext in

---

ronomium und die Bücher Josua und Richter, 223 V. 28 bereits in die Richterzeit.
[294] Zum sogenannten *Permutativ* als einer Untergruppe der Apposition vgl. W. Gesenius/E. Kautzsch, Hebräische Grammatik, § 131k.

Jos 16,10 hervorgeht, wo es "in der Mitte Ephraims" heißt. Dieser scheint demnach ein älteres Überlieferungsstadium zu repräsentieren. Aus ihm und aus Jdc 1,29 LXX sollte deshalb der Text in Jdc 1,29 mit *way͟ʰî lāmas* ergänzt werden.[295]

Aus dem Vergleich zwischen Jdc 1,29 und Jos 16,10 kann m. E. wie bei V. 27 wegen der auffälligen Übereinstimmung auf eine gemeinsame Grundlage geschlossen werden, die jedoch von einem Bearbeiter leicht abgewandelt wurde.

Was die Lokalisierung von Gezer betrifft, so ist an derjenigen mit *Tell Ǧeser* (142.140)[296] nicht zu zweifeln.

e) V. 30: Sebulon

Im Gebiet des Stammes Sebulon gelang es nicht, die Bewohner von Kitron und Nahalol zu vertreiben. Beide Orte lassen sich nicht mehr mit Sicherheit lokalisieren.

Kitron ist vielleicht nach dem Vorschlag A. Alts mit dem *Tell el-Fār* (160.241), der "zwischen *harbadsch* und dem Austritt des *wādi el-malik* aus den Bergen"[297] liegt, zu identifizieren. Nach seinem Scherbenbelag war er von der frühen Eisenzeit bis zur römischen Periode bewohnt. Nach Alt kann sich *Tell el-Fār* mit dem Tell von *Harbadsch* "weder an Höhe noch an Umfang messen; aber daß seine Besiedlung anscheinend gerade in der Zeit begann, in der es mit jener anderen, nur eine halbe Stunde entfernten Stadt zu Ende ging, führt auf die Vermutung eines historischen Zusammenhangs zwischen beiden".[298] Da der alte Name des Hügels verlorengegangen ist, bleibt diese Identifikation unsicher. Auch die von W. F. Albright vorgeschlagene Identifikation mit *Tell Qurdāneh* (1606.2500) ist höchst problematisch. *Tell Qurdāneh* ist eher mit Aphik (V. 31) zu identifizieren.[299]

---

[295] So auch K. Budde, Die Bücher Richter und Samuel, 15; gegen E. Bertheau, Das Buch der Richter und Ruth, 42 f., der Jos 16,10 für ein Zitat aus Jdc 1,29 hält; so auch U. Becker, Richterzeit und Königtum, 28 f.

[296] R. A. S. Macalister, The Excavations of Gezer 1902-1905 and 1907-1909, Vol. I-III; H. D. Lance, BA 30, 1967, 34-47; W. G. Dever, BA 30, 1967, 47-62; J. F. Ross, BA 30, 1967, 62-70; W. G. Dever u. a., Gezer I: Preliminary Report on the 1964-66 Seasons; W. G. Dever u. a., Gezer II: Report of the 1967-70 Seasons in Fields I and II; W. G. Dever u. a., Gezer IV: The 1969-71 Seasons in Field VI, the "Acropolis", Part 1, Text; Part 2, Plates, Plans.

[297] A. Alt, PJ 25, 1929, 40.

[298] A. Alt, PJ 25, 1929, 40.

[299] W. F. Albright, AASOR 2/3, 1921/22, 26.

Unsicher bleibt auch die Lokalisation von Nahalol. A. Alt[300] identifiziert den Ort im Anschluß an W. F. Albright[301] mit *Tell en-Naḥl* (1569.2450). Er fand dort Scherben "der späten Bronze- und der frühen Eisenzeit, aber auch jüngere".[302] Der Name *Tell en-Naḥl* "könnte durch Schwund der Verdopplung des Schlußkonsonanten und durch Anpassung an das arabische Wort *naḥl* 'Bienen' aus Nahalol entstanden sein, und dieser alte Name, der eine 'Tränkstelle' bezeichnet, würde zu einer Ortschaft hier in der Nähe der Sumpfquellen von *el-fauwāra* nicht schlecht passen. Desgleichen wäre ohne Schwierigkeiten vorstellbar, daß sich *tell el-fār* und *tell en-naḥl* zu der Zeit, auf die sich die alttestamentliche Erwähnung von Kitron und Nahalol bezieht, in den Besitz der Ebene nordwestlich der Berge Sebulons teilten".[303] Gegen diesen Identifizierungsvorschlag spricht jedoch die sehr weit westlich außerhalb des eigentlichen sebulonitischen Siedlungsgebietes gelegene Lage des Ortes. Es bleibt deshalb zu fragen, ob die alte Identifikation von Nahalol mit *Maᶜlūl* (1730.2336) nicht doch vorzuziehen ist.[304] Die Ausgrabungen und Oberflächenuntersuchungen in *Maᶜlūl* 1981/82 "had yielded finds which date from the Chalcolithic to the Byzantine periods".[305]

Im Josuabuch wird das sebulonitische Siedlungsgebiet in 19,10-16 beschrieben.[306] Dabei begegnen in V. 15 die beiden Orte Kattath und Nahalal, die wohl mit Kitron und Nahalol identisch sind. In Jos 19,15 werden zudem noch Simron, Jidala und Bethlehem genannt.

Die Tabelle zeigt, daß an Stelle von Kitron Jdc 1,30 MT in Jos 19,15 MT Kattath steht. Ob damit ein- und derselbe oder verschiedene Orte gemeint sind, ist kaum noch entscheidbar.[307] Die Aussprache von Nahalol/Nahalal schwankte. Simron, Jidala und Bethlehem fehlen in Jdc 1,30 MT + LXX. Schwer erklärbar ist die Wiedergabe von Nahalol mit Domana in Jdc 1,30 LXX[B].

---

[300] A. Alt, PJ 25, 1929, 41 f.

[301] W. F. Albright, AASOR 2/3, 1921/22, 26.

[302] A. Alt, PJ 25, 1929, 41.

[303] A. Alt, PJ 25, 1929, 41 f. Zu *Tell en-Naḥl* vgl. noch A. D. Crown, Abr-n. 11, 1971, 27f.; Crown diskutiert hier die Möglichkeiten der Besiedlung der Ebene von Akko.

[304] A. Neubauer, La Géographie du Talmud, 189; J. Simons, The Geographical and Topographical Texts of the Old Testament, S. 182 sucht den Ort in *Tell el-Beiḍa* südlich vom modernen Nahalal.

[305] ESI 1,70. Zur Lage von *Maᶜlūl* in der weiteren Umgebung von Beth Sheᶜarim vgl. B. Maisler, JPOS 18, 1938, 42; zu *Ḫirbet Maᶜlūl* vgl. A. Kuschke, HThR 64, 1971, 291 — Kuschke gibt als Keramikbefund an: E II, röm., byz.

[306] Zu Jos 19,10-16 vgl. M. Noth, Das Buch Josua, 115 f.

[307] M. Noth, Das Buch Josua, 112.

Jos 19,15 MT	Jos 19,15 LXX[A]	Jos 19,15 LXX[B]	Jdc 1,30 MT	Jdc 1,30 LXX[A]	Jdc 1,30 LXX[B]
Kattath	Κατταθ	Καταναθ	Kitron	Κεδρων	Κεδρων
Nahalal	Νααλωλ	Ναβααλ	Nahalol	Ενααλα	Δωμανα
Simron	Σεμρων	Συμοων	-	-	-
Jidala	Ιαδηλα	Ιεριχω	-	-	-
Bethlehem	Βαιθλεεμ	Βαιθμαν	-	-	-

f) V. 31 f.: Asser

Im Gebiet von Asser konnten die Kanaanäer nicht aus Akko, Sidon, Achlab, Achsib, Helba, Aphik und Rehob vertrieben werden.

Akko ist mit Sicherheit auf dem *Tell el-Fuḫḫār* (1586.2586) zu suchen.[308]

Sidon ist mit *Ṣēda* (184.329) zu identifizieren. Die Nennung dieser Stadt im Kontext von Jdc 1,31 f. bereitet insofern Schwierigkeiten, da sie "nach allen unseren Quellen außerhalb der Grenzen israelitischer Siedlungsgebiete lag".[309] Vielleicht ist deshalb der Ausdruck "die Einwohner Sidons" "als eine allgemeine Bezeichnung für 'die Einwohner von Akko' aufzufassen, da alle Bewohner der nördlichen Küstenzone einschließlich der Akko-Ebene zu dieser Zeit als Sidonier betrachtet wurden. Offenbar wurde die phönizische Küste bis zur Grenze der Stadt Sidon ... theoretisch als Aschers Territorium angesehen ...".[310]

Der an dritter Stelle genannte Ort Achlab ist vielleicht mit *Ḫirbet el-Maḫālib* (172.303) zu identifizieren.[311] A. Jirku fand dort Besiedlungsspuren aus der Eisen I- und II-Zeit sowie aus der römisch-byzantinischen Zeit.[312]

---

[308] M. Dothan, IEJ 23, 1973, 257 f.; ders., IEJ 24, 1974, 44-49.276-279; ders., RB 82, 1975, 84-86.566-571; ders., BASOR 224, 1976, 1-48; ders./D. Conrad, RB 86, 1979, 441-444; dies., IEJ 29, 1979, 227 f.; M. Dothan, IEJ 31, 1981, 110-112; ders./D. Conrad, IEJ 33, 1983, 113 f.; dies., IEJ 34, 1984, 189 f.

[309] Y. Aharoni, Das Land der Bibel, 245.

[310] Y. Aharoni, Das Land der Bibel, 246.

[311] Mme. Deuyse le Lasseur, Syr. 3, 1922, 120-123.

[312] A. Jirku, ZDPV 53, 1930, 155 f.

Der vierte Ort Achsib ist vielleicht mit *ez-Zīb* (159.272) zu identifizieren.[313] Nach A. Saarisalo zeigt er folgenden Keramikbefund: FB, MB, E I,
hell., röm., byz., arab.[314]

Große Schwierigkeiten bereitet die Nennung von Helba, dessen Lokalisierung bisher noch nicht gelang. Möglicherweise ist der Name auch auf ein
Schreibversehen zurückzuführen, da er in dem Verzeichnis des Gebietes von
Asser in Jos 19,24-31 fehlt. Er könnte entweder als Dittographie zu *'ḥlb* oder
als Verschreibung von *mḥbl* (Jos 19,29 f.) in den Text eingedrungen
sein.[315]

Der Ort Aphik paßt nach A. Alt auf keinen Tell so gut "wie auf den *tell
kerdāne* am Rand des Quellgebietes des *nahr naᶜmēn*, dessen heutige
Benennung wohl erst aus arabischer Zeit stammen wird".[316] Nach A. Saarisalo[317] und B. Maisler[318] war *Tell Kerdāne* (1606.2500) in folgenden
Epochen besiedelt: MB II, SB, E I, II, hell., röm.[319]

Rehob ist vielleicht im Anschluß an W. F. Albright mit *Tell el-Bīr el-
Ġarbī* (1662.2563 = *Tell Birwa*) zu identifizieren: "... it may be suggested
that Rehob, an important town in Asher, mentioned a number of times in the
Old Testament, in the Egyptian lists (Rḥb), as well as in the Taanach corre-
spondence (Raḥabi), is Tell Berweh. The latter is a beautiful mound, six
hundred paces in circumference at the top, and 75 feet high ..."[320] Der
Siedlungsbefund ist nach A. Saarisalo: MB, SB, E I, II, hell.[321]

Das Siedlungsgebiet des Stammes Asser wird im Josuabuch in 19,24-31
beschrieben, wo in V. 29 f. mit einigen Abweichungen die gleichen Orte
begegnen.

---

[313] W. J. Phythian-Adams, PEFQSt 56, 1924, 94 f.; M. Weippert, ZDPV 79, 1963, 165; W.
Prausnitz, RB 72, 1965, 544-547; M. Weippert, ZDPV 82, 1966, 274-276; W. Prausnitz,
IEJ 25, 1975, 202-210; E. D. Oren, IEJ 25, 1975, 211-225; W. Culican, ZDPV 92, 1976,
47-53; J. Simons, The Geographical and Topographical Texts of the Old Testament,
§ 529.

[314] A. Saarisalo, JPOS 9, 1929, 38.

[315] Zu Jdc 1,31 vgl. J. A. Soggin, Judges, 25.

[316] A. Alt, PJ 24, 1928, 59 f.

[317] A. Saarisalo, JPOS 9, 1929, 39 f.

[318] B. Maisler, BJPES 6, 1938-39, 151-157.

[319] Zu *Tell Kerdāne* vgl. noch J. Jotham-Rothschild, PEQ 81, 1949, 58-66; auch Y. Aharoni, FS K. Galling, 4 identifiziert Aphik mit *Tell Kerdāne*.

[320] W. F. Albright, AASOR 2/3, 1921/22, 27; vgl. die Abbildung S. 28 Fig. 12.

[321] A. Saarisalo, JPOS 9, 1929, 38-40; zu *Tell el-Bīr el-Ġarbī* vgl. noch M. Prausnitz, IEJ
12, 1962, 143; ders., RB 70, 1963, 556 f.; R. Giveon, VT 14, 1964, 242 f.

Jos 19,29 f. MT	Jos 19,29 f. LXX^A	Jos 19,29 f. LXX^B	Jdc 1,31 MT	Jdc 1,31 LXX^A	Jdc 1,31 LXX^B
-	-	-	Akko	Ακχω	Ακχω
-	-	-	-	Δωρ	Δωρ
-	-	-	Sidon	Σιδῶνα	Σιδῶνα
Mehebel	ἀπὸ τοῦ σχοινισμ.	ἀπο Λεβ	Achlab	Ααλαφ	Ααλαφ
Achsib	Αχζιφ	Εχοζοβ	Achsib	Ασχαζ	Αχαζιβ
Uma	Αμμα	Αρχωβ	Helba	Χελβα	Χελβα
Aphek	Αφεκ	Αφεκ	Aphik	Ναϊ	Αφεκ
Rehob	Ραωβ	Ρααυ	Rehob	Ερεω	Ροωβ

Akko fehlt in Jos 19,29 f., vielleicht verbirgt sich hinter $w^{ec}um\hat{a}$ eine Verschreibung von $w^{ec}akk\hat{o}$.[322] Jdc 1,31 LXX^{A+B} führt noch Dor auf. Sidon wird in der Grenzbeschreibung Assers an anderer Stelle als in Jdc 1,31 genannt. In Jdc 1,31 steht es zwischen Akko und Achlab und in Jos 19,28 steht es am Ende der Reihe Ebron, Rehob, Hammon und Kana mit dem Zusatz *rabbâ*. LXX^A deutet Mehebel in Jos 19,29 als das Nomen *ḥäbäl* mit der Präposition *min*; vielleicht liegt hier eine Verschreibung von m^e*ḥalleb* vor.[323] Schwer erklärbar ist die Wiedergabe von Aphik in Jdc 1,31 MT mit Ναϊ in LXX^A.

g) V. 33: Naphthali

Im Gebiet von Naphthali konnten die Kanaanäer nicht aus den Orten Beth-Semes und Beth-Anath vertrieben werden. Die Lokalisation beider Orte ist sehr unsicher, vielleicht ist Beth-Semes mit *Tell er-Ruwēsi* (181.271)[324] und Beth-Anath mit *Ṣafed el-Baṭṭīḫ* (190.289)[325] zu identifizieren. Im

---

[322] M. Noth, Das Buch Josua; BHS z. St.

[323] Vgl. LXX^B.

[324] Y. Aharoni, Das Land der Bibel, 439; *Tell er-Ruwēsi* war von der Frühbronze- bis zur Arabischen Zeit besiedelt; so nach Y. Aharoni/Ruth Amiran, BIES 17, 1953, 135 f.

[325] Y. Aharoni, Das Land der Bibel, 438.

Josuabuch werden beide Orte im Kontext der Beschreibung des naphthaliti-
schen Siedlungsgebietes (19,32-39) in V. 38 in umgekehrter Reihenfolge
genannt:

Jos 19,38 MT	Jos 19,38 LXX[A]	Jos 19,38 LXX[B]	Jdc 1,33 MT	Jdc 1,33 LXX[A]	Jdc 1,33 LXX[B]
Jiron	Ιαριων	Κερωε	-	-	-
Migdal-El	Μαγδαλιηλ	Μεγαλα	-	-	-
Horem	Ωραμ	Αριμ	-	-	-
Beth-Anath	Βαιθαναθ	Βαιθθαμε	Beth-Semes	Βαιθσαμυς	Βαιθσαμυς
Beth-Semes	Θασμους	Θεσσαμυς	Beth-Anath	Βαιθενεθ	Βαιθαναθ

V. 34 f.: Ephraim in Jos 19,48a LXX

Im Rahmen der Untersuchung der Ephraimnotiz in Jdc 1,29 im Kontext von
1,22-36 ist es nicht möglich und auch nicht notwendig, auf die vielfältigen
Probleme von V. 34 f. ausführlich einzugehen.[326] Ihre Behandlung würde
zum einen von unserem Thema abführen[327] und zum anderen wurden sie
in jüngster Zeit ausführlich diskutiert.[328] Es soll hier lediglich dem Problem der Nennung von Ephraim in dem Paralleltext zu Jdc 1,34 f. in Jos
19,48a LXX nachgegangen werden.

   1. *Vergleich zwischen Jdc 1,34 f. MT und 1,34 f. LXX[A+B]*: LXX[A+B] lesen
für *wayyilḥ{}ṣû* in V. 34 den Singular καὶ ἐξέθλιψεν, womit sie das Prädikat
an das Singular-Subjekt angleichen. LXX[A] gibt in V. 35 *b{}har-ḥäräs*[329] mit
τοῦ Μυρσινῶνος wieder. Sie liest an Stelle des für sie unverständlichen
ḥäräs offenbar *h{}das* "Myrte".[330] LXX[B] liest für *b{}har-ḥäräs* ἐν τῷ ὄρει
τῷ ὀστρακώδει und setzt damit *b{}har-ḥäräś* voraus. LXX[A] gibt die beiden

---

[326] Von den Problemen seien genannt: Warum fällt V. 34 f. aus dem Aufbau von V. 27-36
heraus? Was bedeutet die Nennung der ansonsten in Jdc 1 unerwähnt bleibenden
Amoriter in V. 34-36? Wo lag Har Heres? Welche geschichtlichen Vorgänge im Stamm
Dan stehen im Hintergrund?

[327] So führt die Frage nach der Nennung der Amoriter im Kontext von V. 34-36 vom
Thema ab.

[328] H. M. Niemann, Die Daniten, 9-35.

[329] Zu Har Heres vgl. K.-D. Schunck, ZDPV 96, 1980, 153-157.

[330] Zur Wiedergabe von *h{}das* mit μυρσίνη vgl. Jes 41,19; 55,13; Neh 8,15.

Ortsnamen Ajalon und Saalbim mit οὗ αἱ ἄρκοι καὶ αἱ ἀλώπεκες ("Bären und Füchse") wieder; LXX hat dies zusätzlich zu den Ortsnamen, wobei sie für Ajalon ἐν τῷ Μυρσινῶνι liest. LXX^{A+B} ergänzen in V. 35b jeweils ἐπὶ τὸν Ἀμορραῖον (*ᶜal hā^{ʾä}morî*), LXX^B ergänzt zudem noch αὐτοῖς (*lāhäm*). Beides dient offenbar der Verdeutlichung.

Der Vergleich zwischen Jdc 1,34 f. MT und 1,34 f. LXX^{A+B} zeigt, daß MT und LXX^{A+B} vor allem in der Wiedergabe der Ortsnamen stark abweichen.

2. *Jos 19,47a-48a im Kontext von 19,40-48 LXX*: Ein formaler und inhaltlicher Grund spricht dafür, V. 47a-48a nicht zum ursprünglichen Bestand von V. 40-48 LXX zu zählen. In V. 47 ist ein deutlicher Einschnitt und Abschluß mit der Formel αὕτη ἡ κληρονομία φυλῆς υἱῶν Δαν ... gegeben. Sie taucht im Josuabuch als Abschlußformel auf in 13,23 bei Ruben, in 13,28 bei Gad, in 15,20 bei Juda, in 16,8 bei Ephraim, in 18,20.28 bei Benjamin, in 19,8 f. bei Simeon, in 19,16 bei Sebulon, in 19,23 bei Issaschar, in 19,31 bei Asser und in 19,39 bei Naphthali. Auffallend ist auch der unterschiedliche Sprachgebrauch in V. 40 (τῷ Δαν) und V. 47a (οἱ υἱοὶ Δαν).

Seinem Inhalt nach besteht Jos 19,40-47 LXX aus einem Verzeichnis von insgesamt 16 Orten des Stammes Dan. V. 47a LXX liegt insofern auf einer anderen Ebene als V. 40-47, da hier die Beziehung Dans zu den Amoritern angesprochen wird. V. 48 berichtet vom Kampf Judas gegen Lachis, der Eroberung der Stadt und ihrer Umbenennung in Lasendak. V. 48a spricht von den Amoritern, die in Elon und Salamin wohnen bleiben und auf denen die Hand Ephraims schwer lastet. Thematisch gehören V. 47a.48a zusammen, da es in beiden Versen um die Stärke der Amoriter geht.

3. *Jdc 1,34a MT und Jos 19,47aα LXX*:

Jdc 1,34a MT: *wayyilh^{ᵃ}ṣû ha^{ʾä}morî 'ät b^{e}nê-dan hāhārâ*

Jos 19,47aα LXX: καὶ οὐκ ἐξέθλιψαν οἱ υἱοὶ Δαν τὸν Ἀμορραῖον τὸν
                        θλίβοντα αὐτοὺς ἐν τῷ ὄρει.

                  Δw^{e}lo' lāh^{ᵃ}ṣû b^{e}nê dān 'ät-hā^{ʾä}morî(^{ʾä}šär) halloheṣ 'otām
                  hāhārâ

Vergleicht man Jdc 1,34a MT und Jos 19,47aα LXX miteinander, so fällt folgendes auf: Jdc 1,34a MT formuliert aus der Sicht der Amoriter, Jos 19,47aα LXX dagegen aus derjenigen Dans. In Jdc 1,34a MT fällt die kürzere Ausdrucksweise auf. Inhaltlich entsprechen sich beide Verse.

4. *Jdc 1,34b MT und Jos 19,47aβ LXX*:

Jdc 1,34b MT: *kî-lo' n^{e}tānô lārädät lā^{c}emäq*

Jos 19,47aβ LXX: καὶ οὐκ εἴων αὐτοὺς οἱ Ἀμορραῖοι καταβῆναι εἰς
                        τὴν κοιλάδα

                  Δw^{e}lo' n^{e}tānûm hā^{ʾä}morî lārädät lā^{c}emäq

Der Vergleich ergibt folgendes: Jdc 1,34b MT schließt begründend mit *kî*
an V. 34a an, Jos 19,47aβ LXX schließt dagegen einfach mit der Kopula an;
in Jos 19,47aβ LXX wird ausdrücklich das Subjekt genannt; Jos 19,47aβ
LXX liest das Suffix der 3.*Pl.*m. und Jdc 1,34b MT das Suffix der 3.*Sg.*
m.[331] Inhaltlich stimmen beide Verse überein.

5. *Jos 19,47aγ LXX* hat keine Entsprechung in Jdc 1,34 f. MT:

καὶ ἔθλιψαν ἀπ᾿ αὐτῶν τὸ ὅριον τῆς μερίδος αὐτῶν

Δ*wayyilḥ^aṣû mehäm g^ebûl ḥälqām*

Inhaltlich entspricht V. 47aγ den vorangehenden Versteilen aα + aβ, da es
hier wie dort um die Stärke der Amoriter geht.[332]

6. *Jdc 1,35a MT und Jos 19,48a LXX:*

Jdc 1,35a MT: *wayyô᾿äl hā^᾿amorî lāšäbät b^ehar-ḥäräs b^e᾿ayyālôn ûb^e-*
ša^calbîm

Jos 19,48aα LXX: καὶ ὁ Αμορραῖος ὑπέμεινεν τοῦ κατοικεῖν ἐν Ελωμ
καὶ ἐν Σαλαμιν

Δ*wayyô᾿äl hā^᾿amorî lāšäbät b^e᾿ayyālôn ûb^eša^calbîm*

Jdc 1,35a MT und Jos 19,48aα LXX stimmen bis auf das Fehlen von
har-ḥäräs in Jos 19,48aα LXX sachlich überein.

7. *Jdc 1,35b MT und Jos 19,48aβ LXX:*

Jdc 1,35b MT: *wattikbad yad bêt-yôsep wayyihyû lāmas.*

Jos 19,48aβ LXX: καὶ ἐβαρύνθη ἡ χεὶρ τοῦ Εφραιμ ἐπ᾿ αὐτούς, καὶ
ἐγένοντο αὐτοῖς εἰς φόραν

Δ*wattikbad yad ᾿äprayim ^caלêhäm wayyihyû lāhäm lāmas*

Der wesentliche Unterschied zwischen beiden Versen besteht in der
Lesung Εφραιμ in Jos 19,48aβ LXX anstelle von *bêt-yôsep* in Jdc 1,35b
MT; zudem verkürzt Jos 19,48aβ LXX ἐπὶ τὸν Αμορραῖον zu ἐπ᾿ αὐτούς
und ergänzt noch αὐτοῖς (*lāhäm*).

8. *Jos 19,47b MT und Jos 19,48 LXX:* Bei dem Vergleich beider Verse
fällt die Übereinstimmung in der Formulierung auf. Die Unterschiede betreffen einige Nomina sowie das Fehlen der Übertragung von *wayyir^ešû ᾿ôtāh* in
V. 48 LXX. V. 48 liest οἱ υἱοὶ Ιουδα anstelle von *b^enê dān*, Λαχις anstelle
von *läsäm* und Λασενδακ für *l^eläsäm dān*. Hierbei ist folgendes auffällig:
der Ortsname Λασενδακ liest sich wie eine Verlesung von *läsäm dān*. Jos
19,48 LXX ist im Kontext von V. 47a.48a LXX ein Fremdkörper, da V. 47a.
48a LXX inhaltlich durch die Aussage der Stärke der Amoriter eng zusam-
mengehören. Sachlich ist V. 48 schwierig, da Lais nach Jdc 18,7.14.27.29

---

[331] In Jdc 1,34b MT bezieht sich das Suffix der 3.Sg.m. auf ein Nomen im Plural; ein
ähnlicher Fall findet sich noch in Dtn 21,10.
[332] Zur Übersetzung von Jos 19,47aγ LXX siehe H. M. Niemann, Die Daniten, 22 f.

von Dan und nicht von Juda eingenommen wurde. Es ist deshalb nicht auszuschließen, daß es sich bei Jos 19,48 LXX um eine judäische Uminterpretation von Jos 19,47 MT handelt.[333] V. 48 LXX könnte hier bewußt als Gegenüber zu dem erfolgreichen Ephraim in V. 48a eingefügt sein, um zu betonen, daß auch Juda in seinen Erfolgen nicht hinter Ephraim zurückstand.

9. Welche Schlußfolgerungen lassen sich aus diesen Beobachtungen ziehen:

Der Abschnitt Jos 19,47a.48.48a LXX gehört nicht von Hause aus mit Jos 19,40-47 LXX zusammen, da in V. 47 die Abschlußformel ein deutliches Ende setzt. Zudem gehen V. 47a-48a über die reine Gebietsbeschreibung hinaus, indem sie die Stärke der Amoriter zum Thema machen.

Jos 19,47a.48.48a LXX sind als Anhang zu V. 40-47 LXX nicht einheitlich. Thematisch gehören V. 47a und V. 48a zusammen, da es hier um die Stärke der Amoriter geht. V. 48 LXX hat dagegen die Eroberung von Lais durch Juda zum Inhalt. Die Nähe der Formulierungen in V. 48 LXX zu Jos 19,47b MT legen die Annahme einer judäischen Uminterpretation von Jos 19,47b MT in V. 48 LXX nahe.

Wie ist nun das Verhältnis von Jdc 1,34 f. MT zu Jos 19,47a.48a LXX zu bestimmen? Ist Jos 19,47a.48a LXX von Jdc 1,34 f. MT abhängig oder ist es umgekehrt oder schöpfen beide Textstellen aus einer gemeinsamen Überlieferung? M. E. sollte man mit einer gemeinsamen Überlieferung rechnen. Dafür sprechen folgende Gründe:

Für eine gemeinsame Überlieferungsgrundlage spricht die inhaltliche Übereinstimmung von Jdc 1,34 f. MT mit Jos 19,47a.48a LXX. Es geht um die Bedrückung des Stammes Dan durch die Amoriter (Jdc 1,34a MT und Jos 19,47aα LXX), sein Fernhalten durch die starken Amoriter von der Ebene (Jdc 1,34b MT und Jos 19,47aβ LXX), das Wohnenbleiben der Amoriter in einigen Städten (Jdc 1,35a MT und Jos 19,48aα LXX) sowie um die Bedrängung der Amoriter durch das Haus Joseph bzw. durch Ephraim (Jdc 1,35b MT und Jos 19,48aβ LXX).

Gegen eine direkte Abhängigkeit von Jos 19,47a.48a LXX von Jdc 1,34f. MT spricht das Fehlen von Har Heres in Jos 19,47a.48a LXX.[334] Gegen eine direkte Abhängigkeit von Jdc 1,34 f. MT von Jos 19,47a.48a LXX sprechen die zahlreichen Glättungen wie die Lesung des Suffixes der 3. Pl. m. in Jos 19,47aβ LXX, die Kürzung von ἐπὶ τὸν Αμαρραῖον zu ἔπ᾽ αὐτούς in Jos 19,48aβ LXX und die Ergänzung von αὐτοῖς im gleichen Vers. Daß beide Versgruppen nicht unmittelbar voneinander abhängig sind,

---

[333] Vgl. dazu H. M. Niemann, Die Daniten, 20 f.
[334] Zu diesem Ergebnis kommt auch H. M. Niemann, Die Daniten, 25.

zeigen auch Jdc 1,34a MT und Jos 19,47aα LXX, wo Jdc 1,34a MT aus der Sicht der Amoriter und Jos 19,47aα LXX aus derjenigen Dans formuliert. Die Übereinstimmungen und Unterschiede zwischen Jdc 1,34 f. MT und Jos 19,47a.48a LXX lassen sich am besten so erklären, daß beide Versgruppen aus einer gemeinsamen Überlieferung schöpfen, die sie beide leicht veränderten.

Was bedeutet dieses Ergebnis für das in Jos 19,48aβ LXX genannte Ephraim? Die Nennung von Ephraim in der Überlieferungsgrundlage von Jdc 1,34 f. MT und Jos 19,47a.48a LXX liegt durchaus im Bereich des Möglichen. Die Erwähnung von Ephraim ist m. E. gegenüber derjenigen des Hauses Joseph sogar primär, dessen Nennung in Jdc 1,35 kompositorische Gründe haben kann. Das Haus Joseph eröffnet in V. 22 den Abschnitt und beschließt ihn in V. 35.[335]

i) V. 36: Die Amoriter

Recht unvermittelt wird im letzten Vers des Kapitels das Gebiet der Amoriter beschrieben. Sachlich gehört er zu V. 9-21[336], nach K. Budde stand er ursprünglich hinter V. 16 oder V. 17: "Seine Stelle in diesem Capitel, das von den *einzelnen* Stammgebieten handelt, ist einzig am Ende der Thaten Judas, wo dieser an den südlichen Marken seines Gebietes angelangt ist."[337] Es ist schwer zu entscheiden, ob V. 36 aus einer Grenzbeschreibung Israels und seiner Nachbarn stammt.[338] Deutlich ist jedoch, daß er ursprünglich nicht zu V. 27-35 gehörte.

j) Fazit

Die Exegese des Abschnittes V. 22-36 läßt in V. 27-35 ein aus drei Elementen sich zusammensetzendes Schema erkennen:

1. Die Nichtinbesitznahme des Stammes X
2. Die Nichtinbesitznahme der Orte X
3. Das Verbleiben der Kanaanäer im Land als Folge von 1 + 2

---

[335] So auch A. G. Auld, VT 25, 1975, 278; H. M. Niemann, Die Daniten, 14 Anm. 22; S. 16 Anm. 32.

[336] H. W. Hertzberg, Die Bücher Josua, Richter, Ruth, 154 f.

[337] K. Budde, Die Bücher Richter und Samuel, 19.

[338] So die Annahme von G. F. Moore, Judges, 55. Zu den geographischen Angaben in V. 36 vgl. W. Nowack, Richter, Ruth und Bücher Samuelis, 12 f.

ad) 1 Das erste Element setzt sich aus dem Stammesnamen und dem verneinten Verb *yrš Hif.* zusammen. Der Stammesname steht mit Ausnahme von Manasse mit einem invertieren Verbalsatz betont am Anfang bei Ephraim, Sebulon, Asser und Naphthali. Lediglich bei Manasse steht das Verb voran, was wohl durch die Stellung als erstes Glied in der Kette bedingt ist. Die Anfangsstellung von *yrš* zeigt zugleich, worauf der Autor sein Schwergewicht legen möchte. Aus diesem Schema fallen V. 28 und V. 34 f. heraus. In V. 28 steht die Notiz über die Nichtvertreibung am Schluß und in V. 34 f. wird das Verb *yrš Hif.* überhaupt nicht genannt.

ad 2) Die Anzahl der nicht in Besitz genommenen Orte schwankt. Am höchsten ist sie bei dem Stamm Asser, bei dem sieben bzw. sechs Orte[339] mit kanaanäischer Bevölkerung übrigbleiben, im Gebiet des Stammes Manasse sind es fünf, bei Sebulon und Naphthali sind es jeweils zwei Orte und bei Ephraim ist es nur der Ort Geser. V. 34 f. fallen hier etwas heraus, da es um die Nichtinbesitznahme einer *Ebene* geht.

ad 3) Das dritte Element thematisiert das Verbleiben der Kanaanäer im Land. Bei den Stämmen Ephraim (V. 29), Sebulon (V. 30), Asser (V. 32) und Naphthali (V. 33) wird dies mit dem Verb *yšb* und bei Manasse und Dan (V. 35) mit dem Verb *y'l + Inf. cs.* von *yšb* zum Ausdruck gebracht. Es ist wohl kein Zufall, daß diese letzte Konstruktion beim ersten (V. 28) und letzten Stamm (V. 35) begegnet. Im Anschluß an Verb und Subjekt folgt jeweils eine adverbielle Bestimmung des Ortes: "in diesem Land" (V. 28), "mitten in" (V. 29-33), "in Har-Heres ..." (V. 35). Bei Sebulon (V. 30), Naphthali (V. 33) und dem Haus Joseph (V. 35) ist zudem noch davon die Rede, daß die Kanaanäer diesen Stämmen fronpflichtig wurden.

Das in V. 27-35 erkennbare Schema läßt auf eine Vorlage schließen, in der die von den israelitischen Stämmen nicht eroberten Städte vielleicht aufgelistet waren.[340] Es ist m. E. kaum möglich, in diesen Versen eine gänzliche Neuschaffung des Redaktors zu sehen, da dann das erkennbare Schema noch konsequenter vereinheitlicht worden wäre.[341] Zudem wäre dann nicht erklärbar, weshalb gerade die hier aufgeführten Orte genannt werden. Die

---

[339] "Helba" ist möglicherweise kein Ortsname, sondern auf ein Schreibversehen zurückzuführen! Siehe oben Nr. 3 f.

[340] Von einer V. 27-35 zugrunde liegenden (Städte-)Liste gehen aus: B. Maisler, Untersuchungen zur alten Geschichte und Ethnographie Syriens und Palästinas, I. Teil, 73; K.-D. Schunck, Benjamin, 79; Y. Aharoni, Das Land der Bibel, 244; H. N. Rösel, in: "Wünschet Jerusalem Frieden", 127; so auch — jedoch sehr vorsichtig! — U. Becker, Richterzeit und Königtum, 32.57; zum Verhältnis dieser in V. 27-35 erkennbaren Liste zu V. 21 vgl. K.-D. Schunck, Benjamin, 78 f.

[341] Gegen R. Smend, Das uneroberte Land, in: ders., Zur ältesten Geschichte Israels, 227.

Variabilität innerhalb des Schemas zeigt, daß die Besonderheiten der Einzelstämme berücksichtigt wurden. Eine Neuschaffung des Redaktors dürfte
jedoch V. 28 sein, da hier nicht von den Einzelstämmen, sondern von Gesamtisrael die Rede ist. Vielleicht war bereits die V. 27-35 zugrundeliegende
Liste nach geographischen Gesichtspunkten geordnet, aber dies muß unsicher
bleiben, da es auch das Werk des Redaktors sein kann.[342] Für die V. 27-35
zugrundeliegende Vorlage in Form einer Ortsliste sprechen auch die Parallelstellen im Josuabuch. Die dort genannten Orte können kaum direkt aus Jdc
1,27-35 entnommen worden sein, da sie z. T. in anderer Aussprache (bei
Sebulon und Asser) und anderer Reihenfolge (bei Naphthali) begegnen.
Zudem weichen die Josuastellen und Jdc 1,27-35 z. T. in der Nennung der
Orte voneinander ab (bei Manasse, Asser). Diese Unterschiede erklären sich
am besten mit der Annahme einer gemeinsamen Vorlage, die jedoch z. T.
leicht verändert und dem Kontext angepaßt wurde.[343]

4. Jdc 1,27-35 und die Deboraschlacht – Erwägungen zur Datierung

Ist die Beobachtung richtig, daß Jdc 1,27-35 auf einer Ortsliste fußt, so muß
abschließend die Frage nach ihrer zeitlichen Einordnung gestellt werden.[344]
M. E. gibt es gute Gründe, diese Liste mit der Deboraschlacht Jdc 4 f. in
Verbindung zu bringen. Sie listete diejenigen Orte auf, aus denen die Kanaanäer trotz des Sieges der israelitischen Stämme nicht vertrieben werden
konnten. Sie ist wohl als ein Zeugnis aus vorköniglich-richterlicher Zeit
anzusehen.

a) Die räumliche Nähe der in Jdc 4 f. genannten Orte mit denen in Jdc
1,27-35 spricht für eine Verbindung mit der Deboraschlacht. Aufgrund der
vorgeschlagenen Lokalisierungen läßt sich folgendes beobachten[345]: Thaanach (*Taᶜanek*) und Megiddo (*Tell el-Mutesellim*) werden sowohl in Jdc 1,27
als auch in 5,19 genannt. Haroseth ha-Gojim (4,2.13.16 *Tell ᶜAmr?*) liegt ca.
4,9 km südlich von Kitron (1,30; *Tell el-Fār*), ca. 17,5 km westlich von

---

[342] H. Gressmann, Die Anfänge Israels, 166; Helga Weippert, VT 23, 1973, 83-89.

[343] Deutlich ist in Jos 17,11-13 (Jdc 1,27 f.); Jos 16,10 (Jdc 1,29), Jos 19,15 (Jdc 1,30); Jos
19,29bβ.30a (Jdc 1,31); Jos 19,38aβ (Jos 19,33 f.) der Nachtragscharakter der genannten
Ortschaften, da sie jeweils erst nach der Abschlußformel der Grenzbeschreibung "Und
sie endet am ..." (Jos 17,9bβ; 16,8aβ; 19,14b.29bβ) folgen; lediglich bei Naphthali fehlt
die Abschlußformel.

[344] Die Frage nach ihrer zeitlichen redaktionellen Bearbeitung und ihrer Einfügung in das
Richterbuch soll hier unbeantwortet bleiben; vgl. dazu G. Schmitt, Du sollst keinen
Frieden schließen, 76-78; U. Becker, Richterzeit und Königtum, 34 f.

[345] Zu den vorgeschlagenen Lokalisierungen in Jdc 4 siehe § 6 Exkurs.

Megiddo, ca. 14 km westlich von Nahalol (1,30; *Ma'lūl?*) und knapp 13 km südlich von Aphik (1,31; *Tell Kerdāne?*). Kedes Naphthali (4,6; *Ḥirbet el-Qadīš?*) liegt ca. 18,4 km nordöstlich von En-Dor (Jos 17,11 MT; *Ḥirbet es-Safṣāfe?*) und 25,7 km nördlich von Bethsan (1,27; *Tell el-Ḥuṣn*). Kedes (4,9-11; *Tell Abū Qudēs?*) liegt nur ca. 4 km nordwestlich von Megiddo und ca. 4,2 km nördlich von Thaanach entfernt. Der Thabor (4,6.12. 14) liegt ca. 22,3 km nordwestlich von Bethsan und der Kison (4,7.13) durchfließt die Jesreelebene, die sowohl in Jdc 4 f. als auch in 1,27-35 eine wichtige Rolle spielt. So zeigt sich, daß die Mehrzahl der in Jdc 1,27-35 und in Jdc 4 f. genannten Orte in einem Umkreis von ca. 20 km liegen.[346]

b) Sowohl in Jdc 1,27-35 als auch in Jdc 4 f. geht es zentral um die Auseinandersetzung mit den Kanaanäern. Jdc 4 f. stellt den Sieg über die Kanaanäer dar und rühmt ihn als Sieg Gottes. Jdc 1,27-35 listet die Orte auf, aus denen die kanaanäische Bevölkerung trotz des Sieges der israelitischen Stämme nicht vertrieben werden konnte. An beiden Stellen bleiben die Philister unerwähnt. So ergibt sich als *terminus a quo* für die Jdc 1,27-35 zugrundeliegende Ortsliste die Deboraschlacht und als *terminus ad quem* das vertärkte Auftreten der Philister in Palästina.[347] Sie spielten vor allem in der zweiten Hälfte des 11. Jahrhunderts eine entscheidende Rolle in Palästina, die erst durch die Siege Davids ein Ende fand. Somit wäre die Liste etwa in die Zeit von ca. 1130-1050 v. Chr. zu datieren.

c) Für die Datierung der Jdc 1,27-35 zugrundeliegenden Ortsliste in die Richterzeit spricht die Betonung des Handelns des Einzelstammes. Die Einzelstämme und nicht Gesamtisrael werden bei ihrem erfolglosen Wirken, die Kanaanäer aus allen Städten Palästinas zu vertreiben, beschrieben. Erst in davidisch-salomonischer Zeit agiert entweder Gesamtisrael (I Sam 7) oder Einzelhelden wie Saul und David (I Sam 11; 13; 15; 17; 30; II Sam 5; 8; 10) bekämpfen die Feinde Israels. "For, by the time of the Kingdom there is no more fighting by separate tribes."[348]

---

[346] Vgl. dazu auch G. Schmitt, Du sollst keinen Frieden schließen, 69.

[347] Zur Datierung der Deboraschlacht und zum Auftreten der Philister in Palästina siehe oben § 6/4; zu dieser Datierung kommen auch C. F. Keil, Josua, Richter und Ruth, 194 f.; S. Oettli, Das Deuteronomium und die Bücher Josua und Richter, 223; Y. Kaufmann, The Biblical Account of the Conquest of Canaan; G. Schmitt, Du sollst keinen Frieden schließen, 86-88; Y. Aharoni, Das Land der Bibel, 245 f.

[348] Y. Kaufmann, The Biblical Account of Canaan, 127 Anm. 66.

5. Zusammenfassung

Textlich ist zu Jdc 1,29 zu bemerken, daß der Vers zusammen mit seinem
Paralleltext in Jos 16,10 auf eine beiden gemeinsame Grundlage zurückzuführen ist. Dabei scheint Jos 16,10 dieser Grundlage näher zu sein als Jdc
1,29. Jdc 1,29 basiert zusammen mit V. 27-35 auf einer Ortsliste, die diejenigen Orte aufführte, aus denen die Kanaanäer nicht vertrieben werden konnten. Diese Ortsliste steht vielleicht im Zusammenhang mit der Deboraschlacht und dürfte etwa in die Zeit von ca. 1130-1050 v. Chr. zu datieren
sein. Sie macht deutlich, daß Ephraim mitsamt den anderen an der Deboraschlacht beteiligten Stämmen die Kanaanäer nicht gänzlich aus dem Land
vertreiben konnten. Wenn die Angabe in V. 29 historisch zuverlässig ist,
heißt dies, daß Ephraim offenbar nicht in das Gebiet von Geser vordringen
konnte, sondern auf seine Wohnstätten auf dem südlichen Teil des Gebirges
Ephraim beschränkt blieb. Hier kam es offenbar mit den in Har-Heres,
Ajalon und Saalbim siedelnden Amoritern zu Spannungen, wobei nach
V. 35b (Jos 19,48aβ LXX) Ephraim die Oberhand über die Amoriter erlangen konnte.

§ 8 Ephraim und Gideon: Jdc 7,23-8,3

Ephraim und Gideon stehen im Mittelpunkt des Abschnittes Jdc 7,23-8,3,
dessen zahlreiche textkritische und sachliche Probleme hier erörtert werden
sollen.

1. Forschungsgeschichtliche Orientierung

Nach K. Budde haben wir es in Jdc 7,23-8,3 mit einem Seitenstück zu Jdc
12,1-6 zu tun. Es gehe hier um den Stamm Ephraim, der offenbar im Ruf
der Eifersucht stand, "der dann mit mehr oder weniger geschichtlicher
Grundlage sich in verschiedenen Quellen verschieden zu wirklichen Vor-
gängen verdichtete".[349]
Nach H. W. Hertzberg liegt dem Bericht über die Gefangennahme und
Tötung der beiden Midianiterfürsten möglicherweise eine ephraimitische
Lokaltradition zugrunde, die an zwei bekannten eigentümlichen Felsbildun-
gen haftete, die einem Raben und einem Wolf ähnlich sahen. Aus dem

---

[349] K. Budde, Das Buch der Richter, 62.

Abschnitt lasse sich auf eine Rivalität zwischen den Ephraimiten und ihren
Nachbarstämmen schließen. Die Ephraimiten hätten ihren Anteil an dem
Midianitersieg besonders hervorgehoben. Nach Hertzberg ist die "köstliche
Geschichte von der Beteiligung und dem Protest Ephraims in dieser Form in
Manasse überliefert worden".[350] Gideon erzähle hier als Sohn Manasses.

Ähnlich wie H. W. Hertzberg vermutet auch W. Richter als Hintergrund
des Abschnittes, vor allem des Spruches in V. 2b, eine Rivalität im Haus
Joseph. Es sei unwahrscheinlich, "daß der Spruch einen historischen Vorgang, nämlich das allmähliche Wachsen der Bedeutung Ephraims, einfangen
kann; dagegen spricht schon der nominale Aufbau. Jedoch ist es nicht so
unwahrscheinlich, daß eine Begebenheit Anlaß zur Entstehung des Sprichwortes ist, die beispielhaft die latente Rivalität aufleuchten ließe, worin dann
die Bearbeitung auf dem richtigen Wege wäre".[351] Richter glaubt nicht,
daß in 7,23-8,3 eine ursprüngliche Erzähleinheit vorliegt, vielmehr versuche
der Verfasser sich mit verschiedenen Traditionen auseinanderzusetzen.
Richter sieht in dem Abschnitt eine konstruierte Erzählung. Eine Ätiologie
liege nicht vor, denn es werde nicht behauptet, daß die Ortsnamen auf die
Fürstennamen zurückgingen. "Dann könnte aber die Erhebung der Fürstennamen aus den Ortsnamen vom Verfasser selbst stammen, der sich so um eine
anschauliche Deutung des Sprichwortes bemüht."[352] Abschließend faßt
Richter zusammen: "Man kann vermuten, daß Ephraim die Kampfesfreude
für den Jahwe-Krieg demonstrieren soll und sodann die Einordnung in das
Ganze trotz einer Stammesrivalität."[353]

A. Elliger geht davon aus, daß Jdc 7,23-8,3 aus den beiden Erzählungs-
stücken 7,23-25 und 8,1-3 besteht.[354] Beide Einzelstücke seien mit 7,24
und 8,3 miteinander verklammert. Im ersten Erzählungsstück lasse nur der
Bericht über die Gefangennahme und Tötung der Midianiterfürsten (7,25a)
auf alte Tradition schließen: "Ihre Namen sind wahrscheinlich von den
Örtlichkeiten entliehen, um so vielleicht eine Ätiologie versteckt anzudeuten."[355] Im Zentrum von V. 1-3 stehe das geflügelte Wort von V. 2b, dessen Einkleidung in eine Frage nicht den Eindruck mache, in dieser Form ursprünglich zu sein. Die Urform von V. 2b drücke keine Rivalität zwischen
Abieser und Ephraim aus. "Sie ist erst später in den Zusammenhang einge-

---

[350] H. W. Hertzberg, Die Bücher Josua, Richter und Ruth, 197.
[351] W. Richter, Traditionsgeschichtliche Untersuchungen, 210.
[352] W. Richter, Traditionsgeschichtliche Untersuchungen, 210.
[353] W. Richter, Traditionsgeschichtliche Untersuchungen, 210.
[354] A. Elliger, Frühgeschichte, 159-165.
[355] A. Elliger, Frühgeschichte, 161.

tragen, und selbst dann hat die Einkleidung in die Frage noch den Zweck, die Gegensätzlichkeit zu mildern".[356] Ursprünglich gehe es hier um die ephraimitisch-abiesritische Koalition gegen die jährlichen Midianitereinfälle. Diese Tradition sei jedoch bei der Einfügung in die Gideonerzählungen uminterpretiert worden.

J. A. Soggin geht in seiner Beurteilung von 7,23-8,3 von einer relativ späten Komposition des Abschnittes aus. Er enthalte den Bericht über eine Auseinandersetzung zwischen Ephraim und Manasse: "... the actual foundation of which is the reminiscence of a quarrel between Ephraim and Manasse about the division of the soil ..."[357]

2. Abgrenzung, Aufbau und Spannungen

a) Abgrenzung

Jdc 7,23-8,3 läßt sich innerhalb der Kapitel 7 und 8 als eigenständiger Abschnitt abgrenzen. In 7,1-22 geht es um das Problem der Verminderung der israelitischen Streitmacht (V. 1-8)[358] und um den Bericht des Sieges über die Midianiter (V. 9-22).[359] In V. 22 findet sich mit dem Hinweis auf die Flucht der Midianiter vor Gideon und seinen Männern ein deutlicher Abschluß. Der folgende Vers 23 eröffnet mit der Nennung der Stämme Naphthali, Asser und Manasse den neuen Abschnitt. Der an Jdc 7,23-8,3 anschließende Abschnitt 8,4-21 steht ebenfalls nicht in direkter Verbindung mit 7,23-8,3, da es hier um Gideons Wirken im Ostjordanland geht. Ebenso wie in 7,1-22 spielt Ephraim auch in 8,4-21 keine Rolle.[360]

---

[356] A. Elliger, Frühgeschichte, 162.

[357] J. A. Soggin, Judges, 148.

[358] In V. 1-8 finden sich drei Gottesreden an Gideon in V. 2f.4-6.7 f., die jeweils mit einer Redeeinleitung in V. 2aα.4aα.7aα eröffnet werden; in den beiden ersten geht es um die Verringerung der Streitmacht Israels auf 1000 Mann (V. 3) bez. 300 Mann (V. 6) und in der dritten um die Trennung zwischen den erwählten 300 Mann und Israel (V. 8.).

[359] Der 2. Abschnitt von Kapitel 7 läßt sich in vier Unterabschnitte zerlegen: der erste schildert das genaue Beobachten der Midianiter durch Gideon und Pura (V. 9-11); der zweite beschreibt die Anwesenheit Gideons im Lager der Midianiter, wobei er den Traum eines Midianiters hört (V. 12-14); im dritten Abschnitt geht es um die Vorbereitungen zum Kampf (V. 15-18) und der Schlußabschnitt schildert den Sieg über die Midianiter (V. 19-22).

[360] Jdc 8,4-21 läßt sich folgendermaßen gliedern: V. 4-7: Gideon in Sukkoth; V. 8-9: Gideon in Penuel; V. 10-12: Gefangennahme von Sebah und Zalmunna; V. 13-17: Gideon in Sukkoth und Penuel; V. 18-21: Die Tötung von Sebah und Zalmunna.

b) Aufbau

Jdc 7,23-25: Der Bericht über die Tötung der beiden Midianiterfürsten in 7,23-25 läßt sich in drei Abschnitte gliedern: V. 23 kann als Einleitung gedeutet werden, da der Vers zum Thema der Verfolgung Midians in V. 24 f. überleitet. In V. 24 geht es um den Befehl Gideons, den flüchtenden Midianitern das Wasser bis Beth-Bara abzuschneiden. Der Vers wird eingeleitet mit dem Hinweis auf die Aussendung von Boten auf das Gebirge Ephraim (V. 24aα), in seinem Zentrum steht der Befehl Gideons (V. 24aβγ) und dessen Ausführung (V. 24b). V. 25 berichtet von der Gefangennahme (V. 25aα), der Tötung (V. 25aβ) und der Überbringung der Köpfe der beiden Midianiterfürsten zu Gideon (V. 25b).

Jdc 8,1-3: Der Abschnitt zerfällt in zwei Teile (V. 1 und V. 2 f.), wobei jeder Teil mit einer Redeeinleitung (V. 1aα und V. 2aα) eröffnet wird. Den Abschluß der beiden Teile bildet jeweils der Hinweis auf den Streit zwischen Ephraim und Gideon (V. 1b und V. 3b). In V. 1 geht es um die Klage Ephraims, von Gideon nicht zu dessen Kampf mit Midian aufgefordert worden zu sein. In V. 2 f findet sich die Antwort Gideons auf die Klage Ephraims.

7,23-25 Die Tötung der beiden Midianiterfürsten

V. 23a	Die Einberufung Naphthalis, Assers und Manasses	
V. 23b	Die Verfolgung Midians	
V. 24aα	Die Aussendung von Boten nach Ephraim	
V. 24aβ	Gideons Befehl: das Abschneiden des Wassers	
V. 24aγ	Ortsangabe: Beth-Bara und der Jordan	Gideons
V. 24b₁	Die Einberufung der Ephraimiten	Befehl
V. 24b₂	Die Ausführung von Gideons Befehl	
V. 25aα	Die Gefangennahme der Midianiterfürsten	
V. 25aβ	Die Tötung der Midianiterfürsten	Tötung der
[V. 25aγ	Die Verfolgung Midians]	Midianiter-
V. 25b	Die Überbringung der Köpfe Orebs und Seebs	fürsten

<u>8,1-3   Die Beschwerde Ephraims und Gideons Antwort</u>

<u>V. 1aα   Einleitung zur Rede der Ephraimiten</u>

V. 1aβ   Die Beschwerde der Ephraimiten: Eröffnungsfrage
V. 1aγ   Keine Anfrage bei Ephraim   Ephraims
V. 1aδ   Krieg gegen Midian ohne Ephraim   Klage

<u>V. 1b   Der Streit zwischen Ephraim und Gideon</u>
<u>V. 2aα   Einleitung zur Rede Gideons</u>
V. 2aβ   Die Lobrede Gideons: Eröffnungsfrage   Gideons
V. 2b   Die Nachlese Ephraims und die Ernte Abiesers   Lob
V. 3a   Die Tötung der Midianiterfürsten (→ V. 25)
V. 3aβ   Die Lobrede Gideons: Schlußfrage

<u>V. 3b   Die Beilegung des Streites zwischen Ephraim und Gideon</u>

c) Spannungen

Trotz der klaren Gliederung von 7,23-8,3 fallen einige Spannungen im Text auf:

1. Die Verfolgung der Midianiter wird auf eine recht umständliche Art und Weise von Gideon organisiert. Man muß hier J. A. Soggin zustimmen, der dazu schreibt: "... on a logistical level it seems absurd that Gideon first sent home a large part of his confederate troops and then recalled them the next moment; such a procedure will certainly have taken time and is hardly compatible with the speed of the pursuit ..."[361] Wie kann ein so spätes Aufgebot noch rechtzeitig am Jordan eingreifen?[362] Konnten die in V. 23 genannten Nordstämme überhaupt zur rechten Zeit zu dem weiter südlich gelegenen Ort des Geschehens gelangen? "... though, as a matter of historical fact, it may be doubted whether Gideᶜon, who seems to have planned his attack in the first instance with the aid of his own clan of Abiᶜezer only, would have been able, in the course of a hurried pursuit towards the south-

---

[361] J. A. Soggin, Judges, 147 f.
[362] K. Budde, Das Buch der Richter, 62.

east, to have summoned the tribes of Naphthali and Asher who dwelt to the north of the scene of action."[363]

2. Naphthali, Asser und ganz Manasse werden nur in V. 23 genannt, in V. 24 f. und in 8,1-3 handeln ausschließlich Gideon und Ephraim.

3. In V. 24 ist auffallenderweise vom "*Gebirge* Ephraim" die Rede, obwohl man nach der Nennung von Naphthali, Asser und ganz Manasse (V. 23) eher diejenige von *Ephraim* erwartet hätte.

4. In V. 25 unterbricht die Notiz über die Verfolgung Midians (V. 25aγ) die Verbindung von der Tötung der Midianiterfürsten (V. 25aαβ) und der Auslieferung der Häupter von Oreb und Seeb an Gideon (V. 25b), die doch wohl unmittelbar nach der Tötung an Gideon übergeben wurden.

3. 7,23-25: Die Tötung der beiden Midianiterfürsten

a) *7,23*: Textkritisch bietet der Vers keine Schwierigkeiten, lediglich LXX weicht in der Übertragung von ṣ*ᶜq Nif.* gegenüber MT ab, da sie anstelle des *Nifᶜal* den Grundstamm *Qal* liest (ἐβόησεν).[364] Man sollte jedoch MT folgen, da ṣ*ᶜq Nif.* hier als *terminus technicus* der militärischen Sprache verwendet wird und das Aufgebot zum Kampf bezeichnet. In gleicher Weise wird es noch in Jdc 10,17; 12,1; I Sam 13,4 und II Reg 3,21 gebraucht, wo es jeweils um kriegerische Auseinandersetzungen geht.[365] Man wird mit Moore davon ausgehen müssen, daß V. 23 einen Einschub darstellt, da V. 24 f. und 8,1-3 ausschließlich von Gideon und Ephraim handeln: "... in 8,1, where Gideon is berated in such a menacing tone by the Ephraimites, it is plain, that he has not the whole tribe of Manasseh at his back."[366] Zudem erinnert V. 23 sehr stark an Jdc 6,35, wo Naphthali, Asser und Manasse in umgekehrter Reihenfolge und unter Hinzufügung von Sebulon ebenfalls

---

[363] C. F. Burney, The Book of Judges, 181 f.

[364] Vulgata stimmt mit MT überein, sie zählt jedoch V. 22b zu V. 23; T ergänzt vor Asser und Manasse noch "Stamm".

[365] Zu ṣ*ᶜq Nifᶜal* vgl. R. Albertz, Art.: ṣ*ᶜq*, in: THAT II, 572. Zur Diskussion, ob ṣ*ᶜq* als *terminus technicus* für das sogenannte "Zetergeschrei" verwendet werden kann, vgl. R. Smend, Jahwekrieg und Stämmebund, in: ders., Zur ältesten Geschichte Israels, 123 f.; H. J. Boecker, Redeformen des Rechtslebens im Alten Testament, 62 f.65 Anm. 2; J. L. Seeligmann, FS W. Baumgartner, 259 f.

[366] G. F. Moore, Judges, 213. So auch K. Budde, Das Buch der Richter, 62; R. Smend, Jahwekrieg und Stämmebund, in: ders., Zur ältesten Geschichte Israels, 122 f.; C. F. Burney, FS J. Wellhausen, 89 sieht dagegen nur den Abschnitt "aus Naphthali, Asser und ganz Manasse" als Glosse an; vgl. noch U. Becker, Richterzeit und Königtum, 172.

begegnen. Unklar bleibt dabei das Fehlen von Sebulon in V. 23. Vielleicht wurde es wegen dem in V. 24 f. genannten Ephraim fallen gelassen.[367] Der Grund für die Hinzufügung von V. 23 kann darin gesehen werden, daß der Erzähler das ganze Geschehen als eine gemeinsame Aktion eines Stämmeverbandes darstellen wollte.

b) *7,24*: Textkritisch bietet der Vers wenig Schwierigkeiten, da die Versionen von MT nur leicht abweichen. LXX liest wie in V. 23 anstelle von *₰ Nif.* den Grundstamm *Qal* (καὶ ἐβόησεν); T gibt die "Wasser" jeweils mit "Furten" wieder. Bei diesem letzten Punkt wird trotz der Übereinstimmungen in den Versionen der Text dennoch gerne geändert. Diese Änderung ist sachlich bedingt, da nicht deutlich ist, was unter den "Wassern" zu verstehen ist. In der Literatur lassen sich folgende Deutungen unterscheiden:

α) Nach S. Oettli sind mit den "Wassern" die Bäche gemeint, "welche am Ostrande des Gebirges Ephraim (Gilboa^c) entspringend von Beth=Sche'an ostwärts gegen den Jordan fließen, und über welche in südöstlicher Richtung die fliehenden Midianiter setzen mußten, um an die Jordanfurten zu gelangen".[368]

β) Ähnlich wie S. Oettli bezieht G. F. Moore die "Wasser" auf die von Westen kommenden und in den Jordan mündenden Bäche. Nach ihm müssen diese Ströme zwei Bedingungen erfüllen, um eine Identifikation mit den "Wassern" zu ermöglichen: 1) "... first, it must have been large enough, when held by an enemy, effectively to stop the Midianites in their flight ..."[369] 2) "... second it must be far enough south to give the Ephraimites time to get there before the Midianites."[370] Diese beiden Bedingungen erfüllt nach Moore am besten das *Wādī Fār^ca*: "In the tongue of land between W. Fār^cah and the Jordan the Midianites would be in a *cul de sac*, where, in their disorder, destruction was inevitable. Finally, the road leading down this Wady from the highlands in a SE. direction would be the most advantageous line for the Ephraimites in their movement to intercept the foe."[371]

γ) Nach V. Zapletal[372], M. Noth[373], H. Rösel[374] und J. A. Soggin[375] ist mit den "Wassern" der Jordan selbst gemeint. K. Budde[376] und C. F.

---

[367] R. Smend, Jahwekrieg und Stämmebund, in: ders., Zur ältesten Geschichte Israels, 122 f.

[368] Das Deuteronomium und die Bücher Josua und Richter, 255.

[369] G. F. Moore, Judges, 214.

[370] G. F. Moore, Judges, 214.

[371] G. F. Moore, Judges, 214.

[372] V. Zapletal, Das Buch der Richter, 124.

[373] M. Noth, ZDPV 72, 1956, 143.

[374] H. Rösel, Die Topographie der Kriege, 184.

[375] J. A. Soggin, Judges, 146 f.

[376] K. Budde, Das Buch der Richter, 62.

Burney[377] teilen diese Ansicht ebenfalls, sie schränken die Bezeichnung die "Wasser" jedoch insofern ein, als sie sie auf die Jordanfurten[378] bzw. speziell auf die Furt bei *ed-Dāmje* beziehen.[379] Sehr viele dieser Gelehrten ändern den Text in diesem Sinn um, indem sie im Anschluß an Jdc 3,28; 12,5 anstelle des ansonsten gänzlich unbekannten Beth-Bara "die Furten (*ma^{c}b^{e}rôt*) des Jordan" lesen. Die jetzige Lesart sei eine Dittographie von *ma^{c}b^{e}rôt*[380]:

$$h\ m\ m\ ^c\ d\ b\ t\ b\ r\ h\ w\ {'}\ t$$
$$m\ \ \ ^c\ \ \ b\ \ \ r\ \ \ \ \ t$$

Wie sind diese Vorschläge zu beurteilen?

ad α) Schwerlich können mit den "Wassern" *alle* am Ostrand des Gebirges entspringenden und in den Jordan mündenden Bäche gemeint sein. Ephraim wäre wohl überfordert gewesen, an allen diesen Stellen den Midianitern das Wasser abzuschneiden.[381] Mit den "Wassern" kann zudem kaum ein Punkt nördlich von *ed-Dāmje* gemeint sein. Die Ephraimiten wären bei einer militärischen Aktion nördlich dieses Punktes militärisch gegenüber den Midianitern im Nachteil gewesen, da sie angesichts der Entfernung vom ephraimitischen Siedlungsgebiet kaum vor den Midianitern den Jordan erreicht hätten. Man muß hier der Einschätzung von C. F. Burney zustimmen: "... since it is clear that Ephraim could scarcely have been summoned to hold a position north of this point; and, had the Midianites been making for the fords due east of Beth-shean, such a summons would be out of the question, since the foe would have gained and crossed these before Gideon's messenger had even reached the Ephraimite territory."[382]

ad β) Die Identifikation der "Wasser" mit dem *Wādī Fār^{c}a* erscheint ebenfalls unwahrscheinlich. Ephraim wäre wohl auch hier überfordert gewesen, das beim Austritt in das Jordantal ca. 3 km breite Wadi in seiner ganzen Länge abzuriegeln. Zudem ist der Zug der Midianiter durch das *Wādī Fār^{c}a* nicht zwingend: "... Moore's suggestion that 'the waters' are the perennial stream of the Wâdy Far^{c}ah between which and the Jordan 'the Midianites would be in a *cul du sac*', is vitiated by the fact that the lower part of the Wâdy Far^{c}ah, which is known as the Wâdy eg Gôzeleh, flows into the Jordan

---

[377] C. F. Burney, FS J. Wellhausen, 96-98.

[378] So K. Budde, Das Buch der Richter, 62.

[379] C. F. Burney, FS J. Wellhausen, 96 f.

[380] So etwa K. Budde, Das Buch der Richter, 62; C. F. Burney, FS J. Wellhausen, 98; ders., The Book of Judges, 225; H. Rösel, Die Topographie der Kriege, 184; J. A. Soggin, Judges, 147.

[381] Vgl. dazu die Skizze bei Helga Weippert, Palästina in vorhellenistischer Zeit, 20.

[382] C. F. Burney, FS J. Wellhausen, 96 f.

some five miles south of the ford ad-Dâmiyyeh; and therefore, if the Midianites were aiming at ed-Dâmiyyeh, they would not need to cross the Wâdy Far'ah stream at all."[383]

ad γ) So bleibt als dritte Möglichkeit nur die Identifikation der "Wasser" mit dem Jordan, wobei am besten die Jordanfurten in den geographischen Rahmen des Geschehens passen, denn hier hatten die Ephraimiten am ehesten Gelegenheit, die Midianiter zu schlagen. Eine genauere Lokalisation kann jedoch schwerlich vorgenommen werden, da die Jordanfurten nicht zu allen Zeiten an denselben Stellen lagen, "da die Strömung des Flusses das Jordanbett ständig leicht verändert, so daß man von dem gegenwärtigen Zustand nicht sicher auf die Verhältnisse einer frühen Vergangenheit zurückschließen kann".[384] Man kann wohl nur so viel sagen, daß das Geschehen an einer der Jordanfurten zwischen dem Einfluß des Jordan in das Tote Meer im Süden und der Furt von *ed-Dāmje* im Norden zu suchen ist. Vielleicht hat Burney sogar recht, wenn er das Geschehen bei der Furt bei *ed-Dāmje* lokalisiert.[385]

Trotz der Lokalisierung der Ereignisse bei den Jordanfurten zwischen *ed-Dāmje* und dem Toten Meer sollte der Text nicht in "die Furten des Jordan" umgeändert werden. Dagegen sprechen die Übereinstimmung von LXX,V und S mit MT und die m. E. nicht gerechtfertigte These, der jetzige Text sei eine Dittographie von *ma'b^erôt*. Zwar stimmen einige Konsonanten in dem konjizierten Text mit MT überein, doch rechtfertigt dies noch nicht zu der These der Dittographie. Dagegen spricht die Nennung des Jordan in V. 24, was als eine sachgemäße Glosse zu den "Wassern" angesehen werden kann.[386] Die Kopula vor *'ät* sollte am besten als *Waw explicativum* interpretiert werden: "... und schneidet ihnen das Wasser ab bis Beth-Bara *und zwar* am Jordan."[387]

Auffallend in V. 24aα ist die Nennung des "ganzen Gebirges Ephraim". Durch die Hinzufügung von *kål* muß der *ganze* Teil des mittelpalästinischen Gebirges gemeint sein. Dies steht jedoch in Spannung zu V. 23, da dort bereits Manasse als Bewohner dieses Gebirgsteiles genannt wurde. Nach V. 23 verfolgt ja Manasse die Midianiter schon längst, weshalb Gideon nicht erst Boten zu ihm schicken muß. Man hätte hier eher die Nennung des Stammes Ephraim erwartet. Diese Spannung zwischen V. 23 und V. 24 be-

---

[383] C. F. Burney, FS J. Wellhausen, 98 f.
[384] M. Noth, ZDPV 72, 1956, 135.
[385] Vgl. dazu auch M. Noth, ZDPV 72, 1956, 135 Anm. 37.
[386] C. A. Simpson, Composition of the Book of Judges, 33.
[387] Zum *Waw explicativum* W. Gesenius/E. Kautzsch, Hebräische Grammatik, § 154.

stätigt m. E. die These, in V. 23 einen späteren Einschub zu sehen[388], der auf die Wendung "Gebirge Ephraim" keine Rücksicht nahm.

c) *7,25*: Textkritisch ist zu diesem Vers anzumerken, daß LXX^A den "Rabenfelsen" in V. 25aβ zu ἐν Σουριν und die "Wolfskelter" zu Ιακεφζηβ zusammenfaßt. LXX^B läßt in V. 25aα "zwei" unübersetzt und ergänzt καί vor Oreb in V. 25aα, wodurch der Inhalt des Verses sich ändert.

Sehr unterschiedlich werden die Namen der beiden Midianiterfürsten Oreb und Seeb gedeutet. Nach F. Böhl sind Oreb und Seeb sowie Sebah und Zalmunna (8,4 ff.) ursprüngich identisch: "Die erste Gruppe bietet die hebräische Übersetzung, das zweite Namenpaar die schimpflich entstellten ursprünglichen Formen derselben Namen."[389] Mit Hilfe von 8,4 ff. rekonstruiert er die ursprünglichen midianitischen Formen dieser Namen, die vielleicht *zī'bā'* "Wolf" und *ṣalmônā'* "Vogel, Rabe" lauteten. Diese beiden Namensformen seien absichtlich und schimpflich entstellt worden, aus "Wolf" sei Sebah "Schlachtopfer" und aus Rabe sei Zalmunna "sein Schatten ist abgeschnitten" als Anspielung auf das Schicksal dieser midianitischen Könige geworden.[390]

R. Kittel[391], A. Elliger[392] und H. Rösel[393] gehen im Unterschied zu Böhl von einer ursprünglichen Trennung der Namen in 7,25 und 8,4 ff. aus. Nach A. Elliger und H. Rösel sind die Namen Oreb und Seeb "wahrscheinlich von den Örtlichkeiten entliehen, um so vielleicht eine Ätiologie versteckt anzudeuten".[394] Diese Ansicht ist m. E. derjenigen von Böhl vorzuziehen, was durch drei Argumente erhärtet werden kann: a) Daß die beiden Ortsnamen "Rabenfelsen" und "Wolfskelter" gegenüber den Eigennamen Oreb und Seeb primär sind, wird durch Jes 10,26 gestützt, wo von einer Niederlage der *Midianiter* am Rabenfelsen, nicht aber von einer Tötung von zwei Fürsten die Rede ist.[395] Der Ortsname scheint im Unterschied zu den Eigennamen das grundlegende nicht variable Element zu sein. b) In Jdc 7,25 ist von "Fürsten", in 8,5 dagegen von "Königen der Midianiter" die Rede.

---

[388] Siehe dazu oben Nr. 3 a.

[389] F. M. T. Böhl, JPOS 6, 1926, 203. Von einer Identität der Namen in 7,25 und 8,4 ff. geht auch H. Winckler, Geschichte Israels in Einzeldarstellungen, Teil II, 136 f. aus.

[390] F. M. T. Böhl, JPOS 6, 1926, 203 f.

[391] R. Kittel, Geschichte des Volkes Israel, 2. Band, 29 f.

[392] A. Elliger, Frühgeschichte, 160 f.

[393] H. Rösel, Die Topographie der Kriege, 75.

[394] A. Elliger, Frühgeschichte, 161; H. Rösel, Die Topographie der Kriege, 75; zu den Namen vgl. E. A. Knauf, Midian, 90.

[395] Jes 10,26aβ: "... wie in der Schlacht Midians am Rabenfelsen ..."

c) Die Rekonstruktion der Namen Oreb und Seeb durch Böhl ist sprachlich äußerst unsicher.

Die Lokalisierung des Rabenfelsens und der Wolfskelter ist nicht mehr möglich. Der Versuch von Conder und Kitchener, die Orte bei *Ṭuwēl eḏ-Ḏiʾab* (191.147) und *ʿUšš el-Ġurāb* (1935.1453) ca. 2 km nördlich von *Ḫirbet el-Mefǧir* zu suchen, bleibt hypothetisch.[396] Mit relativer Sicherheit läßt sich dazu nur sagen, daß die beiden Orte westlich des Jordan zu suchen sind. "Die Vorstellung war sicher nicht, daß man die Midianiter erst abfing, nachdem sie den Jordan überwunden und sich von diesem sogar schon entfernt hatten ..."[397] Nach Noth sind die beiden Lokalitäten "sicher nicht unmittelbar am Jordan zu suchen, wahrscheinlich überhaupt nicht auf dem Boden des Jordangrabens, sondern höchstens an seinen felsigen Rändern".[398]

Unberechtigt ist die Änderung von *bᵉṣûr* "am Felsen" in *bibṣîr* "bei der Weinernte", wie sie von F. Zimmermann vorgeschlagen wird.[399] Nach Zimmermann paßt *bibṣîr* sehr gut zu der Aussage von 8,2, ein Beth sei wegen Haplographie ausgefallen. Zimmermanns Konjektur ist deshalb abzulehnen, weil MT in V. 25 durch Jes 10,26 gestützt wird.

Als spätere Einschübe sollten in V. 25 die Satzteile "und sie jagten den Midianitern nach" (V. 25aγ) und "jenseits des Jordan (V. 25 bγ) angesehen werden. V. 25aγ stört den unmittelbaren Anschluß der Notiz über die Tötung (V. 25aαβ) an diejenige über die Überbringung der Köpfe der Midianiterfürsten zu Gideon (V. 25b).[400] Die Bemerkung über die Verfolgung der Midianiter kommt an dieser Stelle zu spät. Die Köpfe von Oreb und Seeb wurden doch wohl unmittelbar nach der Tötung an Gideon übergeben.[401]

Mit B. Gemser und der Mehrzahl der Ausleger[402] ist die adverbielle Bestimmung des Ortes in V. 25aγ als späterer Einschub anzusehen. "... in

---

[396] C. R. Conder/H. H. Kitchener, The Survey of Western Palestine, III, 177; vgl. dazu Map of Western Paletine Sheet XV + XVIII; H. Rösel, Die Topographie der Kriege, 185 f. Anm. 431; A. Malamat, in: The Military History (neuhebr.), 120.

[397] H. Rösel, Die Topographie der Kriege, 185 Anm. 431.

[398] M. Noth, ZDPV 72, 1956, 143 Anm. 59.

[399] F. Zimmermann, JBL 71, 1952, 111 f.

[400] G. F. Moore, Judges, 215; so auch K. Budde, Das Buch der Richter, 62; C. A. Simpson, Composition of the Book of Judges, 33.

[401] Vgl. dazu oben 2 c Nr. 4.

[402] S. Oettli, Das Deuteronomium und die Bücher Josua und Richter, 255 f.; K. Budde, Das Buch der Richter, 62; G. F. Moore, Judges, 215; C. F. Burney, FS J. Wellhausen, 89; V. Zapletal, Das Buch der Richter, 124; R. Kittel, Geschichte des Volkes Israel, 2. Band, 29 f.; M. Noth, ZDPV 72, 1956, 143 f.; C. A. Simpson, Composition of the Book of Judges, 33; H. Rösel, Die Topographie der Kriege, 186.

VIII 4, Gideon is represented as still on his way to reach the river and cross it to the East. Consequently the last half of VII 25 or at least its last two words are considered as a redactional gloss."[403] Der Erzähler greift damit dem Gang der Ereignisse vor und möchte 7,23-8,4 mit 8,4 ff. verknüpfen.

4. 8,1-3: Die Beschwerde Ephraims und Gideons Antwort

a) *8,1*: LXX^A gibt in V. 1aα das in MT pluralische Prädikat singularisch mit καὶ εἶπεν wieder; LXX^B verdeutlicht das Suffix der 3. Sg. m. bei der Präposition *'äl* durch πρὸς Γεδεων. Ansonsten bietet der Vers keine textkritischen Probleme, LXX, V und T stimmen mit MT überein.

Der Vers wird mit der Einleitung zur Rede der Ephraimiten eröffnet, an die sich ihre aus drei Teilen (V. 1aβ-δ) bestehende Klage anschließt. Sie beginnt mit der vorwurfsvollen Frage der Ephraimiten an Gideon (V. 1aβ): "Warum hast du uns das angetan ...?" Das Stichwort *haddābār hazzâ* wird am Ende des Abschnittes in V. 3b wieder aufgenommen, um nun die Beilegung des Konfliktes zwischen Gideon und Ephraim zu dokumentieren. Ebenso wie der erste Teil der Klage endet der zweite in V. 1aγ mit dem betonten *lānû*, das im Gegensatz zu dem am Ende von V. 1aδ begegnenden "Midian" steht. Die Heftigkeit des Streites zwischen Gideon und Ephraim zeigt V. 1b. Die adverbielle Bestimmung *bᵉḥāzᵉqâ*[404] begegnet im Richterbuch nur noch in 4,3, wo von der harten (*bᵉḥāzᵉqâ*) Unterdrückung der Israeliten durch Sisera über zwanzig Jahre hinweg die Rede ist.[405]

b) *8,2*: Im Zentrum des Verses steht die Frage: "Ist nicht die Nachlese Ephraims besser als die Ernte Abiesers?" (V. 2b). Welche Absicht steht hinter diesem Spruch?

Zu *ᶜōlēlâ*: Das Nomen begegnet im Alten Testament außer in Jdc 8,2 noch in Jes 17,6; 24,13; Jer 49,9; Ob 5; Mi 7,1 und zwar ausschließlich im Plural. Es wird mit "Nachlese"[406] übersetzt und stammt aus dem Bildbereich der Ernte. Nach Lev 19,9 f.; 23,22; Dtn 24,19-22 sollte bei der Ernte das Feld nicht vollständig abgeerntet und auch keine Nachlese gehalten

---

[403] B. Gemser, VT 2, 1952, 353; zu Gemsers Übersetzung von *meᶜebär layyarden* mit "am Rand des Jordans" vgl. M. Noth, ZDPV 72, 1956, 143 f. Anm. 59.

[404] Die Wendung begegnet sonst noch in I Sam 2,16; Jon 3,8; Ez 34,4.

[405] Zu Jdc 4,3 vgl. H.-D. Neef, ZAW 101, 1989, 35 f. (weitere Literaturangaben).

[406] Vgl. die Wörterbücher von Gesenius und HAL^3 z. St.; der Plural *ᶜōlēlôt* wird in der Regel singularisch übersetzt; er ist als Amplifikativplural zu deuten.

werden, da diese vielmehr den Armen und Fremden überlassen werden sollte.

In Jes 17,6 steht das Nomen im Kontext einer Unheilsdrohung gegen "Jakob": "Und es wird eine Nachlese an ihm (Jakob) bleiben wie beim Abschlagen der Oliven ..."[407] In dem vorangehenden V. 5 wird ebenfalls auf das Erntebild zurückgegriffen: "Da wird's zugehen, wie wenn 'ein Schnitter' die Halme umfaßt und sein Arm die Ähren erntet."[408] Der Schnitter biegt mit dem linken Arm die stehenden Getreidehalme zusammen und mit der Sichel in der rechten Hand schneidet er die Ähren ab. Durch diese Bilder soll die Vernichtung eines schönen Bestandes angedeutet werden. "Der Schnitter zerstört das wogende Getreide, der Ährenleser nimmt den Rest, der nach dem als selbstverständlich vorausgesetzten Sammeln des geschnittenen Getreides bleibt. Was dann noch auf dem Felde liegt, ist nach V. 6 mit der beim Olivenabschlagen bleibenden Fruchtnachlese ... von nur zwei, drei Beeren zu vergleichen."[409]

In Jes 24,13 begegnet das Nomen bei der Ankündigung des Weltgerichtes: "Ja, so wird's ergehen inmitten der Erde unter den Völkern, wie beim Abschlagen der Oliven, wie bei der Nachlese, wenn die Weinernte vorüber ist."[410] Hier wird deutlich gemacht, "daß nur verschwindend wenige die Katastrophe auf der ganzen Erde überleben werden, indem er an das Abschlagen der Oliven erinnert, bei dem, wie es 17,6 ausgeführt wird, nur ein paar Beeren an dem Baum hängen bleiben, und, den Vergleich von 17,6 auf die Weinernte ausdehnend, an die wenigen Trauben, die man bei der Nachlese im Rebenfeld findet".[411]

In Jer 49,9 (= Ob 5)[412] geht es um die Ankündigung des Endes von Edom: "Wenn Winzer über dich kommen, werden sie keine Nachlese übriglassen, wenn Diebe bei Nacht, tun sie Schaden, bis sie genug haben."[413]

In Mi 7,1 verdeutlicht der Prophet seine Situation mit einem Vergleich aus der Ernte: "Wehe mir! Denn mir ist wie beim Sammeln von Obst, wie bei der Nachlese zur Weinernte: Nicht eine Traube zum Essen! (Nicht) eine Frühfeige, die ich gerne möchte."[414]

---

[407] Übersetzung nach O. Kaiser, Der Prophet Jesaja Kapitel 13-39, 65.

[408] Übersetzung nach O. Kaiser, Der Prophet Jesaja Kapitel 13-39, 65.

[409] G. Dalman, Arbeit und Sitte in Palästina III, 64.

[410] Übersetzung nach O. Kaiser, Der Prophet Jesaia Kapitel 13-39, 146.

[411] O. Kaiser, Der Prophet Jesaja Kapitel 13-39, 150; nach H. Wildberger, Jesaja 13-27, 897 f. handelt es sich bei Jes 24,13 wahrscheinlich um eine Glosse.

[412] Nach H. W. Wolff, Obadja.Jona, 21 gehen Jer 49,9 und Ob 5 auf ein und denselben mündlich verkündigten Text zurück.

[413] Übersetzung nach W. Rudolph, Jeremia, 266.

[414] Übersetzung nach H. W. Wolff, Micha, 174.

Zusammenfassend läßt sich sagen, daß das Bild von der Nachlese in der Prophetie zur Beschreibung einer extremen Not verwendet wird. So verschwindend klein wie die Nachlese im Vergleich mit der Haupternte ist, so verschwindend klein wird die Zahl derer sein, die beim Gericht entrinnen werden.

Zu *bāṣîr*: Das Nomen begegnet im Alten Testament in Lev 26,5 (bis), Jdc 8,2; Jes 24,13; 32,10; Jer 48,32; Mi 7,1; Sach 11,2 und meint die Traubenlese. In Jdc 8,2; Jes 24,13 und Mi 7,1 steht es zusammen mit *ʿōlēlâ*. Die Traubenernte geht gewöhnlich im September vor sich, "weil die mit dem Oktober eintretende Nachtkühle den Trauben ungünstig ist und das Wohnen in den Weingartenhütten erschwert".[415] Sie ist "zwischen Dreschen und Saat *die wichtigste wirtschaftliche Handlung* (Hervorhebung von H.-D. N.), die in guten Jahren die Zwischenzeit völlig ausfüllt ..., so daß man damit beschäftigt ist, bis die Saat herankommt".[416]

Das Nachspüren der Bedeutung der beiden Begriffe "Nachlese" und "Traubenlese" legt für ihre Verwendung in Jdc 8,2 folgende Deutung nahe: in Jdc 8,2 werden "Nachlese" und "Traubenlese" insofern als Kontrastbegriffe verwendet als die "Nachlese" die verschwindend geringe und wirtschaftlich unbedeutende Nachernte und die "Traubenlese" die große und wirtschaftlich bedeutende Haupternte bezeichnet.

Als Kontrastbegriffe werden zudem Ephraim und Abieser nebeneinander gestellt. Ephraim wird hier als — bedeutender — Stamm und Abieser als eine — kleinere — manassitische Sippe (Jdc 6,34) vorgestellt. Der Spruch wird als Frage formuliert, er erinnert an die Komparativsprüche des Proverbienbuches.[417] Trotz der formalen Übereinstimmung des Spruches mit den Komparativsprüchen liegt hier kein Sprichwort im strengen Sinn vor. Die Besonderheit des Verses liegt darin, daß er "nicht an einer besonderen, aber überall möglichen Situation, sondern an historischen Gegebenheiten orientiert ist".[418] Er charakterisiert zwei Stammesgruppen "in der Form des Vergleichs, und im jetzigen Zusammenhang wird er übertragen und insofern (sekundär) 'sprichwörtlich' gebraucht; als Einzelspruch dürfte er Aussage- und nicht Frageform gehabt haben".[419]

---

[415] G. Dalman, Arbeit und Sitte in Palästina IV, 337.

[416] G. Dalman, Arbeit und Sitte in Palästina IV, 339.

[417] Vgl. dazu G. von Rad, Weisheit in Israel, 46; H.-J. Hermisson, Studien zur israelitischen Spruchweisheit, 57 f.; H. H. Schmid, Wesen und Geschichte der Weisheit, 159 Anm. 69.

[418] H.-J. Hermisson, Studien zur israelitischen Spruchweisheit, 58.

[419] H.-J. Hermisson, Studien zur israelitischen Spruchweisheit, 42; zur ursprünglichen Aussageform des Spruches vgl. auch A. Elliger, Frühgeschichte, 161 f.

Die Absicht des Spruches besteht demnach in der Charakterisierung Ephraims im Vergleich mit Abieser. In der Form der doppelten Ungleichheit der Teile[420] wird Ephraim in ein positives Licht gerückt, denn seine Nachlese ist bedeutender als die Haupternte Abiesers. Durch die Einkleidung des Spruches in eine Frage wird zugleich an das Gedächtnis und die Einsicht Ephraims erinnert. Er gibt eine Erfahrung wieder, die von der jetzigen Situation bestätigt wird.

c) *8,3*: Der Vers greift durch seinen Bezug zu 7,25; 8,2aβ und 8,1b ausschließlich auf Bekanntes zurück. Mit Hilfe der im Richterbuch häufig begegnenden Übergabeformel[421] wird an die Gefangennahme von Oreb und Seeb erinnert (V. 3aα). Der zweite Teil (V. 3aβ) nimmt V. 2aβ auf, mit dem er den Spruch in V. 2b umrahmt. V. 3b knüpft an V. 1b an, da er von der endgültigen Beilegung des Konfliktes zwischen Ephraim und Gideon berichtet.

5. Zusammenfassung: Ephraim und Gideon in Jdc 7,23-8,3

Der Abschnitt 7,23-8,3 ist innerhalb der Kapitel 7 f eigenständig und läßt sich in die beiden Teile 7,23-25 und 8,1-3 untergliedern. In 7,23-25 steht die Tötung der beiden Midianiterfürsten und in 8,1-3 die Beschwerde Ephraims und Gideons Antwort im Vordergrund.

Der überlieferungsgeschichtliche Kern des ersten Teils 7,23-25 ist in den drei Lokalitäten Beth-Bara, dem Rabenfelsen und der Wolfskelter zu suchen. Auch wenn die Lokalisierung dieser Orte nicht mehr möglich ist, so läßt sich soviel sagen, daß an diesen drei Orten die Erinnerung an eine Auseinandersetzung zwischen Ephraim und Midian sowie die Tötung zweier midianitischer Fürsten haftete. Die Namen der Fürsten sind wohl von dem Rabenfelsen und der Wolfskelter übernommen. Wir haben es bei dem Kern des Abschnittes mit einer ephraimitischen Lokaltradition zu tun. Diese wurde bei ihrer Einfügung in den Kreis der Gideonerzählungen durch V. 23.25aγ und die beiden letzten Worte von V. 25 ergänzt, um den Abschnitt mit Jdc 7 und 8 zu verknüpfen.

Im Mittelpunkt von 8,1-3 steht der Spruch von V. 2b, auf den sich die übrigen Aussagen des Abschnittes beziehen. V. 2aβ und V. 3aβ umrahmen den Spruch. V. 3aα nimmt ebenso wie V. 1 und V. 3b auf ihn unmittelbar

---

[420] W. Richter, Traditionsgeschichtliche Untersuchungen, 208.

[421] Aus der Fülle des Vorkommens vgl. nur im Kontext der Gideonerzählungen Jdc 6,1; 7,2.7.9.14.15; 8,7.

Bezug. Seine zentrale Stellung in 8,1-3 sowie seine charakteristische Form lassen vermuten, daß er älter als der ihn umgebende Kontext ist. Im Unterschied zu 7,23-25 hinterläßt 8,1-3 den Eindruck einer genau durchdachten Komposition. Die dreigliedrige Beschwerde der Ephraimiten in V. 1a und der Hinweis des Erzählers auf den heftigen Streit mit Gideon in V. 1b stehen in bewußter Entsprechung zur Rede Gideons, durch die mit Hilfe des Spruches in V. 2b der Konflikt entschärft und schließlich beigelegt wird (V. 3b). In dem Spruch von V. 2b verdichtet sich eine Erfahrung, die durchaus der historischen Wirklichkeit entsprochen haben kann: die Rivalität zwischen den Stammesnachbarn Ephraim und Manasse, vertreten durch die Sippe Abiesers. Die selbstbewußt vorgetragene Beschwerde Ephraims, im Kampf gegen Midian ungenügend berücksichtigt worden zu sein, läßt auf eine bedeutende Stellung Ephraims im Stämmeverband schließen.[422]

§ 9 Ephraim, Jephtha und Gilead: Jdc 12,1-7

Im Mittelpunkt des Abschnittes Jdc 12,1-7 stehen Ephraim, Jephtha und Gilead. Seine zahlreichen literarischen und sachlichen Probleme sollen im folgenden diskutiert werden.

1. Forschungsgeschichtliche Orientierung

J. Wellhausen[423], E. Meyer[424] und A. Alt[425] äußerten sich sehr negativ über die literarische Einheitlichkeit des Abschnittes sowie über die darin enthaltenen Aussagen. Für sie ist 12,1-7 "ein posthumer Nachtrag, der viel

---

[422] Weitere historische Schlußfolgerungen sollte man m. E. nur mit äußerster Vorsicht ziehen. Gewagt finde ich die Deutung von S. Oettli, Das Deuteronomium und die Bücher Josua und Richter, 255 f., der den Spruch in V. 2b konkret auf die historische Auseinandersetzung mit Midian bezieht. Nach ihm muß unter der "Nachlese" ein Kampf Ephraims mit Midian gemeint sein, der wirkungsvoller und bedeutender war als derjenige von Gideon. Ist diese Übertragung legitim, so müßte weiter gefragt werden, wie dies mit der übrigen Gideonüberlieferung in Übereinstimmung gebracht weren kann! Schwer nachvollziehbar ist m. E. die Deutung von H. Donner, Geschichte 1, 166, nach der die Ephraimiten eine "ironische Abfuhr" erhalten hätten, weil die Ephraimiten Leute seien, "die zu spät kommen und von Jahwe mit nur geringer Intelligenz ausgestattet worden sind".

[423] J. Wellhausen, Die Composition des Hexateuchs, 224.

[424] E. Meyer, Die Israeliten und ihre Nachbarstämme, 534 f.

[425] A. Alt, PJ 35, 1939, 46 Anm. 3.

zu spät kommt, da Jephthah bereits 11,34 zu Hause gekommen ist und seitdem sogar zwei Monate (11,39) verflossen sind. Auch passt die 12,2 aus freier Hand gemachte Voraussetzung nicht zu Kap. 11, und überhaupt ist das Auftreten der Ephraimiten, die ja jenseit des Jordans nichts zu suchen hatten und nicht durch einen eben erfochtenen Sieg aufgebläht waren, hier völlig unmotiviert, ein reiner Abklatsch von 8,1-3 ...".[426] Der Abschnitt stamme von einem Autor, der "dem hochmütigen Stamme eins versetzen wollte".[427] Der Schibboleth-Szene sowie der Angabe der 42 000 Gefallenen dürfe keinesfalls Vertrauen geschenkt werden.[428]

E. Bertheau widersprach dieser Auslegung von 12,1-7 heftig. Der Abschnitt dürfe nicht als reiner Abklatsch von Kapitel 8 angesehen werden, da den so "eigenthümlichen und bestimmten Nachrichten"[429], wie sie 12,1-7 darbiete, geschichtliche Überlieferungen zugrunde liegen müßten.

K. Budde unternahm den Versuch, Jdc 12,1-7 der Quelle J und 8,1.3 E zuzuordnen. Es sei verständlich, daß bei dem nördlichen Erzähler die Ephraimiten besser beurteilt würden als bei dem südlichen. Als eine Glosse zu V. 6 streicht Budde V. 4b (ab *kî 'āmᵉrû*).[430]

Die von J. Wellhausen, E. Meyer und A. Alt geäußerten Bedenken bezüglich der Einheitlichkeit des Abschnittes wurden in jüngerer Zeit von W. Richter wieder aufgenommen und präzisiert.[431] Als Ergebnis seiner literarkritischen Studien teilt er Jdc 12,1-6 in die beiden Teile V. 1-4 und V. 5 f. auf, als Zusätze deutet er V. 4b (ab *kî*) und V. 6b (ab *wayyippol*). Die Reden im ersten Abschnitt V. 1-4 seien überlang "und voller theoretischer Überlegungen".[432] Die starke Verwendung von Formeln lasse das Konkrete zurücktreten. Die Einheit V. 1-4 könne somit nur als eine "konstruierte Erzählung"[433] angesehen werden. Der Abschnitt habe "denkbar wenig Eigengut, so dass es unwahrscheinlich ist, dass er um seiner selbst willen geformt worden ist. Sein Ziel wird es also sein, mit Hilfe weiterer gileaditischer Tradition die Bedeutung des Jephtha auszuweiten und ihn zugleich in Verbindung zu den westjordanischen Stämmen zu setzen."[434]

---

[426] J. Wellhausen, Die Composition des Hexateuchs, 224.
[427] J. Wellhausen, Die Composition des Hexateuchs, 224.
[428] J. Wellhausen, Die Composition des Hexateuchs, 224.
[429] E. Bertheau, Das Buch der Richter und Ruth, 201.
[430] K. Budde, Das Buch der Richter, 88-90.
[431] W. Richter, Bib. 47, 1966, 485-556, bes. 517-522.
[432] W. Richter, Bib. 47, 1966, 520.
[433] W. Richter, Bib. 47, 1966, 521.
[434] W. Richter, Bib. 47, 1966, 521 f.

Im Unterschied zu 12,1-4 ist nach Richter der Abschnitt 12,5.6abα klar gegliedert in Entfaltung, Auftakt und Gespräch der beiden Gegner, zudem zeige er einen deutlichen Abschluß. Richters Beobachtungen wurden in jüngster Zeit von J. A. Soggin im wesentlichen übernommen.[435]

Der geschichtliche Hintergrund von 12,1-7 wird in der Forschung ebenso wie der literarische Gehalt recht unterschiedlich beurteilt. Nach M. Noth setzt 12,1-7 voraus, "daß die Ephraimiten ein Recht zu haben glaubten, mit den Angelegenheiten 'der Männer von Gilead' befaßt zu werden, weil diese eben von Hause aus Ephraimiten waren".[436]

H. W. Hertzberg deutet 12,1-6 als eine alte Lokalerzählung, die auf alten Stammesgegensätzen beruhe: "Die Einen sagten den Anderen: Ihr seid nur ein Anhängsel an uns. Die Anderen sagten den Einen: Ihr könnt noch nicht einmal richtig hebräisch."[437] In ähnliche Richtungen gehen die Überlegungen von R. Boling[438] und H. Donner[439].

Eine sehr eigenwillige Deutung findet sich bei E. Täubler.[440] Nach ihm liegt in 12,1-6 eine Ephraim feindliche Erzählung vor, deren geschichtlicher Anlaß ehestens in den Gegensätzen zur Zeit des syrisch-ephraimitischen Krieges vermutet werden könne. Juda und Ammon hätten sich nicht dem Bündnis angeschlossen, das sich unter Führung von Israel und Damaskus gegen Assyrien gebildet hatte. Da die Gileaditer zu den 733 v. Chr. Weggeführten gehört hätten, seien die Ammoniter in das entblößte Land eingerückt, wodurch sich Spannungen mit Ephraim ergeben hätten. Der von Täubler als "Legende" bezeichnete Abschnitt 12,1-6 sei "eine Reaktion auf Stimmungen, die in Ephraim heimisch waren, diesem durch die Philister-Invasion und das sich herausbildende Übergewicht Manasses schwer getroffen und sich weiter durch Saul und David zurückgesetzt fühlenden, seiner eigenen Geltung nach vornehmsten Stamm".[441]

---

[435] J. A. Soggin, Judges, 219-222.

[436] M. Noth, Aufsätze zur biblischen Landes- und Altertumskunde I, 362 f.

[437] H. W. Hertzberg, Die Bücher Josua, Richter und Ruth, 217.

[438] R. Boling, Judges, 214.

[439] H. Donner, Geschichte 1, 166; nach Donner läßt sich die Auseinandersetzung zwischen west- und ostjordanischen Israeliten historisch nirgendwo sicher festmachen.

[440] E. Täubler, Biblische Studien, 293 f.

[441] E. Täubler, Biblische Studien, 294.

2. Abgrenzung und Aufbau von 12,1-7

a) Abgrenzung

Jdc 12,1-7 muß im Kontext der Jephthaerzählungen 10,6-12,7 als Sonderüberlieferung angesehen werden.[442] Folgende Beobachtungen legen dies
nahe: nach 11,34.39 befand sich Jephtha nach dem Ammoniterkrieg bereits
zwei Monate zu Hause, bevor es endlich zu der Beschwerde Ephraims kam,
bei dem Kriegszug gegen die Ammoniter übergangen worden zu sein; in
12,4 f. ist von den "Männern Gileads" im Unterschied zu den "Einwohnern
Gileads" 10,18; 11,8 bzw. den "Ältesten Gileads" in 11,5.7-11 die Rede.

b) Aufbau

Jdc 12,1-7 läßt sich m. E. in die beiden Teile V. 1-3 Ephraim und Jephtha
sowie V. 4-7 Ephraim und Gilead unterteilen. Im Mittelpunkt des 1. Teils
stehen die Reden Ephraims (V. 1b) und Jephthas (V. 2 f.). Der Vorspruch in
V. 1a berichtet von dem Aufgebot der Männer Ephraims (V. 1aα) sowie
deren Zug nach Zaphon (V. 1aβ).[443] Der Vorwurf an Jephtha, alleine ohne
die Teilnahme Ephraims gegen die Ammoniter in den Krieg gezogen zu sein
(V. 1bβ), bildet den Kern der Rede Ephraims. Als Konsequenz drohen sie
die Niederbrennung von Jephthas Haus an (V. 1bγ).

Jephtha verteidigt sich in seiner Rede mit dem Hinweis, daß er Ephraim
sehr wohl gerufen habe (V. 2b), doch habe der Stamm ihn nicht von der
Ammonitermacht befreien können, weshalb er alleine gegen sie in den Krieg
gezogen sei (V. 3aαβ). Schließlich habe *der Herr* sie in seine Hand gegeben
(V. 3aγ). Jephthas Frage am Ende seiner Rede (V. 3b) weist auf den Anfang
(V. 1a) zurück.

Der 2. Teil beginnt mit der Schilderung der Niederlage Ephraims durch
die Männer von Gilead (V. 4). Der Anlaß dieser Auseinandersetzung war die
Aussage Ephraims, die Gileaditen seien "Flüchtlinge aus Ephraim" (V. 4bβγ).
In V. 5.6a wird die Auseinandersetzung zwischen Ephraim und Gilead bei

---

[442] So im Anschluß an die Mehrzahl der Kommentare: J. Wellhausen, Die Composition des
Hexateuchs, 224 deutet den Abschnitt als "posthumen Nachtrag", K. Budde, Das Buch
der Richter, 82 sieht in ihm ein "Seitenstück" der Quelle J, für H. Gressmann, Die Anfänge Israels, 235 f. ist er "ein jüngerer Anhang an die Jephthah-Sage" und für M. Noth,
Aufsätze zur biblischen Landes- und Altertumskunde I, 362 ist er eine "Sondergeschich-
te".

[443] Zu "Zaphon" vgl. unten die Auslegung von 12,1 (Nr. 3a).

den Jordanfurten beschrieben. Die Gileaditen töten alle Ephraimiten, die über den Jordan fliehen wollen (V. 5a). Sie erkennen die Ephraimiten an der Aussprache von "Schibboleth" (V. 5b.6a). Der Abschnitt schließt mit den Angaben über die Zahl der gefallenen Ephraimiten (V. 6b), über Jephthas siebenjährige Richterzeit (V. 7a) sowie über seinen Tod (V. 7b).

V. 1-3: Ephraim und Jephtha
1a   *Vorspruch*
        1aα: Einberufung der Ephraimiten
        1aβ: Zug nach Zaphon
1b   *Ephraims Rede*
        1bα: Ephraims Vorwurf
                Krieg gegen die Ammoniter
        1bβ: Ohne Beteiligung Ephraims
        1bγ: Beabsichtigte Bestrafung Jephthas
2f   *Jephthas Rede*
        2a: Jephthas Verteidigung:
                Auseinandersetzung mit den Ammonitern (→ V. 1bα)
        2b: Die vergebliche Anrufung Ephraims (→ V. 1bβ)
        3aαβ: Jephthas alleiniger Krieg gegen die Ammoniter (→ V. 1bα)
        3aγ: Jahwes Hilfe
        3b: Jephthas Frage (→ V. 1aα)

V. 4-7: Ephraim und Gilead
4   *Die Niederlage Ephraims*
        4aα: Die Sammlung der Männer Gileads durch Jephtha
        4aβ: Der Kampf Jephthas gegen Ephraim
        4bα: Ephraims Niederlage durch die Männer Gileads
        4bβγ: Die Gileaditen als "Flüchtlinge aus Ephraim"
5f   *Ephraim und Gilead*
        5a: Die Auseinandersetzung zwischen Gilead und Ephraim bei
                den Jordanfurten
        5b: Die Frage der Gileaditen und die Antwort der Ephraimiten
        6aα: Die Aussprache von Schibboleth
        6aβγ: Die Tötung der Ephraimiten
        6b: Die Zahl der gefallenen Ephraimiten
7   *Jephtha*
        7a: Jephthas siebenjährige Richterzeit
        7b: Jephthas Tod

3. 12,1-3: Ephraim und Jephtha

a) 12,1

Textkritisch bietet der Vers keine Schwierigkeiten, da MT und LXX bis auf kleinere Abweichungen übereinstimmen. LXX[A] gibt in V. 1aα Subjekt und Prädikat pluralisch wieder, LXX[B] liest καὶ ἐβόησεν und setzt damit den Grundstamm *Qal* anstelle des *Nifʿal* voraus. Man sollte dabei wie in Jdc 7,23 MT folgen, daß *ṣʿq Nifʿal* hier als *terminus technicus* der Militärsprache verwendet wird.[444] In V. 1aβ wird *ṣāpônâ* von LXX[A] als Ortsname interpretiert und entsprechend mit εἰς Σεφινα übertragen, LXX[B] dagegen versteht es als Himmelsrichtung und gibt es deshalb mit εἰς βορρᾶν "nach Norden" wieder. Die Entscheidung zugunsten einer Lesart fällt schwer. Da sie mit textkritischen Überlegungen allein nicht zu treffen ist, müssen Sachargumente hinzukommen.

Die Frage, ob *ṣāpônâ* als Ortsname oder als Himmelsrichtung zu verstehen ist, ist m. E. zugunsten des Ortsnamens zu entscheiden. Als Himmelsrichtung wäre diese Angabe viel zu unbestimmt und auch nicht korrekt, denn Jdc 12,1-7 ist im Ostjordanland bei den Jordanübergängen zu lokalisieren, die nicht nördlich, sondern östlich des ephraimitischen Siedlungsgebietes liegen. Die adverbielle Bestimmung des Ortes "nach Norden" läßt sich im Gegensatz zu Jdc 12,1 an allen vorkommenden alttestamentlichen Stellen als geographische Angabe deutlich in den jeweiligen Kontext einordnen. In Jos 13,27 wird ein Ort gleichen Namens genannt, der durchaus mit Zaphon in Jdc 12,1 identisch sein kann. Gegen die Deutung als Ortsname kann das Verb *ʿālâ* in V. 3 kaum herangezogen werden, da es hier im Kontext einer Kriegshandlung wie in Num 13,31; Jdc 20,30; I Sam 7,7 u. ö. eher mit "heranrücken" als mit "hinaufziehen" zu übersetzen ist.[445] Äußerst schwierig ist die Frage nach der Lokalisation von Zaphon zu beantworten, da hier weder die Angabe in Jos 13,27 noch die Nennung eines Ἀσωφών bei Fl. Josephus, ant. 13,338 noch die Identifikation von Zaphon mit *ʿAmatu* (Ἀμαθοῦς, *Tell ʿAmmatā* 208.182) in *j.Šebiʿit* 38d, 62 + 64 (Ausgabe Krotoschin) weiterhelfen. In Jos 13,27 erscheint Zaphon bei der Beschreibung des Erbbesitzes der Gaditen (Jos 13,24-28). Es wird hier nach

---

[444] *ṣʿq Nifʿal* begegnet noch in Jdc 7,23; 10,17; I Sam 13,4; II Reg 3,21.

[445] H. A. Brongers, FS Bleek, 32: "Es hat also den Anschein, dass wir es bei *ʿālā ʿal* oder *ʾel* mit einer erstarrten, abgeschliffenen Formel, die für einen weiteren Brauch verwendbar ist, zu tun haben." M. Noth, Aufsätze zur biblischen Landes- und Altertumskunde I, 365.

Sukkoth (*Tell Dēr ᶜAllā* 208.178) genannt, was jedoch für das Problem der Lokalisierung nichts beiträgt.[446] Josephus, ant. 13,338 gibt lediglich an, daß ᾿Ασωφών in der Nähe des Jordan gelegen habe: "... περί τινα τόπον λεγόμενον ᾿Ασωφών οὐ πόρρωθεν τοῦ ᾿Ιορδάνου ποταμοῦ ..."[447] In *j.Šebiᶜit* 38d, 62 + 64 erscheint Zaphon bei der Nennung von Orten im Jordantal. Hier wird vor Zaphon Sukkoth genannt, das mit *trᶜlh* gleichgesetzt wird, Zaphon selbst wird mit *ᶜmtw* zusammengebracht: *wbᶜmq bjt hrn wbjt nmrh wswkwt wṣpwn ... skwt trᶜlh ṣpwn ᶜmtw ...*[448]

In der Forschung wurden bisher *Tell es-Saᶜīdīya* (204.186), *Tell el-Mezār* (207.181) und *Tell el-Qōs* (208.183) als mögliche Identifikationen mit Zaphon in Betracht gezogen.

W. F. Albright trat für die Gleichsetzung von Zaphon mit *Tell es-Saᶜīdīya* (204.186) ein. Nach ihm muß Zaphon südlich der Nordgrenze des Stammes Ephraim, d. h. südlich der Linie *Wādī Kānah – Muḥnah – Taᶜneh* gesucht werden: "Since this line passes across Jordan near the point where the Jabbok emerges from the hills, that is, south of Amathus, we can hardly place Ṣafôn far north of Amathus. The most probable situation is then on the Wādī Kafrinjī, at Fakâris or perhaps better at Tell es-Saᶜīdîyeh. The Ephraimites would then have gathered at Shechem, marched down the Wādī Fârᶜah, leaving it at ᶜAin Šibleh, would have traversed the Buqeiᶜ, and crossed the Jordan at Maḫâdet el-Ḥamrā, or the vicinity."[449] *Tell es-Saᶜīdīya* hat folgenden archäologischen Befund: Neo./Chalco., FB I-III, MB II, SB, E I, II, röm. (wenig), byz. (wenig).[450]

Im Unterschied zu W. F. Albright verteidigte N. Glueck die Identifikation von Zaphon mit *Tell el-Qōs* (208-183), den er folgendermaßen beschreibt: "Tell el-Qôs is a large double mound situated on a high hill overlooking the Wādī Râjeb from the north. It is a little over five kilometers north of Tell

---

[446] M. Noth, Das Buch Josua, 76.81 f.

[447] F. Josephus, ant. 13,338. Vgl. dazu Christa Möller/G. Schmitt, Siedlungen Palästinas nach Flavius Josephus, 25 f.

[448] *j.Šebiᶜit* 38d, 62 + 64 – Talmûd yĕrûšalmî, Nachdruck d. Ausg. Krotoschin. Zu Amathus vgl. A. Neubauer, La Géographie du Talmud, 249 f.; S. Mittmann, ZDPV 103, 1987, 49-66, bes. 51-54, siehe vor allem die Karte S. 64; zur Lokalisierung von Amathus vgl. G. Reeg, Die Ortsnamen Israels, 494 f.

[449] W. F. Albright, AASOR 6, 1924-25, 13-74, Zitat S. 46.

[450] M. Ibrahim/J. Sauer/K. Yassine, BASOR 222, 1976, 41-66, S. 50 (Nr. 92 siehe Fig. 11); vgl. auch H. de Contenson, ADAJ 8-9, 1964, 30-42, S. 37. Zur Identifikation von Zaphon mit *Tell es-Saᶜīdīye* neigen F. V. Filson, BASOR 91, 1943, 27 f.; Y. Aharoni, Das Land der Bibel, 35.101.130.446; zur Beschreibung vgl. N. Glueck, BASOR 90, 1943, 7-9; zum *Tell el-Mezār* vgl. H. Guthe, BZAW 41, 1925, 102.104 f.; S. Mittmann, Beiträge zur Siedlungs- und Territorialgeschichte des nördlichen Ostjordanlandes, 219 f.

Deir῾allā ... It dominates the westward flow on the Râjeb, whose waters are drawn off, like the waters of all these *wudyân* that traverse the Jordan valley, into numerous irrigation ditches before the remainder is allowed to flow into the Jordan ... In addition to directly overlooking Tell ῾Ammatā to the SSW, it commands a view over the great site of *Tell es-Sa῾îdîyeh*, about five kilometers to the NW on the west side of the eastern Ghôr, just south of the Wâdī Kufrinjeh."[451] *Tell el-Qôs* hat folgenden archäologischen Befund: Neo./Chalco., FB, E I, II, mamel.[452] Da *Tell el-Qôs* ein bedeutender Tell sei und sich nördlich von *Tell Dēr ῾Allā* in exponierter und verkehrsgünstiger Lage befinde, plädiert N. Glueck für die Gleichsetzung mit Zaphon.[453] J. Simons ist ihm dabei gefolgt.[454]

Eine definitive Entscheidung zugunsten von *Tell es-Sa῾īdīya*, *Tell el-Mezār* oder *Tell el-Qôs* fällt m. E. äußerst schwer. Aufgrund ihrer exponierten Lage, ihrer Nähe zum Jordan und ihres eindeutigen Besiedlungsbefundes kommen alle für die Gleichsetzung mit Zaphon in Betracht. Die Identifikation sollte deshalb hier offengelassen und einer späteren ausführlichen Erörterung vorbehalten werden.

Jdc 12,1 zerfällt in zwei Teile: Der erste Teil V. 1a leitet den Abschnitt ein, indem er den Kriegszug Ephraims nach Zaphon nennt. Daß es sich hierbei um einen *Kriegs*zug handelt, geht aus der Verwendung von *ṣ῾q Nif῾al* hervor, das in dieser Stammesmodifikation das Aufgebot zum Kampf bezeichnet.[455] Der zweite Teil V. 1b hat die dreigliedrige Rede Ephraims zum Inhalt. In V. 1bα wird Jephtha nach dem Grund seines Kriegszuges gegen die Ammoniter gefragt, V. 1bβ präzisiert diese Frage noch, da Jephtha beantworten soll, warum er ohne die Mithilfe Ephraims in den Krieg zog. Die betonte Stellung des Objekts *w῾lānû* am Anfang von V. 1bβ zeigt, wie wichtig eine Teilnahme am Kriegszug gegen die Ammoniter für Ephraim gewesen wäre. Man muß K. Budde zustimmen, wenn er zu V. 1bγ bemerkt, daß die Drohung der Ephraimiten, Jephthas Haus niederzubrennen "dem grossen Aufgebot gegenüber schwächlich"[456] erscheine.

Bei der Wahl der Worte und Wendungen fügt sich vor allem V. 1a gut in den Sprachgebrauch des Richterbuches ein. Das Verb *ṣ῾q Nif῾al* begegnet

---

[451] N. Glueck, BASOR 90, 1943, 2-22; Zitat S. 21.

[452] M. Ibrahim/J. Sauer/K. Yassine, BASOR 222, 1976, 41-66, S. 50 (Nr. 102).

[453] N. Glueck, BASOR 90, 1943, 22. Vgl. noch N. Glueck, BA 6, 1943, 62-67, S. 64.

[454] J. Simons, The Geographical and Topographical Texts of the Old Testament, § 598, S. 299 f.; vgl. zu der Lokalisierungsfrage S. Mittmann, Beiträge zur Siedlungs- und Territorialgeschichte des nördlichen Ostjordanlandes, 219 f. Anm. 31.

[455] Vgl. Jdc 7,23 f.; 10,17; I Sam 13,4; II Reg. 3,21.

[456] K. Budde, Das Buch der Richter, 88.

noch in Jdc 7,23 f., die Genitivverbindung *'îš* + Stammesname ist im Richterbuch geläufig[457] und die Verknüpfung von *'br* + *lḥm Nif. Inf. constr.*
findet sich im Kontext der Jephthaerzählungen in 10,9.

b) 12,2 f.

Da die Rede Jephthas die Verse 2 + 3 umfaßt, müssen beide bei der Einzelexegese zusammengenommen werden. Beide Verse bieten zwei textkritische
Probleme. 1. In V. 2a hat LXX[A] gegenüber MT einen erweiterten Text, da sie
am Ende von V. 2 ἐταπείνουν με σφόδρα (*'innûnî m^e'ôd*) liest. K. Budde[458],
C. F. Burney[459], W. Nowack[460] und V. Zapletal[461] sind LXX[A] hier gefolgt.
Sie gehen davon aus, daß *'innûnî* wegen des vorausgehenden und ähnlich aussehenden *'ammôn* ausgefallen sei. Die Vermutung des Wegfalls von *'innûnî* in
MT ist zwar nicht ausgeschlossen, doch kann bei LXX[A] ohne weiteres ein
Zusatz nach dem Kontext vorliegen, "um dem Satz ein Prädikat zu geben
...".[462] Da der Befund nicht eindeutig ist, sollte MT beibehalten werden. 2. In
V. 3aα liest LXX[A] οὐκ ἦν (*'ên*) an Stelle von MT *'ên^ekā*. Hier hat offenbar
LXX[A] die bessere Lesart bewahrt, da sich das Suffix der 2. P. Sg. m. mit der
Anrede in der 2. P. Pl. m. in V. 2b reibt und es zudem im Verdacht steht, ein
verdeutlichender Zusatz zu sein.[463]

Der Aufbau von V. 2 f. zeigt, daß die Rede Jephthas streng auf die Aussage in V. 3aγ "Und Jahwe gab sie in meine Hand" zuläuft: "... wichtigstes
Glied ist die Übereignungsformel (V. 3)."[464] Das Suffix der 3. Pl. m. bei
wayyitt^enem (V. 3aγ) bezieht sich zurück auf die Ammoniter, die in V. 2aβ;
V. 2bβ und V. 3aβ genannt werden. Das Suffix der 1. Sg. com. bei *b^eyādî*
(V. 3aγ) knüpft an die Stellen an, in denen Jephtha von sich in der 1. Person
spricht: V. 2aβ-V. 3aβ. Schließlich weist das Subjekt Jahwe in V. 3aγ antithetisch auf *yš^c* (V. 2bβ) und *môšî^{ac}* (V. 3aα) zurück. Jahwe ist für Jephtha

---

[457] Jdc 7,7.14.23 f.; 8,1.22; 9,49; 10,1; 15,10; 20,11.17.22.36.41 u. ö.

[458] K. Budde, Das Buch der Richter, 88 f.

[459] C. F. Burney, The Book of Judges, 326.

[460] W. Nowack, Richter, Ruth und Bücher Samuelis, 110.

[461] V. Zapletal, Das Buch der Richter, 200.

[462] J. Schreiner, Sptuaginta-Massora des Buches der Richter, 38.

[463] J. Schreiner, Septuaginta-Massora des Buches der Richter, 42; LXX[A] folgen auch: K.
Budde, Das Buch der Richter, 88 f.; C. F. Burney, The Book of Judges, 326; W. Nowack, Richter, Ruth und Bücher Samuelis, 110; C. A. Simpson, Composition of the
Book of Judges, 50 f.; V. Zapletal, Das Buch der Richter, 200.

[464] W. Richter, Bib. 47, 1966, 520.

im Gegensatz zu Ephraim der wahre Retter. V. 3b schließt die Jephtharede ab, indem unmittelbar auf die Ephraimrede (V. 1) zurückgegriffen wird.

In der Jephtharede V. 2 f. begegnen zwei Elemente, die im gesamten Richterbuch eine zentrale Rolle spielen: dazu gehören zum einen das Verb $y\check{s}^c$ und das Nomen $m\hat{o}\check{s}\hat{i}^{ac}$[465] und zum anderen die Übergabeformel "Und Jahwe gab sie in die/meine Hand ..."[466] Die Verwendung dieser im Richterbuch geläufigen Theologumena läßt auf eine redaktionelle Bearbeitung der Jephtharede[467] im Sinne des Richterbuches schließen.

Die Bezüge der Jephtharede (V. 2. f.) zur Ephraimrede (V. 1) sind offenkundig. Die Nachricht vom Zug Jephthas zu den Ammonitern in V. 3aαβ nimmt V. 1bα und Jephthas vergebliches Rufen von Ephraim (V. 2b) V. 1bβ auf.

4. 12,4-7: Ephraim und Gilead

a) 12,4

LXX^B nennt im Unterschied zu MT in V. 4aβ ausdrücklich das Subjekt: ἄνδρες Γαλααδ. LXX^{A+B} lesen anders als MT in V. 4b noch καί vor dem zweiten ἐν μέσῳ. Beide Lesarten von LXX^{A+B} sind als verdeutlichende Zusätze zu verstehen.

Der Vers läßt sich in zwei Teile gliedern: im ersten (V. 4a) geht es um die Sammlung der Männer Gileads durch Jephtha, ihren Krieg gegen Ephraim sowie die Niederlage Ephraims (V. 4a.bα); durch das Stichwort "Gilead" wird der Bezug zu den Jephthaerzählungen in Kap. 10 f. hergestellt[468]; im zweiten wird die Begründung der Auseinandersetzung zwischen Ephraim und Gilead gegeben (V. 4bβγ). Diese Begründung ist in der Forschung sehr umstritten und wird deshalb recht unterschiedlich beurteilt:

1. K. Budde[469], W. Nowack[470] und V. Zapletal[471] streichen V. 4b ganz. Der Vers sei für das Gesamtverständnis entbehrlich, vielleicht sei er eine Glosse zu V. 6 und möglicherweise hinter V. 6a zu stellen.

---

[465] Jdc 2,16.18; 3,9.15.31; 6,14.15.31.36.37; 7,2.7; 8,22; 10,1.12.13.14 u. ö.; in Verbindung mit *yād*: Jdc 2,16.18; 6,36.37; 7,2; 8,22; 10,12 u. ö.

[466] Jdc 1,2.4; 2,23; 3,10.28; 4,14; 7,7.9.14.15; 8,3; 9,29; 11,30; 15,12; 16,23 f.; 18,10; 20,28 u. ö.

[467] Zur Wendung "Ich wagte mein Leben" (V. 3aβ) vgl. I Sam 19,5; 28,21; Ps 119,109; Hi 13,14.

[468] Jdc 10,8.17.18; 11,1.5.7-11.29.40.

[469] K. Budde, Das Buch der Richter, 88 f.

[470] W. Nowack, Richter, Ruth und Bücher Samuelis, 111.

[471] V. Zapletal, Das Buch der Richter, 200 f.

2. Nach C. F. Burney[472], G. F. Moore[473] und C. A. Simpson[474] wurde V. 4b irrtümlich aus V. 5 übernommen: "It can hardly be doubted that these words from *v.* 5 have come into *v.* 4 through an error of transcription, and then, on the assumption that the subject of the verb *'mrw* refers back to 'Ephraim' preceding, and that the words 'fugitives of Ephraim' form the commencement of what the Ephraimites said, the sentence has been conjecturally filled out ..."[475]

3. Inhaltlich verstehen u. a. E. Bertheau[476] und S. Oettli[477] V. 4b als eine "erbitterte Hohnrede"[478] der Ephraimitien, die den ostjordanischen Manassiten das Recht zu selbständiger Kriegsführung absprechen wollten.

Wie in V. 4b nun zu verstehen? M. E. sollte man bei der Interpretation von V. 4b Jos 16,9; 17,8-10a heranziehen. Warum? In Jos 16,9, der sprachlich an V. 4b erinnert (*b^etôk* + Ephraim/Manasse), wird beschrieben, daß es ephraimitische Orte gibt, die abgesondert in dem Erbbesitz von Manasse liegen. Die komplizierte Landverteilung zwischen Ephraim und Manasse ist auch das Thema von Jos 17,8-10a.[479] Ist diese Verknüpfung berechtigt, dann würde V. 4b besagen, daß Gilead eigentlich in das ephraimitische Gebiet gehört und zwar in erster Linie zu den ephraimitischen Orten, die als Exklaven im manassitischen Gebiet liegen. Bei dieser Interpretation könnte einmal das zweimalige *b^etôk* in V. 4b erklärt werden und zum anderen würde verständlich, warum Ephraim überhaupt ins Ostjordanland zieht. Ephraim nahm dieses Recht deshalb für sich in Anspruch, weil es in den Gileaditen Ephraimiten sah.[480] So wird der Grund für die Beschwerde Ephraims bei Jephtha (12,1) verständlich. Ephraim beschwert sich deshalb, weil es sich in hervorragender Weise mit den Gileaditen verbunden fühlt. Die Aussagen in 12,1 und 12,4 widersprechen sich bei dieser Deutung keineswegs[481], im Gegenteil, beide Verse bringen auf unterschiedliche Weise die Zusammengehörigkeit von Ephraim und Gilead zum Ausdruck. V. 4b ist deshalb m. E.

---

[472] C. F. Burney, The Book of Judges, 327.

[473] G. F. Moore, Judges, 307.

[474] C. A. Simpson, Composition of the Book of Judges, 51.

[475] C. F. Burney, The Book of Judges, 327.

[476] E. Bertheau, Das Buch der Richter und Ruth, 199 f.

[477] S. Oettli, Das Deuteronomium und die Bücher Josua und Richter, 269 f.

[478] S. Oettli, Das Deuteronomium und die Bücher Josua und Richter, 270.

[479] Vgl. dazu oben § 5.

[480] In diese Richtung geht auch die Vermutung M. Noths, Aufsätze zur biblischen Landes- und Altertumskunde I, 362 f.

[481] So etwa W. Richter, Bib. 47, 1966, 517.

nicht als "erbitterte Hohnrede"[482] der Ephraimiten, sondern als Beschreibung eines Zustandes, der die Einheit von Ephraim und Gilead voraussetzt und betont, zu verstehen.

b) 12,5 f.

Ebenso wie V. 2 f. sollen V. 5 + 6 bei der Exegese zusammengenommen werden, da sie inhaltlich eine Einheit bilden.

LXX weicht an einigen Stellen gegenüber MT ab. In V. 5a liest LXX^A ἄνδρες Γαλααδ anstelle von "Gilead" in MT. Möglicherweise liegt hier bei LXX^A eine Angleichung an V. 5bβ vor. LXX^B gibt den Anfang von V. 5b frei mit καὶ εἶπαν αὐτοῖς wieder. In V. 5bα lesen LXX^{A+B} anstelle der 1. P. Sg. com. Kohortativ den Plural διαβῶμεν, was wohl als Angleichung an den Kontext zu verstehen ist. LXX^{A+B} lesen deshalb auch in V. 5bβ αὐτοῖς (lāhäm) anstelle von lô (MT). Bei LXX^A erstreckt sich die pluralische Lesung bis an das Ende von V. 5b: Μὴ ὑμεῖς ... καὶ εἶπαν Οὐκ ἐσμεν. Das Gentilizium in V. 5bβ wird von LXX^A mit ἐκ τοῦ Εφραιμ und von LXX^B mit Εφραθίτης wiedergegeben.

LXX^A umschreibt V. 6a mit καὶ εἶπαν αὐτοῖς Εἴπατε δή Συνθημα. Das Nomen "Schibboleth" wird von LXX^A frei mit Σύνθημα (verabredetes Zeichen, Parole") und von LXX^B mit Στάχυς ("Ähre") wiedergegeben. Ebenso wie in V. 5 gibt LXX^A in V. 6 die Objekte pluralisch wieder.

Der Aufbau von V. 5 f. ist recht klar: die Beschreibung der Auseinandersetzung zwischen den Gileaditen und Ephraimiten hat einen deutlichen Anfang (V. 5a) und Schluß (V. 6aβγδ), was sich in der Wiederaufnahme des Stichwortes "Jordanfurten" (V. 5a) am Ende (V. 6aβγδ) zeigt. Die Darstellung der Auseinandersetzung beginnt mit der Bitte der Ephraimiten, den Jordan zu durchqueren (V. 5bα), sie setzt sich fort in der Frage der Gileaditen nach der ephraimitischen Herkunft (V. 5bβ$_1$), der Antwort der Ephraimiten (V. 5bβ$_2$), der Forderung der Gileaditen nach Aussprache von Schibboleth (V. 6aα$_1$), der Einlösung dieser Forderung durch die Ephraimiten (V. 6aα$_2$) und endet mit der Tötung der Ephraimiten (V. 6aβγδ). Die Aufteilung des Abschnittes in Bitte, Frage, Antwort, Forderung und Einlösung zeigt, wie sehr er auf das Ziel der Tötung der Ephraimiten zuläuft. Die Verbindung mit V. 4 ist durch die Bezeichnung "Flüchtlinge aus Ephraim" hergestellt, wobei aus ihnen in V. 5 jedoch "flüchtende Ephraimiten" werden.

---

[482] So S. Oettli, Das Deuteronomium und die Bücher Josua und Richter, 270.

V. 6b gehört nicht mehr zu der Szene in V. 5.6a hinzu, sondern ist wohl als verdeutlichender Zusatz zu interpretieren.[483]

V. 5a	<u>Einleitung</u>: Die Auseinandersetzung bei den *Jordanfurten*
V. 5bα	<u>Bitte</u> der Ephraimiten: Durchzug durch den Jordan
V. 5bβ$_1$	<u>Frage</u> der Gileaditen: Bist du Ephraimit?
V. 5bβ$_2$	<u>Antwort</u> der Ephraimiten: Nein!
V. 6aα$_1$	<u>Forderung</u> der Gileaditen: Aussprache von Schibboleth
V. 6aα$_2$	<u>Einlösung</u> durch die Ephraimiten
V. 6aβγδ	<u>Schluß</u>: Die Tötung der Ephraimiten bei den *Jordanfurten*

V. 6b	Die Zahl der gefallenen Ephraimiten

In V. 5b bereitet *ha'äprātî* Schwierigkeiten. In der Regel wird es als Gentilizium zu Ephraim gedeutet[484], was jedoch sprachlich Schwierigkeiten bereitet. Deshalb hat F. Willesen Bedenken geäußert.[485] Er leitet es von Ephrata = Bethlehem in Juda ab und sieht in ihm ein Synonym für einen Judäer. Nach F. Willesen bliebe es bei der Ableitung als Gentilizium von Ephraim unverständlich, "why the watchmen asked a question which they should know aforehand that nobody would answer in the affirmative. It is a matter of course that the refugees would reply in the negative, but so would Judaeans, Benjaminites, Gileadites, and all the other non-Ephraimites happening to come to the fords".[486] Wenn "Ephratit" aber einen Nicht-Ephraimiten bezeichne, werde die gestellte Frage sinnvoll. "Those answering in the affirmative could be dismissed without further ado, but those replying in the negative were examined more closely to see what they were like, and so had to pass the shibboleth-test."[487] Willesen leitet auch das in I Sam 1,1; I Reg 11,26 begegnende "Ephratit", das in den Wörterbüchern als Gentilizium von Ephraim gedeutet wird, von Ephrata ab.

So berechtigt Willesens Anfrage ist, ist es doch schwerlich möglich, daß Samuel und Jerobeam zu dem judäischen Geschlecht gezählt werden sollten.[488] Gerade aus I Sam 1,1 wird deutlich, daß sich "Ephratit" auf

---

[483] Die Historizität der Zahl 42 000 wird mit Recht angezweifelt: W. Nowack, Richter, Ruth und Bücher Samuelis, 112; J. Wellhausen, Die Composition des Hexateuchs, 224 f.

[484] Vgl. etwa R. G. Boling, Judges, 211.

[485] F. Willesen, VT 8, 1958, 97 f.

[486] F. Willesen, VT 8, 1958, 97.

[487] F. Willesen, VT 8, 1958, 97.

[488] W. Richter, Traditionsgeschichtliche Untersuchungen, 326 Anm. 20.

"Ephraim" beziehen muß, denn das letzte genealogische Glied in V. 1b "Ephratit" entspricht dem letzten geographischen Glied in V. 1a "Gebirge Ephraim".[489] Trotz der sprachlichen Schwierigkeit sollte *ha'äprätî* als Gentilizium von Ephraim verstanden werden.

Ein weiteres Problem stellt sich in V. 6a in dem Wechsel von *Sch*ibboleth und *S*ibboleth, der in der exegetischen Forschung eine lebhafte Diskussion ausgelöst hat.[490] Das Nomen "Schibboleth" hat die Bedeutungen "Ähre"[491] und "Strom"[492]. In Jdc 12,6 ist es wohl aufgrund des Kontextes mit "Strom" zu übersetzen.[493]

Auf den ersten Blick scheint der in V. 6 geschilderte Aussprachetest klar zu sein, denn aus ihm scheint hervorzugehen, daß die Ephraimiten š als s aussprachen. Diese Annahme ist jedoch deshalb problematisch, weil in keiner nordwestsemitischen Sprache das Phonem š fehlt: "We have no knowledge of any West Semitic language that fails to include both š and s as independent phonemes. The two may be opposed interdialectally, but neither is absent from any single relevant speech group."[494] Auf der Grundlage dieser allgemein akzeptierten Erkenntnis wird der sprachliche Hintergrund der Schibboleth-Szene recht unterschiedlich gedeutet.

Nach J. Marquart läßt sich aus V. 6 ableiten, daß die Ephraimiten im Wort Schibboleth das š nicht als š, sondern mit einem Laut aussprachen, den die Gileaditen und Judäer als s hörten oder wiedergaben. Es könne sich bei Schibboleth nur um ein $š_2$ = babyl.-assyr. š, aram. t, arab. ṯ handeln, "so daß also die Ephraimiten die ursemitische Spirans ṯ bewahrt hätten".[495]

Dieser Ansicht von J. Marquart hielt E. A. Speiser entgegen, daß die Ephraimiten sicherlich die normalen kanaanäischen Konsonanten kannten: "In other words, they were in a position to duplicate cheerfully the *šubbultᵘ* of the Gileadite sentries."[496] Er deutet die Schibboleth-Szene nun im umge-

---

[489] Den drei geographischen Angaben in V. 1a entsprechen in V. 1b die fünf genealogischen Angaben.

[490] J. Marquart, ZAW 8, 1888, 151-155; E. A. Speiser, Oriental and Biblical Studies, 143-150; R. Marcus, JBL 60, 1941, 141-150; F. Willesen, VT 8, 1958, 97 f.; W. Diem, ZDMG 124, 1974, 221-252, bes. § 17 (S. 242 f.); A. F. L. Beeston, JSSt 24, 1979, 175-177; W. Weinberg, ZAW 92, 1980, 184-204; P. Swiggers, JSSt 26, 1981, 205-207; E. Y. Kutscher, A History of the Hebrew Language, 14 f.; A. Lemaire, FS M. M. Delcor, 275-281.

[491] Gen 41,5.6.7.22.24.26.27; Jes 17,5; Sach 4,12; Ruth 2,2; Hi 24,24.

[492] Jes 27,12; Ps 69,3.16.

[493] So auch A. Lemaire, FS M. M. Delcor, 276; P. Swiggers, JSSt 26, 1981, 205.

[494] E. A. Speiser, Oriental and Biblical Studies, 144 f.

[495] J. Marquart, ZAW 8, 1888, 154.

[496] E. A. Speiser, Oriental and Biblical Studies, 146.

kehrten Sinne als Marquart, denn er geht davon aus, daß die *Gileaditen* das Phonem _t_ im Unterschied zu den Ephraimiten bewahrt hätten. Da die Ephraimiten diesen Laut nicht gekannt hätten, seien sie bei der Aussprache von Schibboleth hilflos gewesen: "... the *shibboleth* incident reveals a peculiarity of the Gileadite dialect at the time of Jephthah as contrasted with the Hebrew of Palestine. That peculiarity consisted in the retention of the phoneme _t_ which the Hebrews of Palestine had lost and were unable to reproduce. The resulting misfortune might have affected speakers from Judea or Galilee just as painfully as it did strike the Ephraimites."[497] In die gleiche Richtung gehen die Überlegungen von P. Swiggers.[498]

Im Unterschied zu J. Marquart, E. A. Speiser und P. Swiggers möchte A. Lemaire keine Schlußfolgerungen aus der Schibbolet-Szene für die genaue Aussprache von *š* ziehen, denn die Kenntnis der Aussprache der Konsonanten zur Zeit der Richter sei doch sehr lückenhaft und unsicher: "La différenciation et la prononciation exacte des sifflantes à la fin du IIe et au Ier millénaire avant notre ère est un problème très complexe et discuté: il ne peut sans doute être totalement résolu dans le détail car nous ne disposons que de graphèmes et non de phonèmes."[499]

Die kontroverse Diskussion des Problems zeigt die Schwierigkeit einer eindeutigen Lösung. Mit großer Wahrscheinlichkeit läßt sich nur sagen, daß der Jordan die Dialektgrenze zwischen den Gileaditen und Ephraimiten bildete. Ob die Ephraimiten oder die Gileaditen die ursemitische Spirans _t_ bewahrt haben, ist ebenso schwer zu entscheiden wie die Frage nach der genauen Aussprache von *Sch*ibboleth/*S*ibboleth. Man muß dem Urteil Kutschers zustimmen: "The riddle remains ... unresolved."[500]

c) 12,7

Am Ende von V. 7b lesen LXX[A+B] ἐν τῇ πόλει αὐτοῦ Γαλααδ. Hier sollte man LXX[A+B] folgen und demnach *b^{ec}irô (b^e)gil^cād*[501] anstelle des problematischen "in den Städten Gileads" (MT) lesen. Nicht gänzlich auszuschließen ist auch die Lesart *b^eirô* ohne *(b^e)gil^cād*. "Gilead" könnte dann eine

---

[497] E. A. Speiser, Oriental and Biblical Studies, 149; die Deutung Speisers wird von W. Diem, ZDMG 124, 1974, § 17 (S. 242 f.) übernommen.

[498] P. Swiggers, JSSt 26, 1981, 205-207.

[499] A. Lemaire, FS M. M. Delcor, 278.

[500] E. Y. Kutscher, A History of the Hebrew Language, 15.

[501] Der Lesart von LXX[A+B] folgt auch R. Boling, Judges, 213.

jüngere unpräzise Erläuterung[502] zu $b^{ec}ir\hat{o}$ sein. E. König versuchte den masoretischen Text mit dem Hinweis auf den summarischen Gebrauch der Pluralform zu verteidigen. Hier werde die Pluralform verwendet, "weil die Auswahl unter den einzelnen Vertretern der betreffenden Kategorie dem Leser anheim gestellt werden sollte ...".[503] Jdc 12,7b sei dann entsprechend zu übersetzen: "... in einer der Städte Gileads." Diese Deutung ist jedoch wenig wahrscheinlich, da in Jdc 11,29.34 der Ort Jephthas als Mizpa in Gilead angegeben und somit bekannt ist.[504] Das Ende von V. 7b erinnert zudem sehr an die Angabe des Begräbnisortes bei den kleinen Richtern, wo überall ein Ortsname begegnet[505], was die Lesart $b^{ec}ir\hat{o}$ in V. 7b ebenfalls unterstützt.

Sowohl V. 7a als auch V. 7b erinnern inhaltlich und sprachlich sehr an die im Richterbuch üblichen Angaben zur Tätigkeit[506] und zum Tod der kleinen und großen Richter.[507] Von daher ist anzunehmen, daß V. 7 von dem Redaktor des Richterbuches stammt.[508]

5. Jdc 7,23-8,3 und 12,1-7: ein Vergleich

In der wissenschaftlichen Diskussion wird immer wieder Jdc 12,1-7 mit 7,23-8,3 verglichen. Der Vergleich wird nahegelegt durch die ähnliche Situation Ephraims und den gleichen Ort. Sowohl in 12,1-7 als auch in 7,23-8,3 geht es um die Beschwerde Ephraims, bei einem Kriegszug gegen feindliche Nachbarvölker einfach übergangen worden zu sein, und beide Male kommt es zu einer Auseinandersetzung bei den Jordanfurten. Der inhaltlichen Ähnlichkeit entspricht die gleiche Form in einigen Teilen von 12,1 f. und 8,1; 12,3 und 8,3.

---

[502] So K. Budde, Das Buch der Richter, 90; G. F. Moore, Judges, 306 f.

[503] E. König, Historisch-kritisches Lehrgebäude der hebräischen Sprache, 2. Hälfte: Syntax, § 265c (S. 212 f.). Vgl. auch E. Meyer, Die Israeliten und ihre Nachbarstämme, 534 f.

[504] Zur Verwendung des Plurals zur Bezeichnung eines unbestimmbaren Einzelnen vgl. W. Gesenius/E. Kautzsch, Hebräische Grammatik, § 124o.

[505] Jdc 10,2 (Thola).5 (Jair); 12,10 (Ibzan).12 (Elon).15 (Abdon); 8,32 (Gideon).

[506] Jdc 3,10 (Othniel); 10,2 f. (Thola + Jair); 12,9.11.14 (Ibzan, Elon, Abdon); 15,20 (Simson).

[507] Jdc 2,11 (Othniel); 8,32 (Gideon); 10,2 (Thola).5 (Jair); 12,10 (Ibzan).12 (Elon).

[508] So auch W. Nowack, Richter, Ruth und Bücher Samuelis, 112; C. A. Simpson, Composition of the Book of Judges, 51.

Sehr einflußreich ist bei dieser Diskussion die These von J. Wellhausen geworden, für den 12,1-7 "ein reiner Abklatsch von 8,1-3"[509] ist. In dieser Bewertung von 12,1-7 sind ihm u. a. A. Alt[510], E. Meyer[511] und E. Täubler[512] gefolgt. Für E. Meyer ist 12,1-7 "eine absurde Vergröberung der Gid⁻ᶜonsage Jud 8,1-3, die Absperrung der Furt aus Jud 3,28 oder 7,24 entnommen".[513] Es sei klar, daß das alles nur Ausschmückung einer in anderen Traditionen wurzelnden Sagengestalt sei. Nicht ganz so schroff fällt das Urteil von E. Täubler aus, der in 12,1-7 eine "Weiterbildung"[514] von 7,23-8,1-3 sieht.

Demgegenüber haben u. a. K. Budde[515] und W. Richter[516] die Unabhängigkeit beider Stücke voneinander betont. Nach K. Budde liegen hier so verschiedene Überlieferungen vor, "dass schriftstellerische Abhängigkeit der einen von der anderen ausgeschlossen ist".[517] Die jeweils unterschiedliche Situation Ephraims macht es nach W. Richter unmöglich, "beide Abschnitte einem Verfasser zuzuordnen".[518]

M. E. sollte man bei dem Vergleich von 7,23-8,3 und 12,1-7 an die Beobachtungen von K. Budde und W. Richter anknüpfen. Zunächst sollten aus dem Vergleich 7,23-25 und 12,4-7 herausgenommen werden, da sie außer der Nennung der Jordanfurten keine Gemeinsamkeiten haben. In 7,23-25 liegt eine Überlieferung zugrunde, die in den Lokalitäten Beth-Bara, dem Rabenfelsen und der Wolfskelter ihren Kern hat. An diesen Orten haftete die Erinnerung an eine Auseinandersetzung zwischen Ephraim und Midian und die Tötung zweier midianitischer Fürsten.[519] In 12,4-7 geht es dagegen um einen entscheidenden Konflikt zwischen Ephraim und Gilead, bei dem es um das endgültige Zerreißen der alten Verbindungen geht. Ephraim erinnert Gilead an die gemeinsame Herkunft (V. 4), was jedoch von Gilead nicht mehr anerkannt wird, so daß es zum endgültigen Bruch kommt (V. 5 f.).[520]

---

[509] J. Wellhausen, Die Composition des Hexateuchs, 224; siehe dazu oben Punkt 1: Forschungsgeschichtliche Orientierung.

[510] A. Alt, PJ 35, 1939, 46 Anm. 3.

[511] E. Meyer, Die Israeliten und ihre Nachbarstämme, 534.

[512] E. Täubler, Biblische Studien, 293 f.

[513] E. Meyer, Die Israeliten und ihre Nachbarstämme, 534.

[514] E. Täubler, Biblische Studien, 293.

[515] K. Budde, Das Buch der Richter, 82.

[516] W. Richter, Traditionsgeschichtliche Untersuchungen, 327 f.

[517] K. Budde, Das Buch der Richter, 82.

[518] W. Richter, Traditionsgeschichtliche Untersuchungen, 328.

[519] Vgl. dazu oben § 8.

[520] Vgl. dazu oben Nr. 4a z. St.

Der Vergleich kann nur zwischen 8,1-3 und 12,1-3 vollzogen werden, denn hier finden sich inhaltliche Berührungen und ähnliche Formulierungen. In 8,1aγδ geht es ebenso wie in 12,1bαβ um den Vorwurf von Ephraim, bei einem Kriegszug übergangen worden zu sein.

8,1aγδ: lblty qr'wt lnw ky hlkt lhlhm bmdyn
12,1bαβ: mdw^c ^cbrt lhlhm bbny ^cmwn wlnw l' qr't llkt ^cmk

Die Gemeinsamkeiten bestehen in dem Verb *qr'*, dem Objekt *lnw* und dem *Inf. constr. Nif^cal* von *lḥm*. In 8,1b begegnet die Wurzel *rîb* als Verbalform und in 12,2aβ als Nominalform. In 8,3aα steht ebenso wie in 12,3aγ die Übergabeformel.

Wie ist dieser Befund zu deuten? M. E. ist es nicht möglich, aufgrund dieser wenigen Berührungen auf einen gemeinsamen Autor von 8,1-3 und 12,1-3 zu schließen oder gar davon zu reden, 12,1-3 sei ein reiner Abklatsch von 8,1-3. Dazu sind die Berührungen zu mager und die handelnden Personen außer den Ephraimiten immer verschieden. In 8,1-3 geht es um Gideon und Midian, in 12,1-3 dagegen um Jephtha und die Ammoniter. In 8,1-3 geht es um Rivalitäten zwischen den Stammesnachbarn Ephraim und Manasse, in 12,1-3 dagegen um Spannungen zwischen Ephraim und Gilead. Die in 8,1-3 und 12,1-3 ähnliche Lage Ephraims, bei wichtigen Kämpfen gegen feindliche Nachbarn übergangen worden zu sein sowie die Nennung der Jordanfurten an beiden Stellen darf nicht dazu verleiten, ein Abhängigkeitsverhältnis von 12,1-3 von 8,1-3 anzunehmen. Hier liegen verschiedene Überlieferungen vor, bei denen sich unterschiedliche geschichtliche Hintergründe widerspiegeln.

6. Zusammenfassung: Ephraim, Jephtha und Gilead in Jdc 12,1-7

Der Text von Jdc 12,1-7 ist im wesentlichen gut erhalten. Lediglich in V. 3aα sollte man LXX^A folgen und *'ên* an Stelle von MT *'ên^ekā* lesen. Ebenso sollte man in V. 7b die Lesart von LXX^{A+B} übernehmen und *b^{ec}irô (b^e)gil^cād* lesen.

Jdc 12,1-7 ist zu dem Komplex der Jephthaüberlieferungen zu zählen. Hier liegt keine selbständige Überlieferung vor, da der in Kap. 11 beschriebene Kampf Jephthas mit den Ammonitern vorausgesetzt ist. Ohne den Bezug zu Kapitel 11 bliebe 12,1-7 unverständlich. In 12,1-7 liegt jedoch eine Sonderüberlieferung vor, wofür die Notiz in 11,34.39 spricht, daß sich

Jephtha nach dem Ammoniterkrieg bereits zwei Monate zu Hause aufhielt, bevor es endlich zu der Beschwerde Ephraims kam.

Jdc 12,1-7 setzt inhaltlich drei Akzente: 1) Die Auseinandersetzung Jephthas mit Ephraim in Zaphon (V. 1-3); 2) Die Auseinandersetzung Ephraims mit Gilead (V. 4); 3) Die Schibboleth-Szene (V. 5 f.).

ad a) Der überlieferungsgeschichtliche Kern von V. 1-3 liegt m. E. in dem Ort Zaphon. Mit ihm war die Erinnerung an eine Auseinandersetzung zwischen Jephtha und Ephraim verbunden, die ihren Grund in dem Übergehen Ephraims bei dem Ammoniterfeldzug hatte. In V. 1 liegt der Kern von V. 1-3. Da die Wahl der Worte und Wendungen an den sonstigen Sprachgebrauch des Richterbuches erinnert, muß in V. 1 auf eine Bearbeitung im Sinne des Richterbuches geschlossen werden. Dieser letzte Gesichtspunkt trifft besonders für V. 2 f. zu. Hier liegt im Vergleich zu V. 1 eine jüngere Bearbeitungsstufe vor, die Jephtha entlasten und in ein gutes Licht bringen will. V 2 wurde sowohl mit Hilfe von V. 1bαβ als auch mit Hilfe der im Richterbuch häufig verwendeten Begriffe wie "retten, Retter" sowie der Übergabeformel geformt. Ob der Inhalt der Jephtharede in V. 2 f. dem geschichtlichen Sachverhalt tatsächlich entspricht, muß fraglich bleiben.

ad 2) Der überlieferungsgeschichtliche Kern von V. 4 liegt in dem Spruch "Ihr seid Flüchtlinge aus Ephraim; Gilead liegt mitten in Ephraim und mitten in Manasse". Der Spruch zeigt weder die Eifersucht oder den Hochmut Ephraims noch spiegelt er einen kleineren alltäglichen Grenzkonflikt wider. In ihm kommt vielmehr das Wissen der Zusammengehörigkeit von Ephraim und Gilead zum Ausdruck. Weil Gilead ephraimitischer Herkunft ist, glaubt Ephraim das Recht zu haben, im Ostjordanland nach den Gründen für die Nichtbeachtung beim Ammoniterfeldzug zu fragen.

ad 3) Die Schibboleth-Szene, die ohne die vorausgehenden Verse nicht vorstellbar ist, ist in geschichtlicher und sprachgeschichtlicher Hinsicht von Bedeutung. Durch die Tötung der Ephraimiten bei den Jordanfurten wird zum einen der Bruch zwischen Ephraim und Gilead endgültig. Zum anderen zeigt die Aussprache von "Sch/Sibboleth" Dialektunterschiede zwischen Ephraim und Gilead.

V. 6b.7 stammen wohl vom Bearbeiter des Richterbuches. Der Vergleich von 12,1-7 mit 7,23-8,3 läßt nicht auf eine Abhängigkeit von 12,1-7 von 7,23-8,3 schließen, da die Berührungen zu gering und die zugrundeliegenden Überlieferungen zu unterschiedlich sind.

§ 10 Ephraim im Stammesspruch über Joseph: Dtn 33,13-17

Der Stammesspruch über Joseph in Dtn 33,13-17 gehört zu dem Segen, mit
dem Mose Israel vor seinem Tod gesegnet haben soll. Das Kapitel beginnt
und schließt mit einem psalmenartigen Hymnus (V. 2-5.26-29), der Mittelteil
V. 6-25 enthält die Segenswünsche für die einzelnen israelitischen Stämme.[521] Ähnlich wie in Gen 49 werden die Stämme mit Hilfe von Vergleichen, Beschreibungen, geographischen und sonstigen Angaben vorgestellt.
Ebenso wie in Gen 49 ist der Segensspruch für Joseph in Dtn 33 ungewöhnlich umfangreich (V. 13-17). Er soll im folgenden exegesiert, mit Gen 49,22-
26 verglichen und nach seinem möglichen historischen Hintergrund befragt
werden.[522]

1. Übersetzung von Dtn 33,13-17

V. 13:   Und über Joseph sagte er:
          Gesegnet von Jahwe ist sein Land
          mit dem Köstlichsten vom Himmel, mit Tau
          und aus der Urflut, die unten lagert.
V. 14:   Mit dem Köstlichsten der Erträge der Sonne,
          mit dem Köstlichsten des Ertrages der Monate.
V. 15:   Mit dem Köstlichsten der Gipfel der uralten Berge,
          mit dem Köstlichsten der ewigen Hügel.
V. 16:   Mit dem Köstlichsten der Erde mitsamt seiner Fülle
          und der Wohlgefallen dessen, der im Dornbusch wohnt,
          komme auf das Haupt Josephs,
          und auf den Scheitel des Geweihten unter seinen Brüdern

---

[521] Vgl. dazu O. Eissfeldt, Einleitung in das Alte Testament, 303-305.

[522] Zu Dtn 33 vgl. (in Auswahl): K. H. Graf, Der Segen Mose's; C. F. Keil, Leviticus,
Numeri und Deuteronomium, 568-570; A. Dillmann, Numeri, Deuteronomium und
Josua, 425-427; S. Oettli, Das Deuteronomium und die Bücher Josua und Richter, 116f.;
A. Bertholet, Deuteronomium, 108 f.; C. Steuernagel, Deuteronomium und Josua, 136 f.;
P. Riessler, BZ 12, 1914, 125-134; K. Budde, Der Segen Mose's, 34-38; A. van Hoo-
nacker, Muséon 42, 1929, 42-60; F. M. Cross Jr./D.N. Freedman, JBL 67, 1948, 191-
210; R. Tournay, RB 65, 1958, 181-213; H. Cazelles, Le Deutéronome, 138 f.; H.-
J. Kittel, Die Stammessprüche Israels; S. R. Driver, Deuteronomy, 405-408; H. J. Zobel,
Stammesspruch und Geschichte; A. Phillipps, Deuteronomy, 228 f.; G. von Rad, Das
fünfte Buch Mose. Deuteronomium, 144-149; P. C.Craigie, The Book of Deuteronomy,
390-404, bes. 397-399; A. Penna, Deuteronomio, 267-277, bes. 271 f.; A. D. H. Mayes,
Deuteronomy, 396-411, bes. 405 f.; A. Caquot, Sem. 32, 1982, 67-81; 33, 1983, 59-76.

V. 17:   Der Erstgeborene seines Stieres, Majestät ist ihm,
              und die Hörner seines Wildstieres sind seine Hörner,
              mit ihnen stößt er Völker nieder,
              alle zusammen, die Enden der Erde.
              Das sind die Zehntausende Ephraims und das die Tausende Ma-
              nasses.

2. Einzelexegese von V. 13-17

a) V. 13

Mit dem Hinweis, daß Josephs Land von Jahwe gesegnet sei, wird in V. 13a das eigentliche Thema von V. 13-16 vorweggenommen. Diese Aussage fügt sich gut in die Theologie des Deuteronomiums ein, wonach das Land Jahwes zentrale Heilsgabe an sein Volk ist.[523] In V. 13b wird die Aussage von V. 13a konkretisiert. Josephs Land ist ausreichend mit Wasser als dem wichtigsten Lebenselement gesegnet. Das hier verwendete Nomen *mägäd* "edle, köstliche Gabe" begegnet im Singular nur in Dtn 33,13-16, im Plural erscheint es noch in Cant 4,13.16; 7,14. Die in V. 13bα oft vorgeschlagene Änderung von *miṭṭāl* in *me^{c}al* ist m. E. nicht gerechtfertigt.[524] Dagegen sprechen zum einen die Textzeugen LXX (καὶ δρόσου) und T (*mittallā'*), zum anderen ist im Alten Testament die Vorstellung vom Tau, der vom Himmel kommt, bekannt (Gen 27,28.39; Dtn 33,28; Hag 1,10; Prov 3,20). *miṭṭāl* erklärt sich hinreichend als Apposition zu "mit dem Köstlichsten vom Himmel".[525]

b) V. 14

Ebenso wie V. 13b konkretisiert V. 14 die Aussage, daß Josephs Land von Jahwe reichlich gesegnet sei (V. 13a), indem auf die Erträge der Sonne und

---

[523] Vgl. dazu die Auflistung der Stellen bei H. D. Preuss, Deuteronomium, 191-194.

[524] Die Textänderung findet sich u. a. bei S. Oettli, Das Deuteronomium und die Bücher Josua und Richter, 116; A. Bertholet, Deuteronomium, 108; C. Steuernagel, Deuteronomium und Josua, 126; K. Budde, Der Segen Mose's, 34 f.; F. M. Cross Jr./ D. N. Freedman, JBL 67, 1948, 194; H.-J. Kittel, Die Stammessprüche Israels, 53; S. R. Driver, Deuteronomy, 406; P. C. Craigie, The Book of Deuteronomy, 397; A. Penna, Deuteronomio, 272; A. D. H. Mayes, Deuteronomy, 405.

[525] So auch K. H. Graf, Der Segen Mose's, 42 f.

Monate verwiesen wird. Die dazu verwendeten Ausdrücke sind im Alten Testament singulär, dennoch ist deutlich, daß damit nur die Erzeugnisse der Jahreszeiten gemeint sein können, die ohne die Kraft der Sonne, d. h. des Lichtes, niemals gedeihen könnten.[526] Die These von A. Bertholet, V. 14 habe ursprünglich den gleichen Wortlaut wie Gen 49,25b gehabt und sei das Produkt von Verlesungen, hat die Textüberlieferung von LXX sowie die gute Einfügung in den Duktus von V. 13 f. gegen sich.[527] P. Riessler[528] und K. Budde[529] sind Bertholets Argumentation z. T. gefolgt.

c) V. 15

Nach der Nennung von Himmel, Urflut, Sonne und Monate (V. 13 f.) werden in V. 15 die Berge und Hügel als weitere Garanten von Fruchtbarkeit genannt. Die attributiven Näherbestimmungen *qädäm* und *ʿôlām* drücken die Verläßlichkeit dieses Segens aus, denn er kommt von dem, was seit ewigen Zeiten besteht und nicht wankt.[530] Schwierigkeiten bereitet V. 15a, denn man erwartet hier ebenso wie in V. 14.15b.16 *ūmimmägäd*. Man wird deshalb entweder das Nomen ergänzen oder *ūmeroʾš* als Abkürzung für *umimmägäd roʾš* verstehen müssen.[531] Nicht gerechtfertigt ist allerdings die Herausnahme von *roʾš*[532], da es durch LXX ἀπὸ κορυφῆς bezeugt ist.

d) V. 16

In diesem Vers wird die Aufzählung der Gaben, mit denen das Land gesegnet ist, mit dem Hinweis auf das Köstlichste der Erde mitsamt ihrer Fülle sowie auf den Wohlgefallen dessen, der im Dornbusch wohnt, abgeschlossen. In V. a wird das Nomen *mägäd* ein letztes Mal verwendet und mit *ʾäräṣ* sowie *melôʾ* als steigerndes Element verbunden.[533] Daß in V. 16a der Ab-

---

[526] S. Oettli, Das Deuteronomium und die Bücher Josua und Richter, 116.

[527] A. Bertholet, Deuteronomium, 108.

[528] P. Riessler, BZ 12, 1914, 128.

[529] K. Budde, Der Segen Mose's, 35 f.

[530] A. Bertholet, Deuteronomium, 108; K. Budde, Der Segen Mose's, 36. Unwahrscheinlich ist die These Riesslers, BZ 12, 1914, 128 mit "Kedembergen" und "Elamhügel" seien Lokalitäten gemeint.

[531] So C. F. Keil, Leviticus, Numeri und Deuteronomium, 568 f.

[532] So etwa G. von Rad, Das fünfte Buch Mose. Deuteronomium, 145; P. C. Craigie, The Book of Deuteronomy, 397.

[533] Zur Verbindung dieser beiden Nomina vgl. Jes 34,1; Jer 8,16; 47,2; Ez 19,7; 30,12; Mi 1,2; Ps 24,1.

schluß der Aufzählungen von V. 13b-16 vorliegt, zeigt das Nomen "Land", das auf "sein Land" in V. 13aβ zurückverweist. Ein Rückverweis auf V. 13aβ findet sich auch in V. 16aβ, wo "der im Dornbusch wohnt" (Ex 3,2-4)[534] auf "Jahwe" (V. 13aβ) verweist. Inhaltlich und stilistisch ist V. 16aβ klar von V. 13b-16aα abgehoben, denn inhaltlich macht er deutlich, daß Josephs Land nicht nur mit materiellen Gaben reichlichst gesegnet ist, sondern daß Jahwes Wohlgefallen auf dem Land liegt. Stilistisch ist er nicht mehr von "mit dem Köstlichsten von ..." abhängig, sondern als eigenständiger Ausdruck im Nominativ zu verstehen. Es liegt also der Anakoluth als Stilmittel der Hervorhebung vor.[535]

Alle hier aufgezählten Gaben sowie Jahwes Wohlgefallen sollen auf das Haupt Josephs, auf "den Scheitel des Geweihten seiner Brüder" kommen (V. 16b). Der "Geweihte" ist wohl ebenso wie in Gen 49,26b im Sinne von Jdc 13,5 zu verstehen als der, der Israel aus der Hand der Feinde errettet. Die in V. bα verwendete unregelmäßige Verbform ist wahrscheinlich als Verschreibung aus *tābô'nâ* zu deuten.[536] Ein Abirren des Schreibers auf *t°bûo't* in V. 14 ist m. E. weniger wahrscheinlich.[537]

e) V. 17

Mit dem als *casus pendens* an den Anfang von V. 17 gestellten "Erstgeborenen seines Stieres" kann wegen des Kontextes (V. 13-16) und vor allem wegen V. 17 nur der Stamm Ephraim gemeint sein, dessen Stärke ja das Thema von V. 17 ist. Diese bereits u. a. von Keil[538], Dillmann[539], Oettli[540], Steuernagel[541] und Driver[542] ausgesprochene These ist naheliegender als die Deu-

---

[534] Zum hier verwendeten *Hiräq compaginis* vgl. W. Gesenius/E. Kautzsch, Hebräische Grammatik, § 90 l. m.

[535] Zum Anakoluth vgl. W. Gesenius/E. Kautzsch, Hebräische Grammatik, § 167b.

[536] So auch A. Bertholet, Deuteronomium, 109; C. Steuernagel, Deuteronomium und Josua, 126 f.

[537] W. Gesenius/E. Kautzsch, Hebräische Grammatik, § 48d. A. Dillmann, Numeri, Deuteronomium und Josua, 426 vermutet in der Form ein Zusammenwachsen eines ursprünglichen *t°th* (vgl. V. 21) mit *tbw'*.

[538] C. F. Keil, Leviticus, Numeri und Deuteronomium, 569 f.

[539] A. Dillmann, Numeri, Deuteronomium und Josua, 427.

[540] S. Oettli, Das Deuteronomium und die Bücher Josua und Richter, 117.

[541] C. Steuernagel, Deuteronomium und Josua, 127.

[542] S. R. Driver, Deuteronomy, 407 f.

tung von Graf[543] und Bertholet[544] auf den König Jerobeam II, was zeitlich doch weit von dem Stammesspruch wegführen würde.[545]

Die unbändige Kraft dieses Erstgeborenen wird in V. 17aβ mit Hilfe der Wildstierhörner ausgedrückt, die im Alten Testament als äußerst gefährlich dargestellt werden (Ps 22,2; 92,11; Hi 39,10; Num 23,22; 24,8). Mit diesen werden sogar die entferntesten Völker[546] "gestoßen". Das hier verwendete Verb *ngḥ Piᶜel* ist *terminus technicus* im Alten Testament zur Beschreibung dieses Vorganges (Dan 8,4; I Reg 22,11; II Chr 18,10; Ez 34,21).[547]

Mit der in V. 17a beschriebenen überlegenen Kraft werden die Zehntausende Ephraims und die Tausende Manasses auftreten (V. 17b). Das Nebeneinander von "10 000" und "1000" drückt hier eine Vorrangstellung von Ephraim vor Manasse aus. Das läßt sich auch aus den Stellen schließen, wo das Zahlenverhältnis umgedreht ist. In I Sam 18,7; 21,12; 29,5 wird mit der Aussage, Saul habe 1000, David aber 10 000 erschlagen, die Vorrangstellung Davids beschrieben. Als Steigerung ist die Wiedergabe beider Zahlen auch in Mi 6,7 zu verstehen. Diese Beobachtung spricht gegen die These Gottwalds, die Angabe "10 000" sei in V. 17b ein Duplikat von "1000" und beschreibe keinen Rangunterschied zwischen Ephraim und Manasse.[548] Der Gebrauch beider Mengenangaben im Alten Testament spricht gegen Gottwald. Die Umkehrung der zu erwartenden Ordnung "1000-10 000" entspricht der Umkehrung der natürlichen Ordnung "Manasse-Ephraim" (Gen 48). In V. 17b soll ausgesagt werden, daß Ephraim im Vergleich zu Manasse bedeutend zahlreicher ist.[549]

3. Zur Gliederung von Dtn 33,13-17

Der Stammesspruch über Joseph in Dtn 33,13-17 läßt sich in zwei Teile gliedern: der erste Teil V. 13aβ-16 hat das von Jahwe gesegnete Land Josephs zum Thema. Es ist mit Wasser (V. 13), Licht (V. 14) und fruchtbarem

---

[543] K. H. Graf, Der Segen Mose's, 49.

[544] A. Bertholet, Deuteronomium, 109.

[545] Zur historischen Einordnung vgl. unten (Nr. 5).

[546] Zum Ausdruck "Enden der Erde" vgl. Dtn 33,17; I Sam 2,10; Jes 45,22; 52,10; Jer 16,19; Mi 5,3; Sach 9,10; Ps 2,8; 22,28; 59,14; 67,8; 72,8; 98,3; Prov 30,4.

[547] Zu *ngḥ Piᶜel* vgl. E. Jenni, Das hebräische Piᶜel, 208. Zu *ngḥ Qal* vgl. Ex 21,28.31 f.

[548] N. K. Gottwald, The Tribes of Yahweh, 281.

[549] So auch u. a. C. F. Keil, Leviticus, Numeri und Deuteronomium, 570; A. Dillmann, Numeri, Deuteronomium und Josua, 427; P. C. Craigie, The Book of Deuteronomy, 398 f.

Boden (V. 15 f.) reichlich gesegnet, so daß es köstliche Gaben hervorbringen kann. Im zweiten Teil (V. 17) geht es um die militärische Stärke Josephs, speziell derjenigen Ephraims, die sogar zur Macht über die Völker fähig ist.

Die beiden Teile sind inhaltlich und formal eng miteinander verknüpft. Es geht in beiden (V. 13b-16 + 17) um Josephs Vorzüge hinsichtlich seines reich gesegneten Landes sowie seiner militärischen Stärke. In V. 13aβ und V. 17aα wird jeweils mit dem Suffix der 3. Sg. m. bei *'arṣô* bzw. *šôr* auf V. 13aα "Joseph" zurückverweisen.

V. 13aα	Redeeinleitung: <u>Joseph</u>	

I V. 13aβ *Thema*: <u>Josephs</u> von Jahwe gesegnetes Land
V. 13b-16 *Entfaltung*

V. 13bα:	der Tau vom Himmel	Gaben des
V. 13bβ:	die Urflut unten	Wassers
V. 14a:	die Erträge der Sonne	Gaben des
V. 14b:	der Ertrag der Monate	Lichtes
V. 15a:	das Köstlichste der Gipfel der uralten Berge	Gaben des
V. 15b:	das Köstlichste der ewigen Hügel	Bodens
V. 16aα:	das Köstlichste der Erde	
V. 16aβ:	der Wohlgefallen Jahwes (→ V. 13aβ)	

- -

V. 16b:	<u>Joseph</u> – der Geweihte unter seinen Brüdern	

II V. 17 *Thema*: <u>Josephs</u> Stärke
Entfaltung

V. 17aα:	die Majestät des erstgeborenen Stieres	
V. 17aβ:	Seine Wildochsenhörner	
V. 17aγ:	die Macht über die Völker	
V. 17b:	die Stärke Ephraims und Manasses	

4. Dtn 33,13-17 und Gen 49,22-26 im Vergleich

Vergleicht man Dtn 33,13-17 mit Gen 49,22-26 so fallen folgende Gemeinsamkeiten und Unterschiede auf.

a) Z. T. wörtliche Übereinstimmungen finden sich zwischen Gen 49,25aγ und Dtn 33,13bα; Gen 49,25aβγ und Dtn 33,13a (Thema: "Segen"); Gen 49,25aδ und Dtn 33,13bβ; Gen 49,26aβb und Dtn 33,15; Gen 49,26b und Dtn 33,16b.

b) Im Unterschied zu Gen 49,22, wonach sich Joseph noch in einem Stadium der Entwicklung befindet, scheint nach Dtn 33,17 dieses Stadium abgeschlossen zu sein. Joseph braucht sich nicht mehr auszubreiten, sondern hat im Land bereits einen festen Wohnsitz gefunden.

c) Nach Gen 49,23 f wird Joseph angefeindet und ist deshalb gezwungen, sich zu wehren. In Dtn 33,13-17 fehlen Hinweise auf Anfeindungen ganz.

d) Die militärische Stärke Josephs wird in Gen 49,24 f im Unterschied zu Dtn 33,13-17 mit dem Beistand Gottes begründet.

e) Die Trennung von Joseph in die beiden Stämme Ephraim und Manasse ist nach Dtn 33,17 anders als nach Gen 49,22-26 vollzogen.

Wie sind diese Beobachtungen zu werten? M. E. sprechen sie für das höhere Alter von Gen 49,22-26 und für die Übernahmen einzelner Versteile aus Gen 49,22-26 in Dtn 33,13-17.[550] Gerade die unter b, c und e genannten Unterschiede lassen auf das höhere Alter von Gen 49,22-26 schließen. Die mit Gen 49,22-26 identischen Abschnitte in Dtn 33,13b.15.16b sind im Duktus von Dtn 33,13-17 durchaus entbehrlich. Vor allem in V. 16b wird dies deutlich, wo in V. 16a mit dem Rückverweis auf V. 13aβ ein Schlußsatz formuliert ist.[551]

5. Erwägungen zum historischen Hintergrund

Bei dem Versuch der Festlegung des historischen Hintergrundes von Dtn 33,13-17 sind folgende Anhaltspunkte hilfreich:

a) Ist es richtig, den "Erstgeborenen seines Stieres" (V. 17a) auf Ephraim zu beziehen und Dtn 33,13-17 als einen im Vergleich zu Gen 49,22-26 jüngeren Spruch zu deuten[552], so kann der Spruch kaum in der Landnahme-, sondern frühestens in der Richterzeit entstanden sein.[553]

---

[550] Gegen H.-J. Kittel, Die Stammessprüche Israels, 54, für den Dtn 33,13-16a älter als Gen 49,22-26 ist; V. 17 hält er jedoch für jünger als Gen 49,22-26.

[551] Für das höhere Alter von Gen 49,22-26 treten u. a. auch ein: A. Bertholet, Deuteronomium, 109; H. D. Preuss, Deuteronomium, 170 f.; nach K. Budde, Der Segen Mose's, 36f. läßt sich in dieser Frage keine letzte Sicherheit erreichen.

[552] Vgl. dazu oben Punkte 2e (zu V. 17) und 4.

[553] Siehe dazu oben die Erwägungen zum historischen Hintergrund von Gen 49,22-26 (§ 4 Nr. 4).

b) In Dtn 33,13-17 steht der *Stamm* Joseph im Mittelpunkt. Dies weist auf eine Entstehungszeit, in der das Stämmebewußtsein noch lebendig war, was neben der Zeit der Landnahme vor allem in der Richterzeit der Fall war.[554]

c) Im ersten Teil des Spruches V. 13-16 fehlen Hinweise auf das Stadium der Land- und Inbesitznahme ganz. Er kann eigentlich nur so gedeutet werden, daß Joseph sich in dem reich gesegneten Land bereits niedergelassen hat.

d) Der zweite Teil des Spruches läßt auf eine starke Machtentfaltung Ephraims schließen. Wie den Nachrichten aus dem Richterbuch zu entnehmen ist, war dies besonders während der Richterzeit der Fall. Nach Jdc 5,14 nahmen Teile des Stammes Ephraim an der für die israelitischen Stämme erfolgreichen Deboraschlacht teil.[555] Nach Jdc 7,25 f. besiegte Ephraim die midianitischen Fürsten Oreb und Seeb. Ephraims selbstbewußt vorgetragene Beschwerde bei Gideon, im Kampf gegen Midian ungenügend berücksichtigt worden zu sein, läßt ebenfalls auf eine bedeutende Stellung Ephraims im Stämmeverband schließen.[556] Das in V. 17b ausgedrückte Ungleichgewicht zwischen Ephraim und Manasse weist möglicherweise bereits auf die endgültige Trennung der Stämme Ephraim und Manasse, wie sie in Jdc 12,1-6 dokumentiert ist.[557]

e) So sollte man m. E. als Entstehungszeit des Spruches Dtn 33,13-17 die ausgehende Richterzeit annehmen, denn in ihm wird auf die Stärke dieses Stammes und seine hervorragende Rolle in der Richterzeit zurückblickt.[558] Diese Deutung ist m. E. wahrscheinlicher als diejenige von H. Seebass, der den Joseph-Spruch als Werbung Davids um Joseph versteht. V. 17a spreche so übertreibend, daß es nur Joseph in der Hand des Königs meinen könne, der die Mitte des von David geschaffenen Staates gebildet habe. Joseph sei nachträglich in Ephraim und Manasse unterteilt worden (V. 17b), um die Zwölfzahl wiederherzustellen.[559] Seebass' Deutung ist abhängig von seiner These, nach der die Stämmeliste von Dtn 33 in den Zusammenhang der Politik gehöre, die David seit Beginn des Absalomaufstandes verfolgt habe und die als Abkehr von der ausschließlichen Stützung auf das Militär vorgestellt war.

---

[554] Vgl. dazu H.-J. Zobel, Stammesspruch und Geschichte, 53 f.

[555] Vgl. dazu oben Kapitel Jdc 5,14 (§ 6).

[556] Vgl. dazu oben Kapitel Jdc 7,23-8,3 (§ 8).

[557] Vgl. dazu oben Kapitel Jdc 12,1-7 (§ 9).

[558] Gegen A. Caquot, Sem. 33, 1983, 59-66, der in Dtn 33,13-17 keine historischen Anspielungen sieht; für ihn war der Autor von Dtn 33 nur ein "folkloriste curieux de dictons" (S. 76).

[559] H. Seebass, VT 27, 1977, 165.

6. Zusammenfassung:
Ephraim im Stammesspruch über Joseph: Dtn 33,13-17

In Dtn 33,13-17 geht es um Josephs Vorzüge hinsichtlich seines reich gesegneten Landes sowie seiner militärischen Stärke, speziell derjenigen Ephraims. Der Vergleich mit Gen 49,22-26 ergibt ein jüngeres Alter für Dtn 33,13-17. Der Spruch sollte in die ausgehende Richterzeit datiert werden, denn in ihm wird auf die Stärke dieses Stammes, vor allem Ephraims, in der Richterzeit zurückgeblickt.

D Ephraim in der frühen Königszeit

§ 11 Ischboscheth als König über Ephraim: II Sam 2,8 f.

1. Die Notiz über die Einsetzung Ischboscheths als König über Gilead und Teile des Westjordanlandes steht im größeren Kontext der Niederlage und des Todes Sauls in der Philisterschlacht (I Sam 31), der Trauer Davids um Saul (II Sam 1) und der Königserhebung Davids über Juda (II Sam 2,1-7).

In der Schlacht gegen die Philister finden Saul und seine Söhne Jonathan, Abinadab und Malchisua den Tod (I Sam 31). Am Tag nach der Schlacht entdecken die Philister Saul und seine drei Söhne erschlagen auf dem Berg Gilboa. Sie schneiden Saul den Kopf ab und schicken ihn triumphierend im Land der Philister umher. Seinen Leichnam spießen sie an die Mauer von Bethsan. Als die Bewohner der ostjordanischen Stadt Jabes davon hören, ziehen sie in der Nacht nach Bethsan, nehmen den Leichnam Sauls und die Leichen seiner Söhne und bringen sie nach Jabes, wo sie ihnen ein würdiges Begräbnis bereiten (I Sam 31).

David hört von dem Tod Sauls und seines Sohnes Jonathan am dritten Tag nach seiner siegreichen Rückkehr vom Kampf gegen die Amalekiter. Ein Amalekiter, der sich zufällig während des Kampfes auf dem Gilboa-Gebirge aufhielt, ist von dort nach Ziklag gekommen, um David fälschlich mitzuteilen, er habe Saul auf seinen eigenen Wunsch hin getötet. Daraufhin macht ihm David schwere Vorwürfe, da er keine Scheu gezeigt habe, den Gesalbten des Herrn zu töten. David läßt den Amalekiter deshalb töten (II Sam 1) und trauert um Saul und Jonathan.

Danach zieht David mit seinen beiden Frauen Ahinoam aus Jesreel und Abigail aus Karmel nach Hebron, wo er von den Männern von Juda zum König über das Haus Juda gesalbt wird. Als David gemeldet wird, die Männer von Jabes in Gilead hätten Saul begraben, schickt er Boten nach Jabes, die den Dank Davids und ein Angebot zur Hilfe überbringen (II Sam 2,1-7). In dieser Situation bringt Abner, Sauls Feldhauptmann, Esbaal, den Sohn Sauls nach Mahanajim, wo er ihn zum König über Gilead, Asser, Jesreel, Ephraim und Benjamin macht (II Sam 2,8 f.).

Die Vergegenwärtigung der in I Sam 31; II Sam 1 f beschriebenen Ereignisse zeigt, daß die Notiz in II Sam 2,8 f. als Fortsetzung der Saulidengeschichte angesehen werden kann. Sie setzt den Tod Sauls (I Sam 31) und die Königserhebung Davids in Hebron (II Sam 2,1-7) voraus.[1] Davids Angebot zum Schutz Israels (V. 7) war der passende Anlaß, die für das Verständnis des Folgenden wichtigen Notizen über Abner und Ischboscheth einzufügen.[2]

Die Erhebung Ischboscheths zum König war allein das Werk des Benjaminiten Abner, Vetter von Saul und dessen Heerführer.[3] Die Art und Weise dieser Erhebung zeigt, wie die Macht verteilt und daß Abner die eigentliche Führergestalt im Königtum Israels nach Sauls Tod war.[4] Ischboscheths Königtum stand insofern auf schwachen Füßen, als es religiös nicht sanktioniert war und seine Legitimität nur der Erbfolge verdankte.[5]

2. Als Ort der Königserhebung Ischboscheths wählte Abner den ostjordanischen Ort Mahanajim[6], der wohl mit den östlich vom Jordan gelegenen *Tulūl ed-Dahab* zu identifizieren ist.[7] R. A. Coughenour identifiziert den Ort genauer mit *Tulūl ed-Dahab el-Gharbī*: "It is in Gilead at the southernmost end of the Ajlun area. It is adjacent to the Zerqa, and is accessible both from the east and west and from the north and south. Further, the site contains Iron Age sherds, and commands an excellent view of the Jordan valley and the plain leading up from the Jordan valley ..."[8] Die Gründe für die Wahl gerade dieses Ortes dürften folgende gewesen sein:

a) Mahanjim war aufgrund seiner Lage dem unmittelbaren Interesseneinfluß der Philister leichter als westjordanische Orte entzogen.[9]

---

[1] W. Nowack, Richter, Ruth und Bücher Samuelis, 155.

[2] A. Klostermann, Die Bücher Samuelis und der Könige, 134 f.

[3] I Sam 14,50.

[4] H. W. Hertzberg, Die Bücher Josua, Richter, Ruth, 203 f.

[5] S. Herrmann, Geschichte Israels, 182; J. Mauchline, 1 and 2 Samuel, 204. Zum Namen "Ischboscheth" vgl. A. Klostermann, Die Bücher Samuelis und der Könige, 134 f.; K. Budde, Die Bücher Samuel, 203; H. W. Hertzberg, Die Bücher Josua, Richter, Ruth, 203 f.

[6] Gen 32,3; Jos 13,26.30; 21,36; II Sam 2,8.12.29; 17,24.27; 19,33; I Reg 2,8; 4,14; I Chr 6,65. LXX liest hier ἐκ τῆς παρεμβολῆς εἰς Μαναεμ; nach LXX hätte Abner Ischboscheth also aus der Schlacht mitgenommen; vgl. dazu K. Budde, Die Bücher Samuel, 203.

[7] R. A. Coughenour, BASOR 273, 1989, 57-66 (mit Karten). Zur Identifikation von Mahanajim mit *Tulūl ed-Dahab* (214.177) vgl. G. Dalman, PJ 9, 1913, 68-71; Dalmans Vorschlag wurde von Y. Aharoni, Das Land der Bibel, 443 übernommen; vgl. zur Kritik an dieser Lokalisierung M. Noth, Aufsätze zur biblischen Landes- und Altertumskunde 1, 374 f. Die Lokalisierung von Mahanajim mit *Tell Heǧǧāǧ* (215.175) wurde vertreten von O. Eissfeldt, Kleine Schriften III, 135; K.-D. Schunck, ZDMG 113, 1963, 34-40; A. Kuschke, FS Hertzberg, 96.

[8] R. A. Coughenour, BASOR 273, 1989, 62.

[9] M. Noth, Geschichte Israels, 169; K.-D. Schunck, ZDMG 113, 1963, 37 f.; J. Mauchline, 1 and 2 Samuel, 204.

b) Im Ostjordanland scheint die Anhänglichkeit an Saul seit Beginn seiner Herrschaft besonders fest gewesen zu sein, wie die Notiz in I Sam 31,11-13 über die Überführung der Leichname Sauls und seiner Söhne nach Jabes (*Tell el-Maqlūb* 214.201) und ihre würdige Bestattung zeigt.[10]

3. Die Wahl von Mahanjim als Ort der Königserhebung Ischboscheths steht in enger Verbindung mit der Frage, inwieweit diese Königseinsetzung von den Philistern überhaupt hatte toleriert werden können. A. Köhler beantwortet diese Frage mit der Vermutung, daß Ischboscheth zunächst nur König über die ostjordanischen Stämme gewesen sei. Es habe dann eines mehr als fünfzigjährigen Krieges bedurft, bis Abner ihm auch das von den Philistern besetzte Westjordanland wieder vollständig zurückerobert hätte, und daß erst von diesem Zeitpunkt an seine zweijährige Herrschaft über Gesamtisrael mit Ausnahme Judas zu datieren sei.[11] In dieser Sicht der Ereignisse ist ihm H. Ewald gefolgt. H. Ewald sieht in den in V. 9 genannten Gebieten die Reihenfolge beschrieben, in der Abner die von den Philistern besetzten Länder zurückerobert habe.[12]

Köhlers Beschreibung der Verhältnisse ist jedoch von A. Kamphausen mit guten Gründen zurückgewiesen worden.

a) Nach ihm ist die Annahme nicht notwendig, daß Abner bedeutende Siege über die Philister errungen hätte. Abner konnte auch durch eine Unterwerfung Ruhe vor den Philistern finden. Zwar schweige der biblische Bericht von einer solchen Unterwerfung, aber nach Kamphausen lasse sich das Verschweigen einer wenig rühmlichen Unterwerfung viel leichter erklären, "als daß die ruhmvollen Thaten des die israelitischen Gebiete zurückerobernden Abner übergangen sein sollten".[13]

b) David hätte es nie toleriert, wenn Abner nach und nach philistäisches Gebiet erobert hätte. Wäre Abner der große Eroberer, so wäre nicht einzusehen, daß David nicht zu seiner eigenen Sicherheit mit den Philistern ihm entgegentrat.[14]

c) Mit der von Köhler und Ewald vertretenen sogenannten Eroberungshypothese lasse sich schwerlich verbinden, daß Mahanajim ständiger Regierungssitz Ischboscheths war (II Sam 2,7 f.).[15]

---

[10] A. Köhler, Lehrbuch der Biblischen Geschichte Alten Testamentes II/1, 245 f.
[11] A. Köhler, Lehrbuch der Biblischen Geschichte Alten Testamentes II/1, 247.
[12] H. Ewald, Geschichte David's und der Königsherrschaft in Israel, 153 f.
[13] A. Kamphausen, ZAW 6, 1886, 47.
[14] A. Kamphausen, ZAW 6, 1886, 50.
[15] A. Kamphausen, ZAW 6, 1886, 66.

Kamphausen fand zu dieser Sicht u. a. Zustimmung von R. Kittel[16], W. Caspari[17], M. Noth[18], H. W. Hertzberg[19] und H. J. Stoebe[20].

4. In V. 9 werden die Gebiete genannt, über die Ischboscheth König wurde. Sie werden genau in einer von Ost nach West und Nord nach Süd festgelegten Reihenfolge aufgeführt. Die Aufzählung beginnt mit Gilead, dem mittleren Teil des Ostjordanlandes südlich und nördlich des Jabbok, um dann ins Westjordanland zu wechseln. Hier bereitet gleich die Nennung von *hā"šûrî* Schwierigkeiten, denn es bleibt unklar, welche Funktion der "Assyrer" hier übernehmen sollte. Man wird deshalb an dieser Stelle im Anschluß an Targum Jonathan besser *hā'ašērî* lesen.[21] Mit Jesreel ist wohl der in der gleichnamigen Ebene gelegene Ort (*Zer^cin* 181.218) gemeint[22] und mit "Ephraim" ist hier das Gebiet des Stammes Ephraim bezeichnet. Ob damit zugleich das *ganze* mittelpalästinische Bergland einschließlich Manasse gemeint ist[23], bleibt m. E. fraglich, da man in diesem Fall sicherlich wie üblich den Begriff "Gebirge Ephraim" verwendet hätte. Ephraim allein dient nie zur Bezeichnung des *ganzen* mittelpalästinischen Berglandes.

Die Aufzählung wird abgeschlossen mit der Nennung von Benjamin[24] und "ganz Israel"[25]. Schwierigkeiten bereitet hierbei vor allem der zuletzt genannte Begriff, denn es ist nicht recht deutlich, was damit gemeint ist. Meint er nur die in V. 9 genannten Gebiete[26] oder nur das Nordreich[27]

---

[16] R. Kittel, Geschichte des Volkes Israel, 166.

[17] W. Caspari, Die Samuelisbücher, 410.

[18] M. Noth, Geschichte Israels, 169.

[19] H. W. Hertzberg, Die Bücher Josua, Richter, Ruth, 204.

[20] H. J. Stoebe, Das zweite Buch Samuelis, 102-107.

[21] T^J: ... *dbyt 'šr* ...; dieser Lesart folgt die Mehrzahl der Gelehrten: u. a. A. Köhler, Lehrbuch der Biblischen Geschichte Alten Testamentes II/1, 247; A. Klostermann, Die Bücher Samuelis und der Könige, 134; W. Nowack, Richter, Ruth und Bücher Samuelis, 156; K. Budde, Die Bücher Samuel, 204; O. Eissfeldt, Kleine Schriften III, 135; H. W. Hertzberg, Die Bücher Josua, Richter, Ruth, 200; nach Diana Edelman, PEQ 117, 1985, 85-91, Zitat S. 85 handelt es sich bei den "Aschuriten" in II Sam 2,9 um "former Asherite clans and their descendants who, at the time of the composition of this administrative list, still constituted an Asherite enclave on the frontiers of Benjamin and Ephraim". Diesen Literaturhinweis verdankt der Verf. Herrn Professor H. J. Stoebe, Basel.

[22] So auch A. Alt, Kleine Schriften I, 116 f.

[23] So H. W. Hertzberg, Die Bücher Josua, Richter, Ruth, 203 f.

[24] Aus der Nennung von Benjamin in V. 9 schließt K.-D. Schunck, Benjamin, 130, daß "es unmittelbar nach dem Tode König Sauls wieder einen von Ältesten geführten, selbständigen Stamm Benjamin gab".

[25] Zum Wechsel im Gebrauch der Präpositionen in V. 9 vgl. Jer 26,15; 28,8; S. R. Driver, Notes on the Hebrew Text and the Topography of the Books of Samuel, 242.

[26] So etwa A. Alt, Kleine Schriften I, 117.

oder schließt er *alle* israelitischen Stämme ein?[28] Bei der Beantwortung dieser Frage ist vor allem die besondere Form der Wendung mit Nachstellung von *kullô* zu beachten, denn damit ist der Ausdruck sehr stark betont. Daß die Nachstellung von *kullô* der Betonung dient, geht vor allem aus Ez 11,15; 20,40; 36,10[29] hervor.[30] Dies spricht für die Annahme, daß die Wendung "ganz Israel" das Nord- *und* Südreich umfaßt, womit in V. 9 zumindest der Anspruch Ischboscheths erhoben wird, König über *alle* israelitischen Stämme zu sein. Faktisch wird dies jedoch durch V. 10b mit dem Hinweis eingeschränkt, daß das Haus Juda hinter David stand.[31]

Diese in V. 9 aufgeführten Gebiete wurden von K.-D. Schunck mit der salomonischen Distriktsliste I Reg 4,8 ff. in Verbindung gebracht, da Gilead I Reg 4,13, Asser I Reg 4,16, Jesreel I Reg 4,12, Ephraim I Reg 4,8 und Benjamin I Reg 4,18 entspreche. Ob dies so ohne weiteres zutreffend ist, ist m. E. fraglich, da beispielsweise der Distrikt "Gebirge Ephraim" (I Reg 4,8) nicht ohne weiteres mit "Ephraim" in II Sam 2,9 identisch ist[32] und die Gebiete in II Sam 2,9 und I Reg 4,7-20 in einer anderen geographischen Anordnung begegnen.

5. Zusammenfassung: Diese Notiz zeigt, daß Ephraim fester Bestandteil des Königreiches Ischboscheths und ihm loyal untergeben war. Ephraim wird in II Sam 2,8 f. neben Gilead, Asser, Jesreel und Benjamin, der hier als selbständiger Stamm erscheint, genannt. Ephraim meint in V. 9 nicht das ganze mittelpalästinische Gebirge unter Einschluß von Manasse, sondern nur das Stammesgebiet Ephraims.

---

[27] So etwa A. Klostermann, Die Bücher Samuelis und der Könige, 134; K. Budde, Die Bücher Samuel, 204.

[28] M. Noth, Geschichte Israels, 169; M. Metzger, Grundriß der Geschichte Israels, 88.

[29] Ez 11,15; 20,40; 36,10: *wkl byt yśr'l klh*.

[30] Die Nachstellung von *klh* im Anschluß an das Nomen ist vor allem ein Kennzeichen poetischer Sprache: 33 x im Alten Testament, davon 6 x in Prosa- und 27 x in poetischen Texten; vgl. dazu S. R. Driver, Notes on the Hebrew Text and the Topography of the Books of Samuel, 241.

[31] So auch O. Eissfeldt, Kleine Schriften III, 135; die chronologische Notiz in V. 10a dürfte ein späterer Einschub sein; so u. a. A. Kamphausen, ZAW 6, 1886, 44; W. Nowack, Richter, Ruth und Bücher Samuelis, 156; K. Budde, Die Bücher Samuel, 200 f. Diese Notiz unterbricht den Zusammenhang von V. 9 und V. 10b.

[32] Vgl. dazu unten zu I Reg 4,8 ff. (§ 13).

§ 12 Ephraim in II Sam 13,23

Der Name "Ephraim" begegnet in II Sam 13,23 im Kontext der Auseinandersetzung zwischen Absalom und Ammon (13,23-39).[33] Diese Erzählung
wird in V. 23 mit der Angabe eingeleitet, daß Absalom "in Baal-Hazor, das
bei Ephraim liegt", Schafschur gehalten habe. Damit sind eine Reihe von
eng aufeinander bezogenen Fragen und Problemen verbunden, die im folgenden diskutiert werden sollen. Meint "Ephraim" in II Sam 13,23 einen Orts-
oder Gebietsnamen? Wenn hier auf einen Ort angespielt wird, wo sollte
dieser lokalisiert werden? Wie verhält sich "Ephraim" zu Ophra (Jos 18,23;
I Sam 13,17) und Ephron (Jos 15,9; II Chr 13,19) sowie zu der außeralttestamentlichen Bezeugung des Namens?

   Die Textüberlieferung ist in II Sam 13,23aγ klar, so daß der masoretische
Text nicht geändert zu werden braucht. Lediglich T^J weicht von MT ab.

Septuaginta: ἐν Βελασωρ τῇ ἐχόμενα Εφραιμ
Vulgata: in Baalhasor, quae est iuxta Ephraim
Targum Jonathan: bᵉmêšar ḥāṣôr ᶜim bêt 'äprāyim
Peschitta: bbᶜl ḥṣwr dᶜm 'prym

Targum Jonathan versteht *mêšar ḥāṣôr* wohl als "Ebene, Weidefläche von
Hazor" und denkt bei Ephraim offensichtlich an den Stamm.
   Wie ist nun "Ephraim" in II Sam 13,23aγ zu verstehen? Nach W. Caspari[34], K.-D. Schunck[35] und H. Seebass[36] ist hier keinesfalls an einen Ort,
sondern an ein Gebiet zu denken. Nach K.-D. Schunck war Hazor ein häufig
begegnender Name. Es sei deshalb nur zu verständlich, "wenn man an nicht
eindeutigen Stellen gelegentlich auch noch das Stammesgebiet hinzufüg-
te".[37] Die Präposition ᶜim versteht er nach Gen 23,4; Jes 18,11 und Ps
120,5 in dem Sinn von "unter, inmitten, in". Nach Schunck hat "Ephraim"
"innerhalb des AT niemals zur Bezeichnung einer Ortschaft, sondern stets
nur als Landschafts-, Stammes- oder Personenname gedient".[38] Diese Position wurde von H. Seebass dahingehend leicht abgewandelt, als er "Ephraim"

---

[33] Zur Gliederung des Abschnittes: V. 23-27: Absaloms Einladung an Amnon; V. 28-31:
      Die Tötung Amnons und Davids Trauer; V. 32 f.: Jonadabs Aufklärung; V. 34-37: Die
      Rückkehr der Königssöhne; V. 38 f.: Absalom und David.
[34] W. Caspari, Die Samuelbücher, 550 f.
[35] K.-D. Schunck, VT 11, 1961, 194 f.
[36] H. Seebass, VT 14, 1964, 497-500.
[37] K.-D. Schunck, VT 11, 1961, 194.
[38] K.-D. Schunck, VT 11, 1961, 194.

als Flurname auffaßt, "der eine auffällige Stelle in der Landschaft bezeichnete, die sich als Treffpunkt gut eignete, sodaß man nach ihr die Lage von
Baal Hazor näher bestimmen konnte".[39]

Im folgenden soll nun die − alte! − These von Ephraim als Ortsname in
II Sam 13,23aγ und der wahrscheinlichen Lokalisierung mit *eṭ-Ṭaiyibe*
(178.151)[40] mit sprachlichen (a), historisch-geographischen (b), topographischen (c) und archäologischen Argumenten (d) verteidigt werden.

Dabei geht die Argumentation von der schwer beweisbaren, aber m. E.
doch wahrscheinlichen Identifikation von Baal Hazor mit dem heute *el-
ᶜAṣūr/ᶜAzūr* genannten Bergmassiv aus.[41] Diese Gleichsetzung kann durch
eine Stelle in dem zu den Qumrantexten zählenden Genesis Apokryphon Kol
XXI, 8,12 gestützt werden, wo es heißt (8): *w'thzy ly 'lh' bhzw' dy lyly' w'mr
ly slq lk lrmt hṣwr dy ᶜl śm'l byt'el ...*[42] Die Stelle nimmt Bezug auf Gen
13,14 und gestaltet sie so aus, daß Gott Abraham in einer Nachtvision
erscheint und zu ihm sagt, er solle nach Ramath Hazor (*lrmt hṣwr*), das links
(*śm'l byt'el* = nördlich) von Bethel liege[43], hinaufgehen und von dort in alle
Himmelsrichtungen schauen. Diese geographische Angabe muß sich wohl
auf das Bergmassiv *el-ᶜAṣūr* beziehen, das ca. 7,5 km nordöstlich von Bethel
liegt.[44] Vom *el-ᶜAṣūr* hat man "ein gewaltiges Panorama vom Hermon über
den Jordangraben und die Bergwände von Gilead und Moab bis zum Toten
Meer und zum Hochland von Juda ...".[45]

ad a) Schuncks Übersetzung der Präposition *ᶜim* mit "unter, inmitten, in"
ist kaum haltbar, da bei den von ihm genannten Beispielen[46] die Näherbe-
stimmung durch die Landschaft oder das Stammesgebiet nie mit *ᶜim* bei-
gefügt wird.[47] In den vergleichbaren mit *ᵃšär ᶜim* eingeleiteten Attributsät-
zen in Gen 35,4; Jos 7,2 werden weder Landschafts- noch Stammesnamen,

---

[39] H. Seebass, VT 14, 1964, 500.

[40] So bereits F. Buhl, Geographie des Alten Palästina, 176 f.

[41] Zu den beiden Sprachformen *ᶜAṣūr* und *ᶜAzūr* vgl. G. Kampffmeyer, ZDPV 15, 1892,
      25 f.; 16, 1893, 39.

[42] J. A. Fitzmyer, The Genesis Apocryphon of Qumran Cave I, 68 f.; zu 1QGenAp vgl.
      auch K. Beyer, Die aramäischen Texte vom Toten Meer, 165 f.179.

[43] Für *śm'l* = "nördlich" vgl. Gen 14,15; Jos 19,27.

[44] Von dieser Identifikation geht auch J. A. Fitzmyer, The Genesis Apocryphon of Qumran
      Cave I, 146 f. aus.

[45] A. Alt, PJ 24, 1928, 32.

[46] Jdc 4,6: Kedes Naphthali; I Sam 17,12: Bethlehem Juda; I Sam 13,15: Gibea Benjamin;
      II Sam 6,2: Baala(t) Juda; I Reg 4,13: Ramoth Gilead; I Sam 30,27: Ramoth Negeb.

[47] H. Seebass, VT 14, 1964, 497 f.

sondern die beiden Orte Sichem (Gen 35,4) und Beth Awen (Jos 7,2)[48]
genannt. Die Bestimmung "inmitten, mitten in" wird am besten mit *b^eqäräb*
(vgl. Jos 16,10) oder *b^etôk* (vgl. Jdc 12,4) zum Ausdruck gebracht.

Die Verwendung der Präposition *ᶜim* spricht gegen die Deutung von
Ephraim als Landschaftsname (so Schunck) und für diejenige als Ortsname.

ad b) Die Annahme von Ephraim als Ortsbezeichnung in II Sam 13,23
und die Lokalisierung in *eṭ-Ṭaiyibe* wird durch ähnlich lautende hebräische
und griechische Ortsnamen gestützt, die aufgrund des jeweiligen Textzu-
sammenhanges in das Gebiet nordöstlich von Bethel weisen.

In Jos 18,23; I Sam 13,17; II Chr 13,19 werden die beiden Orte Ophra
(*ᶜĀprâ*) und Ephron (*ᶜĀprôn*)/Ephrain (*Qere*) genannt. In Jos 15,9 ist von einem Gebirge Ephron die Rede. Es ist nicht zu bezweifeln, "daß beide Namen
von der gleichen Wurzel gebildet sind und sich dabei lediglich durch eine zumal bei Ortsnamen im Hebräischen häufige Vertauschung der Endungen"[49]
â und *ôn* unterscheiden. Eine exakte Lokalisierung läßt sich aus den genannten
Stellen nicht erheben, allerdings weist der geographische Zusammenhang immer in das Gebiet nordöstlich von Bethel. In Jos 18,23 wird Ophra im Kontext
der Städte des Stammes Benjamin zusammen mit Bethel genannt.[50] In I Sam
13,17 erscheint Ophra als Zielpunkt eines von Michmas (*Muḫmās* 176.142)
aufbrechenden Heeres der Philister. Da das zweite Heer nach Westen (V. 18)
und das dritte nach Südosten (V. 18) aufbricht, ist mit Ophra sehr wahrscheinlich die Nordrichtung gemeint. Dies führt nach *eṭ-Ṭaiyibe*, das ca. 9 km nördlich von *Muḫmās* liegt. In das Gebiet von *eṭ-Ṭaiyibe* weist auch die Notiz in
II Chr 13,19, wo Ephron/Ephrain (*Qere*) zusammen mit Bethel und Jesana
(*Burǧ el-Isāne* 174.156) als größere Siedlung, der kleinere benachbarte Ortschaften angeschlossen sind, genannt wird.

Nach K.-D. Schunck dürfen die beiden Orte Ophra und Ephron nun keinesfalls mit Ephraim in Verbindung gebracht werden. Er begründet dies folgendermaßen: in den Abschnitten Jos 16,4; 18,23, die von dem gleichen Redaktor bzw. derselben Schule aufgenommen und geprägt wurden, stünden
Ephraim und Ophra nebeneinander, "obwohl man zumindest hier eine einheitliche Schreibung erwarten sollte, wenn schon die gleiche Namensform
auch für eine Ortschaft gebräuchlich war"[51]; Schunck geht im Anschluß an

---

⁴⁸ Zu Jos 7,2 vgl. J. Simons, The Geographical and Topographical Texts of the Old
Testament, § 465 (S. 270).
⁴⁹ K.-D. Schunck, VT 11, 1961, 189.
⁵⁰ Zur Nennung Ophras in einer Ortsliste Benjamins vgl. Y. Aharoni, Das Land der Bibel,
330 f.
⁵¹ K.-D. Schunck, VT 11, 1961, 192.

W. Gesenius/E. Kautzsch[52] davon aus, daß die Endungen *-ayin* und *-ayim* in Ortsnamen auf nachträglicher Zerdehnung der älteren Endungen *-an* und *-am* beruhen; wenn nun Ophra und Ephraim identisch wären, könnte man schwerlich erklären, daß Ephraim als Stammes- bzw. Eigenname schon in Quellen begegnet, die zeitlich vor denen liegen, die noch Ophra als Ortsbezeichnung bieten[53]; in vorchristlicher Zeit sei ein Wechsel im Anlaut von ᶜ zu ' auf wenige Sonderfälle beschränkt, unter die Ophra und Ephraim nicht zu zählen seien.

Schuncks Argumenten lassen sich folgende Gegenargumente gegenüberstellen: die These der nachträglichen Zerdehnung der älteren Endungen *-ān* und *-ām* zu *-ayin* und *-ayim* ist äußerst unsicher. Nach J. Barth haben wir es vielleicht mit dem umgekehrten Vorgang zu tun, daß die Endung *-ayim* bzw. *-ayin* früh veraltete und dann durch die häufigere nominale Endung *-ôn* bzw. *-ān* ersetzt worden sei. Daher erscheine beispielsweise neben *dôtayin* auch *dôtān* und neben *šåmrayin* auch schon *šômᵉrôn*[54]; wenn die oben ausgeführte These richtig ist, daß *'epär* mit "Staub, lockere Erde" zu übersetzen ist, muß man von einer engen Verwandtschaft mit dem Nomen *ᶜāpār* ausgehen.[55] Wenn *'epär* mit *ᶜāpār* verwandt ist, müssen auch *'äprayim* und *ᶜåprâ/ᶜäprôn* miteinander verwandt sein.[56] Insofern können beide Orte miteinander in Verbindung gebracht werden.

Die außeralttestamentliche Bezeugung weist ebenfalls in das Gebiet von *eṭ-Ṭaiyibe*. In 1. Makk. 11,34 heißt es:

ἐστάμεν αὐτοῖς τά τε ὅρια τῆς Ιουδαίας καὶ τοὺς τρεῖς νομοὺς
Αφαιρεμα καὶ Λυδδα καὶ Ραθαμιν.

F. Josephus nimmt hierauf in ant 13,127 Bezug:

βασιλεὺς Δημήτριος Λασθένει τῷ πατρὶ χαίρειν. τῷ Ἰουδαίων
ἔθνει ὄντι φίλῳ καὶ τὰ δίκαια τὰ πρὸς ἡμᾶς φυλάττοντι τῆς
εὐνοίας ἔκρινα χάριν παρασχεῖν. καὶ τοὺς τρεῖς νομοὺς Ἀφαίρεμα
καὶ Λύδδα καὶ Ῥαμαθαιν, οἳ τῇ Ἰουδαίᾳ προσετέθησαν ἀπὸ τῆς
Σαμαρείτιδος, καὶ τὰ προσκυροῦντα τούτοις ...

---

[52] W. Gesenius/E. Kautzsch, Hebräische Grammatik, § 88c.

[53] K.-D. Schunck, VT 11, 1961, 192.

[54] J. Barth, Die Nominalbildung in den semitischen Sprachen, 319 f.; in die gleiche Richtung geht auch die Überlegung von E. König, Historisch-kritisches Lehrgebäude der hebräischen Sprache, 436 f. – wenn auch mit anderem Argumentationsgang.

[55] Siehe dazu oben § 2/1.

[56] So auch H. J. Elhorst, FS J. Wellhausen, 125; G. Wanke, Art.: ᶜåfår, THAT, 353-356; J. Kutscher, Leš. 27/28, 1964, 184 f.

1. Makk 11,34 gehört in den Zusammenhang eines Briefes des Seleukiden Demetrius II. an Jonathan.[57] Demetrius berichtet von dem Entschluß, den Juden zum Dank für die bewiesene gute Gesinnung Vergünstigungen zu gewähren. Ihnen wurden deshalb die Bezirke Aphairema[58], Lydda und Ramathaim übergeben, die von Judäa abgetrennt und Samaria angeschlossen wurden.

Geht man von der Identifikation von Aphairema mit *eṭ-Ṭaiyibe* aus, so ergibt sich ein geeigneter geographischer Zusammenhang zwischen den drei Orten, da alle etwa auf einer Linie zu liegen kommen. Lydda ist mit *Lod* (140.151)[59] und Ramathaim möglicherweise mit *Rentīs* (152.159)[60] zu identifizieren.

In Joh 11,54 ist davon die Rede, daß sich Jesus mit seinen Jüngern in eine Stadt namens Ephraim zurückzog:

'Ο οὖν 'Ιησοῦς οὐκέτι παρρησίᾳ περιεπάτει ἐν τοῖς 'Ιουδαίοις, ἀλλὰ ἀπῆλθεν ἐκεῖθεν εἰς τὴν χώραν ἐγγὺς τῆς ἐρήμου, εἰς 'Εφραΐμ λεγομένην πόλιν, κἀκεῖ ἔμεινεν μετὰ τῶν μαθητῶν.

Eine genaue Lokalisierung von Ephraim läßt sich aus dem Vers nicht entnehmen, da die beiden geographischen Angaben εἰς τὴν χώραν und ἐγγὺς τῆς ἐρήμου zu unbestimmt sind. Wie in V. 55 ist auch V. 54 durch ἡ χώρα lediglich der Gegensatz der Landschaft zur Hauptstadt ausgedrückt. Das ἐγγὺς τῆς ἐρήμου weist nicht auf eine bestimmte Wüste.[61] Es ist keine eigentliche topographische Angabe, "sondern verstärkt nur den Ausdruck für das, was der Evangelist sagen will, daß Jesus sich aus dem Menschengewühl, dem man in und dicht bei der Hauptstadt nicht leicht entrinnen kann, in die Stille und Verborgenheit zurückzog".[62]

Euseb weist in seinem Onomastikon 90,18 f. auf Joh 11,54 hin, er gibt zu dieser Stelle allerdings keine genauen geographischen Angaben. Dafür verweist er auf 'Εφρών (Jos 15,9):

---

[57] K.-D. Schunck, VT 11, 1961, 198 f.

[58] Zur sprachlichen Form vgl. K.-D. Schunck, VT 11, 1961, 199.

[59] Christa Möller/G. Schmitt, Siedlungen Palästinas nach Flavius Josephus, 131.

[60] Dieser Identifikation (vgl. auch I Sam 1,1) folgen die meisten Gelehrten: P.-M. Séjourné, RB 6, 1897, 316 f.; P. Savignac/F. Abel, RB 9, 1912, 267; A. Alt, PJ 24, 1928, 5 ff.; R. Tonneau, RB 38, 1929, 422; A. Fernandez, Bib. 12, 1931, 119-123; D. Baly, Geographisches Handbuch zur Bibel, 205; Oxford Bible Atlas, 138; Christa Möller/G. Schmitt, Siedlungen Palästinas nach Flavius Josephus, 158 f.; der Identifikation mit *Ramallah* folgt W. F. Albright, AASOR 4, 1922-23, 112 f.; BASOR 19, 1925, 5-12 und derjenigen mit *Bet Rima* H. M. Wiemer, JPOS 7, 1927, 109-111.

[61] Zu ἔρημος im Johev. vgl. 1,23; 3,14; 6,31.49; 11,54.

[62] T. Zahn, NKZ 19, 1908, 34.

Ἐφρών ... φυλῆς Ἰούδα. καὶ ἔστι νῦν κώμη Ἐφραῖμ μεγίστη περὶ τὰ βόρεια Αἰλίας ὡς ἀπὸ σημείων κ ´ (86,1).

Eusebs Angabe, Ephraim liege 30 km nördlich von Jerusalem, führt allerdings nicht nach *eṭ-Ṭaiyibe*, das nur ca. 21 km nördlich davon liegt. Möglicherweise bezieht sich Euseb hier jedoch auf die Römerstraße von Jerusalem über *Bēṭīn* und *eṭ-Ṭaiyibe* nach Jericho. Nach ihr beträgt die Entfernung von Jerusalem nach *eṭ-Ṭaiyibe* tatsächlich mindestens 28 km.[63] Dafür führt jedoch Eusebs Angabe zu Ἀφρά (Ophra Jos 18,23) direkt nach *eṭ-Ṭaiyibe*:

Ἀφρά ... κλήρου Βενιαμίν. καὶ νῦν ἐστι κώμη Αἰφραίμ τῆς Βηθήλ ἀπο σημείων ε´ πρὸς ἀνατολὰς (28,4 f.).

Ephraim wird gemeinsam mit Bethel noch in zwei weiteren Quellen aus dem 1.-6. Jahrhundert n. Chr. genannt. F. Josephus berichtet in bell 4,551 von dem Zug Vespasians gegen die noch nicht unterworfenen Gebiete. Er rückte auf das Bergland hinauf, gewann dort die beiden nach Gophna und Akrabata benannten Toparchien und im Anschluß daran die Städtchen Bethel und Ephraim, in die er Besatzungstruppen legte:

ἀναβὰς δὲ εἰς τὴν ὀρεινὴν αἱρεῖ δύο τοπαρχίας τήν τε Γοφνιτικὴν καὶ τὴν Ἀκραβετηνὴν καλουμένην, μεθ᾿ ἃς Βηθηλά τε καὶ Ἐφραῖμ πολίχνια, οἷς φρουροὺς ἐγκαταστήσας μέχρι Ἱεροσολύμων ἱππάζετο ...

Die Hauptorte der hier genannten Toparchien waren Gophna (*Ǧifnā* 170.152) und Akrabata (*ʿAqrabe* (183.170).[64] *eṭ-Ṭaiyibe* fügt sich hier gut in den geographischen Kontext ein, da es nur ca. 7,5 km östlich von Bethel und ca. 8 km östlich von Gophna liegt.

Epiphanius von Salamis (um 315-403) berichtet in seiner Schrift Panarion/Haereses von einer Wanderung, die er einst mit einem Juden von Jericho aus durch die Wüste hindurch nach Bethel und Ephraim gemacht hatte:

... συνοδεύσαντος μοι ἐν τῇ ἐρήμῳ τῆς Βαιθήλ καὶ Ἐφραῖμ ἐπὶ τὴν ὀρεινὴν ἀνερχομένῳ ἀπὸ τῆς Ἱεριχοῦς ...[65]

Schließlich erscheint Ephraim noch in Anspielung an Joh 11,54 auf der Madeba-Karte:

Εφρων ἡ Εφραια/ἐνθα ἦλθεν ὁ κ(ύριο)ς.

---

[63] So A. Alt, PJ 24, 1928, 32 f.; vgl. dazu auch M. Noth, ZDPV 82, 1966, 268; zu dieser Römerstraße vgl. P. Thomsen, ZDPV 40, 1917, Nr. XXXV, 75 f.

[64] Vgl. dazu Christa Möller/G. Schmitt, Siedlungen Palästinas nach Flavius Josephus, 11 (zu Akrabeta) und 76 (zu Gophna).

[65] PG 41I, 421; zu dieser Schrift und zu Epiphanius von Salamis vgl. F. Williams, The Panarion of Epiphanius, IX-XXI.

Ephraim ist hier in einem Gebiet lokalisiert, das zu *eṭ-Ṭaiyibe* gut paßt.[66]

Zusammenfassung: die alttestamentliche und außeralttestamentliche Bezeugung von Ephraim bzw. Ophra/Ephron erlaubt keine exakte und sichere Lokalisierung. Die in den Quellen enthaltenen Angaben führen jedoch in das Gebiet von *eṭ-Ṭaiyibe* und lassen eine Identifikation mit Ephraim zumindest als möglich erscheinen.

ad c) Für die Identifikation des Ortes Ephraim aus II Sam 13,23 mit *eṭ-Ṭaiyibe* sprechen auch topographische Überlegungen. Hier hat m. E. M. Noth[67] gegenüber den Ansätzen von W. F. Albright[68] und A. Alt[69] die überzeugenderen Argumente vorgebracht.

Nach W. F. Albright ist das Ephraim von II Sam 13,23 bei der *ʿĒn Sāmiye* und zwar speziell auf der nördlich oberhalb der Quelle gelegenen *Ḫirbet Marǧame* (1816.1554) zu suchen. Da *eṭ-Ṭaiyibe* zu weit südlich des Baal Hazor liege, könne es nicht als Lagebestimmung von Baal Hazor, der nach II Sam 13,23 "bei Ephraim" liege, verwendet werden.[70] Aufgrund seiner erhöhten Lage sei *eṭ-Ṭaiyibe* eine der kältesten Ortslagen während der Regenperiode. Er sei deshalb kein idealer Aufenthaltsort für Jesus und seine Jünger während der Wochen vor dem Passa gewesen. Da nach Joh 11,54 Ephraim nahe bei der Wüste liege, müsse es unbedingt östlich des Baal Hazor zu suchen sein. Die Gegend der *ʿĒn Sāmiye* zeige historische Überreste von der kanaanäischen bis hin zur arabischen Zeit.[71]

A. Alt bezweifelt die Richtigkeit der Identifikation des Baal Hazor mit *el-ʿAṣūr*. Er bringt das Heiligtum des Baal Hazor von II Sam 13,23 mit dem benjaminitischen Ort Hazor von Neh 11,33 in Verbindung, den er mit dem heutigen *Ḫirbet Ḥazzur* westlich von *Bēt Ḥanīna* verbindet. Hier bzw. in der Nähe von *Ḫirbet Ḥazzur* sucht er das Heiligtum des Baal Hazor.[72] Zu dem allerdings unabhängig von II Sam 13,23 belegten Ephraim hält er Albrights Überlegungen für erwägenswert.[73]

M. Noth interpretiert die Aussage von II Sam 13,23 von den landschaftlichen Gegebenheiten aus. Nach diesen erweise sich die Ansetzung des Ephra-

---

[66]   M. Avi-Yonah, The Madaba Mosaic Map, 47 f.; H. Donner/H. Cüppers, Die Mosaikkarte von Madeba, 1: Tafelband: Abb. IV; 5 (S. 37); 96 (S. 130); 111 (S. 145) – hier ist der Text am besten sichtbar!

[67]   M. Noth, ZDPV 82, 1966, 264-270.

[68]   W. F. Albright, JPOS 3, 1923, 36-40; ders., AASOR 4, 1924, 131 f.

[69]   A. Alt, PJ 24, 1928, 32-40.

[70]   W. F. Albright, AASOR 4, 1924, 127.

[71]   W. F. Albright, JPOS 3, 1923, 37-39; AASOR 4, 1924, 131 f.

[72]   A. Alt, PJ 24, 1928, 13-15.

[73]   A. Alt, PJ 24, 1928, 37 f.

im von II Sam 13,23 in der Gegend *ᶜĒn-Sāmiye*, speziell auf der *Ḫirbet Marǧame* als unmöglich. Diese Gegend sei abgelegen und schwer zugänglich und habe kein Verhältnis zu dem Bergmassiv von *el-ᶜAṣūr*. Stünde man bei der *ᶜĒn-Sāmiye*, könne man nicht sagen, daß der Baal Hazor = *el-ᶜAṣūr* "bei" diesem Ort liege. Dies sei bei *eṭ-Ṭaiyibe* anders, weil der bequemste und daher nächstliegende Aufstieg auf die Höhe von *el-ᶜAṣūr* eben von *eṭ-Ṭaiyibe* her komme. Vor allem bestehe zwischen *el-ᶜAṣūr* und *eṭ-Ṭaiyibe* eine unmittelbare, durch nichts behinderte Sichtverbindung, zwischen *el-Aṣūr* und *ᶜĒn Sāmiye* dagegen nicht.[74]

ad d) Schließlich sprechen archäologische Erwägungen für *eṭ-Ṭaiyibe*. Wenn man nach den gegenwärtigen Siedlungsverhältnissen die Lage von *el-ᶜAṣūr* bezeichnen wollte, so müßte man sagen, daß er entweder "bei" *eṭ-Ṭaiyibe* oder "bei" *Kufr Malik* (179.155) oder "bei" *Silwad* (175.155) liegt. Nach Noth fehlen den beiden zuletzt genannten Orten Spuren eisenzeitlicher Besiedlung.[75] In *eṭ-Ṭaiyibe* ist dagegen der Keramikbefund für die Eisenzeit positiv: E I, II; sonst: byz., mittelalt.[76] Für die von Albright und Alt vorgeschlagene *Ḫirbet Marǧame* ist der Keramikbefund für die E I-Zeit höchst unsicher.[77]

§ 13 Das "Gebirge Ephraim"
in der salomonischen Distriktsliste: I Reg 4,8

1. Forschungsgeschichtliche Orientierung

In den Untersuchungen zur salomonischen Distriktsliste I Reg 4,7-20 bestehen sowohl hinsichtlich ihres hohen geschichtlichen Wertes[78] als auch ihrer Herkunft aus der zweiten Hälfte der Regierungszeit Salomos kaum Zweifel.[79] Die Streitpunkte konzentrieren sich auf textkritische Fragen, auf die

---

[74] M. Noth, ZDPV 82, 1966, 267 f.

[75] M. Noth, ZDPV 82, 1966, 267.

[76] So nach I. Finkelstein, Archaeology, 160-162; zu einer frühen Beschreibung des Dorfes *eṭ-Ṭaiyibe* vgl. E. Robinson, Palästina und die südlich angrenzenden Länder II, 333-338; zum Ortsnamen *eṭ-Ṭaiyibe* vgl. R. Hartmann, ZDMG 65, 1911, 536-538; ders., ZDMG 70, 1916, 490 Anm. 9.

[77] So nach M. Zohar, IEJ 30, 1980, 219 f.; vgl. dazu oben § 2/3 Nr. 15.

[78] Formulierung im Anschluß an A. Alt, Kleine Schriften II, 76.

[79] Vgl. dazu die wichtigen *Einzeluntersuchungen* zu I Reg 4, 7-20 von A. Alt, Kleine Schriften II, 76-89, W. F. Albright, JPOS 5, 1925, 17-54; J. Simons, The Geographical and Topographical Texts of the Old Testament, § 874; G. E. Wright, ErIs 8, 1967, 58*-

Lokalisierung der in der Liste begegnenden Ortsnamen sowie auf die Frage nach dem Gesamtverständnis der Liste und der Beziehung der 12 Distrikte zu den alten Stämmeterritorien. In der Gesamtbeurteilung lassen sich m. E. grob vier Positionen unterscheiden. Die Liste wird angesehen als Dokument a) der politischen Geographie; b) der Topographie und Historie aus der Zeit Salomos; c) der Auflösung des alten Stämmesystems; d) der Zerschlagung des Hauses Joseph durch Salomo.

ad a) Eine der wichtigsten Studien zu I Reg 4,7-20 stammt von A. Alt. Er versteht die Liste als ein Dokument der politischen Geographie, "dessen Gestaltung von dem Gang der geschichtlichen Ereignisse mindestens ebenso stark bestimmt sein wird wie von dem Zwang der natürlichen Verhältnisse".[80] Nach Alt bilden die israelitischen Stammesgebiete die Grundlage der Verwaltungseinteilung. Wo diese fehlen, "werden neue Einheiten gebildet aufgrund des natürlichen Zusammenhangs der Landschaften, die dem Reiche einverleibt sind".[81] Auch hier werde fast immer noch die ältere politische Gliederung erkennbar, da die Stadtnamen an die früheren Einheiten der unabhängigen kanaanäischen Stadtstaaten erinnerten. Das neue Reich habe die alten Schranken zwar politisch niedergerissen, lasse sie aber administrativ weiterbestehen. Der ganzen Verwaltungseinteilung müsse man eher übertriebenen Konservatismus als übertriebene Neuerungssucht den älteren Verhältnissen gegenüber nachsagen.[82] In dieser Gesamtbeurteilung von I Reg 4,7-20 sind Alt u. a. M. Noth[83], Y. Aharoni[84], G. H. Jones[85] und H. N. Rösel[86] im wesentlichen gefolgt.

68*; T. N. D. Mettinger, Solomonic State Officials, 111-127; D. B. Redford, FS F. V. Winnett, 141-156; B. Halpern, JBL 93, 1974, 519-533; Y. Aharoni, Das Land der Bibel, 318-328; A. Zertal, Arubboth, Hepher and the third Solomonic District (neuhebr.); H. N. Rösel, ZDPV 100, 1984, 84-90; N. Na'aman, Borders and Districts, 167-201. Von den *Kommentaren* zum 1. Königsbuch vgl. vor allem: A. Klostermann, Die Bücher Samuelis und der Könige, 281-283; I. Benzinger, Die Bücher der Könige, 19-22; R. Kittel, Die Bücher der Könige, 32-36; C. F. Burney, Notes on the Hebrew Text of the Books of Kings, 41-47; B. Stade/F. Schwally, The Books of Kings, 5 f.76-79; S. Landersdorfer, Die Bücher der Könige, 32-35; J. A. Montgomery/H. S. Gehman, The Books of Kings, 119-126; C. van Gelderen, De Boeken der Koningen. Eerste Deel 1 Koningen 1-11, 88-92; R. de Vaux, Les Livres des Rois, 39 f. A. van den Born, Koningen, 36 f.; J. Fichtner, Das erste Buch von den Königen, 76-89; M. Noth, Könige, 66-74; J. Gray, I & II Kings, 134-140; J. Robinson, The First Book of Kings, 57-60; E. Würthwein, Das erste Buch der Könige. Kap. 1-16, 38-48; M. Rehm, Das erste Buch der Könige, 47-56; G. H. Jones, 1 and 2 Kings. Volume I, 138-145; B. O. Long, 1 Kings, 70-74.

[80] A. Alt, Kleine Schriften II, 83.

[81] A. Alt, Kleine Schriften II, 84.

[82] A. Alt, Kleine Schriften II, 88.

[83] M. Noth, Könige, 66-74.

[84] Y. Aharoni, Das Land der Bibel, 318-328.

ad b) Als ein in erster Linie topographisches und historisches Dokument aus der Zeit Salomos wird die Liste u. a. von W. F. Albright[87] und J. Simons[88] gesehen. Sie bemühen sich in Weiterführung der Untersuchung von A. Alt intensiv um die genaue Lokalisierung der genannten Orte, wobei Albright gegenüber dem Text von I Reg 4,7-20 sehr kritisch ist, da er "very corrupt"[89] sei.

ad c) Im Unterschied zu A. Alt sieht G. E. Wright I Reg 4,7-20 als ein Dokument der Auflösung der alten Stämmeeinteilung an. Die neuen Distrikte seien als Verwaltungseinheiten von etwa gleich großer ökonomischer Leistungsfähigkeit gebildet worden. Das alte Stämmesystem werde nur in V. 15-18 aufgenommen: "In conclusion, I think it could again be stated that the radical change brought about by David and Solomon in the political, religious and economic life of Israel and Judah cannot be overemphasized. For purposes of state the tribal system is at an end. It its place are administrative provinces, ruled by *niṣṣabim* who were appointed by and were responsible solely to the royal administration in Jerusalem."[90]

ad d) Nach T. N. D. Mettinger ist die Distriktsliste Zeugnis für die salomonische Politik, den Einfluß des Hauses Joseph als dem Kernstamm der Nordstämme einzudämmen. Aus diesem Grund hätte Salomo die vom Haus Joseph beanspruchten kanaanäischen Gebiete zu "unabhängigen" Distrikten (Nr. 2.4.5) gemacht.[91] Mit der Bildung des 3. Distriktes (V. 10) hätte Salomo den Stamm Manasse und damit zugleich das Haus Joseph schwächen wollen, indem er große Teile des Stammes Manasse dem 3. kanaanäischen Distrikt zuordnete. Mettinger vermutet, daß auch Ephraim wesentliche Teile aus Benjamin hätte abgeben müssen. Diese Sicht von I Reg 4,7-20 wird von J. Gray[92], B. Halpern[93] und E. Würthwein[94] geteilt.

---

[85] G. H. Jones, 1 and 2 Kings. Volume I, 138-145.

[86] H. N. Rösel, ZDPV 100, 1984, 84-90.

[87] W. F. Albright, JPOS 5, 1925, 17-54.

[88] J. Simons, The Geographical and Topographical Texts of the Old Testament, § 874.

[89] W. F. Albright, JPOS 5, 1925, 17.

[90] G. E. Wright, ErIs 8, 1967, 67*.

[91] T. N. Mettinger, Solomonic State Officials, 120.

[92] J. Gray, I & II Kings, 131.

[93] B. Halpern, JBL 93, 1974, 531.

[94] E. Würthwein, Das erste Buch der Könige, 45.

2. Die Aufgabe

Zur genaueren Bestimmung der Bedeutung und Funktion des "Gebirges Ephraim" als des ersten Distriktes in der salomonischen Liste ist es unabdingbar, V. 8 im Kontext der Gesamtliste zu sehen, da die Angaben zu den Distrikten offenkundig eng zusammenhängen und das Verständnis der Liste als eines Ganzen von der richtigen Erklärung ihrer einzelnen Angaben abhängt.[95] Es sollen deshalb in einem ersten Schritt die textlichen, exegetischen und topographischen Fragen geklärt werden, um daran anschließend diejenigen zur Gliederung, Form, Gesamtbeurteilung und den Schlußfolgerungen für den Bezirk "Gebirge Ephraim" aufnehmen zu können.

3. I Reg 4,8 im Kontext von I Reg 4,7-20

a) Text, Exegese und Topographie von I Reg 4,7-20

V. 7: Der Vers bildet zusammen mit V. 20 den Rahmen der Distriktsliste. Er sieht die gesamte Einteilung in Distrikte ausschließlich unter dem Gesichtspunkt der Versorgung des königlichen Hofes. Er besagt, daß die Vögte die Naturalsteuer in ihren Gebieten zur Versorgung des königlichen Hofes einziehen sollten. Da sich V. 7 durch die einseitige Betonung der Versorgung und dem Fehlen topographischer Angaben von der Liste in V. 8-19 unterscheidet, ist er wohl als ein jüngerer Zusatz anzusehen.[96]

V. 8 (I): Ebenso wie in V. 9.10.11.13 fällt hier die unzureichende Namensangabe auf, da der Name des Distriktsvorstehers nur mit "Sohn des Hur" angegeben wird. Man wird hier wohl mit einer Textverderbnis zu rechnen haben.[97] Der Versuch von A. Alt, die fehlenden Namen der Liste mit einem gemeinsemitischen Brauch zu erklären, ist von M. Noth mit überzeugenden Argumenten zurückgewiesen worden.[98] Noth weist darauf hin, daß die Textgeschichte noch weitere Fälle von Textverlusten an den Zeilenanfängen in der Distriktsliste aufweise. So fehle in V. 18 der Name Simei in LXX[B] und in V. 19 der Name Geber in LXX[BL]. Deshalb spreche die Wahrscheinlichkeit für den Wegfall des ursprünglich am Anfang vorhanden

---

[95] A. Alt, Kleine Schriften II, 77.

[96] Im Unterschied zu V. 8-19 stimmt V. 7 textlich mit LXX, T, V überein; zu V. 7 vgl. E. Würthwein, Das erste Buch der Könige, 43.

[97] LXX glättet den Text, indem sie "der Sohn des Hur" zum Eigennamen Βενωρ bzw. *Benhur* zusammenzieht.

[98] A. Alt, Kleine Schriften III, 198-213, bes. S. 211.

gewesenen Namens. In V. 15 vermutet Noth sogar noch den Ausfall von "Sohn" vor dem Vaternamen.[99]

Äußerst schwierig ist die Frage nach der Bedeutung des "Gebirges Ephraim" zu beantworten. Meint das "Gebirge Ephraim" hier das Gebiet des Stammes Ephraim[100] oder dasjenige der Stämme Ephraim *und* Manasse?[101] Die Frage läßt sich nur in enger Verbindung mit dem Distrikt III (V. 10) beantworten.

V. 9 (II): Die im zweiten Distrikt genannten Orte sind nicht alle mit Sicherheit zu lokalisieren. Gänzlich unbekannt ist der erste Ort Makaz.[102] Die Versuche von W. F. Albright[103] und J. Simons[104], Makaz mit *Muḫḫaṣi* bei Geser (Albright) bzw. mit *Ḫirbet el-Muḫeizin* 4 km südöstlich von *Qaṭrah* zu lokalisieren, sind mehr als fraglich.[105] Saalbim dürfte dagegen mit *Selbīṭ* (148.141) zu identifizieren sein.[106] Beth-Semes wird allgemein mit *Tell er-Rumēle* (147.128) gleichgesetzt.[107] Schwierigkeiten bereiten dagegen wieder Elon und Beth-Hanan. Wenn man Elon als Ajalon liest, wäre damit *Yālo* (152.138) gemeint.[108] Für diese Lesart spricht das Nebeneinander von Saalbim und Ajalon in Jos 19,42; Jdc 1,35. Beth-Hanan ist wohl am ehesten als Apposition zu Elon (= Ajalon?) und nicht als eigenständiger Ort anzusehen. Die von LXX und V vertretenen Lesungen ἕως (*ᶜad*)[109] und *et* (*wᵉ*) vor Beth-Hanan sind als Glättungen des Textes zu deuten.

V. 10 (III): Von den drei im dritten Distrikt genannten Orten Arubboth, Socho und Hepher ist lediglich Socho mit relativer Sicherheit zu lokalisieren. Hier hat Alts Vorschlag der Identifikation mit *Schuwēke* (153.194) allgemeine Anerkennung gefunden.[110] *Schuwēke* ist "... ein Dorf am west-

---

[99] M. Noth, Könige, 60.

[100] So Targum: *dbyt 'prym*; W. F. Albright, JPOS 5, 1925, 27; J. Gray, I & II Kings, 131.

[101] So u. a. A. Alt, Kleine Schriften II, 82; S. Landersdorfer, Die Bücher der Könige, 33; M. Noth, Könige, 68; T. N. D. Mettinger, Solomonic State Officials, 113; E. Würthwein, Das erste Buch der Könige, 46.

[102] LXX liest Μαχεμας für Makaz.

[103] W. F. Albright, JPOS 5, 1925, 27 f.

[104] J. Simons, The Geographical and Topographical Texts of the Old Testament, 349; vgl. Map II b zur Lokalisierung (Nr. 41).

[105] Vgl. zu diesen Lokalisierungsversuchen M. Noth, Könige, 68.

[106] Siehe u. a. Y. Aharoni, Das Land der Bibel, 445.

[107] Siehe u. a. Y. Aharoni, Das Land der Bibel, 439.

[108] So u. a. J. Simons, The Geographical and Topographical Texts of the Old Testament, 349; M. Noth, Könige, 68.

[109] Dieser Lesart folgt J. Simons, The Geographical and Topographical Texts of the Old Testament, 349.

[110] Vgl. nur W. F. Albright, JPOS 5, 1925, 27 f.; J. Simons, The Geographical and Topographical Texts of the Old Testament, § 874; M. Noth, Könige, 68 f.

lichen Rand der samarischen Berge, gelegen auf einer Anhöhe, die den Austritt des großen Tales von *nāblus* ... in die Küstenebene von Norden herüber-
schaut".[111] Alt konnte das hohe Alter des Ortes und seines Namens überzeugend nachweisen. Arubboth ist vielleicht mit dem südwestlich von *Ǧenīn*
gelegenen *ᶜArrābeh* (168.203) identisch.[112] Hepher ist möglicherweise auf
dem in den Perioden FB, E I, II, pers., hell., röm., byz. besiedelten *Tell el-
Muḥaffar* (170.205) zu suchen.[113] Das im Zusammenhang mit Hepher immer wieder genannte *el-Ifšār* (141.197) scheidet wohl aufgrund seiner Lage
und der mangelhaften archäologischen Überreste aus der E I-Zeit als mögliche Lokalisierung aus, da es unwahrscheinlich ist, "that the Sharon soils were
mastered in antiquitiy. It is only in modern times that Zionist settlement has
discovered how ideal they are for citrus crops."[114]

Wenn diese Lokalisierungen zutreffend sind, dann ist der dritte Distrikt
im nordwestmanassitischen Gebiet im Übergang zur Küstenebene zu suchen.[115] Damit meint der im ersten Distrikt begegnende Begriff "Gebirge
Ephraim" das Gebiet der Stämme Ephraim und Manasse abzüglich dieses
nordwestmanassitischen Gebietes. Dafür spricht auch die Überlegung, daß
man bei der Gleichsetzung dieses Begriffes allein mit dem Stammesgebiet
von Ephraim auf die Hinzufügung von "Gebirge" wohl verzichtet hätte.

V. 11 (IV): Bei der Bestimmung des vierten Distriktes bereitet lediglich
die Nennung von *nāpat* Schwierigkeiten, da an der Lokalisierung von Dor
mit *Ḥirbet el-Burǧ* (142.224) bei *eṭ-Ṭanṭūra* keine Zweifel bestehen. Nach
W. F. Albright und T. N. D. Mettinger wurde *nāpat* lediglich zur Unterscheidung von En-Dor (Jos 17,11) hinzugefügt.[116] Sie sehen darin die Bezeichnung des Gebietes zwischen Joppe und Karmel. M. Noth versteht
darunter einen Teil des Karmelwesthanges.[117] M. Ben-Dor sieht den Ur-
sprung von *nph* in der Seevölkersprache, verbindet es mit griechisch νάπη,
was einen Wald in der Ebene bezeichnet und schließt daraus, daß mit *nāpat
dō'r* ein waldreiches Gebiet zwischen dem Mittelmeer, dem Karmel und
Samaria gemeint sei.[118] Wenn auch die unmittelbare Bedeutung von *nāpat*

---

[111] A. Alt, Kleine Schriften II, 78.

[112] Vgl. dazu H. Rösel, ZDPV 100, 1984, 89.

[113] Vgl. dazu oben § 2; so die Lokalisierung der TAVO-Karte B IV 5.

[114] G. E. Wright, ErIs 8, 1967, 62*; der Vorschlag *el-Ifšār* geht auf Maisler zurück; vgl.
M. Noth, Könige, 68 f.; Y. Aharoni, Das Land der Bibel, 441; vgl. dazu H. Rösel, ZDPV
100, 1984, 89.

[115] So auch W. F. Albright, JPOS 5, 1925, 31.

[116] W. F. Albright, JPOS 5, 1925, 31 f.; T. N. D. Mettinger, Solomonic State Officials, 117.

[117] M. Noth, Könige, 70.

[118] M. Ben-Dor, TA 3, 1976, 70-72; zu dieser Auslegung vgl. kritisch N. Naᵓaman, Borders
and Districts, 184 f. (Anm. 26).

offenbleiben muß, so ist doch deutlich, daß es zur Unterscheidung von Dor dient und ein nicht näher bezeichnetes Gebiet um Dor herum beschreibt. Ebenso wie in V. 15 wird hier zusätzlich die Heirat des Sohnes Abinadabs mit der Tochter Salomos genannt.

V. 12 (V): Bei der Beschreibung des fünften Distriktes muß man offenbar zwischen einem Kern und weiteren z. T. schwer verständlichen präzisierenden Zusatzbemerkungen unterscheiden. Zum Kern gehören die drei sicher zu lokalisierenden Orte Thaanach (*Ta°annek* 171.214), Megiddo (*Tell el-Muteselim* 167.221) und Bethsean (*Tell el-Ḥuṣn* 197.212). Mit dem Ausdruck "ganz Bethsean" wird die zu Bethsean gehörige Flußniederung des *Nahr Ġalūd* mit dem südlich anschließenden Jordangraben bezeichnet.[119] Dieses Gebiet wird mit der Zusatzbemerkung "von Bethsean bis nach Abel-Mehola" (*Tell Abū Ṣūṣ* 203.197) umschrieben. Vielleicht gehört dazu auch die vorausgehende Angabe "unterhalb von Jesreel" (*Zer°īn* 181.218), da sie den westlichsten Punkt dieser Flußniederung bezeichnen könnte und in Verbindung mit "neben Zarthan" keinen Sinn ergibt. Schwer deutbar sind die Angaben "neben Zarthan" und "bis jenseits von Jokmeam", da die Lokalisierung beider Orte bisher noch nicht eindeutig gelungen ist. Für Zarthan werden als Lokalisierungsmöglichkeiten *Qarn Ṣarṭabeh* (Simons)[120], *Tell es-Sa°īdīya* 204.186 (Noth)[121], *Tell um Ḥamād* 205.172 (Aharoni)[122] und *Tell el-Mezār* 195.171 (TAVO)[123] und für Jokmean *Tell Qaimun* (Simons)[124] und *Tell el-Mezār* 195.171 (Aharoni)[125] erwogen.

V. 13 (VI): Der sechste Distrikt führt in das nördliche Ostjordanland nach Ramoth Gilead, das vielleicht auf dem namensgleichen *Tell Ramīt* (244.210) anzusetzen ist.[126] Er liegt "auf einem letzten nordöstlichen Vorsprung des *°adschlūn*-Gebirges, und von ihm aus überschaut man die nach Westen und nach Norden und nach Südosten sich erstreckenden Ebenen. Er nimmt landschaftlich eine ausgesprochene Vorpostenstellung ein ..."[127] Die restlichen Angaben in V. 13b stammen wohl aus Dtn 3,4 f.13 f.; Num 32,41.

---

[119] M. Noth, Könige, 70 f.

[120] J. Simons, The Geographical and Topographical Texts of the Old Testament, § 874.

[121] M. Noth, Könige, 70 f.

[122] Y. Aharoni, Das Land der Bibel, 446.

[123] TAVO-Karte B IV 5.

[124] J. Simons, The Geographical and Topographical Texts of the Old Testament, § 874.

[125] Y. Aharoni, Das Land der Bibel, 442.

[126] Dieser Vorschlag geht auf N. Glueck, BASOR 92, 1943, 10-16 zurück; die TAVO-Karte B IV 5 identifiziert Ramoth Gilead mit *ar-Ramṭa* (246.221); vgl. noch W. F. Albright, JPOS 5, 1925, 35.

[127] M. Noth, Aufsätze zur biblischen Landes- und Altertumskunde, 523.

"Diese recht verschiedenen Elemente sind nur dadurch zusammengefügt und miteinander verquickt worden, daß sie alle in das in einem sehr vagen Sinne verstandene nördliche Ostjordanland führen."[128]

V. 14 (VII): Der Sitz des siebten Distriktes war Mahanajim, das wohl auf *Tulūl ed-Ḏahab el-Gharbī* (214.177) anzusetzen ist.[129] Dieser Tell "liegt am Westrande der *arḍ el-ᶜarḍe*, und zwar gerade an dem Punkte, an dem der beste Zugang aus westlicher Richtung, nämlich der Aufstieg aus dem unteren Jabboktal durch das *wādi heddschādsch*, die Hochfläche der *arḍ el-ᶜarḍe* erreicht".[130]

V. 15 (VIII): Der achte Distrikt führt in das Gebiet des Stammes Naphthali, der nach Jos 19,32-39 westlich des Sees Gennesaret zwischen dem Thabor und dem nördlichen Galiläa angesiedelt war. Ebenso wie in V. 11 wird hier die Heirat des Distriktvorstehers Ahimaaz mit einer Tochter Salomos betont.

V. 16 (IX): In das nach Jos 19,24-31 im mittleren Teil von Galiläa gelegene Gebiet des Stammes Asser führt der neunte Distrikt. Schwer deutbar ist dabei *ūbᵉᶜālôt*. Klostermann[131] und Aharoni[132] ändern hier den Text zu "Sebulon" ab, da sie in MT eine Entstellung des eigentlich zu erwartenden Nachbarstammes Sebulon annehmen. J. Simons liest hier in Anlehnung an LXX ἐν τῇ Μααλαθ *ᶜad maᶜalôt ṣôr* und denkt dabei offenbar an die felsige Mittelmeerküste bis Tyrus.[133] Beide Textänderungen sind jedoch aufgrund des unsicheren Textes äußerst schwierig. Man muß hier wohl auf eine Erklärung verzichten.

V. 17 (X): Der zehnte Distrikt führt in das Gebiet des Stammes Issaschar, dessen Siedlungsgebiet nach Jos 19,17-23 südlich des Thabor anzusetzen ist.

V. 18 (XI): In das nach Jos 18,11-28 zwischen Ephraim und Jerusalem gelegene Gebiet des Stammes Benjamin führt der elfte Distrikt.

V. 19 (XII): Bei der Beschreibung des zwölften Distriktes ergibt sich eine sachliche Schwierigkeit insofern als Gilead bereits in V. 13 (VI) und indirekt auch in V. 14 (VII) genannt worden war. Die Distrikte Nr. VI und VII beschreiben nämlich das nördliche und mittlere Ostjordanland. Man erwartet deshalb in V. 19a eine Beschreibung des südlichen Ostjordanlandes. Diese ist dann gegeben, wenn man mit LXX Γαθ an Stelle von "Gilead" liest.[134]

---

[128] M. Noth, Könige, 72.

[129] R. A. Coughenour, BASOR 273, 1989, 57-66.

[130] M. Noth, Aufsätze zur biblischen Landes- und Altertumskunde, 516.

[131] A. Klostermann, Die Bücher Samuelis und der Könige, 282.

[132] Y. Aharoni, Das Land der Bibel, 325; so auch N. Naʾaman, Borders and Districts, 192 f.

[133] J. Simons, The Geographical and Topographical Texts of the Old Testament, 352.

[134] Die Wendung "Land Gad" begegnet noch in I Sam 13,7.

Diese Lesart fügt sich m. E. besser als die oft vorgeschlagene "Juda" in den geographischen Kontext der Distriktsliste ein.[135] Die in V. 19b vorliegenden Angaben setzen wohl "Gilead" in V. 19 voraus, da Basan bereits in V. 13 genannt worden war. Sie sind deshalb als spätere Ergänzungen aus Num 21,33; 32,33 zu verstehen. Wenn die Lesung "Gad" richtig ist, dann "umfaßte dieser Bezirk das alte Siedlungsgebiet des Stammes Gad zusammen mit den Städten auf der Hochfläche nördlich des Arnon ...".[136]

V. 20: Der Vers bildet zusammen mit V. 7 den Rahmen der Distriktsliste. Er zeigt mit dem Vergleich der Größe Israels und Judas mit dem Sand am Meer, daß die ursprünglich historischen Nachrichten der Liste im jetzigen Kontext den König Salomo verherrlichen sollen.

b) Die Gliederung der Liste

Die Erklärung der Einzelangaben in der Liste zeigt, daß sie aus den drei Abschnitten 1. V. 8-14; 2. V. 15-17; 3. V. 18-19 besteht.

Der *erste Abschnitt* V. 8-14 enthält die Distrikte des mittleren West- sowie des mittleren und nördlichen Ostjordanlandes, wobei sich die Distrikte Nr. II-VII wie ein Kranz um den ersten Distrikt legen. Der zweite Distrikt liegt südwestlich und der dritte nordwestlich des Gebirges Ephraim, an das beide unmittelbar angrenzen. Der vierte Distrikt führt dagegen weiter vom Gebirge Ephraim ab, da er westlich des dritten Distriktes an der Mittelmeerküste zu suchen ist. In das nördliche (Nr. VI) und mittlere Ostjordanland (Nr. VII) führen die beiden letzten Distrikte dieses Abschnittes.

Der *zweite Abschnitt* V. 15-17 faßt die drei nördlichen Stämme Naphthali (VIII), Asser (IX) und Issaschar (X) zusammen. Hierbei fällt die Auslassung der Stämme Dan und Sebulon auf. Vielleicht wurde Dan zu Naphthali und Sebulon zu Asser oder Naphthali gezählt.[137]

Der *dritte Abschnitt* V. 18-19 beinhaltet jeweils den südlichsten Stamm im West- (Nr. XI) sowie denjenigen im Ostjordanland (Nr. XII).

---

[135] Die Lesart "Juda" wird u. a. von W. F. Albright, JPOS 5, 1925, 27 und T. N. D. Mettinger, Solomonic State Officials, 121-123; N. Naʾaman, Borders and Districts, 168.172.174 verteidigt. Für "Gad" plädieren u. a. J. Benzinger, Die Bücher der Könige, 22; R. Kittel, Die Bücher der Könige, 36; R. de Vaux, Les Livres des Rois, 40; J. Simons, The Geographical and Topographical Texts of the Old Testament, § 874; M. Noth, Könige, 74; J. Robinson, The First Book of Kings, 60.

[136] M. Noth, Könige, 74.

[137] So im Anschluß an die Vermutung der meisten Kommentare; vgl. etwa M. Noth, Könige, 73 f.

Die Gliederung der Liste in mehrere Teile ist für H. Rösel der Ausgangspunkt von literarkritischen Erwägungen zu I Reg 4,7-19. Dabei geht er von
zwei Teilen (V. 8-14 + V 15-19) aus, deren Unterschied tiefer als bisher
angenommen sei.[138] Die Unterschiede zwischen V. 8-14 und V. 15-19 erklären sich nach Rösel am besten, wenn man eine literarkritische Scheidung
vollzieht. Er geht dabei von den "Stämmedistrikten" des zweiten Teiles aus:
Naphthali — Asser — Issaschar — Benjamin — Gilead; er behält "Gilead"
bei.[139] Der geographische Sprung zwischen Issaschar und Benjamin lasse
vermuten, daß sich hinter dieser Aufzählung eine Liste mit folgenden Namen
verberge: Naphthali — Asser — Issaschar — Ephraim/Haus Joseph — Benjamin
— Gilead. Dieses System bildete die Grundlage für das salomonische System
der Distrikte. Bei der salomonischen Reform sei der zentrale Distrikt Ephraim wegen seiner Bedeutung vorgezogen worden, danach seien die umliegenden neuen "kanaanäischen" Distrikte aufgeführt und erst dann die alte Stämmeliste angeschlossen worden.

M. E. bleibt dieser Versuch der Rekonstruktion einer "Urliste" hypothetisch. Ihre Existenz ist zwar nicht gänzlich auszuschließen, aber dennoch
sprechen folgende Beobachtungen eher dagegen: a) In der von H. Rösel
rekonstruierten "Urliste" steht "Ephraim", in V. 8 heißt es dagegen "Gebirge
Ephraim"; dieser Unterschied darf nicht übersehen werden, da beide Begriffe
keineswegs identisch sind. Ephraim allein dient nie zur Bezeichnung des
ganzen mittelpalästinischen Gebirges; b) Die Präposition b^e begegnet nicht
nur in V. 15-19, sondern auch relativ häufig in V. 8-14: V. 8; 9 (bis); 10; 13;
c) Rösel liest in V. 19 ohne Textänderung das problematische "Gilead"[140];
die Lesart "Gad" dagegen ist kaum mit der rekonstruierten Urliste in Übereinstimmung zu bringen.

c) Die Form der Liste

Die Liste der Distrikte Salomos setzt sich aus folgenden Elementen zusammen: Sie wird umrahmt von einer Einleitung (V. 7), die den Sinn und Zweck
der Distriktseinteilung deutlich machen soll, sowie einem Schluß (V. 20), der
die unendliche Größe des salomonischen Reiches preisen soll.

Der Kern der Liste umfaßt V. 8-9, der in jedem Vers ähnlich aufgebaut
ist. Es wird zunächst der Vorsteher des Distriktes genannt, wobei sieben Mal

---

[138] H. Rösel, ZDPV 100, 1984, 87.
[139] H. Rösel, ZDPV 100, 1984, 87 f.
[140] Vgl. dazu oben die Erklärung zu V. 19.

der Name (V. 12.14.15.16.17.18.19) und fünf Mal lediglich der Name des Vaters (Sohn von X; V. 8.9.10.11.13) erscheint. Auf diese genealogischen Angaben folgen diejenigen zur Geographie und Topographie, wobei man vier Gruppen unterscheiden kann: a) Ortsnamen, die mit (V. 9.10.13) und ohne (V. 9.10.12) die Präposition b^e eingeleitet werden; b) Gebietsbezeichnungen, die mit (V. 8.10.11.19) und ohne (V. 10.11.12) b^e eingeführt werden; c) die mit b^e eingeleiteten Namen von Stämmen (V. 15.16.17.18); d) der mit *He-locale* genannte Ort Mahanajim (V. 14). In V. 11.15 finden sich außerdem genealogische Angaben, wobei die Heirat des Distriktsvorstehers mit einer Tochter Salomos berichtet wird. Präzisierende Ergänzungen zu den geographischen Angaben finden sich in V. 12.13.19.

d) Die historische Verknüpfung der Distrikte II-VII
mit dem Distrikt "Gebirge Ephraim" (I)

Ein wichtiges Kennzeichen der Liste ist die enge historische Verknüpfung der Distrikte Nr. II-VII mit dem Distrikt Nr. I.

Das Gebiet des zweiten Distriktes war in der Richterzeit Teil eines kanaanäischen Stadtstaatengebietes, von dem es in Jdc 1,35 heißt, daß es die Daniten auf das Gebirge abdrängen und eine gewisse Zeit über selbständig in Har-Heress, Ajalon und Saalbim wohnen bleiben konnte. Allerdings gelang es dem Haus Joseph bzw. Ephraim, sich dieses Gebiet fronpflichtig zu machen.[141]

Das Gebiet des dritten Distriktes war in der Josua- und Richterzeit ein Teil des Stammes Manasse (vgl. Jos 17,7-13). Nach Jos 17,2 war Hepher ein Nachkomme Manasses.[142]

Zu dem Gebiet des Stammes Manasse zählte auch nach Jos 17,11 der Ort Dor mitsamt seinen Nebenorten (Distrikt Nr. IV), aus denen die Kanaanäer nach Jdc 1,27 allerdings nicht vertrieben werden konnten.[143]

Das Gebiet des fünften Distriktes gehörte nach Jos 17,11 zu Manasse, auch wenn es dem Stamm nach Jdc 1,27 nicht gelang, die kanaanäische Bevölkerung aus diesem Gebiet zu vertreiben.[144]

Die beiden ostjordanischen Distrikte "Ramoth Gilead" (Nr. VI) und Mahanajim (Nr. VII) stehen ebenfalls in enger Verbindung mit Ephraim und

---

[141] Vgl. dazu oben "Ephraim" in Jdc 1,29 (§ 7).
[142] Vgl. dazu oben § 5.
[143] Vgl. dazu oben "Ephraim" in Jdc 1,29 (§ 7).
[144] Vgl. dazu oben "Ephraim" in Jdc 1,29 (§ 7).

Manasse. Ein Teil des Stammes Manasse siedelte im nördlichen Ostjordanland (Jos 13,8-13). Der Ort Mahanajim (*Tulūl ed-Dahab el-Gharbī* (214.177) liegt bei Zaphon (*Tell es-Saʿīdīya?* 204.186), wo es nach Jdc 12,1-7 zu einer Auseinandersetzung zwischen Ephraim und Jephtha gekommen war. Sie hatte ihren Grund in dem Übergehen Ephraims bei dem Ammoniterfeldzug Jephthas und sie endete mit dem endgültigen Bruch zwischen Ephraim und Gilead. Weil die Gileaditen ephraimitischer Herkunft waren, glaubte Ephraim das Recht zu haben, bei Jephtha nach den Gründen für das Übergehen beim Ammoniterfeldzug zu fragen.[145]

Der Distrikt "Gebirge Ephraim" (Nr. I) stand in der Josua- und Richterzeit nicht nur mit den in Nr. II-VII genannten Gebieten, sondern auch mit Benjamin (Nr. XI) in engster Verbindung, da es der südliche Nachbar Ephraims war (Jos 18,11-27) und gemeinsam mit Ephraim an der Deboraschlacht teilgenommen hatte (Jdc 5,14a).[146]

4. Zusammenfassung: Das "Gebirge Ephraim" in der salomonischen Distriktsliste

Die Ergebnisse der Einzelexegese lassen sich abschließend im Hinblick auf die Bestimmung der Bedeutung und Funktion des "Gebirges Ephraim" als des ersten Distriktes in der salomonischen Liste (V. 8) folgendermaßen zusammenfassen:

1. Die Form und der Inhalt der salomonischen Distriktsliste sprechen in gleicher Weise für ihren hohen geschichtlichen Wert und ihre Herkunft aus der Zeit Salomos. Das Fehlen der Namen der Distriktsvorsteher in V. 8.9.10. 11.13 zeigt, daß die Liste dem Verfasser der Gesamtdarstellung in beschädigter Form vorlag, was ein indirektes Zeichen für das hohe Alter der Liste ist.

2. Die Stellung des Distriktes "Gebirge Ephraim" an erster Stelle ist kein Zufall, sondern bewußte Komposition. Diese Stellung gründet in dem geographischen Aufbau der Liste, da sich die Distrikte Nr. II-VII ringförmig um den ersten Distrikt legen, dessen Größe und zentrale Lage in Mittelpalästina ihn geradezu zum *ersten* Distrikt prädestinierten.

3. Der erste Distrikt heißt "Gebirge Ephraim", und nicht "Haus Joseph" oder "Ephraim und Manasse", um Mißverständnisse auszuschließen, da Teile

---

[145] Vgl. dazu oben "Ephraim, Jephtha und Gilead" (§ 9).
[146] Vgl. dazu oben "Jdc 5,14a" (§ 6).

des Stammes Manasse auch im Ostjordanland siedelten und Teile seines Gebietes zum dritten Distrikt gezählt wurden.

4. Die Lage des dritten Distriktes zeigt, daß mit "Gebirge Ephraim" das Gebiet der Stämme Ephraim und Manasse abzüglich des nordwestmanassitischen Teiles (3. Distrikt) gemeint ist.

5. Mit der Zusammenfassung der Stammesgebiete von Ephraim und Manasse zu einem Distrikt umging Salomo geschickt die komplizierten Grenzteilungen beider Stämme, da es nach Jos 16,9 f. ephraimitische Orte als Exklaven in manassitischem Gebiet gab. So läßt sich zumindest für den ersten Distrikt sagen, daß Salomo damit die territorialen Gegebenheiten vereinfacht hat. Dies ist verständlich, wenn man bedenkt, daß die Naturalabgaben bei einem derart komplizierten Grenzverlauf wie zwischen dem von Ephraim und Manasse kaum organisierbar gewesen wären. So hätte etwa die Stadt Thappuah, deren Hinterland zu Manasse und deren Stadtgebiet zu Ephraim zählte, den königlichen Hof in Jerusalem ohne das Hinterland kaum versorgen können.

6. Das Nebeneinander von Stämmegebieten und ehemaligen kanaanäischen Stadtstaatengebieten zeigt, daß Salomo an die Verhältnisse der Josua- und Richterzeit anknüpft. So respektiert Salomo im Blick auf den Stamm Ephraim den in der Richterzeit vollzogenen Bruch mit Gilead (Jdc 12,1-7) durch die Einrichtung selbständiger ostjordanischer Distrikte (VI; VII). Diese Anknüpfung an die früheren Verhältnisse spricht gegen G. E. Wrights These, daß Salomo einen radikalen Bruch mit dem alten Stämmesystem vollzogen habe. Dem ist entgegenzuhalten, daß Salomo durchaus an die alten Gegebenheiten anknüpft, zugleich aber die neue veränderte Situation mit berücksichtigen muß.[147]

7. Der in erster Linie durch die geographischen Gegebenheiten bedingte Aufbau der Liste, der Name "Gebirge Ephraim" anstelle von "Haus Joseph" oder "Ephraim und Manasse", die Umgehung der komplizierten Grenzverläufe zwischen Ephraim und Manasse durch die Zusammenfassung beider Stammesgebiete zu einem sowie die imponierende Größe dieses Distriktes[148] sind wichtige Argumente gegen Mettingers These, nach der Salomo mit Errichtung des ersten Distriktes die politische Macht des Hauses Joseph brechen wollte. Hier wird die Liste m. E. überinterpretiert.

---

[147] Zur Position von G. E. Wright vgl. kritisch H. Rösel, ZDPV 100, 1984, 86.
[148] H. N. Rösel, ZDPV 100, 1984, 86.

E Theologischer Ausblick

§ 14 "Erstrahle doch vor Ephraim ...": Psalm 80,3

In der ersten Strophe[1] des Volksklageliedes[2] Ps 80,2-4 wird Gott als "Hirte Israels" (V. 2aα) und "der, der über den Cheruben thront" (V. 2b) angesprochen und in vierfacher Form gebeten zu hören (V. 2aα), zu erstrahlen (V. 2b), seine Kraft zu erwecken (V. 3aβ) und dem Volk zu Hilfe zu eilen (V. 3b). Im Kontext der zweiten Bitte heißt es: "... erstrahle doch vor Ephraim und Benjamin und Manasse ..." (V. 2b.3aα).

Die Anrede Gottes mit "Hirte Israels" stammt aus der Tradition Josephs, was sich aus ihrem Parallelvorkommen im Stammesspruch über Joseph Gen 49,24[3] ergibt. Diese Anrede bringt sowohl in Gen 49,24 als auch hier Gottes helfende Begleitung für sein Volk zum Ausdruck. Die zweite Anrede (V. 2b) bezieht sich auf den Gott der Lade[4], d. h. auf den für Israel präsenten Gott. Der angeredete Gott wird eindringlich um seine Gegenwart und seine Macht gebeten.[5] Das dazu in V. 2b verwendete Verb *ypᶜ Hif.* begegnet in den Psalmen nur noch in 50,2; 94,1, wo es die spezielle Form des triumphierenden (Ps 50,2) und des richtenden (Ps 94,1) Erscheinens Gottes umschreibt.[6]

Das Ziel des göttlichen Erstrahlens sind Ephraim, Benjamin und Manasse. In dieser Zusammenstellung begegnen die drei Stammesnamen noch in I Chr 9,3, allerdings in abgewandelter Reihenfolge (1. Benjamin, 2. Ephraim, 3.

---

[1] Der Psalm läßt sich deutlich in vier jeweils mit einem Kehrvers abgeschlossene Strophen gliedern: V. 2-4; 5-8; 9-16; 17-20.

[2] Zur Gattung des Volksklageliedes vgl. H. Gunkel, Einleitung in die Psalmen, 117-139; C. Westermann, Lob und Klage in den Psalmen, 39-48; im Rahmen dieser Studie kann nicht auf alle Fragen, die Psalm 80 stellt, eingegangen werden; Probleme ergeben sich zum Verständnis von *šālīš V. 6*, vgl. H. Gunkel, Die Psalmen, 354; J. Olshausen, Die Psalmen, 337; *V. 14a: fᵉkarsᵉmännâ*, vgl. H.-G. Mutius, BN 8, 1979, 18-21; *V. 14b: zīz*, vgl. D. W. Thomas, ET 76, 1964/65, 385; *V. 16a: wᵉkannâ*, BeO 124, 1980, 124; zum Verhältnis von *V. 16b* und *V. 18b* vgl. B. Duhm, Die Psalmen, 313; H. Gunkel, Die Psalmen, 355; *V. 18*: A. Gelston, SJTh 22, 1969, 189-196; D. Hill, NT 15, 1973, 261-269.

[3] Zum Text von Gen 49,24 vgl. oben § 4; vgl. auch Gen 48,15. Mit den Stichworten "Hirte" und "Schafe" wird Ps 80 mit Ps 79 verknüpft (vgl. nur Ps 79,13).

[4] In I Sam 4,4; II Sam 6,2; II Reg 19,15; Jes 37,16; I Chr 13,6; Ps 99,1.

[5] Die Intensität der Anrede zeigt sich in der viermaligen Verwendung des Adhortativs.

[6] Vgl. noch Dtn 33,2.

Manasse) und mit der Hinzufügung von *b^{e}nê*.[7] Änderungen des vorliegenden Textes in V. 2b.3aα sind aus textlichen[8] und inhaltlichen[9] Gründen nicht notwendig. So ist etwa die Textänderung von T. K. Cheyne von V. 3aα zu "The sons of Jerahmeel and Miṣṣur" durch nichts gerechtfertigt.[10] Man sollte auch nicht vorschnell "Benjamin" streichen oder "Juda" in den Text einfügen, weil ersteres den Vers überfülle "und ohnehin nicht zwischen Ephraim und Manasse stehen dürfte"[11] und das zweite durch ein Versehen ausgefallen sein soll.[12]

Die Stellung von V. 3 im Kontext sowie der Aufbau von Psalm 80 kann durch nachfolgende Skizze verdeutlicht werden:

V. 2a	:	Bitte um Gottes Gegenwart: Hören ↔	V. 5	↔	V. 13 f.
V. 2b.3	:	Bitte um Gottes Stärke: Erstrahlen ↔	V. 6 f.	→	V. 19
<u>V. 4</u>	:	<u>Kehrvers: Erscheinen und Retten</u>			
V. 5	:	Klage über Gottes Verborgenheit			
V. 6	:	Klage über das Tränenbrot		↔	V. 9-12
V. 7	:	Klage über Zwietracht und Feinde			
<u>V. 8</u>	:	<u>Kehrvers: Erscheinen und Retten</u>			
V. 9	:	Weinstock: Exodus und Landnahme		↔	V. 7
V. 10	:	Gottes Gegenwart − Festsetzung im Land			
V. 11	:	Ausbreitung − Libanon		↔	V. 6
V. 12	:	Ausbreitung − Meer			
V. 13	:	Klage über Gottes Rückzug		↔	V. 2
V. 14	:	Gott als "Anti-Hirte"			
<u>V. 15 f.</u>	:	<u>Kehrvers: Erscheinen und Retten</u>			
V. 17a	:	Klage über den Weinstock		↔	V. 9-14
V. 17b	:	Bitte für die Feinde		↔	V. 7
V. 18	:	Bitte um Gottes Gegenwart und Stärke		↔	V. 2b.3
V. 19	:	Vertrauen − Anrufung Gottes		↔	V. 2a
<u>V. 20</u>	:	<u>Kehrvers: Erscheinen und Retten</u>			

(Zeichenerklärung: → Bezugnahmen untereinander;
                         ↔ antithetische Bezugnahmen untereinander)

---

[7] In I Chr 9,3 ist von Benjaminiten, Ephraimiten und Manassiten in Jerusalem die Rede. Vielleicht handelt es sich hierbei um Flüchtlinge aus dem Norden, die sich nach 722 in Jerusalem angesiedelt haben. Theologisch soll die Angabe offenbar besagen, daß einzelnen aus dem Nordreich Anteil an der Heiligen Schrift gegeben wird. Zu I Chr 9 vgl. M. Oeming, Das wahre Israel, 188-205; M. Kartveit, Motive und Schichten der Landtheologie in I Chronik 1-9, 151 f.

[8] LXX, V, S, T stimmen mit MT überein.

[9] Vgl. dazu oben § 14.

[10] T. K. Cheyne, The Book of Psalms II, 29.

[11] B. Duhm, Die Psalmen, 311 f.; so auch C. A. Briggs/E. G. Briggs, The Book of Psalms II, 203.207.

[12] J. Olshausen, Die Psalmen, 336.

Die Aufbauskizze zeigt die vielfältigen Bezugnahmen in Ps 80: Die Bitte um Gottes Gegenwart und Stärke in V. 2 f. steht mit den Klagen in V. 5-7 und V. 17 f. inhaltlich in Antithese. Sprachlich wird dies durch den Gebrauch der beiden Verben *yp^c Hif.* (V. 2b) und *^{c}šn Qal* (V. 5b) zum Ausdruck gebracht. *^{c}šn* (V. 5b) ist Gegenbegriff zu *yp^c* (V. 2b) und zu "laß dein Angesicht leuchten" (V. 4b). Die Bittenden stehen im Dunkeln, weil Gott mit seinem Rauch sein Angesicht verdunkelt.[13] Die Anrede Gottes mit "Hirte Israels", "der du leitest wie Schafe" und "der du auf den Cheruben thronst" (V. 2) schließt ein Element des Vertrauens in Gott ein, das am Ende des Psalmes in dem Bekenntnis zu Gott wiederkehrt (V. 19). Der Schluß von Psalm 80 bezieht sich somit auf den Anfang in V. 2 zurück. Das Bild von Gott als dem Hirten (V. 2) steht in starkem Kontrast zu V. 13 f., wo er geradezu als "Anti-Hirte" erscheint, da er weder schützt noch führt, sondern niederreißt und zerstört. Die Schilderungen von der Blüte des Weinstocks (V. 9-12) und seinem Verbrennen und Abschneiden (V. 17a) stehen sich kontrastierend gegenüber. Die Bitte um den Untergang der Feinde (V. 17b) bleibt ohne die vorausgehende Klage über den Spott der Feinde (V. 7b) unverständlich.

Der Aufbau des Psalms spricht aufgrund seiner zahlreichen Bezugnahmen untereinander m. E. eher für die Annahme einer einheitlichen Entstehung als für W. Beyerlins These, daß der Psalm auf einer Zusammensetzung unterschiedlicher Elemente aus über vier Jahrhunderten beruhe. Er geht davon aus, daß *"eine tiefgestaffelte Folge historischer Situationen"*[14] die Bestandteile des Psalms hervorgebracht habe. Die älteste Schicht findet er in V. 2 f. Die Konstellation der Namen Ephraim, Benjamin und Manasse weise in die vorstaatliche Zeit und lasse auf einen kriegerischen Anlaß schließen. Er denkt dabei an die Königszeit Sauls und den Angriff der Philister: "Vornehmlich der Philisteransturm, der sich zunächst gegen das mittelpalästinische Bergland und die dort ansässigen zentralisraelitischen Stämme, insonderheit gegen Ephraim, richtete, könnte in der einen oder anderen Phase die flehentliche Bitte um die Epiphanie des wehrhaft voranziehenden Israel-Gottes veranlaßt haben."[15]

Die jüngste Schicht findet er in V. 9-16a. Aufgrund der Nähe des Weinstockmotivs zu Traditionen aus dem judäisch-jerusalemischen Süden (Ps 44,3; Ex 15,14-17; II Sam 7,9-10; Jes 5,1-7; Jer 2,21; 12,10) lokalisiert er V. 9-16a im Süden und schließt aus V. 13-16a, daß "nur auf die Katastrophe des Jahres 587 abgehoben sein" könne.[16]

---

[13] Zu *^{c}šn* in Ps 80,5 vgl. N. J. Tromp, sémiotique et bible 47, 1987, 30-36.

[14] W. Beyerlin, FS G. Friedrich, 9-24; Zitat S. 19.

[15] W. Beyerlin, FS G. Friedrich, 11 f.

[16] W. Beyerlin, FS G. Friedrich, 15.

Die Vermittlung beider Schichten (V. 2 f. und V. 9-12) erfolgte durch V. 5-7 und V. 17b-19: "Dieser Volksklagepsalm hat ... jenes altisraelitische Bittgebet aktualisierend aufgegriffen und sich zur Intensivierung seines eigenen Flehens assimiliert."[17] Dieses Volksklagelied setze den Verlust der staatlichen Einheit voraus. Da die bedrängte nordisraelitische Jahwegemeinde vom Südreich her betrauert und belagert werde, datiert Beyerlin V. 5-7.17b-19 in die Zeit Josias.[18]

Gegen Beyerlin ist hier allerdings zu fragen, ob V. 2 f. wirklich als *eigenständige* Schicht fast vierhundert Jahre lang von Saul bis Josia existiert haben kann, denn ohne den Gesamtkomplex von Psalm 80 wirken die Anreden und Bitten in V. 2 f. wenig aussagekräftig. Müßte man bei der Annahme einer eigenständigen Schicht in V. 2.3aα nicht einen strengen *Parallelismus membrorum* erwarten? In V. 2b.3aα liegt jedenfalls ein solcher nicht vor, denn man vermißt die Komplementärbegriffe zu den Adhortativformen in V. 2aα.b.[19]

Hypothetisch bleibt Beyerlins Annahme, der jetzige V. 17a, "der der Verklammerung des allegorisierenden Einschubs mit der vorgegebenen Textschicht dient, könnte einen Versanfang nichtmetaphorischen Inhalts verdrängt haben".[20] Der Rückbezug von V. 17a zu V. 9-14 sowie die eindeutige Textüberlieferung[21] sprechen gegen diese Hypothese.

Beyerlins Datierung von V. 2 f. in die Zeit der Philisterbedrängnis unter Saul ist sehr unsicher, denn dabei ist die Nennung gerade von Ephraim, Benjamin und Manasse nicht recht deutlich, da anzunehmen ist, daß die Philister für mehr als nur diese drei Stämme eine wirkliche Bedrohung darstellten.[22]

Positiv muß man Beyerlins Ansatz aufnehmen, die Stämmetrias in V. 3aα als Ausgangspunkt für historische Erwägungen zu wählen, denn nach der alttestamentlichen Überlieferung stehen Benjamin und Joseph in besonders enger Verbindung, da beide Söhne der Rahel sind (Gen 30,24; 35,18). Dies legt die Annahme nahe, "daß auch zwischen dem Stamm Benjamin und der Stämmegruppe Joseph engere Verbindungen bestanden, eine Annahme, die durch die Tatsache, daß der Siedlungsraum dieser beiden Größen aneinander grenzte, nur noch bestätigt werden kann".[23]

---

[17] W. Beyerlin, FS G. Friedrich, 16.

[18] W. Beyerlin, FS G. Friedrich, 16 f.

[19] Dies hat O. Loretz, UF 6, 1974, 195 f. richtig gesehen, allerdings überzeugt die Herausnahme von V. 3aα als Konsequenz seiner Beobachtungen nicht.

[20] W. Beyerlin, FS G. Friedrich, 22 Anm. 70.

[21] LXX, V, T, S bestätigen MT.

[22] M. Noth, Geschichte Israels, 153 f.

[23] K.-D. Schunck, Benjamin, 8.

Fragt man sich, zu welchen Zeiten eine solche Konstellation wie in V. 3aα möglich war, so ergibt sich folgendes Bild: Es ist damit zu rechnen, daß sich bereits vor dem Überschreiten des Jordans die benjaminitischen und ephraimitischen Sippen vereinigten und die Landnahme gemeinsam durchführten. Dies legt die gleiche Struktur der beiden Sippenverbände nahe, nach der sie neben ihren Ältesten wohl auch einer Führergestalt gefolgt sind, die nach der Darstellung des Alten Testaments Josua übernommen hat.[24] Die Annahme des Zusammenschlusses von benjaminitischen und ephraimitischen Sippen vor dem Überschreiten des Jordans und ihrer Festsetzung auf dem westjordanischen Gebirge wird durch die Lage und Bedeutung von Gilgal, "dem nach der at-lichen Tradition ersten Heiligtum und Lager der die Landnahme durchführenden Sippen"[25] bekräftigt. Nach der Landnahme hat Benjamin bis in die Zeit des Königs Saul in enger Verbindung mit Ephraim gestanden. Dies zeigt etwa die Notiz in Jdc 5,14a, nach der Teile des Stammes Ephraim, die zusammen mit Amalekitern im mittelpalästinischen Gebirgsland siedelten, hinter benjaminitischen Heerscharen in den Kampf gegen die Kanaanäer zogen.[26] Nach Schunck löste sich die enge Verbindung Benjamins mit Ephraim erst untr dem König Saul. Unter Rehabeam (I Reg 12,20 f.) entschied sich "Benjamin dann sogar im Gegensatz zu allen anderen Nordstämmen freiwillig für einen Anschluß an Juda, nicht aber an das nun zunächst wieder von Ephraim beherrschte Nordreich Israel".[27]

Trifft dieses skizzierte Bild des Verhältnisses von Benjamin und Joseph zu, besagt dies für die Datierung von V. 3aα folgendes: *terminus a quo* für die Zusammenstellung der Stämmetrias in dieser Anordnung muß die Ansiedlung in Palästina und die Trennung des Hauses Joseph in Ephraim und Manasse sein; *terminus ad quem* ist der Anschluß Benjamins an Juda unter Rehabeam. Da es hier keine weiteren Anhaltspunkte für eine genauere Datierung innerhalb dieser Zeitspanne gibt, wird man am besten davon ausgehen, daß hier nicht an ein konkretes Geschehen wie etwa die Philisterauseinandersetzungen, sondern an den Zeitraum von der Festsetzung im Land bis zum Anschluß Benjamins an Juda unter Rehabeam gedacht ist.

Sieht man nun die Notiz in V. 3aα im Kontext des ganzen Psalmes, so ist folgendes zu beachten: Da V. 3aα fest in Psalm 80 eingebunden ist, kann er nur im Zusammenhang der Entstehung des ganzen Psalmes entstanden sein.

---

[24] So im Anschluß an K.-D. Schunck, Benjamin, 18.24.170.

[25] K.-D. Schunck, Benjamin, 39; vgl. auch 43 f.

[26] Vgl. dazu oben die Auslegung von Jdc 5,14aβ (§ 6).

[27] K.-D. Schunck, Benjamin, 171 f.; vgl. noch 140 f.; vgl. auch M. Noth, Geschichte Israels, 214. Anders E. Würthwein, Das erste Buch der Könige, Kap. 1-16, 161.

Dieser muß jedoch m. E. in die nachexilische Zeit datiert werden, worauf die Endgültigkeit der Vernichtung (V. 13 f.) und die Berührungen des Weinstockmotivs (V. 9-12) mit Traditionen aus dem judäisch-jerusalemischen Süden weisen.[28] Bezüglich V. 3aα muß man zwischen der Zeit, auf die hier angespielt ist und der Zeit der Entstehung des ganzen Verses unterscheiden.

In nachexilischer Zeit lebte Israel "im wesentlichen von den aus der Vergangenheit überkommenen Traditionen. Der Blick nach rückwärts auf die bisherige Geschichte und deren Überlieferungen erfüllte sein Leben; und man hielt daran fest, was eben festzuhalten möglich war, und das, was festzuhalten möglich war, bekam nun besonderes Gewicht ... Die überkommenen Traditionen, auf die der rückwärts gewandte Blick sich richtete, enthielten zugleich aber auch einen Hinweis auf die Zukunft."[29] Der Psalmist appelliert damit gleich am Anfang des Psalms an Gott, doch wieder in der Weise zu erstrahlen, wie er damals vor Ephraim, Benjamin und Manasse erstrahlte. Damals kam er diesen Stämmen bei ihrer Festsetzung und Ausdehnung in Palästina zu Hilfe und stellte sich bei ihren Auseinandersetzungen mit den Nachbarvölkern schützend und machtvoll an ihre Seite. Daran soll sich Gott in der jetzigen ausweglosen Lage wieder erinnern und so wie damals den drei Stämmen Ephraim, Benjamin und Manasse heute *ganz Israel* helfen. "... Gott wird an seine eigenen 'großen Taten' erinnert, sie werden ihm vorgehalten, daß er daran 'gedenke'."[30] Damit begegnet gleich zu Anfang des Psalms das den ganzen Psalm bestimmende Kontrastmotiv zwischen "der Herrlichkeit der Vergangenheit" und dem "gegenwärtigen Elend".[31] In diesem Sinn wird man M. Mannati und E. de Solms zustimmen, wenn sie zu V. 2 f. bemerken: "Tout le psaume est déjà présent dans cette strophe ..."[32]

Die Datierung in die Zeit nach 586 wird u. a. auch von M. Buttenwieser[33], B. Duhm[34], R. Kittel[35], R. J. Tournay[36] sowie den Herausgebern der Jerusalemer Bibel[37] verteidigt. Nach R. Kittel erinnern vor allem V. 9-14 an Zustände, wie sie am ehesten nach 586 denkbar sind. Es erscheint ihm

---

[28] Ex 15,14-17; II Sam 7,9-10; Jes 5,1-7; Jer 2,21; 12,10; Ps 44,3; vgl. dazu W. Beyerlin, FS G. Friedrich, 15.

[29] M. Noth, Geschichte Israels, 269 f.

[30] C. Westermann, Lob und Klage in den Psalmen, 167.

[31] So die Formulierung von H. Gunkel, Psalmen, 352.

[32] M. Mannati/E. de Solms, Les Psaumes III, 84.

[33] M. Buttenwieser, The Psalms chronologically treated, 234.237.

[34] B. Duhm, Die Psalmen, 311.314.

[35] R. Kittel, Die Psalmen, 269.

[36] R. J. Tournay, Voir et Entendre Dieu avec les Psaumes, 113.

[37] Jerusalemer Bibel, Erläuterungen zu Ps 80.

deshalb das Nächstliegende, "den Psalm als eine Klage in der Weise der kanonischen Klagelieder anzusehen: nach der Zerstörung Jerusalems und der Verheerung des Landes knüpft ein Sänger an die Hoffnung der Herstellung Efraims an und bittet, Jahwe möge mit dem hergestellten Efraim zusammen Juda wieder heilen".[38] Diese Datierung ist m. E. wahrscheinlicher als die Ansetzung von Psalm 80 in vorexilischer Zeit.

Nach H. Heinemann[39] und A. Roifer[40] weist die Nennung von Ephraim, Benjamin und Manasse in V. 3aα in die Zeit des Königs Saul. Die Eroberung Kanaans sei noch in lebendiger Erinnerung, Juda spiele noch keine entscheidende Rolle, die Erinnerung an die Lade sei noch frisch, das Bewußtsein von Schuld fehle vollkommen und in "der Mann deiner Rechten" (V. 18a) liege eine deutliche Anspielung an Benjamin vor. Die in Psalm 80 genannten Feinde könnten nur die Philister sein: "Israel, at the moment reflected in the Psalm, is indeed going to war, and calls upon its God to lead it to victory, as He had done so often before."[41] Bei diesem Datierungsvorschlag wird die in V. 13 f.17a beschriebene Endgültigkeit der Zerstörung sowie die Aufnahme judäisch-jerusalemischer Traditionen in V. 9-12 nicht berücksichtigt.

Eine große Zahl von Gelehrten[42] datieren den Psalm in die Zeit kurz vor dem Untergang des Nordreiches. Sie stützen sich dabei vor allem auf die LXX-Notiz ψαλμὸς ὑπὲρ τοῦ Ἀσσυρίου (V. 1) sowie auf die Nennung von Israel und Joseph, Ephraim, Benjamin und Manasse in V. 2 f., die "ein deutliches Zeichen für die Bezugnahme unseres Psalms auf Nordisrael"[43] darstelle. In dem "Wir" von V. 4.8.20 könnten nur die mittelpalästinischen Stämme angesprochen sein. Diese seien es, "die selbst um Abwendung der über sie hereingebrochenen Not beten, nicht etwa ein anderer Teil Gesamtisraels, der an ihrem Schicksal innigen Anteil nimmt".[44] Nur zwischen 732 und 722 v. Chr. hätte es die mittelpalästinischen Stämme als selbständiges politisches Gebilde gegeben und dieser Reststaat war nach O. Eissfeldt damals der Träger der nordisraelitischen Tradition: "So wird auch die in dem die zehn Jahre zwischen 732 und 722 v. Chr. bestehenden Rumpfstaat Ephra-

---

[38] R. Kittel, Die Psalmen, 269.

[39] H. Heinemann, JQR 40, 1949/50, 301.

[40] A. Roifer, Tarb. 29, 1959, 113-124 (hebr.).

[41] H. Heinemann, JQR 40, 1949/50, 301.

[42] So u. a. M. Dahood, Psalms II, 255; O. Eissfeldt, Kleine Schriften III, 221-232; ders., Kleine Schriften IV, 132-136; E. J. Kissane, The Book of Psalms II, 47; E. König, Die Psalmen, 356; A. Weiser, Die Psalmen, 372.

[43] O. Eissfeldt, Kleine Schriften III, 228.

[44] O. Eissfeldt, Kleine Schriften III, 229.

im lebendig gebliebene und hier unter dem furchtbaren Druck, der auf ihm lastete, gewiß besonders brennend gewordene Sehnsucht nach Wiedererlangung der verlorenen Größe, Selbständigkeit und Macht sich gerade an diesen Jahwe Zebaoth geklammert haben, der in der Vergangenheit Israel so machtvoll gegen seine Feinde beigestanden hatte."[45] Entsprechend dieser Datierung wird "der Mann deiner Rechten" in V. 18a auf den König Hosea gedeutet, "der 732 v. Chr. von Tiglat-Pileser als König über den Rumpfstaat Ephraim eingesetzt wurde, aber acht Jahre später dessen Nachfolger auf dem assyrischen Königsthron, Salmanassar V., den Gehorsam aufsagte und deswegen von ihm mit Krieg überzogen wurde".[46]

H. Gunkel[47], S. Mowinckel[48] und J. Schreiner[49] sehen als *terminus a quo* des Psalms den Untergang des Staates Israel 722 an. Während S. Mowinckel an eine Entstehung kurz vor oder nach dem Fall des Nordreiches denkt, hält H. Gunkel eine genaue Zeitansetzung für nicht möglich. Der Psalm sei überhaupt nicht aus einem bestimmten einzelnen Geschehen hervorgegangen, sondern setze einen lange dauernden Zustand voraus.

In die Zeit nach 722 datiert auch H.-J. Kraus Psalm 80, wobei er konkret an die Zeit Josias denkt.[50] Aus V. 3 gehe hervor, daß es sich in Ps 80 um eine schwere Bedrohung der nordisraelitischen Stämmegruppen Ephraim, Manasse und Benjamin handele. Auch lasse Ps 80 erkennen, daß das einheitliche Israel der Vergangenheit angehöre. Allerdings scheinen die drei Stämme noch zu existieren. So käme am ehesten die Zeit nach 722 in Frage: "Die Bedrängnis der Nordstämme wäre dann tatsächlich die des Exils bzw. der völligen Unterdrückung im assyrisch verwalteten ehemaligen Stammesgebiet. Und in diesem Zusammenhang wäre auf die *Zeit Josias* aufmerksam zu machen. In diesen Jahren sieht man in Juda die Zeit gekommen, in der Israel, der alte Zwölfstämmeverband, wiederhergestellt werden muß. Josia greift über die Grenzen Judas in das Gebiet der Stämme Ephraim, Benjamin und Manasse hinein ..."[51]

Diese Datierungsvorschläge übergehen die Tatsache des Anschlusses Benjamins an Juda unter Rehabeam (I Reg 12,20 f.), weshalb Benjamin kaum als Träger nordisraelitischer Tradition (so O. Eissfeldt) oder als Glied

---

[45] O. Eissfeldt, Kleine Schriften III, 230.

[46] O. Eissfeldt, Kleine Schriften III, 230 f.

[47] H. Gunkel, Die Psalmen, 353.

[48] S. Mowinckel, The Psalms in Israel's Worship II, 152.

[49] J. Schreiner, BiLe 10, 1969, 102 f.

[50] H.-J. Kraus, Psalmen 60-150, 720 f.

[51] H.-J. Kraus, Psalmen 60-150, 721.

der nordisraelitischen Stämmegruppe Ephraim, Manasse und Benjamin (so Kraus) angesehen werden kann.

Zusammenfassend läßt sich über Ephraim im Kontext von Psalm 80 folgendes sagen: Aus nachexilischer Zeit wird hier auf die Anfänge Israels in vorstaatlicher Zeit zurückgeblickt. In schwierigster Zeit bittet der Psalmist Gott, doch wieder so zu erstrahlen, wie er einst vor Ephraim, Benjamin und Manasse erstrahlte. Damals stand er diesen Stämmen bei ihrer Festsetzung und Ausdehnung in Palästina zur Seite. Daran soll sich Gott jetzt erinnern und so wie damals diesen *drei Stämmen* nun *ganz Israel* machtvoll zur Seite stehen.

§ 15 "Ephraim ist der Schutz meines Hauptes": Psalm 60,9

1. In dem Volksklagelied Psalm 60[52] steht Ephraim in V. 9 neben Gilead, Manasse und Juda und wird von Gott als "der Schutz meines Hauptes" bezeichnet. Die Versionen geben den Vers folgendermaßen wieder:

Septuaginta
ἐμός ἐστιν Γαλααδ, καὶ ἐμὸς ἐστιν Μανασση, καὶ Εφραιμ κραταίωσις τῆς κεφαλῆς μου, Ιουδας βασιλεύς μου.

LXX deutet *mā^{c}ôz* als "Stärke" (κραταίωσις) und *m^{e}ḥôq^{e}qî* als "König" (βασιλεύς); sie weicht von MT in der Aussage jedoch nicht ab.

Vulgata
Meus est Galaad, et meus est Manasse; Et Ephraim fortitudo capitis mei. Juda rex meus.
Meus est Galaad et meus est Manasse et Ephraim fortitudo capitis mei Juda legifer meus.

Targum
^{c}my hwwn dbyt gl^{c}d w^{c}my hwwn dbyt mnšh wgbryn dbyt 'prym ^{c}wšn' dryšy umdbyt jhwdh spry' dbyt 'wlpny.

T ergänzt vor Gilead, Manasse, Ephraim und Juda noch "Haus", personifiziert die Stärke Ephraims durch die Hinzufügung von "Helden" und deutet V. 8b in ihrem Sinne um.

---

[52] Zum Klagelied des Volkes vgl. H. Gunkel, Einleitung in die Psalmen, 117-139; C. Westermann, Lob und Klage in den Psalmen, 39-48.

Peschitta

dylyhw gl^{c}d wdylyhw mnš' w'prym m^{c}šnnh dryšy jhwd' mlky.

Wie LXX deutet auch Peschitta *m^{e}ḥôq^{e}qî* als "König".

Die Wiedergabe von MT in den Versionen zeigt, daß die Textüberlieferung eindeutig ist und Textänderungen nicht notwendig sind.

2. Im Kontext von Psalm 60 zählt V. 9 zu dem zweiten großen Abschnitt V. 8-10, in dem es um das möglicherweise durch einen Priester oder Kultpropheten übermittelte Heilsorakel geht.[53]

Zur Gliederung:

V. 1 :	Überschrift	
V. 2 :	Geschichtliche Einordnung	
I. V. 3-7	*Volksklage*	
V. 3 :	Anrede — Gott-Klage — Bitte	
V. 4 :	Natur-Klage — Bitte	
V. 5. :	Volks-Klage	
V. 6 :	Vertrauensbekenntnis	
V. 7 :	Bitte um Hilfe	
II. V. 8-10	*Orakel*	
V. 8 :	Einleitung: Sichem — Ebene von Sukkoth	
V. 9 :	Gilead — Manasse — Ephraim — Juda	
V. 10 :	Moab — Edom — Philistäa	
III. V. 11-14	*Volksklage*	
V. 11 :	Klage	
V. 12 :	Klage	
V. 13 :	Bitte um Hilfe	
V. 14 :	Vertrauensbekenntnis	

---

[53] Die Zuordnung von V. 9 zu dem Orakel in V. 8-10 findet bei der Mehrzahl der Ausleger Zustimmung; so etwa bei H. Hupfeld, Die Psalmen, 126; U. Kellermann, VT 28, 1978, 57 f.; H.-J. Kraus, Psalmen II, 285 f.; G. S. Ogden, JSOT 31, 1985, 84 f.; A. Weiser, Die Psalmen, 296; E. S. Gerstenberger, Psalms 1,239 f.; anders dagegen E. G. Briggs, The Book of Psalms, 59, der Psalm 60 in V. 3-7.8-12a.12b-14 unterteilt; so auch A. Buttenwieser, The Psalms, 68 f.

Nach der Überschrift in V. 1 folgt in V. 2 die Psalm 60 mit Ereignissen aus
der Zeit Davids verknüpfende "Situationsangabe"[54], die das in II Sam
8,2.13 f. berichtete Geschehen vor Augen hat. Dort ist davon die Rede, daß
David nach seinem Sieg über die Syrer die Edomiter im Salztal[55] schlug,
18 000 Mann.[56] Nach I Reg 11,15 f. stieß Joab nach der Niederlage der
Edomiter in ihr Gebiet vor, um innerhalb von sechs Monaten alles, was
männlich in Edom war, auszurotten. Offenbar gelang nur den Beamten des
edomitischen Königs mit dem unmündigen Prinzen Hadad über Midian die
Flucht nach Ägypten. Mit dem Sieg über Edom ging das edomitische Königtum
auf David über, der das Land bis zu seinem Tod durch Statthalter
verwalten ließ.[57]

Der eigentliche Psalm wird in V. 3 im Anschluß an die Gottesanrede mit
einer dreifachen Gott-Klage eröffnet: Gott hat das Volk verstoßen[58], er hat
es zerrissen[59] und er hat gezürnt.[60] Die Klage wird mit der Bitte "du mögest
uns wiederherstellen" abgeschlossen. Die hier vielfach vollzogene
Änderung in das Imperfekt consecutivum *watt^ešôbeb* ist m. E. wegen der
Parallelität der Bitten in V. 3b und V. 4b nicht richtig.[61] Die Gott-Klage
geht in V. 4 zu einer Natur-Klage über. Gott hat die Erde erbeben lassen[62]
und zerrissen und sie somit ins Unglück gestürzt. Er wird deshalb gebeten,
ihr Risse zu heilen, denn sie wankt[63]. In der dritten Klage V. 5 beklagt sich
das Volk bei Gott über die Erfahrung einer geschichtlichen Katastrophe,

---

[54] So die Bezeichnung von H.-J. Kraus, Psalmen II, 587. Zur Datierung siehe unten S. 298-300.

[55] Das "Salztal" ist vielleicht mit dem *Ġôr es-Ṣāfī* am Südostende des Toten Meeres zu identifizieren; vgl. dazu M. Weippert, Edom, 418 f.

[56] Die unterschiedliche Zahl der gefallenen Edomiter, 18 000 (II Sam 8,13) und 12 000 (Ps 60,2), erklärt sich vielleicht aus der graphisch leicht verständlichen Verderbnis *šmnh* > *šnym*; vgl. dazu M. Weippert, Edom, 279.

[57] M. Weippert, Edom, 285 f.

[58] Das Verb *znḥ* begegnet bevorzugt in den Psalmen, wo durchweg Gott Subjekt des Verstoßens ist: 43,2; 44,10.24; 60,3.12; 74,1; 77,8; 88,15; 89,39; 108,12.

[59] Das Verb *prṣ* umschreibt hier die große Schwächung des Volkes; C. Toll, OrSuec 21, 1972, 79 übersetzt V. 3a mit: "Gott, als du uns verstossen hast, hast du uns deiner Macht ausgesetzt ..."; zu *prṣ* vgl. noch J. J. Glück, RdQ 5, 1964, 123-127.

[60] Bei dem Verb *'np Qal* ist durchweg Jahwe Subjekt: I Reg 8,46; II Chr 6,36; Jes 12,1; Ps 2,12; 79,5; 85,6; Esr 9,14.

[61] LXX: καὶ οἰκτιρησας ἡμᾶς; vgl. C. Toll, OrSuec 21, 1972, 79: "... so dass du uns zum Zurückweichen brachtest".

[62] Vielleicht ist das *He* von *hir^caštâ* als *He* des Artikels vor *'äräṣ* zu stellen; im *Qal* begegnet *r^cš* in Verbindung mit *'äräṣ* noch in Jdc 5,4; II Sam 22,8; Jes 13,13; 24,18; Jer 8,16; 10,10; 49,21; 51,29; Joel 2,10; 4,16; Ps 18,8; 68,9; 77,19.

[63] Zum Bild des Wankens vgl. Jes 24,19 (Erde); 54,10 (Hügel); Ps 46,3 (Berge).7 (Königreich).

denn es hat "Hartes" sehen und Taumelwein trinken müssen.[64] Die für das Volksklagelied charakteristische Vertrauensäußerung folgt in V. 6. Gott hat denen, die ihn fürchten, ein Banner gegeben, um den sie sich sammeln können.[65] Abgeschlossen wird der erste Teil mit der Bitte um Rettung derer, die Gott liebt, um Hilfe und Antwort.[66]

Die göttliche Antwort auf die Bitten des Volkes findet sich in V. 8-10. Sie wird in V. 8aα mit "Gott hat in seinem Heiligtum gesprochen" eingeleitet.[67] Die Rede wird mit einem Ausdruck der Freude (Kohortativ von $^c lz$)[68] eröffnet, um sich dann rasch der Nennung der Gebiete und Orte zuzuwenden.

Als erstes Paar werden Sichem und Sukkoth genannt, Gott wird Sichem verteilen[69] und die Ebene von Sukkoth ausmessen[70]. Die zwischen Ebal und Garizim gelegene Stadt Sichem spielt in der Geschichte Israels seit der Erzväterzeit eine wichtige Rolle, denn bereits Jakob lagerte nach seiner Rückkehr aus Mesopotamien vor der Stadt (Gen 33,18). Sie war Zentrum des Stämmebundes (Jos 24) und Residenzort des ersten nordisraelitischen Königs (I Reg 12,25).[71] Daß Sichem hier nicht die alte westjordanische Königsstadt, sondern nur einen gileaditischen Gau bezeichnet[72], ist wegen der Verbindung mit dem *Ort* Sukkoth sehr unwahrscheinlich. Mit Sukkoth ist der auf der Ostseite des Jordans gelegene Ort gemeint, der wohl mit *Tell Dēr ʿAllā* zu identifizieren ist.[73] Sichem und Sukkoth werden zusammen in Gen 33,17 f. genannt, wo davon die Rede ist, daß Jakob von Sukkoth aus nach Sichem zieht. Sukkoth wird in später Zeit nach Salomo (I Reg 7,46) nicht mehr im Alten Testament genannt.

---

[64] H.-J. Kraus, Psalmen II, 588. In Jes 51,17.22 ist vom "Taumelbecher" als dem Becher von Gottes Zorn die Rede.

[65] Vgl. dazu Ex 17,15: "Jahwe ist mein Banner" (*nissî*); E. S. Gerstenberger, Psalm 1, 241 versteht *nes* metaphorisch als "diffuse cry for divine help that implies almost automatically a renunciation of human help (v. 13b)".

[66] In V. 7b sollte man *waʿanenû* vokalisieren.

[67] M. Dahood, Psalms II, 79 f.

[68] Die Lesart von C. R. North, VT 17, 1967, 242 f. *aʿl-zâ* ist wenig wahrscheinlich.

[69] Das Verb *ḥlq Piʿel* wird im Alten Testament zur Beschreibung von Landverteilung (Jos 13,17; 18,10; 19,51; Ez 47,21; Joel 4,2; Mi 2,4; Dan 11,39) und Beuteverteilung (Gen 49,27; Ex 15,9; Jdc 5,30; Jes 9,2; 53,12; Ps 68,13; Prov 16,19) verwendet. Zu *ḥlq Piʿel* vgl. E. Jenni, Das hebräische Piʿel, 126-130.

[70] *mdd* hat hier resultative Bedeutung: "Zur Verteilung abgemessen machen" (E. Jenni, Das hebräische Piʿel, 144).

[71] K. Elliger, Art.: Sichem, in: BHH III, 1781-1783; Helga Weippert, Art.: Sichem, in: BRL², 293-296.

[72] So H. Winckler, Geschichte Israels II, 206.

[73] K. Elliger, Art.: Sukkoth, in: BHH IV, 1887.

Gilead und Manasse werden als zweites Paar genannt. Mit Gilead ist das durch den Jabbok zweigeteilte Ostjordanland gemeint, in dem im Zuge der Landnahme die beiden Stämme Gad und Halbmanasse siedelten (Jos 13,24-32). Mit Manasse wird das Gebiet im Westjordanland auf dem Gebirge Ephraim zwischen Sichem und der Jesreel-Ebene umschrieben. Sukkoth und Gilead stehen hier stellvertretend für das Ostjordanland und Sichem und Manasse für das Westjordanland[74]:

Sichem (Westen)   —   Sukkoth (Osten)

Gilead (Osten)   —   Manasse (Westen)

Ephraim und Juda als nächstes Paar werden jeweils durch die Hinzufügung eines Prädikats näher charakterisiert. Von Ephraim heißt es, es sei der "Schutz seines Hauptes". Das dazu verwendete Nomen $m\bar{a}^c\hat{o}z$ wird im Alten Testament zur Bezeichnung einer Zuflucht (Jes 25,4; Prov 10,29; Joel 4,16; Nah 1,7; II Sam 22,33 u. ö.) aber auch für eine Bergfeste (Jdc 6,26; Dan 11,31 u. ö.) verwendet.[75] Im Kontext von V. 9 kann es eigentlich nur im Sinne von "Schutz", d. h. konkret "Helm", verstanden werden. Mit $m^e\underline{h}oq^e q\hat{i}$ ist wie in Gen 49,10 der Führerstab gemeint. So wie Sukkoth/Gilead stellvertretend für das Ostjordanland und Sichem/Manasse für das Westjordanland stehen, stehen Ephraim und Juda stellvertretend für den Norden (Ephraim) und Süden (Juda) des Landes.

Mit der Nennung der drei Fremdvölker Moab, Edom und Philistäa wird das Orakel abgeschlossen.[76] Mit den aus dem Alltagsleben entliehenen Bildern des Waschbeckens und des Schuhes wird Gottes Besitzanspruch auf Moab und Edom zum Ausdruck gebracht. Daß sie keine Bezeichnung "schimpflicher Unterdrückung"[77] und Ausdruck des niedrigsten Dienstes[78] sind, zeigt der Kontext des Orakels in V. 8 f., wo es um Gottes Besitz des

---

[74] Dies ergibt sich m. E. deutlich aus dem chiastischen Aufbau von V. 8aβb und V. 9aα! – gegen E. G. Briggs, The Book of Psalms, 59; E. W. Hengstenberg, Commentar über die Psalmen, 3. Band, 137; H. Hupfeld, Die Psalmen, 138 f., für die "Gilead und Manasse" zusammen das Ostjordanland bezeichnen.

[75] Das Vorkommen des Nomens konzentriert sich im Alten Testament auf Jesaja und Psalmen.

[76] In V. 10b sollte man MT im Anschluß an Ps 108,10b abändern in: $^{ca}l\hat{e} - p^e l\ddot{a}\check{s}\ddot{a}t\ \text{'}\ddot{a}tr\hat{o}^c\!\!\!/$ "über Philistäa will ich jubeln"; für diese Änderung sprechen: a) die Verwendung der 1. Sg. com. in V. 10a; b) der Rückbezug von $\text{'}\ddot{a}tr\hat{o}^ca^c$ auf V. 8aβ $\text{'}\ddot{a}^c loz\hat{a}$, wodurch das Orakel einen sich entsprechenden Anfang und Schluß aufweist.

[77] So E. W. Hengstenberg, Commentar über die Psalmen, 3. Band, 139.

[78] So E. G. Briggs, The Book of Psalms, 60.

ganzen Landes Kanaan östlich und westlich des Jordan geht. Zudem wird im Alten Testament das Waschen von Füßen (Gen 18,4) oder des Gesichtes (Gen 43,31) mit großer Selbstverständlichkeit und keineswegs als Bild von Unterdrückung genannt.[79] Nach Ruth 4,7 f. ist das Ausziehen und Übergeben des Schuhes rechtmäßige Bestätigung eines Tausches oder Geschäftes und somit für den Erwerb von Eigentum.[80] Das Jubeln über Philistäa (V. 10b) kann wohl nur als Siegesjubel gedeutet werden.

Der Aufbau und Inhalt des Orakels V. 8-10 kann durch folgende Tabelle verdeutlicht werden:

Orte	Gebiete/Stämme		Fremdvölker
Sichem (Westen) Sukkoth (Osten)	Gilead (Osten) Manasse (Westen)	Ephraim (Westen) Juda (Westen)	Moab (Osten) Edom (Osten)
Besitz	Besitz	Rüstung	Besitz: Gegenstände d. Alltags
			Philister (Westen) Krieg

In dem Orakel finden sich vier Gruppen von Orts- bzw. Gebietsangaben: die erste Gruppe greift zwei Orte aus dem West- und Ostjordanland heraus: Sichem und Sukkoth. Der Besitzanspruch Jahwes auf diese Orte wird mit den Verben *ḥlq Piᶜel* und *mdd Piᶜel* zum Ausdruck gebracht. Bei Sichem steht das Verb voran, bei Sukkoth dagegen folgt es der Ortsangabe (Schema: a − b/a' − b').

Die zweite Gruppe steht insofern zur ersten in enger Verbindung als sie die zu Sichem und Sukkoth zählenden größeren Gebiete nennt, Sichem zählt nach Num 26,31 zu Manasse und Sukkoth liegt in Gilead. Jahwes Besitzanspruch auf diese Gebiete wird hier mit der Präposition *lᵉ* + Suffix 1. Sg. com. ausgedrückt.

Die dritte Gruppe Ephraim und Juda unterscheidet sich von den beiden ersten dadurch, daß mit der Hinzufügung der beiden Attribute "Schutz meines Hauptes" und "Herrscherstab" ihre Funktion und Aufgabe in Jahwes Besitz beschrieben wird.

---

[79] Zum Waschbecken vgl. Helga Weippert, Art.: Bad und Baden, in BRL², 30-32.
[80] Gegen H. Hupfeld, Die Psalmen, 139 f.

Die vierte Gruppe nennt von Osten nach Westen fortschreitend die Fremdvölker, die Jahwe als seinen Besitz ansieht. Dabei werden bei Moab und Edom Bilder aus dem Alltagsleben verwendet, bei Philistäa wird durch das finite Verb Jahwes Siegesjubel ausgedrückt (*'ätrô'a'*). Dieses Verb weist zugleich auf den Anfang des Orakels zurück, das mit einem Ausdruck des Jubels eröffnet wird.[81]

Der Sinn des Orakels ist deutlich: es soll gezeigt werden, daß das ganze Land Kanaan Jahwes fester und uralter Besitz ist. Niemandem kann es gelingen, einzelne Orte, Gebiete oder Stämme von dem Ganzen abzulösen. "Dieser Gedanke wird individualisiert durch die Nennung mehrerer besonderer Orte, Gegenden und Stämme, welche *zusammen* das Land nach seinem ganzen Umfange bezeichnen."[82]

Der Psalm wird in V. 11-14 mit einer weiteren Volksklage abgeschlossen. Er beginnt mit der Frage eines einzelnen nach dem Geleit zu einer befestigten Stadt und nach Edom.[83] Der Vers hat die Belagerung einer Stadt vor Augen. Welche Stadt hier gemeint ist, wird nicht gesagt, vielleicht muß man an Petra[84] oder Bozra[85] denken. Die Klage in V. 12 knüpft mit dem Motivwort *znḥ* an V. 3 an. Weil Gott das Volk verstoßen hat, wird er auch nicht mit ihm in den Krieg ziehen, weshalb es keine Aussicht auf einen Sieg geben kann. Der Psalm schließt mit der Bitte um Hilfe vor dem Feind[86] (V. 13) und dem Bekenntnis des Vertrauens zu Gott (V. 14). Beide Verse sind in chiastisch-antithetischer Weise aufeinander bezogen. Die Aussage der Nutzlosigkeit menschlicher Hilfe (V. 13b) steht in Antithese zu derjenigen über Gottes Stärke (V. 14a) und die Bitte um Hilfe vor dem Bedränger (V. 13a) steht in Beziehung zu V. 14b, wo es heißt, daß Gott die Bedränger zertreten werde.

3. Versucht man, den historischen Hintergrund von Psalm 60 zu ermitteln, so könnte man vor allem aufgrund von V. 2.8-10 an die davidische Zeit denken, denn David war es, der Moab und Edom zu seinen Vasallen gemacht (II Sam 8,2.12) und die Philister unterworfen hatte (II Sam 5,17-25).[87] Dieser Datierung widerspricht jedoch die Situation der Klage, die

---

[81] Der sich entsprechende Anfang und Schluß des Orakels in V. 8aβ und V. 10b spricht dafür, V. 11 nicht mehr zu V. 8-10 zu ziehen; gegen Gerstenberger, Psalms 1, 241.

[82] E. W. Hengstenberg, Commentar über die Psalmen, 3. Band, 137.

[83] In V. 11b sollte man lesen: *yanḥenî* (vgl. BHS; Haplographie von y).

[84] M. Buttenwieser, The Psalms, 72; M. Dahood, Psalms II, 81; E. W. Hengstenberg, Commentar über die Psalmen, 3. Band, 139.

[85] H. Hupfeld, Die Psalmen, 140; U. Kellermann, VT 28, 1978, 63.

[86] In V. 13a sollte man *'äzrat* vokalisieren.

[87] Auf die davidische Zeit beziehen Ps 60 u. a. S. Mowinckel, Psalmenstudien III-IV, 68; A. Weiser, Die Psalmen, 296 f.; M. Buttenwieser, The Psalms, 72; M. Dahood, Psalms II, 76; E. W. Hengstenberg, Commentar über die Psalmen, 3. Band, 130; F. N. Jasper,

sich offenbar auf eine militärische Niederlage bezieht. Von Niederlagen in den Kriegen Davids wird allerdings nichts berichtet.

Wahrscheinlicher ist m. E. dagegen die Annahme Mowinckels, Psalm 60 könne sich auf die Losreißung Edoms von Juda unter Joram (II Reg 8,20-22) beziehen.[88] Nach II Reg 8,21 hat Joram den Abfall Edoms mit einem Feldzug nach Zair, einem sonst unbekannten Ort südlich des Toten Meeres, beantwortet. Der Text von V. 21 ist jedoch in seiner überlieferten Gestalt, wonach Joram Edom schlug, nicht in Ordnung. Offenbar wollte man die Niederlage verschleiern. "Es ist nicht zu bezweifeln, daß mit dem fliehenden Heer das Heer Judas gemeint ist und daß Joram eine Niederlage erlitt, die den Verlust Edoms besiegelte (V. 22a)."[89] Für diese Datierung spricht zum einen V. 11, wo es offenbar um einen Kriegszug gegen Edom geht und zum anderen ist anzunehmen, daß Joram die Unterstützung der Omriden in Ephraim bei dem Versuch, Edom wieder zu bezwingen, hatte. Damit wäre eine Lage gegeben, in der Ephraim neben Juda als Führerstamm stände.[90]

Für die Datierung von Ps 60 kommt m. E. die nachexilische Zeit nicht in Frage.[91] So ist nach U. Kellermann und G. S. Ogden in dem Psalm "die Situation von 587 v. Chr. gegeben, in der die Edomiter als ursprünglich Verbündete Zedekias auf die Seite der Babylonier überwechseln. Ohnmächtig muß man dem zusehen. So richtet sich der Wunsch nach militärischer Rettung zugleich auf die gerechte Bestrafung Edoms."[92] Eine solche Beteiligung edomitischer Truppen an der Eroberung Jerusalems auf Seiten der Babylonier ist den einschlägigen Texten (Ez 25,12 f; 35,1-15; Joel 4,19; Ob 10-14; Ps 137,7) jedoch nicht zu entnehmen.[93] Die in der exilisch-nachexilischen Prophetie zu beobachtende Edomiterfeindschaft geht vielmehr auf die Besetzung des Südens des judäischen Staatsgebietes durch Edomiter zurück (Ez 35,10.12).[94] Nicht ohne weiteres ist auch U. Kellermanns Bezugnahme von V. 6 f auf den Zion nachzuvollziehen. Er deutet das Banner in V. 6 auf das Jahweheiligtum auf dem Zion.[95] Es ist zudem methodisch voreilig, aus

---

VT 17, 1967, 54.

[88] S. Mowinckel, Psalmenstudien III-IV, 68.

[89] E. Würthwein, Die Bücher der Könige 1 Kön. 17 – 2 Kön. 25, 322 f.; so auch das Urteil von M. Weippert, Edom, 331-333; Bartlett, PEQ 104, 1972, 30.

[90] S. Mowinckel, Psalmenstudien III-IV, 68.

[91] In die nachexilische Zeit wird der Psalm datiert von U. Kellermann, VT 28, 1978, 56-65; H.-J. Kraus, Psalmen II, 587; G. S. Ogden, JSOT 31, 1985, 83-94; E. S. Gerstenberger, Psalm 1, 242.

[92] U. Kellermann, VT 28, 1978, 63.

[93] M. Weippert, Art.: Edom und Israel, TRE 9, 295.

[94] M. Weippert, Art.: Edom und Israel, TRE 9, 295.

[95] U. Kellermann, VT 28, 1978, 59 f.

dem Vorkommen von "Taumelwein" in Stellen aus der neubabylonischen Zeit (Jes 51,17.22; Jer 25,15.17; 49,12) auch in Ps 60,5 mit dieser Zeitepoche zu rechnen.[96]

Ebenso schwierig ist die von Duhm verteidigte Datierung in die Makkabäerzeit. Er verlegt Ps 60 in die erste Zeit des Johannes Hyrkanus, der von Antiochus Sidetes bedrängt und in Jerusalem belagert worden sei. Erst die Intervention der Römer habe ihn vor dem gänzlichen Untergang bewahrt.[97] Diese historische Ansetzung entspringt einem Vorurteil hinsichtlich der Entstehung der Psalmen überhaupt.[98]

4. Zusammenfassend läßt sich über Ephraim im Kontext von Ps 60 folgendes sagen: Ephraim gehört von Anfang an zu Gottes festem Besitz, den ihm niemand streitig machen kann. Die Verbindung Ephraims mit Juda und seine Stellung im Kontext des Orakels zeigen, daß er als Repräsentant des Nordens genannt wird. Seine Charakterisierung als "Schutz meines Hauptes" macht deutlich, daß Ephraim zu den wichtigsten Waffen gehört, mit denen Jahwe sein Ziel erreichen will. Ephraim tritt als Führerstamm auf, er ist das königliche Abzeichen Jahwes.[99]

---

[96] U. Kellermann, VT 28, 1978, 59.
[97] B. Duhm, Die Psalmen, 237 f.
[98] Vgl. dazu B. Duhm, Die Psalmen, XVII-XXVI; zur Kritik an dieser Datierung vgl. H.-J. Kraus, Psalmen II, 587; E. König, Die Psalmen, 348 f.
[99] S. Mowinckel, Psalmenstudien III-IV, 66 f.

F Resümee

§ 16 Grundzüge der Geschichte Ephraims
von der Landnahme bis zur frühen Königszeit

1. Stationen der Geschichte Ephraims
von der Landnahme bis zur frühen Königszeit

a) Die Geschichte des Stammes Ephraim ist seit seiner Seßhaftwerdung eng mit seinem Siedlungsgebiet auf dem mittelpalästinischen Gebirge verknüpft. Schon der Name "Ephraim" weist auf diese enge Verbindung hin. Er ist vielleicht von *ʿepär* in der Bedeutung "Staub, lockere lose Erde" abzuleiten und beschreibt ein physisches Merkmal des ephraimitischen Gebirges, für das die sogenannten rot- bzw. leichtbraunen *Terra-rossa*-Böden charakteristisch sind. Diese Böden sind zwar wegen ihrer geringen Tiefe, der schnellen Abtragung der obersten Erdschicht und der Notwendigkeit kostspieligen Terrassenbaus schwer zu bearbeiten, aber sie sind wegen ihrer Fruchtbarkeit dennoch für die landwirtschaftliche Nutzung gut geeignet.

Diese Deutung des Namens ist der sprachlich problematischen Übersetzung von Ephraim mit "Doppelweide, Doppelmarsch" vorzuziehen. Dafür sprechen das Verständnis von *ʿpr* als "Staub, lockere Erde" im Alten Testament sowie die mögliche Verknüpfung mit akkadisch *eprum* <* *ʿaprum*. Von hier aus lassen sich gut Verbindungslinien zur Volksetymologie in Gen 41,52 ziehen, wo es heißt, daß Joseph seinen Sohn "Ephraim" genannt habe, weil Gott ihn im Land seines Elends habe fruchtbar werden lassen (*prh* Hifʿil). In Gen 41,52 soll diese Namenserklärung die Schicksalswende im Leben Josephs verdeutlichen und uneingeschränktes Gotteslob zum Ausdruck bringen.

Ist diese Deutung richtig, dann bedeutet dies, daß Ephraim seinen Namen bei der Landnahme nicht mit in das Westjordanland gebracht, sondern ihn von dort übernommen hat. Ephraim hat sich als Stamm erst in seinem Siedlungsgebiet formiert und konsolidiert. Vielleicht stellten die im Kulturland den Stamm Ephraim bildenden Sippen ursprünglich nur Einzelsippen dar, die sich für den Vorgang der Landnahme zusammengetan, dabei jedoch noch keinen neuen Stamm gebildet hatten. Dies geschah möglicherweise in enger Verbindung mit den später den Stamm Benjamin bildenden Sippen.

Aus Jos 17,14-18 läßt sich schließen, daß die den Stamm Ephraim bildenden Sippen unter dem Namen "Haus Joseph" in das mittelpalästinische
Gebirge eingewandert sind, wo es dann zur Trennung in die Stämme Ephraim und Manasse bzw. Machir kam. Das Haus Joseph war ein sehr großer
Sippenverband, was aus der Klage der Josephiten über unzureichenden
Siedlungsraum auf dem Gebirge (Jos 17,16) geschlossen werden kann. Hier
liegt offenbar im Kern eine sehr frühe, vielleicht schon in vorstaatliche Zeit
zurückreichende Notiz über die Größe des Hauses Joseph vor. Da es ein
starkes und zahlreiches Volk ist, bietet dieser Teil des Gebirges nicht mehr
genügend Raum. Da in den Ebenen die Kanaanäer sitzen, muß das Haus
Joseph zur Gewinnung weiterer Siedlungsraumes den nördlichen Teil des
Gebirges roden. Im Prozeß dieser Ausdehnung scheint es dann zur Trennung
in Ephraim und Manasse bzw. Machir gekommen zu sein.

Ist der in Jos 17,14-18 beschriebene Sachverhalt in seinem Kern historisch zuverlässig, dann muß das Haus Joseph bereits in vorstaatlicher und
nicht erst in staatlicher Zeit existiert haben. Ein Zusammenschluß von
Ephraim und Manasse bzw. Machir zum Haus Joseph erst nach der Landnahme ist kaum wahrscheinlich.

Das in Jos 17,14-18 beschriebene Geschehen steht vielleicht hinter dem
Stammesspruch über Joseph in Gen 49,22-26. Was in Jos 17,14-18 negativ
als Klage der Josephiten über mangelnden Siedlungsraum beschrieben wird,
erscheint in Gen 49,22-26 positiv im Bild des jungen Fruchtbaumes an einer
Quelle, dessen Ranken über die Mauern wuchern. Der Beschreibung des
Hauses Joseph als "zahlreiches Volk", dessen Siedlungsgebiet zu klein
geworden ist (Jos 17,16) entspricht der Vergleich mit dem über die Mauer
wuchernden jungen Fruchtbaum (Gen 49,22). Die in Jos 17,15 f. genannten
Perisiter, Rephaiter und Kanaanäer dürften mit den Pfeilschützen in Gen
49,23 identisch sein. Der Hinweis auf die militärische Stärke des Hauses
Joseph findet sich sowohl in Gen 49,24 als auch in Jos 17,17, ebenso derjenige auf den göttlichen Segen in Gen 49,25 f. und Jos 17,14.

Der archäologische Befund auf dem Gebirge Ephraim für die Zeit von
1200-1000 v. Chr. unterstützt die Angaben über die Größe des Hauses
Joseph und dessen allmähliche Ausdehnung auf dem Gebirge (Jos 17,14-18).
Er kann durchaus zur Illustration und Präzisierung dieser Notizen verwendet
werden, denn auf dem Gebiet der Stämme Ephraim und Manasse läßt sich
in der Zeit zwischen 1200 und 1000 v. Chr. eine Fülle von neu gegründeter
Ortslagen feststellen.

Für das Gebiet des Stammes Ephraim läßt sich dabei beobachten: Von
den 16 Fundorten mit eisen-I-zeitlicher Besiedlung im Wüstenstreifen wurden sechs Ortslagen (37,5 %) in der Eisen I-Zeit neu besiedelt. Dabei läßt

sich eine Konzentration der Fundorte bei *Yānūn* (1837.1724) und *Dōme* (185.162) feststellen. Von den 59 Fundorten mit eisen-I-zeitlicher Besiedlung im Zentralgebirge wurden 34 Ortslagen (57,46 %) in der Eisen I-Zeit neu besiedelt. Dabei läßt sich im nördlichen Teil eine Konzentration der Neugründungen in der Nähe von Silo und der gleichnamigen Ebene und im südlichen Teil eine Konzentration bei dem heutigen Ort *Ram 'Allah* beobachten. Im Gebiet der Westabhänge wurden von den 45 Ortslagen mit eisen-I-zeitlichem Befund 25 (55,5 %) in der Eisen I-Zeit neu gegründet. Von den 15 Ortslagen mit eisen-I-zeitlicher Besiedlung im Gebiet des Vorgebirges setzt bei 12 Ortslagen (80 %) die Besiedlung in dieser Epoche neu ein. Hier läßt sich eine Konzentration der Neugründungen in dem Dreieck *Dēr Ballūt* (1526. 1635), *Rentīs* (1520.1595) und *el-Lubban* (1538.1600) beobachten. So läßt sich zeigen, daß in der Eisen I-Zeit das Gebiet Ephraims mit einer Fülle von Neuansiedlungen überzogen wurde.

Ein ähnliches Bild ergibt die Besiedlung des Gebietes des Stammes Manasse in der Eisen I-Zeit: Von den 23 Ortslagen mit eisen-I-zeitlicher Besiedlung im Gebiet von *Nāblus* und *Sebasṭiye* wurden 15 (65,10 %) in der Eisen I-Zeit neu gegründet. Ein bevorzugtes Besiedlungsgebiet war dabei wegen seiner Fruchtbarkeit der Talkessel von Samaria. Weniger bevorzugt als Ansiedlungsgebiet war dagegen das *Wādī Fārᶜa*. Im Gebiet von *Ṭūbās* und *Wādī Mālīḥ* setzt bei vier (66,4 %) der sechs bekannten Ortslagen die Besiedlung in der Eisen I-Zeit neu ein. Im Bereich des Gebietes des Stammes Manasse waren die Ebenen *es-Zabābde*, *Ṣānūr*, *Ǧabaᶜ*, Dothan/*Sahel ᶜArrābe* wegen ihrer landwirtschaftlichen Nutzbarkeit bevorzugtes Siedlungsgebiet. In dem Gebiet des Übergangs zur Küstenebene setzt bei zehn Fundorten die Besiedlung in der Eisen I-Zeit neu bzw. wieder neu ein.

Das Gebiet der Stämme Ephraim und Manasse wird in Jos 16,1-17,13 näher beschrieben und eingegrenzt. In Jos 16,1-3 wird die Südgrenze des Hauses Joseph an Hand der Punkte Jericho, Bethel, Ataroth, Unter-Beth-Horon und Geser festgelegt. Es folgt darauf die Beschreibung des Grenzverlaufs von Ephraim und nicht der wie nach V. 4 erwartete Grenzverlauf von Manasse. Diese Voranstellung von Ephraim ist durch geographische Überlegungen bedingt, da das Gebiet dieses Stammes ja unmittelbar an die Südgrenze des Hauses Joseph stößt. Als Punkte der ephraimitischen Grenze werden Ateroth-Addar, Ober-Beth-Horon, Thaanath-Silo, Janoah, Ataroth, Naaroth, Jericho, Thappuah sowie der Jordan und der Bach Kana genannt. Die Grobgliedrigkeit dieser Grenzbeschreibung läßt vermuten, daß der Redaktor bei seiner Beschreibung ein Auswahl- bzw. Kürzungsverfahren bei den ihm vorliegenden Quellen getroffen hat, da es unnötig war, die Südgrenze Ephraims genauer zu beschreiben, nachdem die Südgrenze des Hau-

ses Joseph bereits ausführlich aufgeführt worden war. Der genaue Verlauf
der Grenze dürfte in vielen Fällen auch gar nicht mehr genau bekannt gewesen sein.

Daß es in Jos 16,4-10 um mehr als eine bloße Gebietsbeschreibung geht,
zeigen V. 9 f., die darauf verweisen, daß ephraimitische Orte als Exklaven in
manassitischem Gebiet lagen und kanaanäische Bevölkerung inmitten von
Ephraim wohnte. Ähnliche Notizen finden sich in der Grenzbeschreibung für
Manasse. So wird hier davon berichtet, daß das Land Thappuah zu Manasse,
Thappuah selbst aber an der Grenze Manasses zu Ephraim gehört habe
(V. 8). Ebenso wie bei Ephraim wird hier betont, daß kanaanäische Bevölkerung inmitten des manassitischen Gebietes gewohnt habe. So zeigt es sich,
daß Jos 16,1-17,13 mehr als eine bloße Grenzbeschreibung ist, denn es geht
hier um die Darstellung der historischen Einheit von Ephraim und Manasse
bei gleichzeitiger territorialer Unterschiedenheit.

Zusammenfassend läßt sich im Blick auf die Zeit der Landnahme für den
Stamm Ephraim von drei wichtigen Stationen seiner Geschichte reden:
1. Die Einwanderung in das relativ fruchtbare und landwirtschaftlich nutzbare mittelpalästinische Gebirgsland. 2. Die Ausdehnung des Hauses Joseph
auf den nördlichen Teil des mittelpalästinischen Gebirges und die Trennung
in die beiden Stämme Ephraim und Manasse. 3. Das Miteinander von Ephraim und Manasse bei gleichzeitiger territorialer Unterschiedenheit sowie
dasjenige der beiden Stämme mit Kanaan.

b) Die Zeit der Richter ist für Ephraim eine Periode der Auseinandersetzungen nach außen mit den Kanaanäern und nach innen mit Manasse und
den ins Ostjordanland abgewanderten Gileaditen.

Nach Jdc 5,14 nahm ein Teil des Stammes Ephraim zusammen mit Benjamin, Machir, Issaschar sowie Sebulon und Naphthali an der Deboraschlacht
teil. Die Nennung von nur zwei an der Schlacht beteiligten Stämme in Jdc 4
entspricht dagegen nicht dem tatsächlichen Verlauf. Die Nennung von Sebulon
und Naphthali in Jdc 4 hat literarische Gründe, da hier lediglich der führendste
und am unmittelbarsten betroffene Stamm genannt werden soll. Naphthali ist
führend, weil aus seinem Kreis Barak als Führer des Kampfes auf israelitischer
Seite stammt, und Sebulon ist deshalb am unmittelbarsten betroffen, weil sein
Gebiet am nächsten zum Stützpunkt Siseras liegt.

Jdc 5,14 besagt zugleich, daß Teile des Stammes Ephraim hinter benjaminitischen Heerscharen in den Kampf gegen die Kanaanäer zogen. Diese
Notiz kann am ehesten als Zeichen der engsten Verbundenheit zwischen
ephraimitischen und benjaminitischen Gruppen gedeutet werden.

Aus Jdc 5,14 kann zudem noch geschlossen werden, daß Teile des Stammes Ephraim im Gebiet der Amalekiter zu suchen sind, die losgelöst von

dem eigentlich im Süden Palästinas siedelnden Stamm im mittleren Teil des Gebirgslandes wohnten. Wie dieses Nebeneinander von Ephraim und Amalek genauer aussah, läßt sich jedoch aufgrund weiterer fehlender Nachrichten nicht mehr beschreiben.

Die Festlegung des genaueren Datums der Deboraschlacht bereitet Schwierigkeiten, da einziger Anhaltspunkt für eine Datierung die Nennung Samgar ben Anaths in Jdc 5,6 ist. Mit ihm verbindet sich die Überlieferung von einem Volkshelden, der den Philistern eine für die israelitischen Stämme wichtige Niederlage zugefügt hatte. Da er in Jdc 5,6 in die zeitliche Nähe zu Jael gerückt wird, muß die Deboraschlacht z. Zt. der Anwesenheit der Philister in Palästina stattgefunden haben (ca. 1200-1000 v. Chr.). Innerhalb dieser Zeitspanne kann die Zerstörung Thaanachs um 1125 v. Chr. als möglicher *terminus ad quem* angesehen werden, da seine Nennung als Schlachtort in Jdc 5,19 bei einer Zerstörung oder Nichtbesiedlung nicht sinnvoll wäre.

Mit der Deboraschlacht ist vielleicht auch die Notiz in Jdc 1,29 in Verbindung zu bringen, nach der Ephraim die Kanaanäer, die in Geser wohnten, nicht vertreiben konnte. Für eine Verknüpfung der in V. 27-35 gemachten Angaben mit der Deboraschlacht sprechen die räumliche Nähe der in Jdc 4f. und 1,27-35 genannten Orte sowie das beiden Texten gemeinsame zentrale Thema der Auseinandersetzung mit den Kanaanäern. Die Notiz steht im Kontext der Aufzählung von Ortschaften, die nicht von den israelitischen Stämmen in Besitz genommen wurden. Bei Manasse (V. 27) sind dies die Städte Bethsan, Thaanach, Dor, Jibleam und Megiddo mitsamt ihren Nebenorten. Diese Orte decken mit Ausnahme von Dor die Jesreelebene in wesentlichen Teilen ab, womit das Haus Joseph von den in Galiläa siedelnden Stämmen getrennt war. Manasse war auf den nördlichen Teil des ephraimitischen Gebirges und Ephraim auf den südlichen Teil beschränkt, da es die Kanaanäer in Geser nicht vertreiben konnte. Nach Jdc 1,35 kam es in diesem Gebiet mit den in Har-Heres, Ajalon und Saalbim siedelnden Amoritern zu Auseinandersetzungen. Ist diese Notiz historisch glaubwürdig und stand in V. 35 wie in Jos 19,48aβ LXX ursprünglich "Ephraim", dann kam es zu Spannungen zwischen Ephraim und den Amoritern, wobei nach V. 35b Ephraim die Oberhand über die Amoriter erlangen konnte.

Zu einer Auseinandersetzung mit dem Bruderstamm Manasse kam es, nachdem Ephraim bei dem Feldzug gegen die Midianiter von Gideon nicht genügend berücksichtigt worden war (Jdc 7,23-8,3). Gideon ist dabei gezwungen, sein ganzes Verhandlungsgeschick aufzubieten, um die Ephraimiten zuriedenzustellen. Er verweist darauf, daß Ephraim ja die beiden Midianiterfürsten Oreb und Seeb getötet habe, und zudem sei die Nachlese Ephraims weit besser als die Ernte Abiesers, womit er offenbar auf die bedeutende Stellung Ephraims als Stamm in dieser Zeit anspielt. In der Form der doppelten Ungleichheit der Teile wird Ephraim in dem Spruch in 8,2 von Gideon in ein positives Licht gerückt.

Zu einer weit schlimmeren Auseinandersetzung als der zwischen Ephraim und Gideon kam es zwischen Ephraim und Jephtha, die ihren Grund in dem Übergehen Ephraims bei dem Ammoniterfeldzug (Jdc 12,1-7) hatte. Im Verlauf dieser Auseinandersetzung werfen die Ephraimiten den Gileaditen vor, sie seien eigentlich Flüchtlinge aus Ephraim (V. 4). Dieser Vorwurf ist nicht als erbitterte Hohnrede der Ephraimiten zu verstehen, um so den ostjordanischen Manassiten das Recht auf selbständige Kriegsführung absprechen zu wollen, sondern dahinter steht vielmehr das Wissen um die Zusammengehörigkeit von Ephraim und Gilead. Weil die Gileaditen ephraimitischer Herkunft sind, glaubt Ephraim das Recht zu haben, im Ostjordanland nach den Gründen für die Nichtbeachtung beim Ammoniterfeldzug zu fragen. Es geht um die alte Einheit von Ephraim und Gilead, die trotz der Bemühungen Ephraims nicht mehr besteht. Dies macht die Schibbolethszene deutlich, die nicht nur auf Dialektunterschiede schließen läßt, sondern durch die Tötung von Ephraimiten bei den Jordanfurten den Bruch zwischen Ephraim und Gilead endgültig besiegelt.

Zur Zeit der Richter muß Ephraim ein bedeutender und mächtiger Stamm gewesen sein. Nach Jdc 5,14 nahmen Teile des Stammes an der für die israelitischen Stämme erfolgreichen Deboraschlacht teil, nach Jdc 7,25 f. besiegte Ephraim die midianitischen Fürsten Oreb und Seeb und auch Ephraims selbstbewußt vorgetragene Beschwerden bei Gideon und Jephtha, im Kampf gegen Midian und Ammon nicht genügend berücksichtigt worden zu sein, läßt ebenfalls auf eine bedeutende Stellung Ephraims in der israelitischen Stämmegemeinschaft schließen (Jdc 7,23-8,3; 12,1-7).

Diese bedeutende Stellung Ephraims spiegelt der Stammesspruch über Joseph in Dtn 33,13-17 wider, in dem es um das von Jahwe gesegnete Land geht. Josephs Land ist ausreichend mit Wasser als dem wichtigsten Lebenselement gesegnet. Hinzu kommen die Erträge der Sonne und Monate. Das Land hat nicht nur materielle Güter, sondern weiß auch um die gnädige Zuwendung Jahwes. Zum materiellen Reichtum kommt die militärische Stärke hinzu. Die unbändige Kraft Ephraims wird mit dem Bild von den Wildstierhörnern ausgedrückt, ebenso in dem Bild von den "Zehntausenden Ephraims" und den "Tausenden Manasses".

Dieser Spruch läßt sich gut in die ausgehende Richterzeit datieren, denn Joseph scheint das Stadium der Entwicklung im Unterschied zu Gen 49,22 abgeschlossen zu haben und die Trennung von Joseph in die beiden Stämme Ephraim und Manasse ist anders als in Gen 49,22-26 bereits vollzogen. Vor allem V. 17 läßt auf eine starke Machtentfaltung Ephraims schließen, was für die Zeit der Richter gut paßt.

Auf diese Zeit blickt vielleicht auch der nachexilische Psalm 80 zurück, wenn es dort in V. 3 heißt: "... erstrahle doch vor Ephraim und Benjamin und Manasse ... (v. 2b.3a)." Der Psalmist appelliert damit gleich am Anfang des Psalms an Gott, doch wieder in der Weise zu erstrahlen, wie er damals vor Ephraim, Benjamin und Manasse erstrahlte. Damals kam er diesen Stämmen bei ihrer Festsetzung und Ausdehnung in Palästina zu Hilfe und stellte sich bei ihren Auseinandersetzungen mit den Nachbarvölkern schützend und machtvoll an ihre Seite. Daran soll sich Gott in der jetzigen ausweglosen Lage wieder erinnern und so wie damals den drei Stämmen Ephraim, Benjamin und Manasse heute ganz Israel helfen.

c) In der frühen Königszeit spielt Ephraim nicht mehr solch eine dominierende Rolle wie in der Richterzeit. Der Stamm tritt zugunsten der jeweils herrschenden Könige in das zweite Glied zurück. So war nach II Sam 2,8 f. Ephraim fester Bestandteil des Königreiches Ischboscheths und ihm loyal untergeben. Es wird hier neben Gilead, Asser, Jesreel und Benjamin genannt. Ephraim erkannte den von Mahanajim im Ostjordanland aus regierenden Ischboscheth als König an und unterstellte sich ihm.

Daß trotz dieses Zurücktretens von Ephraim alte vorstaatliche Verhältnisse weiterwirken, zeigt die Stellung Ephraims in der salomonischen Distriktsliste I Reg 4,7-20. So respektiert Salomo im Blick auf den Stamm Ephraim den in der Richterzeit vollzogenen Bruch mit Gilead (Jdc 12,1-7) durch die Einrichtung selbständiger ostjordanischer Distrikte (VI; VII).

Mit der Zusammenfassung der Stammesgebiete von Ephraim und Manasse zu einem Distrikt (I) umging Salomo geschickt die komplizierten Grenzverteilungen beider Stämme und vereinfachte die territorialen Gegebenheiten.

Die Stellung des Distriktes "Gebirge Ephraim" an erster Stelle gründet in dem geographischen Aufbau der Liste, da sich die Distrikte Nr. II-VII ringförmig um den ersten Distrikt legen, dessen Größe und zentrale Lage in Mittelpalästina ihn geradezu zum *ersten* Distrikt prädestinierten. Er heißt "Gebirge Ephraim" und nicht "Haus Joseph" oder "Ephraim und Manasse", da Teile des Stammes Manasse auch im Ostjordanland siedelten und Teile seines Gebietes zum dritten Distrikt gezählt wurden.

2. Ephraim – Profil eines israelitischen Stammes

Fragt man nach den für die geschichtliche Entwicklung Ephraims grundlegenden Faktoren zwischen Landnahme- und früher Königszeit, so ergibt sich folgendes Bild:

Die Größe des Hauses Joseph sowie seine Festsetzung auf dem mittelpalästinischen Gebirge bestimmten in vielerlei Hinsicht das Schicksal Ephraims vorher. Die Größe des Hauses Joseph nötigte zur Ausdehnung auf den nördlichen Teil des mittelpalästinischen Gebirges und begünstigte die Trennung in die beiden Stämme Ephraim und Manasse, was wiederum zu Auseinandersetzungen nach innen mit Manasse und Gilead führte, denn es war dadurch schwierig geworden, die Einheit von Ephraim und Manasse zu wahren. Das Übergehen der Ephraimiten bei den Auseinandersetzungen mit Midian und Ammon zeigt dies deutlich.

Die zentrale Lage Ephraims auf dem mittelpalästinischen Gebirge nötigte den Stamm nach außen zur Auseinandersetzung mit den Kanaanäern, die in unmittelbarer Nachbarschaft siedelten und angesichts ihrer militärischen Stärke oft genug eine Bedrohung des Stammes darstellten.

Die Aufgabe und Funktion Ephraims war in diesem Zeitabschnitt durch diese beiden Konstanten bestimmt. Berücksichtigt man dies, so fällt es schwer, in Ephraim einen stolzen, überheblichen und militanten Stamm zu sehen, dessen Ziel einzig und allein die Eroberung neuer Gebiete gewesen sein soll. Würde dieses Bild zutreffen, wäre kaum zu verstehen, weshalb der nachexilische Psalmbeter in Ps 80,2 f. an Gott appelliert, doch wieder so zu erstrahlen, wie er in vorstaatlicher Zeit vor Ephraim, Benjamin und Manasse erstrahlte, und weshalb Ephraim zum Repräsentanten des Nordreiches und als "Schutz des Hauptes Gottes" (Ps 60,9) bezeichnet werden konnte.

3. Weitere Aufgaben

Im Rahmen der hier vorgelegten Studien zur Geschichte des Stammes Ephraim von der Landnahme bis zur frühen Königszeit war es nicht möglich, auf alle Aspekte des Themas "Ephraim" einzugehen. So müßte eine weitere Beschäftigung mit dem Thema die Geschichte Ephraims bzw. des Hauses Joseph vor der Einwanderung ins Kulturland an Hand der Analyse der entsprechenden Pentateuchtexte untersuchen. Weiter müßte nach der Rolle Ephraims nach der Reichsteilung gefragt werden. Gegenstand einer eigenständigen Untersuchung wäre die Frage nach "Ephraim" in der prophetischen Literatur. Wie sind hier "Israel" und "Ephraim" genauer voneinander abzugrenzen? Schließlich wäre das gesamte archäologische Material der Ausgrabungen und Surveys im Gebiet von Ephraim zu sammeln und zu sichten, um auf diese Weise einen Beitrag zur Kulturgeschichte Palästinas zu leisten.

Ephraim – Der biblische Befund

a) An folgenden Stellen im Alten und Neuen Testament begegnet "Ephraim"
(ohne Formen des Gentiliziums):

Biblisches Buch Altes Testament	Vorkommen	Stellenangabe
Genesis	11 x	41,52 46,20 48,1.5.13.14.17(bis).20(bis) 50,23
Numeri	13 x	1,10.32.33 2,18(bis).24 7,48 10,22 13,8 26,28.35.37 34,24
Deuteronomium	2 x	33,17 34,2
Josua	18 x (9,9 %)	14,4 16,4.5.8.9.10 17,8.9.10.15.17 19,50 20,7 21,5.20.21 24,30.33
Judicum	27 x (14,85 %)	1,29 2,9 3,27 4,5 5,14 7,24(bis) 8,1.2 10,1.9 12,1.4(4 x).5(bis).6.15 17,1.8 18,2.13 19,1.16.18

Biblisches Buch Altes Testament	Vorkommen	Stellenangabe

1. und 2. Samuelbuch	7 x	I 1,1
		    9,4
		    14,22
		II 2,9
		    13,23
		    18,6
		    20,21

1. und 2. Regum	4 x	I 4,8
		    12,25
		II 5,22
		    14,13

Jesaja	14 x (7,7 %)	7,2.5.8.9.17 9,8.20(bis) 11,13(3 x) 17,3 28,1.3
Jeremia	7 x	4,15 7,15 31,6.9.18.20 50,19
Ezechiel	4 x	37,16.19 48,5.6
Hosea	37 x (20,53 %)	4,17 5,3(bis).5.9.11.12.13(bis).14 6,4.10 7,1.8(bis).11 8,9.11 9,3.8.11.13(bis).16 10,6.11(bis) 11,3.8.9 12,1.2.9.15 13,1.12 14,9

Biblisches Buch Altes Testament	Vorkommen	Stellenangabe
Obadja	1 x	19
Sacharja	3 x	9,10.13 10,7
Psalmen	5 x	60,9 78,9.67 80,3 108,9
Nehemia	2 x	8,16 12,39
1. und 2. Chronikbuch	26 x (14,3 %)	I 6,51.52 7,20.22 9,3 12,31 27,10.14.20 II 13,4(bis) 15,8.9 17,2 19,4 25,7.10.23 28,7.12 30,1.10.18 31,1 34,6.9
Neues Testament		
Johannes-evangelium	1 x	11,54
	Summe: 182 x	

b) Folgende Differenzierungen lassen sich beim Vorkommen von "Ephraim" im Alten und Neuen Testament treffen:

Ephraim — absoluter Gebrauch (außerhalb einer Konstruktusverbindung)		
Genesis	2 x	41,52 50,23
Numeri	1 x	1,10
Josua	1 x	17,9
Judicum	6 x	1,29 5,14 12,4(3x) 12,6
2. Samuelbuch	2 x	II 2,9 13,23
Jesaja	10 x	7,2.5.8.17 11,13(bis) 17,3
Jeremia	3 x	31,9.18.20
Ezechiel	1 x	48,5
Hosea	35 x	4,17 5,3(bis).5.9.11.12.13(bis).14 6,4.10 7,8(bis).11 8,9.11 9,3.8.11.13(bis).16 10,6.11(bis) 11,3.8.9 12,1.2.9.15 13,1 14,9
Sacharja	3 x	9,10.13 10,7

Ephraim – absoluter Gebrauch (außerhalb einer Konstruktusverbindung)		
1. und 2. Chronikbuch	2 x	I 7,22 II 25,10
Johannes-evangelium	1 x	11,54
	Summe: 67 x	

Ephraim in Verbindung mit Manasse (unabhängig von der Reihenfolge)		
Genesis	7 x	46,20 48,1.5.13.14.17.20
Numeri	2 x	1,10 26,28
Deuteronomium	2 x	33,17 34,2
Josua	4 x	14,4 16,4 17,10.17
Judicum	1 x	12,4
Jesaja	2 x	9,20
Psalmen	3 x	60,9 80,3 108,9
1. und 2. Chronikbuch	8 x	I 9,3 II 15,9 30,1.10.18 31,1 34,6.9
	Summe: 29 x (15,95 %)	

"die Söhne Ephraim(s)"		
Numeri	7 x	1,32 2,18 7,48 10,22 26,35.37 34,24
Josua	4 x	16,5.8.9 17,8
Psalmen	1 x	78,9

1. und 2. Chronikbuch	8 x	I 7,20
		    9,3
		    12,31
		    27,10.14.20
		II 25,7
		    28,12

	Summe: 22 x (12,10 %)	

"die Männer Ephraims"		
Judicum	3 x	7,24 8,1 12,1

"der Kriegsmann Ephraims"		
2. Chronikbuch	1 x	II 28,7

"das Haus Ephraim"		
Judicum	1 x	10,9

"der Stamm Ephraim"		
maṭṭê 'äprayim		
Numeri	3 x	1,33 13,8 34,24
Josua	4 x	14,4 16,8 21,5.20
1. Chronikbuch	1 x	I 6,51
šebäṭ 'äprayim		
Psalmen	1 x	78,67

"das Haupt Ephraims"		
Genesis	3 x	48,14.17(bis)
Jesaja	1 x	7,9

"die Trunkenen Ephraims"		
Jesaja	2 x	28,1.3

"die Flüchtlinge Ephraims"		
Judicum	2 x	12,4.5

"das Geschlecht Ephraim"		
Jeremia	1 x	7,15

"die Schuld Ephraims"		
Hosea	2 x	7,1 13,12

"der Eifer Ephraims"		
Jesaja	1 x	11,13

"die Hand Ephraims"		
Ezechiel	1 x	37,19
2. Chronikbuch	1 x	II 34,9

"das Holz Ephraims"		
Ezechiel	1 x	37,16

"die Nachlese Ephraims"		
Judicum	1 x	8,2

"die Zehntausende Ephraims"		
Deuteronomium	1 x	33,17

Gentilizium		
Judicum	1 x	12,5
1. Samuelbuch	1 x	I 1,1
1. Regum	1 x	I 11,26

"das Gebirge Ephraim"		
Josua	6 x	17,15 19,50 20,7 21,21 24,30.33
Judicum	12 x	2,9 3,27 4,5 7,24 10,1 17,1.8 18,2.13 19,1.16.18

1. und 2. Samuelbuch	4 x	I 1,1
		    9,4
		    14,22
		II 20,21

1. und 2. Regum	4 x	I 4,8 12,25 II 5,22
Jeremia	3 x	4,15 31,6 50,19

1. und 2. Chronikbuch	4 x	I 6,52
		II 13,4
		    15,8
		    19,4

	Summe: 33 x (18,15 %)	

"das Land Ephraim"		
Deuteronomium	1 x	34,2
Judicum	1 x	12,15
2. Chronikbuch	1 x	II 30,10

"das Gefilde Ephraim"		
Obadja	1 x	19

"Gebiet/Grenze Ephraims"		
Josua	2 x	16,4.5
Ezechiel	1 x	48,6

"die Städte Ephraims"		
2. Chronikbuch	2 x	II 17,2 34,6

"das Tor Ephraim"		
2. Regum	1 x	II 14,13
Nehemia	2 x	8,16 12,39
2. Chronikbuch	1 x	II 25,23

"das Lager Ephraim"		
Numeri	3 x	2,18.24 10,22

"die Mitte Ephraims"		
Josua	1 x	16,10

"der Wald Ephraim"		
2. Samuelbuch	1 x	II 18,6

c) Bei der Auflistung des biblischen Befundes lassen sich folgende Beobachtungen machen:

1. "Ephraim" begegnet 182 x im Alten und Neuen Testament, davon 181 x
   im Alten und 1 x im Neuen Testament.

2. Das Vorkommen von "Ephraim" konzentriert sich auf die geschichtlichen
   Bücher, vor allem Josua (9,9 %), Judicum (14,85 %) und die Propheten
   Jesaja (7,7 %), Hosea (20,35 %) sowie die Chronikbücher (15,30 %).
   "Ephraim" fehlt in der weisheitlichen Literatur.

3. "Ephraim" steht 29 x (15,95 %) mit Manasse zusammen.

4. Das Vorkommen von "Ephraim" in der Wendung "Gebirge Ephraim" ist
   mit 33 Belegen (18,15 %) recht hoch.

5. Die Verwendung von "Ephraim" in einem örtlich-geographischen Kontext
   (Gebirge Ephraim, Land, Gefilde, Gebiet/Grenze, Städte, Tor, Lager,
   Wald Ephraim(s)) ist mit 51 Belegen (28,05 %) sehr hoch.

Abkürzungen

arab.	arabische Zeit
BHK	Biblia Hebraica, Hg. R. Kittel, Stuttgart 1937 ff., 3. Aufl., Nachdruck 1973
BN	Biblische Notizen, Beiträge zur exegetischen Diskussion, hg. von M. Görg, Heft 1, Bamberg 1976 ff.
BTAVO	Beiträge zum Tübinger Atlas des Vorderen Orients, Reihe B (Geisteswissenschaften), hg. im Auftrag des Sonderforschungsbereiches 19 von H. Gaube und W. Röllig, Wiesbaden 1972 ff.
BThST	Biblisch-Theologische Studien, hg. von F. Hahn, H.-J. Kraus, W. H. Schmitt und W. Schrage, Neukirchen-Vluyn 1977 ff.
byz.	byzantinische Zeit
BzEATAJ	Beiträge zur Erforschung des Alten Testaments und des Antiken Judentums, hg. von M. Augustin und M. Mach, Frankfurt u. a. 1984 ff.
CAH	The Cambridge Ancient History, Third Edition, Volume I ff., hg. v. I. E. S. Edwards u. a., Cambridge 1970 ff.
CL	Chalkolithikum
DiTh	Dissertationen Theologische Reihe, hg. von B. Sirch, St. Ottilien 1983 ff.
E	Eisenzeit
ESI	Excavations and Surveys in Israel, Volume 1, Jerusalem 1982 ff.
FB	frühe Bronzezeit
FS	Festschrift
FzB	Forschung zur Bibel, hg. von R. Schnackenburg und J. Schreiner, Würzburg 1972 ff.
GAT	Grundrisse zum Alten Testament. Das Alte Testament Deutsch. Ergänzungsreihe, hg. von W. Beyerlin, Göttingen 1975 ff.
HA	Hadashot Arkhiologiyot 1, 1961 ff. (neuhebräisch)

HAL³	Hebräisches und Aramäisches Lexikon zum Alten Testament von L. Köhler und W. Baumgartner, neu bearbeitet von W. Baumgartner und J. J. Stamm, Leiden 1967-1990, 3. Aufl.
hell.	hellenistische Zeit
JBS	Jerusalem Biblical Studies, hg. von Ora Lipschitz/A. Rofé, Jerusalem
JSOT	Journal for the Study of the Old Testament, Sheffield 1976 ff.
Kreuzf.	Kreuzfahrerzeit
LXX	Septuaginta
mam.	Mameluckenzeit
MB	mittlere Bronzezeit
mittelalt.	Mittelalter
MT	masoretischer Text
OBO	Orbis Biblicus et Orientalis, hg. von O. Keel unter Mitarbeit von B. Trémel u. a., Freiburg/Schweiz und Göttingen 1973 ff.
omajj.	Omajjadenzeit
ottom.	ottomanische Zeit
pers.	persische Zeit
röm.	römische Zeit
SB	späte Bronzezeit
T	Targum
TA	Tel Aviv 1, 1974 ff., Journal of the Tel Aviv University Institute of Archaeology, Hg. Y. Aharoni u. a.
TAVO	Tübinger Atlas des Vorderen Orients, Kartenwerk, hg. vom Sonderforschungsbereich 19 der Universität Tübingen
ThV	Theologische Versuche, hg. von P. Wätzel/G. Schille, Berlin Bd. 1, 1966 ff.
V	Vulgata

Literatur

Es wurden alle im Text zitierten Titel aufgenommen. Monographien und Kommentare werden im Textteil in einer Kurzform zitiert, Aufsätze werden aus Platzgründen mit Zeitschrift, Band, Jahrgang und Seitenzahl angegeben. Die Abkürzungen richten sich nach "Theologische Realenzyklopädie. Abkürzungsverzeichnis", zusammengestellt von S. Schwertner Berlin/New York 1976.

Abel, F.-M.: Chronique, RB NS 8, 1911, 286-293

Abel, F.-M.: Géographie de la Palestine, Bd. 1 + 2, Paris ²1933+ 1938

Abel, F.-M.: Le Livre de Josué, SB (J), Paris ²1958

Abel, F.-M.: Mélanges. I Une Mention Biblique de Birzeit, RB 46, 1937, 217-224

Abel, F.-M.: Notes sur les Environs de Bir-Zeit, JPOS 8, 1928, 49-55

Abel, F.-M.: Rez.: H. Goussen, Ueber georgische Drucke und Handschriften, die Festordnung und den Heiligenkalender des altchristlichen Jerusalems betreffend, RB 33, 1924, 611-623

Abel, F.-M.: Tappouaḥ, RB 45, 1936, 103-112

Abel, F.-M.: Topographie des Campagnes Machabéennes, RB 32, 1923, 495-521

Abel, F.-M.: Topographie des Campagnes Machabéennes, RB 34, 1925, 194-216

Ackerman, J. S.: Prophecy and Warfare in Early Israel: A Study of the Deborah-Barak Story, BASOR 220, 1975, 5-13

Ackroyd, P. R.: The Composition of the Song of Deborah, VT 2, 1952, 160-162

Aharoni, Y.: Das Land der Bibel, Eine historische Geographie, Neukirchen-Vluyn 1984

Aharoni, Y.: Khirbet Raddana and its Inscription, IEJ 21, 1971, 130-135

Aharoni, Y.: Mount Carmel as Border, in: Archäologie und Altes Testament, Festschrift für K. Galling, hg. v. A. Kuschke und E. Kutsch, Tübingen 1970, 1-7

Aharoni, Y.: New Aspects of the Israelite Occupation in the North, in: Near Eastern Archaeology in the Twentieth Century. Essays in Honor of N. Glueck, hg. J. A. Sanders, Garden City, N. Y. 1970, 254-267

Aharoni, Y.: The Province-List of Judah, VT 9, 1959, 225-246

Aharoni, Y. u. Ruth Amiran: A New Scheme for the Sub-Division of the Iron Age in Palestine, IEJ 8, 1958, 171-184

Aharoni, Y. u. Ruth Amiran: Researches in Upper Galilee (hebr.), BIES 17, 1953, 126-137

Aland, K. u. E. Nestle: Novum Testamentum Graece, Stuttgart [25]1975

Albertz, R.: ṣ°q in: THAT II, 568-575

Albright, W. F.: A Trial Excavation in the Mound of Bethel, BASOR 29, 1928, 9-11

Albright, W. F.: Archaeological and Topographical Exploration in Palestine and Syria, BASOR 49, 1933, 23-31

Albright, W. F.: Archaeology and the Date of the Hebrew Conquest of Palestine, BASOR 58, 1935, 10-18

Albright, W. F.: Bronze Age Mounds of Northern Palestine and the Hauran: The Spring Trip of the School in Jerusalem, BASOR 19, 1925, 5-19

Albright, W. F.: Contributions to the Historical Geography of Palestine, AASOR 2/3, 1921/22, 1-46

Albright, W. F.: New Israelite and pre-Israelite Sites: The Spring Trip of 1929, BASOR 35, 1929, 1-14

Albright, W. F.: Notes and Comments, JPOS 2, 1922, 184-189

Albright, W. F.: Ophrah and Ephraim, AASOR 4, 1924, 124-133

Albright, W. F.: Ramah of Samuel, AASOR 4, 1922-23, 112-123

Albright, W. F.: Recent Observations of our Acting Director, BASOR 4, 1921, 2-16

Albright, W. F.: Some Additional Notes on the Song of Deborah, JPOS 2, 1922, 284 f.

Albright, W. F.: Some Archaeological and Topographical Results of a Trip through Palestine, BASOR 11, 1923, 3-14

Albright, W. F.: The Administrative Divisions of Israel and Judah, JPOS 5, 1925, 17-54

Albright, W. F.: The Danish Excavations at Seilūn – A Correction, PEFQSt 59, 1927, 157 f.

Albright, W. F.: The Earliest Forms of Hebrew Verse, JPOS 2, 1922, 69-86

Albright, W. F.: The Ephraim of the Old and New Testaments, JPOS 3, 1923, 36-40

Albright, W. F.: The First Month of Excavation at Bethel, BASOR 55, 1934, 23-25

Albright, W. F.: The Israelite Conquest of Canaan in the Light of Archaeology, BASOR 74, 1939, 11-23

Albright, W. F.: The Jordan Valley in the Bronze Age, AASOR 6, 1924/25, 13-74

Albright, W. F.: The Kyle Memorial Excavation at Bethel, BASOR 56, 1934, 2-15

Albright, W. F.: The Northern Boundary of Benjamin, AASOR 4, 1922-23, 150-155

Albright, W. F.: The Role of the Canaanites in the History of Civilization, in: The Bible and the Ancient Near East. Essays in Honor of W. F. Albright, hg. v. G. E. Wright, Garden City, N. Y., 1961, 328-362

Albright, W. F.: The Site of Mizpah in Benjamin, JPOS 3, 1923, 110-121

Albright, W. F.: The Site of Tirzah and the Topography of Western Manasseh, JPOS 11, 1931, 241-251

Albright, W. F.: The Song of Deborah in the Light of Archaeology, BASOR 62, 1936, 26-31

Albright, W. F. u. J. L. Kelso: The Excavation of Bethel (1934-1960), AASOR 39, 1968, 1 ff.

Allegro, J. M.: A Possible Mesopotamian Background to the Joseph Blessing of Gen. XLIX, ZAW 64, 1952, 249-251

Alt, A.: Ägyptische Tempel in Palästina und die Landnahme der Philister, in: ders., Kleine Schriften zur Geschichte des Volkes Israel I, München 1968, 4. Aufl., 216-230 (= ZDPV 67, 1944, 1-20)

Alt, A.: Art.: Amaleqiter, in: Reallexikon der Vorgeschichte Bd. 1, hg. v. M. Ebert, Berlin 1924, 147

Alt, A.: Das Institut im Jahre 1924, PJ 21, 1925, 5-58

Alt, A.: Das Institut im Jahre 1925, PJ 22, 1926, 5-80

Alt, A.: Das Institut im Jahre 1926, PJ 23, 1927, 5-51

Alt, A.: Das Institut im Jahre 1927, PJ 24, 1928, 5-74

Alt, A.: Das Institut im Jahre 1928, PJ 25, 1929, 5-59

Alt, A.: Das Institut in den Jahren 1929 und 1930, PJ 27, 1931, 5-50

Alt, A.: Das Institut im Jahre 1931, PJ 28, 1932, 5-47

Alt, A.: Das System der Stammesgrenzen im Buch Josua, in: ders., Kleine Schriften zur Geschichte des Volkes Israel I, München 1968, 4. Aufl., 193-202 (= Sellin Festschrift 1927, 13-24)

Alt, A.: Die Landnahme der Israeliten in Palästina, in: ders., Kleine Schriften zur Geschichte des Volkes Israel I, München 1968, 4. Aufl., 89-125 (= Leipzig 1925)

Alt, A.: Erwägungen über die Landnahme der Israeliten in Palästina, in: ders., Kleine Schriften zur Geschichte des Volkes Israel I, München 1968, 4. Aufl., 126-175 (= PJ 35, 1939, 8-63)

Alt, A.: Israels Gaue unter Salomo, in: ders., Kleine Schriften zur Geschichte des Volkes Israel II, München 1977, 4. Aufl., 76-89

Alt, A.: Megiddo im Übergang vom kanaanäischen zum israelitischen Zeitalter, in: ders., Kleine Schriften zur Geschichte des Volkes Israel I, München 1968, 4. Aufl., 256-273 (= ZAW 19, 1944, 67-85)

Alt, A.: Menschen ohne Namen, in: ders., Kleine Schriften zur Geschichte des Volkes Israel III, München 1959, 198-213 (Erstveröffentlichung 1950)

Alt, A.: Neue Berichte über Feldzüge von Pharaonen, ZDPV 70, 1954, 33-75

Alt, A.: Pharao Thutmosis III. in Palästina, PJ 10, 1914, 53-99

Astour, M. C.: Ugarit and the Great Powers, in: Ugarit in Retrospect, hg. v. G. D. Young, Winona Lake, Indiana 1981

Auerbach, E.: Untersuchungen zum Richterbuch I. Die Einwanderung der Israeliten Jdc 1, ZAW 48, 1930, 286-295

Auld, A. G.: Joshua, Moses and the Land. Tetrateuch-Pentateuch-Hexateuch in a Generation since 1938, Edinburgh 1983, 2. Aufl.

Auld, A. G.: Judges I and History: A Reconsideration, VT 25, 1975, 261-285

Avi-Yonah, M.: Greek Inscriptions from Ascalon, Jerusalem, Beisān and Hebron, QDAP 10, 1940-44, 160-169

Avi-Yonah, M.: Map of Roman Palestine, QDAP 5, 1936, 139-183

Avi-Yonah, M.: Mosaic Pavements in Palestine, QDAP 2, 1933, 136-162

Avi-Yonah, M.: Mosaic Pavements in Palestine, QDAP 3, 1934, 26-47

Avi-Yonah, M.: Mosaic Pavements in Palestine. Second Supplement, QDAP 4, 1935, 187-193

Avi-Yonah, M.: The Madaba Mosaic Map, Jerusalem 1954

Bach, R.: Art.: Amalek, in: BHH I, 77

Bach, R.: Zur Siedlungsgeschichte des Talkessels von Samaria, ZDPV 74, 1958, 41-54

Ball, C. J.: The Testament of Jacob (Gen. XLIX), PSBA 17, 1895, 164-191

Baly, D.: Geographisches Handbuch zur Bibel, Neukirchen-Vluyn 1966

Bamberger, S.: Raschis Pentateuchkommentar vollständig ins Deutsche übertragen und mit einer Einleitung versehen, Basel 1962, 3. Aufl.

Bar-Kochva, B.: Sēron and Cestius Gallus at Beith Ḥoron, PEQ 108, 1976, 13-21

Barnett, R. D.: The Sea Peoples, in: CAH II/2, § 28, 359-378

Barrois, A.: Débris d'un Manuscript des Évangiles à Avranches et Léningrad, RB 38, 1929, 396-420

Bartelmus, R.: Heroentum in Israel und seiner Umwelt, AThANT 65, Zürich 1979

Barth, J.: Die Nominalbildung in den semitischen Sprachen, Leipzig 1894, 2. Aufl.: Nachdruck Hildesheim 1967

Barth, J.: Etymologische Studien zum semitischen insbesondere zum hebräischen Lexicon, Leipzig 1893

Barthélemy, D.: Critique Textuelle de l'Ancien Testament 1. Josué, Juges, Ruth, Samuel, Rois, Chronique, Esdras, Néhémie, Esther, OBO 50/1, Göttingen 1982

Bartlett, J. R.: The Rise and Fall of the Kingdom of Edom, PEQ 104, 1972, 26-37

Bauer, H. u. P. Leander: Historische Grammatik der hebräischen Sprache des Alten Testaments, Halle 1922 (Nachdruck Hildesheim 1962)

Bechmann, Ulrike: Das Deboralied zwischen Geschichte und Fiktion. Eine exegetische Untersuchung zu Richter 5, DiTh 33, St. Ottilien 1989

Becker, U.: Richterzeit und Königtum. Redaktionsgeschichtliche Studien zum Richterbuch, BZAW 192, Berlin/New York 1990

Beer, G.: Zur Geschichte und Beurteilung des Schöpfungsberichtes Gen 1,1-2,4a nebst einem Exkurs über Gen 49,8-12 und 22-26, in: K. Budde zum 70. Geburtstag, BZAW 34, Gießen 1920, 20-30

Beeston, A. F. L.: Hebrew *Šibbolet* and *Šobel*, JSSt 24, 1979, 175-177

Ben-Dor, M.: *nāpâ* – A Geographical Term of possible 'Sea People' Origin, TA 3, 1976, 70-72

Benzinger, J.: Die Bücher der Könige, KHC IX, Tübingen u. a. 1899

Bertheau, E.: Das Buch der Richter und Ruth, KEH 6, Leipzig 1883

Bertholet, A.: Deuteronomium, KHC V, Freiburg u. a. 1899

Bertholet, A.: Zur Stelle Hohes Lied 4,8, in: W. W. Grafen Baudissin zum 26.9.1917, hg. v. W. Frankenberg u. a., BZAW 33, Gießen 1918, 47-53

Beyer, K.: Die aramäischen Texte vom Toten Meer, Göttingen 1986, 2. Aufl.

Beyerlin, W.: Schichten im 80. Psalm, in: Das Wort und die Wörter. FS G. Friedrich zum 65. Geburtstag, hg. v. H. Balz u. a.: Stuttgart u. a. 1973, 9-24

Biblia Hebraica, Hg. R. Kittel, Stuttgart 1937 ff. (1973)

Biblia Hebraica Stuttgartensia, hg. v. K. Elliger und W. Rudolph, Stuttgart 1977

Biblia Sacra iuxta Vulgatam Clementinam, hg. v. A. Colunga und L. Turrado, Matriti 1965, 4. Aufl.

Blanckenhorn, M.: Geologie Palästinas nach heutiger Auffassung, ZDPV 54, 1931, 3-50

Blau, J.: Gibt es ein emphatisches 'ĒṮ im Bibelhebräisch?, VT 6, 1956, 211 f.

Blau, J.: Zum angeblichen Gebrauch von 't vor dem Nominativ, VT 4, 1954, 7-19

Blenkinsopp, J.: Ballad Style and Psalm Style in the Song of Deborah, Bib. 42, 1961, 61-76

Boecker, H. J.: Redeformen des Rechtslebens im Alten Testament, WMANT 14, Neukirchen 1970, 2. Aufl.

Böhl, F.: Palestina in het Licht der jongste Opgravingen en Onderzoekingen, Amsterdam 1931

Böhl, F.: Wortspiele im Alten Testament, JPOS 6, 1926, 196-212

Boehmer, J.: Welchen Sinn hat Hohes Lied 4,8?, MGWJ 80, 1936, 449-453

Boling, R. G.: Joshua. A New Translation with Notes and Commentary, AncB, Garden City, N. Y., 1982

Boling, R. G.: Judges. Introduction, Translation and Commentary, AncB, Garden City, N. Y., 1975

Bonnet, H.: Die Waffen der Völker des Alten Orients, Leipzig 1926

Borée, W.: Die alten Ortsnamen Palästinas, Leipzig 1930, Nachdruck Hildesheim 1968

Born, A. van den, Art.: Amalek, in: Bibel-Lexikon, hg. v. H. Haag, Einsiedeln u. a. 1968, 2. Aufl., 56 f.

Born, A. van den: Koningen, BOT, Roermond 1958

Briggs, E. G.: The Book of Psalms Vol. II, ICC Edinburgh 1960

Brockelmann, C.: Hebräische Syntax, Neukirchen-Vluyn 1956

Brongers, H. A.: Das Zeitwort ʿālā und seine Derivate, in: Travels in the World of the Old Testament, Studies presented to M. A. Beek, hg. v. H. van Voss, Assen 1974, 30-40

Brooke, A. E. u. N. McLean: The Old Testament in Greek, Vol. Iff., Cambridge 1906 ff.

Brug, J. F.: A Literary and Archaeological Study of the Philistines, BAR International Series 265, Oxford 1985

Bruston, C.: Le Chant de Debora, ETR 2, 1927, 489-515

Budde, K.: Das Buch der Richter, KHC VII, Freiburg i. B. u. a. 1897

Budde, K.: Der Segen Mose's Deut. 33 erläutert und übersetzt, Tübingen 1922

Budde, K.: Die Bücher Richter und Samuel, ihre Quellen und ihr Aufbau, Gießen 1890

Budde, K.: Die Bücher Samuel, KHC AT 8, Tübingen u. a. 1902

Budde, K.: Richter und Josua, ZAW 7, 1887, 93-166

Buhl, F.: Geographie des Alten Palästina, GThW II/4, Freiburg i. B. u. a. 1896

Buhl, Marie-Louise u. S. Holm-Nielsen: Shiloh. The Danish Excavations at Tall Sailūn, Palestine in 1926, 1929, 1932 and 1963, Publications of the National Museum I/XII, Copenhagen 1969

Burney, C. F.: Notes on the Hebrew Text of the Books of Kings, Oxford 1903

Burney, C. F.: The Book of Judges, London 1918

Burney, C. F.: The Topography of Gideons's Rout of the Midianites, in: Studien zur semitischen Philologie und Religionsgeschichte, J. Wellhausen zum 70. Geburtstag, BZAW 27, Gießen 1914, 89-99

Burrows, E.: The Oracles of Jacob and Balaam, The Bellarmine Series 111, London 1938

Burrows, E.: Palestinian and Syrian Archaeology in 1931, BASOR 45, 1931, 20-32

Burrows, E.: Palestinian and Syrian Archaeology in 1931, AJA 36, 1931, 64-73

Burrows, E.: The Summer School in 1931, BASOR 43, 1931, 29-32

Buttenwieser, M.: The Psalms chronologically treated with a new Translation, New York 1969 (= 1938)

Callaway, J. A.: Notes and News: Khirbet Ruddana, IEJ 19, 1969, 239

Callaway, J. A.: Notes and News: Khirbet Ruddana (el-Bire), IEJ 20, 1970, 230-232

Callaway, J. A.: The 1964 ᶜAi (et-Tell) Excavations, BASOR 178, 1965, 13-40

Callaway, J. A.: The 1966 ᶜAi (et-Tell) Excavations, BASOR 196, 1969, 2-16

Callaway, J. A.: The 1968-1969 ᶜAi (et-Tell) Excavations, BASOR 198, 1970, 7-31

Callaway, J. A. u. R. E. Cooley: A Salvage Excavation at Raddane, in Bireh, BASOR 201, 1971, 9-19

Callaway, J. A. u. K. Schoonover: The Early Bronze Age Citadel at Ai (et-Tell), BASOR 207, 1972, 41-53

Campbell, E. F. Jr.: The Boundary Between Ephraim and Manasseh, in: The Answers Lie Below. Essays in Honor of L. E. Toombs, hg. v. H. O. Thompson, Lanham u. a. 1984, 67-76

Campbell, E. F. Jr.: The Shechem Area Survey, BASOR 190, 1968, 19-41

Campbell, E. F. Jr.: Shechem Area Survey, BASOR 204, 1971, 4

Campbell, E. F. Jr.: Shechem II, ASOR Archaeological Reports 02, Atlanta 1991

Canaan, T.: Mohammedan Saints and Sanctuaries in Palestine, JPOS 5, 1925, 164-203

Canaan, T.: Mohammedan Saints and Sanctuaries in Palestine, JPOS 7, 1927, 1-88

Caquot, A.: Ben Porat (Genèse 49,22), Sem. 30, 1980, 43-56

Caquot, A.: Les Bénédictions de Moïse (Deutéronome 33,6-25), Sem. 32, 1982, 67-81; 33, 1983, 59-76

Caquot, A.: Les Tribus d'Israël dans le Cantique de Débora (Juges 5,13-17), Sem. 36, 1986, 47-70

Caspari, W.: Die Samuelbücher, KAT VII, Leipzig 1926

Causse, A.: Les Plus Vieux Chants de la Bible. Études d'Histoire et de Philosophie Religieuses 14, Paris 1926

Cazelles, H.: Déborah (Jud. V 14), Amaleq et Mâkîr, VT 24, 1974, 235-238

Cazelles, H.: Le Deutéronome, SBJ, Paris 1958, 2. Aufl.

Cheyne, T. K.: The Blessings on Asher, Naphtali and Joseph, PSBA 21, 1899, 242-245

Cheyne, T. K.: The Book of Psalms. Translated from a Revised Text with Notes and Introduction II, London 1904

Chiera, E. u. E. A. Speiser: Selected "Kirkuk" Documents, JAOS 47, 1927, 36-60

Clauss, H.: Die Städte der El-Amarnabriefe und die Bibel, ZDPV 30, 1907, 1-79

Cleveland, R. L.: More on the South Arabian Clay Stamp found at Beitîn, BASOR 209, 1973, 33-36

Conder, C. R.: Tent Work in Palestine II, London 1878

Conder, C. R. u. H. H. Kitchener: The Survey of Western Palestine I, London 1881

Conder, C. R. u. H. H. Kitchener: The Survey of Western Palestine. Volume II. Sheets VII-XVI. Samaria, London 1882

Conder, C. R. u. H. H. Kitchener: The Survey of Western Palestine, Volume III: Judaea, London 1883

Contenson, H. de, The 1953 Survey in the Yarmuk and Jordan Valleys, ADAJ 8/9, 1964, 30-42

Coogan, M. D.: A Structural and Literary Analysis of the Song of Deborah, CBQ 40, 1978, 143-166

Coppens, J.: La Bénédiction de Jacob. Son Cadre Historique à la Lumière des Parallèles Ougaritiques, VTS 4, 1956, 97-115

Cornill, C. H.: Zum Segen Jakobs und zum jahwistischen Dekalog, in: Studien zur semitischen Philologie und Religionsgeschichte. J. Wellhausen zum 70. Geburtstag, hg. v. K. Marti, BZAW 27, Gießen 1914, 103-113

Corpus Christianorum Series Latina 175, Itineraria et alia geographica, Turnholti 1965

Cortese, E.: Josua 13-21. Ein priesterschriftlicher Abschnitt im deuteronomistischen Geschichtswerk, OBO 94, Feiburg/Schweiz u. a. 1990

Coughenour, R. A.: A Search for Maḥanaim, BASOR 273, 1989, 57-66

Craigie, P. C.: A Reconsideration of Shamgar Ben Anath (Judg. 3:31 and 5:6), JBL 91, 1972, 239 f.

Craigie, P. C.: Deborah and Anat: A Study of Poetic Imagery (Judges 5), ZAW 90, 1978, 374-381

Craigie, P. C.: Some Further Notes on the Song of Deborah, VT 22, 1972, 349-353

Craigie, P. C.: The Book of Deuteronomy, NIC, Grand Rapids 1976

Craigie, P. C.: The Song of Deborah and the Epic of Tukulti-Ninurta, JBL 88, 1969, 253-265

Craigie, P. C.: Three Ugaritic Notes on the Song of Deborah, JSOT 2, 1977, 33-49

Craigie, P. C.: Ugarit and the Old Testament, Grand Rapids, Mich. 1983

Cross, F. M. u. D. N. Freedman: An Inscribed Jar Handle from Raddana, BASOR 201, 1971, 19-22

Cross, F. M. u. D. N. Freedman: The Blessing of Moses, JBL 67, 1948, 191-210

Crown, A. D.: Some Factors Relating to Settlement and Urbanization in Ancient Canaan in the Second and First Millenia B. C., Abr.-n. 11, 1971, 22-41

Culican, W.: A Terracotta Shrine from Achzib, ZDPV 92, 1976, 47-53

Dahl, G.: The "Three Hights" of Joshua 17,11, JBL 53, 1934, 381-383

Dahood, M.: Is 'Eben Yiśrā'ēl a Divine Title? (Gn 49,24), Bib. 40, 1959, 1002-1007

Dahood, M.: Psalms II 51-100, AncB, Garden City 1981, 9. Aufl.

Dalman, G.: Aramäisch-Neuhebräisches Handwörterbuch zu Targum, Talmud und Midrasch, Göttingen 1938, Nachdruck Hildesheim 1967

Dalman, G.: Arbeit und Sitte in Palästina, Bd. I/1, Gütersloh 1928, Nachdruck Hildesheim 1964

Dalman, G.: Arbeit und Sitte in Palästina, Bd. III, Gütersloh 1933, Nachdruck Hildesheim 1964

Dalman, G.: Arbeit und Sitte in Palästina, Bd. IV, Gütersloh 1935, Nachdruck Hildesheim 1964

Dalman, G.: Arbeit und Sitte in Palästina, Bd. VI, Gütersloh 1939, Nachdruck Hildesheim 1964

Dalman, G.: Einige geschichtliche Stätten im Norden Jerusalems, JBL 48, 1929, 354-361

Dalman, G.: Jahresbericht des Deutschen evangelischen Instituts für Altertumswissenschaft des heiligen Landes für das Arbeitsjahr 1906/07, PJ 3, 1907, 3-14

Dalman, G.: Jahresbericht des Deutschen evangelischen Instituts für Altertumswissenschaft des heiligen Landes 1910/11, PJ 7, 1911, 3-31

Dalman, G.: Jahresbericht des Deutschen evangelischen Instituts für Altertumswissenschaft des heiligen Landes für das Arbeitsjahr 1912/13, PJ 9, 1913, 3-75

Dalman, G.: Jahresbericht des Deutschen evangelischen Instituts für Altertumswissenschaft des heiligen Landes 1913/14, PJ 10, 1914, 3-50

Dalman, G.: Nach Galiläa, PJ 18/19, 1922/23, 10-80

Damati, E.: ᶜAskar, IEJ 22, 1972, 174

Danelius, Eva: Shamgar Ben ᶜAnath, JNES 22, 1963, 191-193

Dell'Oca, R.: El Cantico de Debora, RevBib 30, 1968, 162-169

Dever, W. G.: Excavations at Gezer, BA 30, 1967, 47-62

Dever, W. G. (Hg.): Gezer II. Report of the 1967-70 Seasons in Fields I and II, Volume II, Jerusalem 1974

Dever, W. G. (Hg.): Gezer IV. The 1969-71 Seasons in Field VI, the "Acropolis", Part 1 and 2, Text, Plates, Plans Jerusalem 1986

Dever, W. G.: Middle Bronze Age I Cemetries at Mirzbâneh and ᶜAin-Sâmiya, IEJ 22, 1972, 95-112

Dever, W. G. u. H. D. Lance u. G. E. Wright: Gezer I: Preliminary Report of the 1964-66 Seasons, Volume I, Jerusalem 1970

Diem, W.: Das Problem von š im Althebräischen und die kanaanäische Lautverschiebung, ZDMG 124, 1974, 221-252

Diestel, L.: Der Segen Jakob's in Genes. XLIX historisch erläutert, Braunschweig 1853

Dillmann, A.: Die Genesis, KEH, Leipzig 1892, 6. Aufl.

Dillmann, A.: Numeri, Deuteronomium und Josua, KEH, Leipzig 1886, 2. Aufl.

Donner, H.: Das Deutsche Evangelische Institut für Altertumswissenschaft des Heiligen Landes. Lehrkursus 1963, ZDPV 81, 1965, 3-55

Donner, H.: Einführung in die biblische Landes- und Altertumskunde, Darmstadt 1988, 2. Aufl.

Donner, H.: Geschichte des Volkes Israel und seiner Nachbarn in Grundzügen, 2 Teile, GAT 4, Göttingen 1983 (Teil 1) + 1986 (Teil 2)

Donner, H.: Ophra in Manasse. Der Heimatort des Richters Gideon und des Königs Abimelech, in: Die Hebräische Bibel und ihre zweifache Nachgeschichte. FS für R. Rendtorff, hg. v. E. Blum u. a., Neukirchen-Vluyn 1990, 193-206

Donner, H.: Pilgerfahrt ins Heilige Land. Die ältesten Berichte christlicher Palästinapilger (4.-7. Jahrhundert), Stuttgart 1979

Donner, H. u. a.: Remarks and Observations on the Historical Topography of Jordan, ADAJ 8-9, 1964, 88-92

Donner, H. u. H. Cüppers: Die Mosaikkarte von Madeba, Teil 1: Tafelband, ADPV, Wiesbaden 1977

Dothan, M.: A Sign of Tanit from Tel ᶜAkko, IEJ 24, 1974, 44-49.276-279

Dothan, M.: Accho, IEJ 23, 1973, 257 f.

Dothan, M.: Accho: Interim Excavation Report First Season, 1973/4, BASOR 224, 1976, 1-48

Dothan, M.: ᶜAkko, 1980, IEJ 21, 1981, 110-112

Dothan, M.: Acre, RB 82, 1975, 566-571

Dothan, M.: Tel Akko, RB 82, 1975, 84-86

Dothan, M. u. D. Conrad: Akko (1978), RB 86, 1979, 441-444

Dothan, M. u. D. Conrad: Akko, 1979, IEJ 29, 1979, 227 f.

Dothan, M. u. D. Conrad: ᶜAkko, 1982, IEJ 33, 1983, 113 f.

Dothan, M. u. D. Conrad: ᶜAkko, 1983, IEJ 34, 1984, 189 f.

Dothan, Trude: The Philistines and their Material Culture, Jerusalem Israel Exploration Society, Westford, Mass. 1982

Driver, S. R.: Deuteronomy, ICC, Edinburgh 1960, 5. Aufl.

Driver, S. R.: Notes on the Hebrew Text and the Topography of the Books of Samuel, Oxford 1913, 2. Aufl.

Duhm, B.: Die Psalmen, KHC XIV, Tübingen 1922, 2. Aufl.

Dumermuth, F.: Zur deuteronomischen Kulttheologie und ihren Voraussetzungen, ZAW 70, 1958, 59-98

Dunayevsky, I. u. A. Kempinski: The Megiddo Temples, ZDPV 89, 1973, 161-187

Dussaud, R.: Samarie au Temps d'Achab, Syr. 7, 1926, 9-29

Edelman, Diana: Saul's Battle Against Amaleq (1 Sam 15), JSOT 35, 1986, 71-84

Edelman, D.: The 'Ashurites' of Eshbaal's State (2 Sam. 2.9), PEQ 117, 1985, 85-91

Edgerton, W. F. u. J. A. Wilson: Historical Records of Ramses III: The Texts in Medinet Habu, Volumes I and II translated with explanatory Notes, Chicago 1936

Ehrlich, A. B.: Randglossen zur hebräischen Bibel Bd. 1, Leipzig 1908, Nachdruck Hildesheim 1968

Eissfeldt, O.: Der geschichtliche Hintergrund der Erzählung von Gibeas Schandtat (Richter 19-21), ders., Kleine Schriften II, Tübingen 1963, 64-80 (Erstveröffentlichung FS G. Beer 1935, 19-40)

Eissfeldt, O.: Die Quellen des Richterbuches, Leipzig 1925

Eissfeldt, O.: Ein gescheiterter Versuch der Wiedervereinigung, in: ders., Kleine Schriften III, Tübingen 1966, 132-146 (Erstveröffentlichung Le Nouvelle Clio 3, 1951, 110-127)

Eissfeldt, O.: Einleitung in das Alte Testament, NTG, Tübingen 1976, 4. Aufl.

Eissfeldt, O.: El und Jahwe, in: ders., Kleine Schriften III, Tübingen 1966, 386-397 (Erstveröffentlichung JSSt 1, 1956, 25-37)

Eissfeldt, O.: Gottesnamen in Personennamen als Symbole menschlicher Qualitäten, in: ders., Kleine Schriften IV, Tübingen 1968, 276-284 (Erstveröffentlichung FS W. Baetke 1966, 110-117)

Eissfeldt, O.: Hexateuch-Synopse, Leipzig 1922, Nachdruck Darmstadt 1978

Eissfeldt, O.: Psalm 80, in: ders., Kleine Schriften III, Tübingen 1966, 221-232

Elhorst, H. J.: Die israelitischen Trauerriten, in: Studien zur semitischen Philologie und Religionsgeschichte. J. Wellhausen zum 70. Geburtstag, hg. v. K. Marti, BZAW 27, Gießen 1914, 117-128

Elliger, A.: Die Frühgeschichte der Stämme Ephraim und Manasse, Diss. theol. Rostock 1971

Elliger, K.: Art.: Sichem, BHH III, 1781-1783

Elliger, K.: Art.: Sukkoth, BHH III, 1887 f.

Elliger, K.: Deuterojesaja (40,1-45,7), BK XI/1, Neukirchen-Vluyn 1978

Elliger, K.: Die Grenze zwischen Ephraim und Manasse, ZDPV 53, 1930, 265-309

Elliger, K.: Michmethath, in: Archäologie und Altes Testament. FS K. Galling zum 8.1.1970, hg. v. A. Kuschke und E. Kutsch, Tübingen 1970, 91-100

Elliger, K.: Neues über die Grenze zwischen Ephraim und Manasse, JPOS 18, 1938, 7-16

Elliger, K.: Thappuah, PJ 33, 1937, 7-22

Emerton, J. A.: Some Difficult Words in Genesis 49, in: Words and Meanings, Essays presented to D. W. Thomas, hg. v. P. R. Ackroyd u. a. Cambridge 1968, 81-93

Engberg, R. M. u. W. F. Albright: Historical Analysis of Archaeological Evidence: Megiddo and the Song of Deborah, BASOR 78, 1940, 4-7.7-9

Engberg, R. M. u. G. M. Shipton: Notes on the Chalcolithic and Early Bronze Age Pottery of Megiddo, The Oriental Institute of the University of Chicago. Studies in Ancient Oriental Civilization No. 10, Chicago 1934

Epiphanius von Salamis, Adversus Octoginta Haereses. Opus quod insribitur Panarium sive Arcula, PG 41 I, 174-1200

Eusebius, Das Onomastikon der biblischen Ortsnamen, hg. v. E. Klostermann, Leipzig 1904, Nachdruck Hildesheim 1966

Ewald, H.: Geschichte des Volkes Israel Band 2, Göttingen 1865, 3. Aufl.

Ewald, H.: Geschichte des Volkes Israel Band 3, Geschichte David's und der Königsherrschaft in Israel, Göttingen 1866, 3. Aufl.

Fensham, F. C.: Did a Treaty Between the Israelites and the Kenites exist?, BASOR 175, 1954, 51-54

Fensham, F. C.: Shamgar Ben ʿAnath, JNES 20, 1931, 197 f.

Fernández, A.: La Patria del Profeta Samuel, Bib. 12, 1931, 119-123

Fichtner, J.: Das erste Buch von den Königen, BAT 12/1, Stuttgart 1964

Filson, F. V.: Where was Asophon?, BASOR 91, 1943, 27 f.

Finkelstein, J.: The Archaeology of the Israelite Settlement, Jerusalem 1988

Finkelstein, J.: The Land of Ephraim Survey 1980-1987: Preliminary Report, TA 1988-1989, 117-183

Fischer, C. S.: The Excavation of Armageddon, Oriental Institute Communications No. 4, Chicago 1929

Fitzgerald, G.: A Sixth Century Monastary at Beth-Shan (Scythopolis), Publications of the Palestine Section of the Museum of the University of Pennsylvania Volume IV, Philadelphia 1938

Fitzgerald, G.: Beth-Shan Excavations 1921-1923. The Arab and Byzantine Levels, Publications of the Palestine Section of the Museum of the University of Pennsylvania Volume III, Philadelphia 1931

Fitzgerald, G.: The Four Canaanite Temples of Beth-Shan, Part 2 The Pottery, Publications of the Palestine Section of the Museum of the University of Pennsylvania Volume II, Philadelphia 1930

Fitzmyer, J. A.: The Genesis Apocryphon of Qumran Cave I, BibOr 18, Rome 1971, 2. Aufl.

Fohrer, G.: Das Buch Hiob, KAT XVI, Gütersloh 1963

Fraine, J. de, Desiderium collium aeternorum (Gen 49,26), Bijdr. 12, 1951, 140-153

Free, J. P.: The First Season of Excavation at Dothan, BASOR 131, 1953, 16-20

Free, J. P.: The Second Season at Dothan, BASOR 135, 1954, 14-20

Free, J. P.: The Third Season at Dothan, BASOR 139, 1955, 3-9

Free, J. P.: The Fourth Season at Dothan, BASOR 143, 1956, 11-17

Free, J. P.: The Fifth Season at Dothan, BASOR 152, 1958, 10-18

Free, J. P.: The Sixth Season at Dothan, BASOR 156, 1959, 22-29

Free, J. P.: The Seventh Season at Dothan, BASOR 160, 1960, 6-15

Free, J. P.: Radiocarbon Date of Iron Age Level at Dothan, BASOR 147, 1957, 36 f.

Fripp, E. J.: Note on Gen XLIX, 24b-26, ZAW 11, 1891, 262-266

Fritz, V.: Das Ende der spätbronzezeitlichen Stadt Hazor Stratum XIII und die biblische Überlieferung in Josua 11 und Richter 4, UF 5, 1973, 123-139

Fritz, V.: Die sogenannte Liste der besiegten Könige in Josua 12, ZDPV 85, 1969, 136-161

Fritz, V.: Einführung in die biblische Archäologie, Darmstadt 1985

Frohnmeyer, J.: Biblische Geographie, Calw u. a. 1903, 12. Aufl.

Galling, K.: Art.: Ai, in: BRL², 4

Galling, K. (Hg.): Biblisches Reallexikon, HAT 1, Tübingen ²1977 (BRL²)

Garbini, G.: Il Cantico di Debora, ParPass 33, 1978, 5-31

Garsiel, M. u. J. Finkelstein: The Westward Expansion of the House of Joseph in the Light of the ʿIzbeth Ṣarṭah Excavations, TA 5, 1978, 192-197

Garstang, J.: Joshua. Judges, London 1931

Gelderen, C. van, De Boeken der Koningen. Eerste Deel 1 Koningen 1-11, KVHS 8,1, Kampen 1951

Gelston, A.: A Sidelight on the ’Son of Man’, SJTh 22, 1969, 189-196

Gemser, B.: *beʿēber hajjardēn:* In Jordan’s Borderland, VT 2, 1952, 349-355

Gerlemann, G.: Ruth. Das Hohelied, BK XVIII, Neukirchen-Vluyn 1981, 2. Aufl.

Gerlemann, G.: The Song of Deborah in the Light of Stylistics, VT 1, 1951, 168-180

Germer-Durand, R. P.: Inscriptions Romaines et Byzantines. Mélanges, RB 4, 1895, 68-77

Gerstenberger, E. S.: Psalms Part 1 with an Introduction to Cultic Poetry, The Forms of the Old Testament Literature XIV, Grand Rapids 1988

Gese, H.: Der auszulegende Text, ThQ 167, 1987, 252-265, in: ders., Alttestamentliche Studien, Tübingen 1991, 266-282

Gese, H.: Die Religionen Altsyriens, in: ders. u. Maria Höfner u. K. Rudolph: Die Religionen Altsyriens, Altarabiens und der Mandäer, RM 10,2, Stuttgart u. a. 1970

Gesenius, W.: Hebräisches und Aramäisches Handwörterbuch über das Alte Testament, unter Mitarbeit von U. Rüterswörden hg. v. R. Meyer und H. Donner, Berlin 1987, 18. Aufl., Lieferung 1

Gesenius, W. u. F. Buhl: Hebräisches und Aramäisches Handwörterbuch über das Alte Testament, Berlin u. a. 1962, Nachdruck der 17. Aufl. 1915

Gesenius, W. u. E. Kautzsch: Hebräische Grammatik, Leipzig 1909, 28. Aufl., Nachdruck Hildesheim 1962

Geus, C. H. J. de: Richteren 1:1-2:5, VoxTh 36, 1966, 32-53

Geus, C. H. J. de: The Tribes of Israel. An Investigation into some of the Presuppositions of Martin Noth's Amphictyony Hypothesis, Assen/ Amsterdam 1976

Gevirtz, S.: Of Patriarchs and Puns: Joseph at the Fountain, Jacob at the Ford, HUCA 46, 1975, 33-54

Giveon, R.: Toponymes Ouest-Asiatique à Soleb, VT 14, 1964, 239-255

Globe, A.: The Literary Structure and Unity of the Song of Deborah, JBL 93, 1974, 493-512

Globe, A.: The Muster of the Tribes in Judges 5,11e-18, ZAW 87, 1975, 169-184

Glück, J. J.: The Verb PRṢ in the Bible and in the Qumran Literature, RdQ 5, 1964, 123-127

Glueck, N.: Palestinian and Syrian Archaeology in 1932, AJA 37, 1933, 160-172

Glueck, N.: Ramoth Gilead, BASOR 92, 1943, 10-16

Glueck, N.: The Jordan, BA 6, 1943, 62-67

Glueck, N.: Three Israelite Towns in the Jordan Valley: Zarethan, Succoth, Zaphon, BASOR 90, 1943, 2-23

Görg, M.: Ein Gott Amalek?, BN 40, 1987, 14f.

Gold, V. R.: The Mosaic Map of Madeba, BA 21, 1958, 50-71

Goldschmidt, A.: The Village of Karnaim in the Plain of Beisan (Hebr.), BIES 19, 1955, 237

Gottwald, N. K.: The Tribes of Yahweh. A Sociology of the Religion of Liberated Israel, 1250-1050 B. C. E., Maryknoll 1979

Gradmann, R.: Palästinas Urlandschaft, ZDPV 57, 1934, 161-185

Grätz, H.: Das Deborah-Lied, MGWJ 31, 1882, 193-207

Graf, K. H.: Der Segen Mose's (Deuteronomium c. XXXIII), Leipzig 1857

Graf, K. H.: Der Stamm Simeon, ein Beitrag zur Geschichte der Israeliten, in: Jahresbericht über die Königl. Sächs. Landesschule Meissen, Meissen 1866, 1-37

Graf, R.: Durch das Heilige Land westlich und östlich des Jordans im Jahre 1911, PJ 13, 1917, 103-138

Grant, E.: The Philistines, JBL 55, 1936, 175-194

Gray, J.: I & II Kings, OTL, London 1970, 2. Aufl.

Gressmann, H.: Die Anfänge Israels, Von 2. Mosis bis Richter und Ruth, Göttingen 1914

Grether, O.: Das Deboralied. Eine metrische Rekonstruktion, BFChTh 42,2 Gütersloh 1941

Gröber, K.: Palästina, Arabien und Syrien. Baukunst, Landschaft, Volksleben, Berlin 1925

Grønbaeck, J. H.: Juda und Amalek. Überlieferungsgeschichtliche Erwägungen zu Exodus 17,8-16, StTh 18, 1964, 26-45

Gry, L.: La Bénédiction de Joseph (Gen. XLIX, 22-27), RB 26, 1917, 508-520

Guérin, M.V.: Description Géographique, Historique et Archéologique de la Palestine, II – Samarie, Paris 1874

Gunkel, H.: Die Psalmen, Göttingen 1986, 6. Aufl.

Gunkel, H.: Genesis, HK 1.1, Göttingen ^{5}1922 = ^{9}1977

Gunkel, H. u. J. Begrich: Einleitung in die Psalmen, Göttingen ^{4}1985

Gunneweg, A. H. J.: Über den Sitz im Leben der sog. Stammessprüche Gen 49, Dtn 33, Jdc 5, in: ders., Sola Scriptura. Beiträge zu Exegese und Hermeneutik des Alten Testaments, Göttingen 1983, 25-35 (Erstveröffentlichung ZAW 76, 1964, 245-255)

Gurewicz, S. B.: The Bearing of Judges 1-2,5, on the Authorship of the Book of Judges, ABR 7, 1959, 37-40

Guthe, H.: Geschichte des Volkes Israel, GThW II 3, Tübingen 1914, 3. Aufl.

Guthe, H. (Hg.): Kurzes Bibelwörterbuch, Tübingen u. a. 1903

Guthe, H.: Zarethan und die Erzgießerei Salomos, in: Vom Alten Testament, FS K. Marti, hg. v. K. Budde, BZAW 41, Gießen 1925, 96-108

Guy, P. L. O.: Megiddo Tombs, The University of Chicago Oriental Institute Publications 33, Chicago 1938

Guy, P. L. O.: New Light from Armageddon, Oriental Institute Communications No. 9, Chicago 1931

Hagemeyer, F.: Gibea, die Stadt Sauls, ZDPV 32, 1909, 1-37

Halbe, J.: Das Privilegrecht Jahwes Ex 34,14-26, FRLANT 114, Göttingen 1975

Halpern, B.: Sectionalism and the Schism, JBL 93, 1974, 519-533

Hartmann, R.: Politische Geographie des Mamlukenreichs, ZDMG 70, 1916, 477-511

Hartmann, R.: Zum Ortsnamen aṭ-Ṭajjiba, ZDMG 65, 1911, 536-538

Haupt, P.: Die Schlacht von Taanach, in: Studien zur semitischen Philologie und Religionsgeschichte. J. Wellhausen zum 70. Geburtstag, hg. v. K. Marti, BZAW 27, Gießen 1914, 193-225

Haupt, P.: Zum Deboratliede, ZAW 34, 1914, 229-231

Hebräisches und Aramäisches Lexikon zum Alten Testament von L. Köhler und W. Baumgartner, neu bearbeitet von W. Baumgartner und J. J. Stamm, Leiden 1967-1990, 3. Aufl.

Hecke, K.-H.: Juda und Israel. Untersuchungen zur Geschichte Israels in vor- und frühstaatlicher Zeit, FzB 52, Würzburg 1985

Heidet, L.: Maspha et les Villes de Benjamin Gabaa, Gabaon et Béroth, RB 3, 1894, 321-356

Heinemann, H.: The Date of Psalm 80, JQR 40, 1949/50, 297-302

Heller, J.: An der Quelle des Lebens. Aufsätze zum Alten Testament. Mit einem Geleitwort von W. H. Schmidt, BzEATAJ 10, Frankfurt u. a. 1988

Heller, J.: Noch zu Ophra, Ephron und Ephraim, VT 12, 1962, 339-341, wieder abgedruckt in: ders., An der Quelle des Lebens, 107-109

Hempel, J.: ʿAṭroṯ-ʾAddar, ZDPV 53, 1930, 233-236

Hengstenberg, E. W.: Commentar über die Psalmen 3. Band, Berlin 1851, 2. Aufl.

Hermisson, H.-J.: Studien zur israelitischen Spruchweisheit, WMANT 28, Neukirchen 1968

Herrmann, S.: Geschichte Israels. Möglichkeiten und Grenzen ihrer Darstellung, ThLZ 94, 1969, 641-650

Herrmann, S.: Geschichte Israels in alttestamentlicher Zeit, München ²1980

Herrmann, S.: Operationen Pharao Schoschenks I. im östlichen Ephraim, ZDPV 80, 1964, 55-79

Hertzberg, H. W.: Die Bücher Josua, Richter, Ruth, ATD 9, Göttingen 1973, 5. Aufl.

Hertzberg, H. W.: Die Samuelbücher, ATD 10, Göttingen 1973, 5. Aufl.

Hestrin, Ruth: The Philistines and the other Sea Peoples. The Israel Museum Jerusalem, Kat. Nr. 68, Jerusalem 1970

Hill, D.: 'Son of Man' in Psalm 80 V. 17, NT 15, 1973, 261-269

Hindson, E. E.: The Philistines and the Old Testament, Grand Rapids 1971

Hölscher, G.: Geschichtsschreibung in Israel. Untersuchungen zum Jahvisten und Elohisten, Lund 1952

Holzinger, H.: Das Buch Josua, KHC VI, Tübingen u. a. 1901

Holzinger, H.: Einleitung in den Hexateuch, Tübingen 1893

Holzinger, H.: Genesis, KHC I, Freiburg u. a. 1898

Hoonacker, A. van: Notes sur le Texte de la 'Bénédiction de Moïse' (Deut. XXXIII), Muséon 42, 1929, 42-60

Hornung, E.: Grundzüge der ägyptischen Geschichte, Darmstadt 1978, 2. Aufl.

Hornung, E.: Untersuchungen zur Chronologie und Geschichte des Neuen Reiches, Ägyptologische Abhandlungen 11, Wiesbaden 1964

Horowotz, A.: The Quaternary of Israel, New York u. a. 1979

Hovers, E. u. O. Bar-Yosef: A Prehistoric Survey of Eastern Samaria Preliminary Report, IEJ 37, 1987, 77-87

Howie, C. G.: The Date and Composition of Ezekiel, JBL Monograph Series, Volume IV, Philadelphia 1960, 2. Aufl.

Hrouda, B.: Die Einwanderung der Philister in Palästina. Eine Studie zur Seevölkerbewegung des 12. Jahrhunderts, in: Vorderasiatische Archäologie, Studien und Aufsätze, A. Moortgat zum 65. Geburtstag, hg. v. K. Bittel u. a., Berlin 1964, 126-135

Hupfeld, H.: Die Psalmen 3. Band, hg. v. E. Riehm, Gotha ²1870

Hyatt, J. P.: Was Yahweh originally a Creator Deity, JBL 86, 1967, 369-377

Ibrahim, M. u. J. A. Sauer u. K. Yassine: The East Jordan Valley Survey, 1975, BASOR 222, 1976, 41-66

Itinéraires Russes en Orient, traduit par Mme B. de Khitrowo, 1889, Nachdruck Osnabrück 1966

Jasper, F. N.: Early Israelite Traditions and the Psalter, VT 17, 1967, 50-59

Jastrow, M.: A Dictionary of the Targumim, the Talmud Babli and Yerushalmi, and the Midrashic Literature, 2 Bde, Nachdruck Brooklyn/New York 1967

Jenni, E.: Das hebräische Pi^cel. Syntaktisch-semasiologische Untersuchung einer Verbalform im Alten Testament, Zürich 1968

Jenni, E.: Historisch-topographische Untersuchungen zur Grenze zwischen Ephraim und Manasse, ZDPV 74, 1958, 35-40

Jenni, E. u. C. Westermann: Theologisches Handwörterbuch zum Alten Testament, 2 Bde, Bd. 1 München 1984, 4. Aufl., Bd. 2 München 1984, 3. Aufl.

Jeremias, J.: Das spätjüdische Deboragrab, ZDPV 82, 1966, 136-138

Jeremias, J.: Der Prophet Hosea, ATD 24/1, Göttingen 1983

Jirku, A.: Durch Palästina und Syrien, ZDPV 53, 1930, 136-166

Jirku, A.: Wo lag Gibe^con?, JPOS 8, 1928, 187-190

Jochims, U.: Thirza und die Ausgrabungen auf dem tell el-fār^ca, ZDPV 76, 1960, 73-96

Jones, G. H.: 1 and 2 Kings. Volume I, NCeB, Grand Rapids u. a. 1984

Josephus, F.: Jewish Antiquities, Book I ff.: hg. v. H. S. J. Thackeray u. R. Marcus, The Loeb Classical Library, Cambridge/London 1926-1930

Josephus, F.: The Jewish War, Books I ff.: hg. v. H. S. J. Thackeray, The Loeb Classical Library, Cambridge/London 1927 f.

Jotham-Rothschild, J.: Kurdaneh, PEQ 81, 1949, 58-66

Joüon, R.: Grammaire de l'Hébrew Biblique, Rome 1923

Jüngling, H.-W.: Richter 19 – Ein Plädoyer für das Königtum. Stilistische Analyse der Tendenzerzählung Ri 19,1-30a; 21,25, AnBib 84, Rome 1981

Kaiser, O.: Der Prophet Jesaja Kapitel 13-39, ATD 18, Göttingen 1976, 2. Aufl.

Kaiser, O.: Stammesgeschichtliche Hintergründe der Josephsgeschichte. Erwägungen zur Vor- und Frühgeschichte Israels, VT 10, 1960, 1-15, wieder abgedruckt in: ders., Von der Gegenwartsbedeutung des Alten Testaments. Gesammelte Studien, Göttingen 1984, 127-141

Kallai, Z.: Historical Geography of the Bible. The Tribal Territories of Israel, Jerusalem/Leiden 1986

Kallai, Z.: The Land of the Perizzites and the Rephaim (Joshua 17,14-18), in: Pentateuchal and Deuteronomistic Studies, hg. v. C. Brekelman & I. Lust, BETL 94, Leuven 1990, 197-205

Kallai, Z.: The Settlement Traditions of Ephraim, ZDPV 102, 1986, 68-74

Kallner-Amiran, D. H.: A Revised Earthquake-Cataloque of Palestine, IEJ 1, 1950/51, 223-246

Kalt, E.: Biblisches Reallexikon Bd. 1, Paderborn u. a. ²1938

Kampfmeyer, G.: Alte Namen im heutigen Palästina und Syrien, ZDPV 15, 1892, 1-33 + 16, 1893, 1-71

Kamphausen, A.: Philister und Hebräer zur Zeit Davids, ZAW 6, 1886, 43-97

Kappus, S.: Oberflächenuntersuchungen im mittleren *wādi fārᶜa*, ZDPV 82, 1966, 74-82

Karmon, Y.: Israel. Eine geographische Landeskunde, Wissenschaftliche Länderkunden 22, Darmstadt 1983

Kartveit, M.: Motive und Schichten der Landtheologie in I Chronik 1-9, CB 28, Stockholm 1989

Kaufmann, Y.: The Biblical Account of the Conquest of Canaan, Jerusalem 1985, 2. Aufl.

Keel, O.: Das Hohelied, ZBK AT 18, Zürich 1986

Keel, O. u. M. Küchler: Orte und Landschaften der Bibel. Band 2: Der Süden, Zürich u. a. 1982

Keel, O. u. M. Küchler u. C. Uehlinger: Orte und Landschaften der Bibel. Band 1: Geographisch-geschichtliche Landeskunde. Mit Beiträgen von U. Staub, Zürich u. a. 1984

Keil, C. F.: Biblischer Commentar über die Bücher Mose's, 2. Bd. Leviticus, Numeri und Deuteronomium, BC 1/2, Leipzig 1862

Keil, C. F.: Biblischer Commentar über die prophetischen Geschichtsbücher des Alten Testaments 1: Josua, Richter und Ruth, Leipzig 1863

Kellermann, U.: Erwägungen zum historischen Ort von Psalm LX, VT 28, 1978, 56-65

Kelso, J. L.: Excavations at Bethel, BA 19, 1956, 36-43

Kelso, J. L.: The Second Campaign at Bethel, BASOR 137, 1955, 5-10

Kelso, J. L.: The Third Campaign at Bethel, BASOR 151, 1958, 3-8

Kelso, J. L.: The Fourth Campaign at Bethel, BASOR 164, 1961, 5-19

Kinet, D.: Ugarit – Geschichte und Kultur einer Stadt in der Umwelt des Alten Testamentes, SBS 104, Stuttgart 1981

Kitchen, K. A.: The Philistines, in: D. J. Wiseman (Hg.), Peoples of Old Testament Times, Oxford 1973, 53-78

Kittel, B.: Die Bücher der Könige, HK, Göttinen 1900

Kittel, H.-J.: Die Stammessprüche Israels. Genesis 49 und Deuteronomium 33 traditionsgeschichtlich untersucht, Diss. Kirchliche Hochschule Berlin 1959

Kittel, R.: Die Psalmen, KAT XIII, Leipzig u. a. 1922

Kittel, R.: Geschichte des Volkes Israel, 2. Band: Das Volk in Kanaan. Geschichte der Zeit bis zum Babylonischen Exil, Gotha u. a. 1925, 6. Aufl.

Kjaer, H.: The Danish Excavation of Shiloh. Preliminary Report, PEFQSt 59, 1927, 202-213

Kjaer, H.: The Excavation of Shiloh 1929, JPOS 10, 1930, 87-174

Klein, S.: Palästinisches im Jubiläenbuch, ZDPV 57, 1934, 7-27

Klostermann, A.: Die Bücher Samuelis und der Könige, KK, Nördlingen 1887

Knauf, E. A.: Midian. Untersuchungen zur Geschichte Palästinas und Nordarabiens am Ende des 2. Jahrtausends v. Chr., ADPV, Wiesbaden 1988

Knauf, E. A.: Pireathon-Ferᶜatā: BN 51, 1990, 19-24

Knauf, E. A.: Zum Text von Ri 5,14, Bib. 64, 1983, 428 f.

Knierim, R.: Oberflächenuntersuchungen im Wādi el-Fārᶜa II, ZDPV 85, 1969, 51-62

Koch, K.: Šaddaj. Zum Verhältnis zwischen israelitischer Monolatrie und nordwest-semitischem Polytheismus, in: ders., Studien zur alttestamentlichen und altorientalischen Religionsgeschichte, Göttingen 1988, 118-152

Kochavi, M.: An Ostracon of the Period of the Judges from ᶜIzbet Ṣarṭah, TA 4, 1977, 1-13

Kochavi, M.: Ḥirbet Qadīš – Qādāš Naftali, BIES 27, 1963, 165-172

Kochavi, M. (Hg.): Judaea, Samaria and the Golan. Archaeological Survey 1967-1968 (neuhebr.), Jerusalem 1972

Köckert, M.: Vätergott und Väterverheißungen. Eine Auseinandersetzung mit Albrecht Alt und seinen Erben, FRLANT 142, Göttingen 1988

Köhler, A.: Lehrbuch der Biblischen Geschichte Alten Testamentes II/1, Erlangen 1884

König, E.: Die Psalmen, Gütersloh 1927

König, E.: Historisch-kritisches Lehrgebäude der hebräischen Sprache, 2. Hälfte: Syntax, Leipzig 1897

Koeppel, R.: Palästina. Die Landschaft in Karten und Bildern, Tübingen 1930

Kohler, K.: Der Segen Jacob's mit besonderer Berücksichtigung der alten Versionen und des Midrasch kritisch-historisch untersucht und erklärt, Berlin 1867

Kopp, C.: La Béthel du Khirbet Ġarābe, RB 60, 1953, 513-523

Kraus, H.-J.: Psalmen 60-150, BK XV/2, Neukirchen-Vluyn ^{5}1978

Kuschke, A.: Art.: Hazor, in: BRL^2, 141-144

Kuschke, A.: Das Deutsche Evangelische Institut für Altertumswissenschaft des Heiligen Landes. Lehrkurs 1957, ZDPV 74, 1958, 7-34

Kuschke, A.: Historisch-topographische Beiträge zum Buche Josua, in: Gottes Wort und Gottes Land. FS H. W. Hertzberg zum 70. Geburtstag am 16.1.1965, hg. v. H. Graf Reventlow, Göttingen 1965, 90-109

Kuschke, A.: Kleine Beiträge zur Siedlungsgeschichte der Stämme Asser und Juda, HThR 64, 1971, 292-313

Kutscher, E. Y.: A History of the Hebrew Language, Jerusalem/Leiden 1982

Kutscher, E. Y.: Mittelhebräisch und Jüdisch-Aramäisch im neuen Köhler-Baumgartner, in: Hebräische Wortforschung. FS zum 80. Geburtstag von W. Baumgartner, VT.S 16, Leiden 1967, 158-175

Kutscher, E. Y.: 'epär, Leš 27/28, 1964, 183-188 (neuhebr.)

Lagrange, F.-M.: Chronique, RB 1, 1892, 439-456

Lagrange, F.-M.: Déborah, RB 9, 1900, 200-225

Lagrange, F.-M.: Le Puits de Jacob et l'Église Saint-Sauveur, RB 42, 1933, 384-404

Lamon, R. S.: The Megiddo Water System, The University of Chicago Oriental Institute Publications 32, Chicago 1935

Lamon, R. S. u. G. M. Shipton: Megiddo I Seasons of 1925-34 Strata I-V, The University of Chicago Oriental Institute Publications 52, Chicago 1939

Lance, H. D.: Gezer in the Land and in History, BA 30, 1967, 34-47

Landersdorfer, S.: Die Bücher der Könige, HSAT, Bonn 1927

Lane, E. W.: Arabic-English Lexicon, 8 Bände, London 1863, Nachdruck New York 1955

Lapp, P. W.: Dhahr Mirzbâneh, RB 72, 1965, 401-405

Lapp, P. W.: Taanach by the Waters of Megiddo, BA 30, 1967, 2-27

Lapp, P. W.: Tell Taʿannak, RB 75, 1968, 93-98

Lapp, P. W.: The 1963 Excavation at Taʿannek, BASOR 173, 1964, 4-44

Lapp, P. W.: The 1964 Excavations at Tell Taʿannek, BASOR 185, 1967, 2-39

Lapp, P. W.: The 1968 Excavations at Tell Taʿannek, BASOR 195, 1969, 2-49

Lasseur, Denyse le: Mission Archéologique à Tyr (Avril-Mai 1921), Syr. 3, 1922, 116-130

Lemaire, A.: Deux Origines d'Israël: la Montagne d'Ephraïm et le Territoire de Manassé, in: J. Briend u. a.: La Protohistoire d'Israël. De l'Exode à la Monarchie, Paris 1990, 183-292

Lemaire, A.: Le "Pays de Hépher" et les "Filles de Zelophehad" à la Lumière des Ostraca de Samarie, Sem. 22, 1972, 13-20

Lemaire, A.: L'Incident du Šibbolet (Jg 12,6): Perspective Historique, in: Mélanges Bibliques et Orientaux en l'Honneur de M. Mathias Delcor, Hg. A. Caquot u. a.: AOAT 215, Kevelaer u. a. 1985, 275-281

Leskien, A.: Die Pilgerfahrt des russischen Abtes Daniel ins heilige Land 1113-1115, ZDPV 7, 1884, 17-64

Lindars, B.: The Israelite Tribes in Judges, in: J. A. Emerton (Hg.), Studies in the Historical Books of the Old Testament, VT.S 30, 1979, 95-112

Lohfink, N.: Gesellschaftlicher Wandel und das Antlitz des wahren Gottes. Zu den Leitkategorien einer Geschichte Israels, in: Dynamik im Wort. Lehre von der Bibel. Lehre aus der Bibel, hg. vom Katholischen Bibelwerk e. V., Stuttgart 1983, 119-131

Lohfink, N.: Warum brauchen wir überhaupt Hypothesen über die Frühzeit Israels?, BiKi 38, 1983, 47-50

Lohfink, N.: Warum wir weiter nach Israels Anfängen fragen müssen, ZdZ 39, 1985, 173-179

Long, B. O.: 1 Kings with an Introduction to Historical Literature, The Forms of the Old Testament Literature IX, Grand Rapids 1984

Loretz, O.: Psalmenstudien III, UF 6, 1974, 175-210

Lotz, W.: Das Deboralied in verbesserter Textgestalt, NKZ 30, 1919, 191-202

Loud, G.: Mediggo II Seasons of 1935-39 Text, The University of Chicago Oriental Institute Publications 62, Chicago 1948

Loud, G.: The Megiddo Ivories, The University of Chicago Oriental Institute Publications 52, Chicago 1939

Lux, Ute: Das Deutsche Evangelische Institut für Altertumswissenschaft des Heiligen Landes in den Jahren 1968-1969, ZDPV 87, 1971, 1-22

Maag, V.: Der Hirte Israels, in: ders., Kultur, Kulturkontakt und Religion. Gesammelte Studien zur allgemeinen und alttestamentlichen Religionsgeschichte. Zum 70. Geburtstag, hg. v. H. H. Schmid und O. H. Steck, Göttingen u. a. 1980 (= SThU 28, 1958, 2-28)

Macalister, R. A. S.: The Excavation of Gezer 1902-1905 and 1907-1909. Vol. I-III, London 1912

Macalister, R. A. S.: The Philistines. Their History and Civilization, The Schweich Lectures, London 1914

Maisler, B.: Beth She'arim, Gaba, and Harosheth of the Peoples, HUCA XXIV, 1952-53, 75-84

Maisler, B.: Die westliche Linie des Meerweges, ZDPV 58, 1935, 78-84

Maisler, B.: Shamgar ben 'Anat, PEFQSt 66, 1934, 192-194

Maisler, B.: Tell Kerdāneh (neuhebr.), BJPES 6, 1938-39, 151-157

Maisler, B.: The Historical Background of the Samaria Ostraca, JPOS 21, 1948, 117-133

Maisler, B.: The Excavation at Sheikh Ibreiq (Beth She'arim), 1936/7, JPOS 18, 1938, 41-48

Maisler, B.: Untersuchungen zur alten Geschichte und Ethnographie Syriens und Palästinas I. Teil, Arbeiten aus dem Orientalischen Seminar der Universität Gießen 2. Heft, Gießen 1930

Maisler, B.: Yurza. The Identification of Tell Jemmeh, PEQ 84, 1952, 48-51

Malamat, A.: Die Frühgeschichte Israels – eine methodologische Studie, ThZ 39, 1983, 1-16

Malamat, A.: The Egyptian Decline in Canaan and the Sea-Peoples, in: B. Mazar (Hg.), The World History of the Jewish People, Volume III: Judges, Tel Aviv 1971, 23-38

Malamat, A.: The Period of the Judges, in: B. Mazar (Hg.), The World History of the Jewish People, Volume III: Judges, Tel Aviv 1971, 129-163

Malamat, A.: The War of Gideon and Midian, in: J. Liver (Hg.), The Military History of the Land of Israel in Biblical Times, Military Historical Library, Israel Defence Forces Publishing House 1973, 110-123 (neuhebr.)

Mannati, M. u. E. de Solms: Les Psaumes III, Desclée De Brouwer 1967

Mannert, K.: Geographie von Arabien, Palästina, Phönicien, Syrien, Cypern, Leipzig 1831, 2. Aufl.

Marcus, R.: The Hebrew Sibilant ŚIN and the Name YIŚRA'EL, JBL 60, 1941, 141-150

Marmier, G.: La Campagne de Sisera contre Baraq, RB 9, 1900, 594-599

362   Literatur

Marquart, J.: Das Lied der Debora, in: ders., Fundamente israelitischer und jüdischer Geschichte, Göttingen 1896, 1-10

Marquart, J.: šibbolät = ephraimitisch sibbolät = šibbolät?, ZAW 8, 1888, 151-155

Marquet-Krause, Judith: Les Fouilles de ᶜAy (et-Tell) 1933-1935, Paris 1949

Martin, J. D.: The Book of Judges, CNEB, Cambridge u. a. 1975

Mauchline, J.: 1 and 2 Samuel, NCeB, London 1971

May, H. G.: Material Remains of the Megiddo Cult, The University of Chicago Oriental Institute Publications 26, Chicago 1935

Mayes, A. D. H.: Deuteronomy, NCeB, London 1979

Mayes, A. D. H.: The Historical Context of the Battle against Sisera, VT 19, 1969, 353-360

Mazar, A.: Khirbet Marjame (ᶜAin Sâmiye), IEJ 26, 1976, 138 f.

Mazar, A.: The "Bull Site" – An Iron Age I Open Cult Place, BASOR 247, 1982, 27-42

Mazar, B.: The Campaign of Pharaoh Shishak to Palestine, VT.S 4, 1956, 57-66

Mazar, B.: The Philistines and their Wars with Israel, in: ders. (Hg.), The World History of Jewish People, Volume III: Judges, Tel Aviv 1971, 164-179

McCown, C. C.: Palestinian Archaeology in 1929, BASOR 37, 1930, 2-20

McDaniel, T. F.: Deborah Never Sang. A Philological Study on the Song of Deborah Judges Chapter V, Jerusalem 1983

Meier, E.: Übersetzung und Erklärung des Debora-Liedes, Tübingen 1859

Mettinger, T. N. D.: Solomonic State Officials. A Study of the Civil Government Officials of the Israelite Monarchy, CB 5, Lund 1971

Metzger, M.: Grundriß der Geschichte Israels, Neukirchen-Vluyn 1979, 5. Aufl. (1988, 7. Aufl.)

Meyer, E.: Die Israeliten und ihre Nachbarstämme, Halle 1906

Meyer, E.: Kritik der Berichte über die Eroberung Palaestinas, ZAW 1, 1881, 117-146

Meyer, R.: Hebräische Grammatik I-IV, SG, Berlin 1966-1972

Michel, O. u. O. Bauernfeind: Flavius Josephus. De bello Judaico. Der jüdische Krieg. Bd. 1 (bell 1-3), Bd. II 1 (bell 4-5), Darmstadt/München 1963-1969

Milik, J. T.: La Patrie de Tobie, RB 73, 1966, 522-530

Miller, J. M.: Geba/Gibeah of Benjamin, VT 25, 1975, 145-166

Miller, P. D.: El the Warrior, HThR 60, 1967, 411-431

Mittmann, S.: Amathous, Essa, Ragaba. Drei hellenistische Festungen im östlichen Randbereich des mittleren Jordangrabens, ZDPV 103, 1987, 49-66

Mittmann, S.: Beiträge zur Siedlungs- und Territorialgeschichte des nördlichen Ostjordanlandes, ADPV, Wiesbaden 1970

Mittmann, S.: Die römische Straße in der nordwestlichen Belka, ZDPV 79, 1963, 152-163

Mittmann, S.: Ri 1,16 f und das Siedlungsgebiet der kenitischen Sippe Hobab, ZDPV 93, 1977, 213-235

Möller, Christa u. G. Schmitt: Siedlungen Palästinas nach Flavius Josephus, BTAVO B 14, Wiesbaden 1976

Montgomery, J. A. u. H. S. Gehman: The Books of Kings, ICC, Edinburgh 1951

Moore, G. F.: Judges, ICC, Edinburgh 1958, 7. Aufl.

Mowinckel, S.: Psalmenstudien III. Kultprophetie und prophetische Psalmen, Amsterdam 1961

Mowinckel, S.: The Psalms in Israel's Worship II, Oxford 1962

Mowinckel, S.: Zur Frage nach dokumentarischen Quellen in Josua 13-19, Oslo 1946

Müller, A.: Das Lied der Deborah. Eine philologische Studie, in: Königsberger Studien 1, 1887, 3-21

Müller, H. P.: Der Aufbau des Deboraliedes, VT 16, 1966, 446-459

Müller, U.: Kritische Bemerkungen zu den Straten VIII bis IX in Megiddo, ZDPV 86, 1970, 50-86

Mutius, H.-G.: Die Interpretation des Hapaxlegomenons *krsm* in Ps 80,14 bei Saadja, Raschi und David Kimchi und ihre Relevanz für die heutige Hebraistik, BN 8, 1979, 18-21

Na'aman, N.: Beth-aven, Bethel and Early Israelite Sanctuaries, ZDPV 103, 1987, 13-21

Na'aman, N.: Borders and Districts in Biblical Historiography. Seven Studies in Biblical Geographical Lists, JBS 4, Jerusalem 1986

Na'aman, N.: Literary and Topographical Notes on the Battle of Kishon (Judges IV-V), VT 40, 1990, 423-436

Na'aman, N.: Pirathon and Ophrah, BN 50, 1989, 11-16

Neef, H.-D.: Deboraerzählung und Deboralied: Beobachtungen zum Verhältnis von Jdc IV und V, VT 44, 1994, 47-59

Neef, H.-D.: Der Sieg Deboras und Baraks über Sisera, ZAW 101, 1989, 28-49

Neef, H.-D.: Die Heilstraditionen Israels in der Verkündigung des Propheten Hosea, BZAW 169, Berlin u. a. 1987

Nestle, E.: Studien aus dem Deutschen evang. Institut für Altertumswissenschaft in Jerusalem: Judaea bei Josephus, ZDPV 34, 1911, 65-118

Nestle, E.: Zu Rothstein's Arbeit über das Deboralied, ZDMG 57, 1903, 197 f.

Nestle, E.: Zum Schluß von Rothstein's Arbeit über das Deboralied, ZDMG 57, 1903, 567

Neubauer, A.: La Géographie du Talmud, Paris 1868

Niebuhr, C.: Versuch einer Reconstellation des Deboraliedes, Berlin 1894

Nielsen, E.: Shechem. A Traditio-Historical Investigation, Copenhagen 1959, 2. Aufl.

Niemann, H. M.: Die Daniten. Studien zur Geschichte eines altisraelitischen Stammes, FRLANT 135, Göttingen 1985

Nöldeke, T.: Beiträge und neue Beiträge zur semitischen Sprachwissenschaft, Amsterdam 1982, 2. Aufl.

Nöldeke, T.: Ueber die Amalekiter und einige andere Nachbarvölker der Israeliten, Göttingen 1864

Noort, E.: Biblisch-archäologische Hermeneutik und alttestamentliche Exegese, Kampen 1979

North, C. R.: *'äᶜlozâ ᵃhallᵉqâ šᵉkäm* (Psa. LX 8, Psa. Cviii 8), VT 17, 1967, 242 f.

Noth, M.: Aufsätze zur biblischen Landes- und Altertumskunde, Band I + II, hg. v. H. W. Wolff, Neukirchen-Vluyn 1971

Noth, M.: Das Buch Josua, HAT 7, Tübingen 1971, 3. Aufl.

Noth, M.: Das Deutsche Evangelische Institut für Altertumswissenschaft des Heiligen Landes. Lehrkursus 1954, ZDPV 71, 1955, 1-59

Noth, M.: Das Deutsche Evangelische Institut für Altertumswissenschaft des Heiligen Landes. Lehrkursus 1955, ZDPV 72, 1956, 31-82

Noth, M.: Das Deutsche Evangelische Institut für Altertumswissenschaft des Heiligen Landes. Lehrkursus 1956, ZDPV 73, 1957, 1-58

Noth, M.: Das Deutsche Evangelische Institut für Altertumswissenschaft des Heiligen Landes im Jahre 1965, ZDPV 82, 1966, 255-273, bes. S. 264-270

Noth, M.: Das Krongut der israelitischen Könige und seine Verwaltung, ZDPV 50, 1927, 211-244

Noth, M.: Das System der zwölf Stämme Israels, BWANT 4/1, Stuttgart 1930 = Darmstadt 1966

Noth, M.: Das 4. Buch Mose. Numeri, ATD 7, Göttingen 1977, 3. Aufl.

Noth, M.: Der Jordan in der alten Geschichte Palästinas, ZDPV 72, 1956, 123-148

Noth, M.: Die israelitischen Personennamen im Rahmen der gemeinsemitischen Namengebung, BWANT 3/10 = 46, Stuttgart 1928

Noth, M.: Die Welt des Alten Testaments, Berlin 1962, 4. Aufl.

Noth, M.: Geschichte Israels, Göttingen 1969, 7. Aufl.

Noth, M.: Könige (I. 1-16), BK IX/1, Neukirchen-Vluyn 1983, 2. Aufl.

Noth, M.: Studien zu den historisch-geographischen Dokumenten des Josuabuches, in: ders., Aufsätze zur biblischen Landes- und Altertumskunde 1, 229-280 (= ZDPV 58, 1935, 185-255)

Noth, M.: Überlieferungsgeschichtliche Studien. Die sammelnden und bearbeitenden Geschichtswerke im Alten Testament, Darmstadt 1967, 3. Aufl.

Nowack, W.: Deuteronomium und Josua, HK, Göttingen 1900

Nowack, W.: Richter, Ruth und Bücher Samuelis, HK, Göttingen 1902

O'Doherty, E.: The Literary Problems of Judges 1,1-3,6, CBQ 18, 1956, 1-7

Oehler, W.: Die Ortschaften und Grenzen Galiläas nach Josephus, ZDPV 28, 1905, 1-26

Oeming, M.: Das wahre Israel. Die "genealogische Vorhalle" 1 Chronik 1-9, BWANT 128, Stuttgart u. a. 1990

Oettli, S.: Das Deuteronomium und die Bücher Josua und Richter, KK, München 1893

Ogden, G. S.: Psalm 60, Its Rhetoric, Form and Function, JSOT 31, 1985, 83-94

Olshausen, J.: Die Psalmen, KeHAT, Leipzig 1853

Oren, E. D.: The Pottery from the Achzib Defence System, Area D: 1963 and 1964 Seasons, IEJ 25, 1975, 211-225

Orni, E. u. E. Efrat: Geographie Israels, Jerusalem 1966

Otto, E.: Jakob in Sichem, BWANT 110, Stuttgart u. a. 1979

Otto, E.: Survey-archäologische Ergebnisse zur Geschichte der früheisenzeitlichen Siedlung Janoah (Jos. 16,6.7), ZDPV 94, 1978, 108-118

Oxford Bible Atlas, hg. v. H. G. May, Oxford u. a. 1974, 2. Aufl.

Payne Smith, R.: A Compendious Syriac Dictionary, hg. v. J. Payne Smith, Oxford 1903, Nachdruck Oxford 1979

Penna, A.: Deuteronomio, SBT, Torino u. a. 1976

Peters, J. P.: Jacob's Blessing, JBL 1886, 99-116

Peters, J. P.: Miscellaneous Notes, Hebr. 3, 1886-1887, 111-116

Peters, J. P.: Notes on the Hebrew Verb – Plural in â: Hebr. 5, 1888-89, 190 f.

Philips, A.: Deuteronomy, Cambridge 1973

Phythian-Adams, W. J.: Notes and Queries, PEFQSt 56, 1924, 94 f.

Phythian-Adams, W. J.: The Boundary of Ephraim and Manasseh, PEFQSt 1929, 228-241

Phythian-Adams, W. J.: The Site of Jbleam, PEFQSt 54, 1922, 142-147

Piatti, T.: Una Nouva Interpretazione Metrica, Testuale, Esegetica del Cantico di Dèbora. Giudici, 5,2-31, Bib. 27, 1946, 65-106.161-209.434

Picard, L.: Synopsis of Stratigraphic Terms in Palestinian Geology, JPOS 18, 1938, 254-277

Prausnitz, W.: Akhziv, RB 72, 1965, 544-547

Prausnitz, W.: Tell Bir el-Gharbi (Yasᶜur), IEJ 12, 1962, 143

Prausnitz, W.: Tell Bir el-Gharbi (Yasᶜur), RB 70, 1963, 566 f.

Prausnitz, W.: The Planning of the Middle Bronze Age town at Achsib and its Defences, IEJ 25, 1975, 202-210

Preuss, H. D.: Deuteronomium, Erträge der Forschung 164, Darmstadt 1982

Procksch, O.: Das nordhebräische Sagenbuch. Die Elohimquelle übersetzt und untersucht, Leipzig 1906

Procksch, O.: Die Genesis, KAT I, Leipzig u. a. 1924, 2. + 3. Aufl.

Rad, G. von: Das erste Buch Mose. Genesis, ATD 2-4, Göttingen 1972, 9. Aufl.

Rad, G. von: Das fünfte Buch Mose. Deuteronomium, ATD 8, Göttingen 1964

Rad, G. von: Das Reich Israel und die Philister, PJ 29, 1933, 30-42

Rad, G. von: Der Heilige Krieg im alten Israel, Göttingen 1969, 5. Aufl.

Rad, G. von: Die Priesterschrift im Hexateuch, BWANT 65, Stuttgart u. a. 1934

Rad, G. von: Weisheit in Israel, Neukirchen-Vluyn 1985, 3. Aufl.

Rahtjen, B. D.: Philistine and Hebrew Amphictyonies, JNES 24, 1965, 100-104

Rainey, A. F.: Toponymic Problems, TA 10, 1983, 46-48

Rast, W. E.: Taanach I. Studies in the Iron Age Pottery, American Schools of Oriental Research Excavation Reports, Cambridge 1978

Raumer, K. von, Palästina, Leipzig 1835

Redford, D. B.: Studies in Relations between Palestine and Egypt during the First Millennium B. C., I The Taxation System of Solomon, in: Studies on the Ancient Palestinian World. Presented to Professor F. V. Winnett, hg. v. J. W. Wevers und D. B. Redford, Toronto 1972, 141-156

Reeg, G.: Die Ortsnamen Israels nach der rabbinischen Literatur, BTAVO B Nr. 51, Wiesbaden 1989

Rehm, M.: Das erste Buch der Könige. Ein Kommentar, Würzburg 1979

Reifenberg, A.: The Soils of Palestine. Studies in Soil Formation and Land Utilisation in the Mediterranean, London 1947, 2. Aufl.

Rendsburg, G.: Janus Parallelism in Gen 49:26, JBL 99, 1980, 291-293

Rich, T. H.: A Paraphrase of the Song of Deborah, JBL 1881, 56-58

Richardson, A. T.: Notes and Queries, PEFQSt 57, 1925, 162 f.

Richardson, A. T.: The Site of Shiloh, PEFQSt 59, 1927, 85-88

Richter, W.: Die Bearbeitungen des "Retterbuches" in der deuteronomischen Epoche, BBB 21, Bonn 1964

Richter, W.: Die Überlieferungen um Jephthah Ri 10,17-12,6, Bib. 47, 1966, 485-556

Richter, W.: Traditionsgeschichtliche Untersuchungen zum Richterbuch, BBB 18, Bonn 1963

Riessler, P.: Das Moselied und der Mosesegen, BZ 12, 1914, 125-134

Riessler, P.: Zum Deboralied, BZ 7, 1909, 260-278

Riessler, P.: Zum "Jakobssegen", ThQ 90, 1908, 489-503

Ritter, C.: Vergleichende Erdkunde der Sinai=Halbinsel, von Palästina und Syrien. Band III: Judäa, Samaria, Galiläa, Die Erdkunde von Asien, Band VIII/2. Abteilung, Berlin 1852

Roberts, D.: The Holy Land, London 1842, Nachdruck Jerusalem o. J.

Robinson, B. P.: Israel und Amalek. The Context of Exodus 17. 8-16, JSOT 32, 1985, 15-22

Robinson, E.: Palästina und die südlich angrenzenden Länder II, Halle 1841

Robinson, E.: Palästina und die südlich angrenzenden Länder. Tagebuch einer Reise im Jahre 1838, Bd. III, Halle 1842

Robinson, E.: Physische Geographie des Heiligen Landes, Leipzig 1865

Robinson, J.: The First Book of Kings, CNEB, Cambridge 1972

Rösel, H. N.: Das "negative Besitzverzeichnis" — traditionsgeschichtliche und historische Überlegungen, in: M. Augustin u. K.-D. Schunck (Hg.), "Wünschet Jerusalem Frieden", IOSOT Congress Jerusalem 1986, BzEATAJ 13, Frankfurt u. a., 1986, 121-135

Rösel, H. N.: Die Topographie der Kriege in den Büchern Josua und Richter. Diss. theol. Tübingen 1973

Rösel, H. N.: Rez.: Finkelstein, Israel: The Archaeology of the Israelite Settlement, Jerusalem: Israel Exploration Society, 1988, ZDPV 105, 1989, 178-186

Rösel, H. N.: Studien zur Topographie der Kriege in den Büchern Josua und Richter, ZDPV 92, 1976, 10-46

Rösel, H. N.: Zu den "Gauen" Salomos, ZDPV 100, 1984, 84-90

Roifer, A.: The End of Psalm 80, Tarb. 29, 1959, 113-124 (neuhebr.)

Rose, M.: "Siebzig Könige" aus Ephraim (Jdc. v. 14), VT 26, 1976, 447-452

Rosenmüller, E. F. K.: Biblische Geographie Bd. II/2, Leipzig 1827

Ross, J. F.: Gezer in the Tell el-Amarna Letters, BA 30, 1967, 62-70

Rost, L.: Judäische Wälder, PJ 27, 1931, 111-122

Rothstein, J. W.: Zur Kritik des Deboraliedes und die ursprüngliche rhythmi-
    sche Form desselben, ZDMG 56, 1902, 175-208.437-485.697-728; 57,
    1903, 81-106.344-370

Rowe, A.: The Four Canaanite Temples of Beth-Shan, Part 1 The Temples
    and Cult Objects, Publications of the Palestine Section of the Museum of
    the University of Pennsylvania Volume II, Philadelphia 1940

Rowe, A.: The Topography and History of Beth-Shan, Publications of the
    Palestine Section of the Museum of the University of Pennsylvania
    Volume I, Philadelphia 1930

Rowe, A.: Palestine Expedition of the Museum of the University of
    Pennsylvania. Third Report – 1928 Season, PEFQSt 61, 1929, 78-94

Rowley, H. H.: From Joseph to Joshua, London 1952, 2. Aufl.

Rowton, M. B.: The Topological Factor in the Ḫapiru Problem, in: Studies
    in Honor of Benno Landsberger on his seventy-fifth Birthday April 21,
    1965, Assyriological Studies No. 16, Chicago 1965, 375-387

Ruben, P.: The Song of Deborah, JQR 10, 1897/98, 541-558

Rudolph, W.: Der "Elohist" von Exodus bis Josua, BZAW 68, Berlin 1938

Rudolph, W.: Hosea, KAT XIII/1, Gütersloh 1966

Rudolph, W.: Jeremia, HAT 12, Tübingen 1968, 3. Aufl.

Rüger, H. P.: Das Tyrosorakel Ez 27, Masch. Dissertation Tübingen o. J.

Rustum, A. J.: Akka (Acre) and its Defences, PEFQSt 58, 1926, 196-206

Saadé, G.: Ougarit. Métropole Canaanéenne, Beyrouth 1979

Saarisalo, A.: The Boundary Between Issachar and Naphtali, Helsinki 1927

Saarisalo, A.: Topographical Researches in Galilee, JPOS 9, 1929, 27-40

Salo, V.: "Joseph, Sohn der Färse", BZ N. F. 12, 1968, 94 f.

Sanders, N. K.: The Sea Peoples. Warriors of the Ancient Mediterranean
    1250-1150 B. C., London 1978

Saunders, T.: An Introduction to the Survey of Western Palestine: its Water-
    ways, Plains & Highlands, London 1881

Savignac, R.: Découvertes à Tourmousᶜaya, RB 10, 1913, 106-111

Savignac, R. u. F. Abel: Chronique. Neby Samouil, RB 9, 1912, 267

Schenke, H.-M.: Jakobsbrunnen – Josephsgrab – Sychar. Topographische
    Untersuchungen und Erwägungen in der Perspektive von Joh. 4,5.6,
    ZDPV 84, 1968, 159-184

Schick, C. u. J. Benzinger: Namenliste und Erläuterungen zu Baurath Dr. C.
    Schick's Karte der weiteren Umgebung von Jerusalem, ZDPV 19, 1896,
    145-220

Schmid, H.: Beobachtungen an Gräbern, ZDPV 73, 1957, 59-72

Schmid, H. H.: Wesen und Geschichte der Weisheit, BZAW 101, Berlin
    1966

Schmitt, G.: Die Erstellung historischer Palästinakarten und ihre Probleme am Beispiel der Karten B IV 6: "Juda und Israel in der Königszeit und Siedlungen der Eisenzeit", in: W. Röllig (Hg.), Von der Quelle zur Karte, Abschlußbuch des Sonderforschungsbereiches "Tübinger Atlas des Vorderen Orients", Wiesbaden 1991, 145-160

Schmitt, G.: Du sollst keinen Frieden schließen mit den Bewohnern des Landes, BWANT 91, Stuttgart u. a. 1970

Schmitt, G.: Ein indirektes Zeugnis der Makkabäerkämpfe. Testament Juda 3-7 und Parallelen, BTAVO B Nr. 49, Wiesbaden 1983

Schmitt, G.: Gaba, Getta und Gintikirmil, ZDPV 103, 1987, 22-48

Schmitt, G.: in: R. Cohen u. G. Schmitt, Drei Studien zur Archäologie und Topographie Altisraels, BTAVO B. Nr. 44, Wiesbaden 1980

Schmitt, H.-C.: Die nichtpriesterliche Josephsgeschichte. Ein Beitrag zur neuesten Pentateuchkritik, BZAW 154, Berlin u. a. 1980

Schreiner, J.: Hirte Israels, stelle uns wieder her! Auslegung von Psalm 80, BiLe 10, 1969, 95-111

Schreiner, J.: Septuaginta-Massora des Buches der Richter. Eine textkritische Studie, AnBib 7, Roma 1957

Schreiner, J.: Textformen und Urtext des Deboraliedes in der Septuaginta, Bib. 42, 1961, 173-200

Schreiner, J.: Zum B-Text des griechischen Canticum Deborae, Bib. 42, 1961, 333-358

Schulthess, F.: Zwei etymologische Versuche, ZAW 30, 1910, 61-63

Schumacher, G.: The Great Water Passage of Khirbet Belᶜameh, PEFQSt 42, 1910, 107-116

Schumacher, G.: Tell es-Mutesellim I. Band Fundbericht, Leipzig 1908

Schunck, K.-D.: Altes Testament und Heiliges Land. Gesammelte Studien zum Alten Testament und zur biblischen Landeskunde I, BzEATAJ 17, Frankfurt u. a. 1989

Schunck, K.-D.: Benjamin. Untersuchungen zur Entstehung und Geschichte eines israelitischen Stammes, BZAW 86, Berlin 1963

Schunck, K.-D.: Erwägungen zur Geschichte und Bedeutung von Mahanaim, ZDMG 113, 1963, 34-40; wieder abgedruckt in: ders., Altes Testament und Heiliges Land, 49-55

Schunck, K.-D.: Juda und Jerusalem in vor- und frühstaatlicher Zeit, in: Schalom, FS A. Jepsen, hg. v. K.-H. Bernhardt, AzTh 46, Stuttgart 1971, 50-57; wieder abgedruckt in: ders., Altes Testament und Heiliges Land, 97-104

Schunck, K.-D.: Ophra, Ephron und Ephraim, VT 11, 1961, 188-200; wieder abgedruckt in: ders., Altes Testament und Heiliges Land, 1931

Schunck, K.-D.: Wo lag Har Ḥeres?, ZDPV 96, 1980, 153-157; wieder abgedruckt in: ders., Altes Testament und Heiliges Land, 177-181

Schwarzenbach, A.: Die geographische Terminologie im Hebräischen des Alten Testamentes, Leiden 1954

Schwöbel, V.: Die Landesnatur Palästinas, 2 Teile, in: Das Land der Bibel. Gemeinverständliche Hefte zur Palästinakunde Bd. I.1.3, hg. v. G. Hölscher, Leipzig 1914

Schwöbel, V.: Samaria. Das westpalästinische Mittelland, ZDPV 53, 1930, 1-47.89-135

Seale, M. S.: Deborah's Ode and the Ancient Arabian Qasida, JBL 81, 1962, 343-347

Seebass, H.: Das Haus Joseph in Jos. 17,14-18, ZDPV 98, 1982, 70-76

Seebass, H.: Der Erzvater Israel und die Einführung der Jahweverehrung in Kanaan, BZAW 98, Berlin 1966

Seebass, H.: Die Stämmeliste von Dtn. XXXIII, VT 27, 1977, 158-169

Seebass, H.: Die Stämmesprüche Gen 49,3-27, ZAW 96, 1984, 333-350

Seebass, H.: Ephraim in 2 Sam. XIII 23, VT 14, 1964, 497-500

Seebass, H.: Zur Exegese der Grenzbeschreibungen von Jos 16,1-17,13, ZDPV 100, 1984, 70-83

Seeligmann, J. L.: Zur Terminologie für das Gerichtsverfahren im Wortschatz des Biblischen Hebräisch, in: Hebräische Wortforschung, FS W. Baumgartner, VT.S 16, Leiden 1967, 251-278

Segond, A.: Le Cantique de Débora. Étude Exégétique et Critique, Genève 1900

Séjourné, P.-M.: Chronique, RB 2, 1893, 119-145

Séjourné, P.-M.: Chronique de Jérusalem, RB 4, 1895, 611-622

Séjourné, P.-M.: Chronique de Jérusalem, RB 5, 1896, 272-280

Séjourné, P.-M.: Rez.: D. F. Buhl, Geographie des alten Palästina, RB 6, 1897, 316 f.

Séjourné, P.-M.: Thimnath-Serach et Thimnath-Hères ou le Lieu de la Sépulture de Josué, RB 2, 1893, 608-626

Sellin, E.: Das Deboralied, in: FS O. Procksch zum 60. Geburtstag, überreicht von A. Alt u. a.: Leipzig 1934, 149-166

Sellin, E.: Tell Taᶜannek, Denkschriften der kaiserlichen Akademie der Wissenschaften in Wien Band L, Wien 1904

Selms, A. van, Judge Shamgar, VT 14, 1964, 294-309

Septuaginta, Hg. A. Rahlfs, 2 Bände, Stuttgart 1965, 8. Aufl.

Seters, J. van, The Religion of the Patriarchs in Genesis, Bib. 61, 1980, 220-233

Seydl, E.: Desiderium Collium Aeternorum, ZKTh 23, 1899, 756-759

Seydl, E.: Zur Strophik des Jakobsegens (Gen 49,2-27), ZKTh 24, 1900, 576-578

Shilo, Y.: Rez. von Buhl/Holm-Nielsen, in: IEJ 21, 1971, 67-69

Shipton, G. M.: Notes on the Megiddo Pottery of Strata VI-XX, The Oriental Institute of the University of Chicago, Studies in Ancient Oriental Civilization, 17, Chicago 1939

Simons, J.: The Geographical and Topographical Texts of the Old Testament, Leiden 1959

Simons, J.: The Structure and Interpretation of Josh. XVI-XVIII, in: Orientalia Neerlandica. A Volume of Oriental Studies, Leiden 1948, 190-215

Simpson, C. A.: Composition of the Book of Judges, Oxford 1957

Simpson, C. A.: The Early Traditions of Israel, Oxford 1948

Sitarz, E.: Kulturen am Rande der Bibel. Sachbuch über Völker und Götter im Geschichtsfeld Israels, Stuttgart 1983

Skinner, J.: Genesis, ICC, Edinburgh 1930, 2. Aufl.

Smend, R.: Die Erzählung des Hexateuch auf ihre Quellen untersucht, Berlin 1912

Smend, R.: Art.: Asche, in: BHH I, 136

Smend, R.: Das Gesetz und die Völker. Ein Beitrag zur deuteronomistischen Redaktionsgeschichte, in: ders., Die Mitte des Alten Testaments. Gesammelte Studien Band 1, BEvTh 99, München 1986, 124-137

Smend, R.: Das uneroberte Land, in: ders., Zur ältesten Geschichte Israels. Gesammelte Studien Band 2, BEvTh 100, München 1987, 217-228

Smend, R.: Jahwekrieg und Stämmebund, FRLANT 84, Göttingen 1966, 2. Aufl. wieder abgedruckt in: ders., Zur ältesten Geschichte Israels Gesammelte Studien, BEvTh 100, München 1987, 116-199

Smend, R.: Überlieferung und Geschichte. Aspekte ihres Verhältnisses, in: Zu Tradition und Theologie im Alten Testament, hg. v. O. H. Steck, BThSt 2, 9-26, Neukirchen-Vluyn 1978, in: ders., zur ältesten Geschichte Israels. Gesammelte Studien Band 2, BEvTh 100, München 1987, 13-26

Soden, W. von, Grundriss der akkadischen Grammatik, AnOr 33, Rom 1969, 2. Aufl.

Soggin, J. A.: Amalek und Ephraim, Richter 5,14, ZDPV 98, 1982, 58-62

Soggin, J. A.: Bemerkungen zum Deboralied, Richter 5. Versuch einer neuen Übersetzung und eines Vorstoßes in die älteste Geschichte Israels, ThLZ 106, 1981, 625-639

Soggin, J. A.: Einführung in die Geschichte Israels und Judas. Von den Ursprüngen bis zum Aufstand Bar Kochbas, Darmstadt 1991

Soggin, J. A.: Joshua. A Commentary, OTL, London 1972

Soggin, J. A.: Judges – a Commentary, OTL, London 1987, 2. Aufl.

Soggin, J. A.: Probleme einer Vor- und Frühgeschichte Israels, ZAW 100, 1988 Suppl.: 225-267

Speiser, E. A.: The Shibboleth Incident (Judges 12:6), in: ders., Oriental and Biblical Studies, hg. v. J. J. Finkelstein u. M. Greenberg, 1967, 143-150 (= BASOR 85, 1942, 10-13)

Sperber, A.: The Bible in Aramaic, Volume I ff., Leiden 1959 ff.

Stade, B. u. F. Schwally: The Books of Kings, SBOT 9, London 1904

Stager, L. E.: Archaeology, Ecology, and Social History: Background Themes to the Song of Deborah, in: J. A. Emerton, (Hg.), Congress Volume Jerusalem 1986, VT.S. 40, 1988, 221-234

Stanley, A. P.: Sinai and Palestine in Connection with their History, London 1896

Stephan, K. L.: Das Debora-Lied, Leipzig 1900

Stern, E.: Dor, Bulletin of the Anglo-Israel Archaeological Society 1984-1985, 62-69

Stern, E.: Excavations at Tel Dor, 1981, IEJ 32, 1982, 107-117

Stern, E.: Israel at the Close of the Period of the Monarchy: An Archaeological Survey, BA 38, 1975, 32 f.

Stern, E.: Tel Qedesh, IEJ 18, 1968, 193-195

Stern, E. u. J. B. Arieh: Excavations at Tel Kedesh (Tell Abu Qudeis), TA 6, 1979, 1-25

Stern, E. u. J. B. Arieh: Excavations at Tell Kedesh (Tell Abu Qudeis), in: Excavations and Studies. Essays in Honour of Professor S. Yeivin, hg. v. Y. Aharoni, Tel Aviv University Institute of Archaeology. Publications of the Institute of Archaeology. Number 1, Tel Aviv 1973, 93-122 (neuhebr.), XIV-XV

Steuernagel, C.: Deuteronomium und Josua, HK 3, Göttingen 1900

Steuernagel, C.: Die Einwanderung der israelitischen Stämme in Kanaan. Historisch-kritische Untersuchungen, Berlin 1901

Steuernagel, C.: Lehrbuch der Einleitung in das Alte Testament, Tübingen 1912

Stoebe, H. J.: Art.: Jakobsegen, in: RGG Band 3, Tübingen 1959, 3. Aufl., 524 f.

Stoebe, H. J.: Das Deutsche Evangelische Institut für Altertumswissenschaft des Heiligen Landes. Lehrkursus 1962, ZDPV 80, 1964, 1-45

Stoebe, H. J.: Das Deutsche Evangelische Institut für Altertumswissenschaft des Heiligen Landes. Lehrkursus 1964, ZDPV 82, 1966, 1-45

Stoebe, H. J.: Das erste Buch Samuelis, KAT VIII/1, Gütersloh 1973

Stoebe, H. J.: Das zweite Buch Samuelis, KAT VIII/2, Gütersloh 1994

Stoebe, H. J.: Überlegungen zur Exegese historischer Texte – dargestellt an den Samuelisbüchern, ThZ 45, 1989, 290-314

Stolz, F.: Jahwes und Israels Kriege. Kriegstheorien und Kriegserfahrungen im Glauben des alten Israels, AThANT 60, Zürich 1972

Strobel, A.: Der spätbronzezeitliche Seevölkersturm. Ein Forschungsüberblick mit Folgerungen zur biblischen Exodusthematik, BZAW 145, Berlin u. a. 1976

Swiggers, P.: The Word Šibbōlet in Jud. XII. 6, JJSt 26, 1981, 205-207

Täubler, E.: Biblische Studien. Die Epoche der Richter, hg. v. H.-J. Zobel, Tübingen 1958

Talmūd yērûšalmī. Nachdruck der Ausgabe Krotoschin, 1865/66, Berlin 1920

Thomas, D. W.: The Meaning of *zīz* in Psalm LXXX. 14, ET 76, 1964/65, 385

Thompson, H. O.: Tell el-Husn – Biblical Beth-shan, BA 30, 1967, 110-135

Thompson, T. L.: The Dating of the Megiddo Temples in Strata XV-XIV, ZDPV 86, 1970, 38-49

Thomsen, P.: Die römischen Meilensteine der Provinzen Syria, Arabia und Palaestina, ZDPV 40, 1917, 1-103

Thomsen, P.: Untersuchungen zur älteren Palästinaliteratur, ZDPV 29, 1906, 101-132

Toll, C.: Die Wurzel PRṢ im Hebräischen, OrSuec 21, 1972, 73-86

Tonneau, R.: Caravane Biblique au Pays de Samson, RB 38, 1929, 421-431

Tournay, R.: Le Psaume et les Bénédictions de Moïse, RB 65, 1958, 181-213

Tournay, R.: Quelques Relectures Bibliques Antisamaritaines, RB 71, 1964, 504-536 (504-511)

Tournay, R.: Voir et Entendre Dieu avec les Psaumes ou la Liturgie Prophétique du Second Temple à Jérusalem, CRB 24, Paris 1988

Tov, E., The Textual History of the Song of Deborah in the A Text of the LXX, VT 28, 1978, 224-232

Tristram, H. B.: The Natural History of the Bible, London 1873, 3. Aufl.

Tromp, N. J.: La Metaphore Engloutie. Le Langage Metaphorique du Psaume 80, sémiotique et bible 47, 1987, 30-43

Ussishkin, D.: King Solomon's Palace and Building 1723 in Megiddo, IEJ 16, 1966, 174-186

Vaccari, A.: Note Critiche Ed Esegetiche, Bib. 28, 1947, 394-406

Vaux, R. de: Histoire Ancienne d'Israël. Des Origins à l'Installation en Canaan, Paris 1971

Vaux, R. de: La Troisième Campagne de Fouilles à Tell el-Fār°ah, près Naplouse, RB 58, 1951, 393-430.566-580

Vaux, R. de: La Quatrième Campagne de Fouilles à Tell el-Fār°ah, près Naplouse, RB 59, 1952, 551-583

Vaux, R. de: Les Fouilles de Tell el-Fār°ah, près Naplouse, Cinquième Campagne, RB 62, 1955, 541-589

Vaux, R. de: Les Fouilles de Tell el-Fār°ah, près Naplouse, Sixième Campagne, RB 64, 1957, 552-580

Vaux, R. de: Les Fouilles de Tell el-Fār°ah, Rapport Préliminaire sur les 7ᵉ, 8ᵉ, 9ᵉ Campagnes, 1958-1960, RB 68, 1961, 557-592; RB 69, 1962, 212-253

Vaux, R. de: Les Livres des Rois, SB(J), Paris 1958, 2. Aufl.

Vaux, R. de: Notes Archéologique et Topographiques, RB 53, 1946, 260-274

Vaux, R. de: The Excavations at Tell el-Fār°ah and the Site of Ancient Tirzah, PEQ 88, 1956, 125-140

Vaux, R. de u. A. M. Steve: La Première Campagne de Fouilles à Tell el-Fār°ah, près Naplouse, RB 54, 1957, 394-433.573-589

Vaux, R. de u. A. M. Steve: La Seconde Campagne de Fouilles à Tell el-Fār°ah, près Naplouse, RB 55, 1948, 544-580 + RB 56, 1949, 102-138

Vawter, B.: The Canaanite Background of Genesis 49, CBQ 17, 1955, 1-18

Vincent, A.: Le Livre des Juges, SB(J), Paris 1958, 2. Aufl.

Vincent, L. H.: Fouilles Danoises à Seiloun, RB 36, 1927, 418 f.

Vincent, L. H.: Les Fouilles d'Et-Tell = °Aï, RB 46, 1937, 231-266

Vincent, L. H. u. B. Carrière: Chronique. La Synagogue de Noarah, RB 30, 1921, 579-601

Virolleaud, C.: Vocabulaire de Ras-Shamra en Langue Inconnue, Syr. 12, 1931, 389 f.

Vogt, E.: Benjamin geboren "eine Meile" von Ephrata, Bib. 56, 1975, 30-36

Volz, P.: Vom Tabor nach Jerusalem, PJ 1, 1905, 110-125

Wächter, L.: Zur Lage von Michmethat, ZDPV 84, 1968, 55-62

Wainwright, G. A.: Some Early Philistine History, VT 9, 1959, 73-84

Walker, N.: Concerning the Function of 'ēth, VT 5, 1955, 314 f.

Wallis, G.: Thaanath-Silo, ZDPV 77, 1961, 38-45

Walton, B.: Biblia Sacra Polyglotta, Nachdruck Graz 1964

Wanke, G.: Art.: °āfār Staub, in: THAT II, 353-356

Watzinger, C.: Tell el-Mutesellim II. Band Die Funde, Leipzig 1929

Weinberg, W.: Language Consciousness in the OT, ZAW 92, 1980, 184-204

Weinfeld, M.: The Period of the Conquest and of the Judges as seen by the earlier and later Sources, VT 17, 1967, 93-113

Weippert, Helga: Art.: Bad und Baden, in: BRL², 30-32

Weippert, Helga: Art.: Pfeil, in: BRL², 249 f.

Weippert, Helga: Art.: Sichem, in: BRL², 293-296

Weippert, Helga: Art.: Thirza, in: BRL², 344 f.

Weippert, Helga: Das geographische System der Stämme Israels, VT 23, 1973, 76-89

Weippert, Helga: Palästina in vorhellenistischer Zeit, Handbuch der Archäologie II/1, München 1988

Weippert, M.: Archäologischer Jahresbericht, ZDPV 79, 1963, 164-179

Weippert, M.: Archäologischer Jahresbericht, ZDPV 82, 1966, 274-330

Weippert, M.: Art.: Edom und Israel, in: TRE IX, 291-299

Weippert, M.: Art.: Philister, in: H. Haag (Hg.), Bibel-Lexikon, Einsiedeln u. a.: 1968, 2. Aufl., 1379-1382

Weippert, M.: Art.: *šaddaj*, in: THAT II, 873-881

Weippert, M.: Edom. Studien und Materialien zur Geschichte der Edomiter auf Grund schriftlicher und archäologischer Quellen, Masch. Diss. Tübingen 1971

Weippert, M.: Fragen des israelitischen Geschichtsbewußtseins, VT 23, 1973, 415-442

Weippert, M.: Rez.: Dothan, Trude: *Ha-Pēlištîm wē-tarbūtâm ha-ḥomrīt*, Jerusalem 1967, GGA 223, 1971, 1-20

Weiser, A.: Das Deboralied, ZAW 71, 1959, 67-97

Weiser, A.: Die Psalmen, ATD 14/15, Göttingen 1966, 7. Aufl.

Weiser, A.: Einleitung in das Alte Testament, Göttingen 1966, 6. Aufl.

Wellhausen, J.: Die Composition des Hexateuchs und der historischen Bücher des Alten Testaments, Berlin 1963, 4. Aufl.

Welten, P.: Die Königs-Stempel. Ein Beitrag zur Militärpolitik Judas unter Hiskia und Josia, ADPV, Wiesbaden 1969

Wernberg-Møller, P.: Two Notes, VT 8, 1958, 305-308

Westermann, C.: Genesis 12-36, BK I/2, Neukirchen-Vluyn 1981

Westermann, C.: Genesis 37-50, BK I/3, Neukirchen-Vluyn 1982

Westermann, C.: Lob und Klage in den Psalmen, Göttingen 1983, 6. Aufl.

Wiener, H. M.: The Ramah of Samuel, JPOS 7, 1927, 109-111

Wildberger, H.: Jesaja 13-27, BK X/2, Neukirchen-Vluyn 1978

Willesen, F.: The *'prtj* of the Shibboleth Incident, VT 8, 1958, 97 f.

Williams, F.: The Panarion of Epiphanius of Salamis, Nag Hammadi Studies 35, Leiden u. a. 1987

Wilson, C. W. (Hg.): Picturesque Palestine. Sinai and Egypt, Vol. I + II, London o. J.

Winckler, H.: Altorientalische Forschungen II, Leipzig 1894

Winckler, H.: Alttestamentliche Untersuchungen 1892

Winckler, H.: Geschichte Israels in Einzeldarstellungen Teil II, Leipzig 1900

Wolff, H. W.: Dodekapropheton 1: Hosea, BK XIV/1, Neukirchen-Vluyn 1976, 3. Aufl.

Wolff, H. W.: Dodekapropheton 2: Joel. Amos, BK XIV/2, Neukirchen-Vluyn 1985, 3. Aufl.

Wolff, H. W.: Dodekapropheton 3: Obadja und Jona, BK XIV/3, Neukirchen-Vluyn 1977

Wolff, H. W.: Dodekapropheton 4: Micha, BK XIV/4, Neukirchen-Vluyn 1982

Wright, G. E.: Tell en-Nasbeh, BA 10, 1947, 69-77

Wright, G. E.: The Chronology of Palestine in the Early Bronze Age, BASOR 63, 1936, 12-21

Wright, G. E.: The Literary and Historical Problem of Joshua 10 and Judges 1, JNES 5, 1946, 105-114

Wright, G. E.: The Provinces of Salomon (I Kings 4:7-19), ErIs 8, 1967, 58*-68*

Würthwein, E.: Das erste Buch der Könige, Kap. 1-16, ATD 11,1, Göttingen 1985, 2. Aufl.

Würthwein, E.: Die Bücher der Könige 1. Kön. 17 − 2. Kön 25, ATD 11,2, Göttingen 1984

Wüst, M.: Art.: Bethel, in: BRL^2, 44

Wüst, M.: Untersuchungen zu den siedlungsgeographischen Texten des Alten Testaments I. Ostjordanland, BTAVO 9, Wiesbaden 1975

Yeivin, Z.: Khirbet el-Maḥruq, IEJ 24, 1974, 259 f.

Yeivin, Z.: Chronique Archéologique: Kh. Askar, RB 81, 1974, 97 f.

Zahn, T.: Zur Heimatkunde des Evangelisten Johannes, NKZ 19, 1908, 31-39

Zapletal, V.: Das Buch der Richter, EHAT 7/1, Münster 1923

Zapletal, V.: Das Deboralied, Freiburg 1905

Zayadine, F.: Bespr. von Buhl/Holm-Nielsen, S., Shilo, Ber. 19, 1970, 159-161

Zenon Papyri, Hg. C. C. Edgar. Cataloque Général des Antiquités Égyptiennes du Musée du Caire, Vol. I-V, Kairo 1925 ff, Nachdruck Hildesheim 1971

Zertal, A.: Arubboth, Hepher and the third Solomonic District (neuhebr.), Tel Aviv 1984

Zertal, A.: Mount Ebal, IEJ 34, 1984, 55

Zertal, A.: The Israelite Settlement in the Hill Country of Manasseh, Ph. D. Thesis, Tel Aviv University (Hebrew) − (mir nicht zugänglich)

Zimmerli, W.: Ezechiel 25-48, BK XIII/2, Neukirchen-Vluyn 1979, 2. Aufl.

Zimmermann, F.: Reconstructions in Judges 7,25-8,25, JBL 71, 1952, 111-114

Zimmern, H.: Akkadische Fremdwörter als Beweis für Babylonischen Kultureinfluss, Lipsiae 1913/14

Zimmern, H.: Der Jakobssegen und der Tierkreis, ZA, 7, 1892, 161-172

Zobel, H.-J.: Stammespruch und Geschichte, BZAW 95, Berlin u. a. 1965

Zobel, H.-J.: Zusammenschlüsse von Stämmen in der vorstaatlichen Zeit Israels, ThV 14, 1985, 29-37

Zohar, M.: Tell Marjamah (ʿEin Sâmiyeh), IEJ 30, 1980, 219 f.

Zorell, F.: Der Jakobsegen. Gen 49,1-27, BZ 13, 1915, 114-116

Zori, N.: New Light on Endor, PEQ 84, 1952, 114-117

Karten

Israel 1:100 000. Survey of Israel 1:100 000 Sheet 1-26, Partially Revised and Printed by the Survey of Israel, 1975 ff.

Israel 1:250 000, Compiled and Drawn by the Survey of Israel, April 1961, Partly Revised by the Survey of Israel, 1979, Printed by the Survey of Israel, June 1979

Palästina. Historisch-Archäologische Karte, 2 Blätter, 1:300 000, Autor: E. Höhne, Kartograph: H. Wahl in: BHH IV, Göttingen 1979

Palestine 1:20 000, hg. vom Israel. Verkehrsamt, unterschiedliche Datierung, engl. Mandatszeit

Palestine 1:100 000. Israel Department of Surveys, 16 Karten, unterschiedliche Datierung

TAVO A III Levante. Geomorphologie, Autor: A. Abdulsalam, Wiesbaden 1983

TAVO A V 2 Südliche Levante. Hydrogeographie, Autor: W. Krüger, Wiesbaden 1988

TAVO A VI 8 Südliche Levante, Israel und angrenzende Gebiete, Vegetation, Autor: M. Zohary, Wiesbaden 1981

TAVO B IV 5 Palästina. Israelitisches Siedlungsgebiet und Davidisches Großreich, Autoren: Mechthild Kellermann, G. Schmitt, S. Mittmann, M. Wüst, Wiesbaden 1985

TAVO B V 19 Palästina. Siedlungen nach Flavius Josephus, Autoren: Christa Möller, G. Schmitt, Wiesbaden 1980

The Hashemite Kingdom of Jordan, Archaeological Map 1:250 000 Sheet 1 Amman, Revised and Printed by: J. N. G. C. and Directorate of Military Survey, with the Cooperation of Department of Antiquities, April 1978

Bibelstellen-Register

Es wurden alle Stellen mit Ausnahme derjenigen des Anhangs S. 325-335 aufgenommen; die Angaben bedeuten: 150A = Seite 150 Anmerkungsteil; 150+A = Seite
150 und Seite 150 Anmerkungsteil.

1. Altes Testament

23,5 .... 123A
23,23 .... 108A
32,11 .... 103A
33,2 .... 108A
34,11 .... 108A

Leviticus

12,4 .... 121A
19,9f. 240
23,22 240
26,5 242
29,9 .... 19A

Numeri

1,10.32.34 .... 144A
13,29 .... 171+A
13,31 249
14,25.43.45 .... 171A
19,9f. 21.23
22,1 .... 141A.142A
22,20 175
23,7 .... 124A
23,22 267
24,8 267
24,20 .... 165.171A
24,21 121
26,12 .... 152A
26,3.63 .... 141A.142
26,28-34 154
26,28 .... 144A
26,31 312
26,33.36-38 151
27,1f. 154
31,12 .... 141A.142A
32,29f. 154
32,40 .... 154A
32,41 291
33,48.50 .... 141A.142A
34,15 .... 141A.142A
34,23 .... 144A
35,1 .... 141A.142A
36,13 .... 142A

Deuteronomium

2,20 .... 108f.
3,4f. 291

3,13 .... 108.291
3,15 .... 154+A
4,37 .... 103A
7,1 .... 108A
9,29 .... 103A
14,24 .... 104A
19,5 .... 109A
20,17 .... 108A
21,4 121
22,6 .... 123A
24,19-22 240
25,17.19 .... 171+A.173
29,17 .... 170A
33 .... 1.263
33,2 .... 299A
33,13-17 .... 4.14.15.263-271.322
33,15 124
33,17 .... 114.267A
33,28 264
34,2 .... 140.144A

Josua

1,2 .... 109A
3,10 .... 108A
7,2 .... 279.280
7,6 .... 23A
8 210
8,24 .... 211A
9,1 .... 108A
10,40 103
11,1 .... 185A
11,2 .... 155A.187A.213A
11,3 .... 108+A
11,4 .... 103A
11,10f.13 .... 185A
12,3 139
12,8 .... 103.108A
12,19 .... 185A
12,20 .... 187A
12,21 .... 213A
12,22 .... 188f.
12,23 .... 155+A.213A
12,24 .... 76A.140
13ff. 131A.134.138.141.158.160
13,15-32 .... 158A.274A
13,14.33 .... 106A
13,17 .... 310A

Studienausgabe Teil I

Bände 1 (Aaron) — 17 (Katechismuspredigt) und Registerband

In Gemeinschaft mit Horst Robert Balz, James K. Cameron, Wilfried Härle, Stuart G. Hall, Brian L. Hebblethwaite, Richard Hentschke, Wolfgang Janke, Hans-Joachim Klimkeit, Joachim Mehlhausen, Knut Schäferdiek, Henning Schröer, Gottfried Seebaß, Clemens Thoma

herausgegeben von Gerhard Müller

20,5 × 13,5 cm. 17 Bände, 1 Index-Band. Etwa 800 Seiten je Band.
Kartoniert DM 1.200,— ISBN 3-11-013898-0 (de Gruyter Studienbuch)

Die TRE-Studienausgabe Teil I umfaßt die Bände 1 bis 17 der THEOLOGISCHEN REAL-ENZYKLOPÄDIE. Erschlossen wird die Studienausgabe durch einen entsprechenden Registerband, der auch Erwähnungen der Stichworte nachweist, die alphabetisch nach den Lemmata „Aaron" bis „Katechismuspredigt" angesiedelt sind (z. B. Zwingli). Die TRE-Studienausgabe Teil I ist damit schon jetzt ein vollwertiges Arbeitsmittel für jeden Theologen.

Um weitesten Kreisen die TRE zugänglich zu machen, wird die Studienausgabe zu einem wirklich günstigen Preis angeboten: DM 1.200,— für 17 Bände plus Register.* Das sind über 13 000 Seiten solidester wissenschaftlich-theologischer Forschung.

Selbstverständlich wird die TRE-Studienausgabe zu einem späteren Zeitpunkt eine entsprechende Fortsetzung finden. In etwa sieben bis acht Jahren wird es von seiten des Verlages ein analoges Angebot geben.

* Die Bände der Studienausgabe entsprechen im Grundsatz denen der Originalausgabe, bei allerdings verkleinertem Satzspiegel. Außerdem mußte aus Kostengründen auf Tafeln und Faltkarten verzichtet werden.

The TRE-Studienausgabe, Part I, contains volumes 1—17 of the THEOLOGISCHE REAL-ENZYKLOPÄDIE. The Studienausgabe is made accessible by means of an index volume, which also points to where the key-words are mentioned. These are arranged alphabetically and go even beyond the headings "Aaron" to "Katechismuspredigt" (catechism sermon) to include, for example, Zwingli. The TRE Study Edition, Part I, is thus already now a high quality working tool for every theologian.

The TRE-Studienausgabe will, of course, be continued in a similar manner at a later time. The publishers plan to present an analogous offer in about seven to eight years.

The volumes of the Studienausgabe basically correspond to those of the original edition. The area of print, however, is reduced. For reasons of cost, tables and folding maps had to be left out.

Preisänderungen vorbehalten

Walter de Gruyter   Berlin · New York